郓城年鉴

YUNCHENG YEARBOOK

2017

郓　城　县　人　民　政　府　主办

郓城县地方史志编纂委员会办公室　编

方志出版社

Publishing House of Local Records

图书在版编目（CIP）数据

郓城年鉴.2017 / 郓城县地方史志编纂委员会办公室 编. --北京：方志出版社，2018.1

ISBN 978-7-5144-2946-6

Ⅰ. ①郓… Ⅱ. ①郓… Ⅲ. ①郓城县—2017—年鉴 Ⅳ. ①Z525.24

中国版本图书馆CIP数据核字（2018）第018326号

郓城年鉴（2017）

编　　者：郓城县地方史志编纂委员会办公室

责任编辑：王　品

出 版 人：冀祥德

出 版 者：方志出版社

地址　北京市朝阳区潘家园东里9号（国家方志馆4层）

邮编　100021

网址　http://www.fzph.org

发　　行：方志出版社图书经销中心

电话（010）67110500

经　　销：各地新华书店

印　　刷：济南黄氏印务有限公司

开　　本：889×1194　1/16

印　　张：43.75

字　　数：910千字

版　　次：2018年1月第1版　2018年1月第1次印刷

印　　数：001～1000册

ISBN 978-7-5144-2946-6　定价：298.00元

郓城县地方史志编纂委员会

名誉主任　刘文林
顾　　问　王广岱　王秀忠
主　　任　谷永强
第一副主任　王效忠
副 主 任　董良峰　杨　勇　孙兴忠　王明华　吕端方
　　　　　王海涛　仝金安　吴宝金　王志良
委　　员　端木祥友　边学英　王永合　张梦溪　吕福奎
　　　　　戚元贵　李宗玉　王　彦（女）　李　强
　　　　　梁海涛　杨际民　周国栋　刘运伟　曾凡勇
　　　　　李金亮　刘康斌

《郓城年鉴（2017）》编审人员

主　　审　王明华
副 主 审　仝金安　边学英
主　　编　王志良
副 主 编　艾霏霏（女）　侯　剑　张　浩　刘兆全
编　　辑　王志良　艾霏霏（女）　张　浩　侯　剑
　　　　　刘兆全　杜文东　韩　瑞（女）　王守栋
摄　　影　侯昌杰　魏忠友　王建光　李　青（女）　董建华
　　　　　王忠宪　徐拥军　颜洪军

郓城名片

- 国家新型城镇化综合试点县
- 全国深化县城基础设施投融资体制改革试点县
- 全国农民工等人员返乡创业试点县
- 全国粮食生产先进县
- 全国平原绿化先进县
- 全国营造林先进县
- 全国科技进步先进县
- 全国科普示范县
- 全国群众体育先进县
- 全国武术之乡
- 全国戏曲之乡
- 全国书画之乡
- 全国古筝之乡
- 中国棉纺织名城
- 中国日用搪瓷产品生产基地
- 中国好汉之乡
- 中国最具投资发展潜力县
- 中国酒类包装之都
- 全国推广政府和社会资本合作（PPP）模式成效明显、社会资本参与度较高的县
- 山东省农业产业化先进县
- 山东省板材加工示范县
- 山东省农村基层组织建设先进县
- 省级文明县
- 山东省旅游强县
- 山东省双拥模范县
- 山东省四德建设示范县
- 山东省文化强省建设先进县
- 山东省首批电子商务示范县
- 山东省供销社改革试点县
- 省级园林城市
- 全省创新驱动工程示范区
- 全省全域旅游示范区
- 全省中等城市培育试点
- 山东省酒类包装基地
- 山东省民营经济先进县
- 山东省发展中小企业先进县

数字郓城 2016

土地总面积　1643 平方公里

年末常住总人口　109.68 万人

地区总产值　332.62 亿元

人均生产总值　30326 元

三次产业比　11.44 ∶ 52.76 ∶ 35.80

粮食总产量　104.5 万吨

规模以上固定资产投资　144.73 亿元

公路客运量　1680 万人次

邮政业务总量　8197 万元

通信业务总量　3.85 亿元

社会消费品零售总额　182.2 亿元

进出口总额　45269 万元

财政总收入　22.7 亿元

居民储蓄存款余额　318.9 亿元

城镇居民人均可支配收入　22452 元

农村居民人均可支配收入　10926 元

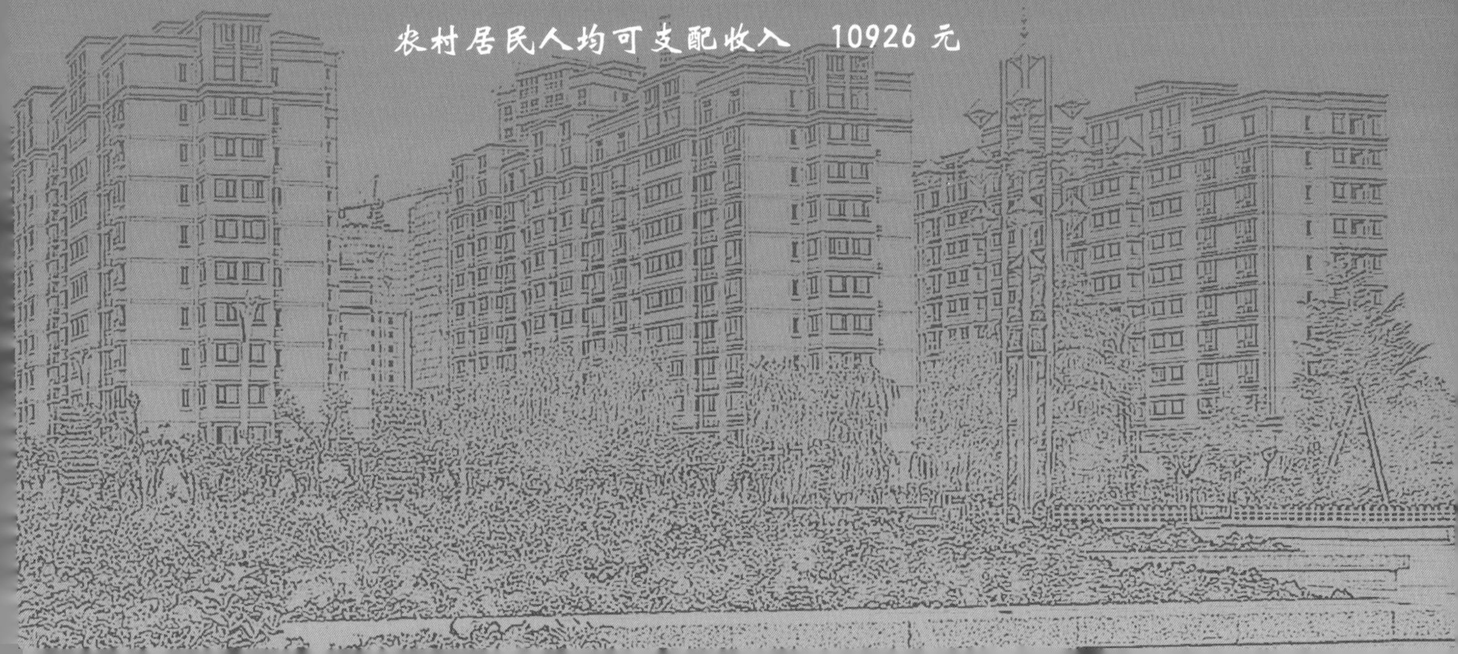

编辑说明

一、《郓城年鉴（2017）》以马克思列宁主义、毛泽东思想、邓小平理论、“三个代表”重要思想、科学发展观、习近平新时代中国特色社会主义思想为指导，坚持辩证唯物主义和历史唯物主义的立场观点和方法，全面、系统、准确地记述全县自然、政治、经济、文化、社会等方面的综合情况，反映各乡镇街道开发区、各部门、各行业取得的重大成就。

二、《郓城年鉴（2017）》主要收录2016年度发生在郓城行政区内的大事要闻，突出反映郓城的优势、特点和各部门、各单位深化改革、扩大开放的新举措、新进展，为增加信息量、增强实用性，各栏目尽可能多地使用相关数据资料，有些资料适当上溯或下延。

三、本年鉴共设27个栏目：特载、专记、大事记、县情概览、政党政务、法治、军事、群众团体、经济管理与监督、农业、工业、商贸流通、建设环保、交通通信、财政税务、金融保险、教育、科学技术、文化体育、旅游、卫生与计划生育、社会生活、乡镇街道开发区、人物、荣誉、附录、索引。彩色图片为综合新闻、机关企事业单位风采，考虑到图片的时效性，此部分内容不受年鉴时限限制。

四、本年鉴采用分类法编辑，框架结构为栏目、分目、条目三级排列，条目是信息的主要载体，个别分目下不设条目，条目以下黑体字加【 】号表示。

五、本年鉴大部分资料由各部门、各单位提供，部分资料由县史志办辑录整理。

六、本年鉴所用数据，以县统计局公布为准，县统计局未统计的以主管部门提供的资料数据为准。

七、本年鉴以语体文记述，计量单位以国家认定使用的为准。

2012—2016年郓城县国民经济和社会发展主要指标

地区生产总值（单位：亿元）

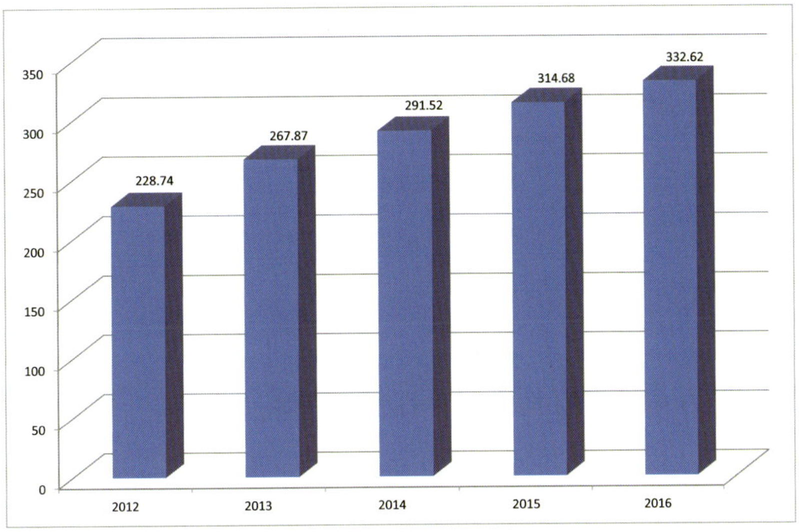

固定资产投资（单位：亿元）

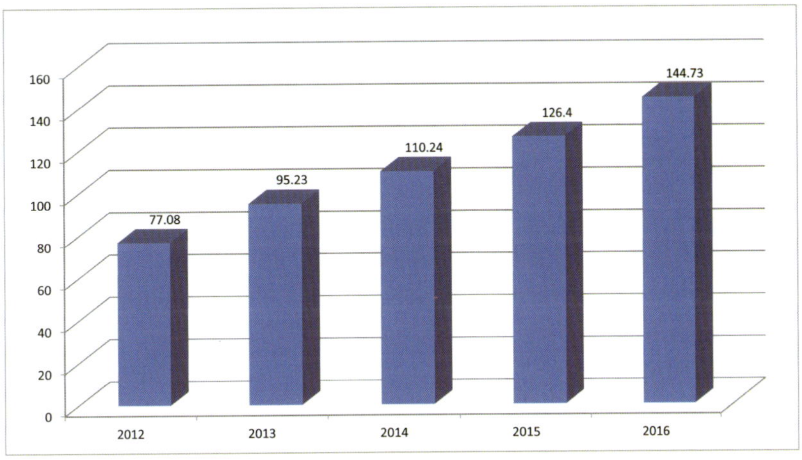

公共财政预算收支（单位：亿元）

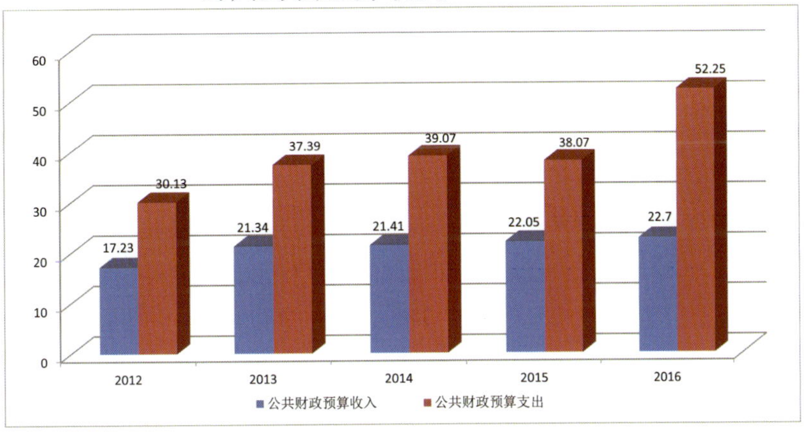

社会消费品零售总额（单位：亿元）

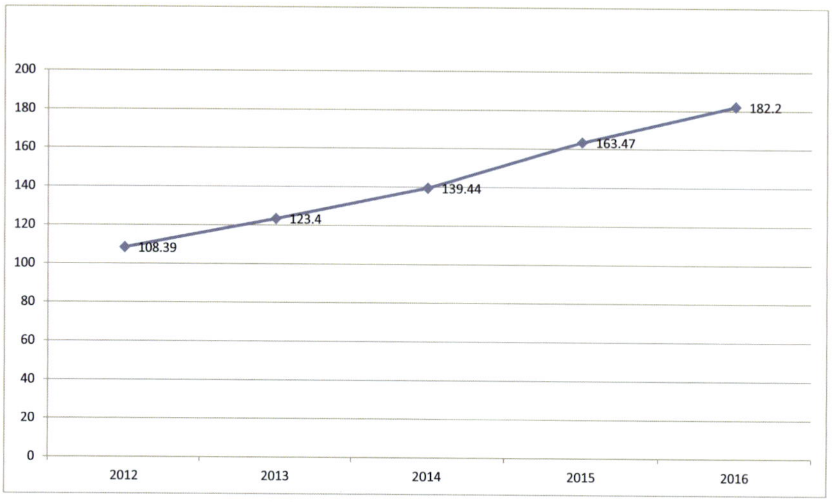

年末金融机构人民币存贷款余额（单位：亿元）

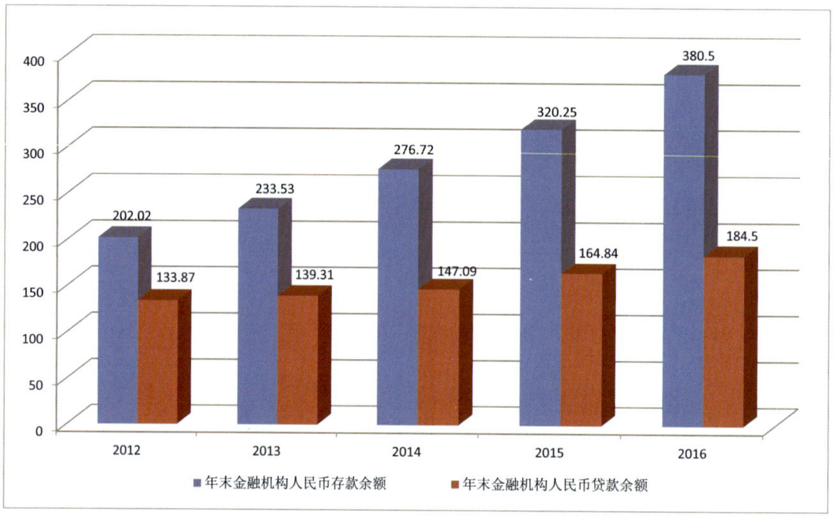

城乡居民收入（单位：亿元）

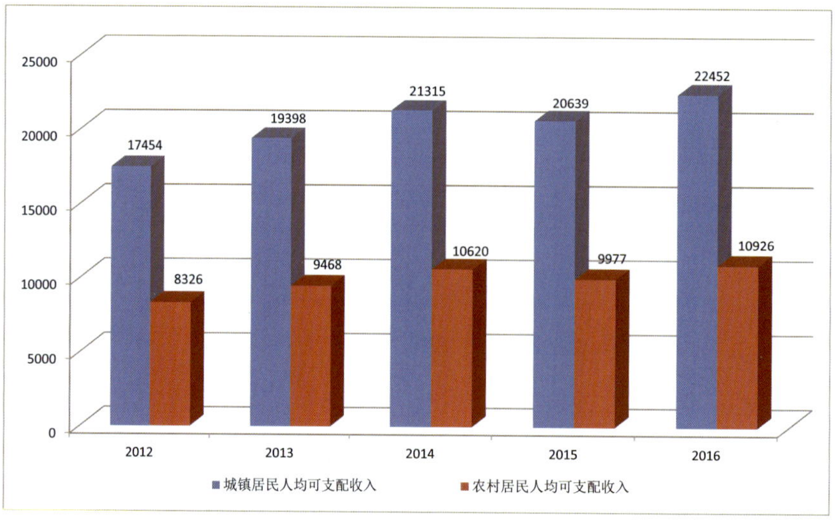

实力郓城

STRENGTH YUNCHENG

2016年，郓城县突出转型升级，转方式、调结构、惠民生，加速培育经济增长新动能。全年实现地区生产总值332.62亿元，比上年增长8.9%;地方财政收入22.7亿元，比上年增长3.0%；全县完成规模以上固定资产投资144.73亿元，比上年增长14.5%；全年规模以上工业企业实现主营业务收入907.61亿元，同比增长14.9%；全年实现高新技术产业产值182.53亿元，同比增长19.44%；全年实现服务业增加值119.08亿元，增长10%，占GDP比重35.8%。

多友科技小型自动固定流化床

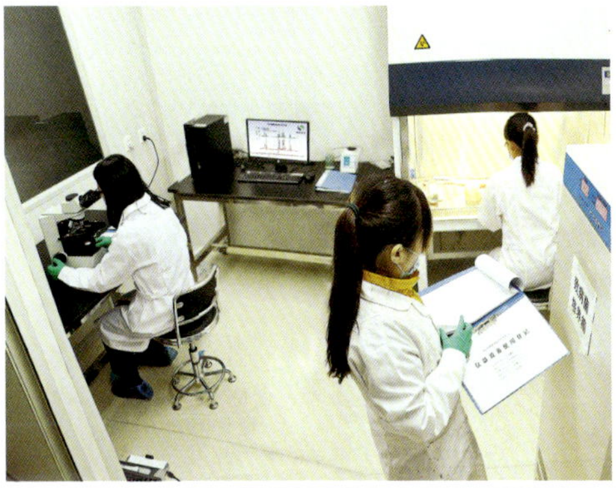

绅联生物科技实验室

正尚车轮机器人车间

富海能源公司生产车间

陆港韵梦小镇

琦泉能源

晨龙纺纱生产车间

恒基公司生产车间

烟郓盖业生产车间（王忠宪　摄影）

美丽郓城
BEAUTIFUL YUNCHENG

2016年，郓城县实施生态战略，打造宜居、宜业、宜游城市，积极做好“水绿花文”四篇文章，加快城区宋金河、跃进河、北沙河生态水系治理工程建设，推进低碳生态城市建设，建设南湖公园等88项重点城建工程，新修改造总长34公里的19条城区道路，打通6条丁字路，渠化道交口12处，新建跨河桥梁4座，铺设各类管网117公里。新建绿地广场6处，新增绿地面积130万平方米，市民5分钟休闲圈初步形成。郓城成为省级园林城市，纳入全省中等城市培育试点。

东溪湿地风貌（徐拥军　摄影）

东部新城

武术之乡（徐拥军　摄影）

宋金河风光（徐拥军　摄影）

宋金河公园（王忠宪　摄影）

胜利公园（王忠宪　摄影）

同济桥（董建华　摄影）

建设中的南湖公园（王忠宪　摄影）

跃进河风光

北沙河生态治理工程

随官屯镇随西新村

南赵楼镇龙翔社区

幸福郓城

HAPPINESS YUNCHENG

2016年，郓城县把改善民生作为出发点和落脚点，民生投入44.1亿元，占财政支出84.4%。实施扶贫项目124个，建设扶贫车间269处、扶贫大棚600个，5.2万人精准脱贫；郓城一中新校区主体竣工，实施“全面改薄”工程230处，新建改建8所城区学校；新修改造农村公路900公里，里程全市第一，在全市率先启动“户户通”工程，受益村庄356个；县医院新院区开工建设，新建扩建乡镇敬老院7处、农村幸福院55处，县残疾人康复中心建成投用；举办文体娱乐活动196场，送戏下乡402场、送电影下乡12738场，建成基层综合性文化服务中心666个，文体小广场658个；新增就业人数3.8万人。城镇和农村人均可支配收入分别达到 22452元、10926元，人民群众的幸福感明显提升。

丰收喜悦

春暖花开（王忠宪　摄影）

歌舞升平

民俗表演（王忠宪　摄影）

武术展演

《跑旱船》参加2017年新年戏曲晚会演出

全县庆“七一”歌咏比赛

拔河比赛

七夕相亲交友大会

郓城县第九届农村文化艺术节

尊老敬老

民生实事工程

LIVELIHOOD PROJECT

郓城一中新校区

郓城一中第一附属学校

2016年，郓城县围绕民生所需、群众所盼，倾力办好十大民生实事工程。一是教育工程：郓城一中新校区工程基本完工，郓城一中第一附属学校建成使用，县职业中专新校区开工建设。二是医疗卫生建设工程：开工建设县医院新院，扩建县中医院，迁建县妇幼保健院，改造3处乡镇卫生院。三是交通建设工程：郓杨公路全线建成通车，新建改建农村公路888公里、窄危桥12座。四是饮水安全工程：城南水库工程完工，设输水主管道70米，城乡供水主管网24公里、支管网91公里。五是养老体系建设工程：福乐养老公寓建成使用，新建乡镇敬老院5处、社区老年人日间照料中心4处、农村幸福院55处。六是市政设施建设工程：新建改建城区18处水冲式公厕，新建智慧广场、胜利广场2处绿地广场。七是城区供暖设施建设工程：铺设供热管网20公里，新增集中供热面积60万平方米。八是文化建设工程：文化馆、图书馆、体育馆、体育广场工程完工，开工建设展览馆、博物馆、艺术馆、科技馆、档案馆。九是农田水利建设工程：创建粮食高产示范方5万亩，新增刷卡取水灌溉面积2.67万亩。十是电网建设工程：新建220千伏输变电工程1座、110千伏输变电工程2座，改造农村电网中低压线路490公里。

城南水库

县人民医院

县残疾人康复中心

郓杨公路

福乐养老公寓

智慧广场

县文化体育中心

粮食高产示范方

电网建设

3月29日，中央统战部副部长、全国工商联党组书记、常务副主席全哲洙（前左二）一行到郓城专题调研扶贫工作

11月3日，全国政协委员、国务院扶贫开发领导小组原副组长、办公室主任范小建（前中）到郓城调研电商扶贫工作

12月16日，省委常委、省纪委书记陈辐宽（前右一）到郓城调研党风廉政建设和反腐败工作

5月4日，省委常委、组织部部长杨东奇（前右二）到郓城调研指导基层党组织建设工作

3月2日，副省长夏耕（前左）到郓城调研指导电子商务工作

4月7日，中共菏泽市委书记、市人大常委会主任孙爱军（前右）到郓城视察工作

4月25日，中共菏泽市委副书记、市长解维俊（前左二）到郓城视察城建工作

1月5日，中共郓城县委书记刘文林（前中）视察御龙湾小区建设工作

7月2日，中共郓城县委副书记、县长谷永强（前左二）视察中小企业创业园建设工作

郓城县公安局

副县长、公安局局长　刘景胜

省委常委、政法委书记张江汀莅临盛平警务室视察

及时破案获锦旗

郓城县公安局为正科级单位，下设 22 个内设机构、2 个监所管理机构、27 个派出机构，现有正式民警 464 名，主要职能是侦破政治、经济、刑事案件，依法开展治安管理、出入境管理、消防管理，监督本县机关、团体、企事业单位的治安防范和保卫工作，负责警卫工作。2016 年，全县公安机关在县委、县政府和市公安局的坚强领导下，紧紧围绕经济发展和平安建设的总体目标，深化公安改革，聚力四项建设，忠诚履职、奋勇担当，不断提升新形势下维护社会大局稳定、服务经济社会发展、促进社会公平正义的能力和水平，圆满完成各项公安工作任务，为全县经济社会和谐发展创造安全稳定的环境。2016 年，县公安局 16 名民警荣立个人二、三等功，6 个单位荣立集体二、三等功，51 名民警、23 个单位受到省市级表彰。

组织开展反暴恐应急演练

组织开展维稳处突应急处置演练

开展巡逻车集中式巡防活动

开展“6.26”国际禁毒日宣传活动

举办 110 接处警培训班

民警进高校开展防范电信诈骗知识讲座

局长刘景胜率队开展“双节”集中清查行动

开展“两学一做”学习笔记展评活动

完成山东省第二届武术大会开幕式安保任务

完成元宵节安保任务

启动“两会”安保治安卡点

公安部“公安文化基层行”文艺小分队慰问演出

郓城县卫生和计划生育局

党组书记、局长　罗永增

开展干部作风整顿

第一书记村赠送锦旗

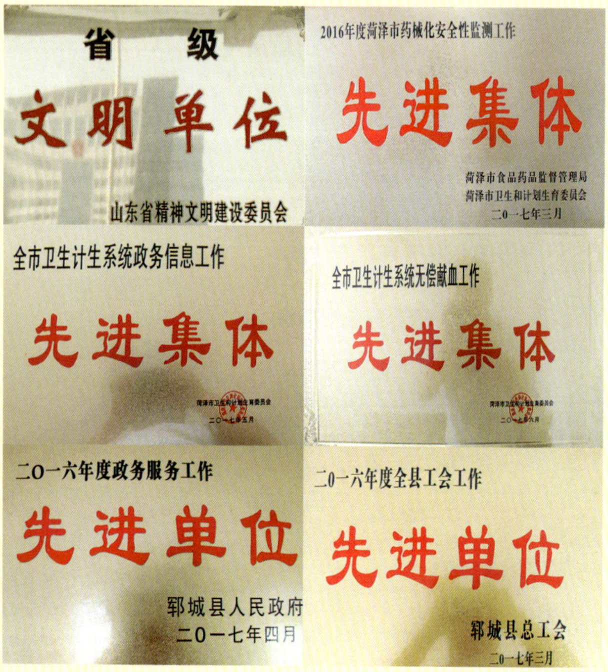

郓城县卫生和计划生育局成立于 2015 年 3 月，局机关设 7 个股级行政科室，3 个股级事业科室，局属医疗卫生计生事业单位 32 处，其中，县直医疗卫生机构 10 处，乡镇卫生院 21 处，社区卫生服务中心一处。

加强医疗卫生服务体系建设。县医院新院区、中医院扩建、妇幼保健计生服务中心新建项目顺利施工。陈坡卫生院、水堡卫生院、黄集卫生院主体工程已完工；完成 7 处乡镇卫生院国医堂建设工作，实现所有乡镇卫生院“国医堂”全覆盖。

开展公共卫生服务项目均等化工作。65 岁及以上老年人健康管理 84354 人，规范管理 64953 人，规范管理率达 77%; 加强数字化预防接种门诊建设，3 处数字化预防接种门诊已通过省级验收，第二批数字化预防接种门诊 12 处，达到建设标准，等待验收。入托、入学儿童补种率达到 98.11%；全县共为中小学查体 154574 人，体检率 100%。

积极吸收技术人才。为县公立医院招聘研究生 8 名，本专科毕业生 181 名，为县直全额卫生单位招聘本科生 3 名，为乡镇卫生院招聘专科以上学历毕业生 42 名。

全面两孩政策实施。办理一孩登记 6551，二孩登记 15678，办理《生育证》155 件，证件办结率达到 100%。

深入开展出生缺陷干预工作，全县共落实婚前医学检查 10839 人，免费优生健康检查 16060 人次，产前筛查 8740 人，新生儿四种遗传代谢性疾病筛查 13853 人，新生儿听力筛查 14675 人，全面完成目标任务。

落实计生利益导向政策。2016 年度发放农村部分计生家庭奖励扶助金 357.36 万元，特别扶助金 62.88 万元，减免计生家庭新农合参保费 740.6 万元；为 67 名计生困难家庭大学新生发放助学金 33 万元。

第一书记村赠送锦旗

省计生协会副会长李养珍到郓城调研

“7.11”世界人口日宣传活动

开展大型义诊活动

乡镇卫生院观摩评比

办公楼

郓城县人力资源和社会保障局

局长　李强

国家人力资源和社会保障部劳动科学研究所研究员邓宝山在郓城返乡创业大会上发言

创业服务大厅

创业咖啡屋

郓城县人力资源和社会保障局是县政府工作部门，主要职责是综合管理全县就业、社会保障、人事人才、收入分配、劳动维权等人力资源和社会保障工作。

近年来，紧紧抓住国家新型城镇化支持农民工等人员返乡创业试点县的契机，积极探索具有郓城特色的返乡创业新路子，初步形成“郓城模式”，连续两年被授予全市全民创业先进县区。2017 年 6 月 10 日，邀请部委专家领导、业界巨擘、创业精英以及试点兄弟县区在县会议中心成功举办返乡创业研讨暨郓城发展大会，先进经验在全省、全市得到推广。创建 1 处市级创业园区、5 个创业孵化基地，设立“县长创业奖”隆重表彰涌现出的创业典型，先后在北京、深圳、西安、上海、杭州、天津等城市设立 9 处返乡创业服务站，充实完善返乡创业“三库”信息，带动人才回归、资本回潮、技术交流，培育成为县域经济发展新动能。以“信息化人社”发展理念引领社会保障创新服务，城乡居民养老和医疗保险实现全覆盖，各项社会保险总参保达到 197 万人次，年度基金征缴 18.6 亿元，按时足额支付各项社会保险待遇 16.5 亿元，确保基金安全持续运行，改革发展成果得到普惠共享，增强群众获得感。大力实施人才强县战略，定期组织教育、卫生单位和企业参加高校现场招聘会，培育高校毕业生就业见习基地 12 处，培养引进高技能人才 380 人，为高端新兴产业积极开展外国专家引智项目。

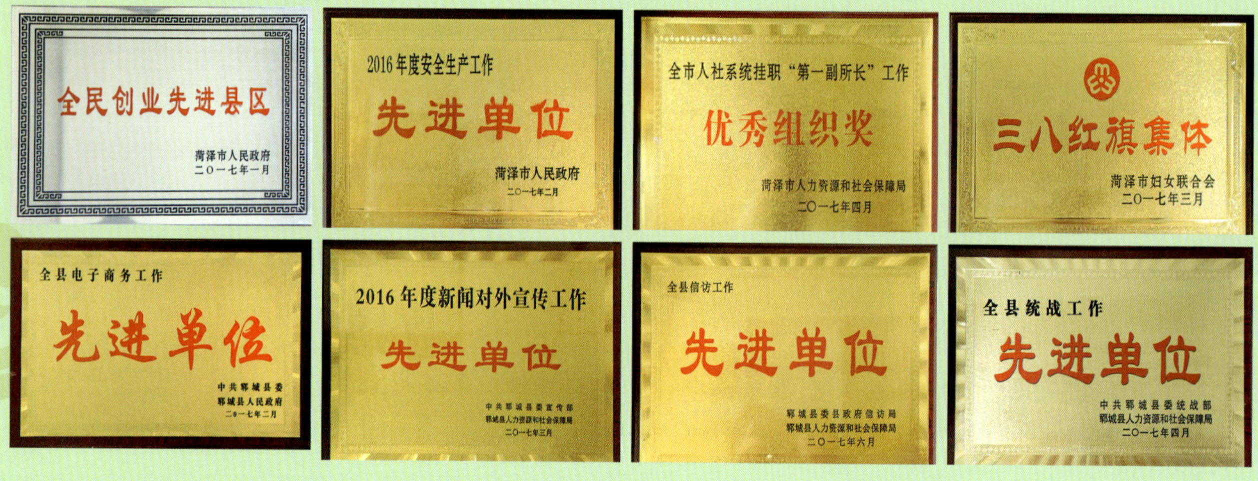

市委副书记、市长解维俊出席郓城返乡创业大会

县委书记刘文林、县长谷永强在创业服务中心触摸屏前介绍专家库、人才库、项目库建设情况

返乡创业上海服务站揭牌仪式

返乡创业大连服务站揭牌仪式

返乡创业昆明服务站揭牌仪式

返乡创业天津服务站揭牌仪式

返乡创业杭州服务站揭牌仪式

郓城县教育局

县教育局局长李宗玉实地查看改薄项目建设

省教育厅厅长左敏一行到大潭中学检查教育工作

庆祝 2016 年教师节暨表彰大会

多媒体教室

郓城县教育局内设科室 28 个，局机关在职人员 112 人。全县现有各级各类学校 313 处，在校生 19 万余人，其中：定点小学 177 处、教学点 94 处，在校生 12.4 万人；初级中学 36 处，在校生 4.8 万人；普通高中 3 处，在校生 1.9 万人；职业教育中心、聋哑学校、进修学校各 1 处。全县中小学现有教职工 11515 人，其中专任教师 10904 人。全县义务教育学校规划合理、建设标准、设施齐全、师资充足、管理规范、环境优美。

2016 年，在县委、县政府的大力支持下，全县教育事业健康、持续发展，取得了显著成绩：全县“全面改薄”工作校舍开工学校 177 处，开工项目 251 个，开工面积 56.04 万平方米，完成投资 4.76 亿元；全县设备购置投资 2.1 亿元；完成教师周转宿舍建设 3.6 万平方米；新建、改扩建农村公办幼儿园 43 处，建筑面积 20974 平方米，新增幼儿班 132 个，新增幼儿学位 3960 个；全县中小学办学条件明显改善。郓城一中附属学校等 8 所学校建成招生，新增教学班 282 个，新增学位 13230 个；城区学校大班额问题得到有效缓解。高考本科上线率、录取率均创历史新高，高分实现新突破，3 人被清华大学、北京大学录取；初中、小学教学成绩均名列菏泽市前列；教育教学质量稳步提升。

2016 年，县教育局先后荣获教育部“国培计划 2015”示范性网络研修与校本研修整合培训项目优秀组织区县、全国“五好小公民”主题教育活动组织奖一等奖、中国教育报新闻宣传先进单位、山东省学生资助工作先进单位、菏泽市 2015-2016 学年小学、高中教学工作先进单位等荣誉。

标准化阅览室

东关小学风雨操场

新建农村小学标准化操场

县委书记刘文林调研学校建设

县委副书记、县长谷永强实地查看运动场地建设情况

召开全县教学工作会暨义务教育均衡发展推进会

第二实验小学建筑群

新建教学楼

郓城县市场监督管理局

副县长张俊阁带领县市场监管局党组及特种设备安全监管人员深入企业开展安全生产大检查

按照《关于郓城县人民政府职能转变和机构改革的实施意见》文件要求，郓城县工商行政管理局、郓城县质量技术监督局、郓城县食品药品监督管理局三局合一，组建了郓城县市场监督管理局，办公地点位于郓州大道原食品药品监督管理局办公楼，内设 33 个科室，下设 20 个市场监管所和 22 个食品药品监管所，并指导郓城县消费者协会和郓城县个体私营企业协会的工作。不断深化工商登记制度改革，认真履行市场监管和行政执法职能，整顿规范市场经济秩序，维护消费者合法权益，努力营造公平公正、竞争有序的市场环境，积极服务地方经济发展，为促进全县经济快速跨越发展做出积极贡献，多项工作走在省市系统内先进行列，被评为省级文明单位，获得全市质监工作先进单位、全市安全生产工作先进单位等多项荣誉。

竞聘上岗

率先在全市推行“容缺后补先行注册”登记制度

查处一假海蜇丝制售黑窝点

开展环境卫生清理

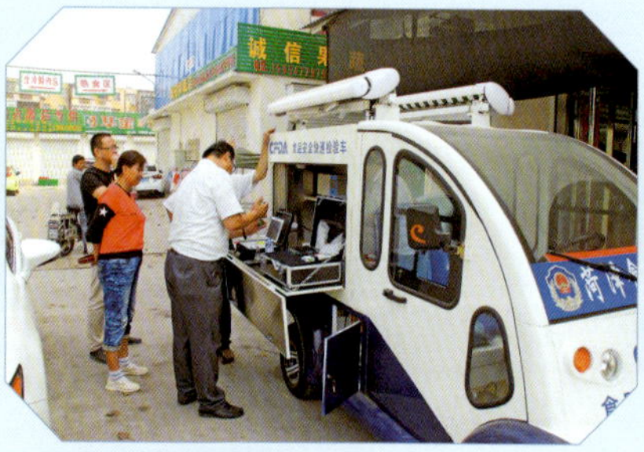

开展食品快速检测

全面启动节日食品快检行动

国际消费者权益保护日宣传活动

行政执法岗位统一配备执法记录仪

举办“12331”主题宣传活动

县委第一巡察组在县市场监管局召开巡察动员大会

党风廉政建设暨预防职务犯罪警示教育讲座

全面落实党风廉政建设责任制

党员在红嫂革命纪念馆广场重温入党誓词

学习电商知识　推动电商发展

郓城县住房和城乡建设局

党组书记、局长 智建国

郓城县住房和城乡建设局为正科级行政单位，隶属县政府，是郓城县城市规划、建设、管理、建筑业管理的行政主管部门，内设 6 个科室，下辖 18 个单位。

近年来，开工建设三馆一场、郓邑水浒国际商贸城、1181 工程和宋江大道人防物资库等 工程；建设凤舞广场、智慧广场、胜利广场等群众广场，并建设近 80 万平方米的人员应急疏散场所，可疏散居民 30 多万人，满足城区疏散要求；修建新郓街跨沙河、跃进河等桥梁工程；加强城市园林建设并申报郓城县为省级园林城市；启动跃进河综合治理工程、宋江河湿地工程、北沙河综合治理工程，打造城市生态体系。

《郓城县国家新型城镇化综合试点实施方案》（2015—2017），方案预计投资 5 亿元开工建设 70 项重点城建工程，拉开 15 平方公里的南部新城框架，建成通车总长 34 公里的 15 条道路，铺设各类管网 102 公里，完成 8 条道路及 2 个道交口绿化工程，建设 2 处绿地广场，建成绿地面积约 66.5 万平方米，城区污水处理率达 95% 以上，加速膨胀中心城区规模，增强城市载体能力。

城市阳台广场施工全貌

博物馆规划馆施工全貌

土方调运施工现场

清障现场

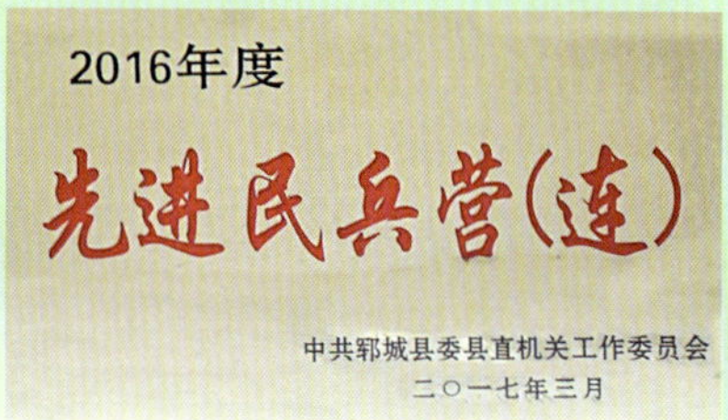

宋金河二期

省人大副主任张新起视察南湖公园

省旅游发展委员会主任于凤贵视察南湖公园

市委书记孙爱军、市长解维俊带领全市观摩团观摩南湖新区建设

县委书记刘文林到南湖公园检查工作

北沙河综合治理

南湖公园施工

郓城县城市管理局

党组书记、局长　张洪献

县委副书记、县长谷永强调研数字化城管监督指挥中心建设

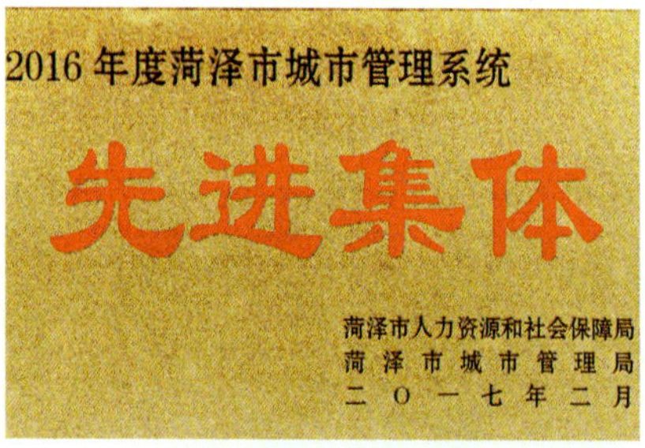

2016 年度菏泽市城市管理系统

先进集体

菏泽市人力资源和社会保障局
菏泽市城市管理局
二〇一七年二月

唐塔广场一角

郓城县城市管理局为县政府组成部门，正科级行政编制。成立于 2004 年 7 月。包含城市管理行政执法大队、环境卫生管理办公室、燃气热力安全检查监督站、垃圾处理厂四个下属单位，局内设办公室、人事股、法制股、执法股、市政管理股、市容管理股。全局共有公务员 15 人，参公人员 46 人，全额事业编制 81 人，差额事业编制 191 人。

近年来，县城市管理局以“为人民管理城市”为宗旨，以“四个全面”战略布局为引领，以城市管理现代化为指向，以理顺体制机制为途径，努力构建权责明晰、服务为先、管理优化、执法规范、安全有序的城市管理体制，促进城市运行高效有序，实现城市让生活更美好。

2016 年，开展市容市貌专项行动 18 次，显著提升城区综合环境质量；查处各类违法建设 1300 余处，拆除面积 3 万余平方米；完成城乡环卫一体化整县制托管，省城乡环卫一体化暗访成绩 100 分；新建改建 18 所城区公厕和 3 座垃圾中转站，进一步完善城市功能；全年增加道路保洁面积 36 万平方米，总面积扩大到 458 万平方米；城区热力管道总长度 44.5 公里，供热总面积 127.9 万平方米，新增燃气管道 26 公里；建成全市县级城市唯一的公共自行车服务系统，首期共建设 25 个站点，投放公共自行车 500 辆；建成完善郓城县数字化城管监督指挥中心一期系统，总投资约 1450 万。

被菏泽市人力资源和社会保障局、菏泽市城市管理局授予“2016 年度菏泽市城市管理系统先进集体”。

公共自行车服务项目启动仪式

共享单车宣传

共享单车方便市民出行

市委书记孙爱军调研智慧广场及数字化城管监督指挥中心建设

市委副书记、市长解维俊调研数字化城管监督指挥中心建设

创建园林城市誓师大会

有烟烧烤专项治理

县数字化城市管理模式建设方案通过评审

数字化城管监督指挥中心接线坐席

违建拆除

郓城县民政局

局长　王　涛

局领导前往唐庙镇慰问困难群众

武安镇开展“周行一善”活动

郓城县民政局是县政府主管社会行政事务的职能部门，负责全县有关社会行政事务，保障全县人民群众的基本生活权益和民主政治权利，发展社会民主政治，支持国防和军队建设，促进社会公平，构建社会和谐，维护社会稳定，推动社会进步，更好地为广大人民服务，为最需要帮助的困难群众服务，为改革发展稳定的大局服务。

县民政局下辖办公室、双拥办公室、救灾福利科、优抚科、退伍军人安置办公室、基层政权科、社会事务科7个行政科室和社会组织监督管理办公室、社会救助办公室、军队离退休干部休养所、福利彩票发行管理站、区划地名办公室、婚姻登记处、慈善总会办公室、社会福利中心、敬老养老康复中心、殡仪馆、革命烈士陵园管理所、光荣院、救助管理站13个事业单位，共有工作人员63人。

县民政局坚持认真贯彻落实县委、县政府工作部署，牢固树立“民政为民、民政爱民”理念，提升工作标准，积极探索创新，锐意进取，扎实苦干，努力推进民政工作再上新台阶，取得显著成效。

贫困大学生救助金发放仪式

八一前夕，局长王涛陪同县长谷永强慰问县消防大队

八一期间，局长王涛陪同副县长张俊阁慰问李楼监狱官兵

县领导到县光荣院慰问优抚对象

召开全县民政重点工作推进会

副县长张俊阁慰问敬老院老人

慰问黄泥冈困难群众

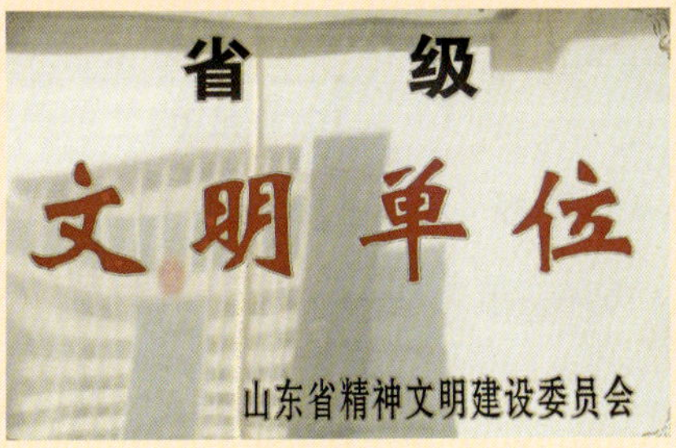

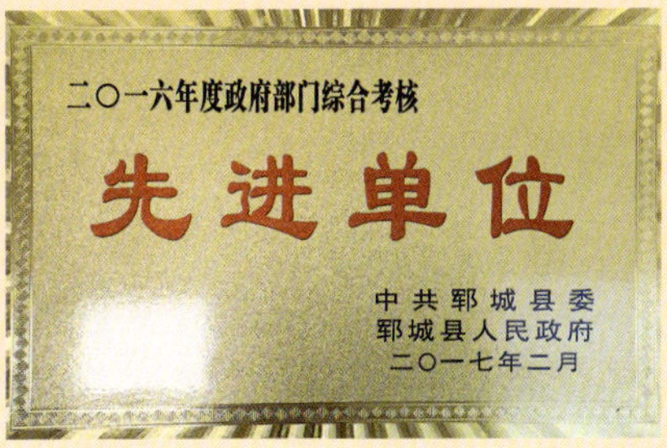

郓城县国家税务局

县领导共同为县公安局派驻县国税局联络机制办公室揭牌

召开 2016 年度全县国税工作会议

郓城县国税局坐落在郓城县郓州大道中段，1994 年 8 月国地税分设时成立，实行垂直领导管理体制。2016 年，在职干部职工 268 人，县局机关内设 11 个行政科室，1 个直属机构，1 个事业单位，下设 8 个派驻机构（税务分局）。主要任务是贯彻执行国家税收工作的方针政策和各项税收法律、法规及规章制度，负责郓城县内增值税、消费税、企业所得税、车辆购置税等税种的征收管理工作。

近年来，郓城县国税局紧紧围绕县委、县政府和菏泽市国税局各项工作部署，牢记“为国聚财、为民收税”的神圣使命，秉承“干在实处，追求卓越”的核心价值理念，2016 年累计入库税收 131491 万元，增收 33501 万元，首次突破 13 亿元大关。其中，县级收入完成 53840 万元，增收 27397 万元，为地方经济社会发展和社会稳定提供有力的财力保障，为郓城经济社会和谐发展做出积极贡献。先后荣获省级文明单位、省级文明机关、全国税务系统文明单位、全国巾帼文明岗、省级“青年文明号”示范集体、全省国税系统十佳“纳税人之家”“法治国税”示范点等荣誉。

走访纳税人，宣传税收新政，开展事后回访

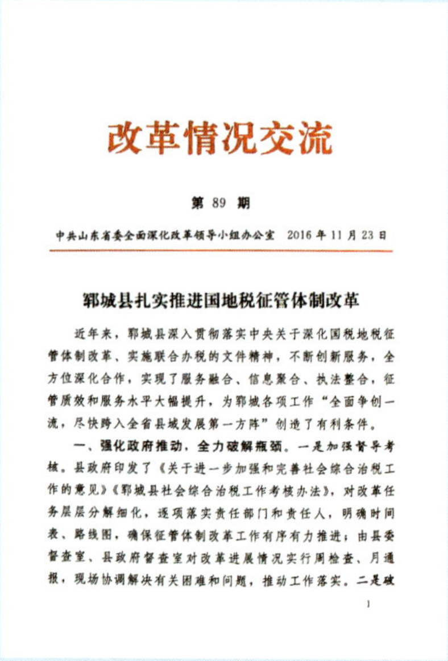

改革情况交流

第 89 期

中共山东省委全面深化改革领导小组办公室 2016 年 11 月 23 日

郓城县扎实推进国地税征管体制改革

近年来，郓城县深入贯彻落实中央关于深化国税地税征管体制改革、实施联合办税的文件精神，不断创新服务，全方位深化合作，实现了服务融合、信息聚合、执法整合，征管质效和服务水平大幅提升，为郓城各项工作“全面争创一流，尽快跨入全省县域发展第一方阵”创造了有利条件。

一、强化政府推动，全力破解瓶颈。一是加强督导考核。县政府印发了《关于进一步加强和完善社会综合治税工作的意见》《郓城县社会综合治税工作考核办法》，对改革任务层层分解细化，逐项落实责任部门和责任人，明确时间表、路线图，确保征管体制改革工作有序有力推进；由县委督查室、县政府督查室对改革进展情况实行周检查、月通报，现场协调解决有关困难和问题，推动工作落实。二是破

1

深化国地税征管体制改革经验做法被省委深改组《改革情况交流》专期刊发，并上报中央改革办

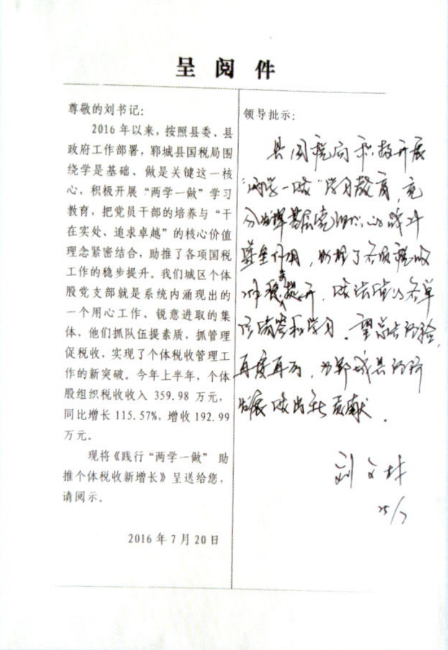

呈阅件

尊敬的刘书记：

2016 年以来，按照县委、县政府工作部署，郓城县国税局围绕学是基础、做是关键这一核心，积极开展“两学一做”学习教育，把党员干部的培养与“干在实处、追求卓越”的核心价值理念紧密结合，助推了各项国税工作的稳步提升。我们城区个体股党支部就是系统内涌现出的一个用心工作、锐意进取的集体，他们抓队伍提素质，抓管理促税收，实现了个体税收管理工作的新突破。今年上半年，个体股组织税收收入 359.98 万元，同比增长 115.57%，增收 192.99 万元。

现将《践行“两学一做”助推个体税收新增长》呈送给您，请阅示。

2016 年 7 月 20 日

领导批示：

县国税局积极开展“两学一做”学习教育，充分发挥基层党组织的战斗堡垒作用，推动了各项税收工作稳步提升，做法值得各单位借鉴和学习。望总结经验，再接再厉，为郓城县经济发展做出新贡献。

刘文林

25/7

践行“两学一做”促进税收增长的做法被县委刘文林书记批示表扬，并全县推广

通过精准扶贫，扎实开展“双联双创”

省国税局副局长李庆华到郓城慰问基层分局税务干部

市国税局局长王进、县委副书记孙迁国到联合办税服务厅调研

基层党建工作得到市国税局局长王进高度评价

开展廉政警示教育

慰问离退休老干部

5 月 1 日零时许，全县营改增首张住宿业发票成功开具，标志着四大行业营改增全面启动

郓城县地方税务局

党组书记、局长樊庆芳在全国诚信建设发展论坛做公信执法典型发言

党组书记、局长樊庆芳（右一）与分局（中心所）负责人签订全面从严治党责任书

联合国税开展企业所得税汇算清缴专题培训

郓城县地税局现有干部职工 369 人，其中在岗人员 238 人，内设 9 个科（室），下设直属征收局、稽查局和 9 个农村中心税务所，担负着全县范围内 4600 户企业和 7040 户个体户的地方税收征管工作。

面对组织收入、“营改增”试点改革、征管体制改革等异常繁重的工作任务，全县地税系统干部职工克难奋进，扎实苦干，实现绩效综合考核“五连冠”，荣获全省地税系统绩效管理“十佳”标杆单位。2016 年，全局组织各项收入 13.55 亿元，可比增长 12.64%，为全县经济社会发展提供坚实财力保障。征管执法、联合办税、绩效管理、党建工作等多项工作走在全市、全省前列，市委副书记、市长解维俊两次批示表扬，要求全市推广，在全国诚信建设促进会上做诚信建设经验介绍，市委《信息专报》、市政府《菏泽政务》《山东地税情况》专期刊发推介；两次代表菏泽市委顺利通过省委“两学一做”学习督导检查，菏泽市基层党建观摩会观摩党建工作现场，省市领导给予高度评价。

“营改增”试点改革在全市开具首张个人出租不动产普通增值税发票

关注农村留守儿童健康成长

开展“爱心暖冬”活动

省委讲师团团长孔繁轲（右二）在市委组织部长王磊、县委书记刘文林等领导陪同下到县地税局指导“两学一做”学习教育

市委副书记李建华到县地税局调研基层党建工作

市局党组书记、局长许从法到县国地税联合办税大厅实地调研联合服务开展情况

县国地税合作联席会议

组织党纪法规专题学习

开展“散”“慢”问题专项治理活动

郓城县交通运输局

局长　李玉增

团结奋进的领导班子和局机关中层干部

纪律作风整顿会议

郓城县交通运输局现有干部职工 989 人，下设行政科室 8 个，局属事业单位 14 个，辖 21 处乡镇交通管理所，主要负责全县的道路运输市场管理、超限超载车辆治理、地方公路的建设、养护和路政管理。

近年来，在县委、县政府的正确领导和社会各界的支持下，全县交通运输事业取得了快速健康发展。全县县乡公路通车里程已达到 2678.3 公里；成立全省首家“公安局交通运输执法监察大队”；道路运输市场规范有序，安全生产形势持续稳定。先后获得“省级文明单位”“全省交通运输安全生产工作先进单位”“山东省交通运输监察工作先进单位”“全省交通运输系统四化管理示范单位”等，农村公路建设和超限超载治理工作经验在全市推广。

2018 年前，完成“两环、四纵、六横、八连、十二接、县城辐射乡镇、乡村之间相连”的农村公路建设目标，实现“县城与乡镇半小时生活圈、相邻乡镇十分钟生活圈、相邻村五分钟生活圈”的农村公路网络。

道路建设

全市农村公路工作观摩会在郓城县召开期间，分管副县长王昌谦、县交通运输局局长李玉增陪同市交通运输局局长程传政到随官屯施工现场检查

局长李玉增陪同分管副县长王昌谦到郓苏公路施工现场检查

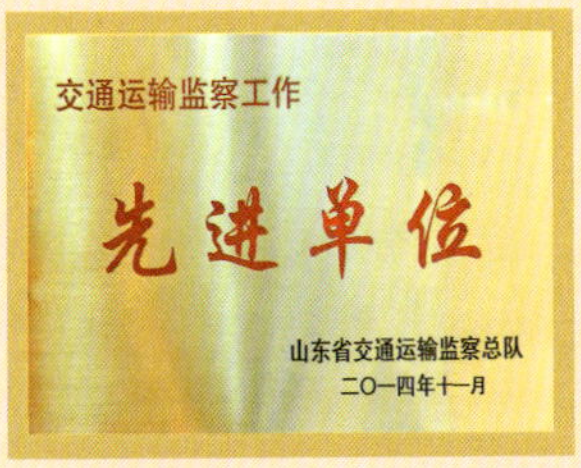

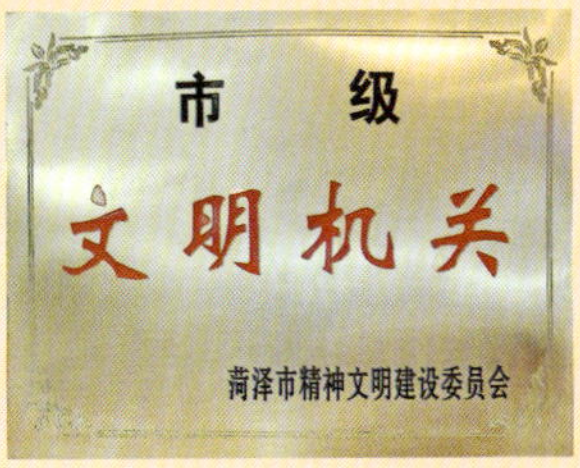

后彭庄道路施工现场

郓城县公路局

局长　靳民军

团结奋进的领导班子

参加全县庆七一歌咏比赛

郓城县公路管理局始建于 1952 年，隶属于菏泽市公路管理局垂直管理，是具有公路建设、公路养护、路政管理等职能的正科级事业单位，现有干部职工 210 人，担负着郓城境内 1 条国道、3 条省道的建设、养护和路政管理任务，通车总里程 155.2 公里，其中一级公路 98 公里，其余均为二级公路。

近年来，郓城县公路管理局在省、市、县各级领导的关怀下，发扬艰苦奋斗、励精图治、开拓进取、无私奉献的铺路石精神，行业面貌日新月异，文明建设硕果累累。连续十二年保持“省级文明单位”称号的同时，还荣获“全国职工书屋”“全国公路交通系统模范职工小家”“共青团省委安全生产示范岗”“省级文明公路站”，菏泽市“五一劳动奖状”“职业道德建设十佳标兵单位”“先进基层党组织”“精神文明建设宣教基地”“创建学习型组织先进班组”“节能减排工人先锋号”等荣誉称号。

调查桥梁病害情况

桥梁加宽施工现场

路政宣传月活动现场

除雪防滑作业

养护灌缝作业现场

参加全县庆五一职工运动会

市公路局局长姜守民考察济董路郓城东段改建工程

县委副书记、县长谷永强（右一）陪同副市长王忠想（右二）考察济董路东段改建工程

开展“两学一做”红色教育

开展“慈心一日捐”活动

路面碾压施工现场

取得的成就

路面摊铺施工现场

水泥稳定碎石基层施工现场

专职安全员旁站施工

郓城县国土资源局

党组书记、局长　高传祥

县不动产登记中心优质服务暖人心

2016年，全县土地总面积1633.23平方公里。耕地113765.91公顷，园地487.47公顷，林地7448.74公顷，草地372.35公顷，城镇村及工矿用地24377.32公顷，交通运输用地5085.41公顷，水域及水利设施用地9155.76公顷，其他土地2630.15公顷。人均耕地0.087公顷。

落实最严格的耕地保护制度，保证全县耕地保有量113677.47公顷，基本农田100021公顷，在全县经济高速发展的形势下，连续多年保持耕地总量动态平衡。继续加大基本农田保护力度，县、乡、村、户逐级签订《基本农田保护责任书》，更新基本农田保护标志和土地开发整理项目宣传标志；完成城市周边永久基本农田划定，划入基本农田1526.66公顷，通过省级验收。争取资金1.16亿元，开展14366.66公顷高标准基本农田建设，已验收郓城县侯咽集、张鲁集、程屯三乡镇8586.7公顷，黄安镇等六乡镇、双桥镇李楼等七村、葛家庄等十三村5780公顷项目已基本完工。近年来，郓城县高标准基本农田建设取得突出成绩，菏泽市国土资源局于2016年10月26日在郓城召开全市高标准基本农田建设现场会，向全市全面介绍、推广郓城的先进经验。

顺利完成不动产登记整合，2016年9月26日成立郓城县不动产登记中心，当日颁发首证，全年发放不动产证书512本。

全县已建成投产矿井4对，彭庄煤矿、郭屯煤矿、赵楼煤矿和郓城煤矿，年设计开采能力825万吨，核定生产能力980万吨。

创新巡查机制，认真组织日常动态巡查，特别是春季重点巡查，春节假期后县局抽调精干力量120人，利用24辆宣传车，集中利用30天的时间，在城区、县经济开发区、乡镇（街道）驻地、主要交通沿线和重点地区进行强化宣传，县电视台全程跟踪报道。集中强化宣传结束后，执法大队7个中队分别组织责任区域的国土资源所，进行队所联动，分片作战，对所辖乡镇（街道）实行分别宣传与集中宣传相结合，动态巡查与联合查处相结合，历时三个多月，宣传、巡查遍及全县1043个行政村。

连续荣获“省级精神文明建设先进单位”和“省级国土资源节约集约模范县”、被评为全国国土资源系统依法行政先进单位。

集体土地所有权证书发放

地热资源执法

自动化监测设备安装

市领导视察郓城项目

全市高标准农田建设现场会

县委副书记、县长谷永强检查不动产登记窗口

县政府党组成员张平、局长高传祥到黄安镇季垓增减挂钩项目区现场督导

高标准农田建设

精准扶贫选址测量

张营镇工矿废弃地复垦项目

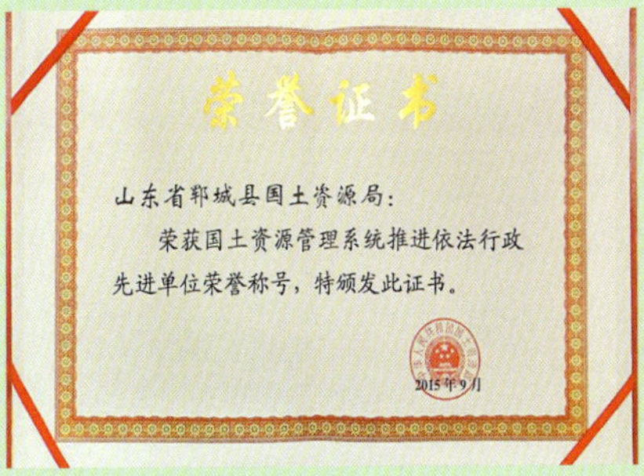

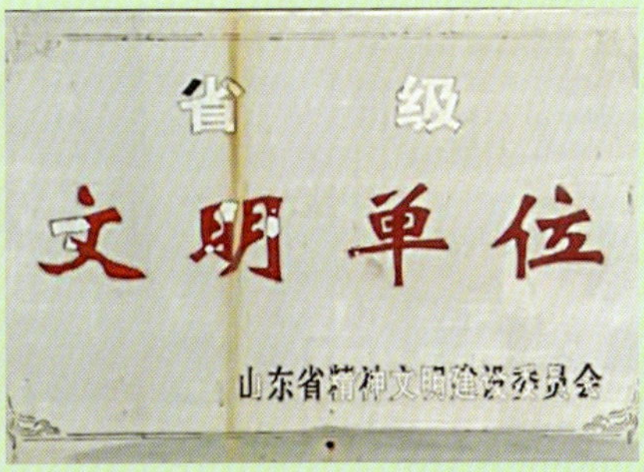

郓城县环境保护局

局长　马洪臣

郓城县环境保护局属县政府组成部门，下设办公室、人事科、政策法规科、环境影响评价科、污染控制与应急管理科、污染物总量控制办公室6个行政科室和郓城县环境监察大队、环境监测站两个事业单位和15个乡镇环保所，共17个事业单位。现有行政编制人员19人、参照管理人员56人、事业编制20人，在职在编制数共计95人，工资待遇为县财政全拨。近年来，郓城县环保局党组把队伍建设作为提升工作水平，改善环境质量的首要工作来抓，为全面提升环保队伍整体素质和综合能力水平，树立良好的执政为民形象，采取有效措施，全面加强环保队伍建设，不断规范执法行为，努力提高环境执法人员综合素质，全力打造一支技术过硬、作风优良、反应迅速的环境执法队伍。

宋金河荷花

宋金河湿地

环境保护宣传

南赵楼煤矿生活污水处理站

办公楼

菏泽富海能源废气处理设施

菏泽富海能源污水处理厂

全市环境保护系统

先进集体

菏泽市人力资源和社会保障局
菏泽市环境保护局
二〇一四年一月

菏泽市环保系统“中国梦·我们的价值观”演讲比赛

优秀组织奖

菏泽市环境保护局
二〇一五年五月

菏泽市环保系统2014、2015年度

先进集体

菏泽市人力资源和社会保障局
菏泽市环境保护局
二〇一六年三月四日

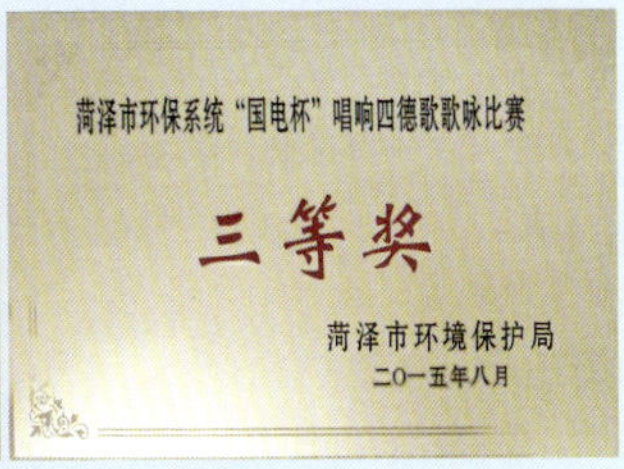
菏泽市环保系统“国电杯”唱响四德歌歌咏比赛

三等奖

菏泽市环境保护局
二〇一五年八月

郓城县农业局

党组书记、局长　孙万文

县委副书记孙迁国调研美丽乡村建设工作

郓城县农业局承担全县农业技术推广、农业产业化发展、农村经济管理、农民负担管理、农业行政执法、农业科技教育、农业扶贫开发、农业环保、农业能源和新品种试验、示范、引进、推广等工作。2016 年，县农业局下设办公室、人事科、财务科、生产信息科、政策法规科 5 个行政科室，产业办、农业综合执法大队、农广校、农技站、经管站、植保站、土肥站、环保站、种子管理站、能源办、农技中心、桑蚕办等 12 个事业单位，现有职工 167 人。

近年来，农业局在县委县政府的正确领导下，全面贯彻落实中央、省市各项强农惠农富农政策，在确保粮食安全的前提下，以发展现代农业、调整农业产业结构、增加农民收入为主要任务目标，扎实奋进，不断推进农业农村经济发展。2011 年，郓城县荣获“全国粮食生产先进县”，全县粮食总产首次突破 20 亿斤；2012 年，郓城县荣获“全国粮食生产先进县”；2014 年，郓城县荣获全国农村集体“三资”管理先进县、全国粮食生产先进县。2015 年，全省粮食高产创建示范方现场会在郓城召开，省委副书记王军民，副省长赵润田出席会议并讲话，菏泽市委书记、市人大常委会主任孙爱军，市委副书记、市长解维俊，副市长王桂松，郓城县领导王永华、刘文林、孙彦军、李维亚等参加会议；2015 年 10 月 24 日，农业部副部长余欣荣到郓城县检查指导粮食高产创建工作。2016 年，郓城入围全国超级产粮大县。

全县农产品品牌建设会议

基层农技推广体系改革与建设补助项目技术指导员培训班

县农产品电子商务培训班开班

神舟食品集团（国家级农业产业化重点龙头企业）

南赵楼甄庄村蔬菜基地

张营镇百蔬园蔬菜基地

中国工程院院士、小麦专家于振文到郓城县调研指导农业扶贫

省委农工办副主任王宪到郓城调研美丽乡村和现代农业发展

全市种植业结构调整现场会在郓城县召开

2016 年菏泽市暨郓城县放心农资下乡进村宣传周活动启动仪式

小麦统防统治

郓城县林业局

局长王学让示范如何防治草履蚧

局领导示范用高枝剪剪除美国白蛾虫幕

郓城县林业局内设办公室（计划生育办公室）、人事科、财务科、造林绿化科、林政科、森林公安局（副科级）6个行政科室局，辖林业站、果树站、林业科技推广站、森林植物检疫站、林木保护站、野生动物保护站、花卉站、林业种子苗木监督检验站、木材检查站、国有何庄林场、国有小屯苗圃等。曾先后被国家林业局命名为全国平原绿化县、全国营造林先进单位、全国绿化先进集体，被山东省林业厅命名为全省林业工作先进单位，被山东省人力资源和社会保障厅、山东省林业厅、山东省公务员局评为全省林业系统先进集体，县林业局局长王学让被山东省人力资源和社会保障厅、山东省林业厅、山东省公务员局评为全省林业系统先进个人二等功。

郓城调查队开展第九次森林资源清查工作

草履蚧防治现场会

省林业厅林业监测规划院主任吴可、王爱东到郓城县 9460 样点（杨庄集镇后刘村）指导第九次森林资源清查

第九次森林资源清查检查验收工作

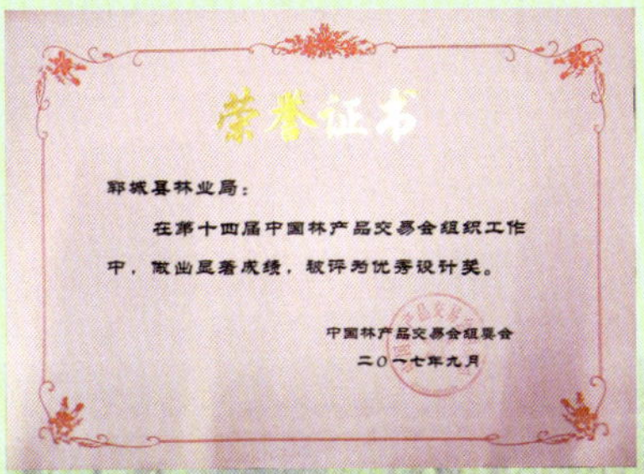

林下养殖

郓城县水务局

党组书记、局长　丁晓生

团结奋进的局领导班子

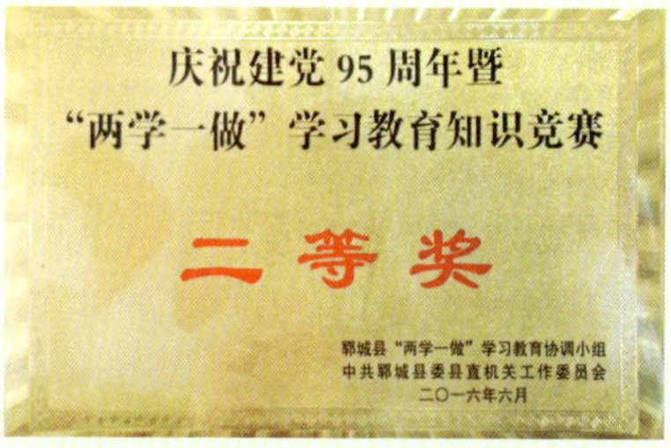

节水灌溉

郓城县水务局为县政府水行政主管部门，下设7个行政科室，积极围绕推进供给侧结构性改革，努力构建供水、用水、治水、管水、兴水等水安全保障体系，统一管理全县水资源、水利工程建设、河道养护、水政事项、水土保持、引黄灌溉、农村水利设施等并发布全县水资源公报，促进全县经济可持续发展。

城乡供水一体化工程：城南水库工程于5月13日通过下闸蓄水验收并引入600万立方米黄河水入库；城南净水厂通过供水管网运行；城区管网对接完成，乡镇管网工程全部完成，并通水运行；城乡供水一体化达到“同源”“同网”“同质”目标。

小农水重点县建设：2016年度郓城县小型农田水利重点县项目建设高效节水灌溉2.66万亩，总投资2944.58万元。新项目区每年节水能力新增292.6万平方米，新增粮食2.216万吨，新增经济作物产值171.46万元，节能55.4万度，省工2.77万个。工程建设质量和项目管理获得专家评委的一致赞成，位居全市之首，建议在全省推广。

冬春水利建设：2016冬春水利基本建设共投资22952万元，工程完成后新增蓄水能力801万立方米，新增灌溉面积2.5万亩，改善灌溉面积6万亩，新增除涝面积7.8万亩，改善除涝面积16万亩，新增节水工程面积6.9万亩，新增年节水能力413万立方米。在菏泽市政府组织的冬春水利建设评比中获得全市第二名。

小农水重点县工程顺利通过验收

管网工程施工现场

省水务厅副厅长曹金萍检查指导饮水安全工作

县委书记刘文林检查饮水安全工作

县委书记刘文林陪同驻郓省人大代表视察水利工程

2016 年度防汛抗旱工作会议召开

城南水厂

城南水库

山东郓城农村商业银行

党委书记、董事长　尹利广

行领导深入企业考察走访

山东郓城农村商业银行作为菏泽市首家成功改制的农村商业银行，于2013年12月28日由郓城县农村信用合作联社改制而成，现有在职职工609人，辖前台经营、中台管理和后台保障共20个内部职能部门，1处营业部，40家支行。主要为城乡居民、企事业单位办理存贷款、结算、票据承兑与贴现、代收代付、银行卡等金融业务。

近年来，在省联社和办事处的正确领导下，在县委、县政府的大力支持下，郓城农商银行本着取之于民、用之于民、服务于民的经营政策，以“服务社会、发展经济”为己任，优先支持和引导农业发展，加大支农贷款的投入，全力支持地方经济发展，目前已发展成为全县业务规模最大、营业网点最多、客户资源最广的地方性金融机构，成为全县支农资金投入的主要渠道，是支持农村经济发展不可替代的中坚力量。截至2016年末，郓城农村商业银行各项存款余额170.15亿元，各项贷款余额93.46亿元，存、贷款业务占全县金融市场的半壁江山，缴纳各项税收8876万元。郓城农村商业银行先后被郓城县委授予“先进基层党组织”；被共青团郓城委员会授予“五四红旗团委”；被县总工会授予“工会工作先进单位”“2014年道德文明奖”；被市工会授予“安康杯竞赛优胜单位”“基层工会经审工作规范化建设先进单位”“五一劳动奖状”“模范职工之家”“创建学习型组织先进单位”；被菏泽市文明办、民政局授予“全市慈善工作先进单位”；被菏泽市宣传部授予“全市理论教育工作先进单位”“思想政治工作优秀企业”；被省工会授予“省财贸金融系统工人先锋号”“富民兴鲁五一劳动奖章”；被省委宣传部授予“省级文明单位”；被中国银监会山东监管局办公室授予“银行业金融机构小微企业金融服务先进单位”；被菏泽市银行业协会授予“银行业信息宣传工作先进单位”“银行业网络信息维护工作先进单位”；被中共山东省联社党委授予“先进基层党组织”；被省联社授予“先锋基层党组织”“统计工作先进单位”“省级先进单位”“信息工作先进单位”；被菏泽办事处授予“创先争优先进单位”等荣誉称号。党委书记、董事长尹利广2016年度被菏泽市总工会授予“五一劳动奖章”；2017年度被中共菏泽市委、菏泽市人民政府授予“菏泽市劳动模范”荣誉称号。

办公楼

部分荣誉

党委书记、董事长尹利广为高龄老人送上慰问金

行长李传良为客户详细讲解第五套人民币反假知识

副行长刘尊涛为贫困职工送温暖

纪委书记汪磊向客户宣传金融产品

客户为农商行送上锦旗

开展反洗钱宣传活动

开展金融消费者“3.15”权益日宣传活动

首个智能机器人大堂经理为客户提供服务

员工深入集市为客户兑换残损人民币

工作人员到企业走访调查

组织开展拔河比赛

中国人民武装警察部队郓城县消防大队

党委书记、教导员 王占国

郓城县公安消防大队（又称“中国人民武装警察部队郓城县消防大队”）是依法实施消防行政管理的职能机构，其前身是1975年公安局设置的消防股。1983年列入中国人民武装警察部队序列，称谓中国人民武装警察部队菏泽地区消防大队郓城消防股，编制为正连级单位，消防干部由公安转为现役军人，编制为5人，实有1人。1987年10月成立编制20人的现役体制的消防中队，编制为正连级单位，负责全县的执勤灭火、抢险救援、社会救助等工作。1992年1月，公安局消防股改称“郓城县公安消防大队”“郓城县公安局消防科”“中国人民武装警察部队郓城县消防大队”，编制为正营职单位。2011年县消防大队编制升格为副团职单位。2005年3月大队撤党总支成立党委。2005年为弥补警力严重不足，菏泽市公安消防支队为大队统招政府专职消防员、消防文员一批，大、中队总人数达45人，担负着全县20个乡镇、2个街道办事处，1643平方公里的消防行政管理、消防安全保卫任务和灭火抢险救援工作。

地方单位慰问

慰问困难群众

为贫困群众捐款

地方群众送锦旗

消防设施检查

警民共建

志愿者协会走进红门

目 录

特 载

专 记

大事记

县情概览

政党政务

法　治

军 事

社会团体

经济管理与监督

农 业

工　业

商贸·流通

建设·环保

交通·通信

财政·税务

金融·保险

教　育

科学技术

文化·体育

旅　游

卫生与计划生育

社会管理

乡镇·街道·开发区

人　物

荣　誉

附　录

索　引

CONTENTS

Special Record

Special Note

Events

County Overview

Party Affairs and Government Affairs

Law System

Military

Social Groups

Economic Management and Supervision

Agriculture

Industry

Trade · Circulation

Building and Environmental Protection

Transportation and Communication

Fiscal · Taxation

Finance · Insurance

Education

Science and Technology

Culture · Sports

Tourism

Health and Family Planning

Social Management

Towns · Districts · Development Zones

Figures

Honors

Appendix

特 载

中国共产党郓城县第十四次代表大会

特 载

乘势而上 务实担当
为决胜全面小康实现跨越发展而努力奋斗

——在中国共产党郓城县第十四次代表大会上的报告

（2017 年 1 月 10 日）

刘 文 林

一、过去五年工作回顾和基本经验

县第十三次党代会以来，在上级党委的正确领导下，县委全面贯彻落实党的十八大、十八届历次全会和习近平总书记系列重要讲话精神，团结带领广大干部群众，围绕既定目标，把握主体主线，落实五大发展理念，始终把加快发展作为最大的政治、最硬的道理和最根本的任务，提升标准，争创一流，推动了全县经济社会平稳健康发展。

2016 年 4 月 14 日，县委书记刘文林（中）深入企业调研

经济基础全面夯实，综合实力明显增强。五年来，生产总值增长 87.3%；二、三产业占比提高 6.1 个百分点；公共财政预算收入增长 69.5%；规模以上工业主营业务收入增长 115%；金融机构存款余额增长 122%。我县先后纳入国家新型城镇化综合试点、全国深化县城基础设施投融资体制改革试点、全国农民工等人员返乡创业试点；相继被评为全国粮食生产先进县、全国科技进步先进县和省级文明县、全省文化强省建设先进县、全省小康电示范县，被授予“山东省酒类包装生产基地”“中国酒类包装之都”。

深化改革硕果累累，发展活力日益迸发。五年来，始终坚持把深化改革作为转方式、稳增长的有效动力。认真贯彻落实中央和省、市委改革部署，推动重大改革举措、重点领域改革不折不扣落实到位，9 项改革试点扎实推进，被确定为第二批省财政直管县。全面实施“营改增”，顺利完成公务员职务职级并行，积极实施大部门体制改革和行政审批制度改革；圆满完成 3 项国家级试点任务，为加快发展激活了动力。

四项攻坚捷报频传，发展基础不断夯实。五年来，坚持打赢打好“四个攻坚战”，不断夯实发展基础，持续增强发展潜力。招商引资成效显著。完成储备项目300个，投资总额1560亿元；多次开展集中招商活动，累计签约落地项目216个，总投资468.9亿元。城乡面貌焕然一新。抢抓国家新型城镇化综合试点机遇，强化投融资机制创新，加大基础设施建设力度，群众生产生活环境明显改善。电子商务发展迅猛。大力实施国家“互联网+”行动计划，全国首所县域电商淘宝大学落户郓城，被评为全省首批电子商务示范县。脱贫攻坚扎实有效。着力构建“三位一体”大扶贫格局，实施“一村一品”产业扶贫、“一户一案”精准扶贫、“一人一岗”就业扶贫等帮扶措施，97个扶贫工作重点村精准退出，累计完成脱贫15.5万人。

现代农业稳步推进，服务业发展卓有成效。五年来，粮食总产连年攀升，粮食高产创建示范方面积达到35万亩，全省粮食高产创建示范方建设现场会在我县召开；供销社土地托管等先进经验全国推广，被评为“全国农村三资管理示范县”。服务业发展质量明显提升，全县规模以上服务业企业达到97家，服务业占比提高8个百分点，增加值连续五年居全市前列。

民生保障持续改善，社会大局和谐稳定。五年来，民生财政支出占比提高10个百分点，各项社会事业全面发展。“全面改薄”完成投资7.6亿元，开工建设校舍596处、72万平方米；投资9.7亿元着力加强城区学校建设，基本解决了城区学校大班额问题，教育教学质量明显提高。启动实施县公立医院综合改革，全面实行药品零差率销售；县医院综合楼建成投用，重大疾病防控和公共卫生服务能力进一步提升；坚持计划生育基本国策，积极实施全面两孩政策，人口计生服务水平明显提升。大力实施安居工程，新建各类保障性住房2967套。城乡供水一体化管网工程加快建设；新建改建农村公路1602公里；“三馆一场”即将启用，群众文体生活进一步丰富。扎实推进法治郓城、平安郓城建设，确保了全县社会大局和谐稳定。

党的建设全面加强，执政能力不断提高。五年来，扎实开展党的群众路线教育实践活动、“三严三实”专题教育、“两学一做”学习教育和“双联双创”活动，广大党员干部的党性修养、宗旨观念和政治觉悟明显提升。基层党建富有成效。统筹推进基层党建、“双联双创”和“第一书记”工作，在全市率先制定了《实现党建工作“走在全市前列”目标工作方案》，顺利完成了全县村（居）规模调整，全面推进村级服务型党组织建设，党建引领脱贫攻坚取得明显成效。队伍建设水平明显提高。认真贯彻《党政领导干部选拔任用工作条例》，确保了换届风清气正；认真推行人才工作责任目标管理，在2015年人才发展指数考核中位居全市第一。干部作风持续好转。严格落实中央八项规定和省、市委纪律要求，坚持不懈纠正“四风”，大力开展“不担当、不作为、慢作为、乱作为”专项治理，干部精神风貌为之一新。党风廉政建设和反腐败工作扎实推进。管党治党责任深入落实，纪律规矩更加严明，全县共立案审查各类违纪违规案件928件，党政纪处分914人，移送司法机关97人，全县党员干部廉政勤政意识进一步增强。精神文明建设成效显著。大力倡导和践行社会主义核心价值观，集中推选出一大批省市级道德模范和“中国好人”“山东好人”；扎实开展乡村文明行动，移风易俗和城乡环卫一体化工作位居全市前列，深入实施“四德工程”，1个村被评为全国文明村。同时，坚持节约资源和保护环境基本国策，深入开展环境综合整治，城乡环境持续改善。

刚刚过去的2016年，县委常委会团结带领广大党员干部群众，以“走在全市前列、全面争创一流”为目标，以开展“双联双创”活动、“两学一做”学习教育和转变干部作风为动力，以打好打赢“四个攻坚战”为突破口，全力推动各项工作落实，开创了经济社会发展新局面。全年预计实现生产总值336.1亿元、同比增长8.6%；城、乡居民人均可支配收入分别达到22703元、11025元，增长10%、11%；完成公共财政预算收入22.7亿元，增长3%；全社会用电量26.3亿千瓦时、增长8.7%；金融机构各项存、贷款余额达到375亿元、181亿元；社会消费品零售额181.3亿元、增长10.9%；自主进出口备案企业206家、完成进出口总额4.6亿元；生产总值、全社会用电量、工业用电量、存款余额、小汽车拥有量等主要指标居全市首位，国税增幅位居全市第二。大力推进政府与社会资本合作，两次成功举办PPP项目推介会，南湖新区、彭湖湿地生态区两个项目被确定为第三批国家级示范项目，位居全省县域前列；在全市率先成功发行了9.7亿元的县级城投债，为经济欠发达地区债券市场融资树立了标杆。

（一）突出转型升级，发展质量和效益有新提升。一是工业经济稳中向好。以大力实施精准招商、产业招商为抓手，进一步提高招商引资实效，全年开展集中招商9次，累计签约项目108个，计划总投资336亿元。持续加大项目储备和建设力度，总投资552亿元的146个项目进入储备库;全县在建的109个项目中,1个列入省重点，18个列入市重点，其中新落地开工65个、居全市第一。以中小企业产业园建设为引领，推进传统产业转型升级，6个入园项目建成投产；琦泉生物质发电、圣元环保发电项目并网发电；大唐郓城2×100万千瓦级发电项目通过中国电规总院评审，成为全省第一个上报国家审批的创新示范项目。精心组织经济运行，三次召开银企对接会，签约项目资金43.6亿元，为46家企业提供过桥资金2.2亿元；引导企业开展规范化改制，5家企业成功挂牌，改制企业达到10家、规范化企业达到45家；405家规模以上工业企业主营业务收入863亿元、增长10.9%。二是现代农业稳中有进。以发展生态高效农业为切入点，大力发展现代农业，全县粮食总产26.3亿斤，被确定为全国超级产粮大县，申报了国家农业可持续发展试验示范区。规模以上农业龙头企业发展到203家，主营业务收入400亿元，利税32.4亿元。全县土地流转面积达到40万亩、设施农业面积20.5万亩。三是科技创新步伐加快。以创新驱动战略为引领，实施重点技改项目39个，技改投资60亿元、同比增长10%，42家企业通过山东省两化融合综合评估。90家企业与高等院校、科研院所建立了深度合作关系，55家重点培育企业引进国内外一流工艺、设备，极大提高了产品质量和企业效益。目前，全县省级高新技术企业达到8家、市级32家，完成高新技术产业产值182亿元、同比增长16.4%，我县被评为全省创新驱动工程示范区。四是生态文明建设力度加大。以践行绿色发展理念为导向，加大环境执法力度，治理重点大气污染项目5个，淘汰高耗能落后设备80台套，节约标煤2800吨；升级改造两个污水处理厂及重点企业环保“十个一”工程，实现了园区污水达标排放；严把项目环评关，在建项目“三同时”执行率100%，全县生态环境持续改善。坚持土地集约节约利用，盘活低效闲置用地1260亩。

（二）突出挖掘潜能，发展活力和后劲有新增强。一是以电子商务、全域旅游、返乡创业融合发展为切入点，努力培育新的经济增长点。通过发展电商为全域旅游、返乡创业搭建信息平台，完成了“千村万人”培训计划，农村淘宝服务站达到260个，居全市第一；建成淘宝村2个，认定省级电子商务示范企业1家、市级4家，市级电商示范园区1个、专业镇5个、专业村25个。在“618”年中大促活动中我县农村电商交易额名列全省第一、全国第二，全年电子商务交易额140亿元，成为全省农村电子商务标准化试点。通过发展全域旅游为电商发展、返乡创业提升环境软实力，紧抓菏泽全力支持我县发展全域旅游契机，联合19省的31个县市成立了中国全域旅游发展联盟，与世界未来委员会签署了东溪湿地省级旅游度假区项目；彭湖湿地、水浒好汉城三期等12项工程加快推进。申报省级旅游强镇1个、省旅游特色村2个，入选山东省首批全域旅游示范区创建单位，全县旅游消费总额15.5亿元、增长17.3%。通过返乡创业为电商发展、全域旅游汇聚人气，在北京、青岛等4个城市设立了返乡创业服务站，建成运营县创业服务中心1处、创业孵化基地6处、乡镇特色创业园7处，新增返乡创业就业人员2.6万人，返乡人员新注册私营企业7200家、个体工商户5600家;设立了1000万元的创业贷款担保基金，9家金融机构累计发放创业贷款8900万元、财政贴息160万元，全市返乡创业现场会在我县召开，被评为全市返乡创业先进县。二是以推进国家新型城镇化综合试点、深化县城基础设施投融资试点为契机，推动城市建设，催生发展活力。高标准制定了城市规划，全力实施以人为核心的新型城镇化，加快农业转移人口市民化，常住人口城镇化率达48.6%，成为全省10个中等城市培育试点之一。做大做强中心城区。同步推进新城区建设与老城区改造，大力强化基础设施建设，规划建设了可容纳15.4万人的15平方公里南部新城，新建改建19条城区道路，铺设各类管网117公里，新增绿地面积130万平方米，被评为省级园林城市。加大老城区改造力度，6262户77万平方米棚户区改造全面开工建设，创造了郓城棚改历史上的“蒋庙速度”“五道街速度”，城区在建房地产开发项目16个、总面积142.3万平方米。做好“水、绿、花、文”四篇文章。强化城区水系生态治理，开工建设了宋金河二期、跃进河、北沙河生态治理工程和南湖公园，为城市赋予了灵气；提升改造了9条道路绿化工程、3个城市出入口景观绿化工程，公园绿地面积达到900多万平方米，实现了城区三季有花、四季常绿，使城市充满生机和活力；充分挖掘郓城深厚的文化资源，在城区道路命名和主题公园、广场建设上突显了水浒文化、历史文化和红色文化，为城市增添了无限魅力。抓好精品小城镇、农村新型社区和美丽乡村建设。4个示范重点镇规模持续膨胀，10个压煤村庄搬迁工作步伐加快，35个农村新型社区建设快速推进，新增小城镇开发面积180万平方米，承载功能和产业支撑能力大幅提升，6000多户农民就地就近市民化；占地450亩的水浒旅游小镇核心区加快建设，投资50亿元的陆港韵梦小镇全面开工。建成环境整洁村229个、生态文明村46个、美丽乡村43个，全市美丽乡村建设现场会在我县召开。

（三）突出探索创新，各项改革有新突破。认真贯彻落实中央和省、市委改革部署，承担的4项国家级、4项省级、1项市级改革试点全部稳妥推进，并取得显著成效。顺利实施党政机关公务用车制度改革；强化服务型政府建设，深入推进综合行政执法改革，亮点经验全省推广；积极实施地方戏曲振兴工程，动漫舞台剧《跑旱船》作为全省唯一代表晋京参加了全国基层院团戏曲会演和央视2017年新年戏曲晚会。新型城镇化综合试点顺利通过国家、省第三方评估，成功走出了一条具有郓城特色的城镇化投融资新路子。打造了水浒置业、郓财投资两个平台，直接融资到位资金78亿元；强化PPP模式运作，34个项目纳入全国PPP综合信息平台项目库，投资总额250.4亿元，其中9个项目基本完工或试运行，落地个数全市第一，彭湖湿地项目获得国家奖补资金800万元。通过多方融资，全年投入城镇基础设施及公共服务项目建设资金120多亿元，经验做法被《中国城市报》《大众日报》等媒体深度报道。全国建制镇示范试点、农民工等人员返乡创业试点、国地税征管体制改革等典型经验，相继被省、市委改革简报刊发推广。

（四）突出精准发力，脱贫攻坚有新成效。一是全面夯实基础，配备村级信息联络员1053名，精准派驻脱贫攻坚督导指挥部23个、工作队161个、“双联双创”工作组956个，深入一线实施精准帮扶，增强了贫困人口造血自强能力。二是广聚攻坚合力，深入开展社会大扶贫行动，设立扶贫基金，形成了脱贫攻坚人人有责、人人有为、人人出钱出力的浓厚氛围；制定完善了“1+24”专项扶贫方案，规划建设了269个精准扶贫示范点，有力推动了贫困人口就业脱贫。三是实施产业扶贫、光伏扶贫等九大行动，建设扶贫大棚600个，张营镇30兆瓦光伏发电扶贫示范项目并网发电，侯咽集镇40兆瓦、随官屯镇30兆瓦光伏扶贫项目加快建设。20636户、52176名建档立卡贫困人口精准脱贫，超额完成全年计划。

（五）突出民生改善，社会事业发展有新亮点。持续加大民生投入，完成民生支出44.1亿元，占财政支出的84.4%，重点实施了教育、医疗、交通、安全饮水等10个方面民生工程。一是坚持教育优先发展，扎实推进“全面改薄”，开工建设校舍177处、56万平方米；新建扩建城区学校8处，新增教学班396个；郓城一中新校区二期主体完工，县职业中专新校区开工建设；连续三年累计新招录中小学教师1191名，其中硕士研究生139名，招考数量居全市首位；教育教学质量连年提升，多名学生考取北大、清华等名校。二是大力发展交通事业，新建改建农村公路900公里，开工里程、投资额度全市第一，超过过去五年的总和；改造窄危桥44座；郓杨公路全线建成通车；在全市率先启动“户户通”工程，铺设面积158万平方米；新上新能源城市公交车100多辆，在全市县城率先启用城市公共自行车500辆；北京中辆新能源有轨电车T1线加快规划建设，将成为全省率先建设有轨电车的县级城市。三是积极推进安全饮水工程，城南水库及净水厂建成并通过验收，城区及南部乡镇60万人口即将安全饮用黄河水。四是切实改善医疗卫生条件，加快推进县医院新建、县妇幼保健计生服务中心迁建和县中医院扩建，实现乡镇卫生院国医堂建设全覆盖。五是健全完善养老服务体系，新建扩建乡镇敬老院7处，建成社区老年人日间照料中心4处、农村幸福院55处；福乐、枫叶正红等社会养老机构加快建设。六是全面推进其他民生事业，继续完善社会保障体系，参保人数达到196万人次，按时足额支付各项社会保险待遇13.9亿元，新增城镇就业4.4万人；大力实施文化惠民工程，建成乡镇街道文化站22处、农村文化大院666处、文化广场658处、农家书屋627处。同时，积极创新社会治理，高标准建成县政务服务中心，为企业和群众提供了优质、便捷、高效的“一站式办结”服务；严格落实领导干部公开接访和包案制度，扎实开展信访积案集中化解“百日会战”和“创建无非访县”活动，成为全市唯一的无进京非访县，被评为全省信访工作先进县；基层综治规范化建设成效显著，被推荐为全省社会治安综合治理先进县。严格落实安全生产责任制，切实强化食品药品质量监管，扎实开展移风易俗工作，群众的幸福感、满意度显著提升。

（六）突出从严从实，党的建设水平有新提高。一是着力加强思想政治建设。坚持把开展“两学一做”学习教育作为全面从严治党向基层延伸的有力抓手，通过开展“六个一”等活动，充分发挥先进党员激励引领作用；县委常委坚持学在先、做在前，有力推动了学习教育深入开展。二是着力加强领导班子和干部队伍建设。坚持正确用人导向，调整提拔科级以上领导干部532人；严格遵守“九严禁”换届纪律要求，努力营造风清气正的换届环境；开展干部教育培训2679人次，充分调动了各级干部干事创业积极性；大力加强人才工作，共引进泰山学者等高层次人才25人。三是着力加强基层组织建设。深化拓展“双联双创”活动，继续抓好选派“第一书记”工作，全面推进村级服务型党组织建设，大力整治软弱涣散基层党组织，增强了基层党组织的政治和服务功能；着力加强村级组织活动场所建设，多渠道增加村集体经营性收入，消除了集体经济“空壳村”。四是着力加强党风廉政建设。认真贯彻执行党章党规党纪，全力支持纪检机关履行监督责任，深入持久地开展“不担当、不作为、慢作为、乱作为”专项治理，加强乡镇、县直部门纪律巡察，共立案104起，党政纪处分93人；加大纪律审查力度，综合运用监督执纪“四种形态”，严肃查处发生在群众身边的腐败行为，共立案352起，党政纪处分363人，移送司法机关12人，较好发挥了震慑警示作用。五是认真抓好巡视问题整改落实。对中办回访、中央巡视组巡视“回头看”及省委巡视组反馈涉及我县的整改问题，全部建立台账，不折不扣完成了整改任务。县委统揽全局、协调各方的体制机制不断完善，大力支持人大、政府、政协履行职责。同时，统战、人民武装、工会、共青团、妇联、机关工委、科协、老干部、党史、档案等各部门单位，紧紧围绕全县改革发展大局，充分发挥职能作用，开拓创新、锐意进取，推动各项工作迈上了新台阶。

过去五年，是我们夯实工作基础、厚植发展优势的五年，是奋力走在前列、全面争创一流的五年，是城乡面貌明显改观、群众幸福指数持续提升的五年。取得的成绩和进步，都是在党的路线、方针、政策指引下，在上级党委的正确领导下，在历届领导班子打下的良好基础上，全县各级党组织和广大党员干部群众同心同德、艰苦奋斗的结果，是老领导、老同志积极帮助的结果，是驻郓部队官兵、上级驻郓单位及社会各界大力支持的结果。在此，我代表中共郓城县第十三届委员会，向所有为郓城发展付出辛勤劳动、做出积极贡献的同志们，表示衷心感谢和崇高的敬意！

成绩凝结汗水，经验弥足珍贵。五年的奋力赶超、苦干实干，五年的开拓进取、破浪前行，既加深了我们对发展规律和郓城县情的认识，又提升了推动县域发展的能力水平。历史和现实启示我们，奋力走在前列、全面争创一流，最关键、最根本的，是必须始终做到“六个毫不动摇”。

必须毫不动摇坚持党的领导。五年来，我们坚持以党的十八大、十八届历次全会精神为指导，全面加强党的建设，强化基层党组织建设，扎实开展系列党内教育活动，认真贯彻落实中央和省、市委全面从严治党决策部署，深入开展党风廉政建设和反腐败工作，夯实了基层基础，锤炼了干部队伍，增强了“四个意识”，优化了政治生态，汇聚起走在前列、争创一流的强大合力。实践证明，党的领导是事业胜利的根本保证，坚持党的领导，是我们赢得民心、战胜困难，不断开创发展新局面的重要法宝和根本因素。

必须毫不动摇推动科学发展。适应新常态，引领新常态，实现稳增长和经济转型升级，必须把立足点定位到以提高质量和效益为核心的发展上来。五年来，我们紧紧扭住发展质量和效益这个中心，深入贯彻落实五大发展理念，坚持因地制宜突出特色，狠抓传统产业提档升级，加快培育新业态新动能，推动了发展方式重大转变，发展后劲显著增强。坚持以提高质量和效益为核心，已成为经济发展的大势所趋，成为广大干部群众的高度共识。唯有不断提高发展的质量和效益，才能实现郓城更高层次、更优质量的发展，舍此别无他途。

必须毫不动摇深化改革创新。五年来，我们在贯彻落实上级改革部署的同时，积极探索尝试，敢于冲锋亮剑，最大限度地激发了赶超的动力、发展的活力和攻坚克难的强大合力，推动了一大批改革事项、改革试点落地生根、结出硕果。坚持以发展电子商务、返乡创业、全域旅游为切入点，推动形成了大众创业万众创新的社会化服务体系；坚持以实施国家新型城镇化综合试点为契机，打破城乡瓶颈制约，实现转移人口就地就近市民化，开拓了城镇化发展的动力源泉；坚持以六大产业园区建设为引领，不断强化科技创新，拓宽众创空间，为传统产业转型升级插上腾飞的翅膀，营造了支持创业创新的浓厚氛围。五年来的发展成就，彰显了改革创新的伟大力量，启示我们：因循守旧只会造成更大的落后，改革创新才能迎来蓬勃发展的春天。

必须毫不动摇抢抓政策机遇。五年来，我们抢抓中原经济区发展规划、西部经济隆起带战略、“大众创业万众创新”“互联网+”等政策机遇，推动“四项攻坚”不断取得新的胜利，一系列可喜成绩告诉我们，面对中央及省、市各种政策机遇，一定要果断决策、快速出手、全力争取，紧盯目标跟踪做好工作，最大程度赢得上级领导的理解、认可与支持；否则，就会与机遇擦肩而过，丧失发展良机。

必须毫不动摇保障改善民生。习总书记强调“我们党和政府做一切工作出发点、落脚点都是让人民过上好日子”。五年来，我们始终坚持全心全意为人民服务的宗旨，千方百计加大民生投入，真心实意察民情、排民忧、解民难、保民安，努力实现好、维护好、发展好最广大人民的根本利益。实践证明，给群众多解决一个问题、多办一件好事，我们的工作就多一份信任、多一份支持，我们的事业就多一份价值、多一份光荣。

必须毫不动摇转变干部作风。五年来，我们持续强力推进干部作风转变，引导全县广大党员干部勇于担当、无私奉献，提高标准、争创一流，叫响了“不愿担当就不该当干部，不敢担当就不配当干部，不会担当就不能当干部”的时代强音，比担当、比实干、比作为、比奉献在郓城大地蔚然成风，以作风的大转变推动了工作大提速、效率大提高、发展大跨越。工作实践告诉我们，事业成败关键在干部，根本在作风，必须驰而不息抓好干部作风建设，任何时候任何情况下都不能有丝毫懈怠。

在充分肯定成绩的同时，也要清醒地看到，目前我县仍处于全省县域发展中等水平，还存在不少困难和问题。一是经济发展质量和效益不高。经济总量小，结构性矛盾突出，产业集聚度不高，项目建设有群山不见高峰，地方财力薄弱与改善民生刚性需求的矛盾比较突出，稳增长的压力加大。二是企业自主创新能力较弱。传统产业占比较大，高新技术产业缺乏，产业化水平偏低，以科技创新推动经济转型升级的任务十分艰巨。三是生态文明程度不高。土地、资金、人才等要素制约加剧，节能减排和环境保护压力较大。四是城镇化水平偏低。城镇规划、建设、管理相对滞后，承载能力弱、带动能力差，城乡一体化水平较低，城市功能亟需完善。五是民生事业欠账较多。城乡教育资源不均衡，城区学校“大班额”问题尚未彻底解决，群众出行难、就医难的问题依然存在，农民持续增收难度加大，脱贫攻坚任务艰巨；安全生产存在隐患，区域性金融风险压力加大，各种不稳定因素增多。六是干部作风转变任重道远。“不担当、不作为、慢作为、乱作为”现象尚未根除，个别领导干部抓发展的境界不高、执行力差，争创一流的意识和能力不足，一些领域的消极腐败现象时有发生。对此，我们一定保持清醒头脑，认真加以解决。

二、未来五年发展形势和奋斗目标

未来五年，是我县大开放、大投入、大建设的五年，也是决胜全面小康、实现跨越发展的五年；既面临重大发展机遇，也面临诸多风险挑战。从宏观环境看，党的十八大以来，以习总书记为核心的党中央，提出了一系列治国理政新理念新思想新战略；中央经济工作会议将稳中求进的工作总基调列入治国理政重要原则，继续实施积极的财政政策、稳健的货币政策，更加重视供给侧结构性改革、产业升级、脱贫攻坚、城乡协调发展、生态文明建设，非常有利于我们积极争取各类政策机遇，补齐发展短板，不断实现新的更大突破。从内部条件看，我县经济社会发展态势良好，各种优势交互叠加，随着大唐电力、郓城新河航道、京九高铁、鲁南高铁等一批重大基础设施项目开工建设，将为我们带来更良好的发展机遇、更优越的区位优势和更强劲的发展动力；更为关键的是，通过持续推动干部作风转变，全县干部的精神风貌大为改观，投身发展、推动发展、加快发展的责任感、紧迫感进一步增强，为郓城乘势而上跨越发展创造了有利条件。面对当前的困难、问题和机遇，只要我们始终保持敢闯敢干、敢为人先的勇气，始终保持百折不挠、顽强拼搏的毅力，始终保持求真务实、担当实干的作风，就一定能够全面建成小康社会，就一定能够实现郓城发展新跨越，全县人民一定能够迎来更加美好幸福的新生活。

今后五年，全县经济社会发展的指导思想

是：高举中国特色社会主义伟大旗帜，以邓小平理论、“三个代表”重要思想、科学发展观为指导，深入贯彻落实党的十八大、十八届历次全会、中央经济工作会议和习总书记系列重要讲话精神，统筹推进“五位一体”总体布局、“四个全面”战略布局，认真践行“五大发展”理念，适应新常态，抢抓新机遇，培育新动能，以提高质量效益为中心，大力实施产业提升工程，加快推进新型工业化、信息化；以实施新型城镇化综合试点为契机，加快推进以人为核心的新型城镇化；以最大限度地提高农民收入为抓手，扎实推进农业现代化；以让全县人民更多更好地享受发展成果为目标，大力发展民生事业，坚决打赢脱贫攻坚战，全面加强党的建设，确保与全省同步全面建成小康社会。

根据这一指导思想和战略部署，今后五年的奋斗目标是：圆满完成“十三五”规划目标任务，决胜全面小康，实现跨越发展，进入全省县域发展第二方阵前列，为尽快跨入第一方阵打下坚实基础。

综合实力大幅增强。经济保持中高速增长，生产总值年均增长 11.5% 左右，地方公共财政预算收入年均增长 12% 左右，固定资产投资年均增长 15% 左右，规模以上工业主营业务收入年均增长 11% 左右，持续膨胀经济总量。

结构调整明显优化。电子商务、全域旅游等现代服务业占比大幅提高，将木制品、酒类包装等六大传统产业打造成全省一流、全国闻名的特色产业集群，创新能力和县域经济竞争力大幅增强；第三产业占比达到 42% 以上。

城乡发展更加协调。国家新型城镇化综合试点取得阶段性成果，形成可复制可推广的郓城经验；中心城区达到中等城市规模，城镇功能日趋完善，常住人口和户籍人口城镇化率分别达到 52%、42% 以上，城乡一体化发展格局更加完备。

深化改革更有成效。重点领域和关键环节改革取得决定性成果，开放型经济新体制更加完善；法治政府建设成效显著，经济社会发展充满活力；积极承担更多国家级试点，推动各项工作走在全省前列。

环境质量显著改善。生态文明理念深入人心，生产生活方式绿色化、低碳化，全面完成节能减排约束性指标，水和大气质量显著改善，让人民群众普遍享受到天蓝、树绿、水清气净的优美宜居环境。

群众生活水平普遍提高。城乡居民人均可支配收入年均增长 12% 左右，基本公共服务均等化水平明显提高，教育现代化加快推进，人民健康水平不断提升；全面打赢脱贫攻坚战，让城乡居民更多更公平的享受到现代教育、医疗、就业、养老等基本公共服务和社会保障，生活得更幸福、更美好。

社会文明程度全面提升。社会主义核心价值观更加深入人心，文明郓城、诚信郓城建设深入推进，人民群众思想道德素质、科学文化素质和法制意识明显提高。

党的建设全面加强。各级党委（党组）的领导核心作用充分发挥，全面从严治党责任落实有力，党内政治生活严肃规范，基层党组织战斗堡垒作用和党员先锋模范作用进一步强化，实现优秀村级服务型党组织全覆盖，党员干部责任意识和素质能力不断增强，群众对党风廉政建设和反腐败工作的满意度明显提升。

三、未来五年战略任务和重要举措

（一）坚定不移地推动改革创新。坚持将改革创新作为推动发展的新动能，为经济社会平稳健康发展注入鲜活动力。一是扎实推进全面深化改革。加快建设服务型政府，突出抓好供给侧结构性改革，着力培育经济增长新机制。探索投融资机制创新，大力推广政府与社会资本合作模式，丰富 PPP、市政券等多元化投融资渠道。深化户籍制度改革，实现基本公共服务常住人口全覆盖，让农业转移人口进得来、留得住、过得好。深化财税体制改革和农业农村改革，积极推进县级现代预算管理制度改革试点。深入推进各领域重点改革，着力抓好承担的国家和省、市级改革试点，努力形成一批群众认可度高、示范带动性强的试点成果，为全面深化改革做出郓城贡献、提供郓城经验。二是大力实施创新驱动战略。坚持把科技创新作为引领发展的第一动力，不断推动理论创新、制度创新、科技创新、文化创新等。完善创新服务体系，加快构建科技创新平台，切实增强自主创新能力。加快引进培养科技创新人才，以“百人计划”引进对象为重点，积极实施战略性新兴产业人才集聚工程和“塔尖人才”引进培养工程，到2021年引进300名以上科技创新创业领军人才及重点产业急需紧缺人才。建立健全推动大众创业、万众创新的社会化服务体系，努力形成全社会关注支持改革创新的良好风尚。

（二）坚定不移地推进协调发展。围绕优化经济运行推动产业升级，大力实施“三六九”产业提升工程，即增强电子商务、全域旅游、返乡创业三个新动能，加快建设六个传统产业“区中园”、搭建九个产业发展平台，以此加快产业升级步伐，不断培育新的经济增长点，推动现代服务业、高新技术产业、现代农业及新型城镇化深度融合。一是以推进电子商务、全域旅游和返乡创业融合发展作为实施转调创的切入点，着力增强服务业发展新动能。坚持生产性服务业与生活性服务业并举、现代服务业与传统服务业并举，以智能制造为重点，着力实施“互联网+”行动计划，推进物联网、大数据、3D打印在工业领域的创新和应用，重点建设企业公共信息服务平台、返乡创业公共信息服务平台等项目，全面提升服务业发展档次和水平，力争到2021年将电子商务、全域旅游和返乡创业打造成经济发展重要引擎，实现服务业增加值240亿元。大力实施电商发展“百千万”工程。推动“互联网+传统产业”转型升级，强化淘宝村镇培育，五年内全县建成100个以上的淘宝村，带动10个产业集群发展壮大；加快电子商务产业园建设，深入推进“千企触网”“千企用网”，带动传统产业转型升级；加强电商人才培育，搭建更多的草根孵化器，打造“百村万人”创业队伍，为全县大众创业、万众创新提供高素质电商人才，推进“消费品下乡，农产品进城”双向流通，打造电子商务郓城版，争创全国电子商务示范县。深入推进返乡创业。实施返乡创业五年行动计划，充分发挥新一代人口红利优势，力争到2020年完成15万人返乡创业，吸引更多外地成功人士来郓城创业，实现户籍人口与常住人口平衡，推动返创人员就地就近市民化，以此增强经济发展活力，加快新型城镇化步伐。着力发展全域旅游。用足用好省、市支持我县全域旅游试点政策，围绕水浒文化主题，以水浒旅游为核心，带动发展黄河乡村旅游和红色旅游，建设AAA级旅游景点6个以上；加快建设智慧旅游体系，打响“水浒故里”旅游目的地品牌，实现由半日游到一日游、两日游的转变，努力把郓城打造成水浒旅游目的地和曲阜——开封旅游产业带重要节点城市，早日建成国家全域旅游试点县和国家历史文化名城，力争到2021年全县旅游人数达到420万人次，实现旅游收入22亿元以上。二是以“木制品、纺织品、酒类包装、搪瓷、机械装备、食品加工”六大“区中园”建设为抓手，推动传统产业提档升级，打造传统产业集群升级版。力争到2021年，纺织品、机械装备产业产值均突破350亿元，食品加工突破200亿元，木制品、酒类包装均达到160亿元，搪瓷业进一步提升特色优势，园区产值占比达到80%以上。坚持把招商引资作为推动转型升级的最强动力，突出抓好招商引资和项目建设，积极开展产业招商、以商招商、精准招商，注重招大引强，加快推进重点项目建设；坚持“产业兴县、工业立县”战略，落实“中国制造2025”行动纲领，强化60强龙头企业培育，充分发挥多友科技、华宝食品、一鸣纺织等龙头带动作用，力争在每个行业都培植出在全省乃至全国叫得响的“单打冠军”。三是以精细化工循环经济示范园、中小企业产业园、返乡创业园、百蔬园现代设施农业产业园、水浒文化产业园、七星中小企业电商创业园、郓翰云城电商产业园、富达跨境电商产业园、龙源物流电商产业园等九大产业园建设为平台，推动形成大众创业、万众创新的良好局面。积极实施“走出去”战略，在科技研发、项目合资合作等方面瞄准全国500强、世界500强、民企500强、制造业500强等行业龙头企业，着力发展归雁经济，引领更大规模的返乡创业，带动更多外地客商来郓城投资兴业，以此发展壮大民营经济，力争五年内形成多个新的龙头产业集群，加快形成强劲的千亿产业龙头和百亿企业群体，大幅提升利用外资水平，引进世界500强企业3家以上、中国500强企业5家以上。四是以发展生物科技等高新技术为引领，拉长现代化工产业链，提高企业发展质量，推动战略性新兴产业快速发展。围绕新能源、新材料、新医药、新信息和节能环保等领域，通过技术集成、产业集群、要素集聚，抢占产业发展制高点，推动煤化工产业提高科技含量、延长产业链条，力争到2021年建成全省重要的新兴产业基地，新能源产业、新材料产业及节能环保产业主营业务收入均达到11亿元以上，新型煤化工产业产值突破300亿元，生物产业主营业务收入达到18亿元以上。五是以建设现代农业设施大棚为切入点，加快精致高效农业和品牌农业发展。以发展现代农业、增加农民收入为主要任务，大力推进农业供给侧结构性改革，着力构建现代农业产业体系，实现农业由“大而弱”向“大而强”转变。以实施“一乡一业、一村一品”为依托，真正发展好具有郓城特色的精致高效农业和品牌农业。力争到2021年建成水肥一体化现代农业设施大棚20000个以上，国家、省、市级农业产业化龙头企业分别达到3家以上、10家以上、100家以上，建设省级农业标准化示范基地10个以上、市级55个以上；培育壮大优质特色农产品规模，注册农产品商标300个以上、“三品一标”认证400个以上，培育“神舟食品”“久源芦笋”“百蔬园西红柿”等20个以上全国闻名的农产品品牌，让更多具有郓城原产地标识的绿色农产品进入各大中城市生活超市。六是以实施国家新型城镇化综合试点为抓手，强力推动以人为核心的新型城镇化。坚持“加快改造老城区，完善提升东部城区，全面推进南部新区，带动开发西部商贸区”的大思路不变，加快建设特色精品城市。积极构建中心城区、小城镇、农村新型社区“三点对接”的新型城镇体系，着力打造江北地区最干净、最漂亮的县城，引领城市宜居宜业宜游高质量发展，积极争创国家生态园林城市、省级卫生城市、省级文明城市，让老城变新、新城变亮；深入开展中等城市培育工作，力争到2020年城市人口达到中等城市规模，让“人在花中走、车在林下行”成为现实，城市环境更加优美宜居，城市功能更加完善，公共服务更加贴心，让广大市民更多体验到“城市，让生活更美好”。要加强中心城区建设。坚持新区建设与老城改造统筹推进、协同发展，进一步创新城市建设投融资机制，强化PPP项目运作，积极推进城区生态水系综合治理，全面做好“水绿花文”四篇文章，完善城市基础设施和公共服务设施建设，加快智慧城市、海绵城市建设，打造富有郓城特色的精品城市。要加快小城镇建设。充分利用全省百镇建设示范行动和全市加快重点镇建设的政策机遇，结合压煤村庄和园区村庄搬迁，以随官屯、张营、黄安、丁里长、杨庄集五个镇为引领，立足区位优势和产业特色，集中建设一批特色样板小城镇，带动各乡镇在小城镇开发建设上取得重大突破，实现县城大而强、重点镇富而优、一般镇精而特。要强化特色产业小镇建设。依托现有建制镇实现“一乡一业、一村一品”与特色小镇建设深度融合，五年内梯次培育创建10个特色产业小镇，每个小镇主导产业年产值4亿元以上。要深化美丽乡村建设。全面提升美丽乡村建设水平，到2021年，30%以上的村建成美丽乡村，让乡村的天更蓝、树更绿、水更清，空气更加新鲜，居住环境更加温馨舒适，使广大农村群众更多享受到生活的幸福与美好。

（三）坚定不移地推行绿色发展。坚持“既要金山银山更要绿水青山”，走生产发展、生活富裕、生态良好的绿色发展道路。一是加大环境保护力度。深入实施大气、水、土壤污染防治行动计划，新建项目严格执行“三同时”制度，健全大气污染防治联防联控机制，落实降尘、减煤、治气、增绿等关键措施；系统推进水污染防治、水生态保护和水资源管理，严格控制工业、城镇、农业和港航污染。加强农村生态环境综合整治，严守生态红线，健全完善“党政同责、一岗双责”责任体系和问责制度，形成“政府监管、企业自律、公众参与”的多元共治体系。力争到2021年，空气质量优良天数达85%以上。二是大力发展循环经济。以“低消耗、低排放、高效率”为导向，实施“工业绿动力”和能效提升工程，积极发展以新能源、新产业、新智慧节能技术为核心的低碳经济，加快推进大唐郓城2×100万千瓦级创新示范发电项目，全面提高资源利用效率，力争到2021年清洁生产企业达到30家以上，发展循环经济产业园区2个以上。三是加强生态修复保护。加快东溪湿地省级旅游度假区建设，加强湿地保护和湿地公园建设，坚持土地集约节约利用，实施采煤塌陷区综合整治，抓好城镇驻地、农村社区、农田林网等绿化工程，构建生态安全屏障。四是推广绿色生产生活方式。强化基本农田和耕地保护，促进各类资源能源集约高效利用；加快传统产业绿色化改造，积极开展全民绿色创建活动。力争到2021年所有乡镇街道建成生态乡镇，其中70%以上的建成国家级生态乡镇。加快推进南湖公园、彭湖湿地等一批生态工程项目，努力实现城区景区园区相得益彰、宜居宜业宜游绿色发展。

（四）坚定不移地强化开放型经济建设。以富民强县为目标，以经济结构调整为主线，积极实施互利共赢开放战略，主动融入国家发展战略，抢抓发展机遇，推动加工贸易转型升级，培育竞争力强的郓城品牌，鼓励发展跨境电子商务等新型贸易方式，促进对外贸易提质增量。力争到2021年打造1处以上省级跨境电商产业园、3个以上国际自主品牌。一是积极融入中原经济区。发挥我县粮食和畜产品生产优势，融入中原经济区粮食核心生产区、畜产品生产和加工基地建设规划，通过区域合作培育现代农业产业体系；依托中原经济区重大产业创新发展工程以及战略性新兴产业示范基地建设，发展高新产业，加快传统产业提档升级。二是全面汇入西部经济隆起带。依托京九铁路、鲁南高铁等重要交通干线，以交通设施的互通互联推动产业对接合作，促进我县新兴产业规模化、传统产业高端化、现代服务业一体化发展。三是加快对接“一带一路”战略。进一步深化境外资源、产能合作开发，加大对外投资力度，拓展发展空间。加快境外经贸合作园区建设，发挥宏远肠衣等龙头企业带动作用，推动企业境外集群式发展；利用纺织品、木制品等传统产业积累的资本和技术优势，鼓励企业在境外设立营销基地、生产基地、资源基地，支持有条件的企业到境外并购优质资产、知名品牌和营销网络，吸收国际先进技术和管理经验，推动企业创新发展，吸引更多优质生产要素向我县聚集。

（五）坚定不移地保障改善民生。习总书记强调，“人民对美好生活的向往就是我们的奋斗目标”。必须始终坚持把保障和改善民生作为我们一切工作的出发点和落脚点。一是坚决打好打赢精准脱贫攻坚战。将脱贫攻坚作为首要政治任务和第一民生工程，以更大的决心、超常规的举措，大力推进扶贫开发，充分发挥社会大扶贫的力量，打好产业扶贫、就业扶贫、金融扶贫、电商扶贫等一系列脱贫攻坚组合拳，坚持综合施策、精准发力，确保2018年所有贫困村精准退出，实现“五通十有”，村级集体经济收入达到3万元以上；让所有贫困户“两不愁、三保障”，在脱贫攻坚进程中决不让任何一名贫困人口落伍，在迈向小康的道路上决不让任何一名贫困人口掉队。二是持续加大民生投入。坚持教育优先发展战略。着力改善农村中小学办学条件，夯实乡镇和部门责任，高质量完成“全面改薄”任务；加大城区学校建设力度，彻底解决城区学校大班额问题；力争到2020年，实现普惠制幼儿园全覆盖，县城初中、小学分别达到10所、16所，省市级规范化学校达到5所、15所；组建郓城一中教育集团，把郓城一中建成全市领先、全省一流的现代化学校，全县所有普通高中达到省级规范化学校标准，实现城乡义务教育均衡发展，教育教学质量全面提升。大力发展医疗卫生事业。到2021年，将县医院建成拥有2000张床位的三级甲等医院，医疗水平位居全市前列，县中医院、县妇保计生服务中心争创三级甲等医院，80%的乡镇卫生院达到一级甲等水平，医疗技术和疾病防控能力大幅提升。着力改善交通出行条件。完成农村公路网格化建设，实现村村通、户户通全覆盖，实现城乡客运一体化。持续完善社会保障。加快养老体系建设，强化“三级就业创业”服务体系，织密筑牢社会保障“安全网”，实现年均新增城镇就业1.6万人、转移农村劳动力2.5万人，城镇登记失业率控制在3.6%以内，城乡居民基本医疗保险实现户籍人口全覆盖。加快实施安全饮水工程。加强饮水安全平原水库建设，加快推进城乡供水一体化管网工程，加快城南水库投用供水及杨庄集水库建设步伐，实现全县人民安全饮水同源同网同质。同时，坚持计划生育基本国策，提升优质服务水平；深入实施文化惠民工程，实现农村文化大院、农家书屋全覆盖，基本形成覆盖城乡的公共文化服务体系。全面推进法治郓城、平安郓城建设，积极创新社会治理，加强信访维稳治安防控体系建设，强化综合治理服务能力；健全立体化治安防控体系，大力推行网格化管理，加强社会矛盾纠纷排查化解，变被动接访为主动下访；坚守安全生产底线，确保食品药品安全，严防重特大安全事故发生，让全县人民生活得更加幸福、更有尊严、更有获得感。

（六）坚定不移地加强党的建设。始终坚持“抓好党建是最大政绩”的理念，切实把全面从严治党贯穿郓城发展全过程。一是激发更为强劲的发展动力。进一步增强“四个意识”，努力把县委确定的发展思路、重要举措转化为全县上下的共同意志和自觉行动。坚持以党的理论创新成果武装党员、教育群众，以党性修养的大提升、政治觉悟的大提高，推动全县发展新跨越。二是打造更为过硬的干部队伍。牢牢抓住干部队伍建设这个核心，切实做好新形势下党校工作，更加重视干部教育培训；从严落实《干部任用条例》，坚持重担当、重德才、重实绩、重公认的用人导向，努力打造一支以郓城发展为己任、为郓城发展而自豪、全心全意为郓城服务的干部队伍。同时，不断优化人才成长环境，为发展提供坚实有力的人才支撑。三是构筑更为坚实的战斗堡垒。大力开展优秀村级服务型党组织创建，持续深化“双联双创”和“第一书记”工作，全面提升基层党建工作水平；坚决整顿软弱涣散基层党组织，选优配强基层党支部书记，把帮贫致富的能人、热心公益的好人和党委政府的放心人吸收到党组织中来。四是锤炼更为优良的干部作风。坚持“作风建设永远在路上”，驰而不息强化作风转变。持续开展“不担当、不作为、慢作为、乱作为”专项整治；积极推进国家监察体制改革，建立健全县级巡察机构，实现纪律巡察全覆盖，坚决彻底整治各种作风顽疾。坚持作风转变与推动工作相结合，与时时处处争创一流相结合，尽职尽责地做好职责范围内的工作，不折不扣地完成安排部署的任务，不遗余力地办好涉及群众切身利益的事情，努力以作风转变新成效谱写郓城发展新篇章。五是营造更为优良的政治生态。严格落实中央全面从严治党决策部署，深入学习贯彻《关于新形势下党内政治生活的若干准则》《中国共产党党内监督条例》等党纪条规，进一步健全党风廉政建设体制机制，不断增强党员干部自我净化、自我完善、自我提高的能力。坚持把权力关进制度的笼子，筑牢“不能腐”的制度防线、“不敢腐”的监督防线、“不想腐”的思想防线，确保党员干部清正廉洁。坚持把纪律规矩挺在前面，正确把握运用监督执纪“四种形态”，确保“两个责任”落地生根，全面营造干部清正、政府清廉、政治清明的良好政治生态。

蓝图承载希望，实干筑就辉煌；“天上不会掉馅饼，努力奋斗才能梦想成真”。让我们更加紧密地团结在以习总书记为核心的党中央周围，在省委、市委的坚强领导下，始终牢记党和人民重托，以更加开阔的眼界、更加非凡的气魄、更加昂扬的斗志，团结带领全县人民，“撸起袖子加油干”，齐心协力奔小康，为实现郓城发展新跨越而努力奋斗，以优异成绩向党的十九大献礼！

名词解释

1. 全面改薄：全面改善农村义务教育薄弱学校的基本办学条件，使其逐步达到办学条件标准化。

2. 三馆一场：我县建设的图书馆、文化馆、体育馆、体育场。

3.PPP 模式：PPP 是英文“public—private—partnerships”的简写，中文直译为“公私合伙制”，是指公共部门通过与私人部门建立伙伴关系提供公共产品或服务的一种方式，即政府和社会资本合作。广义定义：在平等合作的基础上，政府利用市场机制，提高政府资源利用效率，增加、改进和优化公共产品和服务的供给，实现物有所值目标。狭义定义：在公共服务领域，政府通过让度特许经营权，采取竞争性方式选择具有投资、运营管理能力的社会资本，双方按照平等协商原则订立合同，明确责权利关系，由社会资本提供公共服务，政府依据公共服务绩效评价结果向社会资本支付对价，保证社会资本获得合理收益。

4. 环保“三同时”：指建设项目中防治污染的设施，应当与主体工程同时设计、同时施工、同时投产使用。

5. 九严禁：(1) 严禁拉帮结派，对搞团团伙伙、结党营私的，一律给予纪律处分。(2) 严禁拉票贿选，对在民主推荐和选举中搞拉票、助选等非组织活动的，一律排除出人选名单或者取消候选人资格，并视情节给予纪律处分，贿选的依法处理。(3) 严禁买官卖官，对以谋取职务调整、晋升等为目的贿赂他人或者收受贿赂的，一律先停职或者免职，并依纪依法处理。(4) 严禁跑官要官，对采取拉关系或者要挟等手段谋取职务或者职级待遇的，一律不得提拔使用。(5) 严禁造假骗官，对篡改、伪造干部档案材料的，一律对相关人员给予组织处理或者纪律处分。(6) 严禁说情打招呼，对搞封官许愿或者为他人提拔重用说情打招呼的，对私自干预下级干部选拔任用的，一律记录在案，情节严重的严肃追究责任。(7) 严禁违规用人，对突击提拔调整干部、超职数配备干部和违反规定程序选拔任用干部的，一律宣布无效，并视情节对相关人员给予纪律处分。(8) 严禁跑风漏气，对泄露、扩散涉及换届人事安排等保密内容的，一律追究相关人员责任。(9) 严禁干扰换届，对造谣、诬告他人或者妨害他人自由行使选举权的，一律严厉查处，涉嫌违法犯罪的移送司法机关处理。

6. 四种形态：(1) 党内关系要正常化，批评和自我批评要经常开展，让咬耳扯袖、红脸出汗成为常态；(2) 党纪轻处分和组织处理要成为大多数；(3) 对严重违纪的重处分、作出重大职务调整应当是少数；(4) 严重违纪涉嫌违法立案审查的只能是极少数。

7. 三品一标：无公害农产品、绿色食品、有机农产品和农产品地理标志统称“三品一标”。

8. 五通十有：“五通”即通路、通电、通自来水、通广播电视、通信息；“十有”是指有旱涝保收田、有致富项目、有办公房、有卫生室服务、有卫生保洁制度、有学前教育、有文化活动室、有健身场所、有良好生态环境、有就业保障措施。

9. 两不愁三保障：指稳定实现扶贫对象不愁吃、不愁穿，保障其义务教育、基本医疗和安全住房。

政府工作报告

——在郓城县第十八届人民代表大会第一次会议上

(2017年1月14日)

谷永强

一、2016年及五年政府工作回顾

2016年，是我县奋力赶超、全面争创一流的关键之年。一年来，在市委、市政府和县委的坚强领导下，在县人大、县政协的监督支持下，县政府团结依靠全县人民，凝心聚力，创新争先，全力打好“四个攻坚战”，圆满完成各项目标任务，实现了“十三五”精彩开局。

2016年6月18日，县委副书记、县长谷永强（中）现场调研城建工作

一年来，我们坚持科学发展，经济保持平稳较快增长。预计实现地区生产总值336.1亿元，增长8.6%；完成公共财政预算收入22.7亿元，增长3%；规模以上工业企业主营业务收入863亿元，增长10.9%；社会消费品零售总额181.3亿元，增长10.9%；城镇和农村居民人均可支配收入分别达到22703元、11025元，增长10%和11%。全社会用电量26.3亿千瓦时，增长8.7%；金融机构各项存、贷款余额分别达到380亿元、185亿元，新增60亿元和20亿元。

一年来，我们着力争创特色，经济增长新动能加速培育。实现了招商引资和项目建设的较快进展。在北京、深圳等地设立联络站，开展了9次集中招商，签约项目108个，落地65个，在建109个，1个项目列入省重点、18个列入市重点。签约项目个数和落地率均居全市前列。大唐郓城2×100万千瓦发电项目，成为全省首个上报国家审批的创新示范项目。走出了投融资体制改革的郓城路径。做大水浒置业和郓财两个融资平台，通过争取基金、贷款、债券等途径，累计融资78亿元。在全市率先发行了9.7亿元的城投债。举办了2次PPP项目推介会，转化存量项目4个，新开工5个，撬动社会资本54亿元；2个项目纳入财政部第三批PPP示范项目，位居全省第一。全年用于城建、生态、民生等领域的资金总额突破120亿元。我县被确定为第二批省财政直管县。创出了农村电商的郓城标准。规划建设了4个电商产业园，规模以上工业企业触网率达82%。电商企业发展到4100家，村淘点260个，2个村入围中国淘宝村，电商村镇数量占全市的近三分之一。“6·18”年中大促交易额全省第一、全国第二。全年电商交易额达到140亿元。成为全国首批蚂蚁金服试点县、智慧县域试点县和全省农村电子商务标准化试点县。探索出返乡创业的郓城模式。县返乡创业服务中心和6个返乡创业孵化基地投入使用，设立了1000万元的创业贷款担保基金。新增返乡创业就业2.6万人，新注册私营企业7200家、个体工商户5600家。全市返乡创业现场会在我县召开。迈出了全域旅游发展的

坚实步伐。入选山东省全域旅游示范区，开创了全市支持一个县发展全域旅游的先河。东溪湿地旅游度假区纳入中欧城镇化务实合作重点项目。水浒好汉城三期等12个全域旅游项目加快推进。旅游消费总额达到15.5亿元。实现了特色小镇建设的良好开局。水浒旅游小镇、陆港韵梦小镇加快建设，光伏小镇一期30兆瓦发电项目建成运营，彭湖音乐小镇完成初步规划。

一年来，我们实施棚改带动，新型城镇化谱写出壮美篇章。棚改全面突破。机关干部包户，合力攻坚，完成了6262户、77万平方米的年度棚改任务，创出了棚改的“蒋庙速度”和“五道街模式”，干部得到锻炼，群众得到实惠，城市得到发展。城市建设驶入快车道。南部新城建设快速推进，群众期盼多年的北沙河生态治理工程全面动工，建设了南湖公园等88项重点城建工程。新修改造了总长34公里的19条城区道路，打通6条丁字路，渠化道交口12处，新建跨河桥梁4座，铺设各类管网117公里、人行道11.5万平方米。城区集中供热面积达到130万平方米。在全市各县率先投用公共自行车500辆，安装交通信号灯19组、路灯413盏。新建绿地广场6处，新增绿地面积130万平方米，市民5分钟休闲圈初步形成，成为省级园林城市，纳入全省中等城市培育试点。城乡环境发生新变化。数字化城管监督指挥中心建成投用。重拳治理城市违法建设，拆除违建6万平方米。新增保洁面积35万平方米，城区主干道机械化清扫率达到90%。新建改建城区公厕18处，农村改厕8.7万户。新建垃圾中转站3座、乡镇污水处理站11处。改造农村危房670户。全市美丽乡村建设现场会在我县召开。

一年来，我们突出创新引领，供给侧结构性改革初见成效。传统产业加速提档升级。在浙江大学举办了两期企业家培训班。55家行业龙头企业引进了一流工艺设备，全县完成技改投入60亿元。省级高新技术企业达到8家、市级32家，完成高新技术产值182亿元。建成省级工程技术研究中心2家，实施省级重点科技项目8项。县中小企业产业园签约入驻企业58家，探索出产业集群集约发展新模式。新增挂牌企业5家、规范化企业45家，10家企业完成股改。新增山东省著名商标1件、山东名牌产品1个。我县被纳入省级创新驱动工程示范区，成为山东省酒类包装生产基地、中国酒类包装之都。农业规模化和品牌化加快推进。流转、托管土地78万亩，新增特色种植基地4.6万亩、名优经济林基地1.1万亩、优质渔业养殖基地1.5万亩、省级以上标准化养殖场6处。农业新型经营主体达到4683家，神舟集团被评为国家级农业产业化龙头企业。新认证“三品一标”农产品38个，市级以上“一村一品”示范村达到23个。全市种植业结构调整现场会在我县召开。瓶颈制约有效缓解。举办了3次银企对接会，成立了资产管理公司，引进担保公司和过桥资金，打击恶意逃废债，化解了多家企业资金链风险。搭建了土地增减挂钩项目融资平台，盘活闲置低效用地1260亩，新增建设用地指标811 亩。

一年来，我们加大民生投入，社会事业短板加快补齐。民生支出44.1亿元，占财政支出比重达84.4%。实施扶贫项目124个，建设扶贫车间269处、扶贫大棚600个，5.2万人精准脱贫。郓城一中新校区主体竣工；实施“全面改薄”工程230处，新建改建8所城区学校，新增教学班396个，城镇大班额问题有效缓解；招聘教师611名，其中硕士研究生31名，数量居全市首位。城南水库具备供水条件。新修改造农村公路900公里，里程全市第一；在全市率先启动“户户通”工程，受益村庄356个，全市两次农村公路建设现场会在我县召开。县医院新院区开工建设，新建扩建乡镇敬老院7处、农村幸福院55处，县残疾人康复中心建成投用。机关事业单位人均月增资677元。全县各类社会保险参保人数达到196万人次，按时足额支付各项社会保险待遇13.9亿元。实施了全面两孩政策。创排的山东梆子《跑旱船》，作为山东省唯一剧目，进京参加全国基层院团戏曲会演，荣登央视2017年新年戏曲晚会；成功承办了山东省第二届武术大会。农村数字高清监控基本实现全覆盖，社会治安、安全生产形势总体稳定。

一年来，我们着力加强自身建设，行政效能明显提高。坚持高标准、严要求，推动政府系统全面争创一流，干部作风明显转变。累计办结人大代表议案建议67件、政协委员提案109件。深入开展“不担当、不作为、慢作为、乱作为”专项治理，问责89人。审减政府性投资项目工程造价1.7亿元。全年争取上级财政补助资金27.5亿元。在全市率先推广国地税联合办税模式。高标准政务服务中心和公共资源交易平台建成投用。政府系统党风廉政建设取得新的成效。

2016年各项目标任务的完成，为政府五年工作画上了圆满句号。五年来，我们在抢抓机遇中乘势而上，在爬坡过坎中克难前行，干成了一批打基础、利长远的大事，办成了一批多年想办而未办的要事，全县经济建设、政治建设、文化建设、社会建设和生态文明建设都取得显著成就。

这五年，是综合实力大幅提升的五年。地区生产总值年均可比增长11.2%，连跨200亿、300亿两大台阶；公共财力进一步夯实；社会消费品零售总额、固定资产投资、金融机构各项存款余额均比2011年翻了一番。地区生产总值、全社会用电量等主要指标总量居全市首位。

这五年，是质量效益明显提高的五年。第三产业比重提高8个百分点。创建了35万亩粮食高产示范方，入围全国超级产粮大县。规模以上工业企业达到405家，较2011年增加137家。农村电商实现从无到强的飞跃；全县旅游消费总额五年翻了近3番。生态建设扎实推进，累计淘汰高耗能设备553台套。以圣元环保电力、琦泉生物质发电和中广新能源光伏发电项目投产为标志，我县跨入绿色能源开发利用新时代。

这五年，是城乡面貌变化巨大的五年。修编了新一轮城市总体规划，城区控制性详细规划实现全覆盖。扎实推进中心城区建设，精心做好“水绿花文”四篇文章。累计投资近60亿元，密集实施了300余项重点城建工程，改造了老城区80%以上的道路，仅地下工程投入就达9亿多元，城区建成区面积由24平方公里扩大到40平方公里。综合治理城区三条水系，昔日的“臭水沟”变成了风景线。累计竣工房地产面积310万平方米，绿地面积达到520万平方米，城区保洁面积扩大到480万平方米。小城镇开发面积达到537万平方米，建成农村新型社区35个。新修改造农村公路1602公里。一级公路实现从无到有的历史性跨越，达到88公里。城乡环卫一体化全覆盖，农村面貌明显改观。

这五年，是发展活力充分释放的五年。新型城镇化、县城基础设施投融资体制改革、返乡创业等国家级试点，供销社综合改革等省级试点，均取得阶段性成果，初步探索出可复制的经验。率先推行“五证合一、一照一码”。全面实施“营改增”和综合行政执法体制改革，完成了公务员职务职级并行改革、公车改革和土地确权登记颁证。

这五年，是群众得到更多实惠的五年。城镇和农村居民人均可支配收入分别是2011年的1.5倍和1.8倍。累计新增就业11.8万人，减少贫困人口15.5万人。实施了城区学校建设三年计划，城乡学校建设投入17.3亿元，是前5年的7.2倍。建立了城乡一体化的居民医疗保险制度，养老保险、医疗保险、建档贫困人口意外保险实现全覆盖。企业退休人员基本养老金标准提高52%，居民基础养老金标准提高到每月100元，城乡低保标准分别增长43%和67%。建成保障性住房2967套，新增安全饮水人口31万人。

过去的5年，我县相继荣获全国粮食生产、科技进步、造林绿化、群众体育先进县，省级文明县，全省文化强省建设先进县、小康电示范县、新农村电气化县等荣誉称号。

五年来的巨大成就，凝聚了全县人民的心血和汗水，汇集了社会各界的智慧和力量。在此，我代表县人民政府，向全县广大干部群众，向各级人大代表、政协委员，向各民主党派、工商联、人民团体和社会各界人士，向离退休老领导、老同志，向驻郓部队、武警官兵、公安干警，向各级驻郓单位，向所有关心支持郓城改革发展的同志们、朋友们，表示衷心的感谢并致以崇高的敬意！

我们也清醒地认识到，全县经济社会发展还存在不少困难和问题：经济发展质量效益不高，加快发展的任务依然艰巨；产业层次低，创新能力不足；服务业发展滞后，结构性矛盾依然突出；公共服务设施仍存在短板，新型城镇化任务繁重；财政收支压力大，民生事业欠账多；环境、土地等瓶颈制约因素日益凸显；营商环境亟待优化，政府服务质量和效率还需进一步提高。对此，我们一定勇于面对，认真解决，决不辜负人民的期望。

二、未来五年发展展望

今后五年，是我县全面建成小康社会的决胜期，更是我县蓄势突破、跨越赶超的重大战略机遇期。我县纳入中原经济区和山东省西部经济隆起带发展规划，4 项国家级、13 项省级改革试点和示范创建工作加快推进，政策效应叠加，我们面临的发展机遇前所未有；我县产业基础坚实，优势突出，大唐郓城电厂等一大批重大项目将陆续开工建设，新产业、新业态、新经济快速成长，我们发展的动力前所未有；鲁南高铁、京九高铁、郓城新河航道等重大基础设施“十三五”期间密集实施，我们发展的条件前所未有。郓城加快发展的“高铁时代”已经到来！今后五年，郓城必将大有可为，也必定大有作为！

根据县十四届党代会部署要求，今后五年的奋斗目标是：地区生产总值年均增长 11.5% 左右；公共财政预算收入年均增长 12% 左右；固定资产投资年均增长 15% 左右；规模以上工业企业主营业务收入年均增长 11% 左右；社会消费品零售总额年均增长 15% 左右；常住人口和户籍人口城镇化率分别达到 52% 和 42% 以上；城乡居民人均可支配收入年均增长 12% 左右。

实现未来五年的奋斗目标，我们必须紧紧围绕县十四届党代会的战略部署，坚定贯彻新发展理念，高点定位，奋力赶超，努力探索出一条具有郓城特色的发展之路，走在全市前列，全面争创一流，五年内进入全省县域发展第二方阵前列，在实现中国梦和全面建成小康社会征程中迈出更加有力的步伐，为尽快跨入县域发展第一方阵、走在全省前列打下更加坚实的基础。一个产业更兴旺、特色更鲜明、百姓更富裕、社会更文明的大美郓城，必将在鲁西南大地上加速崛起！

三、2017 年目标任务和重点工作

五年看头年。今年是新一届政府任期的开局之年，也是全面建成小康社会的关键之年。工作中，必须按照县委的决策部署，主动适应和把握新常态，全力推进供给侧结构性改革，努力实现有质量有效益的发展；必须目标更高，力度更大，步子更快，努力在改革创新中彰显郓城气魄，在转型发展中走出郓城路径，在改善民生中交上满意答卷，让加快发展的各项措施落地生根、开花结果。

今年经济社会发展的主要预期目标是：地区生产总值增长 9.5% 左右；公共财政预算收入增长 1% 左右；规模以上工业企业主营业务收入增长 11% 左右；规模以上固定资产投资增长 15% 左右；社会消费品零售总额增长 11% 左右；城镇和农村居民人均可支配收入分别增长 9.5%、10% 左右；户籍人口城镇化率提高 2 个百分点以上；城镇登记失业率控制在 3.5% 以内；全面完成省市下达的节能减排任务。围绕实现上述目标，重点做好以下六个方面的工作：

（一）加快推动工业经济提档升级，着力打造实力郓城。一是发挥精准招商的拉动作用。把招商引资作为经济工作的“总抓手”和“牛鼻子”，积极对接国家和省重大战略规划、产业政

策，策划储备项目投资额200亿元以上。瞄准世界500强、中国500强、行业领军企业和产业链中高端，突出产业招商、以商招商、亲情招商、点对点招商，力争引进一批新兴产业项目、产业高端项目。突出园区主阵地作用，提高专业化招商水平。年内引进落地过亿元项目50个以上，签约项目落地率50%以上。二是发挥项目建设的支撑作用。建立更加高效的项目预审、落地和调度机制，为项目建设提供优质高效服务。全力推动大唐郓城发电项目早日落地，加快北玻产业园等一批过亿元工业项目建设进度，力争圣达科技、利特新能源等26个重点项目竣工投产。三是发挥PPP模式的杠杆作用。抢抓国家新一轮扩大投资的政策机遇，更大力度做好项目策划、储备和推介，让更多项目进入国家和省项目库及推介名录。强化项目合同管理、绩效考核和全生命周期监管，全面提升专业化运作水平。加快在建项目进度，力争年内落地PPP项目4个以上，撬动社会资本24亿元以上。四是发挥传统产业的基础作用。着力推动产业结构优化升级。研究出台促进产业发展的意见和措施，以安全、环保、节能评级评价标准，倒逼能源化工产业转型升级；加快培育纺织品、酒类包装、木制品区中园，开工建设搪瓷、机械制造、食品区中园，引领传统产业加快实现创新链驱动、产业链延伸、价值链升级。着力推动企业产品结构优化升级。以提品质、创品牌为抓手，鼓励企业培育工匠精神，加快技术改造和智能制造，年内完成技改投入66亿元。支持企业运用互联网、大数据、云计算等新一代信息技术，推动产业模式和产品形态向更高级演进。制订工业品牌培育三年行动计划，提升中国酒类包装之都、中国日用搪瓷基地等区域品牌影响力，争创山东省著名商标和山东名牌产品，力争三年内每个行业都培育出3—5个知名工业品牌。着力推动企业组织结构优化升级。大力实施企业梯次培育计划，促进“个转企、小升规、规改股、股上市”，新增“四上企业”100家以上。进一步优化企业治理结构，年内完成股改企业5家以上、规范化企业30家。着力实施企业家培育工程。继续分批、分行业对企业家进行定制式培训，增强“二次创业”内生动力，实现由“小老板”到现代企业家的转变，推动民营企业由“铺天盖地”迈向“顶天立地”。对优秀企业家高看一眼、厚爱一层，形成企业家脱颖而出的社会氛围。着力搭建服务平台。加强银政企合作，努力破解融资难题。严厉打击恶意逃废债行为，努力化解资金链、担保链风险。力争年内引进金融机构2家、中介服务机构15家以上，新增社会融资总量100亿元以上。积极开拓资本市场，新增挂牌企业3家以上，力争2家企业进入上市程序。五是发挥龙头企业的带动作用。大力实施60强行业龙头企业培育计划，强化政策引导扶持，做大做强一批成长性好的“领军”企业。年内主营业务收入过10亿元的企业达到5家，新增纳税过千万元企业2家以上。六是发挥科技创新的驱动作用。规划建设生物医药产业园，引领新兴产业加快发展。强化企业创新主体作用，重点扶持多友科技等100家企业开展产学研合作，筹建齐鲁工业大学郓城玻璃研究院，新建省级科技企业孵化器。力争新增市级以上高新技术企业5家以上、省级“专精特新”企业6家、“一企一技术”研发中心3家、创新型企业2家以上，全县高新技术产业产值突破200亿元。出台人才引进办法和扶持措施，年内引进高层次人才30人、高技能人才380人。七是发挥园区的载体作用。坚持项目集中、要素集约、资源共享、“互联网+”全流程融合，做大做优中小企业产业园等九大产业发展平台，全力推动园区经济特色化、专业化、绿色化。配套完善物流、仓储、公寓等公共服务设施，提升供水、供气、供热和集中治污水平。加强园区资源整合，加快“腾笼换鸟”，增强园区承载能力。

（二）加快推进新型城镇化，着力打造魅力郓城。一是把中心城区做大。以更高境界谋划城市。把“生活更舒适”融入规划的血脉，更加注重道路密度、慢行设计、品位提升和特色打造。

年内启动6项专项规划、两个高铁站站前及周边区域规划设计，完成5项重点工程和重点区域城市设计。以更大力度补齐基础设施短板。启动北环路西扩东延南拓工程，规划建设新绕城道路，打造环城交通；新修改造22条城区道路，打通5条丁字路，新建8座跨河桥梁，完成重点区域路网加密和路口渠化，提升城区通透性和微循环通行能力。开工建设地下综合管廊，铺设雨污管网110公里、供水管网10公里，建成区供气管网全覆盖，新增交通信号灯32组。推行绿色交通和绿色出行，新上新能源公交车100辆，规划建设新能源有轨电车工程。新建县交通枢纽，配套公交候车亭、停车场等设施，全面提升城市公共服务功能。城区10亩以下空闲地，优先用于街头绿化或便民设施建设。以更高质量推进城市开发。引进业界强企名企，加快南部新城建设，统筹推进新区开发和老城改造，提升城市功能和城市品位。把商贸物流基地与城市同步规划、同步建设，力争龙源物流、红星美凯龙、大卫茂休闲城等商贸物流项目早日建成投用。年内新增房地产开发面积130万平方米以上，竣工100万平方米以上。二是让环境更宜人。继续下大力做好“水绿花文”四篇文章。融入海绵城市理念，加快南湖公园建设，综合治理跃进河西段等城区水系，把活水引入城市，让城市更富灵气。提升改造4处城市出入口绿化景观，规划建设绿地广场，新栽补植行道树1.6万株、花灌木100万株以上，新增绿地面积120万平方米，为城市增绿添彩，让城市更富活力。擦亮水浒文化城市名片，新增雕塑、亭廊、小品等文化标识50处，彰显城市个性，展现城市魅力。三是让城市更漂亮。深入开展国家生态园林城、省级卫生城、省级文明城“三城同创”，大力治堵、治脏、治乱，全力绿化、美化、亮化，着力打造江北最干净、最漂亮的县城。加快智慧城市建设，完善数字化城管监督指挥中心设施。强化经营城市理念，走好“以城建城、以城兴城”的路子。新建城区公厕7处、垃圾中转站5座，新增城区保洁面积40万平方米，主干道机械化清扫率达到95%以上。治理城市违法建筑，取缔城镇马路市场，综合整治学校、医院周边环境。动员全民参与，从小事做起，引导市民在举手投足间彰显素质，传递文明，共建共享美好家园。四是让乡村更美丽。坚持以业兴镇、镇园一体、突出特色，把小城镇建设与土地增减挂钩、压煤村庄搬迁、园区村庄搬迁、美丽乡村建设紧密结合，促进农村人口向小城镇和农村新型社区集中，着力打造四个重点镇，做精一批特色小城镇。年内新增小城镇开发面积120万平方米以上，重点培育4个美丽乡村示范村。扎实推进乡改镇、镇改办、村改居工作。加快农村“户户通”，让百姓早日走上平坦畅通的“小康路”。年内改造农村危房700户、旱厕5万户，新建村级污水处理站18处，开展村镇供暖示范试点，完成4个乡镇燃气管道铺设，实现城乡环卫一体化托管全覆盖，使农村更加美丽、农民更加幸福。五是让基础设施更完善。协调推进鲁南高铁、京九高铁、德上高速等重大基础设施项目。提升改造德商路南段、济董路东段、郓赵路、郓苏路、沿黄路，新建龙台路北段，改造窄危桥53座，力争220国道北段、南绕城段、郓城新河航道早日开工。六是让市民化步伐更快。抢抓棚改政策机遇，改造棚户区1.74万户、337万平方米。积极推动就地就近城镇化，统筹做好户籍、教育、医疗、社保等公共服务，积极探索“三权”自愿有偿退出机制，鼓励农业转移人口落户城镇，不断释放新的人口红利，实现4万以上农业转移人口市民化。

（三）培育经济增长新动能，着力打造活力郓城。一是以更新思维推动重点改革。深化商事制度改革，进一步简政放权、放管结合、优化服务，全力为创业创新拆篱笆、开绿灯。积极推动“三去一降一补”，加快新旧动能转换，全面激发经济发展内生动力。二是以更宽视野发展电子商务。着力增创农村电商新优势。大力推广“村淘点+电商协会+特色产业”“特色培训+网店+基地”等模式，培育百村万人创业队伍，推动农产品上行，加快实现由“草根电商”向“品牌电商”转变，带动更多农民增收致富。年内新增淘宝镇2个、淘宝村20个，创建“为村”平台示范村100个。着力推进互联网与传统产业深度融合。大力实施“千企触网”工程，加快实现企业生产销售全流程再造。重点支持酒类包装、机械制造、服装、食品等行业企业建立电商平台，年内规模以上工业企业用网触网率达到90%以上。着力做大电商园区平台。加大4个电商园区招商力度，年内引进国内知名电商企业10家以上，新增创客空间等新型孵化载体40家以上。开工建设黄安天华木业电商产业园。力争全县电商交易额突破200亿元。三是以更大力度扶持返乡创业。着力建机制、筑平台、优环境、创氛围，促进资本回归、人才回归。年内每个乡镇街区在外设立1处返乡创业联络站，全县新培育市级创业孵化基地两处，力争新增3.6万人返乡创业就业，创办各类市场主体1.4万家以上。四是以更高层次发展全域旅游。把全域旅游发展作为推动经济转型升级的突破口，坚持全景化打造、全产业融合、全领域覆盖，努力构建“一城两带三区四镇”旅游发展格局，做足做活水浒文化旅游这篇大文章。加快水浒好汉城三期建设进度，打造印象水浒旅游演艺和夜游水浒项目，尽快建成水浒旅游核心区；完成宋江湖国家AAA级旅游景区创建，高标准规划建设东溪湿地旅游度假区、彭湖湿地、宋江故里宋家村、黄泥冈等重点旅游项目，尽快把郓城建成水浒文化旅游目的地。着力发展红色旅游、黄河旅游和乡村旅游，完善鲁西南战役指挥部纪念馆景区基础设施，重点培育黄河人家特色游。每个乡镇街区至少培育1个旅游特色村、2处休闲农业示范点；整合资源，着力打造5个以上特色旅游样板村，两年内省级旅游强乡镇达到5个以上。开工建设旅游集散中心，加快智慧景区建设，规划建设自驾车营地，在高速、国省道、车站等重要节点，设立全域旅游接待站。加大推介营销力度，讲好郓城故事，全面提升“好汉郓城”影响力，争创国家全域旅游示范县和国家历史文化名城。五是以更实举措发展新经济。坚持产业、文化、旅游“三位一体”，加快特色小镇建设，培植新的经济增长点。扶持大健康产业，大力发展服务外包、研发设计、文化创意等新兴服务业，培育会展服务、智慧物流等特色服务业，支持新产业、新业态快速成长。对接“一带一路”战略，大力培植跨境电商企业，鼓励企业“走出去”，着力打造对外贸易新模式。力争年内新增自营进出口备案企业20家、出口总额增长10%。

（四）**发展精致高效农业，着力打造品牌郓城**。一是推进生产规模化。创建5万亩粮食高产示范方，确保粮食总产20亿斤以上。强化农业规模化服务，新增土地流转面积10万亩、托管面积 6万亩。规划建设5万亩现代农业园区，推动一二三产融合发展。抓好“吨粮田”，培育“万元田”，提高综合产出水平。新增农业新型经营主体300家、市级以上农业产业化龙头企业5家以上。争创国家级农业可持续发展试验示范区。二是推进经营品牌化。加快实施生态农产品品牌培育三年计划，每个乡镇街区新发展“一村一品”专业村3个以上，全县新增市级以上示范专业村10个、“三品一标”农产品50个以上，新注册农产品商标100个以上，争创国家级农产品质量安全示范县和全国畜牧业绿色发展示范县。三是推进设施体系化。清淤治理苏阁南送水干线、户官屯沟、杨集北输沙道。整合涉农项目，集中建设一批中小型水利工程，新增高效节水灌溉面积16万亩以上。

（五）**加强生态文明建设，着力打造绿色郓城**。一是改善环境质量。完善环境质量生态补偿机制，夯实属地管理和行业管理双重责任。全力以赴抓好大气污染防治，落实降尘、减煤、治气、增绿等综合措施，完善重污染天气应急响应机制，确保空气质量持续改善。加快污水管网铺设对接，扩容提升3个污水处理厂，提高污水收集处理率。继续推行“河长制”，确保两条主要出境河流断面水质稳定达标。强化日常监管和违法排污查处，加大刑责治污力度，对各类环境违法违规行为“零容忍”。二是推进生产生活绿色化。深化能效对标，加大节能改造，淘汰落后设备，统筹做好各领域节能降耗。加强生态乡镇建设，加快推进人工湿地净化等生态涵养工程。探索装配式绿色建筑新模式。规范地热资源开采利用。实施土地增减挂钩和工矿废弃地复垦项目，新增建设用地800亩以上。三是筑牢生态安全屏障。实施生态保护和修复工程，大力推进植树造林，新增造林面积2.5万亩以上。坚持治理与开发并举，综合治理采煤塌陷区3000亩以上。

（六）切实保障和改善民生，着力打造幸福郓城。坚持以人民为中心的发展思想，以更大的投入和更实的举措，让发展更有“温度”，让幸福更有“质感”。一是开展更加扎实的脱贫攻坚。把脱贫攻坚作为最大的政治任务和第一民生工程，进一步压实责任，打好精准扶贫组合拳。加快推进更加有效的产业扶贫，统筹推进电商扶贫、就业扶贫、光伏扶贫、返乡创业扶贫、乡村旅游扶贫、金融扶贫等各项扶贫；立足我县民营经济体量大的优势，精准吸纳贫困群众就地就近就业；发挥百蔬园设施农业产业园的引领作用，利用好专项扶持基金，着力打造设施农业扶贫新模式；加快扶贫车间、扶贫项目建设，带动更多的贫困群众就业创业、分享收益、增收脱贫。完善“1+N”行业扶贫方案，充分调动“两代表一委员”的积极性，深入推进“百企联百村”扶贫活动，抓好驻村帮扶，强化典型带动，全力构建更加广泛的大扶贫格局。强化扶贫资金监管。加强与青岛崂山区的扶贫协作。落实好建档立卡动态管理和考核约束机制。结合“双联双创”，继续整合各类资源，集中开展“扶贫济困、情暖万家”活动，春节期间走访慰问困难群众1.6万户。确保年内3.2万人脱贫，决不让一名贫困群众掉队！二是发展更加普惠的社会事业。确保郓城一中新校区建成招生，加快职业中专建设，新建乡村教师周转宿舍3.5万平方米，完成“全面改薄”任务，确保顺利通过国家和省义务教育均衡发展验收。免费提供老年人查体、中小学生体检等基本公共卫生服务。三是构建更加完善的保障体系。新增城镇就业3.7万人。实现重点行业工伤保险全覆盖。进一步提高医疗救助、城乡低保和五保集中供养标准。确保福乐养老公寓二期、枫叶正红养老社区一期、唐塔老年公寓建成投用。整合资源全力做好贫困大学新生救助工作。将贫困人口全部纳入重特大疾病救助范围。四是营造更加和谐的社会环境。健全食品药品安全监管机制，深入推进食品溯源管理和市场准入。坚持计划生育基本国策，提高出生人口素质。实现立体化社会治安防控体系“四个全覆盖”，提升群众安全感和满意度。畅通信访渠道，加强矛盾纠纷排查调处力度，维护社会稳定。落实最严格的安全责任和监管制度，时刻绷紧安全生产这根弦，坚决守住安全生产底线。实行重大安全风险“一票否决”，严格落实企业主体责任，严惩各类非法违法生产行为，让违法企业付出付不起的代价。

围绕民生所需、群众所盼，今年我们着力办好10个方面的民生实事：1. 教育教学方面。新建东代庄、三义村、富李庄、董店、唐塔5处城区小学，改扩建东关小学、西关小学和乐园小学，基本解决城区大班额问题。公开招聘教师540名，其中硕士研究生60名。2. 医疗卫生方面。完成县医院新院区主体工程，扩建县中医院，迁建县妇幼保健院，新建疾控中心和卫计监督综合楼，改扩建乡镇卫生院3处。公开招聘医护人员250名。3. 城乡交通方面。新修改造农村公路1000公里，基本实现“村村通”全覆盖；新增优化城区公交线路6条，启动城乡公交一体化工程。4. 饮水安全方面。开工建设杨庄集水库及净水厂，铺设供水主管网220公里、支管网340公里。实施农村饮用水水源地保护项目120个。5. 便民设施方面。新上公共自行车500辆、站点21处；搭建价格信息便民服务平台，新建4处乡镇邮政网点、5处便民食品快速检测点、10处智能投递终端。6. 城区供热方面。铺设城区热力管道98公里，新增供热面积145万平方米。7. 社会保障方面。新建扩建3处乡镇敬老院，为5000名残疾人提供5大类31项服务。8. 文化惠民方面。新建展览馆、规划馆、博物馆、科技馆、档案馆和文化中心、群众艺术中心；确保“三馆一场”对外开放；建设基层综合性文化服务中心20个，文体小广场100个，实现村级全覆盖。9. 水利工程方面。治理北沙河，清淤赵王河，新增刷卡取水灌溉面积9万亩。10. 电网建设方面。新建110千伏变电站1座，完成110个村电网改造，实现机井通电1.2万眼。

四、切实加强政府自身建设

面对新的形势，新的使命，我们一定按照“为民、务实、清廉”的要求，对人民负责，为人民干事，让人民满意。

勇于担当。功成不必在我，建功必定有我。时刻把为民责任记在心里、扛在肩上，多做打基础、利长远的好事，多干解民忧、惠民生的实事，敢为、勤为、善为，义不容辞肩负起加快发展的历史重任。

争创一流。坚持高起点、高境界、高质量，自抬标杆，提高标准，处处勇争先，事事创一流，以奋力赶超的新作为，推动干部作风大转变。

用心干事。发扬“钉钉子”精神，健全抓落实台账，重督导，严考核，一件一件抓推进，一项一项求突破，问题倒逼、时间倒排，敬终如始、善作善成，早日把美好蓝图变为现实。

依法行政。运用法治思维和法治方式深化改革、推动发展。坚持重大事项公众参与、专家咨询、风险评估、合法性审查、集体决策。自觉接受人大的法律监督和政协的民主监督。深化政务公开，打造智慧政务，让权力在阳光下运行。

廉政勤政。全面落实党风廉政建设责任制，立起严实标尺，坚守廉洁底线，始终做到心中有责、心中有戒。讲纪律，重规矩，知敬畏，以忠诚、干净、担当的本色凝聚力量、赢得民心。

走在前列，自当不辱使命；跨越赶超，更需众志成城。让我们在县委的坚强领导下，以时不我待的担当、奋发有为的精神、抓铁有痕的作风，咬定目标不放松，攻坚克难求突破，以优异成绩迎接党的十九大，为决胜全面小康、早日实现走在全省前列的宏伟目标而努力奋斗！

专 记

庆祝建党95周年暨“两学一做”学习教育知识竞赛活动

专　记

“两学一做”学习教育活动

【概况】 2016年，全县共有基层党组织1771个，其中党委32个、党总支74个、党支部1665个，党员46722名。在全县开展“戴党徽、亮身份、树形象、作表率”“六个一”和知识竞赛、演讲比赛等活动，发挥先进党员激励引领作用；借力新媒体，搭建微信公众号等学习教育平台，开办党性教育微课堂，在新闻媒体开辟专题栏目，宣传开展学习教育的经验做法和先进典型；县委常委分别到分管部门单位、联系点、联创村上党课，其他党员领导干部分别为所在党支部和联创村讲党课，全县各级党员干部共上党课2320次，受教育党员45800多名。

【主要做法】 统一思想，全面动员。省、市委“两学一做”学习教育工作座谈会后，县委高度重视，4月25日召开县委常委会，学习贯彻习近平总书记“两学一做”学习教育重要讲话、指示精神和中央、省委、市委学习教育工作座谈会精神，统一思想、凝聚共识；结合郓城实际，研究制定《关于在全县党员中开展“两学一做”学习教育实施方案》；4月26日，县委召开全县“两学一做”学习教育工作座谈会，对全县学习教育工作进行安排部署。全县所有党组织在4月底前召开座谈会，对全县党员参加学习教育进行广泛动员。召开一次专题会议、两次“两学一做”工作推进会，强化各级党组织抓好七项重点工作的认识。

建立机构，充实力量。成立“两学一做”学习教育协调小组，县委组织部、县纪委、县委办、县委宣传部等有关部门负责人任成员，并整合基层组织建设领导小组办公室、“双联双创”活动办公室工作力量，40多人集中办公。各乡镇（街道）、县直各部门单位成立“两学一做”学习教育协调小组。

开展“两学一做”红色主题教育

强化督导，确保成效。创新督导方式，抽调人员成立8个督导组，采取“4种模式”督促“两学一做”学习教育扎实开展。“轮流对比式”督导，每季度8个督导组轮换一次，交叉轮流督导，提出应对措施。“点题持续式”督导，制定不同时间段的督导方案，绘制督导流程图，采取查阅档案、明察暗访、现场提问等方式，对各个时期工作有重点地进行督导，确保基层党建工作任务落地。“挂号跟踪式”督导，针对督导中发现的问题，建立整改落实台账，下达整改通知单，明确整改内容、时限和要求，采取实地查看、随机走访、电话咨询等形式对整改情况进行跟踪督导检查。对达到要求的进行“销号”，对未达到要求的，视情况延长整改期限，连续两次以上整改不力的，约谈党组织书记，追究有关责任人责任。“测评问效式”督导，定期组织群众对党支部及党员进行测评，做出满意度评价，对群众满意率达不到85%以上的，取消评先选优资格。共开展3轮集中督导，下达整改通知单336份，召开分片、分系统调度会6次，约谈乡镇党委书记、县直部门主要负责人26人。

创新思路，突出特色。把握基础在“学”，利用郓城县红色资源，组织广大党员到县廉政教育基地、鲁西南战役指挥部旧址纪念馆等接受教育，全县各级各部门单位党员干部参观学习5130人次。邀请87岁的新中国成立前老党员王福存为全县村支部书记上革命传统教育课，刻制光盘下发到各级党组织。举办全县“两学一做”演讲比赛和知识竞赛，县电视台全程转播，并将演讲稿编印成册，下发全县各部门、单位。从县纪委、宣传部和党校抽调专人成立面向普通党员的党章党规和系列讲话宣讲团，到基层巡回宣讲。在县电视台设立“两学一做”访谈栏目，邀请党员领导干部和部分优秀基层党组织书记、党员代表在电视上发表感言，畅谈体会，做出承诺。注重加强对农民工党员、高校毕业生流动党员、离退休干部职工党员的学习教育，根据其工作、生活、居住、身体等情况，采取切合实际的方式方法。大专以上学历的，主要通过网站教育实践专栏、微博、微信等新兴信息途径进行宣传教育。大专以下但具有阅读能力的，主要以报纸、书籍、杂志等传统信息途径。文化水平较低的，主要以参加专题辅导、观看音像资料等生动、直观的方式。退休、年老体弱的党员，开展送学、帮学活动，开设“小微课堂、流动站点课堂”。对流动党员，开通手机党校，把精选的学习课件，编辑制成精品微信发送到每个党员的手机上，利用“空中课堂”互动学习。11月底举办全县党员干部“两学一做”理论测试，检验学习教育效果。

抓住重点在“改”。开展机关党员干部大走访、大调研活动，全县各级党员领导干部到所联系乡镇、联创村、分管部门蹲点调研，面对面向群众征求意见。结合正在开展的“双联双创”活动，各联村单位、联户人员通过召开座谈会、走访群众、问卷调查、发放征求意见表、设置意见箱等形式，广泛征求党员干部群众的意见、建议，对查摆出的问题和征求的意见建议，进行梳理汇总，分别建立领导班子和领导干部问题清单。建立“问题超市”，组织各级党组织和党员逐一对照，主动认领，做出公开承诺。针对存在的问题，要求各级领导班子制定整改方案，落实工作责任，层层传导压力，逐级分解任务；要求班子成员制定整改措施，实行挂号督办、跟踪问效、销号管理，抓好整改。

突出关键在“做”。在各级集中研讨的基础上，围绕全县招商引资、城镇建设、电商发展、精准脱贫等4项重点工作，组织各级党组织开

开展重温入党誓词活动

展“讲政治、守规矩、转作风、创一流”大讨论；开展“我为郓城发展献一策”征文活动，引导各级党组织和党员共同参与郓城发展大局，为郓城发展凝聚强大合力。在全县开展“争创五项先锋”活动，引领各级党组织和广大党员在思想道德、优质服务、为民富民、改革创业、清廉实干等方面争先锋、当标兵。各领域各行业纷纷发挥党组织带头引领作用，针对不同群体党员情况，实施“先锋工程”。农村党组织开展“设岗定责、建设农村、致富农民，争当致富先锋”活动，激励农村党员发挥模范带头作用，带领群众摆脱贫困、富民兴村；社区党组织开展“工作在单位、活动在社区、奉献双岗位，争当奉献先锋”活动，推进社区党员开展志愿服务，推动建设文明和谐社区；非公有制经济组织、社会组织党组织开展“比业务、比作为、比贡献，争当领航先锋”活动，激励引导党员争当生产经营的能手、创新创业的标兵、履行社会责任的模范；机关事业单位党组织开展“三亮三比三评（亮身份、亮承诺、亮标准，比技能、比业绩、比作风，自己评、群众评、领导评），争当服务先锋”活动，引导党员主动融入中心、服务大局，模范履职尽责，解决群众诉求，密切党群干群关系；学校党组织开展“教书育人、立德树人，争当敬业先锋”活动，引导党员提升职业道德修养和业务素养，做为人师表的榜样。

全面排查清理党员组织关系和违纪违法党员。坚持持续查找，着力破解“最后一公里”问题。开展“组织找党员、党员找组织”活动，基层党组织主要开展直接查找、人际查找，县委组织部主要整合资源向基层反馈联系渠道，要求查找过程全程留痕，两名以上联系人签字确认。组织部门牵头抓总、指定专人负责，有关职能部门协同联动、明确专人配合，并探索以业查人、以房查人以及依序查找、组合查找等做法，前期排查到的280名失联党员全部取得联系。坚持分类施策，从严从实抓好管理处置。对查找到的172名失联党员，按规范程序纳入组织管理，做到应管尽管。对需要转出党员组织关系的108名党员，及时办理转接手续，做到应转尽转。坚持问题导向，探索形成长效机制。针对排查中暴露出的部分基层党组织从严管理党员责任落实不到位，把党员管理纳入基层党组织负责人责任清单，通过核准党员信息、开展定期排查，搭建有效载体、加强日常联系，健全信息平台、拓宽沟通渠道，推动形成建强支部、严管党员长效机制。

转发省委组织部《关于对党代会代表和党员违纪违法未给予相应处理情况进行排查清理的通知》，要求相关部门单位把排查清理工作作为“一把手”任务，明确各级各部门单位的主体责任，基层党组织书记的“第一责任”。把排查清理工作同“两学一做”学习教育相结合，通过梳理信息、查阅资料、甄别核实、走访调查等方式，查准找实排查人员详细信息。结合党员组织关系排查中建立的党员信息表，再次对党员信息进行认真核实，及时同纪检、司法、公安、检察等单位沟通联络，甄别认定排查人员的准确信息，将排查清理出的违纪违法党员信息记录备案。将党员违纪违法排查清理工作作为学习教育重要督导内容，深入全县乡镇、街道、部门，通过会议座谈、现场提问、查看资料等方式检查工作进展。注重把督查中发现的问题和整改意见及时研究汇总，反馈有关党组织做好整改工作，为规范党员教育管理，领导班子换届工作打下坚实基础。经排查，全县应当终止党代会代表资格、停止执行代表职务的23名违纪违法党员，全部作出处理；受到刑事责任追究的63名党员，全部给予党纪处分和组织处理，其中给予党纪处分63人，给予组织处理9人。

抓好基层党组织换届整改。各基层党委率先开展自查，示范带头推动。同时对所属基层党组织逐一“过筛子”排查，通过查阅档案、核实记录，逐一核实党组织成立时间和换届时间，建立工作台账。按照分级负责的原则，对未按期换届的基层党组织分别制定整改方案，全县统一制定换届工作程序、选举办法、报告单、呈批表。对有换届任务的基层党组织进行及时提醒、指导督办、科学引导，确保按期进行换届选举。对没有按期换届的查明情况、分析原因，制定措施，实行销号管理，换届工作进展情况每周一调度、半月一通报，经排查未按期换届的76个基层党组织全部完成整改。

开展党费收缴工作专项检查。将专项检查纳入“两学一做”学习教育督导内容，要求督导组沉到一线、走进支部，摸清党费收缴规定执行情况，指导基层党支部发挥主体作用，搞好自查自改。结合督导反馈情况，县委组织部逐一约谈各级各部门单位主要负责人，了解分析“两学一做”学习教育及专项检查进展情况。选择县经信局、物资公司等10家单位，重点对个体经营者、离退休人员、流动党员交纳党费情况进行调研，分析问题，提出对策。把政策学习贯穿始终，把党费收缴规定列入“两学一做”学习教育学党章党规的重要内容；把思想政治工作贯穿始终，党支部书记对思想认识模糊或有抵触情绪的党员进行一对一谈话，讲清楚按期交纳党费是党章对党员的基本要求，讲清楚党费交纳的具体规定，讲清楚专项检查的目的意义；把舆情监控贯穿始终，防止负面炒作。

以党费收缴工作专项检查工作为契机，梳理党费收缴管理工作中存在的问题与不足，规范党费收缴与公开等制度，要求所有党员干部每月向基层党组织缴纳一次党费，基层党组织每月向上级党委缴纳一次党费，基层党委每季度向县委组织部缴纳一次党费，全县共补缴党费110余万元，提高党费收缴工作的规范化管理水平。

集中推进非公有制企业和社会组织党的组织和工作覆盖。建立由县委组织部、民政局、工商局、工商联等单位组成的两新组织党建工作联管制度。由工商部门提供注册资料、税务部门提供纳税情况、人社部门提供用工信息，抽调精干力量组成5个工作组，对全县非公有制企业和社会组织不留死角，逐户排查，剔除有名无实的“空壳”组织、久不运转的“僵尸”组织、多重注册的“影子”组织，建立两新组织工作台账。组织开展“双覆盖百日攻坚行动”，对症施策、灵活创新，逐一破解“不能建、不愿建、不会建”等组建难题。针对党员数量不足不能建的情况，将散落在各个岗位的党员找回“家”，编入“红色方阵”。针对业主思想不通不愿建的情况，一对一登门拜访，先交朋友、后讲政策，先送服务、后提要求，争取理解支持。针对党务人才缺乏、不会建的情况，选派党建指导员全程指导服务，通过推行单独组建、片区联建、同业共建、挂靠组建、派驻帮建、龙头带建等方式，确保有党员的两新组织实现组织覆盖、没有党员的实现工作覆盖。全县566家“两新”组织单独建立党组织152家，建立联合式党组织82家，选派党建工作指导员113名。

将出资人队伍建设纳入党建工作范围，重点加强对新生代出资人教育培训，联合县经信局、中小企业办、工商联制定出台出资人教育培训规划，组织出资人赴浙江大学、天津大学等高校培训学习，加强对出资人的教育引导，提高出资人群体对党建工作的认识，引导他们重视和支持党建工作；在出资人政治安排和评先评优中，把是否重视支持党建工作作为考察的重要内容，要求县、乡推选产生“两代表一委员”预先征求县委组织部意见。实施“三个培养”工程，注重把技术骨干培养成党员，把党员培养成技术骨干，把党员技术骨干培养成中高层管理人员，为“两新”组织发展提供人才支持。开展“关注党员成长、激发组织活力”大培训，持续为党员精神补钙、业务充电。

结合“双联双创”活动，开展“百企联百村、党建助发展”行动，引导广大两新组织党组织参与联创工作，建立扶贫就业基地，形成脱贫攻坚合力。结合“两学一做”学习教育，创新开展两新组织党组织书记“互比互学互看”等主题活动，帮助两新组织党组织书记相互学习、共同提高。推动党组织广泛开展“我为发展献一策”“我与企业共成长”、征集“金点子”等活动，通过打造“党员先锋岗”“党员示范区”、技术攻关队、科技创新小组等，引导党组织在企业发展中争当先锋、示范引领，发挥党员在生产经营中的先锋作用。

抓党建促脱贫。把“双联双创”活动作为抓党建促脱贫攻坚的有效载体，全面压实联创单位和干部的脱贫攻坚责任。联创工作组按照“一村一策、一户一案”原则，结合贫困村、贫困户实际，多方论证、统筹考虑，帮助他们研究制定脱贫计划，找准发展路子，确保帮扶成效，群众满意度稳步提升。各联创工作组紧紧依托“一乡一业、一村一品”发展规划，帮助村里实施“种养加”、电子商务、光伏、乡村旅游等产业精准扶贫。全县已发展露地菜面积22.3万亩、蔬菜大棚3.2万亩、食用菌大棚1120亩、果树1.1万亩；整合涉农资金8000万元，规划建设600个设施农业扶贫大棚，一期280个正在建设，二期320个完成工程招标即将实施；建成扶贫产业基地69个、服装加工厂23个；为27个村安装总发电规模1358千瓦的家庭分布式光伏发电设备，张营彭庄30兆瓦光伏发电扶贫示范项目并网发电，侯咽集镇40兆瓦、随官屯镇30兆瓦光伏发电扶贫项目开工建设。联创工作组联系各级“两代表一委员”和县内知名企业、规模以上重点企业，引导他们发挥在资源、资金、信息、产业、技术等方面的优势，创办精准扶贫项目，着力增强贫困户脱贫内生动力，逐步实现自主脱贫。开工建设精准脱贫帮扶点271个，吸纳贫困人口就业创业1.9万人。在全县联创干部中开展“扶贫一日捐”活动，党员干部带头，企业自愿捐助，各项捐款112万元。

组织召开专题民主生活会。按照省市要求制定《全县民主生活会工作方案和县委常委班子民主生活会工作方案》。并指导各乡镇（街道）、县直各部门单位要按照《通知》要求，研究制定民主生活会会议方案。广泛征求意见查找问题，班子成员深入基层一线，通过一线调查“群众提”、座谈走访“当面问”、问卷调查“多方征”、总结经验“对比找”等方式，广泛听取意见和建议，坚持上级点与自己找、互相帮、群众提相结合，把各方面意见建议征求上来。开展谈心谈话，各单位主要负责人与班子成员必谈，班子成员相互之间必谈，班子成员与分管单位主要负责人之间必谈。谈心谈话要一对一、面对面，既谈工作问题、也谈思想问题，既谈自身差距、也谈对方不足。结合“两学一做”学习教育“自己找、上级点、群众提”所征求的意见和梳理的问题，对照职能职责，深入剖析思想、组织、作风、纪律等方面产生问题的根源，列出清单，坚持“谈问题不谈成绩、谈主观不谈客观、谈实话不谈虚话”。县纪委、县委组织部抽调业务骨干56人、共组成14个督导组，组长全部由副科级以上领导干部担任。督导组对全县92个县直单位和22个乡镇（街道）党（工）委民主生活会工作情况进行严格把关，并对民主生活会召开情况进行现场点评，确保民主生活会高标准、高质量召开。开展民主评议党员活动，注重“民主”，在“民主”上做到位，做到会上会下，党内党外，个人、组织发扬民主。

组织“回头看、找差距、补短板、定方向”活动。通过“回头看、找差距、补短板、定方向”，确保学习教育落到实处。制定“两学一做”回头看工作实施方案，及时召开部署会、要求层层落实，紧盯问题和差距，自我加压、自我排查、自我完善。同时将党组织主要负责人作为第一责任人，在抓好统筹的基础上，把责任压实到各个党支部，县“两学一做”协调小组办公室开展督导和反馈，为“回头看”工作落实到位打下基础。全县采取“党员自查、支部带查、上级抽查”的方式对照工作清单进行全面“体检”，要求各党组织对照“回头看”主要内容，开展“回头看”情况“补课”工作。对基层党组织“回头看”工作提出具体要求和时限，列出“回头看”工作清单，明确工作标准和措施，认真开展自查，查找存在不足和问题。从严督导补短板，诣实内容。县委组织部成立“两学一做”学习教育

“回头看”专项督导组对各党支部“两学一做”学习教育开展以来的工作进行分类梳理，结合督导工作通报，采取全面督查和随机调研相结合的方式，对各基层党支部“两学一做”学习教育落实“规定动作”进行督查，将“两学一做”特色亮点纳入年终考核，对于学习教育工作仍然浮在面上、流于形式等5类问题，限期整改、跟踪问效，层层传导压力。各党组织结合督导中反馈的意见和指导措施，对照“回头看”查找出的问题，集中进行从严整改“返工”。对工作尚未部署开展的抓紧部署开展，对于需要整改或纠正的问题，责令及时整改纠。

（贺昌魁）

大 事 记

2016年4月6日，县委书记刘文林（前左一）、县长谷永强（前右一）陪同市委书记孙爱军（前左二）、市长解维俊（前右二）等领导视察城建工作

大事记

1月

1月1日，2016年菏泽市“好客山东”贺年会启动仪式在郓城举行。

1月2日，县委常委（扩大）会议召开。会议集体学习中央政治局专题民主生活会精神，学习贯彻习近平总书记重要讲话精神。县委书记、县人大常委会主任刘文林主持会议并讲话，县委副书记、县长谷永强出席会议。

是日，全县大项目建设现场调度会召开。县委书记、县人大常委会主任刘文林，县委副书记、县长谷永强现场查看凤舞广场、中小企业创业园、大元生物、龙源电商创业园、宋金河改造二期工程、中央学府、郓城一中新校区等大项目建设情况。

1月5日，市委书记孙爱军到郓城参加指导县委常委班子专题民主生活会。县委书记刘文林代表县委常委班子作对照检查。

1月11日，中国共产党郓城县第十三届委员会第九次全体会议召开。全委会听取和审议县委书记刘文林代表县委常委会所作的工作报告，对当前和今后一个时期的工作进行安排部署。

是日，省商务厅厅长佘春明一行到郓城调研电子商务工作。副市长黄秀玲，县委书记、县人大常委会主任刘文林，县委副书记、县长谷永强陪同调研。

1月12日，县城区62部新能源公交汽车上路运行。

是日，省政府督查室主任夏宗元一行对郓城解决城区学校大班额、“全面改薄”、基础教育综合改革等工作进行督查。

1月14日，中国财政学会公私合作研究专业委员会郓城PPP项目推介会举行。本次推介会共推介15个新建项目、4个转化存量项目，计划总投资169亿元。财政部科研所第一副所长白景明、中国财政学会PPP专委会秘书长孙洁、山东省财政厅金融与国际合作处处长李学春、山东省财政厅财政科学研究所所长崔宗涛、广发证券副董事长兼总经理李茂年、副市长商敬国、县委书记刘文林、县委副书记、县长谷永强出席推介会。参会的还有社会资本方、金融机构、基金公司负责人。

1月14日至16日，中国人民政治协商会议第十三届郓城县委员会第五次全体会议举行。会议听取县委书记刘文林的重要讲话，听取并审议县政协主席徐淑珍代表县政协第十三届常委会作的《工作报告》、副主席樊庆斌作的《提案工作报告》和十三届五次会议《提案审查情况的报告》，审议通过县政协十三届五次会议政治决议。

1月15日至17日，郓城县第十七届人民代表大会第七次会议召开。会议听取审议《郓城县人民政府工作报告》《郓城县国民经济和社会发展第十三个五年规划刚要（2016—2020）（草案）》《关于郓城县2015年国民经济和社会发展计划执行情况与2016年计划草案的报告》《关于郓城县2015年财政预算执行情况和2016年财政预算草案的报告》，县人大常委会、法院、检察院的工作报告，并通过相应的决议。会议期间，代表提出建议、批评、意见45件。会议补选王广岱为郓城县第十七届人民代表大会常务委员会主任，补选王秀丽（女）、陈修社为郓城县第十七届人民代表大会常务委员会副主任，补选李合力为郓城县人民政府副县长。

1月15日，省住房和城乡建设厅厅长王玉志，党组书记、副厅长李力到郓城调研新型城镇化建设工作。市领导刘传谨等陪同活动。

1月16日，县人大工作座谈会召开。县委书记刘文林出席会议并讲话，县人大常委会主任王广岱主持会议。

1月17日，由市教育局主办，县教育局承办的“校园飘书香·共圆中国梦”菏泽市中小学生第二届读书活动舞台剧、演讲比赛在郓城高级中学举行。

1月19日，县残疾人康复中心启用仪式在康复楼大厅举行。县残疾人康复中心建筑面积1.6万平方米，项目总投资6000万元，设置床位500张。

1月26日，郓城县首家未成年人观护帮教基地“扬帆创业基地”在亿万汽车配件制造有限公司举行揭牌仪式。

1月27日，市委常委、常务副市长闫剑波，市人大常委会副主任丁志刚带领市人大常委会调研组到郓城调研“全面改薄”工作。县委副书记、县长谷永强，县人大常委会主任王广岱陪同调研。

1月28日，省文化厅厅长徐向红一行到郓城省派“第一书记”帮包村走访慰问，赠送音响、书刊和电影播放器等文化活动器材。

1月31日，县委县政府举行老干部情况通报会。县委书记刘文林通报上年全县主要工作情况，县委副书记、县长谷永强主持会议。

2月

2月1日，省审计厅厅长马青山一行到郓城调研指导“第一书记”工作。市委常委、常务副市长闫剑波，市政协副主席、市审计局局长杨晓玲，县委副书记、县长谷永强陪同调研。

是日，市委副书记、市长解维俊一行到郓城走访慰问老党员、优抚对象、计划生育困难家庭、企业困难职工等。县委书记刘文林陪同走访慰问。

2月3日，省委第十三巡视组向郓城县反馈专项巡视情况。省委第十三巡视组组长姜文侠、副组长邓炜向郓城县委反馈专项巡视情况。市委常委、市纪委书记杨光忠出席反馈会并就落实巡视反馈意见提出要求，刘文林主持会议并作表态发言。

2月4日，县委书记刘文林到部分困难职工家中走访慰问。

是日，省、市派驻郓城县“第一书记”工作座谈会召开。县委书记刘文林出席会议并讲话，县委副书记、县长谷永强主持座谈会。

2月8日至24日，第七届贺年灯会在水浒好汉城举办。灯会以“太平盛世闹花灯，好汉城里过大年”为主题，共设计八十余组大型灯组，分水浒故事、丰收年、鸿运当头、金猴闹春等八个主题灯区。灯会期间，古装互动剧李员外招婿，情人节抛绣球相亲会，美食、游乐、吹糖人、捏面人、剪纸等传统技艺亮相。

2月14日，由县妇联、共青团县委、县总工会、县广播电视台联合举办的富海公馆2016年万人相亲大会在大福源购物广场拉开帷幕。

2月16日，全县科学发展考核总结暨经济工作会议召开。会议对2015年郓城县科学发展综合考核先进单位、项目建设工作先进单位、金融系统服务郓城经济发展先进单位、功勋企业和优秀企业家代表进行表彰，对2016年的经济工作进行安排部署。县委书记刘文林主持会议并讲话，县委副书记、县长谷永强出席会议并讲话。

是日，中国共产党郓城县第十三届纪律检查委员会第七次全体会议召开。县委书记刘文林出席会议并讲话，县委常委、纪委书记李艳丽主持会议并代表县纪委常委会作工作报告。县委副书记、县长谷永强，县委副书记吴振、仲红波、武甲庆，县人大常委会主任王广岱，县委常委出席会议。

2月17日，县委副书记、县长谷永强到县人民群众信访接待室公开接访。接访采用与群众面对面接谈的方式，共接待群众来访11件24人次，其中集体访2件12人次。

2月18日，国家发改委、工信部、财政部、人社部、国土资源部、住建部、交通运输部、农业部、商务部、央行十部委批准郓城县为“结合新型城镇化支持农民工等人员返乡创业试点县”。

是日，省委常委、省委政法委书记张江汀到郓城调研普法依法治理和司法行政基层工作。市委副书记、市长解维俊，市委副书记李建华，市委常委、政法委书记李法洪，县委书记刘文林，县委副书记、县长谷永强陪同活动。

2月19日，郓城县新型城镇化基础设施建设项目列入2016年省重点建设项目。

是日，“郓城县2016年‘春风行动’暨高校毕业生、企业用工洽谈会”在唐塔广场举行。

2月20日，市委副书记、市长解维俊先后深入南赵楼电商创业园、农村淘宝随官屯镇级服务站、淘宝大学菏泽人才培养基地、农村淘宝郓城县服务中心，调研督导市电子商务工作会议精神落实情况。副市长黄秀玲、王忠想参加活动。

2月21日，全县新型城镇化工作会议召开。县委书记刘文林出席会议并讲话。县委副书记、县长谷永强主持会议。

2月23日，县委书记刘文林现场调度重点项目建设工作。县人大常委会主任王广岱，县委副书记吴振，县委常委、常务副县长孙迁国参加调度。

2月25日，市委副书记、市长解维俊到郓城调研结合新型城镇化支持农民工等人员返乡创业试点工作。县委书记刘文林，县委副书记、县长谷永强参加活动。

是日，市委副书记李建华到郓城调研指导精准扶贫工作。

是日，全县电子商务暨返乡创业工作会议召开。县委书记刘文林，县委副书记、县长谷永强出席会议并讲话。

是日，中国农业发展银行山东省分行副行长谢军到郓城调研棚户区改造工作。

2月28日，全县大气暨水污染防治工作会议召开。县委书记刘文林，县委副书记、县长谷永强出席会议并讲话。

2月29日，县委书记刘文林到陈坡乡专题调研扶贫开发项目冬暖式大棚建设和扶贫开发工作。

3月

3月2日，副省长夏耕到郓城调研电子商务工作，实地对郓城特色馆、淘宝大学、农村淘宝县级服务中心、随官屯镇级服务中心及艾尚羽羽绒制品有限公司进行调研，听取郓城电子商务发展情况汇报。市委副书记、市长解维俊，市委副书记李建华，市委常委、常务副市长闫剑波，副市长曹升灵、王忠想，县委书记刘文林，县委副书记、县长谷永强陪同活动。

是日，全县扶贫开发工作会议召开。县委书记刘文林出席会议并讲话，县委副书记吴振主持会议。

3月3日，县委副书记、县长谷永强调度棚户区改造和郓翰云城电商产业园建设。副县长王明华、县政府党组成员张平参加调度。

3月4日，县委书记刘文林，县委副书记、县长谷永强调度宋金河二期改造工程。副县长伊超杰参加调度。

3月5日，郓城县棚户区改造工作调度会召开。县委副书记、县长谷永强出席会议并讲话。县政府党组成员张平主持会议。

3月6日，全县大项目建设现场调度会召开。县委书记刘文林，县委副书记、县长谷永强先后到棚户区改造蒋庙区块、统汇凤凰城小区、郓翰云城电商产业园、琦泉生物质发电、郓城一中新校区、外出务工人员返乡创业服务中心、中小企业创业园等19个在建重点项目现场进行调度。

3月7日，市委常委、组织部长王磊到郓城

调研指导基层党建工作。县委副书记、县长谷永强，县委常委、组织部长王效忠陪同调研。

是日，市委常委、统战部部长张晓海到郓城调研指导脱贫攻坚工作。

3月8日，中国诚信建设研究中心副主任兼秘书长闫庆刚一行到郓城考察调研诚信建设工作。

是日，县委副书记、县长谷永强到张鲁集乡调研扶贫工作。

3月9日，全县首期特色农产品电子商务培训班开班。

是日，县委副书记、县长谷永强调度棚户区改造和“互联网+工业”产业园建设。

3月11日，市人大常委会第一副主任、市能源化工产业发展领导小组组长段伯汉到郓城调研能源化工产业发展情况。

3月12日，市委常委、常务副市长闫剑波到郓城调研电子商务工作，县委书记刘文林，县委副书记、县长谷永强陪同调研。

3月15日，县市场监管局、县消费者协会组织开展“3·15”国际消费者权益日宣传咨询服务活动。全县共设立30余处投诉台、申诉台及咨询服务台，现场受理处理消费者投诉9起，为群众提供咨询服务290余起，向群众发放《消费者权益保护法》宣传页5000余份。

3月16日，全市农技协暨银会协作现场会议在郓城召开。

3月21日，县委书记刘文林到张鲁集乡调研扶贫攻坚工作。

3月22日，省法院党组书记、院长白泉民到郓城调研指导文化建设与法庭建设工作。市委常委、政法委书记李法洪，市中级人民法院院长张正智，县委副书记、县长谷永强，县委常委、政法委书记董良峰，县法院院长张万松陪同调研。

是日，全县党务工作会议召开。县委书记刘文林出席会议并讲话，县委副书记吴振主持会议。

3月24日，省海洋与渔业厅厅长王守信到郓城调研指导渔业重点工作。副市长任仲义陪同活动。

是日，全县统战工作暨民族工作会议召开。会议学习贯彻中央、省、市委统战工作会议和民族工作会议精神，研究部署全县统一战线工作。县委书记刘文林出席会议并讲话。

3月29日，中央统战部副部长、全国工商联党组书记、常务副主席全哲洙一行到郓城专题调研“扶贫车间”工作。省委常委、省委统战部部长、省政协副主席吴翠云，省委统战部副部长、省工商联党组书记、常务副主席李法信，县委书记刘文林陪同调研。

是日，全市农村公路开工动员会在郓城召开。

3月30日，中国重要心血管病患病率调查工作在郓城正式启动。山东省医学科学院心脑血管病防治研究中心主任、研究员刘振东现场指导。作为菏泽市唯一承担调查任务的县区，郓城调查任务由郭屯镇中心卫生院和双桥卫生院具体承担实施，调查对象1900人。

4月

4月2日，县委书记刘文林，县委副书记、县长谷永强现场调度郓城一中新校区项目建设工作。

4月6日，市委书记孙爱军，市委副书记、市长解维俊带领全市科学发展观摩团视察郓城一中新校区建设情况。县委书记刘文林，县委副书记、县长谷永强陪同观摩。

是日，阿里巴巴菜鸟网络高级专家、农村物流项目负责人熊健一行就县域智慧物流项目合作事宜到郓城实地考察富达公用型保税仓库、淘宝大学电商培训基地、淘宝县级服务中心、七星中小企业电商创业园。市委副书记、市长解维俊会见熊健一行。

是日，胜利公园竣工。公园总投资1300万元，占地3.7公顷，绿化面积12500平方米，广场设健身器材10余处。

4月8日，省委宣传部、省文明办、大众报业集团、省总工会、团省委、省妇联等联合举办颁奖典礼，隆重推出“山东好人”2015十大年度人物。郓城县诚信建设促进会副会长兼秘书长何厚江获此殊荣，成为诚实守信唯一入选者，菏泽市唯一获奖者。

4月12日，全市林业生产现场观摩会议在郓城召开。

4月13日，全县科学发展现场观摩工作会议召开。县委书记刘文林主持会议并讲话，县委副书记、县长谷永强出席会议并讲话。县人大常委会主任王广岱出席会议。县委、县人大、县政府、县政协领导班子成员，各乡镇（街道）党委书记、乡镇长（办事处主任）、县直部门主要负责人参加会议。

是日，湖北省荆门市委常委、秘书长周友坤到郓城参观考察。

是日，内蒙古自治区包头市政协党组副书记、副主席张晔到郓城参观考察。

4月16日，郓城县返乡创业（青岛）服务站揭牌仪式暨返乡创业座谈会在青岛召开，县委副书记、县长谷永强参加揭牌仪式。

4月17日，中国科协党组成员、机关党委书记王延祜到郓城调研指导工作。王延祜一行实地考察丁里长镇圣达牡丹产业园、唐塔城建项目现场，听取工作汇报，对郓城在发展牡丹产业与城建工作中取得的成绩给予肯定。省科协党组成员、副主席纪洪波、市领导曹升灵陪同活动。

4月19日，2016(春季)中国菏泽投资贸易洽谈会投资环境说明会暨签约仪式成功举办。市委副书记、市长解维俊出席仪式并致辞，副市长黄秀玲主持仪式。县委副书记、县长谷永强，副县长王明华带领有关部门主要负责人参加活动。郓城与香港客商签订投资7700万美元的农村管道天然气工程建设项目。

是日，原北京军区副政委杨建亭中将到郓城视察指导工作。县委书记刘文林、县长谷永强、县人大常委会主任王广岱陪同活动。

4月20日，郓城县中医院拆迁扩建工程开工。中医院扩建项目规划用地94.206亩，占地面积62804.38平方米，总建筑面积约为12.3万平方米，项目总投资55001.60万元。主要建设内容为门诊医技病房综合楼79100平方米，中医康复楼20850平方米，远期病房楼18000平方米，食堂及会议中心楼4500平方米，高压氧舱50平方米；其中地上建筑面积约9.64万平方米，地下建筑面积约2.66万平方米。项目设置床位1076张，包含门诊医技楼、急诊急救中心、内科病房楼、外科病房楼、康复楼及相关配套设备。

是日，山东省爱国主义教育基地、山东省社会科学普及教育基地在郓城传递红色博物馆揭牌。

4月21日，省教育厅厅长、省委高校工委书记左敏到郓城调研指导“第一书记”工作。

4月23日，山东省水浒区域五县县委宣传部长会议在郓城召开。郓城、梁山、东平、阳谷和高唐五县将携手壮大水浒文化和经济，做大水浒产业，助力“水浒传说”申报国家级非物质文化遗产保护名录。

是日，山东省总工会印发《关于表彰山东省富民兴鲁劳动奖状、奖章和山东省工人先锋号的决定》（鲁会〔2016〕19号），授予郓城县好强、张慧山东省富民兴鲁劳动奖章。

是日，由县总工会、县文化体育局主办，农村商业银行郓城支行承办的“农商行”杯庆“五一”职工趣味运动会在唐塔广场举行。

4月24日，市委副书记、市长解维俊一行到郓城调研特色小镇建设情况。县委书记刘文林，县委副书记、县长谷永强陪同调研。

4月26日，全县武装工作会议召开。县委书记刘文林、县人武部部长赵明宝出席会议并讲话，县委常委、常务副县长孙迁国主持会议。

4月28日，国家开发银行山东省分行行长周荣卫一行实地察看沙河及宋金河湿地生态治理项目、郓城第一中学新校区、南湖新区、城南水库及水厂工程、八里河片区棚户区改造项目和宋金河二期治理项目建设情况。市委常委、常务副市长闫剑波，县委书记刘文林，县委副书记、县长谷永强陪同考察。

4月29日，“户户通”工程启动仪式暨建设推进现场会召开，郓城县“户户通”工程全面启动。

5月

5月2日，全县旅游产业发展调度会召开。县委副书记、县长谷永强出席会议并讲话，会议就打造“水浒古城，江北水镇”的旅游发展规划和“一城三镇七线”文化旅游产业发展思路做深入探讨。

5月3日，市委常委、组织部长王磊到郓城调研指导村级基层党组织建设工作，双联双创、扶贫开发和驻村“第一书记”工作。

是日，全县教育四项重点工作推进现场会举行。县委副书记、县长谷永强出席会议并讲话。县人大常委会副主任曹建文，县政府副县长魏宏峰，县政协副主席孙兆同出席会议。

是日，城南水库工程阶段性验收。城南水库设计库容916万立方米，占地2374亩，总投资4.3亿元。利用苏阁引黄闸引黄河水，经过苏阁南送水干线、北关沙河、边庄沟到达库区，年供水量2302万立方米，供水保证率为95%。城南净水厂位于城南水库东南侧，新南环路以南，占地面积80亩，日供水量6万吨，总投资1.1亿元。

5月4日，省委常委、组织部部长杨东奇到郓城调研指导工作，杨东奇一行实地考察郭屯镇魏张楼村、七陵碑村基层党组织建设情况，听取工作汇报，并对下步工作提出指导性建议。市委书记孙爱军、市委组织部部长王磊陪同活动。

是日，临沭县县长刘飞到郓城考察残疾人电子商务培训工作。县委副书记、县长谷永强陪同活动。

5月6日，省委常委、常务副省长孙伟到郓城调研指导城市建设工作。孙伟一行实地考察宋金河生态治理工程、胜利公园、蒋庙棚户区改造项目建设，听取工作汇报，对郓城新型城镇化综合试点建设工作给予好评。市委书记孙爱军，市委副书记、市长解维俊陪同调研。

5月8日，“水浒公益在行动——我的父亲母亲让爱送您回家”山东十七地市爱心接力第四站（菏泽）黄手环发放启动仪式在郓城举行。现场共100名老人领到黄手环，180人进行现场登记。

5月8日至14日，郓城企业家培训班在浙江大学举办，35名企业家和经济管理部门负责人参加培训。

5月10日，郓城县经济开发区揭牌仪式举行。县委书记刘文林为县经济开发区揭牌，县委副书记、县长谷永强主持仪式并讲话。

5月11日，全县旅游产业发展调度会召开。县委副书记、县长谷永强，县委常委、宣传部长王秀忠，副县长王明华出席会议。

5月13日，市委书记孙爱军到陈坡乡、双桥镇，实地察看乡镇在脱贫攻坚方面取得的阶段性成果，看望基层一线的省派“第一书记”，调研县乡两级双联双创活动。县委副书记、县长谷永强代表县委县政府汇报工作。市委组织部长王磊陪同调研。

是日，教育部高考招生制度改革座谈会在郓城召开。国家教育咨询委员会委员刘海峰、教育部高校学生司副司长李清先、省教育厅副厅长张志勇、市委常委、常务副市长闫剑波，市教育局局长陈宝华，县委副书记仲红波、吴振参加座谈。

是日，市委常委、组织部部长王磊到郓城调研“双联双创”活动开展情况。王磊一行实地查看张营镇光伏发电项目、百蔬园蔬菜大棚项目建设现场，听取工作汇报，对郓城在“双联双创”活动中取得的成绩给予肯定，并就下步工作提出指导性意见。

是日，大唐郓城发电项目作为山东首个创新示范项目上报国家能源局。

5月16日，全市种植业结构调整现场会在郓城召开。

5月17日，市人大常委会党组书记、第一副主任段伯汉带领市人大安全生产专项执法检查组到郓城检查安全生产工作。县委副书记、县长谷永强，县人大常委会主任王广岱陪同检查。

是日，县委副书记、县长谷永强，县人大主任王广岱，副县长魏宏峰一行到随官屯镇督导精准扶贫社会帮扶点建设情况。

是日，全市美国白蛾防控现场会议在郓城召开。

是日，市委副书记李建华到郓城检查指导城南水库饮水安全工程建设工作。

5月18日，县委副书记、县长谷永强到潘渡、李集、程屯等北部7个乡镇调度招商引资和小城镇建设工作。

5月19日，市委副书记、市长解维俊率检查组到郓城开展义务教育均衡发展专项检查。县委副书记、县长谷永强陪同检查。

是日，县委副书记、县长谷永强到县公安局调研指导公安工作。

5月24日，省政府督学许秀峰率督导组到郓城督导"全面改薄"工作，副市长曹升灵、市教育局局长陈宝华、副县长魏宏峰陪同活动。

是日，省军区参谋长周月星到郓城勘察黄河防汛工作。省黄河河务局党组成员、副局长王银山，预备役炮兵师师长杨光武、市军分区司令员丁峰等陪同勘察，市领导杨东明、任仲义陪同活动。

5月25日，省政协副主席雷建国到郓城视察指导工作。雷建国一行实地考察水浒好汉城，详细询问县乡政协机构设置情况，听取工作汇报。市领导杨晓玲陪同活动。

5月26日，淮安市委常委、涟水县委书记肖本明率党政考察团到郓城考察国家新型城镇化综合试点工作。县委副书记、县长谷永强陪同活动。

5月27日，吉林市副市长徐莉一行到郓城考察残疾人电子商务工作，县委副书记、县长谷永强陪同活动。

5月28日，市委副书记李建华，副市长任仲义带领观摩团到郓城观摩精准扶贫工作。县委书记刘文林，县委副书记、县长谷永强陪同观摩。

5月30日，全市支持郓城全域旅游发展工作现场办公会召开。市委副书记、市长解维俊出席会议并讲话。副市长黄秀玲、市政协副主席樊庆斌、市政府秘书长郭保存出席会议，县领导谷永强、王秀忠、王明华、魏宏峰、张平、孙兆同参加会议。县委副书记、县长谷永强汇报郓城旅游工作开展情况并表态发言。

5月31日，全县非公有制经济代表人士座谈会召开。县委副书记、县长谷永强，县委常委、组织部长、统战部长王效忠出席会议。

是日，2016年度全县银企对接工作会议召开。县委副书记、县长谷永强出席会议，副县长王明华主持会议。

6月

6月1日，省委统战部常务副部长赵强到郓城调研统战工作。市委常委、组织部长张晓海陪同活动。

是日，省教育基金会理事长陈光华到郓城走访慰问，向帮包村捐赠5万元爱心助学金和1900套文具礼包。

6月2日，省关工委常务副主任、省委原常委、省军区原政委张秉德到郓城考察关心下一代工作。省关工委副主任、省水利厅原厅长宋继峰参加调研，市领导阎世海、杨东明、孟祥伦陪同有关活动。

6月5日，全县发展全域旅游工作会议召开。县委副书记、县长谷永强出席会议并讲话，县委常委、宣传部长王秀忠主持会议。

6月6日，县返乡创业服务中心全面启用。县返乡创业服务中心总面积1000平方米，设有返乡创业服务大厅、"创业者之家"、创业培训教室和"创业咖啡屋"等，并配备创业指导专家和返乡创业人员“一对一”交流，为返乡创业人员提供“保姆式、保健式”的一站式服务。

6月7日，联合国世界旅游组织规划专家詹姆士·弗莱彻和迈克·法布里修斯一行，在省发改委服务业规划处副处长何敬梅的陪同下，到郓城对旅游景区建设和规划进行调研，副县长王明华陪同。

是日，滨州市委政法委常务副书记周军一行到郓城考察交流依法处置非访工作。

6月8日，郓城入围全国超级产粮大县。

6月12日，省轻工业联合会授予郓城县“山东省酒类包装产业基地”称号。

6月13日，郓城农村电子商务标准化试点项目入围全省2016年度电子商务标准化计划项目。

6月14日，副市长任仲义到郓城调研冰雹灾害情况。县委副书记吴振、县政府党组成员李维亚陪同调研。

6月18日，县委副书记、县长谷永强现场调度城市建设工作。县政府党组成员张平，县经济开发区党工委书记鲁仪庆参加调度。

6月19日，郓城县返乡创业（北京）服务站揭牌仪式暨返乡创业座谈会在北京召开。县委书记刘文林、县人大常委会主任王广岱、县人大常委会副主任曹建文参加揭牌仪式。

6月21日至22日，由山东省旅游发展委员会主办的十大文化旅游目的地品牌之“水浒故里”新媒体采风活动走进郓城。新华社、《中国旅游报》、中国山东网、《大众日报》、新浪山东、今日头条等十余家省内外主流媒体记者集结郓城，亲身感受郓城“水浒故里，好汉之乡”的魅力。

6月22日，省委统战部副部长、省工商联党组书记、常务副主席李法信到郓城调研工商联工作情况。市政协副主席樊庆斌陪同调研。

6月23日，《齐鲁晚报》报道，阿里农村淘宝开展的“6·18”年中大促活动中，郓城县总交易额突破2700万元，成为全省第一，自主招商产品全国第一。

6月25日，由菏泽市体育局、郓城县人民政府主办，郓城县文化体育局、菏泽市健美协会承办的菏泽市首届“凤凰城杯”健美锦标赛在唐塔广场举行。

6月28日，县委副书记、县长谷永强到丁里长镇为镇党员干部上“两学一做”专题党课。

是日，郓城县2016年度经济适用住房摇号分配仪式在七星华誉大酒店二楼会议室举行。分配采用计算机公开摇号的方式随机确定每套住房购买人，最终确定70户符合条件的申请家庭作为配售对象，县公证处公证员对整个摇号过程进行全程监督。

6月29日，公安部刑侦局副巡视员陈士渠率公安部“公安文化基层行”文艺小分队到郓城走访慰问英雄模范民警。陈士渠到丁里长镇派出所看望慰问全国优秀警察刘亚宁及民警，送去慰问金。随后在宋江武校狗娃大剧场，文艺小分队向警民们献上歌曲、舞蹈等优秀节目。省公安厅副巡视员冯锐青，县委常委、政法委书记董良峰，副县长、县公安局局长刘景胜与200余名民警一起观看演出。

7月

7月1日，市委副书记李建华、市委组织部长王磊到郓城调研指导工作。李建华、王磊一行实地调研小屯村基层组织建设，视察光伏发电厂、蔬菜大棚基地，县委副书记、县长谷永强陪同。

7月5日，全市农村公路建设工作现场会在郓城召开。市委副书记李建华，副市长刘传谨出席会议，县委副书记、县长谷永强陪同活动。

7月7日，国家土地督察济南局副局长王延杰到郓城检查全天候监测图斑核查工作情况。

7月8日，中国全域旅游推进联盟在北京组织召开全域旅游推进研讨会，山东省郓城县、陕西省白水县、福建省福州市马尾区、甘肃省环县、贵州省石阡县等19个省32个县区委书记和旅游局长参加会议。会议深入探讨如何推进全国县级地区全域旅游的发展，确定与会各方在全域旅游发展方面的合作协调机制，力推中国县域景点旅游向观光、休闲、度假等全域旅游转变，带动美丽乡村建设和旅游扶贫工作。

是日，省人大常委会委员、城环委副主任委员张秋波、贾学英到郓城调研安居工程建设工作情况。市领导丁志刚、刘传谨陪同活动。

是日，山东职业学院2016年大学生暑期社会实践活动启动仪式在张鲁集乡举行。山东职业学院副院长徐冬、学院选派驻张鲁集乡“第一书记”杨大伟出席启动仪式。

是日，由史冰执导的电影《水浒客栈》在郓城水浒好汉城举行开机仪式。副县长王明华，宋江武校校长、郓城水浒旅游发展有限公司董事长樊庆斌等出席仪式并致辞。

7月9日，郓城水浒好汉城景区第三期工程举行奠基仪式。第三期工程主要建设古城墙、瓮城、演武场、宋江祠、水浒文化广场、名吃一条街等项目。工程完成后，水浒好汉城将成为集水浒文化的风情展示、宋江武校的武术交流和狗娃艺术团的精彩表演以及商贸流通于一体的综合性人文景观。

7月10日，县委副书记、县长谷永强现场调度市政重点工程建设。县经济开发区，县住建局、规划局、城市管理执法大队、郓州街道、唐塔街道等有关单位参加调度。

是日，全县“全域旅游与宣传营销”专题培训班举办。旅游业资深专家、省旅游发展委员会市场开发处处长闫向军主讲。县委副书记、县长谷永强出席活动并讲话。县委副书记吴振，县领导董良峰、王效忠、陈修社、刘景胜、王明华参加培训。

7月11日晚，由中国戏曲学院和郓城县人民政府联合创排的动漫舞台剧《跑旱船》在北京中国评剧大剧院隆重会演。文化部副部长董伟，省委宣传部副部长王红勇，市委常委、宣传部长王永江，县委书记刘文林等观看演出。《跑旱船》将传统戏曲与现代3D技术融于一体，开创国内农村主题动漫舞台剧的先河。

7月12日，辽源市委常委、常务副市长蔡宏伟到郓城考察电子商务工作。

7月13日，县委常委、常务副县长孙迁国代表郓城与欧盟（德国）代表、世界未来委员会中国项目总监陈波平在北京签署《世界未来委员会与郓城县关于共同推进东溪湿地建设与城市绿色发展项目的合作备忘录》。作为“2016中欧城镇化伙伴关系务实合作项目”之一，东溪湿地旅游度假区项目主要规划建设潜流湿地、科普类及观光类植物园、现代园林、特色农业、旅游绿道、休闲广场及相关配套旅游基础设施。

是日，全市美丽乡村建设工作现场会在郓城召开。市委副书记李建华出席会议并讲话，市人大常委会副主任孙忠生、副市长任仲义、市政协副主席陶体华出席会议。

7月17日，省委讲师团副团长孔繁轲带领省委督导组到郓城督导“两学一做”学习教育工作进展情况。市委常委、组织部长王磊，县委书记刘文林，县委常委、组织部长王效忠陪同活动。

7月18日，全县扶贫工作会议召开。县委书记刘文林主持会议并讲话。市驻郓城脱贫攻坚督导指挥部副指挥长朱鲲鹏出席会议。

是日，新建成的县政务中心正式投入运行。新政务中心大楼总建筑面积9600多平方米，融合县政务服务中心、公共资源交易中心、返乡创业服务中心、中小企业公共服务中心、仲裁法律服务中心5个中心，进驻行政审批职能部门38个，公共服务民生企业8个，中介服务单位10个，设立对外服务窗口202个。

7月20日，中国社科院信息化研究中心主任汪向东到郓城调研指导电子商务工作。

是日，省委第一巡视组副组长赵中华到郓城调研指导工作。赵中华一行实地察看淘宝大学、郓城一中新校区、宋金河综合治理工程、烟郓盖业等项目建设情况，听取工作汇报，与部分县级干部进行座谈。

7月22日，彭湖湿地规划设计评审会召开。县委书记刘文林，县委副书记、县长谷永强，县领导王效忠、王明华、张平，东盛集团、清华城市规划设计院、中煤集团、临矿菏泽煤电集团负责人和设计专家参加评审会。

7月28日至8月3日，国家林业局合肥专员办山东办事处处长尹钟玉一行到郓城督查保护发展森林资源目标责任制建立和执行情况。

8月

8月1日，彭湖湿地生态旅游项目建设工程正式启动。彭湖湿地位于彭庄煤矿采空塌陷地，着力构建“湿地休闲、田园养生”自然景观，打造集湿地旅游、健康养老、农业观光于一体的综合旅游景区，实现彭庄煤矿塌陷区生态跨越转型。

是日，山东财经大学2016年暑期社会实践郓城分队一行到郓城县史志办开展“读县志·懂中国”调研活动。

8月2日，中国共产党郓城县第十三届委员会第十次全体会议召开。出席会议的有县委委员34人，候补委员8人。县纪委常委和有关方面负责人列席会议。全委会听取和审议县委书记刘文林代表县委常委会所作的工作报告。

是日，2016年“亲情中华·齐鲁行”——中国牡丹之都夏令营开营仪式在水浒好汉城游客中心举行。来自法国、韩国、马来西亚、坦桑尼亚的45名华裔青少年共同参加开营仪式。

8月3日，省煤炭工业局党组书记、局长乔乃琛到郓城调研煤炭管理工作。市领导王忠想陪同活动。

是日，国家助学贷款管理一处处长鲁佑明，山东省学生资助管理中心副主任崔广利以及《中国教育报》《经济日报》《金融日报》《农村金融时报》《中国金融家》记者等一行14人到郓城调研大学生生源地贷款管理工作。县委书记刘文林、县委副书记仲红波陪同活动。

8月6日，县委书记刘文林到双桥镇检查指导精准扶贫、基层党建、“两学一做”开展情况。

是日，郓城琦泉秸秆发电项目竣工。琦泉生物发电项目投资6亿元，采用国内首台高温超高压中间再热生物质发电机组，年可发电4.6亿千瓦时。山东琦泉集团与县扶贫办在周边乡镇选出的100户贫困户签约，企业向贫困户先行支付3600元/户，每户贫困户每月给企业提供1吨秸秆，企业以高于市场价的300元/吨收购。

8月6日—9日，县文明办联合县民政局、县总工会、县妇联等单位在水浒好汉城景区举办公益性七夕相亲大会活动。

8月8日，市委常委、政法委书记李法洪对郓城乡镇（街道）综治（平安建设）工作中心规范化建设进行检查验收。县委常委、政法委书记刘芙蓉陪同活动。

8月9日，省政府研究室调研组到郓城调研返乡创业和水浒旅游小镇建设工作。

是日，济宁市省人大代表调研组一行在济宁市人大常委会党组书记、第一副主任周洪的带领下到郓城考察电商扶贫工作。市人大常委会党组书记、第一副主任段伯汉，副主任丁志刚，县委书记刘文林，县人大常委会党组书记、主任王广岱陪同调研。

是日，日照市残联到郓城考察残疾人电子商务培训工作。

8月12日，全县乡村文明行动移风易俗工作推进会议召开。县委书记刘文林、县委副书记吴振出席会议并讲话。

8月13日，县委书记刘文林对全县大项目建设进行现场调度。县人大常委会主任王广岱，县委副书记吴振，县领导孙迁国、董良峰、张平参加活动。

8月17日，国家发展改革委员会国际合作中心总监景朝阳到郓城评估国家新型城镇化综合试点进展工作。国家新型城镇化综合试点进展情况第三方评估组一行实地察看随官屯镇小城镇建设、县行政服务中心、智慧广场、忠义广场、郓城一中、蒋庙棚改现场、郓瀚云城等项目建设现场，听取工作汇报。随后召开座谈会，对试点工作中取得的初步成效及存在问题困难进行研讨，就下步试点工作推进提出指导性意见。

8 月 18 日，省委机要局局长赵文海到郓城调研机要工作。

8 月 23 日，县委书记刘文林主持召开南湖公园建设调度会。县委副书记吴振，县委常委、县委办公室主任董良峰，县政府党组成员张平参加会议。

8 月 24 日，全县“走在全市前列、全面争创一流”工作推进大会召开。县委书记刘文林主持会议并讲话，县委副书记、县长谷永强出席会议并讲话。县委、县人大、县政府、县政协领导班子成员，各乡镇（街道）党委书记、乡镇长（办事处主任）、县直部门主要负责人出席会议。

8 月 25 日，潍坊市政协副主席、市中级人民法院副院长王贤臣到郓城考察调研工作。

是日，郓城县第十七届人民代表大会第六次会议选举谷永强为郓城县人民政府县长。

8 月 30 日，全市政法调研信息宣传工作会议暨舆论引导培训班在郓城举行。省互联网传媒集团副总编辑、大众网总编辑朱德泉辅导授课。市委政法委副书记李冰主持会议并讲话，县委副书记吴振致辞。

8 月 31 日，市委常委、宣传部长王永江，宣传部副部长、市文明办主任尹慧萍一行 4 人到郓城督导调研城乡环卫一体化和移风易俗工作，县委书记刘文林陪同活动。

9月

9 月 1 日，全市第二次脱贫攻坚观摩会议在郓城召开。市委副书记李建华，市委常委、常务副市长闫剑波，市委常委、组织部长王磊，副市长任仲义参加活动。

是日，郓城一中第一附属学校投入使用。学校占地 90.1 亩，建设规模为 66 个教学班（其中小学 30 个班、初中 36 个班），总建筑面积 30300 平方米，总投资约 7500 万元。

9 月 2 日—3 日，全省中小企业工作专题会议暨“一企一策”座谈会在郓城召开。省中小企业局局长王兆春和局中层以上干部、17 市中小企业局主要负责人、9 位管理咨询专家参加会议，市政府副秘书长冯艳丽，县委书记刘文林，县委常委、常务副县长孙迁国，副县长魏宏峰及全县 130 多家企业负责人参加活动。

9 月 6 日，由市人大常委会副主任、城环委主任委员丁志刚带领市广播电视台、菏泽日报社等 8 家主流媒体记者一行 16 人到郓城开展“环保世纪行”集中采访活动。县人大常委会主任王广岱、副主任孙兴忠、县领导李维亚参加活动。

9 月 10 日，全县庆祝教师节暨表彰大会举行。县委副书记、县长谷永强出席会议并讲话，县人大主任王广岱、县人大副主任陈修社、县政府副县长魏宏峰出席会议。

9 月 12 日，全市综治委全体会议暨全市基层综治工作规范化建设现场会在郓城召开。市委副书记、市综治委主任李建华，市委常委、政法委书记、市综治委常务副主任李法洪，市人大副主任、综治委副主任赵传山出席会议。县委书记刘文林，县委副书记、县长谷永强陪同活动。

9 月 19 日，县委书记刘文林带领 5 名住郓省人大代表开展专题调研。调研组先后深入郓城一中新校区、城南水库、圣达印染新厂区进行实地视察，听取各项目负责人的情况汇报，详细了解项目的进展情况以及存在的困难和问题，并提出建设性意见和建议。

是日，生态郓城建设工作会议召开。县委书记刘文林，县委副书记、县长谷永强出席会议并讲话。县委常委、常务副县长孙迁国主持会议。

是日，全县乡镇领导班子换届工作会议召开。县委书记刘文林出席会议并讲话。县委副书记吴振主持会议。县委常委、纪委书记刘存长，县委常委、组织部长、统战部长王效忠，县人大副主任曹建文出席会议。

9 月 23 日至 24 日，“海外侨胞故乡行——走进山东·菏泽”活动在郓城举行。来自20多个国家和地区的60余名海外侨胞侨领到郓城实地考察。省侨联副主席李兴钰，市委常委、统战部部长王永华，市政协副主席樊庆斌参加活动。

9月24日—25日，由国家体育总局体操运动管理中心、全国排舞运动推广中心主办的“舞动中国——排舞联赛”（山东赛区）暨全国广场舞联赛（山东赛区）在宋江武术学校举行。本次比赛有来自全国各地的40余支队伍近500名运动员参加。

9月26日，郓城县不动产登记中心成立，当日颁发首证。

9月27日，第二届山东省武术大会新闻发布会在水浒好汉城游客中心举行。省武术院院长、省武协副主席兼秘书长翟寿涛，省武术院社会武术部部长、省武协科研、段位委员会主任高淑芹，省武术院社会部副部长、省武协传统武术委员会主任张龙，市体育局副局长赵学英，副县长王明华，县政府党组成员褚景云，省政协常委、市政协副主席、宋江武校校长樊庆斌参加新闻发布会。

9月28日，青岛市政协主席张少军到郓城视察水浒文化旅游城建设工作。市领导孙爱军、刘勇、李建华、尹玉明、杨晓玲陪同活动。

10月

10月1日，县市场监管局开始推行企业注册登记“五证合一”制度，即营业执照、组织机构代码证、税务登记证、社会保险登记证、统计登记证合为一个加载社会统一代码的营业执照。

是日，郓杨公路全线建成通车。郓杨公路全长近30公里，途径唐塔、潘渡、侯咽集、黄集、李集5个乡镇街道，沿线人口30余万人。

10月8日，2016年郓城水浒旅游推介会在水浒好汉城游客中心召开。来自省内外100多位旅行社和景区代表参加会议。

10月9日，北沙河生态恢复及景观工程开工建设。项目总投资10249万元，总建筑面积76公顷，全长约6.4公里；建设内容包括景区内建筑工程、观光道路、停车场、景墙、市政桥、河道清淤疏浚、绿化工程、土方工程、机电工程等。通过对北沙河的综合治理改造，再造水泊河道映像，结合周边用地创造亲切、和谐的自然河景和理想的人居环境，带动旧城改造及房地产开发，为郓城营造出“条条港汊重重苇，兴尽归舟落日红”的河道景观意境。

10月10日，郓城县首批公共自行车项目启动仪式在智慧广场举行。县委常委、常务副县长孙迁国，县政府党组成员张平出席仪式。首期共建设25个站点，投放公共自行车500辆。郓城是菏泽市首例拥有公共自行车的县级城市。

是日，省委、省政府对第二届山东省文化强省建设先进市县和经复查合格的首届文化强省建设先进市县进行通报。郓城县作为经复查合格的首届文化强省建设先进县区受到通报表扬。

10月11日，市委书记孙爱军到新落成的郓城一中附属学校视察。县委书记刘文林，县委副书记、县长谷永强陪同视察。

是日，县委书记刘文林，县委副书记、县长谷永强现场调度重点项目建设工作。县人大常委会主任王广岱，县领导孙迁国、王秀忠、董良峰参加调度活动。

10月13日，第二届山东省武术大会暨郓城好汉节武林会盟在宋江武校开幕。来自全省17个地市70余支队伍4000余名运动员、领队、教练员、裁判员及工作人员参加本次活动。武术大会期间，举行武术散打、竞赛套路、传统套路、太极拳、太极推手及武术特色拳种、武术短兵、武术功力、武术操、舞龙舞狮、武术段位制套路等两大类、11个大项、102个小项的武术比赛，集体项目有8项。

10月14日，省委农工办副主任王宪到郓城实地调研随官屯镇小城镇建设、丁里长镇圣达现代农业示范园、张营镇彭庄设施蔬菜基地、百蔬园蔬菜大棚种植基地和彭庄新村建设情况。市委副书记李建华、市委农工办主任房忠宪、县委书记刘文林、县委副书记吴振陪同调研。

10月15日，千亿斤粮食工程项目（双桥武安项目区）开工建设，项目区涉及4万亩耕地，项目投资6000万元。

10月17日，侯咽集镇鑫华40MW光伏农业扶贫项目、锐鸣绿茵100MW光伏现代农业电站一期30MW项目纳入山东省第一批光伏扶贫项目，获得国家能源局批复。

10月18日，中国中轻食品工业管理中心副主任、中国生物发酵产业协会理事长石维忱率专家组到郓城实地考察水浒酒业、亨利达包装、正华玻璃科技、博恒包装、金鹏玻璃、烟郓盖业、酒类包装文化产业园，对郓城酒类包装产业给予肯定。省轻工业联合会理事长姜祖模、省包装印刷工业协会理事长王军绪参加活动。

是日，由山东省书法家协会和县政协联合主办的“大美齐鲁”山东省中青年书法精品展在市政协书画院开幕。省书协副主席李向东、市政协主席刘勇、市人大常委会副主任丁志刚、县政协党组书记王秀忠、县人大常委会副主任曹建文出席开幕式。书法展展出历届兰亭、国展中获奖、入展的全省30多位作者的120余幅书法作品。

10月19日，河南省孟州市副市长苟朝功到郓城考察水浒旅游工作。

是日，乐农星创天地获科技部星创天地首批备案，将纳入国家级科技企业孵化器的管理体系和服务体系。

10月25日，青岛市委统战部副部长、市工商联党组书记王吉春带领青岛市工商联26个会员单位企业家到郓城对接扶贫工作。青岛企业对汉石桥小学等2所小学进行签约结对帮扶，现场捐资32万元；与郓城县8个村分别签署捐建扶贫产业基地建设协议，捐建资金达100万元以上。市政协副主席樊庆斌陪同活动。

是日，市委书记孙爱军，市委副书记、市长解维俊带领全市科学发展现场观摩团到郓城观摩。县委书记刘文林，县委副书记、县长谷永强等陪同活动。

10月26日，全县县乡两级人大换届选举工作会议召开。县人大常委会主任王广岱，县委副书记吴振，县委常委、组织部长、统战部长王效忠，县人大常委会党组副书记、副主任曹建文出席会议。

是日，省档案局副局长王宪东带领省县级档案馆建设督导组到郓城督导调研贯彻落实全省行政执法检查整改落实工作暨县级档案馆建设推进会议精神，市档案局局长张茂真，县委副书记吴振，县委常委、办公室主任董良峰陪同活动。

10月28日，县法学会成立暨第一次会员代表大会召开。市委政法委副书记、法学会副会长刘守文，市法学会秘书长张新华，县委书记刘文林，县委常委、政法委书记刘芙蓉，县政协副主席樊庆斌，县法院院长张万松，县检察院检察长逯其彦出席会议。

是日，郓城福乐养老公寓一期工程建成投入使用。福乐养老公寓占地面积40亩，规划建筑面积30977平方米，设计养老床位800张，总投资1.1亿元。

10月29日，县委常委会议召开。会议集体学习《中国共产党第十八届中央委员会第六次全体会议公报》；县委书记刘文林传达全市科学发展现场观摩工作会议精神；县政府常务副县长孙迁国汇报全市招商引资工作调度会议精神和全县科学发展现场观摩筹备情况；县委办公室主任董良峰传达学习省委第一巡视组关于对菏泽市巡视“回头看”情况的反馈意见。刘文林主持会议并讲话，县委副书记、县长谷永强，县委副书记吴振，县人大常委会主任王广岱，县政协党组书记王秀忠和县委常委等出席会议。

10月30日—31日，中国城市规划设计研究院党委书记兼副院长、中国城镇供水排水协会副会长兼秘书长邵益生带领专家组到郓城县调研城镇化建设工作。副市长刘传谨，县委书记刘文林，县委副书记、县长谷永强陪同活动。

10月31日，南赵楼镇六合苑村、唐塔街道西代庄村入围2016年度“中国淘宝村”。

11月

11月2日，共青团青岛市委书记路玉军到郓城考察。路玉军一行首先在郓州街道南边庄小学举行青岛市希望工程公益项目捐赠仪式，并为青岛青联爱心专业教室揭牌。

是日，郓城县医院新院区建设工程正式开工。新院区总用地面积152176平方米，一期工程建筑面积179914平方米，地上建筑面积141139平方米，地下建筑面积38775平方米，包括门诊楼（24806平方米）、医技楼（23376平方米）、外科病房楼（25350平方米）、内科病房楼（25250平方米）、康复楼（16705平方米）、综合楼（15129平方米）及中心供氧、中央吸引等设施；新院区设置床位1400张（内科病房600张，外科600张，康复楼200张），停车位1400个。

11月3日，中国经济社会理事会第三届常务理事、国务院扶贫开发领导小组原副组长范小建一行到郓城调研精准扶贫工作。省委副秘书长时培伟、省扶贫办副主任张瑞东参加有关活动，市委副书记李建华、市政协副主席黄秀玲陪同活动。

是日，全市返乡创业现场交流座谈会在郓城召开。市委书记孙爱军作出批示，市委副书记、市长解维俊出席会议并讲话，解维俊对全市返乡创业工作进行总结，并就下步工作做出安排部署。市委常委、常务副市长闫剑波主持会议。

11月4日，县委副书记、县长谷永强现场调度黄泥冈景区、龙源物流等重点项目建设工作。

11月6日，内蒙古准格尔旗人大常委会副主任董五半、政协副主席王俊凤带队到郓城调研考察。

11月9日，国务院扶贫办开发指导司副巡视员张洪波到郓城调研扶贫工作。省扶贫办副主任张瑞东，市委副书记李建华陪同活动。

11月10日，由山东省小城镇建设研究会和郓城县人民政府共同举办的全省乡村规划技术研讨会在郓城召开。会议主要以郓城县域乡村建设规划和试点村庄规划方案为案例对下一步乡村建设规划的试点改革、内容深度要求等进行讨论。

是日，省军区政委尚振贵到郓城调研人民武装工作。市领导杨东明陪同活动。

是日，市人大机关老干部考察团到郓城考察大项目建设、民生工程等工作。县委书记刘文林，县委副书记、县长谷永强，县人大主任王广岱等陪同活动。

是日，国家林业局驻合肥专员办专员向可文一行到郓城检查保护森林资源专项行动开展情况，省森林公安局局长刘得、县政协副主席符中太陪同检查。

11月11日，郓城成功入选山东省10个中等城市培育试点。

是日，市政协老领导一行39人到郓城考察经济社会发展情况。县委书记刘文林，县委副书记、县长谷永强，县人大主任王广岱，县委常委、宣传部长、县政协党组书记王秀忠陪同活动。

11月12日，全县科学发展现场观摩会议召开。会议学习先进，交流工作。县委书记刘文林主持会议并讲话，县委副书记、县长谷永强出席会议并讲话。县委、县人大、县政府、县政协领导班子成员，各乡镇（街道）党委书记、乡镇长（办事处主任），县开发区党工委书记，县直部门主要负责人出席会议。

是日，郓城县职业中等专业学校新校区开工建设。新校区规划占地面积为404亩，总建筑面积为120000平方米，在校生6000人。项目总投资约3.5亿元。

11月14日，海南省综治办副主任庄才德到郓城考察调研基层综治规范化建设工作。县委书记刘文林，县委副书记吴振陪同考察。

11月16日，省委党史委研究室主任赵国卿到郓城考察指导党史工作。县委书记刘文林，县委常委、组织部部长王效忠陪同活动。

11月17日，全县城市违法建设治理行动动员会议召开。会议贯彻落实省、市城市违法建设治理行动会议精神，研究部署下步工作。县委书记刘文林出席会议并讲话，县委副书记、县长谷永强主持会议并讲话。

11月18日，县总工会第七次代表大会召开。市总工会党组书记、常务副主席周继东和县委书记刘文林分别代表市总工会和中共郓城县委讲话。县领导谷永强、王广岱、吴振、董良峰、王效忠、曹建文、李广才出席开幕式。

11月21日，县委书记刘文林到随官屯镇对安全生产专项整治行动及化工行业安全生产专项整治工作开展情况进行督查。

是日，郓城县入选首批山东省全域旅游示范区。

11月24日，市委副书记、市长解维俊到郓城督导省委巡视组巡视“回头看”反馈意见整改落实情况。刘文林书记代表县委作表态发言。

是日，市委副书记李建华到郓城调研“乡村连片治理”项目和精准扶贫工作。市扶贫办主任蔡伟超、县委书记刘文林等陪同调研。

是日，市人大常委会副主任丁志刚一行到郓城随官屯镇于官屯社区检查指导县、乡人大换届选举工作。县人大常委会主任王广岱，副主任曹建文等陪同活动。

是日，全县教育重点工作调度会召开，县委副书记、县长谷永强，副县长魏宏峰出席会议。

11月26日，德国联邦自然保护局官员和世界未来委员会专家到郓城考察东溪湿地项目，并召开考察交流会。项目欧方代表由世界未来委员会中国项目总监陈波平、德国联邦自然保护局（BfN）国际合作处中德合作负责人库伯—施拉克、柏林科技大学教授，BfN绿色城市项目专家伍兹曼、世界未来委员会项目官员朱承浩等人组成。县委副书记、县长谷永强出席会议并致辞，常务副县长孙迁国做项目介绍，交流会由县政府党组成员张平主持。项目相关单位主要负责人出席会议。

是日，市委副书记、市长解维俊采取不打招呼、随机走访的方式，深入到郓城的部分扶贫车间、村队和贫困户，现场督导检查脱贫攻坚工作。

是日，县委书记刘文林，县委副书记、县长谷永强一行对北沙河项目安全生产专项整治工作的开展情况进行督查。

11月28日，县选举委员会全体会议召开。县委常委、组织部长、统战部部长王效忠参加会议，县人大常委会主任王广岱主持会议并讲话。会议审议通过县乡人大代表换届选举日由2016年12月22日调整为2016年12月26日。

是日，市委副秘书长、农工办主任房忠宪率市住建、交通、林业、水利等部门主要负责人到郓城调研指导农业农村工作。县委书记刘文林、县委副书记吴振、县政府领导李维亚陪同调研。

11月29日，全市经济形势分析座谈会在郓城召开。市委副书记、市长解维俊对全市经济形势作全面分析，对下步工作进行安排部署。副市长黄秀玲，县委书记刘文林，县委副书记、县长谷永强参加会议。

是日，市委副书记、市长解维俊到郓城调研返乡创业及电子商务发展情况。副市长黄秀玲，县委书记刘文林，县委副书记、县长谷永强陪同调研。

11月30日，全县脱贫攻坚工作调度会议召开。县委书记刘文林主持会议，县委副书记吴振传达菏泽市扶贫开发领导小组会议精神，并就全县脱贫攻坚重点工作进行安排部署。

12月

12月1日，郓城县酒类包装产业园开工建设。酒类包装产业园总投资9.31亿元，占地900亩，总建筑面积35.2万平方米，规划建设道路3.9公里、管网23.4公里。

12月2日，中国共产党郓城县第十三届委员会第十一次全体（扩大）会议召开。县委书记刘文林主持会议并讲话，县委副书记、县长谷永强，县委副书记吴振，县人大常委会主任王广岱，县政协党组书记王秀忠，县委常委董良峰、刘存长、刘芙蓉、伊超杰、王效忠出席会议，县委委员、县委候补委员、不是县委委员的副县级领导干部参加会议。

12 月 7 日，县委书记刘文林到侯咽集镇调研扶贫工作。

12 月 8 日，全域旅游工作调度会召开。县委副书记、县长谷永强出席会议并讲话，副县长王明华主持会议。

是日，郓城千亿斤粮食工程项目（郭屯项目区）开工建设。项目区涉及 1 万亩耕地，总投资 1500 万元。

12 月 11 日，全县扶贫工作调度会议召开。县委书记刘文林对迎接省市扶贫考核工作进行全面安排部署，并就近期全县脱贫攻坚重点工作进行安排部署；县委副书记、县长谷永强就近期脱贫攻坚重点工作讲话。

12 月 14 日，县委书记刘文林到张鲁集乡调研扶贫工作。

12 月 16 日，省委常委、省纪委书记陈辐宽到郓城就学习贯彻十八届六中全会和省委十届十五次全会精神，推进党风廉政建设和反腐败工作进行调研。市委书记孙爱军陪同调研。

是日，郓城城南水库工程召开竣工验收会议。

是日，由县总工会、县文化体育局共同主办的郓城县 2016 年冬季职工广场舞大赛在唐塔广场举行。共有来自全县各乡镇（街道）、各机关单位、民主团体、工业园区及有关企事业单位 49 支队伍 900 余人参加比赛。

12 月 17 日，县委副书记、县长谷永强现场调度中润热力、智慧广场、西溪路公厕、五道街工程、文苑路、北沙河、金水湖、蒋庙区块、南湖公园等 12 个在建城市重点建设项目。

12 月 20 日，市委副书记、市长解维俊到郓城督导检查脱贫攻坚工作。解维俊听取扶贫工作汇报，针对扶贫开发工作成效考核及年终督查工作进行安排部署。

12 月 21 日，省义务教育均衡发展督导组对郓城义务教育均衡发展工作进行预查。

12 月 22 日，山东省首条县级城市有轨交通落户郓城。有轨电车公交线路 T1 线工程项目线路西起县交通枢纽，连接南部新城片区和东部工业园区，全长 9.855 公里，全线设车站 12 座，项目总投资 14 亿元。

12 月 23 日，郓城县政府和社会资本合作（PPP）项目推介会暨创新发展论坛举行。共推介项目 17 个，项目计划投资总额约 136 亿元。山东省财政厅、山东省财金投资集团、菏泽市人民政府、郓城县人民政府等相关部门领导出席推介会。参会的还有社会资本方、金融机构、基金公司负责人。

12 月 26 日，省委宣传部副部长、省文明办主任刘保莅一行到郓城督导检查移风易俗工作，市委常委、宣传部部长王永江，市委宣传部副部长、市文明办主任尹慧萍，县委书记刘文林，县委常委、宣传部部长伊超杰陪同活动。

12 月 28 日是郓城县第十八届人大代表换届选举投票日。县委书记刘文林，县委副书记、县长谷永强，县人大常委会主任王广岱，县政协党组书记王秀忠，县委副书记孙迁国，县委常委刘存长、杨勇、王效忠等分别在随官屯镇王官屯村、丁里长镇前营村、郓州街道徐屯选区、潘渡镇仝老家选区、张营镇选区、随官屯镇元庙集村投票站参加投票，选举县人大代表。

12 月 29 日，县委常委会议召开。会议研究确定中共郓城县委第十四届县委委员、候补委员和纪委委员候选人预备人选建议名单和部分人事调整事宜；审议《中共郓城县委关于深入学习贯彻党的十八届六中全会精神的意见》（讨论稿）。县委书记刘文林主持会议并讲话，县委副书记、县长谷永强，县人大常委会主任王广岱，县政协党组书记王秀忠，县委党组副书记孙迁国和县委常委等出席会议。

是日，南湖新区公共服务建筑项目设计方案征集评选会召开。县委书记刘文林，县委副书记、县长谷永强，县委常委、县委党组副书记孙迁国，县委常委、县委办公室主任杨勇出席会议，县政府党组成员张平主持会议。会议邀请清华大学建筑设计研究院副总建筑师祁斌、山东省城乡规划设计研究院副总建筑师张合忠、山东建筑大学教授张军民、山东建筑大学副教授姜海涛、菏泽市城市规划设计研究院院长郝敬标担任本次方案征集评审会的专家，专家委员会主任委员主持方案评选。山东省人民政府驻郓城县城乡规划督察员张林应邀参加会议。

12 月 31 日，农村电网中低压线路改造工程竣工。全县共完成农村电网中低压线路改造 490 公里。

县情概览

宋金河新貌

县情概览

自然地理

【位置 面积】 郓城县位于山东省西南部、菏泽市东北部，地处黄河下游，地理坐标为北纬35° 19′～35° 52′，东经115° 40′～116° 08′。北邻梁山县，东与嘉祥县接壤，南接巨野县、牡丹区，西与鄄城县毗邻，隔黄河与河南省范县、台前县相望。全境南北最长约44.39公里，东西最宽约35.71公里，总面积 1643平方公里。

【地形 地貌】 郓城县大地构造属中朝陆台山东台背斜的西南边缘凹陷带，处于“鲁西断块”中的“鲁西南块陷”上，地表全为新生界覆盖，没有基岩出露。由于受地下岩层构造和地上黄河等内外营力作用的控制和影响，整个地势西南高东北低，没有山丘，全境属黄河冲积平原。西南与东北高差9米，地面坡降在1/5000～1/10000，海拔在38.50～47.50米之间，地貌类型主要有缓平坡地带、浅平洼地带、河槽地带、河滩高地地带四种。

【河流】 黄河为境内唯一的自然河流，上起鄄城县左营乡张庄村，流经郓城县境34公里，入梁山县黑虎庙乡高唐村。全县共有骨干排水河道10条，分别是洙赵新河、郓巨河、鄄郓河、丰收河、宋金河、三分干河、郓城新河、老赵王河、琉璃河、华营河，县境内河道总长度284.47公里。

【气候】 郓城县属暖温带半湿润东亚季风大陆性气候。四季分明，春季干燥多风，夏季炎热多雨，秋季温和凉爽，冬季干冷，雨雪稀少。

2016年平均气温15.4℃，较历年平均值13.9度偏高1.5℃；最高气温37.0℃，较历年极值41.0℃偏低4.0℃；最低气温-14.0℃，较历年极值-18.1℃偏高4.1℃。年平均相对湿度为65%。年降水量708.2毫米，较历年平均值635.0毫米偏多73.2毫米，7月份降水最多，为238.5毫米，3月份降水最少，为0.3毫米。年日照时数2068.9小时，较历年平均值2201.8小时偏少132.9小时；全年以6月份日照时数最多，为232.1小时，12月份最少，为99.0小时。全年以南风为主，年平均风速1.6米每秒。降雪初日为11月22日，全年降雪日数为9天。暴雨日数4天，偏多3.2天。无霜期221天，偏长19天。全年气温偏高，降水稍偏多，日照偏少。主要灾害天气有大风、冰雹及暴雨，虽有一定经济损失，总体为偏好年份。

自然资源

【矿产资源】 郓城县矿产资源主要有煤炭、地热和砖瓦用黏土三类，其中能源矿产二类，非金属矿产一类。郓城县煤田总面积535.24平方公里，煤炭资源总量223928.9万吨，资源量146395.1万吨，主要为肥煤、焦煤、气煤等，含硫量少、灰分低、燃烧值高，为工业、化工、动力用优质煤炭。至2016年全县已建成投产矿井4对，彭庄煤矿、郭屯煤矿、赵楼煤矿和郓城煤矿，年设计开采能力825万吨，核定生产能力980万吨；已探明地质储量29.03亿吨，其中工业储量11.37亿吨；正在前期论证的矿井1对（李集乡高庄煤矿），已探明地质储量1.06亿吨，可建设年生产60万吨的矿井；地热资源处于勘探开发初期，初步探明蕴藏面积120平方公里，深度

1400米～1900米，具有良好的导热、导水的地质条件，具备广阔的开发利用前景。砖瓦用粘土矿，分布于黄河和引黄干、支渠两岸，共有砖瓦窑厂58个，年产标准砖8.7亿块，利用黄河和引黄灌溉落淤进行生产。

【土地资源】 2016年，全县土地总面积1633.23平方公里。 耕地113765.91公顷，园地487.47公顷，林地7448.74公顷，草地372.35公顷，城镇村及工矿用地24377.32公顷，交通运输用地5085.41公顷，水域及水利设施用地9155.76公顷，其他土地2630.15公顷。人均耕地0.087公顷。

【水资源】 2016年，郓城县年降雨量630毫米。多年平均水资源总量3.5亿立方米，地表水1.02亿立方米，地下水2.6亿立方米。2016年水资源开发利用总供水量2.95亿立方米，其中农业灌溉2.4亿立方米、工业生产1850万立方米、城镇生活268万立方米、乡村生活3000万立方米、生态环境425万立方米。

【生物资源】 *动物资源*。野生动物有野兔、狸子、黄鼠狼、刺猬、野猫、麻雀、喜鹊、乌鸦、燕子、布谷、啄木鸟、猫头鹰、斑鸠、白鹭、黄鹂、百灵、大雁、鹰、杜鹃、画眉、野鸭、蝙蝠、蜂、蝶、蝉、蜻蜓、蟋蟀、蜘蛛、螳螂、萤火虫、瓢虫、蛇、蜥蜴、壁虎、蚯蚓等。饲养动物有马、牛、骡、驴、猪、羊、猫、狗、兔、鹿、貂、狐狸、鸡、鸭、鹅、鸽子、鹌鹑等。水生动物主要是鱼类，如鲤、鲫、鳊、泥鳅、草鱼、鲢等，另有少量甲鱼、虾、田螺等。

植物资源。县境内能够在野外自然越冬且能够通过播种、扦插、埋根、嫁接等方式繁殖后代的林木（包括乔木、灌木及木质藤本）有44科73属111种。作为用材树栽培较广泛的有：中林46杨、I—107杨、I—69杨、中菏1号杨、L35杨、中菏2号杨、沙兰杨、I—214杨等欧美杂交杨品种和泡桐、毛白杨、旱柳、白榆、刺槐、臭椿、苦楝等。作为果树或其它经济树栽培的有苹果（1987年前，主要有红香蕉、青香蕉、金帅、祝光、小国光、大国光、红玉等。1987年，引进日本红富士、短枝新红星、金矮生、乔纳金、藤牧一号、美国8号、红将军、惠民短枝富士、玫瑰红、早捷、贝拉等优良品种）、梨、桃、杏、李子、葡萄、枣、柿以及桑、杞柳、紫穗槐、白蜡、花椒等。作为风景观赏树栽培的有雪松、蜀桧、月季、槐、龙爪槐、合欢、垂柳、大叶女贞、法桐、紫薇、紫叶李、木槿、龙柏、银杏、木瓜、大叶黄杨、栾树等。

农作物。粮食作物有小麦、玉米、大豆、高粱、地瓜、谷子等。经济作物有棉花、花生、芝麻、麻类等。蔬菜类有大白菜、小白菜、萝卜、茄子、辣椒、黄瓜、冬瓜、芹菜、韭菜、豆角、菠菜、西红柿、葱、芫荽、丝瓜、笋瓜、葫芦等。

历史沿革

郓城历史悠久，县境内在新石器时代已有人类居住。夏朝为徐州之域，商朝为商心腹之地，第五次迁建都城即在郓城境内，史称庇。春秋战国时期，属鲁国西境。鲁成公四年（公元前587年）冬，筑城名“郓”，驻军防卫，史称西郓。时境内有廪丘、阳晋等邑。齐灭鲁后，属齐地。秦朝属东郡。西汉属兖州东郡，境内先后置黎县（遗址在今陈坡乡一带）、廪丘县（故址在今陈坡、水堡乡一带）。东汉属兖州路济阴郡，废黎县并入廪丘县。治所在黎县故城。三国属魏兖州东郡，廪丘为兖州治所。晋、十六国属兖州濮阳国。南北朝析廪丘置清泽县，属济州东平郡，县治（在今张营村附近）亦为东平郡治。隋朝开皇四年（584年）清泽县改名万安县。开皇十八年（598年），万安县改名郓城县，属郓州。大业二年（606年），改郓州为东平郡，治郓城，廪丘县并入郓城县。唐朝武德四年（621年）废东平郡设郓州，治郓城。次年置郓州总管府，辖郓、濮、兖、戴、曹5州32县。贞观八年（634年），因郓地卑湿，州治迁须昌（今东平东北）。天佑二年（905 年），郓城县复名万安县，隶郓州。五代属后梁，隶郓州。梁灭，属后唐，隶郓州，万安县复名郓城县。后周广顺二年（952 年），郓城县自郓州划归济州。北宋属山东西路济州。金朝属山东西路济州。大定六年（1166 年），黄河于阳武（今河南省原阳县）决口，郓境东部陷入汪洋，县治（今张营村附近）没于水中，迁至盘沟村（今县城）。元朝属中书省济宁路。明朝初，属济宁府，洪武十八年（1385 年）改济宁府为济宁州，郓城属之。清朝雍正十三年（1735 年）设曹州府，郓城县属之。中华民国时期，先后属兖沂曹济、济宁、曹濮道；民国十七年（1928 年）废道直属省；民国二十三至二十六年（1934 年至 1937 年），郓城为乡村建设实验县，直隶省。1949 年 8 月 20 日，成立平原省，设平原省菏泽专区，郓城县随属。1952 年 11 月 30 日，撤销平原省，菏泽专区划归山东省，郓城县随属。1958 年 12 月，撤菏泽专区，郓城县归属济宁专区。1959 年 9 月，恢复菏泽专区，郓城复归菏泽专区。2000 年 6 月 10 日，菏泽地区改为菏泽市，郓城县属之。

历史名人

【孙膑】（约公元前 380—前 320 年），战国中期齐国廪丘（郓城）人，著名军事家，兵家代表人物。早年拜鬼谷子为师学习兵法武艺，因受同窗庞涓迫害遭受膑刑，后投奔齐国，被齐威王任命为军师。公元前 354 年，魏国派庞涓进攻赵国，包围都城邯郸，赵国向齐国求救。孙膑主张不领兵进军邯郸，而是趁魏军主力在外国内空虚之际，进攻魏都大梁，迫使魏军“释赵而自救”，等魏军回兵时，埋伏在中途予以还击，这就是著名的“围魏救赵”的故事。孙膑辅佐齐国大将田忌，两次击败庞涓，取得桂陵之战和马陵之战的胜利，奠定了齐国的霸业基础。著有《孙膑兵法》一书，为后世留下重要的军事理论。

【王观】（？—260 年），字伟台，三国时东郡廪丘（郓城）人，魏国大臣。王观自少孤贫、有志气，后曹操召为丞相文学掾，又先后出任高唐、鄚县和任县县令，为官清廉，政绩显著。黄初元年，王观任尚书郎、廷尉监，后又出任南阳和涿郡太守，当时涿郡与鲜卑接壤，多次遭到鲜卑族抢掠，王观命令当地边境的人民每十家一起屯居，修筑京候以防备侵扰，维护边境安全。后任治书侍御史、尚书、河南尹、少府等多个职位。正始十年（249 年），司马懿发动高平陵政变，王观被任命为行中领军，占据曹羲的军营，并接管其军队。王观因功赐爵关内侯，复任尚书，加驸马都尉。正元元年（254 年），进封中乡亭侯。后加光禄大夫，转任尚书右仆射。景元元年（260 年），进封阳乡侯，增邑千户。后王观迁任司空，上任数日，即送还印绶，辞官回归故里。逝后谥号肃侯。

【魏能】（？—1015 年），郓城人，北宋前期著名将领。魏能少年应募从军，隶属云骑军，后选补日骑左射，又隶殿前班，因军功七次升迁，升任散员左班都知。端拱二年（989 年）加御前忠佐马军副都军头，历殿前左班都虞候、领溪州刺史，加秩转马步军都军头。咸平三年（1000 年），升为黄州刺史，第二年又做镇、定、高阳关三路前阵钤辖。咸平五年（1002 年），任郑州团练使，又任威虏军。契丹入寇，魏能防守城西，与其他将领配合作战，率军与之在南关门大战，大败契丹军队，生擒敌帅。景德二年（1005 年），契丹军攻击长城口，魏能再次领兵与敌大战，追击敌军越过阳山，斩杀首级、缴获兵器众多。又以所部御敌于顺安，升防御使，调为宁边军路部署。后任右骁卫大将军、虢州都监、加领康州团练使等职。大中祥符八年（1015 年）去世，一生英勇善战。

【钱乙】（1032—1113 年），字仲阳，北宋郓州（郓城）人，中国医学史上第一个著名儿科专家。钱乙撰写的《小儿药证直诀》，第一次系统地总结了对小儿的辨证施治法，是中国现存的第一部儿科专著，也是世界上最早的儿科专著。《小儿药证直诀》使儿科发展成为独立的一门学科，后人视之为儿科的经典著作，把钱乙尊称为“儿科之圣”“幼科之鼻祖”。钱乙对小儿科作了四十年的深入钻研，积累了丰富的临证经验，通过长期的医疗实践逐步摸索出了一整套小儿疾病诊治的方法。钱乙著有《伤寒论指微》五卷，《婴孺论》百篇等书，但都散失不传。现存《小儿药证直诀》，是钱乙的学生阎季忠搜集整理编写的。此书共三卷，上卷言证，中卷为所治病例，下卷为方剂，该书最早记载麻疹和百日咳的证治和从疹的特征来鉴别天花、麻疹和水痘，记述多种初生疾病和小儿营养障碍疾患，以及多种著名有效的方剂，还创立了我国最早的儿科病历，此书为历代中医所重视，列为研究儿科必读之书。《四库全书总目提要》称钱乙的书为“幼科之鼻祖，后人得其绪论，往往有回生之功。”钱乙曾为“太医丞”(御医)，多次进京入宫给皇帝、皇帝的子女以及皇亲国戚治病，后以病为由辞官回家在民间行医。

钱乙妙手仁心，一生皆在使“幼者无横夭之苦，老者无哭子之悲”。阐释了中医医道的博大与慈爱。钱乙是世界杰出的医学家，在中国医学史上有里程碑式的地位。

【宋江】（1091—1124年），字公明，郓城县水堡村人，北宋末年农民起义领袖。刀笔精通，仗义疏财，人称“及时雨”。北宋末年，政治腐败，民不聊生，宋徽宗宣和元年（1119年），宋江聚众起义，活动于河北、山东一带，曾在梁山泊安营扎寨。宋江讲义气，知人善任，深得士卒和百姓拥戴。《宋史·张叔夜传》所叙：“宋江起河朔，转略十郡，官军数万莫敢撄其锋。”宋江率领起义军流动作战，一时威震河北，撼摇京师。宣和三年（1121年）二月，进攻沭阳、海州时，为海州知州张叔夜伏兵所败。

【史惟良】（1273—1347年），字显夫，元朝著名官员。祖居亳州，后迁郓城。史惟良最初任将仕郎、河间都转运使司知事，后升任刑部主事、刑部员外郎、监察御史、中书右司都事、右司员外郎，至治元年（1321年）任刑部侍郎。泰定元年（1324年），升任右司郎中，参议院事；泰定二年（1325年），为治书侍御史；泰定三年（1326年），改佥宣政院事，后任吏部尚书（正三品），不到一个月，任中书参知政事（从二品）。天历元年（1328年）文宗拜为侍御史，授资善大夫，任中书左丞（正二品）；天历二年（1329年），任资政大夫、御史中丞、知经筵事。至顺元年（1330年）二月，授资德大夫、中书左丞，主持纂修《经世大典》；至顺三年（1332年）五月，陈奏政要三十八事，朝廷多数予以采纳。元统元年（1333年），任山东东西道肃政廉访使；元统二年（1334年），任枢密使。至元三年（1337年）五月，任燕南河北道肃政廉访使；任江南诸道行御史台御史中丞（正二品），又召拜集贤大学士、荣禄大夫（从一品）。史惟良是元代政坛上仅次于史天泽、史弼的第三号著名人物。晚年阅历精熟，诗文博敏而纯实，有奏议、杂文、诗歌若干卷，自题曰《泛蒿》。史惟良墓座落在郓城县城南郊。

【樊执敬】（？—1352年），字时中，郓城人，元末官员。为人机敏，勤奋正直，官至侍御史。顺帝至正七年（1347年），任命为山南道廉访使，不久改任湖北道。十年（1350年），迁江浙行省参知政事。十二年（1352）7月，项普率领农民起义军直犯杭州。城守空虚，事态危急。大敌当前，樊执敬沉着冷静，调兵遣将。元兵战斗力差，溃逃不已，樊执敬孤立无援，敌军劝其投降，樊执敬宁死不屈，战死沙场。元朝谭州路总管鲁至道有诗挽曰：奋志从军全节义，杀身殉国显忠诚。元朝朝廷诏赠翰林学士承旨、荣禄大夫、柱国，追封鲁国公，谥号忠烈。樊执敬墓位于郓城县城西南角樊林。

【樊敬】（1359—1443年），字守一，号一斋，郓城南关人，明朝前期著名大臣。洪武二十年（1387年），二十八岁时以庠生中举人。洪武三十年（1397年），三十八岁时中进士。洪武年间历任春坊司谏、行人司司副、鸿胪寺丞。建文四年

（1402 年）升鸿胪寺左少卿。永乐年间升少卿遂转正卿，后升右通政行军司马，永乐二十年升刑部左侍郎。永乐年间，北征蒙古，南征安南的战役中，樊敬督运粮草，为最后的胜利提供后勤保障。行军司马任上，樊敬镇守济宁，总理水运，确保京杭大运河的安全畅通。革除官吏弊病，镇压匪徒，安定一方。任刑部左侍郎期间，樊敬主持刑部事宜，清狱讼，察吏奸，除暴安良，执法严明，主审许多重大案件。退隐后，力学务本，教授子孙，建立雪霁草堂，吟咏诗书，一生清廉为官，累建功勋，为大明开国创业前期一代名臣。

【孙时】（约 1370—1446 年），字习之，郓城县孙林村人，据孙氏祖谱载，是孙膑的后代。郓城历史上仅有的几位进士出身的高级官员之一，明洪武二十三年（1390 年）举人。曾任壶关教谕、金坛知县、河南按察司、刑部员外郎、大理寺右丞等职。孙时处理案件认真负责，对冤、假、错案，及时给以平反。曾因违旨下狱，明成祖念其忠诚，释放了他。明洪熙元年（1425 年），被任命为兵部侍郎，兼任南京太常寺卿。明正统元年（1436 年）辞官还乡。其墓在郓城县境西南冷庄河侧，即今武安镇孙林村南。

【侣钟】（1439—1514 年），字大器，号独山，郓城县侣楼村人，明朝中期著名大臣，曾任户部尚书。侣钟少有大志，学习刻苦。十八岁领县邑庠生，21 岁举山东乡贡，于成化二年（1466 年）经殿试成为赐进士，授予都察御史，出巡各地。明成化三年（1468 年）任浙江都察御史，振纲纪、除奸弊。成化帝在位时，太监汪直恃宠而骄，草菅忠良，侣钟刚正不阿，据实上书被汪直陷害，关进牢狱。后得以沉冤昭雪，被孝宗重用，任命为大理寺丞，再升右少卿。蒙古军入寇大同，朝廷命侣钟巡视保定诸府。数月后，被提升为右副都御史，后被召为刑部右侍郎。弘治三年（1490 年），侣钟奉命巡查苏、松灾情，上谏孝宗，组织所有人员抗洪救灾，制定政令，稳民心，理财政，革奸除弊，平稳渡过灾情。弘治十三年，侣钟进户部尚书，掌管天下户口、钱粮，力奏皇上减少靡费支出，加强盐务税收，后辞官回乡，1514 年去世，进阶荣禄大夫。侣楼村有侣钟纪念馆，为市级文物保护单位。

【樊继祖】（1481—1558 年）字孝甫，号双岩，郓城县南关人，明代中期著名大臣，为樊敬曾孙。弘治十四年（1501 年）辛酉科举人，正德六年（1511 年）辛未科进士。初做临颍知县，勤政爱民，兴利革弊，除奸斩盗，政绩突出。正德十一年（1516 年），由于御寇有功，提升为御史，不畏权势，直言敢谏，正德皇帝朱厚照不务正业，喜好游猎，樊继祖数次上疏或联名上疏劝皇帝罢游。在任监察御史期间，奉旨赴陕西洮州、河州、西宁、甘肃巡茶马，明令官茶贮边易马，严禁私商染指，数次上疏提出祛宿弊振茶马之法。嘉靖二年（1523 年），奉命查庄田，清出被侵占民田 2 万余顷，深得民心，嘉靖五年（1526 年），历官河南按察副使、河南布政右参政，迁江西布政左参政（正四品）。正逢大同反叛，樊继祖被推荐提升为佥都御史，亲自平兵叛，安抚黎民。后任兵部侍郎、尚书等职务。辛丑年西方边界受扰，樊继祖前往督战，屡建军功，升为工部尚书，加封太子少保。樊继祖戎马一生，是大明中期治国安邦之能臣。著有《双岩奏疏》《十友传》《山海纪程》《金丹集》等，流传于世。

【李尧民】 生卒年不详，字耕尧，郓城人，明朝大臣，官至工部右侍郎。万历二年（1574 年）进士，曾任长洲（今江苏苏州西南、太湖北）知县、永年（今河北省南部太行山东麓）知县、监察御史、江西巡按、视顺天学政、应天府尹等职，以廉明著称。长洲知县任上，兴学校、息争讼，兴水利，修堤堰，政绩突出，深得民心。离开长洲时，百姓纷纷到船上送行。李尧民不忘乡民，专门置义田，以义田收入，供无力办理婚丧嫁娶的家庭使用。办义学，教授学子。还置田供无地的家庭死后埋葬之用，受百姓爱戴。《郓城县志》载，李尧民“正色立朝，伏蒲敢谏，功在国本。”李尧民担任御史期间，屡次谏言，阻止皇上改建奢华寝宫。隐退后居于涉园之中，宁静淡泊，诗酒自娱，颇得高雅之趣，著有《快独集》一卷，《四库总目》传于世。

【戴伟】 生卒年不详，字道夫，号西衢，郓城县程屯镇肖何亭人，明朝砀山知县。勤奋好学，中嘉靖丙午科举人，被任命为砀山知县。在任期间，兢兢业业，恪尽职守，为官清廉，刚正敢为，政绩卓著。为帮助百姓恢复和发展生产，戴伟鼓励垦荒，用自己微薄的俸禄和家产收购茅草，并减免赋税，引入棉花、大豆种植，把蛮荒之地变为富饶之乡，颇得百姓拥戴。当地人们为纪念戴知县开荒收茅草之事，便送外号“戴茅草”，并赠送金匾一块，上书“民之父母”四个金字。至今肖何亭一带的人们，还留传着戴伟在砀山恤民爱民的故事。

【魏希徵】（1646—1715 年），字子相，号山翁，郓城县魏路口村人，清朝康熙年间大臣。其家境贫困，但天资聪颖，学习勤奋。幼年多受到母亲和外祖父的教诲。十二岁入庠为生员，二十岁中解元，康熙十五年（1676 年）殿试第二甲第一名进士出身，时年三十岁。选翰林院庶吉士，授编修，历侍讲、充东宫日讲官、顺天大主考。参加《平定方略》《明史》等书的纂修。任东宫侍讲时，所教的是皇子皇孙，后来的雍正皇帝胤禛也在内。他教学认真，一丝不苟，因胤禛贪玩厌学，成绩不佳，曾被罚站。魏希徵居官廉洁，两袖清风。他曾两次任顺天大主考，拒绝金钱诱惑，为国选拔人才。康熙笑曰：十万雪花银，爱卿未动心，真乃不可思议。魏希徵答道：臣为国选才，不为己谋财！60 岁辞官归隐，过着恬淡的田园生活。在郓城开设饭铺，首创郓城名吃“糁汤”。他将稀汤卖给有钱人喝，稠粥施舍给穷人吃，同情穷苦百姓。1715 年，魏希徵因病卒于乡里，遗有诗文《伴琴草》《母训十八章》《窝窝赋》等。

【夏辛酉】（1843—1908 年），字绍襄、庚堂，郓城夏庄村人，民族英雄，系清朝云南提督，清朝后期著名将领。早年以勇丁跟随忠亲王僧格林沁讨伐捻军，同治七年（1868 年），在陕甘总督左宗棠部下当兵，随军进驻陕西，立战功升任守备。同治十三年（1874 年），沙俄为分裂中国，蓄意挑动新疆少数人造反。夏辛酉奉命征剿，随左宗棠入疆，先后攻克乌鲁木齐、玛纳斯达等城，被保举总兵补用，赏戴花翎，穿黄马褂。光绪三年（1877 年）夏，又平定南疆。次年，新疆巡抚刘锦堂让他统帅刀矛队，在阿尔吐什等地作战，取得胜利。再次被保举为总兵补用，赏赐头品顶戴，三代正一品封典。经过 6 年征战，平定新疆。光绪二十年（1894 年），中日甲午战争中，驻防登州，任水师长官，曾击沉日舰 2 只，先后任兖州镇总兵、登州镇总兵、武卫军先锋左翼长、云南提督兼帮办北洋大臣、帮办南洋大臣。光绪三十四年（1908 年）正月，因病卒于巨野行营，灵柩运回郓城，葬于城西夏林。夏辛酉一生英勇善战，在抗击外敌入侵的斗争中，屡立战功，深受后人景仰。

【樊文耀】（1858—1931 年），字紫垣，号慕平，郓城县仁怀庄村人，清朝廪生，民主革命时期革新派，中华民国国会议员，总统府顾问。樊文耀喜读经史，学重实际，对国计民生至为关心。光绪三十年（1904 年），在废科举、兴学堂的文化运动中，樊文耀首创宣文学堂，自任堂长，成为郓城县新文化的开拓者和奠基人。辛亥革命后，他竭力提倡创办女子学校，同时成立大同天足会，提倡妇女剪发、放足，并让自己的家人带头实施，成为郓城县开风气之先的重要人物。光绪三十二年（1906 年），樊文耀创办工艺局一所，以织布为主，兼营各种手工艺品，开创郓城工业生产新局面。创办沙河林业总公司一处，分公司数处。在河滩植柳插杨，种“沙打旺”草。数年之间，沙河成为绿色林带。对防风固沙，发展农业、林业生产起到积极作用。1912 年，樊文耀又创办吉林省同江垦务公司，亲率穷苦农民百余，赴吉林省同江县垦荒两万余亩，数年变荒地为良田。光绪帝预备立宪期间，各省设立咨议局，樊文耀被推举为山东省咨议局议员。中华民国成立，他又被选举为国会议员。黎元洪就任总统后，被聘为总统府顾问。护法运动兴起，他又南赴广东，协助孙中山护法，护法失败后还乡。1931年去世。

【张宪周】（1862—1914年）字道东，郓城县张鲁集乡状元张楼（因张宪周中状元，其村后人更名状元张楼）人，清末武状元，为明代“世袭五代正千户”武德将军张贞的第十九代孙。天资聪颖，自幼习武，20岁中武庠生。清光绪十六年（1890年），被光绪帝钦点为武状元。清光绪十七年（1891年），被封为陆部朝参镇殿将军。先后赴开州（今濮阳）、崮关、娘子关任武官，重农治本，兴修水利，造福一方。1900年，八国联军入侵北京，光绪帝西逃，张宪周护驾行至居庸关，亲斩追兵千余，光绪皇帝化险为夷。后光绪皇帝返京，御赐“捍御功伟”金字匾额，至今犹存。张鲁集乡状元张楼村的“状元祠”与张氏家族家庙，供奉着张氏家族列族牌位与张宪周照片。

【王鸿一】（1874—1930年），名朝俊，字鸿一，郓城县朱庄村人，民主革命时期著名的革新派、教育家、思想家、实业家、社会活动家。王鸿一十八岁考中秀才，1900年，以优异成绩考入省城高等学堂，后留学日本，先入东京早稻田大学，后毕业于日本宏文学院师范科。在日本时，加入同盟会。回国后，大力发展教育，创立菏泽公立第一、第二小学堂等大批小学堂，建立普通中学堂、六中等中学堂；注重师范教育，建立曹州师范、省立第二师范、南华初级师范班等一批师范院校；注重职业教育，建立实业学堂、草帽辫传习所等；发展特殊教育，如自新学堂、警务学堂、保姆养成所、彭楼女子小学、红船女子小学、桑氏女塾等；为传播文化而设重华书院，王鸿一是近代鲁西南教育发展史上的开拓者和奠基人。

1918年，王鸿一受山东督军兼省长张怀芝举荐，担任省议会第一副议长，与省议会议长张介礼等，联合地方知名人士，组织地方政治讨论会、教育实业研究会，组织民治社，创设鱼、蚕、棉、矿各项试验厂。提出“村本政治”思想，实行村治，逐级实行乡治、县治，进而达到国治来解决中国的问题，这一思想影响了梁漱溟研究，并由此引导了全国性的“乡村建设运动”。1925年，孙中山出师北伐，王鸿一与吕秀文在曹州组织国民革命第五军，为河南声援，后因寡不敌众失败。1930年春，国民政府任命王鸿一为内政代次长，他四处奔走，奉劝阎锡山、冯玉祥、段祺瑞合力反蒋。1930年7月病故于北京。

【夏溥斋】（1883—1966年）名继泉，字溥斋，号莲居，郓城县夏庄村人，清时曾任直隶知州、静海县知县、河南汝阳道台、山东省盐务司。后参加辛亥革命，亲手把山东巡抚孙宝琦的红缨帽子摘下来，宣告山东独立。1916年辞官返鲁，被聘为民国政府总统府秘书。1918年当选国会议员，任齐鲁金石书画馆监督、山东佛教居士林林长。1919年11月任山东盐运使，就任后彻底根除多年的盐务弊端，博得民众称颂。1923年参与创建东鲁大学并任校长。七七事变后，日方不断遣人敦劝其参加伪政权，先后提出任山东省长、教育督办等职，遭其坚拒。新中国成立后，他响应政府号召，支援经济建设，买公债五万元，抗美援朝捐献四万元，1955年被选为北京西城区政协副主席。夏溥斋是著名的收藏家、鉴别家，曾多次组织山东地方金石书画展览。1963年，他将收藏的珍贵文物、字画分别捐献给北京历史博物馆9件，山东省博物馆60件，郓城县文化馆300件，为后世留下宝贵的文化遗产。1966年病逝于北京，著有《辛亥革命山东独立前后记》《论砚》《秀丽辞》等作品。

【罗明星】（1897—1939年），字英三，郓城县李集乡罗楼人，抗日民族英雄、革命烈士。罗明星幼年家贫，父亲早逝，跟着母亲来到吉林省九台谋生。“九·一八”事变后，他不甘当亡国奴，于1932年夏，袭击日本兵，夺了几支枪和手榴弹，到九台桦树沟拉起抗日队伍。同年7月，队伍由几百人扩大到6000人，称“抗日义勇救国军”，罗明星历任师长、军长、司令，活动在九台、永吉、双阳、伊通一带，后转战桦甸、盘石、安图、辉南、抚松等地，多次给日军以沉重打击。1933 年 7 月，罗明星加入杨靖宇领导的东北抗日联军，被编为十九支队，罗明星任支队长。8 月，罗率部 4000 多人，打进九台，捣毁伪县政府。1934 年秋，日伪头目企图以利诱劝其投降，罗明星将计就计，带领 4 名护卫，去敌司令部赴宴，杀死日军头目田野等，并炸毁敌人的火药库，这就是震惊日本东京的烟筒山奇袭战。1937 年冬，日军集中大量兵力于桦甸同罗部正面交锋，因寡不敌众，罗部被打散。罗明星潜往黑龙江省泰来县，以卖烧鸡为掩护，继续组织抗日。1938 年 10 月 15 日，由于叛徒出卖，罗明星不幸被捕。1939 年 4 月 24 日，罗明星被“新京”高级法院判处极刑，年仅 42 岁。1958 年，民政部追认他为革命烈士。

【陈连富】（1897—1957 年），字继陶，山东省郓城县人。1897 年出生。幼年在本乡读私塾。20 岁时经乡友介绍，到河北廊坊第十六混成旅（旅长冯玉祥）投军。1917 年 7 月，随冯军于北京东单、天坛等处与张勋的辫子军作战，在湖南常德驻防期间，入第十六混成旅陆军模范连机关枪排受训，结业后升任正目。1922 年 4 月，京畿爆发第一次直奉战争，冯玉祥派李鸣钟率领第十一师主力参战。于京西大灰厂地区，截击奉军获胜。陈连富所在的第四十二团第三营（营长过之纲），作战立功。此战后，陈连富升任连长，随部开赴河南驻防许昌地区。不久，被调到河南督军（冯玉祥）署学兵团任副官、参谋等。1924 年 10 月，冯玉祥发动“北京政变”，国民军接管北京治安。鹿钟麟任京畿卫戍司令，1925 年，陈连富任西北边防督办公署副官。同年 10 月，改任京畿卫戍司令部副官处处长。1926 年 8 月中旬，国民军在南口作战失利，随部撤往绥西地区。1926 年 9 月 17 日，冯玉祥从苏联回国后举行五原誓师，成立国民联军，陈连富任国民联军总司令部（总司令冯玉祥）上校副官处处长，参加援陕作战。西安解围后，随总部进驻西安。1927 年 4 月，进入河南参加北伐战争。后任第二集团军（总司令冯玉祥）第一方面军（总指挥孙良诚）总指挥部参谋处长，随孙部于鲁西地区攻打张宗昌直鲁联军。1927 年 9 月，任第一方面军（总指挥孙良诚）第三军（军长孙良诚兼）第十二旅旅长，奉命过黄河进入冀南向北追击奉军。1929 年 7 月，任西北军总部副官长。1930 年参加中原大战。1933 年在察哈尔参加抗日同盟军。1938 年 6 月，随鹿钟麟由洛阳渡黄河进入华北地区开展敌后抗战，任河北游击总司令（鹿钟麟）部警备旅旅长。1939 年后，脱离军职，回原籍务农。1943 年 5 月 16 日，授陆军少将。1945 年 2 月，退除军役。1957 年病故。

【王殿玉】（1899—1964 年），字琢玺，号洁尘，郓城县侯咽集镇徐桥村人，全国著名盲艺人，中国擂琴艺术的创始人，中国声乐家协会天津分会会员。建国后，曾在中央音乐学院任教。王殿玉出身贫寒，六岁时因患天花双目失明，九岁开始走上拉弦唱曲的艺术生涯。入地方戏两夹弦剧团伴奏，后因行动不便被剧团辞退。王殿玉发奋自学，勤学苦练，专攻坠琴，对坠琴进行改造，加高琴杆，加长弓子，加粗弓毛，扩大音域，创造出高近两米的大擂琴。王殿玉用擂琴能摸拟鸡鸣犬吠、百鸟争鸣、锣鼓唢呐、笙管合奏，还能仿人说话，对凤阳花鼓、民间小调、广东音乐、四川清音和越剧、汉剧、京剧等唱段都能演奏，尤其对谭鑫培、孙菊仙、汪笑侬、马连良、梅兰芳、程砚秋等京剧著名演员唱腔模仿得维妙维肖，深得梅兰芳等艺术大师和外国艺术家的赞赏。王殿玉收徒传艺，桃李满天下，为国家培养了一大批民乐演奏人才，如赵玉斋、高自成等。1935 年黄河决口，郓、巨二县遭特大水灾，王殿玉在沈阳、北平、天津、武汉等地义演，将全部收入寄回故乡救济灾民。1944 年在郓城组织乡友、学生，成立“东鲁雅乐团”，演出所得全部捐赠学校。1964 年 11 月 28 日，病故于天津。

【梁仞仟】（1912—1941 年），原名梁于振，郓城县武安镇洪王庄村人，济南学生运动的领导者，郓城党组织的创始人，中共七大代表，曾任郓城中心县委书记、运西地委书记。中学期间，积极参加学校的抗日运动，1935年加入中国共产党，走上革命道路。1937年，梁仞仟以省委特派员的身份回到家乡郓城县开展党的工作。1937年9月，经中共山东省委批准，在梁仞仟家中成立郓城县第一个共产党的支部洪王庄党支部，梁仞仟任党支部书记。1938年1月，郓鄄巨菏四县边区县委改称为郓城中心县委，辖郓城、鄄城、巨野、菏泽等地下党组织，梁仞仟任书记，发展壮大党的组织和抗日队伍。1939年4月，鲁西党委成立，下辖7个地委，郓城中心县委改为运西（京杭大运河以西地区）地委，梁仞仟任运西地委书记，领导地方党组织和人民群众开展创建运西抗日根据地的斗争。9月，郓城县抗日民主政府成立，梁仞仟兼任县长，领导开展抗日政权的建设。1940年4月，建立运西专员公署，梁仞仟兼任运西专署秘书长，使鲁西地区较早地发展成为共产党领导下的抗日根据地。1940年4月梁仞仟作为山东党的代表，赴延安参加党的第七次全国代表大会。1941年9月在延安病逝，年仅二十九岁。

【王振祥】（1913—1993年），郓城县程屯镇王垓村人，开国少将，曾任北京军区副司令员、顾问。1931年初，投身革命，在济宁参加国民党第二十六军，被编在骑兵连。同年12月14日，在共产党员赵博生、军团长董振堂的领导下，第二十六路军在江西宁都起义，王振祥随之成为红军队伍的一员。1932年4月，王振祥加入中国共产党。6月，担任红一方面第五军团警卫营二连连长、红九军团第三师八团参谋、红九军团司令部参谋。期间，参加红军第三、四、五次反“围剿”。在广昌保卫战之后，参加东征福建、水口、樟胡板等战役，护送红七军团北上抗日。

抗日战争时期，王振祥历任八路军一二九师骑兵营连长、指导员，骑兵团营长，骑兵团团长、政委，一二九师干部轮训二队队长。抗战胜利后，他随部队挺进东北，先后担任东北民主联军沈阳工人总队副司令员、辽东军区第三军分区司令员，为东北“四保临江”战争做出了贡献，后又担任东北野战军第五纵队第十五师师长、第四野战军第四十二军一二六师师长、解放军第五十三军副军长。期间，他率部参加辽沈战役、平津战役、湖南战役和解放大西南等重大战役。新中国成立后，王振祥历任华北军区装甲兵副司令员、中国人民解放军第一坦克学校校长、军事学院装甲兵系高速班主任，军委装甲兵工程学院院长、北京军区装甲兵司令员、北京军区副司令员兼装甲兵司令员、顾问。1955年，他被授予少将军衔，1988年，荣获一级红星功勋荣誉章。先后被选为中国人民政治协商会议第五、六届全国委员会委员、第四届全国人民代表大会代表、中国共产党第九次全国代表大会代表。

【王良】（1916—1985年），原名王良准，郓城县南赵楼乡前郑营村人，南下革命干部，曾任中共辽宁省委书记处书记、省委常委、省革命委员会副主任等职。王良青年时代，接受进步思想，积极投入“一二·九”学生爱国运动。1938年1月加入中国共产党。抗日战争期间，参加组织战地教育公团，到河南省罗山县、息县一带开展抗敌宣传工作。历任抗敌服务团队长，河南省息县县委宣传部长，信阳地委民运部长，鄂中地委民运部长、组织部长等职，坚持对敌斗争。解放战争时期，随刘邓大军南下，任鄂中地委副书记、鄂西北三地委书记兼专员、大冶地委副书记，参加领导大冶地区的清匪反霸斗争，发动群众开展土地改革，在大冶清匪反霸和土改工作中做出贡献。建国后，任孝感地委书记，湖北省委常委、省委秘书长，农村工作部部长，在湖北组织农民走互助合作道路，做了大量工作。1958年后，先后任中共辽宁省委书记处书记、省委常委、省革委会副主任等职。在辽宁主管农业，为发展水稻生产，恢复和发展辽宁农业做出贡献。1985年9月2日病逝于沈阳。

【石天】（1916—1993年），原名刘笑声，郓城县七里铺村人，现代剧作家、一级编剧，曾任中国京剧院四团团长、宁夏京剧院院长、宁夏文教厅副厅长、宁夏文联主席、宁夏党委宣传部副部长等职。中学时代受进步思想影响，具有强烈的反封建意识。“七七”事变后，石天带领几名进步学生参加山西新军决死队第十纵队，从事歌咏、演剧等文艺宣传。1940 年，赴晋西北任前线剧社社长，在日军疯狂“扫荡”中带领剧社演出。1941 年 11 月加入中国共产党。1942 年 4 月，调延安评剧研究院，任演员、政治干事、研究员，并参加了整风运动。1945 年，创作历史剧《红娘子》。1946 年，在晋绥边区参加土改运动，曾任晋绥军区评剧院编导室、研究室组长。1948 年夏，《红娘子》在延安公演，在边区引起强烈反响。此后，他又与王一达、邓泽等合编赞颂李闯王农民起义军的历史剧《从开封到洛阳》《北京四十天》，与《红娘子》一起被称为“闯王三部曲”。1949 年冬，石天先后任成都军管会戏剧、电影科科长。1950 年任西南军区京剧院研究室主任，1952 年任该院副院长等职。1955 年，石天任总政京剧团团长。1956 年加入中国戏剧家协会。1958 年 10 月，石天带领中国京剧院四团支援宁夏，改建为宁夏回族自治区京剧院，任院长。1959 年调任宁夏文教厅文化处长、副厅长兼京剧院院长，还兼任文化局局长、自治区文联副主席。1979 年，任宁夏文联主席、党组书记。出席中国文学艺术工作者第四次代表大会，当选为文联第四届全国委员会委员，中国戏剧家协会第三届理事、常务理事。1980 年至 1982 年 5 月，任区党委宣传部副部长，连续被选为宁夏第一、二、三次党代会代表，第三、四、五届宁夏人大常委会委员。

【徐雷健】（1919—1998 年），曾用名徐德俊，郓城县侯咽集镇徐桥村人，革命干部，曾任郓城县委书记、菏泽地委书记、烟台地委书记、山东省委组织部长、山东省副省长兼秘书长、山东省人大副主任、党组副书记等职。1936 年 12 月参加“中华民族解放先锋队”，走上革命道路。1938 年 2 月，参加“鲁西抗日自卫团”，3 月加入中国共产党，8 月任中共鲁西北特委军事部情报干事。不久，任中共郓城中心县委组织部副部长、中共运西地委组织部副部长。1940 年 3 月起，先后任中共郓城县委书记、郓南县委书记、郓（城）鄄（城）巨（野）菏（泽）四县边区县委书记，冀鲁豫分局八地委（运西地委）第二工委组织部长，临泽县委书记，郓城县委书记、运西地委委员、武装部部长、运西战勤指挥部司令员兼民运部长等职。1949 年 8 月任中共菏泽地委常委兼平原省供销合作社菏泽办事处主任。1950 年 11 月任中共菏泽地委副书记兼菏泽专员公署专员。1952 年 8 月任中共菏泽地委书记兼菏泽军分区政委。1954 年 4 月任中共山东分局组织部副部长，8 月任中共山东省委侯补委员、组织部副部长。1956 年 7 月先后任中共山东省委委员、省总工会主席，中共青岛市委书记处书记，中共烟台地委书记等职。1974 年 1 月任中共山东省委组织部长。1977 年 1 月任中共山东省委常委。1979 年 7 月任山东省人民政府副省长兼秘书长。1983 年 4 月任山东省人大常委会副主任、党组副书记。

【岳野】（1920—2001 年），原名岳喜瑞，曾用名岳中平、岳庄，郓城县唐塔街道教场苏庄村人，剧作家，中国作家协会会员、中国戏剧家协会会员、中国电影家协会会员、理事，曾任长春电影制片厂编剧、北京电影制片厂编剧。抗日战争爆发后，参加了中共地下党领导的学生运动，曾任鲁声救国话剧团团长。1942 年秋，加入由周恩来领导的抗敌演剧队第五队，先后在广西、贵州、云南及抗日前线演出。1946 年，与抗敌演剧队第七队撤至香港，组成中国歌手剧艺社，历任理事、学术部长、编导及演员，在香港、泰国、新加坡等地巡回演出。1949 年初，开始话剧创作，其中《风雨牛车水》《海外寻夫》曾先后在新加坡、马来西亚首演，引起轰动。同年 4 月，岳野参加了在北京召开的全国第一次青年代表会和文代会，后分配到长春电影制片厂任编剧。1950 年，调中央电影局艺术处，后改为中央电影局电影剧本创作所，任编剧、编辑部主任。1958年，调北京电影制片厂，历任文学部主任、编剧、厂艺委委员。岳野创作的《新唐祖会》《风雨三条石》《水上春秋》《问天何时明》等作品被搬上舞台、荧幕，创作的《北京发生的故事》《剃头》《忆陈戈》《桥赋》等作品被公开发表。岳野被吸收为中国作家协会、中国戏剧家协会、中国电影家协会会员、理事，有“三栖”作家之美称。

【赵玉斋】（1923—1999年），郓城县陈坡乡大王庙村人，沈阳音乐学院教授，著名古筝演奏家、音乐家、教育家、东北古筝学会会长，对山东古筝、乃至中国古筝发展作出重大贡献。赵玉斋自九岁学二夹弦、梆子戏、山东琴书等地方戏，学拉坠胡、二弦、四胡弦、板胡、古筝等乐器。1943年，拜“丝弦之王”王殿玉先生为师，学习擂琴、古筝等乐器，成为“东鲁雅乐社”的一名学员。多次随“东鲁雅乐社”到各地参加募捐义演，以救济灾民和扶持地方教育事业。1952年初，加入天津曲艺团。1953年秋，赵玉斋应聘于东北音乐专科学校（今沈阳音乐学院），任民乐系古筝擂琴教员。1955年，他随院到辽宁南部下乡慰问演出、体验生活，创作大量以山东筝风格或以山东筝技法为主的现代筝曲，《庆丰年》就是其代表作，获得国家音乐作品一等奖。后又创作了《新春》《和平舞》等数十首乐曲。1956年8月，在中南海受到毛主席和其他中央领导人的亲切接见。赵玉斋改良传统古筝，加大筝体、增加琴弦，制作第一台21弦筝，后研制出全国第一台张力转调筝。1980年3月，当选为辽宁文代会委员和音协常务理事。1984年9月，赵玉斋到香港进行艺术交流，打开了内地与香港的古筝艺术交流的大门。1985年晋升为教授。赵玉斋的名字已载入多部名人辞典，并已被列入《美国世界音乐家名人辞海》。

文物古迹

【观音寺塔（唐塔）】 观音寺塔（唐塔）位于郓城县政府招待所东邻。始建于五代·唐长兴二年（932年）。为八棱四门楼阁式砖塔，地面之上现存五级，由精美的砖雕斗拱组成塔檐，东西南北四面各设券顶乾坤门，其余四面为砖雕假窗。塔心室和佛龛顶部由层层砖斗拱环砌成拱顶，斗拱制作精良，塔内回廊顶部也由砖斗拱精砌而成。塔下层周长42米，上层周长40米，通高32米，在当时多层砖塔的遗例并不多见，它为研究鲁西南佛教建筑艺术提供珍贵的实物资料。宋代1次重修，1956年修塔顶，1992年砌底重修。1984年8月被公布为县级文物保护单位，1996年12月被公布为省级文物保护单位。

【状元张楼状元祠】 状元张楼状元祠位于张集乡状元张楼村，始建于清代，清光绪十六年对正厅进行维修。状元祠为三进院，由正房、过厅和门厅组成，院落南北长36.8米，东西宽16.73米，均坐北向南，硬山结构。正房面阔三间，东西宽6米，南北长11.5米，高7米，抬梁式，青瓦覆顶、五脊六兽，并设有钢叉云燕，角垂铜铃。过厅面阔三间，东西长11米，南北宽5米，顶置鱼龙猴马。门厅面阔三间，东西长9米，南北宽4米，上置日月窗。大门前建有宏丽迎门壁墙，上悬状元及第时光绪皇帝赐“皇恩御赐”圣旨石一方，扭头狮立于门之左右。该建筑对于研究清末建筑技术具有重要价值。2000 年 1 月 20 日被公布为县级文保单位。2014 年 12 月被菏泽市人民政府公布为第二批市级文物保护单位。2015 年 6 月被山东省人民政府公布为第五批省级文物保护单位。

【侣楼侣公家祠】 侣楼侣公家祠位于随官屯镇侣楼村，始建于明成化十八年（1482 年），为四合院式建筑，清代重修山门，1988 年对正厅维修，1989 年重施彩绘。家祠由山门、大殿、东、西厢房和耳房组成；院落东西长 29 米，南北宽 18.58 米。山门、大殿和耳房坐北向南，大殿面阔三间，砖木石结构，大木举架式，硬山单层，前檐带廊，廊宽 1 米，悬垂龙头斗拱，枋木纹饰精美，雀替、隔板通体透雕，灰瓦覆顶，猫头排山，盘龙钩檐，两山安吻，中立宝顶，殿前五级台阶。左有一耳房。东西厢房各面阔三间，砖木结构，灰瓦覆顶。山门为清代重建，砖石结构，面阔三间，左右设有掖门。山门后为卷棚，与大殿相

对。山门悬挂一木匾“侣公祠堂”，是清衍圣公孔毓圻书。该家祠反映了当时的建筑水平，对研究明代建筑风格有着一定的作用。1984 年 1 月全国第二次文物普查进行复查，2015 年 6 月被山东省人民政府公布为第五批省级文物保护单位。

【南关樊氏家族墓地】 南关樊氏家族墓地位于水浒社区，为明洪武进士、刑部侍郎樊敬，明兵部工部尚书樊继祖墓地。墓地分东西两块，并连成一片，东面墓地南北长 246 米，东西宽 129 米，西面墓地南北长 68 米，东西宽 32 米，总面积 39000 平方米。墓地地表现存坟冢 309 座，排列无序，墓向稍偏东南，时代为明代至近现代，墓冢直径 0.3 ～ 1 米，高 0.5 ～ 1.5 米，墓呈覆锅状，东面墓地北面中间墓冢 0.5 米前立有一碑，碑阳正中竖刻楷体：“明嘉议大夫刑部左侍郎樊公讳诚字时中，诰封正一品夫人刘、朱氏之墓”等字，碑阴为生平事迹。该墓地对于研究当地的丧葬习俗有一定的作用。1984 年 8 月 13 日被公布为县级文物保护单位。2014 年 12 月被菏泽市人民政府公布为第二批市级文物保护单位。2015 年 6 月被山东省人民政府公布为第五批省级文物保护单位。

【肖垌堆遗址】 肖垌堆遗址位于李集乡大杨集村，南北长 78 米，东西宽 42 米，总面积 3276 平方米，略呈南北长于东西的长方形。土色为黑色沙土，质疏松。地表采集有龙山文化的方格纹、商代的绳纹、周代的陶器残片等，据采集标本的特征分析，新石器时代遗存属于典型龙山文

化类型。该遗址为山东地区龙山文化分布范围、文化谱系等提供详实的资料。1984 年 8 月被郓城县人民政府公布为县级文物保护单位。2009 年 12 月被菏泽市人民政府公布为第一批市级文物保护单位。

【后葛营张氏家祠】 后葛营张氏家祠始建于清末，民国时期受到破坏，1953 年对顶部维修，1978 年对东厢顶部维修，1978 年修西厢顶。家祠由正厅、东厢、西厢组成，院落南北长 22 米，东西宽 21 米。正厅坐北朝南，面阔三间，东西长 11.60 米，南北宽 7.30 米，四梁八柱，砖木结构硬山墙，前带廊，廊宽 1.62 米，灰瓦覆顶，棱子门窗，后墙为外砖内坯；正厅内东、西两墙画有山水、花鸟壁画两幅。东、西厢房均为硬山结构，灰瓦布顶，檩子门窗；东厢面阔三间，南北长 10.07 米，东西宽 4.85 米，前出廊，廊宽 0.96 米；西厢面阔三间，南北长 10.42 米，东西宽 5 米，前出廊，廊宽 9.60 米。整个建筑风格

古朴严谨，为研究我国清代建筑技术提供翔实的资料。2012 年 3 月被郓城县人民政府公布为第五批县级文物保护单位。2014 年 12 月被菏泽市人民政府公布为第二批市级文物保护单位。

【刘西刘氏家祠】 刘西刘氏家祠位于玉皇庙镇刘西村，始建于清初，后重修，1982 年房顶大修。建筑为二进院式建筑，由正厅、卷棚、拜亭、廊棚、过厅和大门组成，院落南北长 46 米，东西宽 23.4 米。一进院房屋三间，东西长 10.2 米，南北宽 5.94 米，木格圆窗，前檐带廊，廊宽 1.25 米。二进院有一正方形拜亭，正厅面阔三间，前带廊，抬梁式，硬山结构，青砖灰瓦，莲花脊，棱子门窗。正厅前有一卷棚，于拜亭相对。正厅两边各有一廊棚。大门前石狮一对，分立左右。整个建筑壮观紧凑，对于研究当时的营造技术有着重要价值。2012 年 3 月被郓城县人民政府公布为第五批县级文物保护单位。2014 年 12 月被菏泽市人民政府公布为第二批市级文物保护单位。

【宋屯宋氏家祠】 宋屯宋氏家祠位于宋堂村，始建于中华民国，后又进行几次维修，2005 年对顶部进行维修。家祠座北朝南，面阔三间，东西长 11 米，南北宽 5.70 米，通高 7 米；二层平顶，为砖木结构，层间用木板隔开；一层门左右为木格窗，东窗内侧为木式楼梯通向二楼；二层有三个半圆形砖窗，楼顶部稍呈拱状，有女儿墙，西北角有一小阁楼，东、西山墙各设一六棱小窗。该建筑对研究民国时期的民居建筑风格具有较高

的历史价值。2012 年 3 月被郓城县人民政府公布为第五批县级文物保护单位。2014 年 12 月被菏泽市人民政府公布为第二批市级文物保护单位。

【万人堌堆义军公墓】 万人堌堆义军公墓位于武安镇飞集村，四周为耕地。系明代天启二年徐鸿儒起义军部将聚葬地，公墓封土现高 4 米，直径约 16 米，周围系耕地，封土前曾有“京观碑”一块，60 年代被毁。徐鸿儒原名徐诵，生于巨野，后迁郓城，系白莲教支派闻香教创始人蓟州王森弟子。该墓为明天启二年徐鸿儒起义军失败后，被山东都司瘳栋和杨国盛杀害的留守在武安等地起义军 7000 余人的聚葬地，是封建统治者残酷镇压劳动人民的见证。1984 年 8 月 13 日被公布为县级文物保护单位。

非物质文化遗产

【山东琴书】 自明初起，山东琴书兴盛于郓城一带，至今约有600多年的历史。相传明永乐年间，郓城县刘官屯李子慎，出生于书香之家，善抓筝弹琴，独创许多曲谱，渐渐流传于民间。清末渐趋兴盛，名家辈出，分为南、北、东三路。南路最早，以茹兴礼为代表，称为茹派，不用巧调花腔，重声腔、咬字，唱段多愤世之作；北路以邓九如为代表，称为邓派，善用方言俚语，于纯朴中见幽默，平易中求韵味；东路以商业兴为代表，称为商派，唱腔优美，富于变化。

山东琴书为民间小曲联唱体，共有小曲 200 余支，最盛时演唱曲牌和演奏曲牌达到300多个，以“上合调”“凤阳歌”“梅花落”最常用。随琴伴奏的乐器也越来越多，以扬琴为主奏乐器，另有筝、坠琴、京胡、板胡、软弓胡、四股弦、蝶子、大板梆子等。传统曲目分牌子曲、中篇、长篇 3 类。共有曲目 100 多个，书帽、诗、引 600 余首。山东琴书文化底蕴丰厚，为研究中国民间艺术的发展规律提供活的资料，对民俗文化研究具有很高的历史价值、文化价值和学术价值。2009 年 9 月，被评为省级非物质文化遗产，2011 年 5 月被评为国家级非物质文化遗产。

【郓城古筝制作技艺】 郓城制筝已有 600 多年的历史。据《刁氏宗谱》记载，明洪武30年（1397 年），刁氏一世祖刁琅定居于刁庄，建立第一家制筝作坊。后经历代传承，刁氏传统制筝工艺益发精湛。郓城古筝的用料讲究，取材于 10—20 年，生长在沙壤土质上的青桐树。对树高、直径、伐树时间都有明确要求，以达到最佳的音质。制作工艺流程复杂，其制作共分为“选材、剖解、阴干、烘烤、刨板、粘合、组装”七道流程。其中仅组装一项就分为“扣框、串门、上底、镶边、上东山、粘花、抹腻子、喷漆、上码、上弦、调音”等十一道工序。刁庄筝已由原来的16弦，发展出18弦、21弦、23弦、26弦5个品种系列，可演奏的音域更加宽广，成为许多筝乐演奏名家的首选之物。2006年12月，郓城古筝制作技艺被评为省级非物质文化遗产。

【水浒纸牌及雕版印刷工艺】 雕版印刷水浒纸牌是山东省郓城县水堡乡水堡村的特产，此牌起源于元代，至今已有六百多年的历史。由于此牌兴盛于民间，尤其受到中老年人的喜欢，又被称为“老妈妈牌”“婆婆牌”。据《曹州府志》记载，在宋江故里水堡村的齐氏、付氏、杜氏三家研制出水浒纸牌，用于表达对英雄的怀念。雕版印刷水浒纸牌共有120张，分别雕刻出108名水浒英雄的名字和画像，并配以北宋官府捉拿梁山好汉的赏银数目，按顺序分门别类地编排出三种牌艺，即：万字牌、条字牌、丙字牌。

水浒纸牌雕版印刷把独特的水浒文化现象与雕版印刷技术相结合。选上好的梨木料，以祖传牌版印制成底版，接着是修版，将刻出的牌版线条进行细加工，最后在版面上刷层油（芝麻

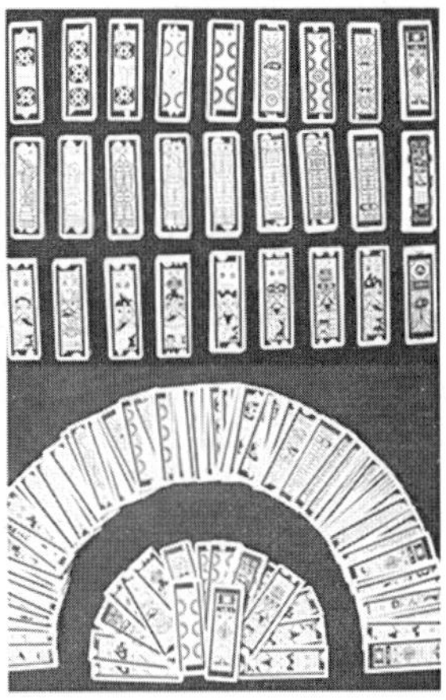

油）接着用开水烫等晾干后使用。水浒英雄纸牌印刷工艺流程包括打浆子、调墨、裁纸、清版、上墨、印牌、印红花、搪牌、上挣子、潮平、上光、配牌、裁切、包装。水浒纸牌的影响不断增大，水浒纸牌已流传到全国21个省市区。水浒纸牌雕版印刷工艺对于水浒文化的研究，以及探讨传统雕版印刷工艺的产生和发展，具有很高的历史和科学价值。2006年12月，被评为省级非物质文化遗产。

【北词两夹弦】 据《济州府志》和《郓城县志》记载，北词两夹弦至今已有近300年的历史。北词两夹弦的演变剧目内容丰富，既有小巧玲珑的闺房戏，又有起伏跌宕的事件戏；既有柔肠寸断的悲情戏，又有酣畅淋漓的欢乐戏。音乐伴奏音域广阔，节奏紧凑，音色亮丽，跌宕起伏，优美动听，苍劲厚重，浑然一体，极具民间韵味。曲牌经过历代加工修饰，有的缠绵委婉如曲径通幽，有的清新亮丽似行云流水，有的高亢激昂像快刀断铁；有的引而不发，有的一泄千里。可谓：

穿肠柔情北词戏，纵横捭阖两夹弦。

北词两夹弦植根于民间，历代艺人经常参加当地的婚丧嫁娶、礼乐庆典等民俗活动，因而有着极广泛的群众基础，对发展、繁荣当地的民俗文化起到不可低估的作用。2009 年 9 月，被评为省级非物质文化遗产。

【大洪拳】 大洪拳在郓城已流传 250 余年，是郓城流行的主要拳种之一，其中又分吴皮大洪拳、黄河崖大洪拳、任垓大洪拳、潘渡大洪拳、黄岗大洪拳等多种流派，各具风格。大洪拳属“少林罗汉大洪拳”的主要分支。少林罗汉大洪拳源于宋太祖。宋太祖有三十二式长拳、六步拳、猴拳等式。主要招式集刚、猛、紧、稳、小五宗之法，皆为宋太祖所传。

大洪拳以五行为主，即龙拳练背、虎拳练骨、豹拳练力、蛇拳练气、鹤拳练精。其入门功夫，先练“五花炮”，身法讲究“起落进退反侧收纵”八法，使手眼身法步运用自如。在此基础上，接着练单拳、罗汉架、跑步架（炮锤架）、二红架、身法架、大红架、四厢架、五行架、六合架、七星架、八卦架、九宫连环架等架式，然后练对打拳：“窜花”“跳楼”“五风赞”、大小“二红”、大小“过桥”、“二龙戏珠”“三人打”“拳打二人忙”等三十余趟。在拳术练到一定程度后，再练十八般兵器：枪刀剑戟鞭锏锤抓钩镰钺斧棍棒槊靶戈矛，以及绳鞭、流星锤等软器械。现保留单人器械 32 趟、对打器械 41 趟。练习大洪拳可活动筋骨、疏通经络，防可以护身，攻可以制敌，深受广大群众的喜爱。2009 年 9 月，被评为省级非物质文化遗产。

【高跷】 郓城高跷兴起于明末清初，已有四百余年的历史，逐渐形成自己的地域风格。其扔、跨、蹲、别、拧等技巧，夸张、诙谐、热烈、火爆，充分展现鲁西南人的豪放特性。

郓城高跷从表演风格上可分为“文跷”和“武跷”两种，文跷重扭、踩、唱和情节表演；武跷重炫技功夫表演，但更多的是文、武混合表演。文高跷主要曲目有“憨宝观灯”“白蛇传”等，唱腔粗犷豪放，动作夸张滑稽，令人捧腹大笑；武高跷主要表演“老翁捕鱼”“赶黑驴”“扑蝴蝶”“过仙桥”等。

郓城高跷已成为民间广泛流行的艺术表演形式之一，山东、江苏、安徽、河南、河北以及东北三省，都有郓城高跷爱好者。2013 年 5 月，郓城高跷被评为省级非物质文化遗产。

【坠子】 20 世纪 50 年代，济南著名坠子演员郭文秋收郓城籍坠子艺人李少秋为徒，从此，山东坠子在郓城生根发芽。山东坠子的唱腔音乐可归纳为起腔、平腔、送腔、尾腔 4 部分，在主体唱腔进行中，根据唱词中不同句式的格律，使用 3 字崩、5 字嵌、7 字韵、巧 10 字、拙 10 字、寒韵、滚口白等唱法，产生节奏和旋律上的变异，以表现不同的人物感情。伴奏乐器坠胡更是独具特色，早期开场时都有即兴演奏的“闹台曲”，热烈火爆，吸引听众。闹台以后是起腔过渡的乐曲，这是速度和力度的缓冲，称为“过板”，近几年大多数都改为前奏曲。伴奏的主要部分是“托腔”，是唱腔进行中的模仿性过门，包括乐句中间的对应性过门、乐汇中间的填补性过门、寒韵（悲腔）中间的吟哦性过门。击节乐器有伴奏员使用的脚梆和演员使用的简板、铰子、矮脚书鼓、醒木等。山东坠子的演唱方式有单口、双口（或对口）、三口（或群口）3 种，并各有适宜的书目。2013 年 5 月，被评为省级非物质文化遗产。

【水浒拳】 水浒拳发源于郓城县潘渡镇，创于宋朝末年梁山寨，水浒英雄采众家之所长，取其精华，重新组合，形成统一的趟子，即“水浒拳”。水浒拳内容丰富，风格别样，自成一派。清朝光绪年间水浒拳传人曾参加义和团运动。1932 年，第八代传人汪秀严遵祖师遗训，在郓城县潘渡村开馆传授水浒拳，收徒 300 余人，后又传至碱店村。1970 年以后，第九代传人臧延路、谭连本等响应国家号召，挖掘和发展民间武术，设点授徒 5000 余人，范围扩大到梁山、汶上、范县、台前等地。

水浒拳有五个基本拳术套路：水浒初势（也称为水浒拳帽）、水浒一路、水浒二路、水浒八式和水浒二郎架。这五个拳术套路除水浒初势外，其他四个套路都各配有一套辅助套路，叫做“拆”。为了增强攻防意识，这五个拳术套路又各有一套徒手对练。另外还有燕青拳、武松脱铐拳、智深拳、醉拳等拳术套路。

水浒拳动作舒展大方、刚劲有力，注重实战与强身健体，反映郓城的忠义精神，承载了地域文化信息。2013 年 5 月，水浒拳被评为省级非物质文化遗产。

【山东古筝乐】 古筝为中国传统弹弦乐器，已有两千多年的历史。据《战国策·鲁策》记载：“鲁民富而风朴，其坊间杂有吹芋、鼓琴、弹筝。”

郓城古筝乐有古曲十大套，小板 72 首，小曲 500 首。有的清秀细腻，如泣如诉；有的粗犷豪放，如万马奔腾；有的抒发怀古之幽、离别之绪；有的寄情于花草鱼鸟、高山流水之情趣……其音调典雅，结构严谨，节奏鲜明。属八板体六十八板曲式结构，民间称“老八板”或“大八板”。代表曲目有《汉宫秋月》《隐公自叹》《鸿雁捎书》《高山流水》等。六十八板是先人根据《周易》六十四卦加上春、夏、秋、冬四季制定而成，依据八卦的“乾、坤、震、巽、坎、离、艮、兑”为八个乐句，每卦相生八卦为每乐句的八板，共计六十四板，加上春、夏、秋、冬四板，共计六十八板。大板第一为大慢板，曲目有《汉宫秋月》《隐公自叹》等；大板第二为慢板，

曲目有《美女思乡》《鸿雁夜啼》等；大板第三为中板，曲目有《鹦啭黄鹂》《鸿雁捎书》等；大板第四为快板，曲目有《高山流水》《清风弄竹》等。

【山东梆子】 据《郓城县志》记载：山东梆子于隋开皇十年至唐贞观八年（590—634 年）兴起于郓城一带，俗称“当当土梆”，距今已有一千余年的历史。至明末清初广泛兴起，并以地域命名为山东梆子。

郓城山东梆子演出剧目内容丰富，既有三国戏又有水浒戏，武戏吸收了民间杂技，真刀真枪，赤膊“彩戏”；音乐伴奏音域广阔、音色亮丽，节奏明快、转换自如，个性明显华丽、民族韵味醇厚。其曲牌、唱词经过文人加工修饰，雅俗共赏；郓城山东梆子植根于民间，历代艺人和乐手经常参加当地的婚丧嫁娶、礼乐祭祖、祈祀拜神等民俗活动，与民俗文化相融合，深受群众欢迎。山东梆子动漫舞台剧《跑旱船》将现代动漫技术与传统戏曲融为一体，以新农村文化建设为背景，以老年人再婚问题为切入点，以喜剧动漫舞台剧形式展现新农村精神文化风貌，该剧自 2014 年 2 月搬上舞台以来，先后在中国戏曲学院、菏泽大剧院、北京梅兰芳大剧院、济南历山剧院汇报演出，在山东和中原农村巡回演出 50 余场，深受好评。2014 年荣获山东省第七届泰山文艺奖二等奖，入选山东省地方戏振兴与京剧扶持保护工程 2014 年重点剧目；2015 年入选国家艺术基金大型舞台艺术作品重大加工修改提高项目。

【黄泥古陶制作技艺】 黄泥古陶制作工艺在郓城已有几千年的历史，最早可以追溯到新石器时代。郓城县武安镇沈桥村的黄泥古陶制作工艺，以口传身授的方式代代传承，可以查证的传承人有七代。

郓城民间黄泥古陶的传统制作工艺复杂，整个过程全部为手工工艺，通过选料、淋泥、拉型、绘画、雕刻、磨光、凉干、烘干、焙烧等一系列工序制作而成。主要材料选用黄河下游冲击平原地下 5 ～ 8 米处的黄泥，从选材料到后来的烧制成功，需要 20 多道工艺，集雕刻绘画于一体，把中国悠久的文化艺术和制陶工艺相互融合，成品率最多达到 50%。早期的黄泥古陶烧制大件如大缸、大盆等，现在主要烧制经济适用、美观的套件和单件泥制陶器，如茶具、茶罐、烟灰缸、花瓶等。黄泥古陶造型各异、古朴生香、或精雕细刻，或粗犷豪放，器上饰纹图案或秀丽或神秘，或繁复或简明，实现实用性与审美性的和谐统一。如今的郓城黄泥古陶在继承传统的手工工艺技法的基础上，不断创新，大胆使用浮雕、高浮雕、镂空等新技法，色泽上突破传统的灰、红、黑三色，运用高科技技术焙烧出桔黄、石青、仿青铜、石碣等颜色，制作水平不断提高。

地方特产

【郓城古筝】 郓城古筝有600多年的制作历史，2009年，郓城古筝制作工艺被列入山东省第一批非物质文化遗产名录，2011年，郓城被文化部授予“古筝之乡”称号。郓城古筝的制作十分考究，分“选材、剖解、阴干、烘烤、刨板、粘合、组装”7道流程。仅组装一项就分为“扣框、串门、上底、镶边、上东山、粘花、抹腻子、喷漆、上码、上弦、调音”11道工序。

郓城古筝

【郓城黄牛】 郓城黄牛是郓城县特产，其牛种主要是中国中原四大牛种之一的鲁西黄牛，在郓城县境内各个乡镇都有养殖，以优质育肥性能著称。郓城黄牛体躯高大，前躯发育好，肌肉发达，体质结实，结构匀称，适应性强，皮薄，产肉率较高，肉质鲜嫩。

郓城黄牛

【郓城青山羊】 郓城是全国青山羊基地县、猾子皮、板皮生产基地县。郓城青山羊全身是宝，肉质鲜嫩、营养丰富，板皮柔韧、毛细密而均匀，面平光亮，是制裘、革、纺织的上等原料，青猾皮是制裘衣的贵重皮料，羊肠是医疗上不可缺少的缝合线，羊肝是治夜盲症之良药，羊角、羊蹄角可制胶。

郓城青山羊

【郓城小尾寒羊】 郓城县是小尾寒羊的中心产区，为山东省小尾寒羊的生产基地。郓城小尾寒羊具有生长发育快、繁育率高、产肉性能好、适应性强、裘肉兼用优点。2—3个月的羔皮为最好，皮质薄、绒毛多、皮组织致密坚韧、毛股清晰、具有波浪形或螺旋形花形，经熟制后花形基本不变，形似云朵，白洁如玉，美观无比，加工的裘衣，具有轻、柔、暖等优点，成

郓城小尾寒羊

年羊皮是制革的好原料，花形好的可制裘。1989年在全国羊毛（绒）及种羊展示拍卖会上被誉为“世界明珠”。

【郓城斗鸡】 郓城斗鸡属于中国四大斗鸡中的鲁西斗鸡，古称唤鸡，俗称咬鸡，是我国特有的观赏型珍贵鸡种。据史料记载，郓城斗鸡已有两千三百年的历史。其体态雄健、肌肉发达、动作敏捷、生性善斗，厮头时啃咬、爪蹬、翅打并用，鸣声浑厚宏亮，酷似豫剧中的黑脸唱腔，深受当地人喜爱。

郓城斗鸡

【郓城半夏】 郓成半夏又名麻疙瘩、老鹳眼、芋头、天落星、无心菜，为天南星科植物的干燥块茎。半夏入药始于《神农本草经》，《本草纲目》中有“五月半夏生，盖当夏之半也，故名。”郓城半夏以其色白、质实、个大而名扬海内外。其功效主要有燥湿化痰、降逆止呕、消痞散结，主治胸膈胀满、呕吐、咳喘等症。

郓城半夏

【郓城水浒酒】 具有800年历史的水浒酒在继承传统工艺的基础上发扬光大，以高科技手段、现代化的生产设备、质量检验、计量检测设备，采用优质高粱、精选小麦为主要原料，经过泥池发酵、缓慢蒸馏、长期储存、科学勾兑而成，具有“窖香浓郁、酒体协调、绵柔回甜、余香悠长”等特点，深受国内酿酒厂家和品酒大师的赞誉。

郓城水浒酒

【黄泥岗酒】 黄泥岗酒有浓香、酱香、清香、芝麻香、五粮香等五大香型，严格按照传统工艺和现代改革的科学方法进行生产。从选粮、做曲、粉碎、发酵、蒸馏、分级取酒到分级储存形成一套规范的生产流程。生产的五类香型基酒产品均

黄泥岗酒

以优质高粱为主要原料，由优质小麦大麦豌豆做成高温、中温、低温三种大曲为糖化发酵剂，利用四十多年的老窖池、泥池发酵。黄泥岗酒拥有年生产高粱基酒五千多吨的生产能力，形成了以浓香、芝麻香、酱香、清香、五粮香五大香型的产品生产结构。

【郓城黄河鲤鱼】 郓城黄河鲤鱼鳞金黄色，尾淡红，口前有触须两对。黄河流经郓城28公里，适宜的气候条件和丰富的水资源为黄河鲤鱼的生长提供条件。郓城黄河鲤鱼体态丰满，肉鲜美肥嫩，刺少，营养丰富，为佳肴上品，驰名中外。

郓城黄河鲤鱼

【郓城肠衣】 肠衣是把羊、猪、牛等动物的小肠，经过人工清刮、盐制作香肠、火腿的外包皮，可做医学上外科手术的缝合线，也可做乐器的弦。郓城肠衣质量上乘，色泽鲜艳，皮质透明，品质圆润、坚韧，富有弹性，并且规格齐全，卫生可靠。产品主要出口美国、德国、日本、澳大利亚等国家和地区，被评为菏泽市优质产品。

郓城肠衣

【郓城柳编】 郓城柳编是郓城县的汉族传统手工艺品，属于重点出口拳头产品之一。郓城盛产白柳条，利用这些质地绵软、天然洁白、又富有光泽的柳条编织筐、囤、盘、篓、篮、坛、柜等既实用又美观。郓城柳编制品和种类繁多，为出口工艺品。郓城县出口柳编制品80余种，销往东南亚及日本、美国、意大利、德国、法国、瑞典、挪威、丹麦、比利时等30多个国家和地区。

郓城柳编

地方名吃

【郓城驴肉】 郓城驴肉制作历史悠久，以当地黄安镇的吴家祖传驴肉最为正宗，被誉为驰名华夏大地的山东十大名吃之一。郓城驴肉制作讲究，

郓城驴肉

工艺严谨，加工精细，以当地上等3岁—4岁小驴为原料，配以二十几种名贵佐料及香料，经腌制蒸煮等工艺和科学新方法加工而成。郓城驴肉以肉质鲜美，醇香浓郁，油而不腻而闻名。

【郓城烧鸡】 郓城烧鸡起源于《水浒传》中宋江的故乡，历史悠久。郓城烧鸡以皮婆婆烧鸡最为知名，加工采用农家散养鸡，先进的宰杀，配以百年老汤、十几种名贵香料、温火焖煮、高温杀菌等24道工艺流程制作成品。烧鸡出锅后具有外形美观、色泽诱人、味飘三家、香压八方、熟烂脱骨、香透骨髓、绵甜爽净、咸而不腻、高钙易吸收、回味悠长等特点。

郓城烧鸡

【郓城芦笋】 郓城芦笋种植历史悠久，在郓城县各大乡镇都有种植。郓城芦笋是无公害产品，富含多种氨基酸、蛋白质和维生素，其含量均高于一般水果和蔬菜，特别是芦笋中的天冬酰胺和微量元素硒、钼、铬、锰等，具有调节机体代谢，提高身体免疫力的功效。

郓城芦笋

【郓城猪肉】 郓城猪肉是全国无公害农产品。郓城猪肉选用优良种猪和无公害生产技术，由当地的无公害基地养殖，全过程绿色、安全。细嫩味美，含有丰富的蛋白质及脂肪、碳水化合物、钙、铁、磷等成分。具有补虚强身，滋阴润燥、丰肌泽肤的作用，适于加工成火腿、腌肉、香肠和肉松等制品。郓城年屠宰加工生猪可达100万头，已建成鲁西南地区规模最大国家级生猪养殖示范场和档次最高的生猪屠宰基地。

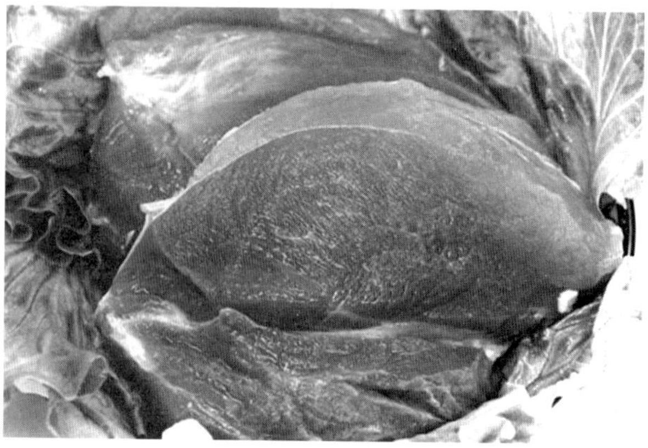

郓城猪肉

【郓城西瓜酱】 郓城西瓜酱以酸甜香辣、醇厚家乡美味，赢得好评。郓城西瓜酱制作流程复杂，从煮黄豆、捂豆子、买瓜买调料，到中间“下酱”的关键步骤，再到最后把酱搬到太阳底下暴晒，传统独特的制作工艺使郓城西瓜酱口感更加上乘。

郓城西瓜酱

【郓城壮馍】 郓城壮馍是郓城传统特产名吃，是一种带馅的椭圆形煎制饼食，具有外香酥、内柔软、馅味鲜香的特点。制作时，将面粉用八成热水反复揻成软面，盖上温布稍饧。带骨猪肉剔骨洗净、剁碎，加盐、水（分次加入），调搅上劲，再撒上葱、姜末和花椒面（用时现掺）调成馅，将饧好的面搓成长条，下成剂子，再搓成长圆条，用擀面杖压成长条。摊上馅心，用手扯成长带状，一头没有馅，从摊馅的一头叠起，把两头捏紧，用没带馅的一头盖严，压成椭圆形的饼。在平底锅里加入油，烧至五成热，放入生坯，用小火煎制，两面呈金黄色即成。

郓城壮馍

【郓城糟鱼】 郓城糟鱼以陈坡为甚，烹制好的糟鱼，具有鱼体完整、肉质松软，骨烂如泥，肥而不腻等特点。成品鱼呈酱黄色，醇香爽口，色味俱佳。

郓城糟鱼

【郓城糊粥】 郓城糊粥又称糊涂，已有2000多年的历史，相传为汉刘邦吕后发明，吕氏后人代代相传至今。此粥特点为入口米香，豆香甚浓，略有糊味，故称糊粥。食之，温胃养胃。尤其醉酒之人早晨喝一碗糊粥，胃顿觉舒服。稍加冷却，则起一冷皮，但下面依然烫热，糊粥凉透后，可用刀切成豆腐块状。相传郑板桥偶然从郓城路过，喝了糊粥之后，挥笔写下“难得糊涂”四个大字，后人代代相传，遂成至理名言。

郓城糊粥

【郓城灌肚】 郓城灌肚以王屯灌肚最为正宗，制作工艺最早可以追溯到明代正统年间。其用料以新鲜青山羊羊头、羊肚为主，添加20多种药料，经老汤慢熬煮熟，之后灌装冷却成型。待客时切片，置于盘内，滴少许香油，就可食用。郓城灌肚营养丰富、健胃理气，具有增进食欲、强筋健体之功效。

郓城灌肚

【郓城油桃】 郓城油桃主要种植在李集乡，种植面积160余亩。郓城属暖温带半湿润东亚季风大陆性气候，四季分明，春季干燥多风，夏季炎热多雨，秋季温和凉爽，冬季干冷，雨雪稀少。独特的气候条件为黄桃的生长提供重要保障。郓城油桃品种优良，采用无公害管理，香味浓郁，清香可口；肉质细脆，爽口异常，甜而不腻。

郓城油桃

【糁汤】 糁汤是清朝康熙年间翰林院大学士、雍正帝师魏希徵所创，迄今已有三百余年的历史。传说乾隆皇帝下江南时，经过现在的郯城码头镇时，想品品当地的名吃，当地的官员就把这种味道独特的早餐献了上来，乾隆爷一尝，怎么从来没喝过如此可口的东西，随口问了一句："这是啥（糁）？"地方官员忙点头："这是啥（糁），这是啥（糁）。"因此，天子的随口一问就成了它现在的名字——糁。糁汤以三年生小牛骨、牛肉为主料，辅以麦仁及二十余味宫廷膳食专用滋补保健中药材，精工细作，文火熬制。其肉质鲜嫩，汤色乳白，入口滑润，香而不腻。常食有健脾养胃，益气强肾，滋阴补钙之功效，为养生、

保健之佳品。

风景名胜

【唐塔】 据《郓城县志》记载，"观音寺塔"因座落在观音寺内而得名。原高七级，建于五代·唐长兴二年，故称作"唐塔"。由于地震等原因塔顶倒塌，荒废已久，至清朝末年，塔顶残破呈官帽状，所以也有人叫它"荒塔"或"幞头塔"。现存观音寺塔为八棱四门楼阁式砖檐，东西南北四面各设券顶乾坤门，其余四面为砖雕假窗。塔心室和佛龛顶部，由层层砖斗拱环砌成拱顶，斗拱制作精良，层层内收，结构严谨，错落有致。连塔内回廊顶部，也由砖斗拱精砌而成。塔四周碧水环绕，岸边绿树垂荫。夏日晨昏，数千只燕子翔集，绕塔飞鸣，"荒塔燕子"成为古代郓城的十大景观之一。朝晖夕阳，绿树燕影，与巍巍古塔在碧水中交相辉映，甚为壮观。

【水浒好汉城】 水浒好汉城是国家AAAA级旅游景区，也是集宋江武校的武术修学旅游、传统武术绝技表演和水浒民俗风情展示于一体的综合性人文景观。水浒好汉城具有多种风格的古代建筑群，主要有郓城县衙、贡院、忠义庙、乌龙院、古筝坊、孙二娘客栈、及时雨茶楼、宋宅、古代戏楼、状元宿舍，水浒文化博物馆等。景区可观赏到狗娃艺术团武术舞蹈表演，各种武术套路和竞技武术表演，以及重达200余斤的关胜大刀，飞檐走壁等武术绝活表演，还可以欣赏到坠子

书、落子、古筝等传统艺术（非物质文化遗产项目）表演。

【宋江河】 宋江河，又名“宋金河”，位于郓城县城东南部。古称广济河，因为河宽五丈，又称五丈河。宋江河是八百里梁山泊的南出口，上游经过郓、濮、曹等州，直通东京汴梁，是漕运皇粮的水上交通要道。北宋末年，官场腐败，民不聊生，方腊、宋江等相继起义，除暴安良。水浒好汉们利用广济河，把官府从运河经赵王河送往曹州的财物，夺取之后带回梁山泊。因为此河当时常为宋江所用，因此群众便称为宋江河。

（董建华　摄影）

【夏公馆】 夏公馆始建于1900年，为云南提督夏辛酉公馆，夏辛酉祖籍郓城夏庄村，在新疆平叛中屡立战功，中日甲午战争中坚守登州炮台，击退日军。后被清廷任命为云南提督兼帮办北洋大臣，总督长江五省防务，病卒于巨野行营。其子夏溥斋是山东辛亥革命的先驱，被公推为山东各界联合会会长，宣布脱离清廷统治。夏公馆为硬山单层四合院式建筑，正房为七檩前出廊式，东西配房为六檩前出廊式，由于年久失修，房顶倒塌，断壁残垣。县旅游局按照文物修缮的原则制定方案，由曲阜古建公司对正房和东西厢房进行维修，并恢复四个耳房、垂花门、回廊、大门等设施，请人大原副委员长何鲁丽女士题写馆名。

（崔延超　摄影）

【侣钟纪念馆】 侣钟祠堂是明代户部尚书侣钟的家祠，始建于明代成化十八年（1482年），清代重修，1988年、1997年省、县政府先后两次进行加固维修。县文物旅游管理处（县旅游局前身）改建成侣钟纪念馆。祠堂为四合院式建筑，大门面阔三件，左右各有腋门，内连卷棚，东西厢房保存完好。正方三件，正房内内塑有侣钟像，四壁皆有侣钟生平事迹的壁画。有明代圣旨、象牙笏板、墓葬石刻等文物。

【油桃妹家庭农场】 油桃妹家庭农场位于李集乡马庄村，紧靠黄河大堤公路。种植面积160余亩，引进最新优良品种中油桃七大系列，运用滴灌技术，采用无公害管理，油桃口感好，深得好评，采摘期从五月下旬到八月上旬。轮椅上的姑娘韩文静在网上为自家的桃代言，获赞“油桃妹”，2014年4月开始，已连续举办三届桃花节。

【名轩家庭农场】 名轩家庭农场位于县城北环路附近，是郓城县第一家注册成立的现代化农场。占地219亩，种植有无公害瓜果、蔬菜，培养高

中档景观植被、盆景花卉，提供无公害草莓、葡萄等瓜果蔬菜的采摘娱乐等。准备建设垂钓园，开设无公害种植菜园租赁、特种动物的养殖、认领与销售等项目，打造具有生态特色的休闲农场。

【杨集采摘园】 杨集采摘园位于李集乡杨集村，紧靠黄河大堤，采摘园对面是李清黄河浮桥，附近有黄河杨集险工景观。50多亩杏林和100多亩梨园，不施化肥、农药，用无污染的黄河水浇灌，做到生态绿色健康。

人口 民族 宗教

【人口】 2016年末，全县常住总人口109万人，2016年全县出生19380人，人口出生率为15‰，死亡5070人，死亡率3.9‰，人口自然增长率为11‰。

【民族】 2016年，全县常住人口共有民族32个，其中绝大多数为汉族人，少数民族人口1100人，其中长期居住人口1050人，流动暂住人口50人，境内少数民族31个，以壮族、回族人口最多，原居民以回族为主，少数民族居住呈大散居状态。

【宗教】 2016年，全县有佛教、道教、基督教、天主教、伊斯兰教5种宗教，信教群众约7000余人。有佛教协会、道教协会、基督教三自爱国运动委员会3个合法宗教团体，有批准的宗教活动场所20处。其中，佛教信教群众约2800人，已批准的活动场所 5 处；道教信教群众约 600 人，正在申报活动场所；基督教信教群众约 2000 人，已批准的活动场所 12 处，教职人员 2 人；天主教信教群众约 600 人，活动场所 3 处，教职人员 1 人；伊斯兰信教群众约 1000 人，其中陈坡乡马楼村约 600 人。

行政区划

2016 年，郓城县辖 1 个省级经济技术开发区，郓州、唐塔 2 个街道，黄安、武安、杨庄集、张营、黄泥冈、丁里长、郭屯、随官屯、南赵楼、唐庙、双桥、玉皇庙、潘渡、侯咽集、程屯、李集 16 个镇，陈坡、张鲁集、黄集、水堡 4 个乡。辖有 28 个社区居民委员会，662 个村民委员会。

经济和社会发展

【综述】 2016 年，初步核算，全县地区生产总值完成 332.62 亿元，按可比价格计算，比上年增长 8.9%。其中，第一产业增加值完成 38.04 亿元，第二产业增加值完成 175.50 亿元，第三产业增加值完成 119.08 亿元；分别比上年增长 3.1%、9.5% 和 10.0%。产业结构进一步优化，三次产业结构比例为 11.44∶52.76∶35.80，与上年 11.63∶54.39∶33.98 相比，第一产业占比下降 0.19 个百分点，第二产业占比下降 1.63 个百分点，第三产业占比提高 1.82 百分点。

【农林牧渔业】 *农业生产稳定发展。*全县粮食作物播种面积 247.67 万亩，比上年减少 0.16 万亩，减幅 0.06%；粮食平均亩产 843.8 斤，比上年减少 6.8 斤，减幅 0.8%；粮食总产达到 20.9 亿斤，比上年减少 0.18 亿斤，减幅 0.9%，粮食总产位列全市第二名，连续五年突破 20 亿斤大关。农林牧渔业全面发展。全县农林牧渔业实现总产值 67.60 亿元，增长 4.4%，剔除价格因素，可比增长 3.4%；林牧渔业实现产值 22.81 亿元，占总产值的比重达到 33.74%。农林牧渔业实现增加值 38.95 亿元，可比增长 3.3%。林业生产稳步发展，造林质量不断提高。全县造林面积 2.6 万亩，年末实有林业用地面积 32 万亩，年末活立木蓄积量 411 万立方米。畜牧业生产稳定。畜牧业生产向规模化经营方向发展，肉、禽、蛋产品产量增加。渔业生产规模壮大。全县水产养殖面积 4.92 万亩，水产品总产量 1.8 万吨。

*农业生产条件进一步改善，机械化程度提高。*年末全市农用机械总动力达 99.43 万千瓦，其中农产品初加工机械总动力 9.38 万千瓦，排灌机械总动力 36.89 万千瓦。拥有农用拖拉机 1.04 万台。机耕面积 172.6 万亩，机电灌溉面积 271.35 万亩。全年农村用电量 6.38 亿千瓦时，比上年增长 0.2%，农用化肥（折纯）使用量 5.89 万吨，地膜覆盖面积 44.95 万亩。农作物生产综合机械化水平 87.40%。

【工业和建筑业】 *工业经济稳定增长。*全县工业增加值同比增长 9.98%，全年规模以上工业企业完成技术改造投资 63.77 亿元，新增省市级企业技术中心 1 家，全县省市级企业技术中心达到 27 家。全年实现高新技术产业产值 182.53 亿元，同比增长 19.44%。全县规模以上工业企业达到 470 家，比上年新增 79 家。全年实现主营业务收入 907.61 亿元，同比增长 14.9%；实现利税 115.86 亿元，增长 24.73%；实现利润 74.73 亿元，增长 32.27%；入库税金过千万的企业 6 家；2016 年供电量完成 26.35 亿千瓦时，同比增长 8.7%；售电量完成 24.79 亿千瓦时，同比增长 8.71%。

*建筑业稳步增长。*全县共有三级及以上资质建筑企业 33 家，完成建筑业总产值 24.75 亿元，期末从业人员 12915 人，全年房屋建筑施工面积 197.22 万平方米。

【固定资产投资】 *固定资产投资稳步增长。*全县完成规模以上固定资产投资 144.73 亿元，比上年增长 14.5%。第一产业投资 0.65 亿元，同比增长 8.4%；第二产业投资 79.58 亿元，同比增长 16.8%，其中工业投资 79.58 亿元，同比增长 16.8%；第三产业投资 64.51 亿元，同比增长 11.8%。2016 年，全县投资结构进一步优化，一二三产业投资占规模以上固定资产投资的比重为 0.45:54.98:44.57。

房地产投资保持增长势头。全年房地产开发投资完成 30.8 亿元，比上年增长 0.4%。从房屋建设用途看，住宅投资完成 28 亿元，同比下降 7.9%，占全部房地产开发投资的 90.9%；商业营业用房投资完成 2.84 亿元，同比增加 2.57 亿元，占全部房地产开发投资的 9.2%。全年商品房施工面积 203.82 万平方米，比上年增长 7.18%；房屋竣工面积 66.16 万平方米，同比增长 8.3%。

保障性安居工程建设顺利推进。2016 年全县完成棚户区改造 6262 户，改造面积 77 万平方米。分配经济适用住房 73 套。通过政府购买的方式筹集公共租赁住房 100 套。

【内外贸易】 消费市场稳步发展，零售额增幅趋于稳定。2016 年，全县实现社会消费品零售总额 182.2 亿元，比上年增长 11.5%。消费品市场中城镇实现零售额 154.63 亿元，增长 11.4%；乡村实现零售额 27.57 亿元，增长 11.9%。按消费形态分，商品零售实现 140.1 亿元，增长 12.5%；餐饮收入 18.3 亿元，增长 10.4%。网络销售额 180 亿元，增长 65%。

外贸出口健康发展。2016 年完成进出口 45269 万美元，其中出口 40100 万美元，进口 5169 万美元，实际利用外资 537 万美元。

【交通、邮电和旅游】 交通运输业快速发展。2016 年全县境内公路通车里程 2900 公里，其中：国道 77.761 公里，省道 109.419 公里，农村公路 2713.6 公里，高速公路通车里程 31.6 公里；全年新建农村公路 36 公里，改建农村公路 852 公里，开工里程、投资额度全市第一。郓杨公路全长 28.6 公里，9 月底实现全线通车，在全市创造投资额度最大、标准最高、质量最优等多项纪录。改造窄危桥 12 座；在全市率先启动“户户通”工程，13 个试点乡镇共计完成“户户通”工程 158 万平方米，受益村庄 356 个。2016 年，全县公路运输完成货运量 3005 万吨，货运周转量 833156 万吨公里，客运量 1680 万人次，客运周转量 67934 万人公里。

邮政电讯通信业发展迅速。2016 年完成邮政业务收入 8197 万元，通信业务收入 3.85 亿元。年末移动用户到达 76.34 万户，宽带用户到达 15 万余户，固话有效用户 3.85 万户。

旅游业蓬勃发展。2016 年完成《郓城县水浒故里旅游集散中心概念性规划》《彭湖音乐小镇概念性规划》《水浒特色小镇概念性规划》《郓城边庄沟水泊湿地汽车露营公园概念性规划》《郓城县黄集乡曹西村乡村旅游规划》等规划；此外《郓城县东溪湿地旅游度假区项目》完成规划评选；《宋江故里及黄泥冈概念性规划》完成初审。

全县有 A 级景区 2 个，其中 AAAA 级景区 1 个，AA 级景区 1 个；有星级饭店 4 个，其中三星级饭店 2 个，二星级饭店 2 个；有旅行社（分社、营业部）8 个，其中旅行社 2 个，营业部 6 个；乡村旅游点 33 个，其中 2016 年新创建山东省旅游强乡镇 1 个，特色村 2 个，精品采摘园 1 个。2016 年郓城县旅游消费总额 16.87 亿元，同比增长 27.7%，接待游客 243 万人次，同比增长 18.5%。

【财政和金融】 财政实力不断增强，重点支出得到保障。2016 年，地方财政收入完成 22.7 亿元，比上年增长 3.0%。其中，税收收入完成 172299 万元，增长 2.0%。地方财政支出 522535 万元，比上年增长 11.4%。地方财政支出中，一般公共服务支出 62385 万元，比上年增长 8.4%；教育支出 111934 万元，比上年增长 5.4%；社会保障和就业支出 99675 万元，比上年增长 5.9%；医疗卫生支出 79586 万元，比上年增长 21.1%；农林水事务支出 91776 万元，比上年增长 17.25%。国税、地税实现两税收入 25.29 亿元。

金融运行平稳。2016 年，年末各项存款余额 380.5 亿元，比年初增加 60 亿元；居民储蓄存款余额 318.9 亿元，比年初增加 42 亿元。年末各项贷款余额 184.5 亿元，比年初增长 19.7 亿元。

【科技、教育、卫生、文化体育】 *科技事业快速发展*。全年实现高新技术产业产值 182.53 亿元，同比增长 19.44%。2016 年度申报专利 605 个，其中包括发明专利 125 个、实用新型专利 431 个、外观设计专利 49 个。

教育事业健康发展。2016 年，教育系统全面改薄校舍 67.71 万平方米，改扩建学校运动场 111.25 万平方米。2016 年，全县有各级各类学校 215 处，在校生 19.9 万余人，其中：定点小学 168 处，在校生 12.4 万人；初级中学 40 处，在校生 5.3 万人；普通高中 6 处，在校生 2.1 万人；职业教育中心、聋哑学校、进修学校各 1 处。全县现有教职工 13535 人，其中专任教师 12034 人。

卫生事业平稳发展。2016 年，强化卫生行业监管，全县基层卫生服务体系更加完善，广大群众医疗卫生服务需求得到有效保障。加快县级公立医院建设，县人民医院和妇幼保健院开工建设、扩建县中医医院，乡镇卫生院标准化建设完工并投入使用，基本满足群众就医需要。加强综合监督执法体系建设，全县 22 处乡镇街道全部设立卫生计生综合监督乡镇执法队，并明确 5 名卫生计生监督员，在村级明确 1041 名专兼职卫生计生综合监督协管员。2016 年末，全县医疗卫生机构（含卫生室）354 所，拥有卫生技术人员 5234 人，拥有医疗床位 5059 张，其中执业医师 2988 人，注册护士 1714 人。

文化体育事业健康发展。2016 年末，新增基层综合性文化服务中心 167 个，全县共有文化馆 1 个，公共图书馆 1 个，民间艺术表演团体 36 个，民间艺术学校 3 所，农家书屋 651 个，群众业余演出团体（队）680 个。截至 2016 年底，文物保护单位省级 11 处、市级 34 处、县级 86 处。广播电视覆盖率为 100%。2016 年，共获得 98 枚奖牌，其中，金牌、银牌、铜牌分别为 38、22、38 枚。

【城乡建设】 *城镇化水平加快提升*。全县常住人口城镇化率达到 47.79%，比上年提高 2.42 个百分点。村镇建设持续推进。村镇建设全年完成投资 15.72 亿元，新建农房 5800 户，改造危房 670 户。累计建成并入住的农村新型社区 35 个。

城市综合承载能力增强。2016 年城市道路投资 3.7 亿，新建改建道路 20 条，总长度 18.3 公里，新增道路面积 54.7 万平方米；完成铺装面积 11.5 万平方米；埋设雨水管网 24.3 公里，污水管网 12 公里；日污水处理能力 4 万立方米；绿地面积 1247 公顷，获省级园林城市称号。启动南部新区及城区道路两个 PPP 建设项目并开工建设。

【环境保护和安全生产】 2016 年，全县省市控重点企业大气污染物排放达标率 98% 以上。大气污染、水污染防治工作取得阶段性成果，建成城区两处空气质量自动监测站并正常运行，境内重点涉水企业和出境河流实现 24 小时在线监测，2 条主要河流出境断面水质稳定达标。开展工程减排、结构减排和管理减排，新建项目环评率和“三同时”执行率 100%。2016 年，全县工业废水排放达标量 704.65 万吨，排放达标率 97.8%；全年新建工业污染治理项目 35 个，完成总投资 1754 万元；全年空气质量良好天数 203 天；年末治理废水设计能力达 85 万吨 / 日，治理废气设计能力 5220 万标立方米 / 时。

全县安全生产形势稳定。2016 年发生各类生产安全事故 9 起，死亡人数 8 人。死亡人数与上年同期持平，安全生产形势总体平稳。

【人口、人民生活和社会保障】 *人口保持低速增长*。 2016 年底，全县户籍总人口 1282071 人，常住人口 109.68 万人。其中，女性人口 608386 人。2016 年全县合法生育率为 93.55%，出生人口性别比为 118.64，人口出生率为 15.69‰，自然增长率为 9.55‰。

城乡居民生活水平进一步提高。农村居民人均可支配收入 10926 元，比上年增长 9.5%。城镇居民人均可支配收入 22452 元，比上年增长 8.8%。劳动就业稳定，职工工资提高。2016 年末全县就业人员 60.98 万人，其中城镇就业人员 6.51 万人，全年城镇新增就业 0.58 万人，年

末城镇登记失业率 3.2%，全县农民工 54.77 万人，比上年增长 3.3%，其中外出农民工 16.42 万人，减少 4.4%，本地农民工 38.35 万人，增长 9.7%。2016 年末，全县机关、事业、非私营企业单位在岗职工人数 5.92 万人，在岗职工工资总额 315829 万元，在岗职工平均工资 54806 元。

*社会保障体系进一步健全。*2016 年全县各项社会保险总参保 199.39 万人次，征缴各项社会保险费 19.73 亿元（含中央、省、市补贴部分），按时足额支付各项社会保险待遇 15.56 亿元。年末全县参加城镇职工基本养老保险人数6.4万人，比上年末增加 0.51%。参加城乡居民基本养老保险人数 63.91 万人，增加 3.90%。参加基本医疗保险人数 110.81 万人，增加 5%。其中，参加职工基本医疗保险人数 8.06 万人，增加 9.20%；参加居民基本医疗保险人数 102.75 万人，增加 4.69%。参加失业保险人数 3.78 万人，增加 8.46%。年末领取失业保险金人数 882 人。参加工伤保险人数 6.01 万人，增加 11.34%，其中参加工伤保险的农民工 2.4 万人，增加 6.69%。参加生育保险人数 5.15 万人，增加 135%。

从 2016 年 7 月 1 日起，城乡居民养老金标准每人每月由 85 元提高至 100 元，企业退休人员连续 13 年增加待遇标准，达到 1950.1 元 / 月，机关事业养老保险离退休人员人均增资 240 元，城乡居民大病最高支付额提高到 65 万元。

社会福利事业健康发展。 2016 年全县共有社会福利事业单位 26 个，床位 7200 张；救济灾民 18010 人，享受城市低保 5184 人，农村低保 44710 人。

组织机构及主要领导成员

（截至 2016 年 12 月底）

中国共产党郓城县第十三届委员会

书　记　刘文林

副书记　谷永强　吴振（12 月离职）
　　仲红波（挂职）
　　武甲庆（挂职，7 月离职）

常　委　刘文林　谷永强
　　吴　振（12 月离职）
　　武甲庆（挂职，7 月离职）
　　孙迁国　王秀忠
　　李艳丽（女，7 月离职）　董良峰
　　刘存长（7 月任职）
　　刘芙蓉（女，7 月任职）
　　宋广振（7 月离职）　姚念军
　　伊超杰（4 月任职）
　　杨　勇（12 月任职）　王效忠

委　员（以姓氏笔画为序）
　　王广岱　王秀忠　王效忠　伊超杰
　　刘文林　刘存长（7 月任职）
　　刘芙蓉（女，7 月任职）　孙兆同
　　孙迁国　吴振（12 月离职）
　　宋广振（7 月离职）　张　平
　　张万松　张素云（女）　李士钦
　　李合力　李春生
　　李艳丽（女，7 月离职）
　　李维亚　杨勇（12 月任职）
　　杨际作　谷永强　陈修社
　　郑巧玲（女）　姚念军
　　徐淑珍（3 月病逝）　高素娟（女）
　　曹京黎　曹建文　梅清汉
　　符中太　逯其彦　董良峰　鲁仪庆
　　褚景云（女）　魏宏峰

候补委员　李宗玉　李景诗　陈　勇
　　付邦冉　刘运伟　任仰年

李晓景（女） 孙兴忠

郓城县第十七届人民代表大会常务委员会

主　任　刘文林（1 月离职）
　　　　王广岱（1 月任职）
副主任　曹建文　钱建华（3 月离职）
　　　　王秀丽（女，1 月任职） 孙兴忠
　　　　陈修社（1 月任职）
委　员　王广岱　曹建文
　　　　王秀丽（女，1 月任职） 孙兴忠
　　　　陈修社（1 月任职） 于文卿
　　　　王秀宽　王海涛　王振亚　付邦冉
　　　　任仲国　任仰年　刘树民　刘缵坤
　　　　孙桂芬（女） 杨际作　杨洪涛
　　　　李玉欢　李庆利　李晓景（女）
　　　　张玉芝　张传锋　张素云（女）
　　　　张恩从　陈　慧（女） 陈贵祥
　　　　陈桂莲（女） 陈敬东　罗永波
　　　　郭　斌　曹景福　董城郊

郓城县人民政府

县　长　谷永强
副县长　孙迁国　伊超杰（4 月离职）
　　　　王明华　魏宏峰（12 月离职）
　　　　李合力（6 月离职）
　　　　刘景胜（6 月任职）
　　　　李天然（12 月挂职）
　　　　侣同兴（12 月挂职）
党组成员　伊超杰（4 月离职）
　　　　　魏宏峰（12 月离职）
　　　　　李合力（6 月离职）
　　　　　刘景胜（6 月任职）
　　　　　张俊阁（12 月任职）
　　　　　王昌谦（12 月任职）
　　　　　张　平　褚景云（女） 李春生
　　　　　孙兆同（12 月任职）
　　　　　陈修社（4 月离职）
　　　　　仝金安（4 月任职） 谭新同
　　　　　郑巧玲（女，12 月任职）

中国人民政治协商会议第十三届郓城县委员会

主　席　徐淑珍（3 月病逝）
党组书记　徐淑珍（3 月病逝）
　　　　　王秀忠（7 月任职）
副主席　樊庆斌　符中太　孙兆同　刘汉升
　　　　王秀丽（女，1 月离职） 李广才
秘书长　吴宝金
常　委　徐淑珍（3 月病逝） 樊庆斌
　　　　符中太　孙兆同　刘汉升　李广才
　　　　吕端方　丁　元　于法杰
　　　　孔运芝（女） 王兴相　王先军
　　　　王明华　王秀华（女） 王图刚
　　　　白广芝（女） 刘瑞川　朱　伟
　　　　宋宗彪　沙　帅　杜兴安　李在朝
　　　　李兴磊　李思博　李传递　伊鸿飞
　　　　张法举　张建萌　张建运
　　　　陈明真（女） 陈传雪　陈振建
　　　　陈殿杰　和丽英（女） 孟凡钊
　　　　屈凤臣（女） 郑从军　赵建生
　　　　祝玉如　侯春生　姚翠岚（女）
　　　　郭良伟　郭金亮　郭寒青（女）
　　　　顾夫芹　黄　波　葛广勋　葛建国
　　　　葛淑敏（女） 褚兴愿　樊明宪
　　　　戴金兴

中国共产党郓城县第十三届纪律检查委员会

书　记　李艳丽（女，7 月离职）
　　　　刘存长（7 月任职）
副书记　谭新同　李士钦（12 月离职）
　　　　闫晓雷（12 月任职）

常　委　徐淑告（12 月离职）　张友涛
杨运臣　吕彦锋
谷庆梅（女，12 月任职）
委　员　刘存长（7 月任职）
李艳丽（女，7 月离职）　谭新同
闫晓雷（12 月任职）
李士钦（12 月离职）　徐淑告
张友涛　杨运臣　吕彦锋
商延康（女）　蔺新民　吴玉亮
李建民　柴景东　梁衍峰　张永斌
李志成　周玉峰　孙钦忠　任仰年
刘建伟　王观稳
谷庆梅（女，12 月任职）

郓城县人民武装部

部　长　赵明宝
政　委　姚念军
副部长　赵迷路

郓城县人民法院、郓城县人民检察院

郓城县人民法院

党组书记　张万松　（12 月离职）
崔　冰（12 月任职）
院　长　张万松
副院长、党组成员
李兴磊　刘建立　马增军　周玉峰
党组成员、纪检组长　费心明
党组成员　田继品　仝伯晗

郓城县人民检察院

党组书记　逯其彦（12 月离职）
刘绍军　（12 月任职）
检察长　逯其彦
副检察长、党组成员
苏衍兵　侯昌盛　江魁　李志成
党组成员、纪检书记　葛文涛
党组成员　仝义顺　闫新华（4 月离职）
赵文立

县委工作部门及部门管理机构

中共郓城县纪律检查委员会（监察局）机关

组织部
部　长　商延康（6 月任职）
宣传部
部　长　殷　毓（6 月任职）
党风政风监督室
主　任　梁宝记
副主任　徐守民（6 月任职）
张海峰（6 月任职）
案件监督管理室
主　任　颜丙青（6 月任职，12 月离职）
第一纪检监察室
主　任　杨继忠（6 月离职）
徐淑告（6 月兼任）
第二纪检监察室
主　任　颜丙青（6 月离职）
张友涛（6 月兼任）
第三纪检监察室
主　任　张云星（6 月兼任）
干部监督室
主　任　商延康（6 月离职）
杨继忠（6 月任职）
第一纪检组（监察室）
组　长（主　任）　赵振军
副组长（副主任）　任　杨
第二纪检组（监察室）
组　长（主　任）　曹孔安
副组长（副主任）　端木爱芝（女）

第三纪检组（监察室）
组　长（主　任）　蔺新民
副组长（副主任）
张海峰（6月离职）
王观稳（4月任职）
第四纪检组（监察室）
组　长（主　任）　吴玉亮
副组长（副主任）　王思敬
第五纪检组（监察室）
组　长（主　任）　王巧云（女）
副组长（副主任）
徐守民（6月离职）
侯宝立（9月任职）
第六纪检组（监察室）
组　长（主　任）　李广栋
副组长（副主任）　程瑞友
第七纪检组（监察室）
组　长（主　任）　贾兴林
第八纪检组（监察室）
组　长（主　任）　张现兴
副组长（副主任）　李宪立

中共郓城县委办公室

主　任　宋广振（7月离职）
董良峰（7月任职，12月离职）
杨　勇（12月任职）
常务副主任　端木祥友（4月任职）
副主任　陈进国　夏凤云（女，12月离职）
王　涛　时志荣（女，9月任职）
宋义国（12月任职）
魏建国（8月离职）
孟凡周（4月任职）
县委改革办
主　任　宋广振（7月离职）
董良峰（7月任职，12月离职）
杨　勇（12月任职）
副主任　王　涛　李　勇（4月任职）
县委政研室
主　任　王　涛
副主任　朱保建（4月任职）
县委督查室
主　任　仲崇勋（4月任职，12月离职）
副主任　吴　涛（4月离职）
李　志（4月任职）
付兆春（4月任职）
县委保密（办）局
主　任（局　长）
刘康斌（12月离职）
副主任（副局长）
孟凡周（4月离职）
侯振军　曾　磊（4月任职）
县委610办公室
主　任　吴　涛（4月任职）
副主任　沈　冰（12月离职）
县委机要局
局　长　仲崇勋（4月离职）
信息调研室主任　张传庆（4月任职）
县机关事务管理局（县接待办）
局　长（主　任）　端木祥友
副局长（副主任）　高新宪　王维奎

中共郓城县委　郓城县人民政府信访局

局　长　夏凤云（女，12月离职）
宋义国（12月任职）
副局长　刘恩雷　梁自才
党组成员　张晓霞（女）　刘瑞霞（女）
维稳办
主　任　张洪勋（12月离职）
副主任　刘瑞霞（女）沈冰（12月任职）

县档案局

局　长　钱爱增（12月离职）
刘康斌（12月任职）

副局长　沈怀俭

中共郓城县委党史资料征集委员会办公室

主　任　曾繁勇
副主任　王　琰（女）

中共郓城县委组织部

部　长　王效忠（12月离职）
　　　　董良峰（12月任职）
常务副部长
　　　　李建民（1月病逝）
　　　　王永合（12月任职）
副部长　李春生（12月离职）　丁占鲁
　　　　朱　伟（4月任职）
　　　　孟凡军（12月任职）
县委组织员办公室
主　任　朱　伟（4月离职）
副主任　王　鹏（4月任职）
　　　　王　强（4月任职）
党员干部现代远程教育中心
主　任　张梦溪（4月离职）
副主任　房金钟（4月任职）
科学发展综合考核委员会办公室
主　任　刘云鹏（4月任职）

郓城县机构编制委员会办公室

主　任　孟凡军
副主任　房俊岭（4月任职）

中共郓城县委老干部局

局　长　李春生（12月离职）
副局长　闫理峰

中共郓城县委宣传部

部　长　王秀忠（12月离职）
　　　　伊超杰（12月任职）
常务副部长
　　　　柴景东（12月离职）
　　　　张梦溪（12月任职）
副部长　田继华
　　　　张梦溪（4月任职，12月离职）
　　　　刘运伟（12月任职）
　　　　刘考勇
县精神文明建设委员会办公室
主　任　仲玉文
县文学艺术界联合会
主　席　左相民（12月离职）
副主席　王广雷（4月离职）
　　　　许兰豪（4月任职）

中共郓城县委统战部

部　长　王效忠（12月离职）
　　　　魏宏峰（12月任职）
常务副部长　赵陆军
副部长　魏建国（8月任职）　张　华
　　　　葛建国
台湾工作办公室
主　任　陈建民（12月离职）
副主任　黄　英（女）

中共郓城县委政法委

书　记　董良峰（7月离职）
　　　　刘芙蓉（女，7月任职）
常务副书记　吴　勇（12月离职）
　　　　夏凤云（女，12月任职）
副书记　冯　涛（4月离职）
　　　　李士逊（4月任职）

郑汝森（12 月离职）
梁邦国（12 月任职）
马洪臣（12 月任职）

综治办

主　任　郑汝森（12 月离职）
马洪臣（12 月任职）

中共郓城县委县直机关工作委员会

书　记　杨际作（12 月离职）
朱　伟（12 月任职）

委　员　侯宝立（9 月离职）　孙建存

中共郓城县委党校

校　长　刘文林

党委书记　曹京黎

副校长　李吉新（4 月任职）　曾宪雨
佀同军

纪检书记　朱道秋（9 月任职）

群团组织

县总工会

主　席　钱建华（3 月离职）
曹建文（4 月任职）

常务副主席、党组书记
梁素云（女）

副主席、党组成员
李　霞（女，9 月任职）
段于才（9 月任职）

党组成员　姬广增（9 月任职）

共青团郓城县委

书　记　苏亚楠（女，12 月离职）

副书记　李　森

县妇女联合会

主　席　赵秀兰（女）

副主席　陈明真（女）
李　霞（女，9 月离职）
高晓岚（女）
刘　健（女，12 月任职）

县工商业联合会

主　席　王明华（12 月离职）
刘汉升（12 月任职）

党组书记　葛建国

副主席　边道坤（12 月任职）
杨敏华（女，12 月任职）

县残疾人联合会

党组书记、理事长
李庆利（12 月离职）
张广秀（12 月任职）

党组成员、副理事长
王夫杰　朱道斌（1 月离职）
张新华（9 月任职）
季春荣（女，9 月任职）

党组成员　端木爱芝（女）

县科学技术协会

党组书记、主席　李晓景（女）

党组成员、副主席
郭金亮　段于才（9 月离职）

县人大常委会、县政协机关

县人大常委会机关

办公室
主　任　王海涛
财政经济工作委员会
主　任　任仰年
预算工作委员会
主　任　李献刚
副主任　杨洪涛
内务司法工作委员会
主　任　陈贵祥
教育科学文化卫生工作委员会
主　任　罗永波
农业与农村工作委员会
主　任　曹景福
人事代表工作室
主　任　王振亚
信访室
主　任　付邦冉
研究室
主　任　任仲国
城乡建设与环境资源保护委员会
主　任　孙自蔚

县政协机关

办公室
主　任　吴宝金
提案委员会
主　任　王玉民
副主任　王莎莎
经济委员会
主　任　张效先
文史资料委员会
主　任　刘瑞川
科教文卫体委员会
主任科员　张洪卿
副主任科员　渠继忠
港澳台侨民族宗教委员会
主　任　李子昂

县政府工作部门、部门管理机构、事业单位

县人民政府办公室

主　任、党组书记
陈修社（4月离职）
仝金安（4月任职）
副主任、党组副书记　庄心民（12月离职）
副主任、党组成员
常洪钦
周玉华（12月离职副主任）
边学英（12月任职）
党组成员　李继银（4月离职）
张广秀（12月离职）　时培举
张冠英（12月任职）
综合调研室
主　任　王　璐（4月离职）
督查办公室
主　任　常洪钦
加快发展办公室
主　任　杨从春
副主任　李瑞红（女）
外事侨务办公室
主　任　张广秀（12月离职）
边学英（12月任职）
副主任　韩金銮
城市开发办公室
主　任　时培举
副主任　赵华剑（9月任职）
张秀丽（女，12月任职）

法制办公室

主　任　李继银（4月离职）

副主任　仝新啟

应急管理办公室

主任（空缺）

副主任　刁秀敏

经济研究中心

主　任（空缺）

副主任　王丹青（12月离职）　李学锋

县监察局

局　长　谭新同

副局长　张云星　李德宇

县检验检测中心

主　任　周玉华（12月离职）
　　　　张冠英（12月任职）

县政务服务中心管理办公室

主　任　李继银（4月任职）

副主任　张振彪（4月任职）
　　　　李庆方（4月任职）

县民族宗教事务局

党组书记　张　华（8月离职）
　　　　魏建国（8月任职）

局　长　孟玉生

副局长　郑爱花（女，12月任职）

县发展和改革局

局　长　陈　勇（12月离职）
　　　　吕福奎（12月任职）

党组书记　陈　勇

党组副书记　袁良臣（4月离职）
　　　　张振彪（4月离职）
　　　　吕福奎（12月任职）

副局长、党组成员
　　　　袁良臣（4月离职副局长，
　　　　12月离职党组成员）
　　　　王衍东（4月任职）　吴凤山

党组成员　刘　红（女）
　　　　刘洪玺（4月任职）

县项目建设办公室

主　任　刘　红

县物价局

局　长　褚兴愿

县粮食局

局　长　张振彪（4月离职）
　　　　刘洪玺（4月任职）

县经济和信息化局

局长、党组书记
　　　　吕福奎（12月离职）
　　　　丁永华（12月任职）

党组副书记　曹务鹏

副局长　陈保国　樊庆德

县财贸办公室

主任、党组书记（空缺）

副主任、党组成员　陶祥勋（12月离职）

党组成员　徐守民　王兴相　徐长蔚

县商务局

局长、党组书记　梁海涛
副局长、党组成员
付　冰　孙学中（4 月任职）

县金融工作办公室

主　任　任建平

县中小企业办公室

主任、党组书记　李金亮（12 月离职）
曹务鹏（12 月任职）
党组成员　徐兴华

县安全生产监督局

局长、党组书记
梁邦国（12 月离职）
郭　磊（12 月任职）
副局长、党组成员
王　鹏（12 月离职副局长）
李广福（12 月任职副局长）
党组成员　王汉革

县扶贫开发办公室

主　任　魏建国（8 月离职）
时志荣（女，9 月任职）
副主任　时志荣（女，3 月任职，9 月离职）
段作伟（3 月任职）
边道坤（3 月任职，12 月离职）
吴　波（12 月任职）
李彦朝（12 月任职）

县新型城镇化办公室

主　任　袁良臣（4 月任职，12 月离职）
副主任　刘甲一（4 月任职）
张秀丽（女，12 月任职）

县教育局

局长、党组书记
吕端方（4 月离职）
李宗玉（4 月任职）
副局长、党组副书记　伊亚峰
副局长、党组成员　焦文省
党组成员　丁其国　石德立

县政府教育督导室

主　任　空缺
副主任　石德立

县职教办

主　任　苑继峰

郓城一中

校　长　李春生
党总支书记　吕端方
党总支副书记　侯昌灵
副校长　徐德雨　李文喜
纪检书记　石孟池
工会主席　侯福昌

县实验中学

党支部书记　刘相生
校　长　于加月

副校长　杨华山　王敏爽
纪检书记　李继合

县高级中学

校长、党支部书记　唐衍兵
副校长　李学进　马传洪

县教师进修学校

党支部书记　丁其国
校　长　谢　斌
副校长　李宏伟　杨学祥

菏泽学院郓城分校区

党委书记　赵庆华
校　长　张进标
副校长　张景玉
党委副书记　董恩峰
副校长　姚元峰
纪检委员　张代清

县科学技术局

局长、党组书记　杨际民
副局长、党组成员　徐龙民　王建民
党组成员　尹义栋
副局长　王　丹（女）

县地震局

局　长　尹义栋
副局长　陈洪建

县公安局

局长、党委书记　李合力（6 月离职）
刘景胜（6 月任职）
政委、党委副书记　庞少杰
党委副书记　程　骧（5 月任职）
副局长　程　骧（5 月离职）
陆仁杰（5 月离职）　张　华
张永斌（5 月任职）
纪委书记　张永斌（5 月离职）
夏祥意（5 月任职）
党委委员　陆仁杰　王奎益　张　华
张永斌　夏祥意
宋义国（12 月任职）

县交警大队

大队长　赵西敏（7 月任职）
副大队长　赵西敏（7 月离职）
孙洪民　梁乃友（4 月任职）

县民政局

局长、党组书记　张运朝
副局长、党组成员　刘洪生
副局长　宋雪丽（女）
党组成员　李庆利（12 月离职）
张广秀（12 月任职）　朱道斌

县司法局

局　长　李伯林（12 月离职）
郑汝森（12 月任职）
党组书记　李伯林
党组副书记　郑汝森（12 月任职）
副局长、党组成员　田瑞华
副局长　侯庆海
党组成员　李怀书　李宪立

县普法办公室

主　任（空缺）
副主任　孟桂云（女，9月离职）　徐　煜

县财政局

党组书记　孙兆同
局　长　孙兆同（12月离职）
　　戚元贵（12月任职）
党组副书记　戚元贵（12月任职）
副局长、党组副书记
　　李景诗（12月离职）　张锋
党组成员　郭洪岩　侯宪强（12月离职）
　　王英轩（12月任职）
　　郭保华（4月任职）

县人力资源和社会保障局

局　长　石学森（12月离职）
　　李　强（12月任职）
党组书记　石学森
党组副书记
　　李　强（12月任职）
　　李洪举（11月病逝）
副局长、党组副书记　程和平
副局长、党组成员　马凡胜
党组成员　王启尚　樊新鼎

县技工学校

党支部书记　李　强
校　长　樊新鼎
副校长　王存良（12月任职）

县住房和城乡建设局

局长、党组书记　智建国
党组副书记　王兴玉（4月离职）
副局长、党组副书记　胡存景（4月离职副局长，4月任职党组副书记，12月离职）
副局长、党组成员　李存明（4月任职）
党组成员　李安民　韩海臣
　　王贵顺（12月任职）
　　田献镯　韩承岩

县人防办

主　任　侯晓英（女，9月任职）

县市场监督管理局

局　长　陈鹤龄（12月离职）
　　袁良臣（12月任职）
党组书记　陈鹤龄
党组副书记　袁良臣（12月任职）
副局长、党组副书记　李　辉（女）
副局长、党组成员
　　李洪杰　鹿兰玺　刘国庆　陈光辉
　　郭国建（12月离职）　王占吉
党组成员　郭　勇　李振涛　柏立成

县林业局

局长、党组书记　王学让
副局长、党组成员
　　郭守胜　蒋海申
党组成员　程瑞友　马宪斌

县农业局

局长、党组书记　孙万文

副局长、党组成员
朱文响　常圣奇
时志荣（女，3月离职）
党组成员　董成江　任宪存（4月离职）
陶祥勋（12月任职）　魏玉峰
樊兆伟

县综合行政执法局

局长、党组书记　张洪献（12月任职）

县交通运输局

局　长　朱道玉（12月离职）
李玉增（12月任职）
党组书记　朱道玉
党组副书记　李玉增（12月任职）
副局长、党组成员　宋剑峰
副局长　赵圣谦
党组成员　吕宗珍

县水务局

局长、党组书记　丁晓生
副局长、党组成员
杨　禛　韩　敏

县文化体育局

局长、党组书记　周国栋
党组副书记　黄　波
副局长、党组成员
仝　献　万秀莲（女）
党组成员　刘运伟（12月离职）
王思敬（9月离职）

县卫生和计划生育局

局长、党组书记
侯殿修（12月离职）
罗永增（12月任职）
党组副书记　郭广占
副局长、党组成员
樊兆国　王　慧（女）　王好礼
鹿兰全
党组成员　张文运　郭良伟
刘腾川（12月离职）
李庆利（12月任职）
张素婷（女）　刘　军

县红十字会

会　长　张　平
常务副会长
侯殿修（12月离职）
罗永增（12月任职）
副会长（秘书长）　刘　军

县卫生计生综合监督执法局

局　长　张文运

县计划生育协会

会　长　褚景云（女）
常务副会长　郭广占
副会长　张素婷（女）　仪登秀

县疾控中心

主　任　李养涛（4月任职）
副主任　崔太昌　贺国强

县妇幼保健计生服务中心

主　任　房殿海（4 月任职）

县人民医院

党总支书记
　　刘腾川（12 月离职）
　　李庆利（12 月任职）
院　长　刘腾川（12 月离职）
　　黄福利（12 月任职）
党总支副书记　杨承居
副院长　黄福利（12 月离职）　吴卫华

县中医医院

院长、党总支书记　郭良伟
副院长　王金桥
纪检书记　倪化勇

县审计局

局长、党组书记　王　彦（女，12 月任职）
副局长、党组成员
　　王英轩（12 月离职）　郝忠华
党组成员　戴长民

县环境保护局

局　长　刁兆存
副局长　赵承谦　何云峰

县统计局

局长、党组书记
　　边学英（12 月离职）
　　李金亮（12 月任职）
副局长、党组成员　单文建
副局长　徐　婧

县广播电视台

台长、党组书记　刘运伟
副台长、党组成员
　　侯宪瑞　何岱骏

县畜牧兽医局

局长、党组书记　樊兆伟
党组副书记　徐宝银
副局长、党组成员
　　侯士钦　邢仁增　孙　鹏

县工业公司

经　理　刘汉升（12 月离职）
副经理　梁东升（9 月任职）

县二轻公司

经　理　于全印
副经理　刘建华

县物资总公司

经　理　史作民（4 月任职）

县商业总公司

经理、党组书记　徐长蔚
副经理、党组成员　管红印

县水产局

局　长　任宪存（4月离职）
　　　　陶祥勋（12月任职）
副局长　李四清

县老龄工作委员会办公室

主　任　李吉新（4月离职）
　　　　任宪存（4月任职，12月离职）
　　　　张洪勋（12月任职）
副主任　刘　月（12月任职）
　　　　曹　帆（4月任职）

县供销合作社联合社

党组书记　王兴相
理事会主任　王兴相（12月离职）
党组成员、理事会副主任　江怀山
监事会副主任　张庆元（9月任职）

县外贸公司

经　理　付　冰

县规划局

局　长　李安民（12月离职）
　　　　曹运国（12月任职）
党组书记　李安民（12月离职）
党组副书记　王文涛（12月任职）
副局长、党组成员　王文涛（4月任职，12月离职党组成员）
　　　　李思华（9月任职）

县消防大队

大队长　王占国
教导员　谢吉国

县农业机械管理局

局　长　魏玉峰
副局长　姬生斌（3月任职）

县农业综合开发办公室

主　任　祝仰涛（12月离职）
　　　　王英轩（12月任职）
副主任　张云君

县房产管理局

局　长　韩海臣（12月离职）
　　　　王贵顺（12月任职）
党组书记　韩海臣
党组副书记　王贵顺（12月任职）
副局长、党组成员
　　　　张全现（4月离职）
　　　　崔俊峰（4月任职副局长）

县煤炭管理局

局长、党组书记
　　　　刘缵君（9月任职党组书记）
副局长、党组成员
　　　　王秀勇　王立新

县地方史志编纂委员会办公室

主　任　王志良

县旅游局

局　长　黄　波
副局长　张体锋

中央省市驻郓单位

县国土资源局

党组书记、局长　高传祥
副局长、党组成员
　　侯昌忠　宋宏彦
　　曹　宾（12月任职副局长）
党组成员、工会主席
　　赵自生（12月离职）
党组成员、纪检组长
　　曹　宾（12月离职）
　　倪化现（12月任职）
党组成员　杜　冰

县国税局

局长、党组书记　袁洪波
副局长、党组副书记　祝令志
副局长、党组成员
　　张兴国（5月离职）　魏敬鑫
　　刘建伟（9月离职）　曹明军
纪检组长、党组成员　周继臣

县地税局

局长、党组书记　樊庆芳（女）
副局长、党组副书记　唐继常
副局长、党组成员
　　陈建民　吴迎军
党组成员　孟凡钊

中国邮政集团公司山东省郓城县分公司

总经理　张德彦
副总经理　杨洪波　张海英（女）

县气象局

局　长　樊景豪
副局长　李锦华（女）
气象台长　宋先居

县公路管理局

党总支书记、局长　牛红彦
党总支副书记、纪检书记　张云杰
副局长　窦守连　潘永存　蔺广民　赵　山
工会主席　陈庆江

县黄河河务局

局　长　郑付生（5月离职）
副局长　张曙光（5月任职，主持工作）
副局长　常建华　杜汉军
纪检组长　王庆林
工会主席　王修果
总工程师　苏汉民

县供电公司

总经理　康广相（3月离职）
　　王　磊（3月任职）
党委书记　孟凡谦（3月离职）
　　刘保华（3月任职）
党委副书记
　　王　磊（3月任职）
　　王志国（7月任职）
副总经理　刘保华（3月任职）

王志国（7月任职）
副总经理、党委委员
何万江（7月离职）
赵广轩　谢　允
副总经理　田克强（7月任职）
纪委书记、工会主席、党委委员　杨少华

县盐务局（公司）

局长（经理）、党支部书记　张成振
副局长（副经理）、党组成员　赵　峰
副局长　赵先众（9月任职）

中国移动郓城分公司

总经理　仝英豪
副总经理　孟永红　耿瑞峰

中国电信郓城分公司

总经理　李新帅
副总经理　孙自强　刘　博

中国联通郓城县分公司

总经理　王万里
副总经理　华　平（女）　苏巍伟
刘满江　李仁琰

县烟草专卖局

局长（经理）、党支部书记　奚文献
副经理　郭　健
副局长　王春雷　刘声磊

山东新华书店郓城分公司

经理、党支部书记　陈敬东
党支部副书记　江丽辉
副经理　江丽辉　宋守岭

中石化郓城公司

经　理　赵本聚（8月内退）
副经理　孙广泉

中国人民银行郓城县支行

行　长　陈桂莲（女）
副行长　王秀美（女）　王汉桥
纪检组长　李永生

郓城农村商业银行

董事长、党委书记　尹利广
党委副书记　韩修良
行　长　李传良
纪委书记　汪　磊（女）
监事长　刘鸿鹏
副行长　刘尊涛　王双庆

中国工商银行股份有限公司郓城支行

行　长　王敬福
副行长　朱文坛　路玉忠　马玉鲁　马海峰

中国建设银行有限公司郓城支行

行　长　孟祥涛
副行长　郑　国　吴志伟
左继帅（12月任职）

中国农业银行股份有限公司郓城县支行

行长、党委书记
李瑞振（1月离职）

邓　魁（1月任职）
副行长　马先平（11月离职）　符长宏
乔明华（11月任职）　李向国

中国银行股份有限公司郓城支行

行　长　张卫宏（10月离职）
曹运动（10月任职）
副行长　鲍教忠　李明

中国农业发展银行郓城县支行

行　长　郭留宪（2月离职）
王向华（2月任职，5月离职）
王东方（5月任职）
副行长　胡玉涛　毛　凯

中国邮政储蓄银行郓城县支行

行　长　刘天舒
副行长　赵　军（6月离职）
张永胜（6月任职）
李东军（6月任职）

莱商银行股份有限公司菏泽郓城支行

行　长　鹿新保

济宁银行股份有限公司菏泽郓城支行

行　长　党宇光（4月任职）
副行长　党宇光（4月离职）

中国人民财产保险股份有限公司郓城支公司

经　理　徐德玉（7月离职）
蒋建军（7月任职）
副经理　赵凤生　薛卫河
蒋建军（7月离职）

中国人寿保险股份有限公司郓城县支公司

经　理　王艳丽
副经理　薛长江　蒋业源　朱凤华

开发区、乡镇、街道

县经济技术开发区

党工委书记　鲁仪庆
党工委副书记　王贵顺（4月任职,12月离职）
党工委委员
王　璐（4月任职）
宋有贵（4月任职）
陈　省（9月任职）
刘　晃（4月离职）
人大工委主任　张宗瑞（9月任职）
管委会主任　鲁仪庆
管委会副主任　王　璐（4月任职）
财税局局长　郭洪岩（4月任职）
规划建设局局长　韩承岩（4月任职）
综合服务中心主任　张全现（4月任职）
社会事务管理局局长　刘　晃（9月任职）
经济发展局局长　张建勋（9月任职）
党政办公室副主任　董贯生（4月任职）

郓州街道

党工委书记　王奎益
党工委副书记
郭　磊（12月离职）
郑发奎（12月任职）
张宗瑞（9月离职）
李　楠（12月任职）
纪委书记　黄修斌（12月离职）
仝西彪（12月任职）

党工委委员
黄修斌（12 月离职）
李　楠（12 月离职）
李向华（12 月任职）
张同祥（12 月任职）
何　震（12 月任职）
人大常委会郓州街道工作委员会主任　徐文涛
办事处主任　郭　磊（12 月离职）
郑发奎（12 月任职）
办事处副主任
李　楠（12 月离职）　李　博
初明玉（女）
杨彦彦（女，12 月任职）
政协办主任　徐文涛

唐塔街道

党工委书记　王永合（12 月离职）
吴庆文（12 月任职）
党工委副书记
吴庆文（12 月离职）
郑发奎（12 月离职）
仲崇勋（12 月任职）
吴复贵（12 月任职）
纪委书记　杨秀娟（女）
党工委委员　张　沛（12 月离职）　单文占
郭国强（12 月任职）
人大常委会唐塔街道工作委员会主任
韩桂英（女）
办事处主任
吴庆文（12 月离职）
仲崇勋（12 月任职）
办事处副主任
单文占　郑爱花（女，12 月离职）
谭秋磊（12 月任职）
政协办主任　杨际保

黄安镇

党委书记　仝金安（4 月离职）
闫新华（4 月任职）
党委副书记
张振声（12 月离职）
禚来涛（12 月任职）
曹明新（12 月任职）
纪检书记　谷庆梅（女，12 月离职）
张玉凤（女，12 月任职）
党委委员　孟令涛（12 月离职）
王体祥（12 月任职）
孙润华（12 月任职）
孔凡强（12 月离职）
杨　洁（女，12 月任职）
董　非（12 月任职）
孙富强（12 月离职）
高贤勇（12 月任职）
袁继友（12 月任职）
人大常委会主席　杨文杰
镇　长　张振声（12 月离职）
禚来涛（12 月任职）
副镇长　孟令涛（12 月离职）
邢海涛（12 月离职）
王体祥（12 月任职）　房爱民
展湖滨（12 月任职）
戚雪华（女，12 月任职）

双桥镇

党委书记　丁永华（12 月离职）
张振声（12 月任职）
党委副书记
张冠英（4 月任职，12 月离职）
钱爱增（12 月任职）
李养涛（4 月离职）
吕继钦（12 月任职）

纪委书记 徐龙山（12月离职）
陈 静（女，12月任职）
党委委员 刘静芳（女，12月离职）
刘自刚（12月离职）
侯全海（12月离职）
崔继刚 任兰景（12月任职）
崔爱华（女，12月任职）
魏俊英（女，12月任职）
人大常委会主席 赵兰征（12月离职）
徐龙山（12月任职）
镇 长 张冠英（4月任职，12月离职）
钱爱增（12月任职）
副镇长 刘静芳（女，12月离职）
崔继刚（12月任职）
刘自刚（12月离职）
许兰豪（4月离职）
王慕景（12月离职）
王 韧（12月任职）
陶文博（12月任职）

张鲁集乡

党委书记 罗永增（12月离职）
黄启龙（12月任职）
党委副书记
韩福华（女，4月离职）
刘洪玺（4月离职）
李桂莲（女，12月任职）
高 琦（12月任职）
纪委书记 李思章（12月离职）
杨爱菊（女，12月任职）
党委委员 汤占胜（12月离职）
吴延民（12月离职）
魏新军 刁望伟（12月任职）
卜美玲（女，12月任职）
李建军（12月任职）
人大常委会主席 刘干领
乡 长 韩福华（女，4月离职）
李桂莲（女，12月任职）
副乡长 李桂莲（女，12月离职）
魏新军（12月任职）
于海波（12月离职） 樊金闪
王书田（12月任职）

张营镇

党委书记 黄守江（12月离职）
赵敬来（12月任职）
党委副书记 赵敬来（4月任职，12月离职）
王洪涛（12月任职）
张 沛（12月任职）
纪委书记 任翠玲（女，12月离职）
孟 璇（女，12月任职）
党委委员 韩要强（12月离职）
刘灿星（12月离职）
陆仁钦（12月离职）
李 建（12月离职）
杨玉秋（12月任职）
韩宗良（12月任职）
王凤霞（女，12月任职）
王 洋（12月任职）
人大常委会主席 赵敬来（4月离职）
李 建（12月任职）
镇 长 赵敬来（4月任职，12月离职）
王洪涛（12月任职）
副镇长 韩宗良（12月任职）
韩要强（12月离职）
王海鹰（女，12月离职）
侯全增（12月任职）
袁良军（12月任职）
吴荔荔（女，12月任职）

黄集乡

党委书记 何广峰

党委副书记

刘　钊　刑亚洲（12 月任职）

纪委书记　徐　芹（女，12 月离职）

王胜响（12 月任职）

党委委员　秦廷臣（12 月离职）

曹明新（12 月离职）

魏存良（12 月离职）

刘丙华（12 月任职）

韩香平（女，12 月任职）

李志昊（12 月任职）

刘　洁（女，12 月任职）

人大常委会主席　黄守东（12 月离职）

徐　芹（女，12 月任职）

乡　长　刘　钊

副乡长　秦廷臣（12 月离职）

常化文（12 月离职）

王斯博（12 月离职）

刘丙华（12 月任职）

孙清松（12 月任职）

于秀霞（女，12 月任职）

丁里长镇

党委书记　鲁仪庆（4 月离职）

徐龙杰（4 月任职）

党委副书记

杨保现（4 月离职）　梁乃卿

徐淑华（12 月任职）

纪委书记　高永涛（12 月离职）

侯全海（12 月任职）

党委委员　梁文杰（12 月离职）

闫英杰（12 月离职）

陈海森　丁仰杰

高　青（女，12 月任职）

范经元（12 月任职）

人大常委会主席　李兴格（12 月离职）

李崇毓（12 月任职）

镇　长　杨保现（4 月离职）

梁乃卿（4 月任职）

副镇长　梁文杰（12 月离职）

郑卫东（12 月离职）

晁翠平（女，12 月离职）

陈海森（12 月任职）

任汝尊（12 月任职）

杨爱松（女，12 月任职）

李　聪（女，12 月任职）

武安镇

党委书记　孙　英（2 月离职）

梅清汉（8 月任职）

党委副书记

梅清汉（8 月离职）

田　朋（12 月任职）

范　铭（12 月任职）

纪委书记　周长峰（12 月离职）

高玉坤（12 月任职）

党委委员　范　铭（12 月离职）

何兆军（12 月离职）

张玉凤（女，12 月离职）

于加锋（12 月离职）

郭良存（12 月任职）

焦圣宏（12 月任职）

黎　烨（女，12 月任职）

樊庆元（12 月任职）

人大常委会主席　何兆军（12 月任职）

镇　长　梅清汉（8 月离职）

田　朋（12 月任职）

副镇长　何兆军（12 月离职）

吴仁奎（12 月离职）

马传诗（12 月离职）

郭良存（12 月任职）

王自新（12 月任职）

王珊珊（女，12 月任职）

王　振（12 月任职）

水堡乡

党委书记　郭守忠（12月离职）
　　　　　刁晓伟（12月任职）
党委副书记
　　　　　马洪臣（12月离职）
　　　　　焦广让（12月任职）
　　　　　段作伟（3月离职）
　　　　　闫英杰（12月任职）
纪委书记　牛传举（12月离职）
　　　　　刘瑞朝（12月任职）
党委委员　高传锡（12月离职）
　　　　　刘爱国（12月任职）
　　　　　葛仲友（12月任职）
　　　　　王鹏生（12月任职）
人大常委会主席　宋新宽
乡　长　马洪臣（12月离职）
　　　　焦广让（12月任职）
副乡长　高传锡（12月离职）
　　　　刘爱国（12月任职）
　　　　王　韧（12月离职）　张仲良
　　　　杨丛丛（女，12月任职）

李集镇

党委书记　李宗玉（4月离职）
　　　　　杨保现（4月任职）
党委副书记
　　　　　张　建　丁梦星（女，12月任职）
纪委书记　王　琳（女，12月离职）
　　　　　王全修（12月任职）
党委委员　王全修（12月任职）
　　　　　何万斌　刘丙芹
　　　　　樊兆仲（12月离职）
　　　　　张同国（12月离职）
　　　　　仝华凯（12月任职）
　　　　　严祥荣（12月任职）
人大常委会主席　曹修亮
镇　长　张　建
副镇长　樊兆仲（12月离职）
　　　　程　伟（12月离职）
　　　　杨敏华（女，12月离职）
　　　　刘丙芹（12月任职）
　　　　陈保星（12月任职）
　　　　狄文秀（女，12月任职）

玉皇庙镇

党委书记　王昌涛（12月离职）
　　　　　房灵锋（12月任职）
党委副书记
　　　　　张冠英（4月离职）
　　　　　禚来涛（12月离职）
　　　　　冯　涛（4月任职）
　　　　　赵　敏（女，12月任职）
纪检书记　张　婧（女，12月任职）
党委委员　赵　敏（女，12月离职）
　　　　　徐淑华（12月离职）
　　　　　刘洪海（12月离职）
　　　　　李爱国　亓海超（12月任职）
　　　　　夏登尚（12月任职）
　　　　　张　婧（女，12月任职）
　　　　　赵灵勇（12月任职）
人大常委会主席　刘考启
镇　长　张冠英（4月离职）
　　　　冯　涛（4月任职）
副镇长　刘洪海（12月离职）
　　　　周生桥（12月离职）
　　　　高玉坤（12月离职）
　　　　李爱国（12月任职）
　　　　程　伟（12月任职）
　　　　朱广献（12月任职）
　　　　艾晓春（女，12月任职）

潘渡镇

党委书记 高素娟（女，12 月离职）
王昌涛（12 月任职）
党委副书记
房灵锋（12 月离职）
王均佩（4 月离职）
王广雷（4 月任职）
高永涛（12 月任职）
纪委书记 贾文领（12 月离职）
梁文杰（12 月任职）
党委委员 侯文慧（12 月离职）
楚瑞春（女，12 月离职）
仝西彪（12 月离职）
高兴利（12 月任职）
袁树军（12 月任职）
吕巧玲（女）
刘丙存（12 月任职）
人大常委会主席 智长青（12 月任职）
镇　长 房灵锋（12 月离职）
王广雷（12 月任职）
副镇长 吕巧玲（女，12 月离职） 刘丙存
伊鸿飞（12 月离职）
丛炳涛（12 月任职）
樊艳丽（女，12 月任职）
武淑灵（女，12 月任职）

杨庄集镇

党委书记 王　彦（女，12 月离职）
梁海印（12 月任职）
党委副书记
梁海印（12 月离职）
刘灿星（12 月任职）
颜丙青（12 月任职）
纪委书记 吴延民（12 月任职）
党委委员 唐　旭（12 月离职）
刘　健（女，12 月离职）
吴复贵（12 月离职）
柴新芹（12 月离职）
苑仁轩（12 月离职）
曹正军（12 月任职）
彭亚丽（女，12 月任职）
李　锋（12 月任职）
巩建军（12 月任职）
人大常委会主席 闫理雪（12 月离职）
柴新芹（12 月任职）
镇　长 梁海印（12 月离职）
刘灿星（12 月任职）
副镇长 唐　旭（12 月离职）
张存金（12 月离职）
曹正军（12 月任职）
王丹青（12 月任职）
张　浩（12 月任职）
付　森（女）

黄泥冈镇

党委书记 孙晓晨
党委副书记
李逢官（12 月离职）
苏亚楠（女，12 月任职）
李遵仓（12 月任职）
纪委书记 王观稳（4 月离职）
唐　旭（12 月任职）
党委委员 薛广杰（12 月离职）
侯仰栋（12 月离职）
王观稳（4 月离职）
刘　强（12 月离职）
李尊仓（12 月离职）
刘显存（12 月任职）
侯文慧（12 月任职）
李锦绣（女，12 月任职）
张世峰（12 月任职）
人大常委会主席 薛广杰（12 月任职）

镇　长　李逢官（12月离职）
苏亚楠（女，12月任职）
副镇长　薛广杰（12月离职）
刘显存（12月任职）　姬长兵
张卫平（12月离职）
曹颖华（12月任职）
张　俊（女，12月任职）

陈坡乡

党委书记　徐龙杰（4月离职）
韩福华（女，4月任职，12月离职）
李逢官（12月任职）
党委副书记
张卫国　王　琳（女，12月任职）
纪委书记　任宪国（12月离职）
孙富强（12月任职）
党委委员　王贵民（12月离职）
丁梦星（女，12月离职）
杨海娇　陈芙芝（女，12月任职）
樊庆龙（12月任职）
王兴兵（12月任职）
人大常委会主席　仝瑞亮
乡　长　张卫国（4月任职）
副乡长　丁梦星（女，12月离职）
樊庆龙（12月任职）
李　凡（12月离职）　刘　合
梁尔非（12月任职）

侯咽集镇

党委书记　李玉增（12月离职）
葛广勋（12月任职）
党委副书记
葛广勋（12月离职）
臧守华（12月任职）
徐龙念（12月任职）
纪委书记　倪化现（12月离职）
司凤丽（女，12月任职）
党委委员　王全修（12月离职）
朱仰慧（女，12月离职）
李启龙（12月离职）
李洪雷（12月离职）
孔令奇（12月任职）
司凤丽（女，12月任职）
高秋红（女，12月任职）
秦菁华（女，12月任职）
韩景生（12月任职）
人大常委会主席　渠述源
镇　长　葛广勋（12月离职）
臧守华（12月任职）
副镇长　朱仰慧（女，12月离职）
徐龙念（12月离职）
高　琦（12月离职）
孔令奇（12月任职）
常　山（12月任职）
马　奔（12月任职）

随官屯镇

党委书记　曹建文（12月离职）
黄守江（12月任职）
党委副书记
李　军　徐龙坡（12月任职）
纪委书记　刘贵峰（12月离职）
朱继全（12月任职）
党委委员　李凤霞（女，12月离职）
徐龙坡（12月离职）
赵　远　郭建坤（12月任职）
王贵菊（女，12月任职）
孟庆彬（12月任职）
张　昊（12月任职）
刘珊珊（女，12月任职）
人大常委会主席　姬广增（9月离职）
刘贵峰（12月任职）
镇　长　李　军

副镇长　李凤霞（女，12 月离职）
祝仰全（12 月离职）
赵　远（12 月任职）　闫乃菁（女）
李天华（12 月任职）
曹学哲（12 月任职）

南赵楼镇

党委书记　王昌谦（12 月离职）
郭守忠（12 月任职）
党委副书记
王贵顺（4 月离职）
王均佩（4 月任职）
高浩轩（12 月任职）
纪委书记　商自稳（12 月离职）
段玉照（12 月任职）
党委委员　王兆西（12 月离职）
王洪涛（12 月离职）
陈进才（12 月离职）
段玉照（12 月任职）
郛长英（12 月任职）
李晓伟（12 月任职）
徐爱荣（女，12 月任职）
侯伟玲（女，12 月任职）
人大常委会主席　王衍东（4 月离职）
商自稳（12 月任职）
镇　长　王贵顺（4 月离职）
王均佩（4 月任职）
副镇长　梁乃峰（12 月离职）
张全校（12 月离职）
王兆西（12 月离职）
郛长英（12 月任职）
赵银厚（12 月任职）
李　圆（女，12 月任职）

程屯镇

党委书记　戴步勇
党委副书记
刁晓伟（12 月离职）
王斯博（12 月任职）
伊鸿飞（12 月任职）
纪委书记　魏敬富（12 月离职）
肖　涵（12 月任职）
党委委员　臧守华（12 月离职）
冯兴云（女，12 月离职）
董贯生（4 月离职）
韩月圣（12 月任职）
马凤翠（女，12 月任职）
李统国（12 月任职）
颜世林（12 月任职）
人大常委会主席　宋明欣
镇　长　刁晓伟（12 月离职）
王斯博（12 月任职）
副镇长　李统国　司凤丽（女，12 月离职）
仝华凯（12 月离职）
崔岳娇（女）　李子逸（12 月任职）

唐庙镇

党委书记　郑巧玲（女，12 月离职）
韩福华（女，12 月任职）
党委副书记
徐福友　孟令涛（12 月任职）
纪委书记　李兆友（12 月任职）
党委委员　王体祥（12 月离职）
窦玉海（12 月离职）
魏俊英（女，12 月离职）
何建国（12 月离职）
马海潮（12 月任职）
赵静静（女，12 月任职）
田灌青（女，12 月任职）
张立科（12 月任职）
人大常委会主席　窦守年
镇　长　徐福友
副镇长　王体祥（12 月离职）

马海潮（12月任职） 刘性东
刘丹丹（女，12月任职）

郭屯镇

党委书记 王志浩
党委副书记
黄启龙（12月离职）
李崇毓（12月离职）
郭国建（12月任职）
韩要强（12月任职）
纪委书记 边道坤（3月离职）
张同国（12月任职）
党委委员 赵桂婷（女，12月离职）
李新闻（12月离职）
朱继全（12月离职）
田　朋（12月离职）
宋爱梅（女，12月任职）
李　辉（12月任职）
杨　凯（12月任职）
陆仁钦（12月任职）
人大常委会主席 王奉周（12月离职）
郑卫东（12月任职）
镇　长 黄启龙（12月离职）
郭国建（12月任职）
副镇长 田　朋（12月离职）
王瑞华（12月离职） 杨　凯
王　莹（女，12月任职）
杨玉芹（女，12月任职）

（章鹏　孟翔华）

政党政务

全县科学发展现场观摩会议

政党政务

中国共产党郓城县委员会

综述

【县委全体会议】 *县委十三届第九次会议。*1月11日，中国共产党郓城县第十三届委员会第九次全体会议在县政府招待所西三楼会议室召开。出席会议的有，县委委员33人，候补委员8人。县纪委常委和有关方面负责人列席会议。全委会由县委常委会主持。全委会听取和审议县委书记刘文林代表县委常委会所作的工作报告，对当前和今后一个时期的工作进行安排部署。

*县委十三届第十次会议。*8月2日，中国共产党郓城县第十三届委员会第十次全体会议在县会议中心召开。出席会议的有，县委委员34人，候补委员8人。县纪委常委和有关方面负责人列席会议。全委会由县委常委会主持。全委会听取和审议县委书记刘文林代表县委常委会所作的工作报告。

【县委常委会议】 1月6日，县委常委会议在第二会议室召开。会议学习市委书记孙爱军参加郓城县委常委班子“三严三实”专题民主生活会上的讲话精神；传达全市经济工作会议精神；听取县政协汇报市委政协工作会议精神；安排当前有关工作。县委书记刘文林主持会议，县委副书记、县长谷永强，县人大第一副主任王广岱，县政协主席徐淑珍，县委副书记吴振和县委常委等出席会议。

1月9日，县委常委会议在第二会议室召开。县人大汇报郓城县第十七届七次人代会筹备情况及全市县乡人大工作座谈会精神，县政协汇报郓城县第十三届五次政协会筹备情况，县委常委、常务副县长孙迁国汇报郓城县PPP项目推介会筹备情况，县委办公室汇报县委第十三届九次全体会议筹备情况；讨论《郓城县国民经济和社会发展第十三个五年规划建议》。县委书记刘文林主持会议，县委副书记、县长谷永强，县人大第一副主任王广岱，县政协主席徐淑珍，县委副书记吴振和县委常委等出席会议。

3月24日，县委常委会议在第二会议室召开。会议传达贯彻全市精准扶贫现场会议精神，研究全县扶贫工作；刘文林安排当前有关工作；讨论有关人事事宜。县委书记刘文林主持会议，县委副书记、县长谷永强，县人大主任王广岱，县委副书记吴振和县委常委等出席会议。

4月25日，县委常委会议在第二会议室召开。会议传达全市“两学一做”学习教育座谈会会议精神，研究全县“两学一做”学习教育实施方案和下步工作。县委书记刘文林主持会议，县委副书记、县长谷永强，县人大主任王广岱，县委副书记吴振和县委常委等出席会议。

6月6日，县委常委会议在十楼西会议室召开。县纪委汇报第二轮内设机构改革。县委副书记、县长谷永强主持会议，县人大主任王广岱，县委副书记吴振和县委常委等出席会议。

6月26日，县委常委会议在十楼西会议室召开。县纪委通报刘国生严重违纪违法案件情况，并作警示教育报告；谷永强作重要讲话。县委副书记、县长谷永强，县人大主任王广岱，县委副书记吴振和县委常委等出席会议。

7月22日，县委常委会议在十楼西会议室召开。县扶贫办汇报全省统筹整合使用财政涉农资金助推脱贫攻坚工作会议精神；县财政局汇报全县涉农资金整合使用情况；刘文林传达省委副书记龚正在全省统筹整合使用财政涉农资金助推脱贫攻坚工作会议上的讲话；县安监局汇报18日召开的全省遏制重大事故电视电话会议精神，20日召开的全国安全生产电视电话会议、省市汛期安全生产工作电视电话会议精神和全县安全生产工作。县委书记刘文林主持会议并讲话，县委副书记、县长谷永强，县委副书记吴振和县委常委等出席会议。

7月31日，县委常委会议在十楼西会议室召开。会议听取各位县委常委分管工作汇报；听取县政府经济工作汇报；听取县人大党组、县政协党组工作汇报；县委办公室汇报县委十三届十次全体会议筹备情况。县委书记刘文林主持会议并讲话，县人大主任王广岱，县委副书记吴振和县委常委等出席会议。

8月11日，县委常委会议在十楼西会议室召开，县委宣传部汇报全市移风易俗工作会议精神；县委组织部汇报全市县乡领导班子换届工作会议精神；审议《郓城县2016年度科学发展综合考核办法（征求意见稿）》。县委书记刘文林主持会议并讲话，县人大主任王广岱，县委副书记吴振和县委常委等出席会议。

8月20日，县委常委会议在十楼西会议室召开，会议讨论有关人事事宜；传达全市“双联双创”活动推进会和“两学一做”学习教育工作推进会议精神；刘文林安排当前工作。县委书记刘文林主持会议并讲话，县人大主任王广岱，县委副书记吴振和县委常委等出席会议。

10月14日，县委常委会议在十楼西会议室召开。县委组织部部长王效忠汇报全市党校工作会议精神；县政府党组成员张平汇报全省城市违法建设治理行动电视动员会议精神；县委书记刘文林传达全市县区委书记会议精神。县委书记刘文林主持会议并讲话，县委副书记、县长谷永强，县人大主任王广岱，县委副书记吴振和县委常委等出席会议。

10月20日，县委常委会议在十楼西会议室召开，县委人大常委会党组汇报县乡人大换届选举工作事宜；县委统战部汇报全市工商联换届工作会议精神；县组织部汇报全县村（居）规模调整、街道社区区域化党建和发展壮大村级集体经济等工作意见；县信访局汇报全市信访维稳工作会议精神；县委书记刘文林安排迎接全市科学发展现场观摩准备工作。县委书记刘文林主持会议并讲话，县人大主任王广岱，县委副书记吴振和县委常委等出席会议。

10月22日，县委常委会议在十楼西会议室召开。市委组织部考察组传达中央和省、市委换届要求，县委书记刘文林主持会议并讲话，县委副书记、县长谷永强，县人大主任王广岱，县委副书记吴振和县委常委等出席会议。

10月29日，县委常委会议在十楼西会议室召开。会议集体学习《中国共产党第十八届中央委员会第六次全体会议公报》；县委书记刘文林传达全市科学发展现场观摩工作会议精神；常务副县长孙迁国汇报全市招商引资工作调度会议精神和全县科学发展现场观摩筹备情况；县委办公室主任董良峰传达学习省委第一巡视组关于对菏泽市巡视“回头看”情况的反馈意见。县委书记刘文林主持会议并讲话，县委副书记、县长谷永强，县人大主任王广岱，县委副书记吴振和县委常委等出席会议。

11月9日，县委常委会议在十楼西会议室召开。县委研究提出中共郓城县委员会全体（扩大）会议会议推荐参考名单。县委书记刘文林主持会议并讲话，县委副书记、县长谷永强，县委副书记吴振和县委常委等出席会议。

11月17日，县委常委会议在十楼西会议室召开，研究县级领导班子换届人选考察对象有关事宜。县委书记刘文林主持会议并讲话，县委副书记、县长谷永强，县人大主任王广岱，县委副书记吴振和县委常委等出席会议。

11月27日，县委常委会议在十楼西会议室召开，研究县级领导班子换届人选有关事宜。县委书记刘文林主持会议并讲话，县委副书记、县长谷永强，县人大主任王广岱，县委副书记吴振和县委常委等出席会议。

12月2日，县委常委会议在十楼西会议室召开。县委组织部汇报郓城县第十四次党代表大会筹备情况和郓州街道党委、唐塔街道党委改建党工委的有关事宜，县委书记刘文林主持会议并讲话，县人大主任王广岱，县委副书记吴振和县委常委等出席会议。

12月2日，县委常委会议在十楼西会议室召开，研究县级领导班子换届人选有关事宜。县委书记刘文林主持会议并讲话，县委副书记、县长谷永强，县人大主任王广岱，县委副书记吴振和县委常委等出席会议。

12月7日，县委常委会议在十楼西会议室召开，研究有关人事事宜。县委书记刘文林主持会议并讲话，县委副书记、县长谷永强，县人大主任王广岱，县委副书记吴振和县委常委等出席会议。

12月11日，县委常委会议在十楼西会议室召开，讨论部分领导干部调整人事事宜。县委书记刘文林主持会议并讲话，县委副书记、县长谷永强，县人大主任王广岱和县委常委等出席会议。

12月19日，县委常委会议在十楼西会议室召开。县扶贫办汇报2016年度扶贫开发工作成效考核及年终督查工作情况。县委书记刘文林主持会议并讲话，县委副书记、县长谷永强，县人大主任王广岱和县委常委等出席会议。

12月22日，县委常委会议在十楼西会议室召开。会议研究乡镇领导班子换届人事安排事宜；县委组织部汇报郓城出席菏泽市第十三次党代会候选人推荐人选建议名单。县委书记刘文林主持会议并讲话，县委副书记、县长谷永强，县人大主任王广岱和县委常委等出席会议。

12月25日，县委常委会议在十楼西会议室召开，研究有关人事事宜。县委书记刘文林主持会议并讲话，县委副书记、县长谷永强，县人大主任王广岱和县委常委等出席会议。

12月29日，县委常委会议在十楼西会议室召开。会议研究确定中共郓城县委第十四届县委委员、候补委员和纪委委员候选人预备人选建议名单；研究部分人事调整事宜；县委组织部汇报全市组织部长专题会议精神；县人大汇报郓城县人大十八届一次会议筹备情况；县政协汇报郓城县政协十四届一次会议筹备情况；审议《中共郓城县委关于深入学习贯彻党的十八届六中全会精神的意见》（讨论稿）。县委书记刘文林主持会议并讲话，县委副书记、县长谷永强，县人大主任王广岱，县委副书记孙迁国和县委常委等出席会议。

【全县重要会议】 全县科学发展考核总结暨经济工作会议。2月20日，全县科学发展考核总结暨经济工作会议在县政府招待所西三楼会议室召开。会议表彰2015年度全县科学发展综合考核先进单位、项目建设工作先进单位、金融系统服务郓城经济发展先进单位和功勋企业、优秀企业家，对2016年的经济工作进行安排部署。县委书记刘文林，县委副书记、县长谷永强出席会议并讲话，县委、县人大、县政府、县政协领导班子成员，各乡镇（街道）党委书记、乡镇长（办事处主任），县直各部门主要负责人、部分企业负责人出席会议。

全县新型城镇化工作会议。2月21日，全县新型城镇化工作会议在县政府招待所西三楼会议室召开。郓州街道、唐塔街道、黄安镇、随官屯镇、丁里长镇、杨庄集镇作典型发言，会议研究部署当前和今后一个时期新型城镇化工作。县委书记刘文林出席会议并讲话，县委、县人大、县政府、县政协领导班子成员，各乡镇（街道）党委书记，郓州街道、唐塔街道、黄安镇、随官屯镇、丁里长镇、杨庄集镇乡镇长（办事处主任），县直部门主要负责人出席会议。

全县电子商务暨返乡创业工作会议。2月25日，全县电子商务暨返乡创业工作会议在县政府招待所西三楼会议室召开。会议表彰2015年度全县电子商务和返乡创业工作先进集体、先进个人，部分获奖代表作典型发言。会议就当前和今后一个时期的电子商务、返乡创业工作进行安排部署。县委书记刘文林，县委副书记、县长谷永强，县委常委、常务副县长孙迁国，县政府副县长王明华出席会议并讲话，县委、县人大、县政府、县政协领导班子成员，各乡镇（街道）党委书记、乡镇长（办事处主任）、分管副乡镇长（办事处副主任）、人社所长，县直部门主要负责人，部分企业界党代表、人大代表、政协委员参加会议。

全县扶贫开发工作会议。3月2日，全县扶贫开发工作会议在县政府招待所西三楼会议室召开。会议深入贯彻落实省、市扶贫开发工作会议精神，要求全县把工作重心倾斜到精准扶贫、脱贫攻坚上，如期完成脱贫任务。县委书记刘文林主持会议并讲话，县委、县人大、县政府、县政协领导班子成员，各乡镇（街道）党委书记、乡镇长（办事处主任）、县直部门主要负责人，省、市选派第一书记，省、市、县人大代表和政协委员中的部分企业家出席会议。

全县党务工作会议。3月22日，全县党务工作会议在县政府招待所西三楼会议室召开。会议回顾总结2015年全县党务工作，对2016年的工作任务进行安排部署。县委书记刘文林出席会议并讲话，县委、县人大、县政府、县政协领导班子成员，各乡镇（街道）党委书记、副书记、宣传委员、组织委员、统战委员、分管综合治理工作的领导、党委办主任，县直各部门单位主要负责人、人事政工科（股）长出席会议，县委副书记吴振主持会议。

全县科学发展现场观摩工作会议。4月14日，全县科学发展现场观摩工作会议在县会议中心召开。会议学习先进、交流工作，全面检阅各级各部门2016年以来科学发展的成果，争创一流。县委书记刘文林主持会议并讲话，县委、县人大、县政府、县政协领导班子成员，各乡镇（街道）党委书记、乡镇长（办事处主任）、县直部门主要负责人出席会议。

全县武装工作会议。4月26日，全县武装工作会议在郓州大厦西二楼视频会议室召开。会议宣读2015年度市县两级表彰的先进单位和个人的通报，回顾总结了2015年民兵预备役工作，安排部署2016年的民兵预备役工作任务。县委书记刘文林、县人武部部长赵明宝出席会议并讲话，各乡镇（街道）党委书记，县直机关党委书记，县直有关部门主要负责人，全县专武干部出席会议，会议由县委常委、常务副县长孙迁国主持。

全县乡村文明行动移风易俗工作推进会议。8月12日，全县乡村文明行动移风易俗工作推进会议在县会议中心召开。会议动员全县各级各部门和广大党员干部加压奋进，全面开创移风易俗工作新局面。县委书记刘文林、县委副书记吴振出席会议并讲话，各乡镇（街道）党委书记，县直各部门单位主要负责人出席会议，会议由县委常委、宣传部长王秀忠主持。

“走在全市前列、全面争创一流”工作推进大会。8月24日，郓城县“走在全市前列、全面争创一流”工作推进大会在县会议中心召开。县委书记刘文林主持会议并讲话，县委、县人大、县政府、县政协领导班子成员，各乡镇（街道）党委书记、乡镇长（办事处主任）、县直部门主要负责人出席会议。

生态郓城建设工作会议。9月19日，生态郓城建设工作会议在郓州大厦西二楼视频会议室召开。会议深入贯彻落实生态菏泽建设工作电视电话会议精神，会议要求全县各级各部门要进一步强化责任、勇于担当，不断强化全县生态建设工作，认真做好中央环保督察迎查准备，全力开创郓城生态建设新局面。县委书记刘文林，县委副书记、县长谷永强出席会议并讲话，分管环保、住建、农业的副县长，各乡镇（街道）党委书记、乡镇长（办事处主任），县开发区党工委书记，县住建局、县环保局、县城管局领导班子全体成员，县直有关部门主要负责人，县属重点企业法人代表出席会议。

全县科学发展现场观摩会议。11月12日，全县科学发展现场观摩会议在县会议中心召开。县委书记刘文林主持会议并讲话，县委、县人大、县政府、县政协领导班子成员，各乡镇（街道）党委书记、乡镇长（办事处主任），县开发区党工委书记，县直部门主要负责人出席会议。

全县城市违法建设治理行动动员会议。11月17日，全县城市违法建设治理行动动员会议在县会议中心召开。会议深入贯彻落实省、市城市违法建设治理行动会议精神，研究部署下步工作。县委书记刘文林出席会议并讲话，县委、县人大、县政府、县政协领导班子成员，各乡镇（街道）党委书记、乡镇长（办事处主任），县开发区党工委书记，县直各部门主要负责人，县城管局、郓州街道、唐塔街道中层以上干部，县公安局治安大队、城区四所主要负责人，各开发片区指挥部副指挥出席会议。

【重大决策部署】 *全力打好四个攻坚战*。一是打好招商引资攻坚战。坚持把招商引资作为经济工作的生命线，进一步完善精准招商推进机制，加强督导调度和考核，提高招商引资项目落地率和建设进度，确保年内每个乡镇至少引进1个过亿元工业项目，两个街道和城建口部门至少引进落地1个过5亿元的商贸物流或房地产开发项目，签约项目当年落地率50%以上，力争全县招商项目投资额和落地率走在全市前列。加快龙源物流产业园等在建项目进度，力争亿万汽配、宜和宜美定制家具等项目10月份竣工投产。推进现有企业对外合资合作，开发新产品，实现优势互补、资源共享，促进转型升级、规模膨胀。对已签约项目，逐一落实包保责任制，全方位全过程靠上服务，力促10亿立方清洁燃气等一批重点项目早日开工建设。按时间节点倒排工期，做好赵楼综合利用电厂二期、上元新能源沿黄风电场和杨庄集水库等重点项目开工建设前期工作。精心策划论证，建立完备的项目库，力争策划储备过10亿元项目5个以上，储备生产性项目投资额200亿元以上，进入省市重点项目的个数位居全市前列，确保项目建设梯次推进。二是打好城镇建设攻坚战。抢抓国家新型城镇化综合试点这一重大机遇，加快建设特色精品城市，确保一年一大步，两年大变样。补齐市政设施和公共服务设施短板，加快城区道路和各类管网修铺，完成南部新区、东部开发区和老城区共29条道路的新建改造任务，铺设各类管网39.2公里，新增集中供热面积60万平方米；新上城区公共自行车200辆以上；确保“三馆一场”对外开放，开工建设规划展览馆、博物馆、艺术馆和文化中心。做好“水绿花文”四篇文章，完成宋金河、跃进河两大水系生态治理，开工建设南湖生态公园和北沙河生态治理工程，新建2处广场公园；新栽补植行道树2.5万株、花灌木35万株以上，新增绿地面积100万平方米以上；新建12处雕塑、碑刻、亭廊等建筑标识，彰显城市历史文化特色。加快棚户区改造，抢抓政策机遇，破解征收难题，确保年内改造棚户区6262户、77万平方米，新增房地产开发面积125万平方米以上，竣工100万平方米以上。完善重大基础设施，升级改造济董路东段，完成北环路跨宋金河东延工程，提升改造德商路，完成220国道郓城北段升级改造工程立项报批，完成迎宾大道跨宋金河等3座城区桥梁的新建任务。推进PPP项目运作，进一步征集新的PPP项目，完成部分项目前期论证，将论证通过的项目纳入国家PPP中心信息平台，加大吸引社会资本方投资力度，创新多元化投融资模式，力争年内引进社会资本100亿元以上。深化美丽乡村建设，以实现“三化”为根本，以实施“四个一”工程为重点，以实现“五美”为目标，全面提升美丽乡村建设水平，年内建成环境整洁村245个、生态文明村50个、美丽乡村50个。着力抓好特色小镇建设，力争通过2年的努力，梯次培育创建10个特色小镇，每个特色小镇主导产业年产值达到2亿元以上，建设面积1平方公里左右，5年内实现20个乡镇全覆盖。三是打好电商发展攻坚战。以争创全国电商示范县为目标，加快推进淘宝村镇建设、电商园区建设和“互联网+传统产业”的转型升级。进一步抓好淘宝大学专业培训，深入开展多形式、多层次、多专业等全方位培训，为县域电子商务全面发展培养高层次的管理人才、专业人才，确保年内培训电商人才1万人次以上。加快电子商务园区建设，完善郓翰云城电商产业园区一期配套基础设施，引导更多电商企业入驻；着力抓好七星中小企业电商创业园建设，提升传统企业的互联网化水平；加快龙源物流电商产业园和富达跨境电商产业园建设，打造配套完备的电商集聚区。完善电子商务服务平台建设，丰富体验产品种类和体验服务内涵，实现线下展示、线上推广，为电商企业、网商网店提供产品策划包装、形象展示等全方位服务。坚持把“互联网+”作为传统产业提档升级的新引擎，依托阿里巴巴产业带，加快推进“千企触网”步伐，实现酒类包装产业示范带上线运营，确保规模以上工业企业触网、用网率达60%以上。发展跨境电商，确保富达保税仓库投入使用，新增自营进出口备案企业20家，完成进出口总额1.2亿美元。确保年内新增淘宝村3个、力争5个，村级服务站100个以上，引进电商企业100家，实现电子商务交易额110亿元，形成经济增长新动能。四是打好精准脱贫攻坚战。坚持把加快构建“三位一体”扶贫大格局作为打赢打好脱贫攻坚战的关键，进一步压紧压实各级各部门的主体责任。紧紧抓住郓城被列为全省20个扶贫开发重点县机遇，编制完善扶贫规划，储备筛选项目，最大限度地争取上级资金支持；不断加大涉农资金整合力度，坚持“多个渠道引水、一个龙头放水”，持续扩大“富民农户贷”“富民生产贷”等授信和小额扶贫信贷户数，加快金融放贷，落实财政贴息政策。大力实施产业扶贫，加快推进特色农业、设施农业、农光互补、电子商务、乡村旅游和农村基础设施建设，确保600个设施农业扶贫大棚建成运营，侯咽集镇40兆瓦、随官屯镇30兆瓦光伏发电扶贫项目开工建设，一期271个精准扶贫点全部建成运营，尽快启动第二批精准扶贫点建设；扎实推进脱贫攻坚“三个一”工程，编制完成2016—2018年“一村一品”产业扶贫发展规划，深化“一户一案”精准帮扶措施，宜农则农、宜商则商、宜工则工，加快推进精准扶贫点建设进度，加强运营指导监管，逐步扩大规模，实现“一人一岗”就业扶贫工程全覆盖，确保年内完成4.5万人脱贫目标任务。

奋力实现四个新突破。一是实现返乡创业新突破。认真贯彻落实市委、市政府关于加快推进返乡创业的部署要求，深入实施全国农民工等人员返乡创业试点，探索返乡创业新路子，注重发挥先进典型的示范引导作用，在全社会营造渴望创业、尊重创业、支持创业、投身创业的良好氛围。加强与在外创业成功人士的联络，引导和鼓励外地郓城籍人士组建区域性商会、返乡创业促进会；年内各乡镇要在本乡镇外出人士比较集中的城市设立1处返乡创业服务站；培育创业平台和载体，力争三年内培育1个省级标准创业孵化基地、2个市级标准创业园区和5个创业型乡镇，努力提升各类创业人员的众创空间。二是实现全域旅游新突破。抢抓机遇，最大限度地运用好市委市政府全力支持郓城发展全域旅游的18条措施，以全域旅游为目标，以水浒文化为核心，以打造水浒旅游小镇为重点，创新发展模式，加大推进力度，全力打响“水浒故里”旅游目的地品牌。加快水浒好汉城三期建设，开发体现水浒文化内涵的旅游精品景点；做好以唐塔广场为中心的宋代街区和东溪湿地旅游度假区的规划建设，形成“水浒古城”格局；加快推进重点旅游项目开发建设，完成彭湖湿地生态治理3000亩；着力抓好大杨集黄河文化旅游、水堡宋江故里、丁里长圣达观光农业等旅游特色村建设。继续加强旅游宣传营销，加快建设智慧旅游体系，努力把郓城打造成水浒旅游目的地和曲阜—开封旅游产业带重要节点城市，早日建成国家全域旅游试点县和国家历史文化名城。三是实现现代农业新突破。以发展现代农业、调整农业产业结构、增加农民收入为主要任务，推进农业由大向强转变。整合涉农项目，以武安镇5万亩高产创建示范方

建设为重点，大力推进粮食高产创建，确保全年粮食产量指标达到标准、示范方建设工作位居全市前三名；进一步做好土地确权颁证扫尾工作，确保顺利通过省级验收。强化品牌意识和质量观念，年内新增无公害认证30个以上、绿色认证11个、注册商标15个，标准化生产基地发展到20万亩。大力培育新型农业经营主体，总量发展到6500个。推进农业高端高质高效发展，年内全县各类优质农产品基地发展到50万亩，高标准蔬菜大棚6000个。大力发展各类经营服务主体，推进农业全程社会化服务，农民组织化程度达到60%以上。扎实推进“一乡一业、一村一品”，确保年内1个专业乡镇、65个专业村达到市级建设标准。四是实现民生保障新突破。把保障和改善民生作为稳增长的根本出发点和落脚点，持续加大民生投入，深入抓好教育、交通、安全饮水、卫生、养老等10个方面的民生工程。牢固树立“抓教育就是抓发展、抓未来”的理念，扎实推进“全面改薄”工程，年内完成8所城区学校新建扩建任务，提前一年基本解决“大班额”问题；年底完成3.5万平方米、1000套教师周转宿舍的建设任务。新修改造农村公路800公里，60%以上的村实现户户通柏油路或水泥路，推进城乡客运一体化，两年内解决群众出行难问题，力争农村公路改造工作走在全省前列。尽快实现城南水库、净水厂投用供水，确保群众安全饮用黄河水。加快县医院新院区建设、中医院扩建、妇幼保健院迁建步伐；继续推进县级公立医院改革和乡镇卫生院标准化建设，提高城乡医疗服务水平。深入实施文化惠民工程，力争年内乡镇街道历史文化展室覆盖率达到40%，村级覆盖率30%;放映公益电影12300场、送戏下乡400场。织密筑牢社会保障“安全网”，持续完善“三级就业创业”服务体系，年内新增城镇就业2.1万人，转移农村劳动力3.2万人；完成100套公租房建设任务；年内建成4处城市社区日间照料中心、5处乡镇敬老院、66处农村幸福院，让群众更多更好地分享改革发展成果。

*着力增强四个新动能。*一靠加强党建增定力。认真学习贯彻习总书记“七一”重要讲话精神，深入推进“两学一做”学习教育，真正把学习教育转化为推动经济社会发展的强大动力。加强服务型基层党组织建设，扎实开展“双联双创”活动，擦亮“第一书记”品牌；努力发展壮大村级集体经济，年内消除集体经济空壳村，实现村级活动场所全覆盖、已有场所全达标；进一步强化城市街道、社区和非公有制经济、社会组织等各领域党建工作，多层次打造党建工作亮点。牢固树立正确用人导向，认真贯彻《党政领导干部选拔任用工作条例》，从严从实抓好干部选拔配备；加强干部教育培训，完善知识结构，提高整体素质；严格执行“九严禁”换届纪律，确保换届平稳有序、风清气正。坚持从严治党，持续加强党风廉政建设，严格党内政治生活，严明党的纪律，坚决贯彻落实中央八项规定和省市委纪律要求，深入开展专项整治和干部纪律巡查，全面净化政治生态。二靠深化改革强动力。认真贯彻落实中央和省、市委改革部署要求，更加扎实有效推进全面深化改革，努力打造改革亮点，在新型城镇化综合试点、县城深化基础设施投融资体制改革试点、农民工等人员返乡创业试点等方面创造郓城经验；推动公共资源交易平台整合，加快综合行政执法体制改革，为加快发展注入鲜活动力。三靠科技创新添活力。坚持把科技创新作为引领发展的第一动力。加快构建科技创新平台，创建省级科技企业孵化器；实施培大育强工程，在每个行业都培植出在全省乃至全国叫得响的“单打冠军”；推动传统产业转型升级，不断增强纺织、机电设备制造、酒类包装、木材加工等特色产业竞争优势；增强企业自主创新能力，培育新的经济增长点；加强企业家队伍建设，筛选优秀企业家到高等院校、先进企业培训学习，提升经营管理水平。建立推动大众创业、万众创新的社会化服务体系，营造激励创新的浓厚氛围。四靠创新治理聚合力。进一步提高社会治理能力，健全立体化治安防控体系，大力推行

网格化管理，认真开展社会矛盾纠纷排查化解活动，切实做好群众工作，全面推进法治郓城、平安郓城建设；坚守安全生产底线，确保食品药品安全，严防重特大安全事故发生，努力提高群众的获得感、幸福感和满意度。

（朱保建）

县委办公室工作

【概况】 截至2016年年底，县委办公室共有干部职工44人，主任1人，副主任4人，设有正科级单位4个（县委政策研究室、县委督查室、县委保密办、县委610办公室），副科级单位1个（县委机要局），股级科室4个（秘书科、信息调研室、行管科、保卫科）；县委办公室加挂县委全面深化改革领导小组办公室牌子；县机关事务管理局加挂县接待办牌子，由县委办公室、县政府办公室管理，以县委办公室管理为主。2016年，县委办公室荣获“全省党委政研系统优秀调研成果二等奖”“全市党委政研系统优秀调研成果一等奖”“山东省十二五公共机构节约能源资源工作先进单位”“全市防范和处理邪教先进单位”“全市党委信息工作先进单位”“全市密码工作先进单位”等荣誉称号。

【政策研究工作】 深入开展调研活动，为领导决策提供翔实的第一手材料，撰写典型材料、调研报告、研究性文章30多篇，其中6篇调研报告被评为省、市党委政研系统优秀调研成果；编发《领导参阅》20期。认真起草、审核领导讲话、工作汇报、会议发言、广播词等各类文稿1000多份，确保文稿质量。8月，全市政研、改革系统经验交流会在郓城召开。

【全面深化改革工作】 做好县委全面深化改革领导小组日常工作，推进全县承担的4项国家级、4项省级、1项市级改革试点，得到市委改革办认可；全国建制镇示范试点、农民工等人员返乡创业试点、国地税征管体制改革等典型经验，相继被省、市委改革简报刊发推广。县委改革办在全市科学发展考核中，改革工作特色亮点加分项目得到满分，全市排名第一。

【信息工作】 抓党委信息工作，及时向省、市委报送重点工作信息890条，其中省网报送330条、市网报送560条，被《山东信息》采用9篇综合经验类信息，编发《郓城信息》10期、《信息专报》6期，采编领导每周、每日工作计划共231期，及时完成市委约稿任务96篇，县委信息调研室在年度党委信息工作积分排名中位居全市第一。

【督查工作】 对全县大型会议和县委重要决策的贯彻落实情况及时督促检查，特别是对招商引资、项目建设、城市开发、精准脱贫、移风易俗等重点工作，不断加大督查力度，使县委决策得到较好贯彻落实；抓专项查办工作，市县主要领导批办的35个督查件全部办结。

【保密工作】 健全完善保密监管体系，落实各级各部门、各单位的保密责任，层层签订保密责任书；开展国家秘密载体销毁、电子政务内网使用和全县保密普查等专项保密检查和管理工作，加大宣传教育和培训力度，增强全县党员干部的保密意识，提高防范能力，防止失泄密事件的发生。

【机要工作】 做好全县密码通讯、密码管理和信息化保障工作，履行密码安全保密职责，修订完善各项工作、管理制度，促进工作规范高效。全年共收发、办理各级来文来函等文件资料1067件次，做到及时准确、安全高效。

【机关事务保障】 全年共组织全县大型会议和上级领导视察、对外接待活动100多次；抓后勤保障，促进各项工作正常有序运转。不断提高服务质量和服务水平，在办公室值班、财务管理、车辆服务、安全保卫、绿化卫生等各方面，实现服务制度化、科学化、规范化。

【防范处理邪教】 坚持以维护全县社会政治稳定为重点，履职尽责，狠抓落实，做好防控打击、宣传教育、基层基础、网上斗争等各项工作，全县防范和处理邪教形势总体平稳。

【自身建设】 以深入开展“两学一做”学习教育和“双联双创”活动为契机，以“全面争创一流工作业绩”为抓手，加强办公室自身建设。健全完善办公室各项工作制度，规范化、制度化建设实现长足进步；转变工作作风，深入到联系村、联系户开展帮扶活动，帮助困难群众解决存在的实际困难和问题。发挥党支部的战斗堡垒作用，坚持“三会一课”制度，坚持每周五下午开展集体学习制度，提高党员干部政治理论和业务能力。贯彻落实党风廉政建设责任制，严格遵守中央八项规定和省、市、县委廉洁自律各项规定要求。以严实的作风自觉维护党员领导干部的良好形象。

（朱保建）

组织工作

【概况】 县委组织部内设办公室、人事科、干部一科、干部二科、干部信息科、调研科、干部监督科、干部教育科、组织员办公室、组织科、远教中心、人才办、考核办 13 个科室，下设县委组织员办公室、县党员干部现代远程教育中心 2 个正科级单位，科学发展综合考核委员会办公室 1 个副科级单位，共有干部职工 33 人。

【基层组织建设】 明确党建工作目标。研究制定《郓城县实现“党建工作走在全市前列”目标工作方案》，召开“走在全市前列，全面争创一流”动员大会，进一步凝聚各级党组织和广大党员干部的思想共识。《工作方案》包括“两学一做”学习教育、“双联双创”活动、基层党建等 3 个方面 17 类 57 项 176 条工作要点，囊括当前所有党建工作内容，每项工作都有具体的工作措施和办法，为工作开展提供依据。实施以“村级班子优秀化、村级干部管理精细化、基层党员队伍先进化、‘第一书记’工作品牌化、村级工作民主化、村级活动场所规范化、村级集体经济发展多样化、各领域党建工作区域化、基层党建工作目标管理考核科学化”为主要内容的“九化”工程，为实现郓城发展新跨越提供组织保证。市委常委、组织部部长王磊对此作出专门批示，在全市转发并推广郓城经验。2016 年度全市科学发展综合考核中，郓城基层组织建设工作位居全市第 2 名。

落实基层党建七项重点任务，开展党员组织关系集中排查。开展“组织找党员、党员找组织”活动，实行以业查人、以房查人、依序查找、组合查找等方法，280 名失联党员全部取得联系，确保“两学一做”学习教育无缝隙、全覆盖。对查找到的 172 名失联党员，按规范程序纳入组织管理，做到应管尽管；对需要转出党员组织关系的 108 名党员，及时办理转接手续，做到应转尽转。把党员管理纳入基层党组织负责人责任清单，通过核准党员信息、开展定期排查，搭建有效载体、加强日常联系，健全信息平台、拓宽沟通渠道，形成建强支部、严管党员长效机制。全面排查清理违纪违法党员。通过梳理信息、查阅资料、甄别核实、走访调查等方式，查准找实违纪违法党员详细信息，应当终止党代会代表资格、停止执行代表职务的 23 名违纪违法党员，已全部作出处理；受到刑事责任追究的 63 名党员，全部给予党纪处分和组织处理，其中给予党纪处分 63 人，给予组织处理 9 人。

抓基层党组织按期换届整改。组织各基层党委对所属基层党组织逐一“过筛子”排查，通过查阅档案，逐一核实党组织成立时间和换届时间等，对 76 个未按期换届的基层党组织，逐一查明情况、分析原因，制定整改方案，实行销号管理。

开展党费收缴工作专项检查。将专项检查纳入“两学一做”学习教育督导内容，要求督导组沉到一线、走进支部，督查党费收缴、补缴工作，指导基层党支部发挥主体作用，搞好自查自改。党员领导干部带头清理补缴党费，带动广大党员的思想自觉和行动自觉。注重加强思想引导，对交纳党费思想认识模糊或有抵触情绪的党员逐一进行谈话。2016 年，全县共补缴党费 209

万元。

*推进“两新”组织党的组织和工作全覆盖。*在全县“两新”组织中开展“双覆盖百日攻坚行动”，逐一破解“不能建、不愿建、不会建”等组建难题。通过推行单独组建、片区联建、同业共建、挂靠组建、派驻帮建、龙头带建等方式，建立党的组织。对全县566个非公企业和社会组织，开展“户口大普查”，剔除有名无实的“空壳”组织、久不运转的“僵尸”组织、多重注册的“影子”组织，建立“两新”组织单位名册、党组织名册、党员名册等台账。全县“两新”组织单独建立党组织152家，建立联合党组织82家，选派党建工作指导员113名，确保“两新”组织党的组织和工作全覆盖。

*抓党建促脱贫工作。*加强过硬党支部建设，建强班子带好队伍，促进脱贫攻坚。紧紧依托“一乡一业、一村一品”发展规划，帮助联系村实施种养加、电子商务、光伏发电、乡村旅游等产业精准扶贫。全县发展露地菜面积22.3万亩、蔬菜大棚3.2万亩、食用菌大棚1120亩、果树1.1万亩；整合涉农资金8000万元，规划建设600个设施农业扶贫大棚；建成扶贫产业基地69个、服装加工厂23个；为27个村安装总发电规模1358千瓦的家庭分布式光伏发电设备。动员各级“两代表一委员”和县内知名企业、规模以上重点企业，充分发挥在资源、资金、信息、产业、技术等方面的优势，创办精准扶贫项目，着力增强贫困户脱贫内生动力，逐步实现自主脱贫。建设精准脱贫帮扶点271个，吸纳贫困人口就业创业1.9万人。

*抓领导机关党员干部学习教育。*县委研究制定《关于加强理论中心组学习的意见》，坚持每季度围绕一个主题组织中心组集中学习，每次集中学习时间不少于3天；开展学习研讨，着力在学深学透上下功夫；充分发挥县委党校主体作用，举办党的理论、党性修养、党规党纪专题培训班7期。利用县电视台、县政府网站、《新郓城》报、郓城先锋微信平台等新闻媒体开辟“党员领导干部访谈”栏目，以领导机关党员干部的表率作用促进全县各级党组织生活化、常态化、正常化。

*全面夯实基层基础工作。*加强村级组织活动场所建设。落实县财政资金740万元，安排组织、文体、民政、综治、卫计等部门，将村级组织活动场所建设与相关基础设施建设项目结合起来，按照统一建设标准、统一设计施工、统一材料采购、统一质量验收、统一产权管理的“五统一”原则，新建高质量、高标准、多功能的200平方以上的活动场所18个，确保村级组织活动场所全覆盖并全部达标。发展壮大村级集体经济。研究制定《发展壮大村级集体经济实施意见》，推出资源开发、实体兴村、服务创收等14种模式，建立“项目超市”，编印成册，发放到每个行政村，指导各村自选发展模式，形成各具特色的发展路子。彻底消除集体经济“空壳”村，年集体收入3万元以上的村达到83.5%以上。推进行政村规模调整工作。为了改变全县行政村“多、小、散、弱”的格局，解决公共基础设施滞后、资源利用效率低、配套功能缺失的问题，在多方征求意见，充分尊重群众意见的基础上，推进村（居）规模调整工作，全县1041个行政村（社区）调整为690个行政村（社区），缩减率33.7%。实现强村并弱村、大村带小村的合理搭配，基本上消灭800人以下的行政村。强化村级组织运转经费保障。将村级组织运转经费纳入县财政预算，严格按照上年度全县农民人均纯收入的两倍落实村支部书记报酬，村委主任占村支部书记年报酬的80%、其他村“两委”干部占村支部书记年报酬的60%；按照要求落实每个村办公经费3万元和社区为民服务经费10万元。2016年县财政共落实村干部报酬和村级组织运转经费9892万元，其中发放村干部报酬6367.46万元。确保党员发展质量。强化措施，规范程序，实施“源头活水”工程，推行“双推双考双公示双票决”制度，实行发展党员预审制和责任追究制，进一步提升党员队伍的先进性和纯洁性。2016年，全县

共发展党员 420 名。

【干部人才队伍建设】 2016 年，全县共调整领导干部 532 人，其中提拔正科级干部 85 人，副科级干部 209 人，重用 62 人，其他 176 人。制定《2016 年全县干部教育培训工作计划》，明确全年干部教育培训的目标任务和工作措施，落实工作责任，确保各项培训任务落到实处。认真组织实施科级干部、青年干部、妇女干部、党外干部、各基层党组织书记等培训工程，依托县委党校及单位自办，先后举办各级各类培训班 262 期，培训党员干部 29432 人次，其中，包括举办全县村（社区）党组织书记培训班、青年干部培训班、党外干部培训班、妇女干部培训班、各单位自办培训等各类培训班 142 期，培训党员干部 9152 人次；全县各级各部门举办十八届六中全会专题宣讲培训 120 期，共 20280 人。

【科学发展综合考核工作】 加大对招商引资、项目建设、供给侧结构性改革、财政运转、脱贫攻坚、环境保护和基层组织建设等重点工作考核力度，首次对县经济开发区实行单独考核，在全市率先探索开展县直部门单位分类考核，考核的精准化、科学性进一步增强。在 2016 年度县区科学发展综合考核中位居全市第三名，荣获市委、市政府 2016 年度县区科学发展综合考核三等奖和 2016 年度县区科学发展综合考核赶超奖。2016 年全县多项重点经济社会发展指标位居全市前列。

【党员干部现代远程教育】 整合课件资源。主要通过上级下发、自拍自制、购买等方式，建立课件资源库。整合党建、政策、科技、农业、文化、广播电视等部门教学资源和技术力量，制作 12000 多张具有地方特色、符合当地实际、贴近产业需求的《党员致富工程培训教材》。传授农村种植养殖户实用技术，推介宣传郓城特色产品和种植养殖经验。

通过远教平台，教育培训农村党员干部。与 2015 级“村两委”成员函授大专班结合，发挥远程教育平台优势，开展党员干部培训活动，着力培养农村科技人才和实用人才，为新农村建设提供强有力的人才支撑和智力支持，实现远程教育促进产业发展与农民增收的双赢目标。

健全完善远程教育站点学用督查机制。以落实集中学习日制度为抓手，印制 1300 份《郓城县党员参加集中学习培训考核簿》，采取明查和暗访相结合的形式，不定期到基层站点检查，及时发现和解决站点“管、学、用”方面存在的问题，提升站点学用水平。

与党建、群众路线教育实践活动、“第一书记”工作相结合，提高组织工作对外宣传能力。制作完成《春风吹拂水浒大地》《润物无声始见行》《向群众交一份满意的答卷》《奏响和谐乐章》等 4 部反映群众路线教育实践活动和第一书记的专题片，并在菏泽市电视台播出。

（祝亚杰 陈传博）

宣传工作

【概况】 县委宣传部是县委主管意识形态方面工作的综合职能部门，实有编制人数 22 人。内设人秘科、宣传思想科、新闻科、教育科、互联网信息管理科 5 个职能科室，设县精神文明建设委员会办公室、县文学艺术界联合会、县社会科学界联合会 3 个正科级单位和县委对外宣传办公室（县政府新闻办公室）、县网络文化办公室 2 个副科级单位。

【理论武装】 抓理论学习，推进学习型党组织建设。围绕“党风廉政建设”“两学一做”学习教育，先后邀请省委党校副校长孙黎海、省委党校副校长王延超、省委党校讲师孙玉华做专题党课。抓中心组学习，制定下发中共郓城县委中心组《学习制度》和《学习计划》，组织安排学习时间和内容。组织开展全县“郓城故事百姓宣讲”比赛，组建“郓城故事宣讲团”，在全县巡回宣讲活动，弘扬新时期郓城精神。开展“送理论下乡”活动，发放理论、政策、法律资料 1 万多份，理论图书 3000 多册，为群众宣讲 60 多场。

【舆论引导和管控】 增强舆论引导和管控，营造加快发展的良好舆论氛围。加强新闻和对外宣传力度。前三季度省级以上媒体用稿分别位列各县区第一名、第三名、第二名，新闻舆情工作4次受到市委宣传部通报表扬，全年在省级以上媒体用稿430篇。加大主题宣传，丰富宣传载体，在《齐鲁晚报·今日郓城》、郓城发布、郓城手机报等媒体开辟专栏，重点宣传全县项目建设、返乡创业、城镇化建设、精准扶贫、电子商务、改善民生等工作，同时做好对十八届六中全会精神宣传。实施广播“村村响”工程建设，广播联网1041个村级点，实现县、乡、村全部联网。做好《跑旱船》公演、进京汇演宣传工作，提升郓城的知名度。开通并运行“郓城发布”微信平台。

做好网络舆情管控工作。共编报《互联网舆情日志》300期，上报互联网动态20多期，未出现重大舆情事故。加强网评员队伍建设工作，组建160人涵盖所有乡镇（街道）和县直部门的网络评论员队伍。举办“我为郓城发展献一策”金点子网上征集活动。

【思想道德建设和文明创建】 做好省级文明县复核测评和未成年人思想道德建设工作测评的网上申报工作。开展好人推荐评选活动，5人被评为山东好人，张传锋被评为中国好人。抓精神文明阵地建设，建设文明广场、文明一条街。加强四德工程建设，召开两次现场会，全县所有村庄和中小学实现四德榜全覆盖，村庄橱窗式四德榜达到750余个，建设机关四德榜90余个，企业四德榜150余个，开展十佳百优模范人物评选活动。开展文明创建活动，举办大型贺年灯会活动和祭扫烈士墓活动。开展学雷锋志愿服务活动，促进学雷锋志愿服务活动常态化。

【文化建设】 推进文化建设，提升文化软实力。文化基础设施逐步完善，文体中心主体工程完工，文化馆、图书馆内部装修完成，建成基层综合性文化服务中心666个，文体小广场658个。文艺创作水平不断提升，动漫舞台剧《跑旱船》入选国家艺术基金资助项目库，作为山东唯一的作品参加全国基层院团戏曲汇演，受到中宣部和文化部领导好评。做好文化惠民工程，为群众送戏402场，放映农村公益电影12204场。推进文化产业快速发展，水浒好汉城三期正在紧张施工，与阿里巴巴集团合作设立淘宝大学培训基地。发展体育事业，第二届山东省武术大会在宋江武校举行。

【移风易俗】 全县成立移风易俗领导小组，多次召开推进会、现场会、座谈会、培训会，下发一系列文件，细化责任，强化督导，开展专项治理活动，每个行政村都建立红白理事会。在2016年底全省移风易俗工作群众满意度调查中，群众满意率达到91.1%，名列全省第十二名、全市第一名。

【四德工程】 召开四德工程建设现场观摩会议，全县共建设村居四德榜1042处，其中橱窗式高档四德榜750处，实现四德榜自然村全覆盖，22个乡镇街道全部建设总榜，200余个学校建设学校四德榜，110余家企业建设企业四德榜，并建设郓城县总榜，全县上榜人数达到34万人，巩固“四德工程”示范县创建成果。

（李晓龙）

统战工作

【概况】 县委统战部内设办公室、干部科、民主党派科、党外知识分子科4个职能科室，共有行政编制10人，与县委台湾工作办公室、县民族宗教局合署办公。

【基层统战工作】 6月召开全县统战委员工作会议，印发《2016年度全县乡镇（街道）统战工作综合考评办法》《2016年度郓城县统战工作综合考核评价细则》《全县统战调研宣传信息工作考核评比办法》等文件。将统战工作纳入对乡镇党政领导班子的综合考核内容。乡镇（街道）配备专兼职统战委员并建立专门的统战工作办公室，全县22个乡镇（街道）和经济开发区明确民族宗教和工商联负责人，并配备专职统战干事，在村、社区设立统战工作联络员，县直单位都明确由一名班子成员分管统战工作，形成一级抓一级、层层抓落实的统战工作机制。

【民主政治建设】 制定出台《中共郓城县委同县民主党派无党派人士政治协商的实施意见》，推进政治协商制度化、规范化和程序化建设。4月和8月召开2次民主党派座谈会，与民盟郓城支部班子成员座谈，就民主党派如何更好地发挥参政议政作用及解决工作中的实际问题展开讨论，并解决民盟郓城支部办公场所和办公经费等问题。为县公安局、县法院、县安监局等单位聘请60名特约监督员。

【非公经济统战工作】 先后举办非公企业用工专场招聘会3次、银企对接洽谈会1次，帮助企业融资3200余万元。在郓城淘宝大学举办8期电子商务培训班，培训300余人次。分别于4月和5月，召开全县非公有制经济人士座谈会，传达学习习近平总书记在全国政协会议民建、工商联界委员联组会上的重要讲话，就企业发展中遇到的困难和问题深入听取意见建议。开展以"四信"为主要内容的非公经济人士理想信念教育活动，引导全县非公有制经济人士提振信心，奋力创业。组织民营企业家开展公益活动，在慈心一日捐、爱心助学等活动中募集善款20万元，资助50名寒门学子圆了大学梦；为敬老院捐助15万元的奶粉等生活用品。编印《工商界优惠政策汇编》，让广大民营企业了解优惠政策。

【民族宗教工作】 印发《关于加强和改进新形势下民族工作的实施意见》。加强宗教团体建设，2月，召开道教协会成立大会。做好春节期间穆斯林农户牛羊肉补贴统计发放、基督教私设聚会点治理、民族团结进步宣传教育和创建活动等工作。健全县乡村三级民族宗教管理网络和乡村两级工作责任制，更新调整乡镇（街道）分管民族宗教工作负责人和村级联络员。

【党外代表人士工作】 对党外人士进行全面调查摸底，及时掌握基本情况，更新党外代表人士信息库，同时将党外干部纳入全县干部教育培训计划。6月，召开郓城县党外知识分子联谊会成立暨一届一次会员大会。召开新社会阶层代表人士座谈会，就如何在新形势下开展好新社会阶层人士统战工作等方面的问题进行广泛交流、探讨。加大党外干部配备工作，在8个政府工作部门领导班子中配备党外干部，配备比例达到33.3%，其中行政正职2名；在16个乡镇（街道）领导班子中配备党外干部，配备比例达到72.7%；加强党外代表人士的教育培养，建立党外人士实践锻炼基地3处，选派6名党外干部分别到乡镇（街道）和企业挂职锻炼。9月举办全县党外干部培训班，县直单位、乡镇街道和民盟郓城支部共88名党外干部参加培训。

【港澳台海外统战工作】 在全县开展去台人员及亲属情况调查摸底工作，建立基本情况台账。发挥宋江武校"山东省海峡两岸交流示范点"作用，促进全县的对台交流交往工作。

（樊护康）

机关事务工作

【概况】 郓城县机关事务管理局（挂县接待办公室牌子）为正科级财政拨款事业单位，由县委办公室、县政府办公室管理，以县委办公室管理为主。县机关事务管理局现有编制10人，2016年实有干部职工7人，局长（主任）1人，副局长（副主任）2人，事业编人员4人。

【公务接待】 2016年，县机关事务管理局完成多次重要公务接待服务工作，主要有郓城县PPP项目推介会、全市返乡创业现场交流座谈会和全市科学发展现场观摩会议等大型会议，"海外侨胞故乡行——走进山东·菏泽"、省中小企业"一企一策专家会诊郓城行"等大型活动，国务院扶贫办到郓城考察扶贫项目建设、福田汽车集团到郓城考察项目建设等考察调研活动。截至2016年12月底，县机关事务管理局共承办接待活动100余次，共接待5000余人次。

【公务用车管理】 推进公务用车制度改革，有效配置公务用车资源，筹备建设公务用车管理平台，将全县139辆机要通信、应急用车全部纳入平台管理，并且已安装车载定位设备，可实时监督各单位公车使用情况。组织各单位负责人、车辆管理员及驾驶员进行集中培训，学习公车平台申请审批操作流程，通过科技手段规范公务用车行为。

【公共机构节能】 贯彻学习《节约能源法》和《公共机构节能条例》，抓重点环节节能工作，完善节能管理制度，做好能耗统计工作，加强节能督查指导；开展公共机构节能宣传周活动，在全县范围内营造良好的节能减排氛围；推进节约型公共机构示范单位创建工作，全县成功创建1家省级示范单位、2家市级示范单位；2016年全县完成各项节能目标，在“十二五”节能考核中，县机关事务管理局被评为山东省“十二五”公共机构节约能源资源工作先进集体。

【后勤保障】 郓州大厦共有42家单位集中办公，工作人员达800余人。县机关事务管理局负责保障郓州大厦设施设备的正常运行，包括办公用房管理、基础设施建设、重点设备维护、物业管理等。建立郓州大厦各项管理制度，主要包括房屋设施管理、会议室使用、安全保卫、电梯空调、监控消防、绿化卫生等。做好会议服务保障，截至12月底，共保障郓州大厦会议中心、视频会议室等联通线路、广电线路以及现场会议等各类会议160余次，累计与会人数约18000人次。

（王维奎 张玉荣）

扶贫开发

【概况】 2016年，县扶贫开发领导小组列为县委议事协调机构，整合县扶贫工作机构的职责和有关部门承担的扶贫工作职责，同时组建县委扶贫开发领导小组办公室，不再保留原为县农业局副科级内设机构的县扶贫开发办公室。县扶贫开发领导小组办公室内设综合协调组（加挂人事组牌子）、规划财物组、项目管理组、社会扶贫组、金融扶贫组、信息统计组、督导考核组、政策调研组、审计监督组、扶贫协作组10个机构。

【健全扶贫机制】 调整充实以县委书记任组长、县长以及7名副县级领导干部的县扶贫开发领导小组，明确4名副县级干部负责扶贫日常工作；各乡镇街道和县经济开发区扶贫开发领导小组组长均由党政一把手担任，强化对扶贫开发的组织领导。制订下发《关于打赢脱贫攻坚战的实施方案》等一系列制度文件，逐级签订脱贫攻坚目标责任书2152份、双向承诺书4.06万份，编制精准帮扶方案4.06万个，全面夯实帮扶责任。从各部门单位抽调26名业务骨干充实到县扶贫办；各乡镇街区均设立扶贫办并明确主任、副主任，配备专职工作人员；派驻脱贫攻坚工作队161个、“双联双创”工作组880个，配备村级扶贫信息联络员1053名，配齐配强扶贫力量。将精准脱贫工作情况纳入科学发展考核和年终考核，全年共召开扶贫开发领导小组会议和现场推进会、观摩会等41次，派驻脱贫攻坚督导指挥部23个，形成科学有效的督导考核机制。同时，进一步完善社会救助体系，强化动态管理，全力打好低保兜底、教育帮扶、医疗救助等政策脱贫“组合拳”，兜底保障机制日益健全。

【丰富扶贫方式】 重点实施产业扶贫，通过发展“一乡一业、一村一品”，立足贫困村资源优势和“种养加”习惯，发展露地菜22.3万亩、果树1.1万亩，标准化畜禽养殖场（区）达到300多个、种养大户450个、家庭农场120个，木材加工业户3000余家，纺织企业400余家，酒类包装企业530多家，多条扶贫产业带初步形成。开展就业扶贫，设立县级返乡创业服务中心和23个乡镇街道服务站，创建县级返乡创业园3个、大学生创业基地1个、创业孵化基地5个和乡镇特色创业园7个，吸纳贫困人口就业2800余名；开展免费技能培训2.3万人次，帮助2900多名高校毕业生、农民工、复退军人和贫困群众成功创业，带动就业脱贫1.46万人；建成就业扶贫基地57个、扶贫车间176个，提供爱心扶贫岗2657个，带动8000余名贫困群众脱贫。发展设施农业扶贫，整合涉农资金8000万元，规划建设设施农业扶贫大棚538个，可带动脱贫4000余人。发展蔬菜大棚3.2万亩、食用菌大棚1120亩，张营镇百蔬园蔬菜大棚种植基地采取“合作社+基地+农户”模式，带动周边18个村、544名有劳动能力的贫困群众就业，年人均增收万元以上。实施光伏扶贫，为27个村安装家庭分布式光伏发电装置，张营镇30兆瓦光伏发电扶贫示范项目并网发电，侯咽集镇40兆瓦、随官屯镇30兆瓦光伏发电扶贫项目正在建设，全部建成运营后，可带动2800余名贫困群众脱贫，受益村年可实现集体收入3万元以上。推进旅游扶贫，评定山东省旅游强镇2个、乡村旅游示范村1个、旅游特色村7个、好客人家农家乐35处、精品采摘园4处，开发郓城西瓜酱、郓城好汉食品等特色旅游产品100余个，带动1800余名贫困群众脱贫。开展电商扶贫，借助淘宝大学和“百千万”工程，开办电商人才培训班74期，培训贫困群众2600人次、残疾人100人次，带动脱贫1.78万人。

【打造社会大扶贫格局】 制定完善“1+24”专项扶贫方案，常委部门率先垂范，6个市“双联双创”部门单位、66个县直部门单位和22个乡镇街道结对帮扶重点贫困村，建设产业扶贫基地301个、扶贫车间120个，受益贫困群众2万余名。发挥“两代表一委员”和爱心企业的资金、技术等优势，开展“百企联百村”活动，建成扶贫车间56个、在建24个，可带动1200余名贫困群众就业脱贫。实施“雨露计划”“泛海助学山东行动”，为294名贫困学生发放帮扶资金88.2万元，为169名贫困大学新生发放助学金84.5万元，为7491名中职、高中、幼儿学生发放补助款536.1万元。创新设立“村级脱贫基金会”，广泛吸纳基层干部、老党员、爱心人士、致富能手捐款，现已募捐资金4万余元，经验做法被新华社、国务院扶贫办、农业部等宣传推广。吸纳社会各界力量捐钱、捐物，总值400余万元；开展“献爱心、送温暖”和“扶贫济困、情暖万家”活动3次，通过走访慰问，为贫困户发放慰问金、慰问物品总价值920余万元。

（王玉顺）

老干部工作

【概况】 县委老干部局内设办公室、文体服务保健科2个科室，下属干休所、老干部活动中心、关心下一代工作委员会办公室3个副科级全额事业单位，编制19人，实有干部职工10人。截至2016年12月31日，全县离休干部264人，其中机关116人、事业97人、企业51人；退休干部7169人，其中机关1511人、事业5149人、企业509人。

【政治待遇】 完善各项规章制度，落实老干部政治待遇。坚持并完善老干部学习、阅读文件、走访慰问、参加重大活动、参观考察、情况通报等各项制度。1月31日，在县政府招待所西三楼会议室召开全县老干部情况通报会。会上，县委主要领导向老干部通报2015年全县经济社会发展情况及2016年各项工作安排。200余名驻城离休干部、县级退休干部以及正科级部门单位的正职退休干部参加会议。1月31日，县委、县人大、县政府、县政协等六大班子领导分五组对60余名副县实职及以上离退休干部进行走访慰问。到医院及老干部家中探望生病及住院的老干部30余人次；协助处理老干部善后事宜16起。10月9日，组织42名副县级及以上离退休干部参观城镇化及部分大项目建设。2016年度共计征订老干部刊物2100余套，老干部刊物征订数量列全市各县区之首。

【离退休干部党支部建设】 贯彻《山东省离退休干部党支部工作暂行规定》，将离退休干部党支部建设纳入全县基层党建工作目标责任制考核，同研究、同部署、同检查、同考核、同奖惩，推动离退休干部党支部规范化、制度化建设。根据离退休干部党员居住分散，高龄多病且行动不便等特点，按照就近、就便原则，灵活组织设置，改进学习方式，创新活动内容，扩大工作覆盖面。确保每一位老干部党员离岗不离党的组织，离岗不离党的教育，实现老干部党支部“自我管理、自我服务、自我教育”的新格局。2016年年底，全县有离退休干部党员3909名，分布在1个离退休干部党总支和107个党支部中；其中离退休干部党支部55个，与在职干部合建党支部48个，社区党支部4个。55个离退休干部党支部中，有离休干部单建党支部1个，退休干部单建党支部5个，离退休干部合建党支部49个。

【生活待遇】 健全完善全县离休干部离休费保障、医药费保障和财政支持“三个机制”，确保离休干部“两费”的全面落实。4月，组织全县300余名离休干部在县人民医院进行全面健康查体，并建立健康档案。协调人社、财政等部门，增加医保统筹金基数，保障离休干部治病需求。从7月起为全县300余名离休干部增加基本离休费和住房补贴；从12月起，为全县离休干部提高取暖补贴标准。

【老年活动阵地建设】 加强老干部活动中心的软硬件建设。县老干部活动中心现有二层楼一座、大跨度综合活动房一座，总建筑面积2100平方米，可同时容纳1300人活动、学习。截至12月底县老干部活动中心各项设施固定资产达到200万元，每年财政固定拨款6.5万元。县直单位建有老干部活动室（中心）10处、总建筑面积达2000多平方米，设有室外活动点50个；乡镇老干部活动场所发展到4 8处，总建筑面积达1800多平方米。部分行政村建起活动室及活动广场。

【老年教育】 县老干部活动中心、县老年体协在县内外选聘多名专业教师任教，在全校开设门球、台球、乒乓球、象棋、功拳剑、书法、绘画、音乐、舞蹈、戏曲、健康保健、诗词等专业，成立书法协会、诗词协会、秧歌协会、交谊舞协会、戏曲协会、拳剑协会、合唱团等。每月5号、15号、25号各举办一期书画培训班；每月8号、18号、28号举办一期诗词研讨班；每周举办一次戏曲、歌舞培训班。8月举办两期文体活动带头人学习班，共培训120人，各乡镇共计培训800多人。举办各类培训班9期，培训人员480人次。加大对老干部文体活动创新项目的培训工作，培训人员80多人次。联合县文体局对100多人分三期进行学习培训，其中有63人获得由县文体局颁发的体育指导员证书。

【文体活动】 先后成立诗词、书画、戏曲等18个老年文体协会社团，22个乡镇（街道）均已建立老干部活动中心，成立老年体协组织，参加协会日常活动的达到3000多人，活动项目达到20多种。县老年体协把全县20个乡镇、2个街道划分为5个片区，要求每个片区每年至少组织一次相互邀请比赛。每年举办一次大型运动会。五一前夕成功举办全县第27届老干部运动会，2000多名离退休干部参加门球、太极拳、太极剑、秧歌、象棋、乒乓球、台球等项目的比赛。6月25日，为纪念建党95周年，与县老年书画协会联合举办纪念建党95周年乡镇分会书画联展，共展出优秀书画作品80余幅。10月8日，为纪念中国工农红军长征胜利80周年，与县老年书画协会联合举办纪念红军长征胜利80周年重阳节耄耋书画展，共展出老干部书画精品70余幅。为纪念红军长征胜利80周年和建国67周年，征集报送老干部优秀书画作品参加市委老干部局举办的书画展活动。10月9日，全市老干部书画展开幕式在市博物馆举行，郓城10名老干部代表及参展书画作者代表参加活动，15幅老干部优秀作品展出。征集青少年优秀书画作品，参加省市青少年纪念中国共产党成立95周年、红军长征胜利80周年书画大赛活动，报送的参赛作品中有25名青少年作品获奖。

【退休干部信息库建设】 下发《关于做好新增加、减少（离）退休干部信息采集和统计工作的通知》，要求各单位负责离退休干部信息采集统计工作的人员对本年度离退休信息进行及时统计，不跨年度及时将新增加退休干部、减少离退休干部的相关信息办理入库手续。12月底，完成维护更新离退休干部数据信息统计及报送工作。

【关心下一代工作】 联合县普法办、团县委、县法院、县检察院等部门深入全县各中小学持续开展普法教育活动。制作30块法制宣传展板，利用普法宣传车在全县中小学开展法制教育展览活动。联合县妇联、团县委、县教育局、县交警队等部门深入各学校开展安全知识进校园活动。5月，联合团县委、慈善总会启动实施“牵手关爱行动”。5月13日，联合县聋哑学校、福利康复医院等单位举办“为善而歌、向善而行”助残活动。8月10日，联合团县委、县妇联、县教育局等单位举办2016年贫困大学生“圆梦行动”助学仪式。共计捐款12万元，资助23名大学新生。

（闫理峰　王法忠　王丽君）

编制工作

【概况】 县委编制办公室下设综合科（挂政策法规科牌子）、机构编制科、监督检查室、县政府行政审批制度改革办公室、县事业单位监督管理局，有11名行政人员，1名参公人员，5名事业人员，2名借调人员，共19人。先后被评为“市级文明单位”“省级安全生产先进单位”。

【行政审批制度改革】 根据上级简政放权推进政府职能转变工作要求，由审改办具体负责，任务分解到月，每周例会一调度，每季度一总结，半年工作“回头看”，抓好落实，加强政策研究、调研学习，探索适合郓城县的改革模式。按规定做好权力清单动态调整。县级依法保留行政权力事项3382项，其中行政审批261项，行政处罚2148项，行政强制176项，行政征收41项，行政裁决7项，行政确认74项，行政给付17项，行政监督366项，行政奖励28项，其他权力264项。创新行政审批事中事后监管方式，联合政务中心管理办公室出台审批服务绩效考核管理办法。此项创新性工作曾在全省机构编制工作交流会上进行书面交流。开展建设项目区域化评估评审工作。以玻璃园区块环评为试点，探索推行区域化评估评审，待经验成熟后全面铺开。做好省市县政务平台互通工作。根据省市相关工作安排，成立郓城县电子政务办公室，于全市率先完成行政审批事项的录入工作。

【县综合行政执法体制改革】 郓城县被确定为山东省综合行政执法体制改革省级试点县后，县编办按照上级部署要求，结合实际，推进郓城综合行政执法体制改革。郓城县综合行政执法体制改革试点工作正在平稳推进，相关人员职能已划转到位，综合行政执法局已运行，郓城县改革模式得到省市编办的充分肯定，并在全市推广郓城改革经验。

【机构编制监督检查工作】 开展综合行政执法体制改革、“两集中、两到位”工作落实情况、乡镇（街道）安全生产、建设工程质量安全监管落实情况3次专项检查，推动相关工作的开展，保障工作落实。出台《郓城县机构编制审计实施办法（试行）》《郓城县机构编制管理和执行情况审计工作操作规程（试行）》等文件。强化机构编制审计工作，开展针对市场监管局、住建局、发改局等剩余9个政府部门的机构编制评估工作，为政府部门修订编制奠定基础。执行市编委下达的2016年度用编进人计划，申报2017年度用编进人计划。县编办严格用编进人计划审核，合理安排用编进人计划，增加政府购买服务，此项举措既保障政府购买服务人员及时完成工作，又能控制在编制总量内，确保财政供养人员只减不增。

【机构编制管理】 开展控编减编自查自纠工作，按照“严控总量、盘活存量、优化结构、增减平衡”的原则，规范管理编制，盘活用好编制。加强对机构编制工作的日常管理，建立机构编制动态管理机制。开展集中清理“僵尸”事业单位工作。对主要职责消失、工作任务不饱满或没有工作人员的“僵尸”事业单位，通过调整职责、撤销、整合等方式进行改革和清理，盘活利用好现有编制资源。实行公立医院总量备案制。对公立医院申请的人员控制总量进行核算，及时进行备案，并将备案情况抄送财政、人社、卫计部门。遵循“转理念、调职责、优机构、控总量”的工作要求，努力实现“完善部门职责、调整机构设置、优化编制配备”工作目标。深化事业单位分类改革。依据事业单位分类方案及时调整规范各单位经费来源，维护机构编制数据库，对于方案中暂缓分类的事业单位，依据分类标准重新进行分类，明确其类型及经费来源；配合财政部门开展从事生产经营活动事业单位转企改制工作，做好转企后单位机构编制调整。创新公益类事业单位机制体制。全面推开中小学校长职级制和去行政化改革，县教育局依据县委、县政府工作要求，制定实施方案，并在规定时限内完成改革工作。

【事业单位监督管理】 做好事业单位年度报告公示工作。将事业单位基本信息、履职情况、收支情况等向社会公开，接受社会监督。年度报告公示通过的事业单位按照要求换领新版事业单位法人证书。通过省事业单位监管系统进行事业单位法人设立登记、变更登记、注销登记（备案）等业务。登记材料按照要求整理成册、分别存档。做好党政群机关统一社会信用代码赋码工作。指导符合条件的单位换领证书，2016 年成功发放 66 个党政群机关的统一社会信用代码证书。开展法人治理结构建设试点工作。选定县图书馆、县第一初级中学、县人民医院、县文化馆、县实验中学、县东关小学、县中医医院 7 家事业单位开展试点工作。完成全县各事业单位绩效考核工作。对表现较好的单位在 2016 年的用编进人计划中给予一定程度倾斜。开展事业单位“双随机、一公开”监管工作。建立“两库一清单”，11 月，筛选 3 家事业单位开展实地检查，将发现的问题及时反馈，并做好网上公示。

（王硕）

党校教育工作

【概况】 县委党校是参照公务员管理的副县级单位，财政全额拨款，内设办公室、教研室、总务科、教务科、业教科、组织科 6 个科室。校长由县委书记兼任。在职人员中，副高级讲师 8 人、讲师 6 人，助讲 2 人。3500 平方米教学办公综合楼和 2000 平方米的学员公寓各一座，综合办公楼内有教室 7 个和能容纳 300 人的报告厅 2 个。

【干部培训教育】 坚持“一个中心、四个方面”的教学布局，抓好中国特色社会主义理论体系进课堂、进教材、进头脑。全年举办主体班 3 期，下乡宣教 12 场次，参训人员达 2000 人次。实施案例教学、体验式教学、现场教学和自主选学，打造精品课程、品牌专题和名优教师，全方位提高培训质量。在充分调研的基础上，打造 8 处现场教学基地：依托郓城县红色历史文化资源优势，以鲁西南战役指挥部旧址为纽带，建立党性教育现场教学基地；依托郓城县蓬勃发展的民营经济优势，以精细化工循环经济园区里的洪达化工为典型，建立“干大事、创大业”现场教学基地；依托郓城县旧城改造和城镇化建设，结合压煤村庄搬迁，以南赵楼镇为典型，建立新农村建设和城镇化建设现场教学基地；依托郓城县农业产业化发展的几大产业优势，以黄安镇的木材加工业为典型，建立发展壮大板块经济的产业集群现场教学基地，以富士达为典型，建立畜产品加工出口创汇、领先上市的农业产业化龙头企业现场教学基地；以恒基集团为典型，建立科技创新、快速发展、做大做强现场教学基地；依托郓城县创先争优活动成果，以县国税局为典型，建立创先争优现场教学基地；依托县纪委反腐倡廉工作成果，以郓城监狱为典型，建立警示教育现场教学基地；依托全县基层组织建设先进经验，以盛平社区、黄安镇于楼村为典型，建立基层组织建设现场教学基地。

【教学科研成果】 2016 年，党校创新科研管理机制，实施课题带动战略，形成教学出题目、科研做文章、成果进课堂。全年课题立项 3 个，一是关于新型城镇化建设研究，二是关于打造服务型基层党组织问题研究，三是关于新常态下民营企业发展问题研究。其中关于新型城镇化建设问题研究课题被省委党校立项，其他 2 个课题被县领导签批。

【学校对外交流】 2016 年，党校整合校内外教学服务资源，面向社会、面向市场，开放办学，开展对外交流与合作。已同枣庄市委党校、临沂市河东区委党校、菏泽市委党校、巨野县委党校、郓城水浒旅游城、鲁西南战役指挥部旧址纪念馆、郓州监狱等建立友好合作办学关系。

（马向东）

信访维稳工作

【概况】 中共郓城县委、郓城县人民政府信访局是县委、县政府信访工作机构，内设办公室、接访科、办信科、督查科、网络信访科、复查复核办公室 6 个科室。编制 18 人，实有干部职工 13 人，县维稳办与县信访局合署办公。2016 年实现进京零非访的目标，郓城县是全市唯一无非访的县区，被省委、省政府表彰为全省信访工作先进县。

【群众来信来访受理】 2016 年，共接待群众来访 826 批次、4628 人次，其中集体访 258 批次、3977 人次。受理群众来信和网上信访共 1005 件，网信占比 65%。信访事项及时受理率和按期办结率均为 100%。全年信访事项主要集中在城市拆迁、土地征用、农村农业、基层组织建设、涉法涉诉、涉军、涉教、下岗分流等方面。

【县级领导公开接访】 县委、县政府联合下发《关于进一步做好县级领导公开接访的通知》，对县级领导公开接访工作进行安排部署，保证每周三都有一名县级领导公开接访，全国“两会”、十八届六中全会期间，加大县级领导干部接访密度，每天都安排一名县级干部到县信访局接待来访群众。对接访案件，严格落实首接责任制，一接到底，跟踪办理，直至问题彻底解决。2016 年，县级领导干部共接待来访群众 126 批次、2133 人次，解决群众反映的问题 121 件。

【矛盾纠纷排查】 完善县、乡（部门）、村三个层面排查机制，健全县、乡、村三级排查网络。做到早发现早解决，不积累不上交，努力把矛盾化解在基层，把问题解决在当地，从根本上减少上访因素，防止越级访、重复访和进京上访，全年共排查矛盾纠纷 632 件，化解 609 件，化解率达 96%。

【信访积案化解】 开展信访积案化解“百日会战”活动，全县共排查信访积案 247 件，逐案落实县级包案领导、承办人员和办结时限，采用“三段式”工作法做好化解和稳控工作，通过全县各级各部门的共同努力，2016 年 4 月底已全部化解。

【远程监控系统和手机信访平台建设】 投资 130 万元，建立远程监控系统和手机信访信息平台。23 个乡镇街区和 19 个县直部门视频系统和县信访局信息中心联通，县信访局能随时掌握各乡镇街区和有关县直部门的领导干部接访情况。建立县、乡、村三级手机信访信息平台，分管信访工作的县级领导、县信访局工作人员、乡镇街道信访办主任、专职信访干部和全县 1058 个村级信访信息员，人手一部手机，县信访局及时收集全县各级各部门的信访信息，掌握各乡镇街道、县直有关部门的信访情况，特别是村级上访人员的动态，为领导及时决策提供依据。

【信访干部队伍建设】 全县 23 个乡镇街区和县直有关部门都配备 2 名专兼职信访干部，全县 1058 个自然村配备信访信息员。通过信访工作现场会、信访工作例会、信访干部培训班等形式，促进队伍建设，提高整体素质，进一步强化信访工作人员的宗旨意识和依法开展信访工作的法治意识，提高政治思想水平和妥善处理各类矛盾的能力。

（宋义国　刘恩雷）

县直机关工委工作

【概况】 中共郓城县委县直机关工委下设县直武

装部、县直团委、工委办公室3个科室，编制7人，辖45个党总支（机关党委），12个直属党支部。

【党员教育】 开展基层党员集中轮训工作。制订《县直机关工委基层党员集中轮训工作实施方案》，要求各党总支（直属党支部）利用党员活动室等资源，采取集中与分散相结合的方式，对党员进行一次普遍培训。11月，县直机关工委举办县直机关党务干部轮训班，县直各机关党委、党总支、直属支部共100余名党务干部参加培训。

6月，县“两学一做”学习教育协调小组与县直机关工委联合举办庆祝建党95周年暨“两学一做”学习教育知识竞赛。通过本次知识竞赛，加深党员对党章党规、习近平总书记系列重要讲话精神等的理解和认识，进一步坚定党员的理想信念、提高党员的党性修养，加强党员的学习意识和自觉意识。

【组织建设】 落实机关基层党建工作责任制。1月，县直机关工委对各机关基层党组织进行2015年党建工作检查，检查中重点突出基层党组织建设和党费收缴工作，对各基层党组织指出不足并提出要求。在检查中对县直基层党组织班子进行排查，督促指导任期届满的机关党组织及时换届，敦促部分班子补全。

在发展党员工作中，做好入党积极分子培训工作，严把发展党员“入口关”，确保发展新党员质量。9月，机关工委举办县直机关2016年度入党积极分子培训班。县直机关100余名入党积极分子参加学习。2016年度共发展党员45人。

【民兵共青团工作】 县直武装部按照军分区和县武装部的部署和要求，加强对新形势下征兵工作的新情况、新问题的研究，完成民兵整组、兵役登记和夏秋季征兵宣传登记工作。5月组织民兵应急分队进行为期半个月的集中军事训练。

（梁志强）

对台工作

【概况】 郓城县委台湾工作办公室（郓城县人民政府台湾事务办公室）与县委统战部、县民宗局合署办公，具体负责全县对台工作。

【做好争取台湾民心的工作】 7月，县台办对全县的台胞台属情况进行一次详细的走访调查，并鼓励他们加强与岛内亲人的联系，多做岛内亲人的工作，宣传党的对台方针政策，做好反对台独争取民心的工作。加强对台湾二、三代及年轻一代郓城籍台胞的调查摸底及建档工作，加强联系，培植和壮大争取台湾民心的力量；实施“民心工程”。协调有关部门和单位，把中央一系列惠及台湾同胞的政策落到实处。做好暂住台胞、常住台胞、台商的管理服务工作，为他们提供政策法规、居住安全等方面的服务。

【开展郓台交往交流工作】 完善涉台突发事件应急处理机制。制定和完善《郓城县涉台突发事件应急预案》，提高涉台突发事件的处理能力，加强对暂住台胞登记和常驻台商的管理工作，及时沟通，妥善处理。接待由国务院批准举办的2016年两岸新闻交流项目“齐风鲁韵”两岸网络媒体山东行联合采访团，向采访团赠送反映郓城特色的水浒文化系列旅游产品、郓城投资指南等，采访团拍摄的专题片将于近期在台湾播出。进一步扩大两岸交往交流，注重加强与台湾新生代及年轻一代的交流联谊。充分挖掘地域人文优势，努力培植对台交往交流工作的品牌和亮点。做好把宋江武校申办为全国海峡两岸交流基地的相关准备工作。2016年，全县共接待来郓台胞20余人次，办理因私赴台15人次，组团2批次，为台胞解决各种困难20余件次。

【开展对台宣传和涉台教育工作】 对来郓台胞开展“面对面”的宣传，对来郓探亲、观光、考察的台胞，通过召开座谈会、招待会的形式，向他们宣传郓城的投资环境。做好对领导干部、青少年、窗口行业从业人员的涉台教育。12月，在县委党校举办的学习十八届六中全会干部培训班上，专门聘请专家为广大干部作台湾专题讲座；在县一中、第一初级中学开展以“团结促统一，共圆中国梦”为主题的征文比赛活动。

【开展台情调研和台属工作】 10月，在全县开展“台情调研月”活动，对郓城去台人员及二、三代台胞进行重新调查摸底；开展“台资企业走访季”活动。帮助台属解决在生产生活、赴台、财产继承等方面存在的困难和问题，召开台属座谈会2次，走访慰问台属10余次，帮助5名特困台属与社会爱心人士结成长期救助对子，为台属解决宅基地纠纷2起，为2户生活困难台属办理低保，提供遗产继承、赴台探亲等涉台咨询服务等20余件次。

（黄英）

党史工作

【概况】 中共郓城县委党史资料征集研究委员会办公室为正科级事业单位，内设秘书科、编写科、资料征集科3个科室，编制5人，在职4人。

【编纂《中共郓城年鉴（2015）》】《中共郓城年鉴（2015）》是县委党史委出版的系列丛书，收集2015年度郓城县各级党组织的基本情况和工作经验，共分为政治纲要、大事记、县委各部门和工青妇工作概况、乡镇党委工作概况、附录等5大部类。全面记载郓城县党委系统在2015年度的主要工作。

【编写《中共郓城地方革命史（第二卷）》】《中共郓城地方革命史（第二卷）》，全面反映从1949年新中国成立到1978年改革开放之间的社会全貌。全书计划分为4部分，已初步编写完成第一编“新民主主义建国纲领的贯彻实施和社会主义改造基本完成”和第四编“‘文化大革命’运动的十年内乱和对‘文革’的抗争”。

【启动《中国共产党郓城县历史大事记（1997—2015卷）》编写工作】 启动《中国共产党郓城县历史大事记（1997—2015卷）》编写工作，已查阅档案200余卷，抄录资料40余万字，正在编写中。

【开展“社会主义建设时期市（地）、县委书记口述历史”工作】 对曾任中共郓城县委书记刘涛、刁钺和曾任郓城县人民政府县长司黎明的工作笔记和重要讲话文件进行查找、征集、甄别及整理，共翻阅1949—1978年间档案100余卷，并形成影像资料。

【编写郓城县鲁西南战役指挥部旧址纪念馆的景区介绍】 郓城县鲁西南战役指挥部旧址纪念馆景区被纳入《山东省红色旅游指南》一书，2009年5月，郓城县鲁西南战役指挥部旧址纪念馆被中宣部命名为第四批“全国爱国主义教育示范基地”。2011年被国家发改委、旅游局命名为“第二批全国红色旅游经典景区”，纳入免费对外开放单位。2015年被山东省委党史研究室命名为第二批“山东省党史教育基地”。县党史委从鲁西南战役指挥部旧址纪念景区、周边旅游景点景区链接、交通资讯、住宿餐饮资讯、地域特色文化资讯、主要气候等方面，对景区进行介绍，形成文字4000余字。

【编写《菏泽改革开放实录》（郓城卷）】 对《改革开放实录》工作进行安排部署。已完成稿件《从一条街到一座城 看郓城旅游的水浒情缘》，全面介绍郓城旅游业的兴起与迅速发展，文字资料6000余字。《改革开放实录教育篇（暂定名）》总结改革开放以来郓城教育的发展历程与辉煌成就，文字资料8000余字。

【撰写资政文章】 撰写8000余字的解读习近平总书记“七一”讲话的理论文章——《保持在理想信念上的政治定力》。《李先念对〈郓城农村人民公社管理中的问题〉批示启示录》一文在《菏泽党史》2016年第4期发表。编写《半个瓦片的故事》列入《菏泽党史》的发表计划。联合县档案局，在《菏泽日报》“菏泽档案——历史与文化”专栏发表文章3篇，包括《郓城攻坚战》《梁家父子——铮铮铁骨好男儿》《黄楼保卫战》。

（李萌）

档案工作

【概况】 2016年，县档案局（馆）内设办公室

（加挂法规科牌子）、业务指导股（加挂教育科牌子）、档案管理股、编研股、档案接收征集科5个科室。编制20人，实有18人。馆藏全宗112个，9.5万卷，排架长度54米，馆藏资料12633册，另有录音录像带3盘，照片档案428张，其中涉及新中国成立前档案243卷。

【档案指导监督】 制订郓城县《农村土地承包经营权确权登记颁证档案整理》方案，配合县农业局开展工作，各乡镇按计划全面开始整理。指导县房产局、县土管局、县环保局等20余个单位的档案整理工作，指导整理各类档案3万余件，有2个单位被评为省档案先进管理单位，31个被评为省档案管理合格单位。组织全县新上岗的档案员，参加档案业务培训，通过理论讲解、实际操作等形式提升档案工作者的业务水平，38名档案员考取上岗证。

【档案宣传】 开展档案普法工作，提高档案法治意识。尤其注重对《档案法》《山东省档案条例》及《档案管理违法违纪行为处分规定》的宣传和贯彻。9—11月对全县基层单位档案业务工作开展情况进行检查，大多数单位完成档案整理工作。县档案局获2016年度“全省档案宣传工作先进集体”称号 。

【档案编研】 利用馆藏档案编撰《中共郓城县历史大事记（1997—2015年）》（第二卷）资料，8月，查阅档案馆所藏县政协、县粮食管理局的档案资料，编写这两个单位的大事记条目。撰写《举办档案人员岗位资格培训》《档案编研走联合之路》等10余篇信息资料，并及时报送市档案局宣传教育科。《黄楼保卫战》《郓城攻坚战》《梁家父子——铮铮铁骨好男儿》等稿件在《菏泽日报》“菏泽档案——历史与文化”栏目上发表。自6月以来每月编印一期《郓城档案工作简报》。

（邵永革）

郓城县人民代表大会

【概况】 2016年，郓城县人民代表大会常委会听取审议县政府和“两院”专项工作报告14项，组织开展执法检查和视察3次，发挥地方国家权力机关的职能作用。

【服务中心工作】 参与重点项目建设，深入包抓的重点项目现场督促检查，协调解决相关问题，推动项目建设进度。开展“双联双创”活动和“第一书记”驻村工作，常委会各委室主任和10名科级干部分别深入到所联系村的贫困户家中开展精准扶贫，筹集农业生产资料，进行产业发展指导，并联系相关单位，协调资金20万元，为唐塔街道司庄村新建文化广场1处、修补村内道路1000米。

【依法决定重大事项】 在听取和审议“一府两院”有关工作报告、深入开展调研的基础上，行使重大事项决定权。常委会先后审议生态县建设、县城总体规划、棚户区改造、新农村建设、郓城一中新校区建设、县“三馆一场”中心建设等19个重大事项议案，作出19项决议、决定，为维护改革发展稳定大局、促进科学发展和社会和谐发挥重要作用。

【工作监督】 贯彻实施监督法，改进监督形式，加大监督力度，增强监督实效，确保法律法规的有效实施，推动“一府两院”依法行政和公正司法。听取审议专项工作报告14项，开展视察和执法检查3次。

【法律监督】 加强普法实施情况的监督，常委会听取和审议“六五”普法工作专项报告，促进司法部门深化“法律六进”活动，推进“六五”普法规划的深入实施，为全面推进郓城法治建设营造良好的环境。依法加强对县法院和县检察院工作的监督，常委会听取审议县法院关于行政审判、审判监督、诉前调解和少年审判工作，听取县检察院关于民事行政检察、审判监督、刑事执行检察工作等报告，督促县法院、县检察院坚持司法为民、完善审判和检察工作机制，加强司法队伍素质和能力建设，不断提高司法水平，更好地发挥保障社会公平正义、维护社会和谐稳定的作用。落实“倍增计划”，依法任命103名人民陪审员参与县法院案件审理工作，为司法公平正义夯实民意基础。

【人事任免】 坚持党管干部的原则与人大依法任免的统一，做好人事任免工作，确保党委人事安排意图的实现。常委会按照国家规定制定郓城县宪法宣誓制度实施方案，对实行宪法宣誓的人员范围、宣誓誓词、宣誓组织、基本规程等内容作出明确规定。全面规范宪法宣誓活动，激励和教育全县国家工作人员忠于宪法、遵守宪法、维护宪法，增强宪法意识，在全社会彰显宪法权威。

【信访工作】 坚持主任接访和阅批来信制度，完善分类登记、转交办理、督办回访等程序。定期研究信访工作，分析存在问题，掌握动态，对苗头性问题，主动出击，防止矛盾激化。全年接待群众来访98人次，办理群众来信26件，全部落实依法办理或催办、督办。

【代表工作】 注重规范议案处理程序和建议办理程序，在提高“两个质量”上下功夫，即加强指导、提高代表所提议案和建议的质量，加强督办、提高议案处理和建议办理的质量。坚持把督办代表建议与推动有关工作结合起来，通过常委会领导亲自带队督办、确定重点建议重点督办、联合县政府督查室共同督办等多种方式，督促有关部门认真听取代表意见，努力解决实际问题，推动代表和群众关注的问题解决，代表对建议办理工作的满意率逐年提高。加强代表学习培训，举办代表履职培训班，有计划地组织代表开展任职培训、法律知识培训和人大专题工作培训。坚持为人大代表赠阅《人民权力报》《山东人大工作》等报刊，通过人大网站和人大微信平台向代表通报常委会会议及活动情况，不断拓宽代表知情知政渠道。抓代表小组规范化建设，组建1个省代表小组、5个市代表小组和32个县代表小组，提出小组活动建议内容，指导制定计划、有序开展活动，增加代表活动经费，注重协助解决代表履职活动中的困难和问题。

【基层人大工作】 全县23个乡镇（街区）全部设立人大工作机构，经费纳入财政预算，对专职工作人员进行优化调配，改善提升办公条件，规范建立工作制度。组织乡镇人大干部参加省、市、县人大常委会举办的履职培训班学习，实行常委会各主任分片联系乡镇（街区）人大制度，坚持邀请乡镇（街区）人大领导列席常委会会议和参加常委会组织开展的执法检查、专题调研、视察等，提高乡镇人大工作整体水平。

【自身建设】 坚持党组理论学习中心组学习制度，开展党的群众路线教育实践活动、“三严三实”专题教育和“两学一做”学习教育，认真学习贯彻党的十八大、十八届五中、六中全会和习近平总书记系列重要讲话精神，全面学习贯彻中央和省、市委《关于加强县乡人大工作和建设的实施意见》等文件精神，坚持把纪律建设摆在更加突出位置，严格落实党风廉政建设“两个责任”，认真学习贯彻《中国共产党廉洁自律准则》《中国共产党纪律处分条例》，严守党的政治纪律和政治规矩，持之以恒落实中央八项规定精神。深入开展“学法律、懂政策、守纪律、讲规矩”，整治“不作为、慢作为、乱作为”专项活动，严肃查处发生在群众身边的“四风”和腐败问题，深化警示教育，从严从实加强纪律建设，坚决防止“四风”反弹回潮。

【重要会议】 1月14日至16日，县十七届人民代表大会第七次会议召开。出席会议代表319名，缺席41名，特邀人员37名，列席人员110名。会议听取审议《郓城县人民政府工作报告》《郓城县国民经济和社会发展第十三个五年规划纲要（2016—2020）（草案）》《关于郓城县2015年国民经济和社会发展计划执行情况与2016年计划草案的报告》《关于郓城县2015年财政预算执行情况和2016年财政预算草案的报告》，县人大常委会、县法院、县检察院的工作报告，并通过相应的决议。会议期间，代表提出建议、批评、意见45件。会议补选王广岱为郓城县第十七届人民代表大会常务委员会主任，补选王秀丽（女）、陈修社为郓城县第十七届人民代表大会常务委员会副主任，补选李合力为郓城县人民政府副县长。

1月16日，郓城县人大工作座谈会召开。会议深入贯彻中央和省、市委有关文件和省、市县乡人大工作座谈会精神，进一步加强县乡人大工作和建设。县委书记刘文林出席会议并讲话，县人大常委会主任王广岱主持会议，县委常委、组织部长王效忠，县人大常委会副主任曹建文、王秀丽、孙兴忠、陈修社出席会议。

2月14日下午，郓城县十七届人大常委会第44次主任会议召开。会议由县人大常委会党组书记、主任王广岱主持，党组成员、副主任钱建华，副主任王秀丽，党组成员、副主任孙兴忠、陈修社参加会议。党组成员、办公室主任王海涛列席会议。

3月1日上午，郓城县第十七届人民代表大会常务委员会第三十次会议召开。会议听取和审议县政府关于“全面改薄”和解决城镇普通中小学“大班额”问题工作情况的报告；会议听取和审议县政府关于城市管理工作情况的报告；听取和审议县政府关于将郓城一中新校区建设资金列入县财政预算的议案；听取和审议县政府关于《郓城县水浒城市建设置业有限公司向北京银行股份有限公司济南分行申请综合授信业务》的议案；听取和审议县政府关于将县生活垃圾处理费列入县财政预算的议案；听取和审议县政府关于将购买服务资金逐年列入预算的议案；听取和审议县政府关于将如意印染、圣达纺织两家企业拆迁补偿费列入县财政预算的议案；根据郓城县人大常委会主任王广岱的提请，决定任命曾志为郓城县人大常委会办公室副主任、孙自蔚为郓城县人大常委会人事代表工作室副主任；根据郓城县人民检察院检察长逯其彦的提请，决定任命黄艳萍、于露为郓城县人民检察院检察员。

6月20日上午，郓城县十七届人大常委会第三十二次会议召开。会议听取和审议县政府关于2015年财政决算（草案）的报告；听取和审议县政府关于2015年县级预算执行和其他财政收支的审计报告；听取和审议县政府关于全县脱贫攻坚工作情况的报告；听取和审议县政府关于将郓城县职业中等专业学校PPP项目纳入县财政年度预算的议案、关于将郓城县五道街（中央学府）回迁房工程列入政府购买服务资金纳入财政预算的议案；根据县长谷永强的提请，决定任命刘景胜为郓城县人民政府副县长、县公安局局长；全金安为郓城县人民政府办公室主任；李宗玉为郓城县教育局局长；孟玉生为郓城县民族宗教事务局局长。

8月10日，县十七届人大常委会第三十三次会议召开。会议听取审议县政府关于2016年上半年国民经济和社会发展计划执行情况的报告；听取审议县政府关于2016年上半年预算执行情况的报告；听取审议县法院关于行政审判工作情况的报告；听取和审议关于将S338济董路郓城东段路基小桥涵项目购买服务资金逐年列入预算的议案、关于将农村公路安全生命防护工程项目购买服务资金逐年列入预算的议案、关于郓城—杨集公路改造、龙堌—台前公路郓城段公路工程建设项目购买服务资金逐年列入预算的议案；听取审议郓城县人大常委会主任会议关于提请确认许可对县人大代表高传贤采取强制措施的报告。

10月21日上午，县十七届人大常委会第三十四次会议召开。会议听取和审议县政府关于城市重大基础设施建设情况的报告；听取和审议县检察院关于刑事执行检察工作情况的报告；审议关于县、乡人大换届选举有关事项。

10月26号上午，郓城县县乡两级人大换届选举工作会议召开。县人大常委会党组书记、主任王广岱，县委副书记吴振，县委常委、组织部长、统战部长王效忠，县人大常委会党组副书记、副主任曹建文，县委宣传部常务副部长柴景东出席会议。

（赵大鹏）

郓城县人民政府

综述

【政府机构设置】

（一）工作部门

县政府办公室

县发展和改革局

县经济和信息化局

县教育局

县科学技术局

县公安局

县监察局

县民政局

县司法局

县财政局

县人力资源和社会保障局

县安全生产监督管理局

县国土资源局

县住房和城乡建设局

县综合行政执法局

县交通运输局

县水务局

县农业局

县文化体育局

县民族宗教事务局

县卫生和计划生育局

县审计局

县环境保护局

县统计局

县市场监管局

县旅游发展委员会

县林业局

（二）事业机构

县煤炭管理局

县民兵装备仓库

县民兵训练基地

县房产管理局

县工业协会

县史志办公室

县老龄工作委员会办公室

县商业协会

县二轻协会

县广播电视台

县供销合作社联合社

县金融工作办公室

县城市开发办公室

县项目建设办公室

县检验检测中心

县新型城镇化建设办公室

县宋金河风景名胜管理办公室

县政府和社会资本合作办公室

（三）派出机构

县经济开发区管理委员会

县政务服务中心管理办公室

【县长办公会议纪要】 1月23日，县长谷永强主持召开第1次县长办公会议，研究安全生产、教育系统研究生招聘、县政府领导成员分工调整及全县禁毒、反恐等工作。

2月22日，县长谷永强主持召开第2次县长办公会议，研究菏泽金和融资担保有限公司为企业担保有关问题、郓城县电商发展扶持办法、农民工返乡创业意见暨会议奖项有关问题、美国白蛾防治、设施农用地、申报省级园林城市、全市大气污染防治工作指挥部全体成员会议精神及采取的措施和打算等工作。

3月11日，县长谷永强主持召开第3次县长办公会议，研究相关单位进驻政务大厅、地名普查、南北交通枢纽规划建设、农村公路建设、济董路东段建设、标准化学校建设、改薄和幼儿园建设、加强湿地保护、化解基础设施建设资金、县数字化城市管理监督指挥中心项目建设方案、“平安行·你我他”工作机构机制建设情况、县医院新院区建设等有关工作。

3月20日，县长谷永强主持召开第4次县长办公会议，研究政府党风廉政建设工作。

4月9日，县长谷永强主持召开第5次县长办公会议，研究教育系统三项工作有关情况、房地产开发存在问题处理意见、棚户区改造资金转换等工作。

6月2日，县长谷永强主持召开第6次县长办公会议，研究提高职工医保缴费基数、城区开发地块启动开发建设、智慧城市公共自行车建设项目等工作。

6月6日，县长谷永强主持召开第7次县长办公会议，研究县医院新院区建设、对棚改被征收居民选择自由购买商品房补贴办法，环卫工人工资调整、环卫一体化托管、部分公厕改造及洒水车购置，圣达纺织、如意印染拆迁等工作。

7月29日，县委常委、常务副县长孙迁国主持召开第8次县长办公会议，研究金融风险情况及重点风险企业处置、计生工作进展情况和省市计划生育电视会议精神等工作。

8月8日，县委常委、常务副县长孙迁国主持召开第9次县长办公会议，研究贯彻落实全市环保工作会议精神、市政府安委会（扩大）会议精神、中国林交会筹备会议精神及全县城市基础设施配套费征收使用管理办法、农村公路安全生命防护工程实施情况、绿色果蔬扶贫示范项目采用PPP模式建设情况等工作。

8月19日，县委常委、常务副县长孙迁国主持召开第10次县长办公会议，研究棚户区改造资金使用办法、天源污水处理厂二期扩建、城区环境综合整治、城区交通设施信号灯建设等工作。

8月25日，县委常委、常务副县长孙迁国主持召开第11次县长办公会议，研究义和路小学建设、南湖新区、城区道路、经济开发区道路PPP项目情况等工作。

9月30日，县长谷永强主持召开第12次县长办公会议，研究生态环境建设、安全生产、政府职能转变、电子政务平台建设等工作。

【重大决定实施】 2016年，预计实现地区生产总值336.1亿元，增长8.6%；完成公共财政预算收入22.7亿元，增长3%；规模以上工业企业主营业务收入863亿元，增长10.9%；社会消费品零售总额181.3亿元，增长10.9%；城镇和农村居民人均可支配收入分别达到22703元、11025元，分别增长10%和11%。全社会用电量26.3亿千瓦时，增长8.7%；金融机构各项存、贷款余额分别达到380亿元、185亿元，新增60亿元和20亿元。

*着力争创特色，经济增长新动能加速培育。*在北京、深圳等地设立联络站，开展9次集中招商，签约项目108个，落地65个，在建109个，1个项目列入省重点、18个列入市重点。签约项目个数和落地率均居全市前列。大唐郓城2×100万千瓦发电项目，成为全省首个上报国家审批的创新示范项目。走出投融资体制改革的郓城路径。做大水浒置业和郓财两个融资平台，通过争取基金、贷款、债券等途径，累计融资78亿元。在全市率先发行9.7亿元的城投债。举办2次PPP项目推介会，转化存量项目4个，新开工5个，撬动社会资本54亿元；2个项目纳入财政部第三批PPP示范项目，位居全省第一。全年用于城建、生态、民生等领域的资金总额突破120亿元。郓城被确定为第二批省财政直管县。创出农村电商的郓城标准。规划建设4个电商产业园，规模以上工业企业触网率达82%。电商企业发展到4100家，村淘点260个，2个村入围中国淘宝村，电商村镇数量占全市的近三分之一。“6·18”年中大促交易额全省第一、全国第二。全年电商交易额达到140亿元。成为全国首批蚂蚁金服试点县、智慧县域试点县和全省农村电子商务标准化试点县。探索出返乡创业的郓城模式。县返乡创业服务中心和6个返乡创业孵化基地投入使用，设立1000万元的创业贷款担保基金。新增返乡创业就业2.6万人，新注册私营企业7200家、个体工商户5600家。全市返乡创业现场会在郓城召开。迈出全域旅游发展的坚实步伐。入选山东省全域旅游示范区，开创全市支持一个县发展全域旅游的先河。东溪湿地旅游度假区纳入中欧

城镇化务实合作重点项目。水浒好汉城三期等12个全域旅游项目加快推进。旅游消费总额达到15.5亿元。实现特色小镇建设的良好开局。水浒旅游小镇、陆港韵梦小镇加快建设，光伏小镇一期30兆瓦发电项目建成运营，彭湖音乐小镇完成初步规划。

实施棚改带动，新型城镇化谱写出壮美篇章。机关干部包户，合力攻坚，完成6262户、77万平方米的年度棚改任务，创出棚改的“蒋庙速度”和“五道街模式”，干部得到锻炼，群众得到实惠，城市得到发展。城市建设驶入快车道。南部新城建设快速推进，群众期盼多年的北沙河生态治理工程全面动工，建设南湖公园等88项重点城建工程。新修改造总长34公里的19条城区道路，打通6条丁字路，渠化道交口12处，新建跨河桥梁4座，铺设各类管网117公里、人行道11.5万平方米。城区集中供热面积达到130万平方米。在全市各县率先投用公共自行车500辆，安装交通信号灯19组、路灯413盏。新建绿地广场6处，新增绿地面积130万平方米，市民5分钟休闲圈初步形成，成为省级园林城市，纳入全省中等城市培育试点。城乡环境发生新变化。数字化城管监督指挥中心建成投用。重拳治理城市违法建设，拆除违建6万平方米。新增保洁面积35万平方米，城区主干道机械化清扫率达到90%。新建改建城区公厕18处，农村改厕

7月13日，中共菏泽市委副书记李建华（前中）到郓城视察美丽乡村建设工作

8.7万户。新建垃圾中转站3座、乡镇污水处理站11处。改造农村危房670户。全市美丽乡村建设现场会在郓城召开。

突出创新引领，供给侧结构性改革初见成效。在浙江大学举办两期企业家培训班。55家行业龙头企业引进一流工艺设备，全县完成技改投入60亿元。省级高新技术企业达到8家、市级32家，完成高新技术产值182亿元。建成省级工程技术研究中心2家，实施省级重点科技项目8项。县中小企业产业园签约入驻企业58家，探索出产业集群集约发展新模式。新增挂牌企业5家、规范化企业45家，10家企业完成股改。新增山东省著名商标1件、山东名牌产品1个。郓城县被纳入省级创新驱动工程示范区，成为山东省酒类包装生产基地、中国酒类包装之都。农业规模化和品牌化加快推进。流转、托管土地78万亩，新增特色种植基地4.6万亩、名优经济林基地1.1万亩、优质渔业养殖基地1.5万亩、省级以上标准化养殖场6处。农业新型经营主体达到4683家，神舟集团被评为国家级农业产业化龙头企业。新认证“三品一标”农产品38个，市级以上“一村一品”示范村达到23个。全市种植业结构调整现场会在郓城召开。瓶颈制约有效缓解。举办3次银企对接会，成立资产管理公司，引进担保公司和过桥资金，打击恶意逃废债，化解多家企业资金链风险。搭建土地增减挂钩项目融资平台，盘活闲置低效用地1260亩，新增建设用地指标811亩。

加大民生投入，社会事业短板加快补齐。民生支出44.1亿元，占财政支出比重达84.4%。实施扶贫项目124个，建设扶贫车间269处、扶贫大棚600个，5.2万人精准脱贫。郓城一中新校区主体竣工；实施“全面改薄”工程230处，新建改建8所城区学校，新增教学班396个，城镇大班额问题得以缓解；招聘教师611名，其中硕士研究生31名，数量居全市首位。城南水库具备供水条件。新修改造农村公路900公里，里程全市第一；在全市率先启动“户户通”工程，受

益村庄356个，全市两次农村公路建设现场会在郓城召开。县医院新院区开工建设，新建扩建乡镇敬老院7处、农村幸福院55处，县残疾人康复中心建成投用。机关事业单位人均月增资677元。全县各类社会保险参保人数达到196万人次，按时足额支付各项社会保险待遇13.9亿元。实施全面两孩政策。创排的山东梆子《跑旱船》，作为山东省唯一剧目，晋京参加全国基层院团戏曲会演，登上央视2017年新年戏曲晚会；成功承办山东省第二届武术大会。农村数字高清监控基本实现全覆盖，社会治安、安全生产形势总体稳定。

*加强自身建设，行政效能明显提高。*坚持高标准、严要求，推动政府系统全面争创一流，干部作风明显转变。累计办结人大代表议案建议67件、政协委员提案109件。深入开展“不担当、不作为、慢作为、乱作为”专项治理，问责89人。审减政府性投资项目工程造价1.7亿元。全年争取上级财政补助资金27.5亿元。在全市率先推广国地税联合办税模式。高标准政务服务中心和公共资源交易平台建成投用。

（县政府办公室）

县政府办公室工作

【概况】 县政府办公室内设13个职能科室，分别是秘书科、机要科、调研科、信息科、行管科、保卫科、政府信息公开中心、县政府综合调研室、县政府督查办公室、县外事侨务办公室、县加快发展办公室、县政府法制办公室、县政府应急管理办公室。县外事侨务办公室内设外事科和侨务科；县政府应急管理办公室内设值守科和处置协调科。县民族宗教事务局为县政府工作部门，与县委统一战线工作部合署办公。县人民政府办公室机关行政编制28人。

【综合调研工作】 *建立起重点工作直报和跟踪调研制度。*由47个政府部门、10个乡镇82名科室站所责任人，对105项重点工作，每月5日前直报工作进展情况和推进计划，上报情况落实到时间节点，具体到数字，为领导决策提供第一手资料。每月筛选4项以上重点工作、亮点工作进行实地调研、跟踪调研，针对全域旅游等新课题，与浙江桐庐、嘉兴、江苏睢宁等市县政府研究室系统建立沟通对接机制，进行对标调研、数字调研，经验做法在全市政府研究室系统推广。

先后起草政府工作报告、全县科学发展观摩会议、县政府全体扩大会等重要会议领导讲话稿、主持词、发言材料120余篇，100余万字。完成领导干部民主生活会、三严三实专题学习、述职述廉、年度考核和重大活动汇报等各类材料。

*创新政策研究支持领导决策。*集中力量先后对投融资改革、返乡创业、农村交通和社会事业等10多个重大课题进行调研，撰写上报高质量调研报告12篇，其中《精心运作PPP项目 力破解投融资难题》《积极探索返乡创业新路子 着力打造经济发展新引擎》《整合救助资源 兜牢民生底线》《打破农村交通瓶颈 助推建设美丽乡村》等7篇调研报告被市政府《菏泽政务》刊发推广；《郓城县积极探索建立联合办税服务模式》和《积极探索返乡创业新路子 着力打造经济发展新引擎》被省政府《决策参阅》专期刊发，专报国务院和省委、省政府领导；《高点定位 奋力赶超 力争早日跨入全省县域经济第一方阵》和《打破农村交通瓶颈 助推美丽乡村建设》被省政府《山东经济战略研究》刊发。上半年，省市刊登推广的郓城经验数量在全市各县区遥遥领先，调研成果省市刊发数量、获奖数量连续7年全市第一，2016年全省第一。

【政务信息工作】 共上报信息186篇，采用163篇，采用率达87.6%，经市政府办公室转报省政府办公厅和国务院办公厅139篇，省办采用127篇、国办采用2篇；《普刊信息》共计45条，采用18条。全面升级改版县政府网站和中心机房，新版网站已全部定型并测试完毕，开通“郓城政事”头条号，累计发布重大信息279条。公开政府信息4711条，建设各类专题19个，组织采写重大活动信息337条，上报市政府网站信息514条。处理网民互动3397条，回复率100%，满意率90%以上。

【协调服务工作】 编印办公室操作手册，努力实现办会标准化、办事规范化。加强学习培训，每周五下午4点—5点固定为集中学习时间。学习借鉴枣庄市政府办公经验，绘出各科室工作流程图，实现从问题提出、实际操作到反馈评价的全流程控制，力争办公室每名工作人员都能成为办文办会办事的行家里手。修订完善办公室考勤、请销假、财务、车辆、接待、值班、保密、调研、工作通报、信息共享、上级对口科室沟通对接等12项工作制度，每天两次考勤，建立起用制度管人管事的长效机制。做好各类重大活动的筹备和组织，完成全市第一次科学发展观摩、全市支持郓城发展全域旅游现场办公会、全市扶贫观摩会议等50余次重大接待任务，承办省有关部门、市政府、市人大、市政协领导视察郓城等50余次大型活动，接待县外客人3000余人次。做好外事侨务工作，服务好5次县领导出国学习培训及经贸考察；承办由国家和省侨联组织的“2016侨星耀菏泽”等4次大型侨务活动。做好后勤保障，定期向市政府办公室汇报工作，及时向县几大班子领导和县委办公室、县人大办公室和县政协办公室通报政府工作情况。

【督查工作】 完善各项督查制度，改进督查工作方式，健全大督查工作机制，实行督查联动，承接和参与重点项目调度、大气污染防治、扶贫、棚户区改造、全面争创一流、安全生产等19项重点工作督查任务，并对县政府领导安排的160多项日常工作进行跟踪督察，确保县委、县政府的一系列决策部署落到实处。做好领导批示件、领导信箱和市县长热线的办理工作，对领导批示件、领导信箱和市县长热线批示件实行当天受理、当天转办，及时催办上报，做到零逾期办理。坚持定期编发《县长热线周报》，及时报送县领导和市长热线办公室参阅。2016年共承办各级领导批示件46件，其中省长信箱1件，市长信箱24件，人民网留言8件；受理市长公开电话交办件12100件，接听县长公开电话7600余次，办结率100%，满意率达95%以上。听取县人大代表、政协委员的意见和建议，办理人大代表议案、建议67件，政协委员提案109件，共计176件。所有单位“两案”办理工作全部完成，代表关心的热线和难点问题得到有效解决。

【应急、文秘、信访工作】 加强政府应急体系建设，对郓城县突发事件应急管理委员会进行调整，各乡镇人民政府、街道办事处、县经济开发区均建立应急管理办事机构，形成比较健全的应急管理领导体制，制订完善10多项规章制度，制订县级专项应急预案31个，横向到边、纵向到底的应急预案体系逐步形成。实行24小时值班制度，从未出现过空岗现象，没有发生过漏事、误事的情况，确保政府工作的高效运转。主办、协办各类会议260余次，制发公文377件，收文1450余件，办理省市办明电530余件。实行全员信访制、首问负责制，及时接办群众来信来访，特别是对房屋拆迁、下岗职工安置等涉及群众切实利益的问题，高度关注，跟进落实。

（县政府综合室）

法治政府建设

【概况】 2016年，县法制办内设综合科、法规科、行政执法监督科和行政复议科4个科室，共有工作人员6人。起草、审查县政府规范性文件8件，审查部门规范性文件8件，清理县级规范性文件22件，收到行政复议申请23件，代县政府出庭应诉案件51件。

【规范性文件拟定与备案审查】 拟定全县规范性文件制订计划，严格规范性文件备案审查制度，加强规范性文件“三统一”工作。县政府规范性文件需要经县法制办合法性审查，未经合法性审查的不得公布施行。县政府各部门、乡镇政府（街道办事处）规范性文件需要由县法制办备案登记。凡同法律、法规或上级规范性文件冲突的文件一律进行修改，凡不符合实际或阻碍经济社会发展的文件，禁止出台。共起草、审查县政府规范性文件8件，审查部门规范性文件8件，清理县级规范性文件22件。

【行政复议与应诉】 依法受理和审理行政复议案件。2016年共收到行政复议申请23件，全部依法受理，其中中止2件，撤回复议申请1件，驳回申请人请求3件，维持原具体行政行为12件，撤销原具体行政行为5件；召开听证会1次，法定期限内结案率达到100%。办理行政应诉案件，在法定期限内提供做出具体行政行为的证据、依据和其他材料，自觉接受司法审查，力争解决好行政纠纷。2016年，代县政府出庭应诉案件51件，其中胜诉49件，胜诉率达96.1%。

【法制培训和宣传】 3月1日，在卫生系统中举办郓城县贯彻落实《山东省人口与计划生育条例》依法行政培训班。4月23日，组织县直部门的主要领导和法制科长参加提升领导干部依法行政能力培训班。6月24日，举办郓城县2016年度行政执法证件年审考试培训班，培训行政执法人员1079名。11月22日，举办2016年度新申领山东省行政执法证件人员集中培训班，培训行政执法人员132名。向市法制办报送法制信息稿件71篇，采用39篇，被评为全市依法行政宣传工作先进单位。

【行政执法监督】 *加强证件管理*。3月底开展行政执法人员执法资格专项清理活动，共清理不在编、工勤编、在编不在岗人员的执法证件214件。从3月开始开展执法证件年审工作，全县1079名执法人员的执法证件完成年审。

清理行政执法主体资格。4月初，下发《关于开展全县行政执法主体资格清理和审核公告工作的通知》，经过审核确认，公布《郓城县人民政府关于公布县级行政执法主体的公告》。

加强行政监督检查。8月31日，对丁里长镇和随官屯镇市场监督管理所和交通管理所执法人员的持证上岗情况进行检查，对丁里长市场监督管理所的执法案卷进行抽查。

执法案卷评查。11月2日，下发《关于开展行政执法案卷评查活动的通知》，对2016年度案卷评查工作进行详细安排。11月28日，对上报案卷进行集中评查，通报案卷评查情况并对案卷存在的问题向各部门及时反馈。

（颜冬）

行政审批服务

【概况】 2016年，新政务服务中心融合县政务服务中心、公共资源交易中心、返乡创业服务中心、中小企业公共服务中心、仲裁法律服务中心5个中心，进驻行政审批职能部门38个，公共服务民生企业8个，中介服务单位10个，设立对外服务窗口202个，可办理行政审批和公共服务事项442项，受理行政审批和服务事项58484件，办结57899件，办结率达98%，群众满意度达100%。

【创新管理模式】 2016年，政务服务中心采用政府购买服务的方式招录26名大学生，作为联合办税窗口及政务服务中心综合服务窗口辅助人员，提升服务人员素质。设立咨询和导引、不给办投诉、帮着办服务3个服务台。综合服务台共接待导引咨询23348人次，办理帮办事项4836项，接待4557人次，帮助复印各类材料38914页，帮扶637次，办理群众投诉9件。建立行政审批材料模板制度。实施窗口单位将本单位承担办理的所有审批和服务事项，分别制作事项办理申请材料模板进行公开，将事项办理申请材料示范文本制成模板，放置在各办事窗口，供服务对象参照填写。

率先在全市实现“一窗一人一机双系统”办税服务厅。联合办税服务厅设服务窗口28个，运用“一窗一人一机双系统”的办税模式，使纳税人享受到“进一个厅、取一个号、到一个窗、办两家事”的纳税服务。建立一流的网络办公系统。政府投资完善网络办公设施，在厅内安装

LED 电子大屏 2 块、液晶广告机 1 台，办公电脑 230 台，布设用于公布窗口人员信息和业务事项的信息发布系统，完成行政审批服务事项网上办理流程录入和政务服务外网接入工作，实现政务服务平台省、市、县三级互联互通。

县政务服务中心建成一流标准化的公共资源交易中心，设置规范的开标室、评标室，可同时承担 100 人的开标需求。设置高标准的监督室和专家抽取室，电子监控系统完善。9 月 23 日正式运行以来，已组织开展政府采购类项目开标 11 次、工程项目招投标 7 次。

起草制发《郓城县人民政府办公室关于进驻县政务服务中心工作人员统一着装及误餐、交通补助等问题的通知》，由各窗口单位给予在政务服务大厅各窗口工作的一线人员一定的交通、误餐补助，并实行朝九晚五工作制。

【规范办事流程】 加强制度建设，实施科学有效管理。修订和完善规章制度，先后出台窗口工作人员考勤暂行办法、窗口工作人员行为规范、行政审批材料模板制度、政务服务监督员制度、政务中心窗口单位及窗口工作人员考核办法 6 项管理制度，对窗口部门和工作人员进行有效规范，推行科学考核管理。与各入驻单位进行对接，对进入中心大厅办理的所有审批和服务事项，严格规范申报材料，简化办事程序，减少办事环节，缩短办理时限。

【加大监督考核力度】 在建立健全各项制度的基础上，实行窗口人员双重管理，对进驻部门窗口人员进行严格考核，并将考勤结果反馈到各窗口单位，实现双向监督管理；结合县政府法制办、县纪委监察部门，开创设立行政复议窗口、纪检监察窗口，配合实施政务服务监督员制度，发挥行政执法体制内监督和社会监督合力，打造阳光政务、便民政务。

（李继银）

外事侨务工作

【概况】 县外事侨务办公室为正科级行政单位，编制 5 人，实有 2 人。2016 年，县侨务办贯彻落实国家省市有关外事侨务工作的指示精神，围绕县委、县政府的决策部署，真抓实干，完成各项工作任务，1 人被评为 2016 年度全省侨务工作先进个人，记三等功。

【侨务工作】 宣传山东省归侨侨眷权益保护条例，依法维护侨胞、侨眷的合法权益。春节期间慰问困难归侨、侨胞、侨眷 10 户，为侨胞侨眷排忧解难 15 人次。组织捐资助学活动，举办美国孔子基金会郑李氏奖学助学金发放仪式，为张鲁集三里庄小学等 30 名贫困学生发放 3 万元助学金。4 月 13 日，承办“2016 侨星耀菏泽”郓城考察活动，省市侨联主要领导带领中众合有限公司董事长、香港福建社团联会、加拿大泉州同乡会副会长庄沧桑，国家千人计划、海外特聘专家、利特纳米技术有限责任公司董事长侯士峰等 40 多名侨商及博士团队，来郓城参观考察琦泉生物发电、烟郓盖业、大元生物、华宝食品、一鸣纺织、郓翰云城电商产业园等企业，召开“2016 侨星耀菏泽”郓城座谈会。5 月 20 日，接待中国侨联文化交流部部长刘奇一行赴郓城视察活动。8 月 1 日至 13 日，承办由中国侨联、省侨联主办的“亲情中华齐鲁行——中国牡丹之都夏令营”活动，40 余名韩国、马来西亚等国家青少年在宋江武校学习武术、书法、剪纸、儒学等中国优秀传统文化，游览宋江湖、黄河险工等多个景区。9 月 24 日，承办由国家省侨联组织的“海外侨胞故乡行——走进菏泽”活动，来自美国、奥地利、南非、韩国、坦桑尼亚、德国、泰国、越南、印尼、英国、圭亚那、澳大利亚、马来西亚、日本、西班牙、加拿大等 18 国家地区的 60 余名海外华商协会主要负责人，到郓城进行经贸洽谈、参观考察、文化旅游等活动。

【外事工作】 服务县领导出国学习培训、经贸考察。编制完成县级领导出国计划，办理5位县级领导出国手续，由省委组织部组织赴美国经济转型与产业升级专题培训班；4位县政府分管领导分别随市政府商务代表团赴德国、瑞士和荷兰考察，随省经信委纺织产业考察团赴法国、意大利考察，随省住建厅新型城镇化考察团赴日本、韩国考察，随市文化交流考察团赴印度、尼泊尔考察学习，按照程序进行公示。

服务好企业外经贸活动，为绅联肠衣、江南化纤等进出口企业办理国外合作方邀请函，为龙腾钢球等企业2人办理APEC商务旅行卡，促进全县外经贸工作开展。

（王建华）

民族宗教工作

【概况】 县民族宗教事务局是正科级行政机关，与县委统战部合署办公。内设民族科、宗教科，编制5人，实有5人。2016年，县民族宗教事务局贯彻落实党的民族与宗教政策，协调各方关系，依法管理民族与宗教事务，确保民族宗教领域安定、稳定。

【民族工作】 *做好穆斯林群众牛羊肉补贴调查报送发放工作。*根据省、市统一部署，做好春节期间穆斯林农户牛、羊肉补贴统计发放工作，春节前县财政局将补贴款拨发到各乡镇街道，并及时发放到穆斯林农户手中。

*开展民族团结进步宣传教育和创建活动。*以“共同团结进步，共同繁荣发展”为主题，在主要街道悬挂宣传横幅，发放宣传资料，在县委、县政府机关用电子屏幕宣传民族政策和知识。开展“民族团结进步（乡镇）社区”创建活动。

【宗教工作】 贯彻落实党的宗教工作基本方针，保护信教群众根本利益。在实地考察研究和了解信教群众需求的基础上，新报批活动场所2个。

团结带领宗教界群众参与社会公益活动。六一前夕，到武安镇西王楼村小学开展教学用品捐赠活动和贫困家庭慰问活动；端午节前夕，联合县统战部和佛教界人士到张营镇后唐楼开展贫困家庭慰问活动；暑假期间，结合县义工协会和佛教、基督教信教群众开展贫困大学生公益助学活动；中秋节前夕，组织佛教界爱心人士到西王楼村慰问贫困家庭。

加大基督教私设聚会点的治理工作，加强日常管理，发现问题及时妥善处理，以说服教育为主，宣传有关法律法规，逐步引导他们向爱国宗教团体靠拢。开展民间信仰调研工作，由各乡镇、街道进行调查摸底，共排查出民间信仰场所100余处。

（孟玉生）

史志工作

【概况】 郓城县地方史志编纂委员会办公室（以下简称县史志办）是隶属于县政府的正科级事业单位，内设办公室、编辑科，编制8人，在岗5人。2016年，《郓城年鉴（2016）》在全省优秀史志成果评选活动中获优秀年鉴奖，受到省政府办公厅通报表彰；在全省优秀年鉴评选活动中获优秀年鉴二等奖，受到省史志办通报表彰。县史志办被省史志办评为山东省情网先进供稿单位，受到省史志办通报表彰。在全市史志论文评比中，获得一个一等奖，一个二等奖。

【编纂出版《郓城年鉴（2016）》】《郓城年鉴（2016）》共80多万字，收录图片700余幅，在彩页部分增加“美丽郓城”“幸福郓城”等版块，全方位展现郓城经济社会发展的最新面貌。内文中增加历史名人、风景名胜、地方特产等条目，突出展现郓城历史文化底蕴和地域特色，成为郓城招商引资的重要平台和窗口。《郓城年鉴（2016）》于2016年10月由中国文史出版社出版发行，在全市率先实现一年一鉴，公开发行，当年出版。

【县情网建设】 郓城县情网包括图片郓城、要闻快递、史志动态、县情概览、水浒文化、诚信郓城、郓城县志、名胜古迹、领导讲话、企业在线、书画摄影、民俗风情、古今人物、特产名吃14个版块，每个板块下设多个子目。动态信息每周更新，开通免费查询资料服务，推进修志编鉴的数字化、网络化建设，利用微博等新媒体平台，实现读编互动与资源共享，成为宣传郓城的一扇窗口。

【信息报送工作】 加强网站信息报送工作，选拔业务骨干担任编辑，实行编辑责任制，严把政治关、质量关、史实关。研究制订信息工作奖励办法，把信息报送工作纳入绩效考核，与评优树先挂钩。2016年，在省情网发布动态信息23条，在市情网发布动态信息34条，位居全省各县区第五名，全市各县区第一名，被省史志办评为2016年先进供稿单位。

【志书开发利用】 加强方志室建设，通过购买、与其他市县史志机构交换等方式收藏优秀志书、年鉴，丰富扩展志书年鉴的收藏。先后给县级领导、县直各部门、各企事业单位、各乡镇街道等赠送《郓城年鉴》1000多册。先后为中央、省、市、县各级领导和国家发改委、省发改委、同济大学建筑设计院、山东建筑大学规划设计院、县发改局、规划局、住建局、民政局、旅游局、文体局等部门单位提供志鉴资料300多次，为郓城历史文化展示馆、新型城镇化试点县规划、宋金河二期、郓城“千年古县”申报、城南水库、郓州大道坝头区块建设、东溪湿地、大唐发电、龙源物流等项目提供服务150余次，服务接待本县干部群众、投资创业人员和外来客商等社会各界人士1000余人次。启动《郓城历史文化村镇》一书的编纂工作。在充分利用方志室现有县情资料的基础上，一方面到省、市史志办、图书馆、方志馆、市历史与考古研究所向专家请教，查阅摘录资料；另一方面进村入户走访座谈，搜集整理资料。已完成组稿工作，计划2017年出版发行。

【方志馆建设】 县委、县政府高度重视方志馆建设，多次听取汇报，召开会议专题研究方志馆建设工作。郓城县方志馆选址在南湖新区北部胜利街东裕民路北，馆舍面积约1080平方米，功能区划分为地情展厅、志鉴陈列室、古籍珍本室、编鉴修志室、数字化处理工作室、地情文献资料利用和咨询服务中心、办公室、储藏室、专家研究室。计划2017年开工建设，2019年年底前完成建馆并实现开馆。

【方志理论和实务研修】 定期召开方志理论专题研讨会，吸收最新的方志理论成果，为史志业务的开展打下坚实的基础。开展志鉴编校技能竞赛和学习优秀年鉴活动，将竞赛成绩和学习情况与评优树先挂钩，激发史志人员的学习进步意识，做好修志编鉴工作。报送的《加强资料搜集　筑牢史志根基》《关于我国地方史志资料的数字化阅读探讨》分别获得菏泽市2016年度优秀方志论文一等奖、二等奖。

【省市志鉴供稿工作】 召开调度会议，加强组织协调，责任分工到人，组织人员分头深入到县直部门单位、乡镇搜集第一手资料，认真编纂整理。确保史实和数据的准确无误，做好《山东年鉴》《山东史志志》《山东史志年鉴》《菏泽年鉴》郓城部分的供稿工作。

（王志良　艾霏霏）

城市开发工作

【概况】 2016年，县城市开发办公室为县政府直属的正科级财政拨款事业单位，内设综合科、招商科2个股级科室；核定编制9人，在岗6人。负责研究和拟定全县城市综合开发的有关推进措施；负责城市综合开发、旧城改造、住宅建设和房地产发展计划的编制、报批工作，组织城市综合开发项目的实施与管理；负责城市开发综合协调、督促落实和相关服务工作。

【项目策划包装】 年初，会同规划、国土等部门，策划灯泡厂、化肥厂等15个城市综合开发区块，面积3100亩。其中涉及南部新城12个，包括灯泡厂、化肥厂、印染厂、五道街东、胜利广场东、胜利广场南、胜利广场西、新一中东、新一中南、新一中北、金旭东、职业学校东等区块。老城区3个，包括宋金河滨河商业街、三里庄、招待所北等区块。精心制作项目册子，拉出15个开发区块的位置、面积、拆迁量和初步规划指标，统一对外招商政策，优化招商流程。

【项目招商推介】 先后赴湖北黄冈、南京、无锡、上海、杭州、沈阳等地进行项目对接。2016年共接待有投资意向的开发商105次；已落地项目10个，总占地1692亩，可建设总量243万平方米；协议出让金63754万元，交纳土地熟化保证金17200万元；达成意向的项目10个，总占地1832亩，可建设总量273万平方米。

【落地项目】 已落地的项目有：帝景湾南区块，开发方为郓城龙翔置业有限公司，区块面积98亩；枫叶正红项目，开发方为菏泽市大田房地产开发有限公司，区块面积254.5亩；仿古风情街项目，开发方为山东特思瑞建筑工程有限公司，项目面积23.2亩；宋金河滨河商业街区块，开发方为山东郓城宋金河置业有限公司，项目总用地面积48亩；蒋庙片区，开发方为郓城县帝源置业有限公司，区块面积349.6亩；化肥厂区块，开发方为碧桂园及郓城龙源房地产开发有限公司，区块面积380亩；灯泡厂区块，开发方为山东丰硕置业有限公司，区块面积97亩；西关小学西片区，开发方为郓城榆程顺兴房地产开发有限公司，区块面积52.5亩；三里庄区块，开发方为聊城振业置业有限公司，区块面积166.5亩；金润社区，开发方为郓城弘泰置业有限公司，区块面积223亩。

【达成意向的项目】 达成意向的项目有：江苏建工集团欲开发刘孟庄区块，山东盈成置业有限公司欲开发供电局、一中附中西侧区块，聊城天润房产开发有限公司欲开发外贸公司区块，金地房地产开发公司欲开发东城国际南区块，郓城县鸿瑞置业有限公司欲开发五道街西区块，福建龙岩伙鑫矿业集团欲开发国税局东区块，山东特思瑞建筑工程有限公司及县一中欲开发新一中南区块，浙江鹏瑞投资有限公司欲开发五道街北区块，龙翔置业有限公司欲开发五道街南区块，浙江三江集团欲开发印染厂地块。

【协调服务工作】 对城区所有开发区块进行专题调研，初步梳理摸清开发区块现状和问题。建立开发区块月进度直报制度。接待来郓城考察的开发商，协调开发商与规划、国土等有关部门的沟通对接工作。为开发企业搞好服务，针对项目开发建设方面出现的问题，召集组织开发企业与有关部门开会讨论，为企业解决实际困难和问题。做好城镇化开发区块现场调度工作，做好路线制定、车辆引导、笔录整理、督导落实等各项工作，确保调度会议顺利进行，会议要求及时得到落实。

【开发区块统计工作】 2016年年底，对郓城县内的开发区块进行集中统计，共计43个项目。其中已建成的有18个，包括锦绣苑区块、御景苑区块、富海公馆区块、星河国际区块、御水苑区块、西湖豪园区块、水岸新都区块、东城国际区块、金河景城区块、金都豪庭区块、商贸城东区块、金旭凯旋城区块、御翠苑区块、帝景湾区块、香墅湾区块、七星酒店用地、体育公园区块、宋江名都等；正在建设的有16个，包括植物油厂区块、环保局南区块、南关区块、中央学府区块、二中东区块、万象世纪S4区块、电影院区块、郁胡同区块、望龙公馆、帝都花园、蒋庙新村、中华家园、中央首府、司店区块、枫叶正红区块、华誉集团生态文化体验中心用地等；未开工的9个，包括原人大政协区块、一品世家南区块、司油坊区块、风情街用地、拖修厂区块、五道街北区块、五道街南区块、好汉城四期、灯泡厂东南角区块等。统计项目的规划情况、建设情况、拆迁情况、棚改情况、商品房预售情况及存在问题等，对开发项目进行摸底调查。

（张梅）

新型城镇化建设

【概况】 县新型城镇化建设办公室为正科级事业

单位，编制6人，内设综合协调科和规划推进科，主要任务是围绕县域城镇化投融资及PPP体制机制创新、提高城镇化率、中等城市培育及特色小镇创建、试点交流合作形成可复制经验模式。

【推进市民化和城镇化】 编制完成《郓城县新型城镇化规划》及《郓城县人口市民化规划》。为解决好城镇外来务工人员、城中村城边村原有居民、农村就地转移人口、返乡创业就业人员“四类人”市民化问题，编制完成《郓城县人口市民化规划》，为建立财政转移支付、预算内基建资金、城镇建设用地增加与吸纳农业转移人口数量“三挂钩”政策机制夯实基础。8月17日—18日，顺利通过国家发改委国际合作中心开展的国家新型城镇化综合试点进展情况第三方评估。

创新投融资模式。融资规模72亿元，通过PPP模式融资54亿元，为城市建设提供资金保障。借助126亿元资金投放，加强全县基础设施和公共服务设施建设。

牵头推进四个乡级行政区划调整。主动与县、市民政部门进行对接，黄集、张鲁集、陈坡和水堡四个乡亟须推进改镇工作。10月19日《郓城县人民政府关于郓城县部分乡级行政区划调整的请示》上报到市，并于10月23日、11月21日与省民政厅沟通协调，初步取得支持。

【做好中等城市、特色小镇培育工作】 争创山东省10个中等城市培育试点创建工作，并成功入围。到2020年，郓城县城市人口将达到50万人，主要通过增加新城人口容量、拓展城区发展空间、强化产业支撑、积极推进城中村城边村改造、智慧城市及人文城市建设等途径完成试点任务。

水浒小镇列入省级特色小镇创建名单。结合全域旅游打造水浒旅游目的地品牌的契机，编制完成《郓城县水浒小镇创建方案》，已通过省政府组织的专家评审，进入省级特色小镇创建名单。

【打造国际合作平台】 7月13日，在北京人民大会堂与世界未来委员会签署《关于共同推进东溪湿地建设与城市绿色发展项目合作备忘录》。11月26日—27日德国联邦自然保护局与世界未来委员会在郓城召开中欧东溪湿地项目考察交流会，研究探讨我国北方地区典型气候条件下的湿地保护区域性示范意义，并计划将东溪湿地保护项目列入《世界城市湿地管理指南》，开展国际合作。9月20日，在江苏常熟市召开的第十届国际湿地大会上，郓城作为特邀城市，从城市规划发展、投融资及公众参与的角度推介将东溪湿地保护融入城镇化发展的经验做法。

9月2日—3日，组织县新型城镇化成员单位18个部门赴北京交通大学中国城市研究中心，参加新型城镇化研习班，期间重点考察易华录、NEC、软通动力、新奥能源四家企业。

【深化试点探索】 11月1日，在省新型城镇化综合试点第三方监测评估座谈会上，郓城的做法得到与会专家肯定。省新型城镇化领导小组办公室拟将制作的专题片《放歌希望田野，筑梦幸福郓城——城镇化建设纪实》推荐到省电视台进行宣传。11月10日，在青岛举行的全省新型城镇化综合试点经验交流会上，郓城做题为《多措并举，打造投融资郓城模式》的典型发言。《郓城县多措并举全力打造投融资“郓城模式”》被山东省人民政府办公厅《专报信息》（220期，2016年6月16日）采用，相关材料直报省长和副省长。10月17日，《中国城市报》全版刊登县委书记刘文林题为《郓城县全力推进以人为核心的城镇化》的文章。

（朴凡东）

中国人民政治协商会议郓城县委员会

【概　况】 中国人民政治协商会议郓城县委员会（以下简称县政协）有干部职工22人，下设办公室、提案委员会、经济委员会、科教文卫体委员会、文史资料委员会、港澳台侨民族宗教委员会，均为正科级单位。2016年先后召开县政协十三届五次全委会议及十三届十九次、二十次、二十一次常委会议。

【推进协商民主】 召开县政协十三届十九次、二十次、二十一次常委会议，审议通过《政协郓城县委员会2016年工作要点》，对年度各项重点工作进行安排部署；组织常委就全县扶贫开发工作情况，专门听取工作通报，开展专题协商讨论，对扶贫工作开展情况提出意见和建议。充分发挥民主党派、工商联和专门委员会的作用，组织委员分别就精准扶贫、医疗养老、酒类包装业发展、中小学教育等问题开展深入细致的调研活动，形成调研报告6篇。引导广大政协委员积极开展“双建双促”活动，鼓励政协委员在参与全县经济社会发展、改善民生等方面发挥作用。县政协领导班子主动参与全县重点工程项目建设、招商引资、联系企业、驻村蹲点、城建拆迁、定期接访等中心工作。

【服务民生】 充分发挥提案重要作用。召开全县2016年度提案交办会，并对重点提案进行督办。通过召开提案办理协商座谈会，就重点提案开展面对面协商，着力提高提案落实效果和委员满意度。开展“双联双创”和精准扶贫工作。县政协机关13名党员干部对黄泥冈镇曹庄村和武庙村共56户困难群众进行结对帮扶。深入开展“百企联百村”活动。动员驻郓省、市、县政协委员，按照“人人参与、一帮一或一帮多、委员企业家包村”的原则，深入贫困村与贫困户结对，因地制宜实施产业就业扶贫。

【自身建设】 加强与民盟、工商联、人民团体等各界人士的交流，邀请他们参加民主议政、视察监督等政协活动。编纂《郓城酒文化》一书，已组稿17万余字；协助省政协征集《记忆黄河》等有关史料，累计12万余字。

【重要会议】 **全委会议** 1月14日—16日，十三届五次全委会议在县政府招待所举行。出席会议的委员295名，特邀人员52名，列席人员77名。会议听取县委书记刘文林的重要讲话，听取并审议县政协主席徐淑珍代表第十三届常委会作的《工作报告》、副主席樊庆斌作的《提案工作报告》和十三届五次会议《提案审查情况的报告》，通过大会决议。

常委会议 1月12日，十三届十九次常委会议在县人大会议室召开。会议传达学习市委政协工作会议精神，县委常委、常务副县长孙迁国作《政府工作报告》起草说明，县委常委、组织部长、统战部长王效忠作有关人事事项说明，协商通过县政协十三届五次全委会议有关事项，吴宝金秘书长介绍县政协十三届常委会《工作报告》和《提案工作报告》的起草情况和基本内容。县政协主席徐淑珍作重要讲话。

1月16日，十三届二十次常委会议在政府招待所西三楼会议室召开。会议审议通过政协第十三届郓城县委员会第五次会议《提案审查情况的报告（草案）》《县政协十三届五次会议决议（草案）》及县政协2016年度政协工作要点。

5月4日，十三届二十一次常委会议在县政协会议室召开。会议传达学习全国“两会”及全县“两学一做”会议精神，协商通过有关人事事项，听取县扶贫办工作情况通报，协商通过动员政协委员参与脱贫攻坚工作的倡议书，部分常委进行议政发言。县政协副主席符中太作重要讲话。

（屈子荀）

中国共产党
郓城县纪律检查委员会

【概况】 2016年，县纪委监察局内设办公室、组织部、宣传部、党风政风监督室（郓城县政府纠正行业不正之风办公室）、信访室、案件监督管理室、第一纪检监察室、第二纪检监察室、第三纪检监察室、案件审理室、纪检监察干部监督室、县廉政教育中心、县纪委监察局信息中心13个室（中心）。其中党风政风监督室为正科级行政编制，县廉政教育中心为副科级事业编制，县纪委监察局信息中心为股级事业编制，其他为副科级行政编制。下设8个派驻纪检组（监察室），为正科级行政编制，负责监督64个县直部门单位。

【查处违纪违法案件】 全县纪检监察机关把纪律和规矩挺在前面，践行监督执纪“四种形态”，拓宽信访举报渠道，强化问题线索管理，严格纪律审查工作程序，坚持依纪依法安全文明办案。2016年，全县纪检监察机关共处置反映问题线索362件，立查违纪违法案件353件，党政纪处分374人，移送司法机关12人。受处分人员按处分档次划分，轻处分280人，重处分94人；受处分人员按职级划分，乡科级干部35人，一般干部83人，其他人员256人；受处分人员按违纪行为划分，违反政治纪律2人，违反组织纪律3人，违反廉洁纪律49人，违反群众纪律30人，违反工作纪律95人，违反生活纪律1人。

【领导干部廉洁自律】 以落实中央八项规定精神为切入点，紧盯“四风”问题变通变异、花样翻新等特点，创新监督检查方式方法，抓住春节、清明、五一等关键时间节点，对公车私用、公款吃喝、大操大办婚丧喜庆事宜等问题进行明察暗访。2016年查处违反中央八项规定精神案件32起，处理38人，其中党政纪处分32人;查处“不担当、不作为、慢作为、乱作为”案件15起，处理19人，其中党政纪处分19人；查处发生在群众身边的腐败问题案件51起，处理61人，其中党政纪处分61人；下发通报15期，其中违规违纪问题通报12期，对52起违规违纪问题进行通报；会风会纪通报3期，对56个单位及个人进行通报。

【监督执纪“四种形态”】 研究制定《关于开展监督执纪“四种形态”主题学习活动的实施方案》《关于开展监督执纪“四种形态”专项检查的实施办法》，针对党员干部苗头性、倾向性问题，扩大教育、约谈、函询的覆盖面，通过咬咬耳朵、扯扯袖子，及时提醒告诫，防止小错酿成大错。2016年，约谈19次29人，其中乡科级18人；函询23次23人，其中乡科级9人。

【县直部门纪律巡察】 在乡镇纪律巡察的基础上，开展县直部门纪律巡察工作，紧盯县直部门党委（党组）领导班子成员及其他副科级以上干部，紧扣“六大纪律”，剑指被巡察单位“党的领导弱化、党的建设缺失、全面从严治党不力”三大问题，聚焦全面从严治党，查找被巡察单位党组织领导班子和党员领导干部存在的突出问题。2016年共开展两轮县直部门纪律巡察，巡察单位6个，共发放征求意见表528份，个别谈话286人次，走访124人次，梳理线索43条，立案9起，党政纪处分3人，移送司法机关3人。

【党的建设】 8月18日，县纪委机关党支部召开全体党员会议，选举产生新一届机关党支部委员会。规范“三会一课”制度、党费收缴制度等，印发《县纪委监察局机关党支部学习计划表》和学习材料。2016年，召开支部大会5次、党小组集体学习7次、委局机关领导讲党课2次、召开座谈会12次、撰写心得体会46篇，编印《机关党支部建设工作简报》2期，《县纪委扎实推进“两学一做”学习教育向纵深发展》典型经验被县“两学一做”学习教育协调小组进行推广。

【换届风气监督】 县纪委联合县委组织部下发《关于加强县乡换届风气监督的实施方案》，组织全县纪检监察干部观看专题警示教育片《镜鉴——湖南衡阳、四川南充“两案”警示录》，在微信公众号发布“九个严禁、九个一律”及警示案例，向各级党员干部发送换届纪律短信，教育各级党员干部以案为鉴，增强规矩意识，筑牢思想防线。同时，抽调人员成立8个换届风气巡回督导组和违反换届纪律问题快查快办组，对各乡镇换届风气进行督导检查，从严查处违反换届纪律行为，严防“带病提拔”“带病上岗”，营造风清气正的换届环境。

【廉政宣传教育】 发挥廉政宣传教育在构建惩治和预防腐败体系中的基础性作用，开展形式多样的反腐倡廉宣传教育工作。组织89名县直部门单位主要负责人到菏泽监狱接受警示教育，召开县、乡、村三级警示教育暨实践“四种形态”宣讲报告会共计114场次，受教育党员干部6540人次。组织县级党员干部30人、正科级党员干部和纪检监察干部342人、副科级党员干部474人参加德廉测试，县级党员干部及格率100%；正科级党员干部和纪检监察党员及格率95%，其中100分25人；副科级党员干部及格率96.78%，其中100分27人。编印《学思践悟系列读本》《践行监督执纪“四种形态”知识读本》《郓城县部分违法违纪案例剖析》等资料，强化党员干部廉洁意识，筑牢拒腐防变思想道德防线。

【公车改革】 按照县公车改革领导小组的部署，县纪委制订《郓城县纪委监察局公务用车改革方案》，公车改革后，县纪委共保留车辆11个（其中，应急机要通信用车4辆，执法执勤用车7辆）。为有效管理公车使用，制订《郓城县纪委监察局公务用车管理暂行办法》《郓城县纪委公务用车派遣申请单》《郓城县纪委公务用车维修申请单》《郓城县纪委公务用车维修保养记录》等规范化制度。科室使用公车时先填写派车申请单，由科室主要负责人和分管领导签字后方可到办公室领取钥匙。2016年，通过菏泽市车辆管理系统申请机要通信车辆10次，派出执法执勤车辆共计270余次；每辆公车都建立车辆档案信息，同时加装“北斗”定位系统，实时监控车辆位置及行车轨迹，遏制违规使用公车现象的发生。

【专项治理】 开展移风易俗专项治理 。印发《关于加强党员干部带头推进移风易俗抵制婚丧大操大办的意见》《关于进一步严明党员干部办理婚丧事宜申报纪律的通知》《关于严禁大操大办婚丧喜庆事宜的规定》，大力倡导“婚事新办、丧事简办、勤俭节约、文明理事”的社会新风尚。2016年，全县党员领导干部申办婚丧喜庆事宜25起。

清理拜“仁兄弟”、入“小圈子”专项整治。对于省委巡视组反馈的“互拜‘仁兄弟’、江湖‘习气’严重”的意见，县纪委会同县组织部向全县下发《关于在全县清理拜“仁兄弟”、入“小圈子”专项整治活动的通知》，要求各单位党委（党组）认真履行好主体责任，抓好单位党员干部拜“仁兄弟”、入“小圈子”行为的清查治理活动，每名党员干部书面承诺不拜“仁兄弟”、不入“小圈子”，要求拜“仁兄弟”的限期退出，对拒不退出或继续拜“仁兄弟”、入“小圈子”的，一经发现立即给予党政纪处分和组织处理。全县22个乡镇（街道）、114个县直部门的1031名副科级以上干部的书面承诺书已交县纪委分9册953页装订存档，其余一般党员干部的承诺书由本单位存档。

【自身建设】 认真开展“两学一做”学习教育，领导干部带头讲党课，举办全县纪检监察系统周末大讲堂4期，培训纪检监察干部300多人次，提升干部队伍的政治素质和业务水平。强化内部管理和监督，制订出台《郓城县纪检监察干部责任追究办法（试行）》，对违纪违规问题，发现一起、查处一起，坚决防止“灯下黑”。制订乡镇（街道）纪委换届工作方案，抽调人员配合县委组织部做好乡镇（街道）纪委换届工作，2016年，全县22个乡镇（街道）均已配齐纪委书记（纪工委书记）。其中，有16个乡镇（街道）已配备1名纪委副书记，充实乡镇纪委执纪审查的力量。

【重要会议】 2月16日，中国共产党郓城县第十三届纪律检查委员会第七次全体会议在郓州宾馆西二楼会议室召开。出席会议的县纪委委员21人，列席 221人。县纪委常委会主持会议。全会审议通过县委常委、县纪委书记李艳丽代表县第十三届纪律检查委员会、常务委员会向第一次全体会议作工作报告。县委书记刘文林，县委副书记、县长谷永强，县人大主任王广岱，县委副书记吴振，县领导孙迁国、王秀忠、李艳丽、董良峰、宋广振、姚念军、王效忠、杨勇、曹建文、钱建华、王秀丽、孙兴忠、陈修社、李合力、伊超杰、王明华、魏宏峰、李维乙、李维亚、张平、褚景云、符中太、孙兆同、刘汉升、李广才，县法院院长张万松，县检察院检察长逯其彦出席会议。县委书记刘文林作重要讲话。

（郭小红 万伟 关永鑫）

法 治

“政法在线”开播仪式

法　治

社会管理综合治理和政法委工作

【概况】 郓城县政法委是正科级单位，行政编制14人，事业编制4人。2016年组织领导全县政法综治部门，维护社会稳定、创新社会治理、深化司法改革、夯实基层基础、打造过硬队伍，深入推进平安郓城、法治郓城建设，为全县经济社会创造和谐稳定的发展环境。

【平安郓城建设】 全县先后多次召开县委常委会、党政联席会、综合治理和平安建设工作会议、稳定工作会议、综治委全委会，安排部署综合治理和平安建设工作任务。各乡镇及县直各单位高度重视综合治理和平安建设工作，经常研究、经常部署、经常检查，严格落实各项措施。建立健全综合治理和平安建设领导责任制，全县各级各部门层层签订《社会管理综合治理暨平安郓城建设承诺责任书》，建立健全一票否决权制、综治委（办）例会制、重大案件责任查究制、成员单位述职制、五部门联席会议制、考察考核干部征求综治部门意见制、领导干部综合治理和平安建设实绩档案制等制度，形成齐抓共管的工作机制。加大检查考核力度，组织开展暗访检查、专项检查和抽查活动，督促工作的有效落实。落实重奖重罚措施，对工作成绩特别突出的单位和个人给予隆重表彰，对发生重大问题的严肃追究责任，形成各级领导自觉抓好综合治理和平安建设工作、广大群众积极参与的“大综治”格局。在全县范围开展创建平安乡镇、平安行政村、平安行业、平安单位、平安厂企、平安学校、平安居民小区和平安家庭等多层次的创建活动，开展预防青少年违法犯罪工作，加强流动人口和重点人口的管理，落实刑释解教人员安置帮教措施，加强学校及其周边治安综合治理工作。

加强综合治理和平安建设的宣传，深入开展法律“进机关、进企业、进社区、进学校、进农村”等普法宣传教育活动，深入到各乡镇开展巡回法制宣传活动，对典型案件进行公开处理、公开审理和公开调处，通过以案释法，为群众提供优质高效的法律服务。2016年，在全市率先建成高标准规范化基层综治中心，打造“唐庙模式”和“陈坡模式”，发挥示范引领作用，其经验做法在全市推广。依法处置非访成效显著，郓城成为全市唯一无进京非访县，省内外20多个市、县区来郓城学习交流，被省委、省政府评为“全省社会治安综合治理先进县”。

县政法委组织开展法律赶大集活动

【法治郓城建设】 以推进严格执法、公正司法为基础，抓好法治郓城建设。弘扬社会主义法治精神，深入开展法治宣传教育。加强政法干警法治理念教育，引导广大政法干警忠于法律、信仰法律，带头敬畏法治、信仰法治、厉行法治，做遵法、守法、学法、用法的表率。建立法官、检察官、行政执法人员、律师以案释法制度，增强普法宣传的实效。加强法治宣传教育，进一步深化“法律六进”活动、“12·4”国家宪法日等纪念宣传活动。落实“谁执法谁普法”的普法责任制，根据形势发展的特点，确定普法内容，形成全民学法、普法的浓厚社会氛围。推进执法规范化建设，提升执法司法公信力。以提高执法主体素质、完善执法制度体系、加强执法管理监督为重点，推进执法规范化建设，努力实现执法队伍专业化、执法行为标准化、执法管理系统化、执法流程信息化，县委政法委适时组织开展执法检查活动，对政法部门的执法规范化水平、执法作风等进行全面检查，进一步规范执法行为，促进执法公正。教育引导广大政法干警牢固树立证据意识、程序意识、权限意识，秉持法治理念，强化法治思维，运用法治方式，严格依法规范办案。深化司法体制改革，建立健全执法办案社会稳定风险评估机制、执法司法人员办案质量终身负责制和错案责任倒查问责制，严防发生各类冤假错案。2016年，认真落实中央、省市委关于司法体制改革工作要求，全面推开司法责任制改革并初见成效，遴选出52名员额法官和43名员额检察官。建立科学的考核激励机制，清理刑事拘留数、批捕率、起诉率、有罪判决率、结案率等不合理的考核项目。坚持阳光司法，推动审务、检务、警务公开制度化，完善新闻发布、司法听证、庭审直播、网上办案等措施。强化制约监督，防止执法司法权滥用。进一步完善执法流程，对容易出现问题的重点环节加大管理和防范力度。贯彻执行中办、国办印发的《关于进一步规范刑事诉讼涉案财物处置工作的意见》，建立健全查封、扣押、冻结、处理涉案财物的司法程序。落实执法办案全程录音录像制度，确保每个环节严格规范、可查可控。完善质量考评制度，加强案件流程监控和案件质量监督，提高办案质量和效率。推进司法体制改革，建设公正高效权威的司法制度。

【严打整治】 开展严打和集中整治专项行动，组织实施一系列集中搜捕行动和专项打击活动，保持严打的高压态势。突出打击重点，对影响人民群众安全感较为突出的恶势力团伙犯罪、严重暴力犯罪、“两抢一盗”犯罪等予以严厉打击，稳定全县治安局势。在打击犯罪中，政法各部门密切配合，协同作战，依法快侦、快破、快捕、快诉、快判，形成打击合力。全年破案942起，刑事拘留748人，逮捕355人；查处行政案件6476起，行政处罚932人；追回各类逃犯348人，其中省部督逃犯2人；3起现行命案全破；成功侦破部督涉假案件1起、省级毒品目标案件1起。开展“维稳处突演练”“百日会战”和严厉打击邪教组织等各项活动，稳控化解各类涉稳群体12个，逮捕6人，治安拘留23人，收缴反动宣传品2000余件。开展打击网络违法犯罪专项行动，健全完善网上网下打防联动机制，侦办网络犯罪案件52起，刑事拘留28人，逮捕22人，确保全县网络安全。

进一步加强保障国计民生能力，严打涉矿违法犯罪，加强卷烟打假和“三电”保护工作，破获各类经济犯罪案件43起。2016年刑事发案同比下降6.32%，其中8类案件下降18.6%，“两抢”案件下降22.86%，群众安全感增强。强化易燃易爆危化品等场所、行业和内部单位等部门安全监管，组织评定治安保卫重点单位164家，深化平安校园创建等工作，全县未发生有影响的治安事故。2016年，围绕社区警务、天网工程、城乡巡防、治安管理责任体系建设“四个全覆盖”目标，建立以点带面、以面促点的倒推机制，全面深化基层基础建设，全县社会治安形式持续好转。深化警务指挥机制改革，坚持局长坐班制度，推行“六个第一时间”，实行“一警一评”，健全重大敏感案事件处置机制。健全完善诉求受理、研判、派送、督办、回访、考核等运行机制和工作规范，快速办理、解决群众各类诉求事项，群众投诉量大幅下降。

【社会治理】 按照“九个统一”和“五个联动”要求，狠抓乡镇综治（平安建设）工作中心建设，在全市率先建成22个高标准规范化基层综治中心；组织协调公安、计生、人社、民政、司法等部门，深入推进网格化管理工作，社会治理综合协调机制得到进一步完善。加强流动人口的管理服务。集中开展公共娱乐服务场所专项整治和对出租房屋、暂住人口的治安清查行动。健全“以房定人、以户管人”的管理机制，深入开展人口管理和信息采集工作，加强租赁房屋、暂住人口、重点人口的登记管理。突出抓好重点人群的管理。制定《关于加强社会治安重点人群管理工作的实施意见》，强化重点人员管控措施，健全清理排查机制，掌握人员底数，实行一人一档管理，落实“几包一”工作责任制，完善监控和帮教措施。加强社区矫正工作，制定《郓城县社区矫正试点工作意见》，全面做好全县社区矫正人员的深入排查、建档立卡、日常管理工作。探索建立刑释解教人员安置帮教基地，对生活困难的刑释解教人员给予安置帮助。2016年度，全县社区矫正对象在册矫正人员共计712人，2016年全年共进入矫正266人，解除194人未出现一例脱管和漏管。

*集中开展社会重点部位治安治理活动。*开展社会治安重点地区和突出问题的排查整治活动，制定专门排查整治工作方案，成立排查整治工作组织机构，召开全县社会治安重点地区和突出问题排查整治动员会议进行专门安排部署，针对重点问题、重点地区、重点人员展开全面排查整治，全面落实化解、治理、严打、防控等工作措施，按照“对口结合、因村制宜”和“属地管理”的原则，倒排工期，责任到人，狠抓各项整治措施的落实。强化交通安全和消防安全。加强交通安全、消防安全和易燃易爆剧毒危险物品的管理，反复检查，严格整改，及时消除安全隐患。

9月12日，市综治委全体会议暨全市基层综治工作规范化建设现场会在郓城召开（林纯喜摄影）

【治安防控】 加强城乡治安防控体系建设，构建城乡联动、互相配合的治安防控网络。完善各级巡防队伍，加强城区和乡镇专职治安巡逻队伍建设。进一步巩固村级治安巡逻队伍，切实加强监督管理，开展集中培训，提高巡防队伍的整体素质。落实防控措施，坚持“专群结合、群防群治”的原则，整合公安机关警力及城乡专职巡逻队伍和群防群治队伍力量，发挥警务工作站、治安卡点和流动治安卡点的作用，实施全天候、多层次、网格式的治安巡逻，组织一系列农村治安巡逻、城区内部单位安全防范夜间检查暗访活动，推动各项措施的有效落实。

*提升防控水平。*全面深化城乡治安防控工作，完成社区警务工作、视频监控系统建设和城乡巡防机制建设三个“全覆盖”，视频监控覆盖率达到100%。

发动乡镇、社会力量，各乡镇（街道）建成边界部位“监控封控圈”，辖区建成全覆盖的“监控防护网”，沿街门市、企业建成社会“监控辅助网”。总结推广图侦技战法，加大群防群治组织督查力度。组织督导组加大对农村打更巡逻工作的暗访力度，对各行政村巡逻队员的人数、管理机制进行督导，要求做到白天有人值班，晚上有人巡逻；加大对县直各单位安全保卫工作的督查力度，夜查成绩纳入年度考核。

【基层基础建设】 研究制定《基层基础规范化建设年活动方案》和具体工作标准，明确组织建设、工作制度、办事程序、队伍管理、办公设施、经费保障六个规范化的要求。进一步加强和完善乡镇、村居综治中心建设，对全县22个乡镇（街道）综治（平安建设）工作中心进行新建、升级改造，加强基础设施建设，修订各项规章制度，完善社会管理服务中心各项工作流程，达到机构名称、组织建设、基础设施、办公设施、外观标志、工作流程、工作台账、队伍管理、绩效考核等“九个统一”，实现社会治安联防、矛盾纠纷联调、突出问题联治、重点工作联勤、重点人员联管、平安建设联创“六联机制”，在维护基层平安方面发挥重要作用。切实加强村级综治维稳规范化建设，继续巩固融合治保、民调、普法、帮教、巡逻、网格六位一体的村级综治维稳办公室，推进村级综治、治安防范、人民调解等项工作。

【社会矛盾化解】 按照“全面排查、归类调处、分工协作、三调对接”的工作要求，健全网络，强化措施，探索矛盾纠纷排查调处新机制。健全纠纷化解组织体系。在农村建立乡镇、行政村、自然村三级人民调解组织网络，在县直单位建立七大口及所辖单位调解组织。在基层人民法庭、公安派出所、检察联络室建立调解室；在行政执法部门筹建行政调解组织，形成上下贯通、左右相联的“大调解”工作格局，形成完善的县、乡、村、企人民调解网络。

落实排查工作机制。坚持定期排查，定期上报制度，各乡镇坚持矛盾纠纷半月一排查，每月一上报，县直单位落实周排周报制，及时掌握各类矛盾纠纷和不稳定因素动态。落实重点排查、集中排查和日常排查相结合的排查工作机制，一般矛盾纠纷经常排查，重要、敏感时期重点排查和集中排查，掌握各类矛盾纠纷、社会不稳定信息。建立社会稳定风险预警机制，对重大决策，重大项目等实施之中可能产生的不稳定问题，超前排查预测，超前制定化解预案，做好防范工作，防止矛盾纠纷的激化、转化。

落实综合化解措施。对于排查出的矛盾纠纷全部建立台账，坚持小矛盾不出村、大矛盾不出乡镇，层层落实调处责任。对于重大矛盾纠纷，实行首问负责制和挂牌督办，做到人民调解、行政调解、司法调解有效对接，确保各类矛盾纠纷及时有效化解。推进涉法涉诉信访制度改革，进一步健全和完善涉法涉诉信访工作制度，涉及排查汇总、分类交办、督查督办、奖惩激励、监督制约、责任追究等各个环节，建立起预防化解涉法涉诉信访案件的长效机制。坚持政法“五长”联动接访活动，加大案件评查力度，确保执法公正，从源头上预防和减少涉法涉诉信访案件的发生。集中开展涉法涉诉信访积案排查化解专项活动，落实“五个一责任制”，做到“四到位一承诺”，促进案件的有效化解。

【优化经济发展环境】 严厉打击破坏社会经济秩序的各种犯罪活动，正确处理打击犯罪与保护合法经营的关系。健全职务犯罪预防机制，把预防职务犯罪教育纳入干部培训计划，对重点部门实施重点预防和警示教育，2016年，立查各类职务犯罪案件17件35人，其中贪污贿赂犯罪案件11件23人，渎职侵权案件6件12人。集中整治企业周边环境，严厉打击干扰破坏企业生产经营的各类霸头，指导健全内部管理制度，落实安全防范措施。依法调节各种经济关系，加大对经济纠纷案件的审理力度，凡涉农、涉企经济案件一律快侦、快破，保护群众的合法权益。2016年，县法院办结各类案件8578件，结案标的额10.14亿元，创历史新高，县检察院依法批捕涉嫌非法吸收公众存款、集资诈骗、贷款诈骗等经济犯罪案件9人，涉案金额2.5亿余元，县公安局破获经济案件43起，查办民生领域案件16起，立逃废债案件12件，涉案总价值近10亿元，优化全县经济发展环境。

【政法队伍建设】 深化“忠诚、为民、公正、廉洁”核心价值观教育活动和“作风建设年”活动，开展“群众路线大教育、涉法矛盾大化解、社会治安大治理、干警作风大整顿”集中活动，促进干警转变思想观念。

按照创建学习型党组织、学习型个人的要求，抓好政法干警的学习培训，开展学习政法英模活动，用身边的典型教育干警，发挥典型带动作用，形成学先进、争先锋的热潮。狠抓查摆，落实整改。落实揭摆查措施，查找干警队伍中思想、作风、纪律、执法中存在的突出问题，分门别类建立工作台账，实行挂销号制度。坚持边整边改、建章立制，健全工作机制，实施依制管警。

实施司法公开，推进“阳光执法”。进一步健全完善政法干警监督制约机制。邀请人大代表、政协委员视察政法工作，自觉接受监督。实施执法规范化建设，健全案件评查、错案追究、执法质量考评等制度，推行网上监督、网上考核，严格内部监督环节；设立监督意见箱、聘请执法监督员、开展司法公开活动，自觉接受群众监督，保障公正廉洁文明执法。

（林纯喜）

公　安

【概　况】郓城县公安局为正科级机构，下设20个内设机构和26个派出机构。行政编制440人，事业编制110人。全年破案942起，刑事拘留748人，逮捕355人；查处行政案件6476起，行政处罚932人；追回各类逃犯348人，其中省部督逃犯2人；3起现行命案全破；成功侦破部督涉假案件1起、省级毒品目标案件1起。2016年刑事发案同比下降6.32%，其中八类案件下降18.6%，“两抢”案件下降22.86%。

【信访工作】按照“及时就地解决信访问题、攻坚信访积案化解、强化非访处置、规范信访秩序”的原则，加大违法上访、非法维权的打击处置力度，行政拘留32人次，逮捕12人，成功处置一批闹访事件，郓城县是全省7个零非访县之一和全市唯一零非访县。

【社区戒毒社区康复工作】完善和创新特殊人群的社会管理工作，开展社区禁毒社区康复工作，探索出符合当地实际的戒毒康复工作措施，全面提升吸毒康复人员的管理能力和水平。省禁毒委命名郓城县禁毒委员会为2016年度全省社区戒毒社区康复工作示范单位，是全省7个示范单位之一，郓城县代表菏泽接受省禁毒委的年度禁毒工作考核。

【打击逃废债工作】将打击逃废债犯罪作为服务发展的重要环节，集中优势警力，严惩失信行为，维护金融生态环境和社会信用安全。共立逃废债案件12起，破案9起，抓获犯罪嫌疑人8名，逮捕4人，追逃2人，涉案总价值1700余万元，维护社会诚信体系建设，保障县域经济发展和社会稳定。

【警务指挥模式改革】深化警务指挥模式改革，每天1名局领导坐镇指挥，2名值班长具体调度，法制、图侦、技术、督察等单位民警在指挥大厅集中办公，警情跟踪，确保接好、处理好每一起警情。

2月18日，省委常委、政法委书记张江汀（中）到盛平社区视察法治工作（郎孝文　摄影）

【天网工程建设】投资1950万元，新增监控探头8298个，农村监控探头连入三级监控平台，整合接入各类视频监控资源4000余路，进一步扩大覆盖面，在服务实战指挥、治安防范控制、打击违法犯罪方面收到明显成效。

【法治建设】 抓民警执法素质提升，民警基本级、中级执法资格通过率实现100%，4名民警通过国家司法考试，9名民警通过高级执法资格考试。升级改造办案中心、案件管理中心、涉案财物管理中心，实现涉案财物管理全流程监控。加强基层基础工作，投资320万元改善基层装备，逐步推进落实公安改革措施，狠抓执法监督责任，建立巡查通报、卷宗展评、执法考评等机制，及时发现、整改源头性执法问题，法制工作连续5年位居全市前列。

（王菲　吴宏攀）

县交警大队开展集中整治行动（摄影　王鲲鹏）

交通安全管理

【概况】 郓城县交警大队内设办公室、综合科、财务科、政工科、车管所检考科、牌证科、违法处理室、交管科、事故处理科、设施科、122报警中心及7个勤务基础中队，工作人员94名。2016年，郓城县交警大队先后被县委、县政府授予政法工作“先进单位”“先进集体”，获市公安局“集体嘉奖”，被菏泽市公安局综合治理委员会评为“2016年度全市深化道路交通‘平安行·你我他’行动先进县区”。

【“平安行·你我他”活动】 推进“平安行·你我他”活动，成立以县政府主要领导任组长的领导小组，制订方案，建立联合执法长效机制，各项工作总排名在全市位居前列。

强化路面管控。不定期多警种、多部门联动开展酒后驾驶及重点交通违法行为集中整治等专项行动。期间，共设立固定执勤检查点37个，流动巡逻点89处，重点整治客车、货车、危化品运输车、校车、渣土车、黄标车、农村面包车、低速载货汽车，严查严处超员、超速、超载超限、酒驾、涉牌涉证等违法行为。

强化隐患排查。组织警力摸清辖区道路隐患底数，逐一建立档案，提出整改意见和建议，及时上报县政府。经排查，郓城县辖区道路交通安全隐患主要存在缺少信号灯、标志、标线、标牌、隔离设施等890余处交通安全隐患。已协调城建、交通、公路等部门在辖区重要路口增设信号灯和黄闪灯279处，施划标线149286余平方米，设置590余面标牌。

强化重点车辆及驾驶人管理。联合派出所对全县7类重点车辆负责人进行座谈，建立管控档案，并及时录入交通管理综合应用平台“重点对象管理”模块。联合县教育局对全县249所幼儿园、281所小学、41所中学进行排查，做到乡镇不漏校、校不漏车，实行“谁排查、谁签字、谁负责”，登记造册，建立台账。

【健全交通事故处理机制】 事故处理工作继续坚持公开、公正、公平的原则，对一些疑难案件及调解难度大的案件开展上门回访，广泛征集当事人意见。期间，大队民警共走访群众5379名，当事人895名。加大肇事逃逸案件的侦破力度，肇事逃逸案件侦破率排名在全市交警前列。

【打造服务型窗口单位】 车辆管理所、违法处理室以群众满意为出发点，进一步简化程序、调整流程，提高工作效率。共办理违法处理业务62870余起，车辆管理业务机动车注册登记10712辆，委托检验1503辆，转移、转入等12995辆。

【交通安保工作】 为保障辖区道路交通安全畅通，大队提前部署，制订和完善各项工作预案，全体干警自愿放弃节假日休息时间投入到安保中，确保道路交通安全畅通。2016年，大队执行大型交通安保活动35余次，累计出警1570余人次，出动警车717余台次，完成春运、元宵节、牡丹花会、高中考、国庆节等各项重要警卫任务。

【信息化智能建设】 强力推进交通管理信息研判建设，与上级情报信息中心对接，摸清重点交通违法行为的规律、特点，及时发现问题，研究有力措施，编制情报信息研判专刊；加强互联网、微信、贴吧等网络的正面宣传、评论引导，达到“信息主导警务”的目的。

*充分发挥智能监控系统。*充分发挥科技手段在道路交通管理工作中的作用，提高指挥调度能力和非现场执法率、打击交通事故逃逸、预防和遏制道路交通事故的发生、加快推进全县公安信息化建设应用进程，其中协助事故查询录像、照片440余次，协助外地市兄弟单位、县局、派出所查询涉刑、治安车辆录像、照片180余次。

【舆论宣传工作】 大队以“平安行·你我他”活动为载体，定期组织民警及交通志愿者深入企业、社区、学校、重点路口等人群聚集地，先后开展“守护平安 幸福童年”、远离“酒驾”“牵手平安行”等专项宣传活动。在大部分乡镇办、村（社区）建立服务站、服务室，基本健全“两员”管理机制，为建设“平安郓城”营造强大的宣传氛围。2016年以来，共在各级新闻媒体宣传报道50余篇次；深入单位、学校、村庄、企业开展交通安全宣传活动30余场次；发放交通安全知识资料90000余份，交通安全知识书籍27500余册；出动宣传车辆170辆次，悬挂横幅980余条；通过电视、微信、手机短信平台等方式发送温馨提示230000余条；联系主流媒体记者深入一线、随警作战，宣传开展违法行为整治、事故追逃等各项交通管理工作。

（王鲲鹏、李秀春）

检 察

【概况】 郓城县人民检察院内设办公室、政治处、反贪局、反渎局、侦查监督科、公诉科、职务犯罪预防科等26个部门，有人员125人。2016年共批捕各类犯罪嫌疑人345人，起诉384人，立查各类职务犯罪案件17件35人，被山东省委政法委评为“全省人民满意的政法单位”，连续4年被省院评为全省“双无”（无违法违纪、无责任事故）检察院，20名干警、12个部门获市级以上表彰。

【批捕与起诉】 2016年共批捕各类犯罪嫌疑人345人，起诉384人。严厉打击影响群众安全感的刑事犯罪活动，批捕抢劫、抢夺、盗窃等多发性侵财犯罪55人，故意杀人、故意伤害、绑架、强奸等严重暴力犯罪70人，毒品犯罪24人。坚持把排查化解矛盾贯穿办案始终，办理群众来信来访86件，联合交警部门对交通肇事案被害人实行精准救助，工作做法获省院肯定；依法促成刑事和解9件，通过开展羁押必要性审查变更逮捕措施28人，不起诉7人。强化对涉罪未成年人的特殊保护，建成全市首个未成年人观护帮教基地“扬帆创业基地”，观护帮教9人，无一重新犯罪，在全省、全市未成年人检察工作会议上做经验交流。

【查办和预防职务犯罪】 立查各类职务犯罪案件17件35人，其中贪污贿赂犯罪案件11件23人，渎职侵权案件6件12人。坚决查办国企改制重组领域职务犯罪案件，立查山东能源临矿集团菏泽煤电公司贪贿案件10人。严肃查办领导干部职务犯罪案件，立查县处级干部3人，科级干部10人。应对“刑九”实施带来的影响，严把立案条件，严格规范侦查行为，确保办案质量。已移送审查起诉21人，判决9人，原单县人大常委会党组副书记、副主任孟庆魁涉嫌受贿罪、滥用职权罪已被依法提起公诉，原鄄城县人大常委会党组书记、第一副主任周生林一审被判处有期徒刑2年6个月，原鄄城县县委常委、宣传部部长黄正光一审被判处有期徒刑7年6个月，菏泽市林业局原局长、党组书记张代卿一审被判处有期徒刑8年。深化职务犯罪预防，深入开展“法治照亮农村、廉洁促进和谐”预防职务犯罪专题宣讲活动，为全县扶贫工作人员举办专题法制讲座，对山东能源临矿集团菏泽煤电公司等38个单位进行警示教育，增强预防实效。

【保障改善民生】 集中参与食品药品安全整治和打击制售有毒有害食品、药品等违法犯罪专项活动，配合省市院部署安排，依法办理“山东疫苗案”中2名下线人员非法经营案，联合县药监局对不合格疫苗所销售到的郓城县黄集乡、陈坡乡等乡镇卫生院进行严格排查，消除隐患；依法从重从快批捕社会广泛关注的郓城“2·14”醉酒驾驶肇事案犯罪嫌疑人刁某某，根据群众反映的部分交通路段存在安全隐患、醉驾严重的情况进行调研分析，向县交通部门提出检察建议，开展严打和整治行动，确保出行安全。组织全院干警深入到玉皇庙镇52个村进行精准扶贫，筹措资金，为该镇承建2处加工企业点，带动60余名贫困人口脱贫；加大精准打击力度，深入开展预防和惩治农民身边损害农民切身利益和支农惠农扶贫领域职务犯罪专项工作，立查涉农和扶贫职务犯罪窝案串案15人，挽回经济损失280余万元，保障扶贫惠农基金，用到实处，用出实效。

【提升“三项建设”】 *巩固发展“三项建设”。*针对检察院案件质量评查“短板”建立常态化案件质量评查机制，年初制定《案件质量评查实施方案》，每季度随机抽查业务部门卷宗，年终评选“最佳案件”和“最差案件”，对“最差案件”承办人及部门负责人进行问责，倒逼规范司法。《关于田中赛生产、销售有毒有害食品案审查逮捕意见书》被评为“全省检察机关侦查监督部门优秀审查逮捕意见书”。坚持以制度规范促进司法规范，制定《公安机关办理重大疑难刑事案件听取检察机关侦查监督部门意见和建议实施办法》，规范退回补充侦查程序，提升逮捕质量和效率。持续加强“规范化、标准化、科学化、信息化”档案管理工作，11月顺利通过“全省档案工作科学化管理示范化单位”验收。强化统一业务应用系统应用和信息公开，录入案件740件，公开法律文书136份，为律师提供案件信息查询110余次。推进“电子手铐”监控及轻微刑事案件赔偿保证金提存制度试点工作，建成“郓城县刑事智能监控中心”，试点工作正在引入办案层面。打造新媒体工作品牌，发布微信436条，微博657条，今日头条客户端436条，位居全省基层检察院微信影响力排行榜前10名。发挥派驻基层检察室的前沿阵地作用，协助参与查办职务犯罪，院派驻城郊检察室被省院表彰为“全省优秀检察室”。

*落实司法改革。*按照省市院改革要求，召开全面推开司法责任制改革检察官入额考核工作会议，完成43名检察官的入额工作。

【队伍建设】 *推进队伍素能建设。*深化“6+1”模式，促进青年干警全面成长，即立足本职岗位，参加双联双创、信访接待、到检察室锻炼、法制宣讲、新媒体制作、业务研讨等活动，组织全院干警分两批赴浙江大学培训，提升综合素能，1名干警被评为“全省反贪部门优秀侦查员”，5名干警被评为全市业务竞赛标兵。丰富提升检察文化建设，落实工作、学习、生活“三个关爱”，建成职工食堂和荣誉室，创办“检察文化长廊”，巩固深化“关系简单包容、风气阳光清新”的良好局面。

*强化党风廉洁建设。*严格落实党风廉政建设责任制和廉政风险防控机制，建立健全工作通报、工作约谈等制度建设，推进内部党风廉洁建设；及时传达上级机关违法违纪案件通报，观看警示教育片；扎实开展岗位考勤、车辆管理等检务督察工作38次，连续4年保持“双无”检察院荣誉。

（朱立业）

法 院

【概况】 郓城县人民法院下设办公室、政治处、立案庭、刑庭、少审庭、民一庭、民二庭、民三庭、行政庭、审监庭、执行局（综合室、执行一庭、执行二庭）、研究室、技术室、技术鉴定中心、法警队、装备科、离退休干部科、党总支、监察室、考核办、妇委会、信访科、城郊法庭、丁里长法庭、双桥法庭、玉皇庙法庭、侯集法庭、杨庄集法庭、陈坡法庭、黄安法庭、程屯法庭、郭屯法庭32个科室，共有法官干警166人。2016年，共依法受理各类案件8846件，审执结8578件，同比上升21%和15%。

【刑事审判】 受理刑事案件382件，审结382件，判处罪犯419人，给予刑事处罚402人，免于刑事处罚17人。参与反腐败斗争，审结贪污、贿赂、滥用职权、玩忽职守等职务犯罪18件，判处30人。配合县委、县政府打击非访专项行动，共判处寻衅滋事案件13件，判处罪犯19人，稳定社会秩序，实现全县“零非访”的社会效果。

【民商事审判】 受理各类民商事案件6083件，审结6112件，结案标的7.29亿元。围绕转变经济发展方式，依法推进供给侧结构性改革，稳妥处置“僵尸企业”，淘汰落后产能，稳妥审理亨运曲轴厂破产案，依法受理中海油申请破产案。审理郭林村13起拆迁补偿案，对于企业法人外逃、资不抵债企业，依法采取防范措施，惩治恶意逃废债务行为。审理金融借款纠纷，规范民间借贷行为，全力化解金融风险，为县域经济发展治“梗”治“堵”。

【行政审判】 受理行政诉讼案件73件，审结77件，审查执行非诉行政案件55件。执行新修订的《行政诉讼法》，充分保护诉权。加大涉公益事业的行政非诉案件执行力度，支持政府依法行政，如五道街片区两户非诉行政执行案，法院依法立案、严格审查，通过向拆迁户说明法理，拆迁户自动履行。依法执行社会抚养费征收案件20余件。

【案件执行】 新收执行案件2206件，执结1906件，结案标的额2.97亿元。化解执行难问题，加强与公安、工商、土地、房产、银行、税务等部门的联动配合，对长期失联、下落不明的被执行人由公安机关上网协查，限制被执行人乘坐飞机、高铁、列车卧铺等高消费56人次，对妨碍执行的200余名被执行人实施司法拘留，将1519人纳入“失信被执行人”名单，向社会通报，在电视台曝光。

【司法公开】 抓好裁判文书公开。以上网为原则、不上网为例外，推动裁判文书上网。完善对制作裁判文书的监督，落实主审法官在裁判文书中的责任和义务，案件承办法官为案件裁判文书质量第一责任人。加强裁判文书评查和抽查工作，2016年裁判文书上网8000余份。

全面推进审判流程公开。完善流程管理制度，将立案、分案、送达和排期开庭、案件审理、审限管理、结案和卷宗归档七个节点纳入管理，案件的“进口”统一由立案庭负责，案件的“出口”统一由审管办负责，所要报结的案件要由审管办全面核查后，才能“扎口”结案。全面建立庭审全程录音录像机制，确保庭审活动全程同步录音录像，同步刻录光盘。

少审庭走进校园开展宣传活动（杨波　摄影）

实现执行信息公开。依法公开执行过程、执行措施、重点环节和重要事项。对于不履行法律文书确定义务的被执行人的相关信息向社会公开，在郓城电视台、郓城法院网等多种媒体上公布失信被执行人，促其自动履行。完善执行案件信息查询系统，建成高标准的法院网络执行查控平台，节约人力、物力，提高执行效率。

【基础建设】 *打造全息化法院*。按照高起点、高标准、高质量“三高”要求，建设集审判管理、队伍管理、政务管理等“三大管理”模块和多功能应用系统于一体的信息集控管理中心，推进无纸化办公，充分利用法院审判业务管理系统、ESOA办公系统等相关审判管理软件，将案件审理、执行以及人事管理、行政管理全部在网上进行，促进整体工作效率的提升，加大信息化投入力度，打造“智慧法院”，推动司法服务智能化，实现信息化手段和互联网科技与司法工作的深度融合，建设“网上法院”的3.0版。

完善诉讼服务中心功能。建设集诉讼服务大厅、诉讼服务网、“12368”诉讼服务热线的诉讼服务中心，依托诉讼服务中心设置“诉调对接中心”，建立内外衔接、繁简分流、科学高效、多元便捷的诉调对接机制，形成法院解决矛盾纠纷的“三一体”格局，矛盾纠纷一部分诉前分流解决，一部分在诉讼服务中心速裁快审解决，一部分由审判部门审理。 诉调对接中心成立以来，调解、撤诉、分流案件500余件。

加大对执行工作的科技化投入。为进一步解决案件“执行难”，提升司法公信力，建成执行指挥中心，负责指挥处置暴力抗拒执行、群体性突发事件、执行联动协调工作，发挥“指挥、调度”的功能。配齐执行指挥车、执行记录仪等执行装备，利用现代科技设备和手段，为执行工作提供便利。

【队伍建设】 *加强纪律作风建设*。落实党风廉政建设主体责任和监督责任，制定党风廉政主体责任清单，把责任和压力层层传导。加大纪检监察力度，不断完善工作督查办法，加大督查力度，突出对工作作风、庭审纪律、财经纪律和审判绩效的督查检查，严肃法纪绝不手软。

推进司法责任制改革。推进司法改革，落实法官员额制。根据省委和上级法院的部署要求，通过考试、考核、考察，省法官检察官遴选委员会从100多名现有法官中遴选出52名员额法官，并已公示完毕。让审理者裁判，让裁判者负责，探索由法官、法官助理、书记员组成审判团队办理案件，提高办案效能。推行院、庭长办案常态化，坚持放权与监督相结合，法官在职责范围内对案件质量终身负责，审判质效明显提升。

开展双联双创、精准扶贫等活动。投入33万元帮助程屯肖北、李洪村建设2个扶贫就业点，从办公经费中挤出20余万元、干警捐款5万余元给困难群众发放慰问金。派出23名副科级以上干部，深入到23个行政村，走访2000多户群众，发放宣传资料4600余份，收集整理意见建议37条，帮助化解矛盾纠纷11起。

（董威振）

司法行政

【概况】 郓城县司法局内设办公室、政治处、法制宣传科、律师公证管理科、基层工作科（挂社区矫正与帮教安置工作科牌子）、政策法规科（挂法学教育科牌子）、法律援助中心、司法鉴定管理科、23个司法所，下属单位有山东省郓城县公证处、山东省兴郓律师事务所，业务领导全县13个法律服务所、山东省郓州律师事务所、山东正翔律师事务所、山东青宇律师事务所。

【普法教育】 采取发放宣传材料、张贴标语、电视广播讲座、设立法律咨询站、法律赶集等多种形式开展普法宣传活动，共征订发放普法教材1.4万余册，开展大型法律宣传教育活动18余场次，办法治宣传栏300个，组织参加市级以上举办的法律知识竞赛1次，并获组织奖1次，举办培训班15期，为学校、企事业单位、行政村上法制课300场次，设立法律咨询站100余个，散发宣传材料60000余份，解答法律咨询3000余人次。依法治理工作抓点带面，开展各层次、各方面全方位的依法治理活动。2016年全县100%的县直机关、99%的学校和95%的行政村实行了依法治理。

【人民调解】 进一步建立完善五级民调网络，调解人员坚持“调防结合、以防为主、标本兼治”的工作方针，确保“小矛盾不出村、大矛盾不出乡”将矛盾化解在基层，以防止纠纷激化为重点，坚持集中排查、重点回访与经常调处相结合的工作方法，调控能力不断提高。2016年新建立人民调解组织5个，配备调解人员3354名。共调解纠纷3587件，调解成功3560件，成功率99%。

【基层法律服务】 全县通过年检注册的法律服务所有13个，共有79名法律服务工作者，担负着全县的基层法律服务工作。2016年，共担任常年法律顾问499家，办理各项法律服务事项569件，提供法律援助123件，避免和挽回经济损失90余万元。

【社区矫正】 2016年接收社区矫正人员266人，期满解除矫正194人，登记在册社区矫正人员712人。在社区矫正工作实践中，落实社区矫正基本任务。切实加强日常监督管理。严格落实“判前调查、矫正衔接、矫正执行、教育监管、考核奖惩、矫正解除”各环节工作举措，按照流程规范操作。对社区矫正人员实行每周电话抽查登记、定期督查通报。严格落实奖惩措施。对违反社区矫正监管规定的，及时给予警告、治安管理处罚或撤销缓刑建议。开展社会适应性帮扶。协调有关部门为符合条件的社区服刑人员落实临时社会救助帮扶措施，为社区矫正人员开展免费义诊、心理健康咨询服务等，帮助社区矫正人员接受教育改造。

【安置帮教】 安置帮教工作已形成三级组织网络体系，即全县成立安置帮教工作领导小组，23个乡镇（街道）、经济开发区都建立安置帮教工作站，396个行政村、社区建立安置帮教小组，为做好安置帮教工作提供有力的组织保障。统一制作下发《刑释解教人员基本情况登记卡》《刑释解教人员排查清理工作统计表》《重点对象排查清理情况统计表》，对年刑释解教人员进行登记造册、分类梳理，全面掌握全县解教人员的安置和帮教情况。2016年，全县共有186名刑释解教人员，通过各种方式方法安置171人，占总数的92%，其中原单位安置的有21名，落实责任田的有98名，社会救济、从事个体经营、安置基地就业等其他方式安置的有52名。

【律师工作】 全县有4个律师事务所，即山东兴郓律师事务所（国资所）、山东郓州律师事务所（合伙所）、山东正翔律师事务所（个人所）、山东青宇律师事务所（个人所），共有执业律师26名。2016年，与唐塔街道办事处和郓州街道办事处沟通协调，选取郭屯社区、水浒社区、徐垓社区等8个社区新成立律师工作室，并做到律师工作室内部管理制度、上墙公示内容、业务台账资料目录、工作室标识“四统一”。2016年，全县律师共担任法律顾问66家，代理民事、经济、行政诉讼248件，非诉讼代理124件，刑事辩护55件，代书1658份，解答法律咨询14596人次，避免和挽回经济损失800万元。

【公证工作】 郓城县公证处现有公证人员6名，其中有中级职称的2名，具有涉外公证资格的1名。公证范围发展到近百项，拓宽到房地产、抵押贷款、拍卖、企业转让、招标投标、声明等领域。公正项目也由单纯的证明拓宽到提存、保全、现场监督、强制执行等。不断扩大涉外公证，公证文书发往美国、加拿大、澳大利亚、菲律宾等20多个国家和地区。2016年，共办理各类公证685件，其中涉外21件。通过公证，严把出证关，不仅确定经济合同的法律效力，而且在打击犯罪、预防纠纷、减少诉讼等方面发挥良好作用。

【法律援助工作】 与老龄委、残联、妇联、工会、团委等单位沟通并设立法律援助联络室，在13个法律服务所和4个律师事务所设立法律援助联络站，实行挂牌服务，健全法律援助网络。为推动全县法律援助工作的有效开展，推出法律援助义务量计划管理，实行法律援助代偿金制度。2016 年共办理法律援助案件 326 件，维护受援人的合法权益。

【队伍建设】 抓好司法行政队伍建设，努力打造一支政治坚定、业务精通、作风优良、执法公正的司法行政队伍。加强思想政治建设，落实岗位目标责任制，规范干警行为，加强业务学习和培训。2016 年全县司法行政干警 95% 达到本科及以上学历，组织司法行政干警参加省、市、县业务培训 30 余次。

（史强）

军 事

县人民武装部开展军事训练

军 事

人民武装

【概况】 郓城县人民武装部接受菏泽市军分区和郓城县委、县政府军地双重领导，是地方政府的军事机关。2016 年有现役干部 7 人，专武干部 6 人，职工 14 人，编有基层专武干部 47 人。下辖乡镇基层武装部 24 个，其中 20 个乡镇武装部，1 个县直武装部、2 个社区武装部和 1 个企业武装部。

【思想政治建设】 开展改革强军主题教育、“两学一做”学习教育、“四反”教育、拥护支持改革教育、“强化党性修养、做合格党员”党课教育和十八届六中全会会议精神的学习贯彻。结合“新体制、新职能、新使命”和“政治工作生命线作用”大讨论，组织机关人员开展党员承诺践诺、读书演讲、体会展评和到鲁西南战役纪念馆参观见学等教育活动，营造风清气正的政治生态，为推进政治建军、改革强军、依法治军提供保证。

【战备训练】 按照“平时服务、急时应急、战时应战”要求，修订完善 6 项作战行动方案和 14 项非战争军事行动方案。组织保障省军区黄河勘察、黄河防汛分队比武考核、天宫二号与神舟十一号飞船应急搜救备勤等任务，完成首长机关训练、专武干部集训、应急分队集训和民兵教练员集训。2016 年共投入经费近 23 万余元用于战备训练保障。其中，10 万余元用于建设高标准的塑胶篮球场；2 万余元购置体能训练馆训练器材；6 万余元购置民兵防汛应急分队野战桌椅、被褥、凉席、蚊帐等保障物资；投资 5 万余元购置电视电话会议系统，开通视频值班，落实战备值班制度。

集训

【安全管理】 坚持预防为主、群策群防和管教相结合的原则，保持“底线”思维和“红线”意识，落实安全管理工作责任制，确保安全分析、安全检查等各项规章制度的落实。开展“学法规、用法规、守法规”“条令条例学习月”“四清两统”专题整顿和“百日安全活动”，重点对“人车枪弹密，水火电钱航，酒油黄赌毒，涉外涉地方”等 17 个要素进行排查整治，提升安全管理工作水平。投资 6 万元安装以安全文化为主要内容的 50 块走廊文化版面、20 块警示教育典型案例牌。

【国防动员】 采取“自下而上、逐级负责，对口调查、分类统计”的方式，组织两次国防动员潜力调查，对辖区内 7 大类、105 个方面、226 项内容进行数据采集和汇总统计，为全面掌握辖区国防动员潜力底数，提供基本依据。在征兵工作中，紧紧围绕“提高质量、减少退兵、守住底线”的目标要求，落实征兵量化考核“五率”标准，加大工作力度，严格审查把关，圆满完成征兵任务。

【综合保障】 落实党委理财、预算管理、经费审批和联审会签等规章制度，修订完善《财务管理规定》《车辆使用管理规定》等，严把经费预算、投向、使用和审批关，开展“开源节流、增收节支”活动，压缩行政消耗性开支，加大基础建设，突出保障重点，贯彻落实《山东省基层人民武装部规范化建设要则》（鲁办发〔2014〕33号），协调县委、县政府，多方筹措资金110余万元，为基层武装部购置防汛、防爆等物资器材，6月，全县22个基层武装部全部达标；投入25万余元，保障民兵应急分队、基层武装部长和黄河防汛分队比武集训；投资10万余元，对办公楼、室内射击馆外墙、门岗进行粉刷；投资5万余元，对营区进行重新绿化；投资2万余元，进行营区外墙修复。

（赵迷路　侯　杰）

武　警

【概况】 武警菏泽市支队郓城县中队主要担负郓城县看守所的外围武装警戒、处置各类突发事件和反恐等任务。

【军事训练】 按照支队军事训练的总体计划和要求，依据新《军事训练与考核大纲》和实战化训练指示，结合中队的实际情况，制定全年训练计划。成立以中队长为组长，其他干部、骨干为成员的训练小组，每月结合按纲建队形势分析，对训练形势进行深入分析，研究训练中的重点和难点。科学合理制定中队周工作安排表，严格按照计划组织训练。

抓好军事训练落实。在抓好基础科目训练的同时，利用好勤训轮换、预提指挥士官集训等时机，发挥好“五小练兵”作用，防止偏训、漏训、粗训。突出干部和后勤人员的军事业务训练，干部严格落实跟班作业制度，后勤人员训练每天不少于两个小时。继续抓好专勤专训和基础科目训练。

创新训练形式，提高官兵参训热情。充分发挥“五小”练兵效用，利用现有文体娱乐器材和训练器材，参照快乐练体能方式，改进训练方法，提高训练效果，提高官兵参训热情。每月分析一次训练形势，采用科学的训练方法，开展军事训练，提高训练质量。

做好思想教育工作，落实军事训练“一票否决制”。发挥思想骨干在训练中的作用，通过小表演、小套路、小游戏等方式，活跃训练氛围，切实端正官兵训练态度，把“要我练”变成“我要练”，同时开展好训练“三互”活动，以强带弱，以老帮新，搞好“传”“帮”“带”。

【战备工作】 *突出执勤工作中心位置*。中队党支部将执勤工作列入支部重要议事日程，做到常议常抓。每月分析一次执勤形势，查找隐患，制定措施，堵塞漏洞。加强执勤法规的学习教育。将执勤教育经常化，将法规学习经常化，每月安排一天时间开展勤务教育，组织官兵学习《执勤规定》和有关法规。注重加强新兵下连后的教育，主要针对营区防袭击进行训练，提高执勤能力。

扎实搞好执勤战备教育。严格落实各项战备规定，教育督促中队官兵始终处于良好的战备状态。落实人员在位制度，落实查铺查哨制度，干部两个12时必查勤，做到查勤必查铺。抓好网络查勤员兼领班员培训、管理和使用，有效治理“两病”现象。严格落实执勤制度。抓好“三共”“三双”等有效载体运用落实，每周日晚集中分析执勤战备形势，查找执勤中的薄弱环节和不安全因素，研究制定改进措施，提高执勤质量，坚决杜绝事故的发生。

【日常监管】 抓好条令条例和规章制度的教育学习，不断强化条令条例意识，牢固树立官兵听招呼、守规矩的法纪观念，坚持从严治警不放松。

严格行政管理，加大奖惩力度，坚决纠治违规违纪问题。深入开展“四无”计时、“三小”活动，扎实开展“每日一例”警示教育，使全体官兵牢固树立“大安全观”。抓好安全教育训练，搞好风险评估和分析预测，提高官兵预测防范和应急处置能力。

严格落实一日生活制度、周工作计划和精细化管理，正规“四个秩序”，不断提高正规化建设水平。突出抓好“五个重点问题”治理，确保部队安全稳定。

【安全隐患排查】 加大执勤隐患治理力度。中队对照支队下发活动方案，对各哨位、执勤设施和中队生活、训练设施等进行认真检查，及时维修哨位子弹安全箱，哨位报警系统，共发现安全隐患6处，及时进行处理，提高安全系数。开展“三无”倒计时活动，严格落实安全监督员讲评制度。

【后勤建设】 严格落实各项后勤制度，200元以上开支支部有研究，并向支队后勤处汇报审批，确保经费流向的合理、合法，把有限的经费用在“刀刃”上。加强对后勤人员业务能力培养。后勤人员加强学习，坚持每周推出两三个新菜，并及时收集官兵对伙食的意见建议，努力提高伙食保障能力。搞好营区绿化，购置桃树、柿树、杏树、石榴树共16棵，由全体官兵亲手种植。

搞好农副业生产，做好菜地种植和各类牲畜养殖。中队每逢周六、重大节日都进行会餐并严格落实伙食、经费和物资管理制度，科学调剂伙食，严格落实分餐制，保证官兵吃饱吃好吃出营养。中队已达到居住条件楼房化、生活设施标准化、功能设施人性化、装备物资架子化、炊事机械自动化、官兵饮食营养化和食品制作“生进熟出一条龙”的要求。

（王威）

人民防空

【概况】 郓城县人民防空办公室内设指挥通信科和工程科，有工作人员4名。是县住房和城乡建设局副科级直属机构，既是县政府负责人民防空的主管部门，又是国防动员委员会的常设办事机构，负责管理全县的防空工作。

【人防建设规划编制】 根据《中华人民共和国人民防空法》《中华人民共和国城乡规划法》等法律法规和新一轮《郓城县城市总体规划（2012—2030）》，委托济南市人防建筑设计院编制《郓城县城市人民防空建设规划》（2016—2030），并上报县政府待批复。

【人防工程建设】 共审批结建防空地下室2个，单建人防工程1个，截止到2016年12月，县人防办共审批人防工程35个，审批的县人防办与县医院联合建设的“郓城县人防急救医院”，填补全县无医疗救护工程的空白，也是菏泽市第一个审批建设医疗救护工程的县区。

【人防专业队训练与通信警报建设】 县人防办制订2016年人防专业队伍整组与训练计划，调整充实9种人防专业队伍，并完成15个训练日训练。2016年新安装警报器1台，维修2台。每月对所有警报设施进行一次全面检查，确保警报设施时刻处于良好状态。在9月18日上午10时整，按照菏泽市人防办的统一部署，开展警报试鸣活动，鸣响率100%，警响大家勿忘国耻，居安思危。

【人防宣传教育】 充分利用广播、电视宣传人防，在警报试鸣期间（9月13日—19日），县电视台每晚20:00，21:00两次、广播电台每天7:00、13:00、20:00三次播放试鸣通告和人防知识，提高市民对人防的认识；利用制作的大型人防知识宣传栏，实时在广场、企业、学校、社区、建筑工地巡回展览；为全县城区及部分乡镇中学购买人防知识读本5000册；于警报试鸣日、七七事变、世界反法西斯纪念日、国际民防日等重要节日散发宣传资料，同时利用宣传车上街巡回宣传。

【重点项目建设】 2016年，对郓城县人防基本指挥所（1181工程）和宋江大道人防物资库工程及两工程的附属工程（信访接待室、职工食堂和会议室）进行内部装饰装修，宋江大道物资库、职工食堂、信访接待室及会议室先后投入使用。宋江大道物资库可提供120个停车位，县“两代会”等大型会议以及视频会议都在此召开。

（侯晓英　陈广富　王志坚）

消防监督管理

【概况】 郓城县公安消防大队（全称中国人民武装警察部队郓城县消防大队）为副团职单位，有编制50人。是依法实施消防行政管理的职能机构，不仅担负着全县的火灾扑救、抢险救援、社会救助等工作，同时对全县建筑项目、群众性活动、公共聚集场所进行消防设计备案和竣工验收消防备案，对公共聚集场所的投入使用、营业前进行消防安全检查，并对各机关、团体、企事业单位进行消防安全监督检查。2016年，大队先后获全省公安消防部队五四红旗团总支、市级精神文明单位、全市消防部队先进大队等荣誉称号，先后有17人次受到省市表彰。

【消防装备】 郓城县公安消防大队拥有消防执勤车13部，其中泡沫消防车4部，大吨位泡沫消防供水车3部，抢险救援车2部，登高平台消防车1部，压缩空气泡沫消防车1部，举高喷射消防车2部，增设室内消防栓169具，配有部分灭火器材、抢险救援器材、侦检器材、消防员个人防护器材和消防训练器材。

【训练与执勤】 开展以“打基础、强素质”为重点的全员岗位练兵活动，在全省消防部队铁军比武竞赛活动中取得优异成绩。

2016年大队共出警444起，出动执勤消防车1391次，出动警力9737人次，火灾造成直接财产损失2100余万元，其中在交通事故、处置社会救助、抢险救援中抢救人员63人，保护财产价值1.06亿元。随官屯镇第二消防站于2016年6月份正式投入执勤。

【火灾隐患排查整治】 开展消防控制室标准化建设、消防产品、易燃易爆危化品、石油化工企业、夏季消防安全检查、高层和城市综合体、冬季火灾防控等共11项消防安全专项治理行动。在各类专项治理活动中，共检查单位1470家，下发责令改正通知书1069份，责令三停29家，处罚单位78家，罚款数额119.1万元，拆除彩钢板临时建筑物5000余平方米。联合郓城洪达化工、富海化工等大型化工企业，以及中小学校、医院、城市综合体等单位开展灭火、救援演练50次。

【消防监督管理】 开展重点单位和社区“微型消防站”建设工作和乡镇政府专职消防队伍建设工作。7个乡镇建立政府专职消防队并购置车辆，11个社区和127家重点单位建立“微型消防站”，对社区工作人员、社区志愿消防队员、社区消防志愿者、所属社区内的单位和小区的人员进行消防安全教育培训。通过开展社区六进和政府专职消防建伍建设工作，提高群众的消防安全防范意识。

【消防宣传工作】 2016年，县消防大队投入4万余元在县电视台、广播电台开设消防宣传专栏，刊播消防公益广告及消防宣传常识300余条。同时，组织宣传力量深入到党政机关、学校、医院、企事业等单位，采取现场讲解、图片展示、散发明白纸等形式，广泛开展消防安全常识宣传教育培训活动。利用重大节日期间散发、张贴各类宣传资料10000余份。另外，通过“移动互联网消防信息服务平台”，利用微博、微信及手机短信等，不间断地向社会传播消防服务信息及消防安全提示。

（樊庆艳）

社会团体

2016年贫困大学生圆梦行动助学仪式

社会团体

郓城县总工会

【概况】 2016年，县总工会设五部一室一中心，即生产部、组织部、女工部、宣教部、财务部、办公室、职工服务中心。县工人文化宫、县职工服务中心2个事业单位，事业差额人员32人，事业自收自支人员38人。全县基层工会1499家，工会会员25.38万人。

【劳动竞赛和建功立业活动】 发挥“工人先锋号”、劳动模范和优秀职工的示范引领作用。弘扬劳模精神，学习宣传劳模和先进工作者的先进事迹、优秀品质，推进全社会进一步尊重劳模、关心劳模、学习劳模、争当劳模。做好2016年各级劳模评选工作，五一前夕，推荐评选出省富民兴鲁奖状1名、奖章2人，市五一劳动奖章16人。参与菏泽电子商务示范园区、金牌网店等的评选工作。五一劳动节前夕县总工会看望慰问省市困难劳模。

开展以“安康杯”为载体的安全生产竞赛活动。全县共有166家企事业单位、1927个班组、56802名职工参加“安康杯”竞赛，覆盖全县各系统、各乡镇。在6月份“安全生产月”宣传活动期间，组织2500名职工参加《全国职工安全卫生消防应急知识》普及竞赛活动和全国“安康杯”竞赛安全文化宣传活动。

开展“查身边隐患、保职工安全、促企业发展”活动。全县805个企业138069名职工参加活动，实现建会企业全覆盖，职工参与率95%以上。2016年，各级工会组织开展安全生产培训2758场次，涉及职工120885人，职工共查出各级隐患5396项，已整改5280项。8月3日，迎接全省工会重点工作落实情况半年督导组的检查验收，督导组深入郓城烟郓金属彩印有限公司督导“查保促”活动开展情况和赵楼煤矿的职工技术创新活动等工会工作的开展情况，对郓城县总工会的工作给予高度评价。为巩固推进和持续深入发展“查身边隐患、保职工安全、促企业发展”活动成果，县总工会不断开展安全生产监督检查，督促企业落实安全生产的主体责任，组织企业和职工开展安全生产和事故隐患大排查。

开展“科学超越”职工技术创新竞赛活动。制订下发竞赛活动实施方案，建立起竞赛考核、表彰、奖励制度。收集职工优秀技术创新成果87项，申报市劳模（高技能人才）创新工作室1个。

【基层工会组织建设】 县总工会专门下发文件（郓会发〔2016〕18号），制订2016年以村级工会组建及强化农民工入会和服务工作为重点、全县正常经营企业全覆盖的建会工作方案。完善工作格局，通过督促基层工会组建机构，配备专职工会干部，健全规章制度，协调非公经济人士政治安排上听取工会意见，进一步完善党委领导、政府支持、工会运作、职工参与、社会协同的工作格局。

表彰基层工会涌现出的先进集体和先进个人，健全基础工会工作奖惩机制。对评选出的15个工会工作先进单位，16个先进基层工会，55名先进工会工作者，169名优秀工会积极分子予以通报表彰。

通过招聘8名社会化工作者充实到乡镇（街道）工会，壮大基层干部队伍。5月，选派7名基层工会干部参加省总工会组织的第三期全省非公企业工会主席培训班。12月，组织全县基层工会干部参加综合素能培训班，提高全县工会干部的理论素养、知识水平、业务素质和管理能力。

通过创建职工之家和职工小家活动，健全完善维护服务职工的工作体系，加强基层“会站家”一体化建设。2016年检察院工会、供电公司工会、农商行工会、水浒酒业工会被评为菏泽市模范“职工之家”，双桥税务所、赵楼煤矿运转工区、烟郓公司注塑车间、三羊食品穿串车间被评为菏泽市模范职工小家。

夯实基层基础，县总工会加大对乡镇（街道）、企业工会工作的支持力度，在工会经费提取方面适当向基层一线倾斜，为在乡镇和企业基层开展相关活动提供保障。同时，将组织建设、厂务公开和民主管理纳入到科学发展考核体系，为有效提升基层工会工作提供保障。8月，潘渡镇总工会顺利完成省总工会重点工作半年督导检查，完成第九次全国企业民主管理工作调研检查的自查。10月，潘渡镇总工会完成省总工会的检查指导工作。2016年全县新增工会组织76家，发展会员26464人，另外新成立教育工会和郓城县外经贸企业联合工会2家产业工会。根据《中华人民共和国工会法》《中国工会章程》规定和要求，11月18日，郓城县工会第七次代表大会在县会议中心隆重召开，大会依法选举新一届工会主席、常务副主席、副主席、女工委主任和经审委主任。

【帮贫扶困和送温暖工作】 举办“春风行动”活动。2月19日，县总工会联合县人民政府、县人社局、县妇联等单位举办的“郓城县2016年‘春风行动’暨高校毕业生、企业用工洽谈会”在唐塔广场举行，招聘会吸引160余家企业参与，提供就业岗位1万余个，前往求职者5000余人次，共有2000余人次达成就业意向。

郓城县2016年“春风行动”启动仪式暨高校毕业生、企业用工洽谈会

开展“夏送清凉”活动。筹集慰问资金13万元，其中工会经费投入8万元，其他5万元。走访企业和工地25家；开展监督检查活动6次；走访慰问活动25次；慰问职工（农民工）11500人次；发放防暑降温用品13万元；为职工（农民工）提供健康体检活动35人次。推动政府制订有关改善职工（农民工）生产生活条件的政策规定1件；推动企业行政制定有关改善职工（农民工）生产生活条件的防护措施5件；督促企业整改危害职工（农民工）身心健康和生命安全的事故隐患65件，涉及农民工6600人次。被省总工会评选为山东省职工维权法律服务示范单位。

开展工资集体协商制度建设。县总工会联合人社局、经信局等有关单位督导企业签订工资集体协商协议、集体合同等。全县共有企业1091家，签订合同993家，签订率91%。

搞好“金秋助学”活动。活动期间，县总工会配合县委县政府广泛动员全社会力量，积极筹措资金并搞好入户调查等工作，确保助学金真正发放到困难的学生手中。本次活动共筹集资金8.6万元，救助学生61人。

持续推进“普惠工程”。5月31日上午，郓城县“普惠工程”推进会在县邮政公司五楼会议厅举行，县总工会联合邮政储蓄银行发行的工会会员“普惠卡”已有100多家商家签署普惠意向，为8577人办理菏泽市工会会员卡。

建立困难职工档案。切实加强困难职工档案动态管理，共有困难职工档案2785人，解困脱困人员2002人，为“冬送温暖”发放困难职工救助金做好充分准备。

开展困难职工救助帮扶活动。2016年度郓城县总工会开展困难职工救助活动，并多方筹措资金68.6万元，为全县1161名因病致困和遭受意外伤害、灾害的困难职工家庭实施救助和入户慰问。

开展“帮扶送教育”活动。在“六一”国际儿童节到来之际，为帮助家庭生活困难的职工、特别是单亲困难女职工和女农民工子女顺利完成学业，5月27日，县总工会“双联双创”下乡“帮扶送教育”活动在杨庄集镇张康小学举行，为60名困难职工子女送去学习和生活用品。

【职工宣教和文体活动】 *举办各类群众性活动*。4月，由县总工会、县文化体育局联合主办的庆“五一”职工趣味运动会在唐塔广场举行。本次运动会共设拔河、同舟共济、双人夹球跑、集体跳绳4个项目，19个代表队、700余名运动员参加；国庆期间举办全县乒乓球团体赛，同时在菏泽市博物馆举办“大美齐鲁”山东省中青年书法精品展活动；12月举办全县职工冬季广场舞大赛；选送6幅作品参加全市职工书画大赛，选派供电公司参加全国职工读书演讲网上活动等。

五一职工运动会

开展宣传教育工作。开展劳模报道宣传活动、职工读书活动、职工大培训、职工书屋建设、重大节日宣传教育等；推进“职工书屋”建设，加强软硬件建设，注重“职工书屋”功能发挥。2016年，全县已建国家级职工书屋2处，省级职工书屋5处，县级职工示范书屋40处；推动企业文化和职工文化建设，培育出一批企业文化建设示范点；全年在全国及省市媒体发表稿件368篇，超额完成任务。其中省级以上的21篇，中工网多个账户在发表稿件与正面评论；通讯报道员60余人，他们以诗歌、摄影、散文、通讯等方式反映各级工会的重大活动及职工喜爱的文化、关心的维权、爱岗敬业、劳模精神和工作经验、学习心得等，为正面宣传工会工作起到良好作用；4月，对全县部分市级以上劳模进行专访，在菏泽电视台一套播出。

【女职工工作】 健全女职工组织网络，扩大女职工组织覆盖面。全县在签订集体合同的企业中，女职工专项集体合同签订率98%，覆盖女职工97246人。组织女工干部参加学习培训，提高女职工的综合素质。“三八”妇女节期间，继续开展《女职工劳动保护特别规定》知识竞赛活动。5月开展女职工互助保障计划，共有10家企业500余名女职工参加健康培训。6月组织女职工参加“安康杯”竞赛和“查保促”活动，并提出合理化建议2234条。为做好女工的维权工作，切实保护好女职工的合法权益，开展女职工“关爱活动”，共走访、帮扶单亲困难女职工20余人。为深入贯彻落实《女职工劳动保护特别规定》，加强女职工“四期”保护，妥善解决女职工在生理卫生、哺乳方面的困难，县总工会推进“爱心妈妈小屋”建设，提供规范统一的标准，统一配置宣传海报和妈妈护理箱及妈妈小屋使用公约等，统一铭牌，2016年全县共创建“爱心妈妈小屋”2个。

【财务和经审工作】 按照市总工会下发的财务经审工作规范化建设标准，县工会建立健全机构和相关制度，按规定配备人员，工会经审、财务等工作开展顺利。2016年5月顺利通过市总工会对县区财务收支情况的审查。

（王青）

共青团郓城县委员会

【概况】 共青团郓城县委员会（以下简称团县委）下设办公室、组织宣传部、社会工作部、学校少年部4个部室。有行政编制5名，工勤编制

1名，其中书记1名，副书记2名。

【组织工作】 团县委加强团的基层组织建设，团结、吸引和凝聚广大青年。引导基层团组织遵循“坚持标准、保证质量、加强培养、积极发展”的原则，因地制宜地制订团员发展计划，执行团章中关于发展团员的规定和程序，真正把符合入团条件的先进青年吸收到团组织中，逐步控制团学比。

郓城县“牵手关爱行动——感受城市”活动（宋金禄 摄影）

【宣传工作】 团县委开展系列主题日活动，抓住情人节、清明、“五四”“六一”“10·13”少先队建队日等重要时间节点，开展富海公馆2016万人相亲大会、清明祭扫烈士墓、五四表彰、“六一”文艺汇演、郓城县鼓号队比赛等系列主题团日活动，引导广大团员青年和少先队员增强奋斗精神，并利用报纸、团属网站、微博、微信等媒体进行宣传。全年累计开展主题活动30余次，覆盖人数达1000余人，间接覆盖人数3000余人。

【学少部工作】 团县委不断深化对青年学生的思想引领和成长服务两大战略任务，狠抓基层组织建设和基层工作，不断加强团干部队伍建设，进一步巩固学校在全团的基础战略地位。深化思想引领，加强青年学生的思想教育工作。利用重要时间节点，组织全县各中小学校开展“小手拉大手共筑碧水蓝天”“红领巾心向党”“心愿直通车”等系列主题教育活动，展示团员和少先队员良好精神风貌。

【权益部工作】 2016年，团县委联合普法办、检察院，到多所中小学开展法制教育宣讲活动，并设置法制教育流动展厅，多方位进行法制宣传。1月，团县委与检察院、县人社局、县教育局联合创办的涉罪未成年人观护帮教基地在郓城县亿万汽车配件制造有限公司挂牌成立。

【希望工程】 团县委整合资源，重点开展帮扶青少年弱势群体活动，构建弱势青少年群体长效帮扶机制。5月20日，郓城县潘渡镇李杭小学融汇希望图书室揭牌仪式举行，此次活动是山东省青少年发展基金会发动，山东融汇地产捐赠给李杭小学价值3.6万元的图书室。6月17日，郓城县牵手关爱行动推进会召开，会上，与会领导和志愿者与受关爱贫困留守儿童现场结对，为10名留守儿童送去书包、文具、图书等学习用品。10月14日，“扶贫济困 你我同行——省青企协走进郓城”活动在杨庄集镇李联小学举行，此项活动由团省委城市部与青企协联合发动，蓝创集团为李联小学、刘口小学、张楼小学捐赠价值6万元的图书室。11月2日，“东西协作·携手同行”青岛·菏泽青春扶贫协作活动走进郓城，在郓州街道南边庄小学举行希望工程建校助学活动仪式，青岛青联向学校共捐赠爱心专业教室建设款18万元、青岛市希望工程菏泽助学款12万元，并为受助学生代表发放助学金和书籍、鞋等物品。11月26日，团县委、县关工委、县慈善总会组织40余名建档立卡贫困留守儿童开展“牵手关爱行动——感受城市”活动。

【青工青农】 将电商工作作为工作的重中之重。加强宣传，通过传统媒体与新媒体相结合的宣传方式，营造良好的电商发展氛围，吸引更多的青年加入电商队伍中来；配合开展各类电商培训班，推报人选；挖掘青年电商典型。“五四”期间，团县委联合县商务局开展全县“十佳青年网商”“十佳青年网店”评选活动，表彰在全县电商工作中涌现出来的青年典型。

(高丽娜)

郓城县妇女联合会

【概况】 2016年，郓城县妇女联合会（以下简称县妇联）行政编制6人，班子成员4名，其中主席1人，副主席3人。设有三部一室，即办公室、维权部、组宣部、儿童部。辖22个乡镇（街道）妇联，57个县直妇女儿童工作委员会。

【宣传工作】 *组织庆“三八”系列活动*。3月7日上午，在县文化馆举办首届巾帼书画展，14名女书画艺术家的120余幅作品参加展出。在杨庄集镇举办“好婆媳、好儿女”表彰大会。3月7日下午，召开全县庆“三八”妇女工作会议，对妇女培训、巾帼电商、精准扶贫、女性安康工程、《反家庭暴力法》宣传等工作提出新思路、新要求。3月8日举办全县电商报告会，10名巾帼电商及返乡创业先锋作报告，彰显当今女性勤而好学、敢想敢干、自强不息的拼搏精神。同时为陈兰婷、王淑静、樊小慧、熊菲等典型录制专题片，在市、县电视台播出。

开展“春风送岗位”活动。2月8日，与县人社局、团县委等单位在唐塔广场联合开展以“搭建供需平台、促进返乡创业”为主题的“春风”行动，县妇联征集1500多个就业岗位，发放春风卡6000张，为企业用工和妇女就业搭建桥梁，这次活动使多名妇女找到适合自己的工作岗位。

配合做好农村电子商务和返乡创业工作。结合郓城县电商工作的实际情况，本着“实地、实用、实效”的原则，联合淘宝大学举办电商暨返乡创业先锋报告会，县妇联组织“油桃妹”韩文静等在内的10名巾帼电商先锋组成报告团，赴各乡镇开展报告会，鼓励贫困人口从事电商工作，先后举办电商培训会24场，共培训有创业意向的妇女群众4000余名。

实施巾帼脱贫行动。3月15日，组织31名妇女群众到水堡乡陈楼村藤编厂、侯咽集镇周楼村毛绒玩具制作厂、李集镇柳编厂、创冠编藤厂参观学习。5月20日，举办巾帼脱贫行动启动仪式，发出“凝聚巾帼力量，助力精准扶贫”的倡议，动员和组织广大妇女参与扶贫，在精准扶贫领域开辟新战场，打造服务新品牌。县妇联成立精准扶贫工作领导小组，制订《郓城县妇联精准扶贫方案》，通过与村干部、群众代表、贫困户座谈和入户走访等形式进行调查研究，摸清帮扶村刘行村的基本情况，多次走访贫困家庭，为贫困家庭送去温暖和鼓励。

开展文明家庭创建和各种表彰评选活动。组织开展“书香牡丹最美家庭”评选活动，评出10户县“书香牡丹最美家庭”，其中，徐长举家庭获市十佳“书香牡丹最美家庭”；表彰文明家庭，共评出省级文明家庭2户，市级文明家庭12户；表彰“好婆婆、好媳妇”活动，在杨庄集镇马庄村举办好婆婆、好媳妇表彰仪式，共表彰好婆婆8名，好媳妇10名，弘扬母慈子孝的优良家风；组织开展市级评选表彰活动。共评出市级“三八红旗手”11名，“三八红旗集体”5个。巾帼建功先进个人6名，巾帼建功标兵5名，巾帼建功岗位5个。市妇联联合市综治办表彰维权先进个人4名，维权岗位4个。

【竞赛活动】 *实施“信贷助推工程”，激发全民创业热情*。县妇联与县人社局配合运作妇女小额贷款工作，深入村户实地考察，详细了解申请信贷农村妇女的家庭情况、贷款项目、经营情况、贷款额度、还贷能力，2016年共为64名城乡妇女提供586万元的贴息贷款。

扎实开展“新农村新生活”培训。按照市妇联安排，继续开展“新农村新生活”培训工作，并结合工作实际情况，制订新的新农村新生活培训计划，赴各乡镇和街道进行环境卫生、传统文化、女性健康、心理健康等方面的公益培训，吸

纳3名卫生系统的专业人士进入讲师团队，2016年共举办培训班200余场次，培训妇女群众近40000人；9月末，结合县委组织部，举办全县副科级妇女干部综合素质培训班，共培训女性公务员44名。

【维权工作】 认真接待妇女群众来信来访。2016年共接待来信来访62件，120人次。对于妇女合法权益受到侵害的信访案件，主动介入，为受困妇女排忧解难，帮助她们通过理性合法的方式表达利益诉求。

开展妇女普法宣传教育。3月8日上午，与县检察院联合开展“关爱女性 与法同行”法律宣传活动，重点宣传《反家庭暴力法》，帮助广大女性提升维权意识，增强自我保护。

关爱女性健康发展。为切实维护和保障广大妇女健康权益，增强广大妇女抵御疾病风险的能力，3月7日下午，与中国人寿支公司联合召开全县“爱心互助 健康同行”安康工程动员会，县妇联推荐50名农村妇女做安康工程保险工作，共有1200名妇女投保。

【儿童工作】 关注未成年人思想道德建设，促进儿童少年健康成长。举办“六一”节庆祝活动。5月28日上午，与农行结合举办“小小银行家”金融体验活动；与县检察院结合举办庆“六一”送法进校园活动，发放《检察官爱心提示宣传册》2000份。5月31日，组织爱心志愿者开展慰问留守女童活动。

开展弘扬和传承中华传统美德和时代新风主题实践活动。组织开展儿童少年书画摄影大赛、“感恩母亲”征文等主题实践活动，参加市开展的寻找“最美牡丹妞”活动，推荐的赵亦菲、许家畅、张芳敏获得市十佳“最美牡丹妞”。

开展关爱贫困儿童工作。开展助学行动，实施特困女学生教育扶贫项目。争取外援，争取市妇联救助金4500元，救助15名贫困女童；争取“最美笑脸”公益组织救助财务3000元，救助3名贫困女童；县妇联全体职工捐款，救助黄泥冈刘行村15名贫困儿童，每人300元；争取中国儿童基金会资助，对张营镇丽媛小学100名贫困儿童给予救助，每人救助金400元；发动社会力量救助，女企业家刘凤菊在陈坡乡希望学校捐建一处留守儿童活动站，共救助留守儿童60名，捐赠价值7000余元的文体器材、学习用品。与县关工委、县老干部局、团县委、县教育局联合举办2016年贫困大学生圆梦行动，对家庭困难、品学兼优的17名大学新生每人给予5000元的助学金；女企业家协会向陈坡乡希望小学的100名贫困学生送温暖，捐助4万元的学习用品和保健药物；女企业家甄爱华捐献爱心助学款3万元，在双桥镇举办贫困儿童捐助仪式。

【规划实施工作】 实施“妇女健康”工程，关注妇女身心健康。实施免费婚前医学检查。在全县全面实施免费婚前医学检查，凡符合《中华人民共和国婚姻法》和《婚姻登记条例》规定，至少有一方具备郓城县户籍且在本县结婚登记的男女双方，都可以享受免费婚检服务。

为农村妇女进行“两癌”免费检查，救助患病妇女。2016年，县妇联、县卫计局、县财政局做好协调，于11月初对全县符合条件的5000名农村妇女进行“两癌”筛查，筛查出患病妇女十余名。县妇联对患“两癌”农村妇女的情况进行调查摸底，联合县民政局对其中较为贫困的37名妇女给予每人2000元的救助。完成全国、省、市三级“两癌救助”组织工作，共救助19人，拨付救助资金16万元。

【自身建设】 加强引导，推进妇联阵地建设。先后成立巾帼志愿者协会、幸福之光义工协会、旗袍协会。协会成立以来，开展宣传党的政策、关爱贫困妇女儿童、旗袍走秀等活动，倡树社会和谐文明新风，在改善妇女儿童民生、参与创新社会管理方面发挥重要作用。

做好兼职妇女干部的配备工作。通过选聘，共配备52名乡镇兼职副主席，1598名村妇代会成员。2016年下半年，实现村（社区）妇代会改建妇联工作全覆盖，截止到年底，共完成260个改建任务。

做好双联双创、扶贫工作。开展孝老敬亲、乡村文明、卫生保健、法律维权、家庭教育等主题培训活动，全面提升群众素质。发放妇女健康手册800多份，提高群众保健意识。县妇联多次赴村为贫困群众送温暖，送去棉被、棉大衣、面粉、大米、油等生活用品，同时整合资源，发动女企业协会、社会爱心人士捐款捐物，先后为贫困妇女、儿童送去价值10万余元的生活、学习用品。

（祝瑞霞）

郓城县残疾人联合会

【概况】 郓城县残疾人联合会成立于1991年4月，是将各类残疾人自身代表组织、社会福利团体和事业管理机构融为一体的残疾人事业团体，具有“代表、服务、管理”职能，代表残疾人共同利益。设办公室、组织联络部、教育就业部、康复部4个部室，下辖残疾人综合服务中心和残疾人康复中心2个事业单位。2016年年底，在职干部职工18人。据第二次全国残疾人抽样调查显示，全县共有各类残疾人7.52万人，占全县总人口的6.75%，其中视力残疾8888人，占11.82%，听力残疾19777人，占26.3%，言语残疾872人，占1.16%，肢体残疾25004人，占33.25%，智力残疾4030人，占5.36%，精神残疾4805人，占6.39%，多重残疾11821人，占15.72%。

【康复工作】 一是认真开展0—6岁残疾儿童康复需求调查工作，共筛查0—6岁残疾儿童350余名，为全省制定残疾儿童康复救助政策提供依据。二是配合省专家组开展0—6岁残疾儿童康复救助项目绩效评价工作，全县纳入免费康复残疾儿童139名。三是完成其他康复项目。配合省残疾人福利基金会实施“衣恋集善幸福同行”项目，为30名肢体残疾人免费安装假肢；为4名成年听力残疾人佩戴助听器；为7名听障儿童和3名成年听障残疾人免费实施人工耳蜗手术。

【组织联络和维权工作】 为300户残疾人安装洗浴两用椅和扶手，为南赵楼镇六合苑新村25户残疾人家庭安装太阳能，对15户贫困肢残人家庭进行无障碍改造，使残疾人真正实现“行得通、出得去、能入厕、洗上澡、晒太阳”，改善生活环境，提高生活质量。盲人节期间，为300名视力残疾人发放盲杖300个，发放门铃300个。助残日期间，组织赴李集镇罗楼村开展义诊及残疾人证办理活动、到聋哑学校看望聋校师生、到诚信医院慰问接受康复训练的脑瘫、自闭症及智障儿童等活动，并对盲人按摩协会和阳光助残创业园工作进行专题报道，在全社会营造良好的扶残助残氛围。

【教育就业和社会保障工作】 为油桃妹家庭农场申报省级残疾人就业创业扶贫基地，为电商标兵张建露申报全省残疾人自主创业标兵称号。实施残疾人职业技能和实用技术培训工程，11月18日起，先后在侯咽集镇、陈坡乡、张营镇举办残疾人实用技术培训班，180多名残疾人参加技术培训。全年共举办残疾人电子商务培训班8期，培训学员202名，培训期间，培训费食宿费全免，每名学员培训2个月，费用合计3000元。为使参加培训的学员都能实现就业创业的目标，不因资金紧张、货源缺乏、物流费用高等原因而放弃经营，韩应滨等6名电商精英采取抱团经营策略，组建集技能培训、物流配送、货源供应于一体的阳光助残电商创业园，为新学员提供服务，示范

首期电子商务培训班毕业暨第二期开班仪式举行

带动作用明显，这一模式得到市县领导及外地考察团的认可。可为50多名残疾人提供代发货服务，帮助部分提供客服服务和网上店铺装饰，平均每天发货200单以上，走出一条通过电商经营带动残疾人致富的路子。郓城县被市政府残工委授予“全市残疾人电子商务工作先进县”荣誉称号。依托诚信医院为150名精神残疾人提供托养；配合民政部门分别完成对7655名困难残疾人生活补贴和7445名重度残疾人护理补贴的审核工作。9月中旬对3名残疾大学生及3名残疾人子女大学生进行救助，每人5000元，合计3万元。

【康复中心建设】 残疾人康复中心规划占地7103平方米，总建筑面积1.6万平方米，项目总投资6000万元，设置床位500张，设有精神康复部和康复医学部两大部分，重点开展精神残疾康复、成人康复、小儿脑瘫康复、自闭症和弱智儿童康复等项目。康复中心集技术指导、人才培训、康复训练三大功能于一体，建成后为全市规模最大、技术最先进、设施最齐全的残疾人专业康复服务机构。

郓城县残疾人康复中心

（王夫杰）

郓城县工商业联合会

【概况】 县工商业联合会是以统战性为主，兼有经济性、民间性的人民团体和民间商会的工作部门，机关行政编制5人，设会员科、办公室2个科室。2016年，县工商联发挥在非公有制经济中的优势，坚持“团结、引导、帮助、教育”方针，采用多种形式组织企业法人代表、企业管理人员不定期培训学习，重视参政议政、政企沟通、法律维权、企业文化建设等工作。

【思想政治工作】 在非公有制经济人士中，搞好方针政策宣传贯彻，转变经济增长方式，构建和谐社会。推动全县非公有制经济健康发展，组织非公有制人士参加各种活动，鼓励督促非公有制企业办好各种企业板报，定期不定期宣传企业中涌现出的好人好事。全年共组织非公有制经济人士参加思想政治工作培训会1期，培训80多人次。推荐有社会责任感的非公有制人士选拔到人大、政协及工商联任职。截至2016年年底，全县非公有制经济人士担任人大代表2人、政协委员27人、工商联执委45人。

【调查研究工作】 制订学习制度，采用以会代训，集中学习与个人自习、下基层、走企业等各种形式。县工商联发挥职能，配合有关部门推动《国务院关于鼓励、支持和引导个体私营等非公有制经济发展的若干意见》的全面落实，坚持“创新、改革、服务”的思路，推动非公有制经济人士的健康成长和非公有制经济快速健康发展。全年共为县委、县政府的科学决策提出意见、建议和提案5条。

【维权服务工作】 协调解决非公有制企业在生产中遇到的法律、政策、会计、市场经济等方面的障碍和问题，维护企业的合法权益。召开上层经济人士座谈会，下车间走访职工，全面了解企业面临的困难，定期不定期为会员企业提供更多的政策信息、经济信息、商务信息等，加强联络，提高服务水平，主动与有关部门联系，帮助企业牵线搭桥，解决实际困难。全年为企业提供各种信息服务26条。

（陈亚）

郓城县文学艺术界联合会

【概况】 郓城县文学艺术界联合会是县委领导下的由各界文学艺术家组成的人民团体，设有书法家协会、美术家协会、作家协会、摄影家协会、戏剧家协会、曲艺家协会、音乐舞蹈家协会、硬笔书法家协会等8个协会。设有诗词学会、红色文化研究学会、水浒艺术研究院、水浒书画院、郓城书画院、水浒学会等6个挂靠学会（院）。

【文学创作】 出版《老骥诗选》第八集，编辑《郓城文艺》2期，出版文学作品集《凤凰展翅》。

【戏剧曲艺】 举办庆元旦曲艺展演、菏泽牡丹花会曲艺预赛、创建曲艺之乡曲艺展演等演出，参加菏泽市牡丹花会曲艺展演，县梆子剧团与中国戏曲学院联合创排的国内首部动漫舞台剧《跑旱船》在京会演成功，获中宣部、文化部、省委宣传部、省文化厅好评。

【书法美术】 组织安阳文化采风活动，与省书协联合在市博物馆举办“大美齐鲁”山东省中青年书法精品展，组织部分画家进行写生活动并开展一系列的书画进社区活动，举办郓城县教育系统书画展。

【摄影艺术】 举办“寻找最美水浒好汉城”摄影大奖赛，组织部分摄影爱好者赴皖南歙县新安江画廊等地采风创作，组织县摄影家协会常务理事赴坝上草原采风创作。

（李晓龙）

郓城县社会科学界联合会

【概况】 郓城县社会科学界联合会是县委领导下从事全县社会科学工作组织联络、指导管理、协调服务的人民团体。2016年，郓城社会科学界联合会与县科协联合举办科普进社区、社区大学建设活动、“2016全国科普日”活动等活动，加强对专业学会方面的管理，县诚信建设促进会、红色文化研究会、志愿者协会、传递红色文化博物馆等已纳入郓城县社科联业务管理。

【理论宣传】 组织开展理论宣传活动，举办征文活动和专题报告会。通过媒体征稿方式，组织开展建党95周年和红军长征胜利80周年纪念征文活动；全县范围内开展“两学一做”知识竞赛；举行“践行社会主义核心价值观”报告会。

【课题研究】 开展一系列课题研究活动，为郓城发展提供智力支持。对新型城镇化、全城旅游、精准扶贫、电子商务、返乡创业、县域投融资体制改革、政府和社会资本合作（PPP）等重大问题开展理论和实践问题研究，进行理论上的探索和升华，并形成报告。以课题研究活动为抓手，引导广大社科研究人员和实际工作者参与课题研究，推动社科研究与实际工作紧密结合，着力在增强课题针对性、实效性、应用性上下功夫，推出一批水平高、质量好、有价值的研究成果。

【社会科学知识普及】 加强社会科学知识普及，与县科协联合举办科普进社区、社区大学建设活动、“2016全国科普日”活动。通过举办讲座论坛、咨询服务、展览等系列活动，先后邀请10余位专家、学者就社科工作、革命传统教育、旅游发展、文学等方面进行讲座，宣传普及社科知识，提升全县公众人文素养。以开展“社科理论面对面，专家服务进万家”社科普及主题活动为抓手，组织社科专家深入基层面对面进行宣讲，着力打通联系服务群众“最后一公里”。开展感恩孝德活动，加大移风易俗宣传活动，开展新农村新生活培训，开展十八届六中全会精神宣传普及。开展郓城水浒文化底蕴研究，编写《水浒文化》刊物，以图文结合的形式向人们阐释和展示水浒文化丰富内涵。2016年将郓城一中丽媛艺术楼创建为省级社会科学普及基地，基地采用平时展览宣传与集中活动宣传相结合的方式，对青少年学生和社区群众进行党史、国防教育、军事知识教育和革命传统教育，发挥示范点和基地的示范带动作用。

【组织队伍建设】 加强组织队伍建设，全面提高社科队伍的素质和能力。加强中青年社科人才培养，在社科评奖、课题研究等工作中，加大扶持力度，促进中青年学术人才尽快成长。加强社科类社会组织建设，充分发挥各社科学会、协会、研究会在课题研究、成果评奖、社科普及等活动中的作用。着力抓好以提高文字写作能力、语言表达能力、组织协调能力为内容的“三项能力”建设。进一步修订完善各项管理制度，建立科学规范的高效运行机制。

（李晓龙）

郓城县诚信建设促进会

【概况】 郓城县诚信建设促进会（以下简称县诚促会）于2014年9月28日正式成立，是一个全县性研究、宣传、促进社会诚信建设的公益性、非营利性、具有独立法人资格的社会团体组织，主管部门为郓城县委宣传部。县诚促会内设办公室、会员部、宣传部、数据服务中心和诚信共建发展基金部，共有单位会员148个，个人会员1196名，诚信共建单位26个，企业诚信共建单位45个，诚信共建示范单位10个。

【基础建设】 *严把会员入口关。*县诚促会制定“四推四优先”的方法。“四推”即请基层党组织推荐，请宣传、媒体、教育部门推荐，请社会团体组织推荐（如青年团、妇联、工会、科协等），请企事业单位推荐。“四优先”即基层干部优先，党员优先，各级英模人物优先，各级党代表、人大代表、政协委员优先。县诚促会为了把好会员入口关，采取先搞试点再推开的办法，保证会员的质量。全县有6位中国好人，其中有5位是诚促会会员，分别是陈殿杰、黄修良、吕斌、何厚江、张庆涛。会员肖玉荣还被评为山东省道德模范，何厚江被评为菏泽市道德模范并在市表彰会上作典型发言。

*严格会员管理。*县诚促会制订《县诚促会会员管理办法》共七章二十条，发给全体会员。并初步建立一套会员申报、组织推荐、会员部审核、常务理事会批准的会员入会程序和科学、动态、规范管理的办法。

*严格会员奖惩。*县诚促会为促进全县诚信建设，规定每年开展一次优秀会员评选活动，并加以表彰。对优秀个人会员授予“诚实守信郓城人”荣誉称号，并颁发证书；对在诚信建设方面表现突出的家庭授予“诚信和谐好人家”荣誉称号，并颁发证书；对优秀会员单位授予“诚信共建单位”荣誉称号，颁发证书及铭牌。对有失信行为的会员，经常务理事会表决同意予以除名，并在电视台、会刊、网站上进行公示。

*严抓信息库管理。*诚信政务数据服务中心成立后，在县政府服务中心设立服务窗口（C区11号）。服务中心的诚信网站组织一批高素质的专业人才采集、筛选、归纳和整理社会诚信信息，记录在案，立卷归档，纳入诚信网站信息库，按照规定向社会公开。诚信服务中心、诚信郓城网站和微信平台运行良好。

*注重诚信建设基础设施建设。*由县诚促会承建的8500平方米的“菏泽市诚信建设培训中心”大楼已投入使用。

【诚信宣传】 *抓舆论宣传，营造诚实守信的社会氛围。*以县诚促会名义向全社会发出“加强政务诚信、商务诚信、社会诚信、司法公信建设”的倡议书，初步营造一个“以诚信为荣、见利忘义为耻”的社会舆论氛围。树立人人讲诚信、个个守信用的社会道德风尚；树立以诚信为本、以诚信立市、以诚实兴业、以诚信育人的正确理念。

*开展诚信宣传教育与诚信调研活动。*充分利用网站、电台、电视台、会议、会刊、培训和各大商场的电子屏幕等，多渠道多形式加大宣传力度，提升宣传效果，使诚信者典范，失信者曝光。联合有关部门、诚信共建单位、诚信工作者，在全县范围内开展诚信专题调研活动，写出专题调研报告，向县委、县政府提出加强诚信制度建设和信用体系建设的意见和建议。中国诚信网重点推介郓城的诚信经验。以县电视台“诚信郓城”栏目为主阵地，开办诚信节目91期。会刊《诚信郓城论坛》已出版4期共12000多份。

“诚信郓城微信群”参与人数上万人次。

【诚信共建】 抓诚信共建，形成诚信建设的强大合力，树立诚信郓城品牌。以创建诚信郓城品牌为载体，以窗口行业，重点领域，热点产品为切入点，开展诚信和诚信文化进企业、进商店、进医院、进学校、进社区、进家庭的活动。以诚信文化、诚信教育为抓手，通过诚信共建带动各类社会群体和民众，关心诚信，参与诚信，把诚信作为社会交往和经营活动的最高形式。县诚促会把诚信文化和经济文化结合起来，提出“忠义郓城，诚信天下”的口号。

做好诚信共建试点。县诚促会从当前社会失信严重的状况出发，成立之初就开展以诚信共建为主要形式的试点工作。重点在行政、教育、医疗、商业、企业、乡村抓一批诚信共建试点。在教育领域，小学设在乐园小学、初中设在双桥中学和南城中学、高中设在郓城一中。卫生医疗单位以诚信度比较高的诚信医院、郭屯卫生院、侯咽集卫生院、县眼科医院为共建试点。商业领域选择在全县影响大、规模大的郓百集团、大福源购物广场作为两个共建试点。金融系统以农业银行、农村商业银行为试点。企业以电业公司、新华书店、烟郓盖业、利民纺织、水堡罐业、泰和纺织6处企业为试点。乡镇街道安排随官屯镇、张营镇、南赵楼镇、唐塔街道4个单位为试点。党政部门选择县地税局、县民政局、县卫生局等12处单位为诚信共建试点。根据不同行业特点，分类指导，以点带面，全面推开。

开展诚信共建活动。2016年，县诚促会和郓百集团联合开展“诚信温暖送进百岁老人家”活动，走访慰问全县22个乡镇、街道的百岁老人和五家敬老院的孤寡老人，送去面粉、食用油等物品，把“诚信温暖”送到老人身边。由县诚信建设促进会和山东儒商联盟爱心团队一起，携手山东齐鲁公益爱心联盟、山东诚强文化传媒有限公司、齐鲁名人杂志社等单位，共同发起走基层慰问困难群众活动，为困难村民送去慰问金和慰问品。县诚促会与县地税局、和平社区开展诚信共建活动，以诚信文化、孝义文化进机关进家庭为重点，加强诚信教育，加强道德教育。与教育系统开展诚信共建，以编纂中小学诚信教育辅导教材为重点，突出诚信教育从娃娃抓起、从学校抓起的理念。与企业开展诚信共建活动，县诚促会多次深入企业调研和座谈，对如何做好“诚信、责任、创新、奉献”的企业文化，进行有益的探索。为县供电公司、泰和纺织、水堡罐业、华佗大药房等10余家企业颁发“企业诚信共建”铭牌。

县诚促会开展“诚信温暖送进百岁老人家”活动。（朱文真　摄影）

建立诚信长效机制。对各行各业，各个部门逐步形成有针对性的诚信约束长效机制。如政务公示制度、生产经营信誉制度、社会服务承诺制度、长期教育监督制度、信用记录备案管理制度、失信惩戒制度等。县诚促会在抓诚信共建试点过程中，协助政府和各个试点单位注重长效机制的建立。在教育领域，县诚促会在双桥中学诚信教育读本的基础上，联合县教育局修改编辑诚信教育小学读本、初中读本、高中读本，并在全县推广使用。诚信共建活动为全县建立规范的诚信教育，为社会征信、评价、查询等制度和体系的建立打下基础。成立诚信宣讲团。为扩大诚信共建和诚信教育效果，县诚促会成立诚信宣讲团。聘请社会各界在诚信研究与诚信建设方面有一定能力及影响力的专家学者、诚信模范人物、社会各界热心于诚信建设的人士作为宣讲团成员，到乡镇、医院、学校、企业、社区、商场进行诚信宣讲，引导带动人人讲诚信，人人护诚信。

【制度建设】 县诚促会相继制订《县诚促会章程》《县诚促会会员管理办法》《县诚促会财务管理制度》《县诚促会工作人员守则》等，将出版《郓城县诚信建设共建试点试行办法》《郓城县诚实守信郓城人评选标准和办法》《郓城县诚信和谐好人家评选标准和办法》《郓城县诚信共建先进单位评选标准和办法》等，逐步把全县的诚信建设纳入规范化、制度化、标准化轨道。

（朱文真）

经济管理与监督

3月15日，县市场监管局组织开展“3·15”国际消费者权益日宣传咨询服务活动

经济管理与监督

发展和改革

【概况】 2016年，县发展和改革局内设办公室、国民经济综合科、固定资产投资科、农村经济科、工业经济贸易科、招投标办公室、政府投资项目稽查办公室、环境与资源科、社会发展科；内设县重点项目办公室、县服务业办公室2个正科级机构；下设县物价局、县粮食局2个副科级直属机构；机关行政编制33人（含物价局10人，粮食局10人）。

【发展改革研究】 重视规划引领作用。抓好十三五规划落实，做好《郓城县国民经济和社会发展第十三个五年规划纲要》宣传解读和规划衔接实施工作。6项重大事项、重大项目列入省十三五规划盘子。

强化经济运行调研分析。抓好重点企业运行监测、关键数据分析，把握经济运行情况动态，形成经济运行分析报告。加强政策研究、课题调研，开展投融资、工业经济运行、文化旅游、棉花物流等多个课题调研，提出专项报告。

制订年度计划。编制完成《关于郓城县2015年国民经济和社会发展计划执行情况与2016年计划草案的报告》，在报告中明确全县2016年国民经济和社会发展的主要目标，安排下达各项经济指标。研究分析2016年国民经济和社会发展计划执行情况和2017年计划目标。

【招商引资和大项目建设】 招商引资。组织集中招商引资活动，开展点对点招商、以商招商等精准招商方式，全县共开展集中外出招商9次，先后签约北京玻璃、中辆集团、碧桂园等一批行业领军企业集团，签约项目108个，落地65个，签约项目个数和落地率位居全市前列。

项目建设。重大项目建设顺利，圣元环保垃圾焚烧发电、琦泉生物质发电、正华玻璃、中小企业电子商务创业园等一批产业提升项目竣工投产，恒基智能物流机械、亿万车轮、龙泉科技等109个项目正在加快建设。全县完成规模以上固定资产投资144.9亿元，增长14.6%。

【争资争项】 重点项目培育。把握国家、省产业导向和资金投向，加大重点项目培育力度。立足郓城优势产业，策划储备项目146个、总投资552亿元，上报国家“三年滚动”投资计划项目163个，总投资800亿元。郓城县新型城镇化基础设施建设项目列入2016年省重点建设项目。亿万车轮、宜和宜美整体家居、龙泉科技等15个项目列入2016年市重点建设项目。

资金争取。2016年共申报专项基金项目25个，职业中等专业学校、北沙河及宋金河湿地景区基础设施、南湖景区基础设施建设等6个项目获批争取专项建设基金5.08亿元。争取千亿斤粮食工程、服务业社会引导资金等各类中央和省预算内资金1.3亿元。

【重点项目建设】 农业项目。抓好千亿斤粮食工程项目建设，2016年（双桥武安项目区）项目正在建设，2017年项目实施方案已编制完成。

能源交通项目。申报侯咽集镇鑫华40MW光伏农业扶贫项目、锐鸣绿茵100MW光伏现代农业电站一期30MW项目纳入山东省第一批光伏扶贫项目，项目正式开工建设；大唐郓城项目作为山东首个创新示范项目上报国家能源局，正在准备国家评审，赵楼电厂二期开展前期工作。鲁南高铁（曲阜——菏泽段）项目，开工前的各项准备工作已基本完成，项目计划2017年下半年开工建设，2019 年 10 月通车。京九高铁（霸州——商丘段）项目，项目预计 2019 年上半年开工建设，2023 年建成通车。

【服务业发展】 全年实现服务业增加值 119.5 亿元，增长 10.1%，占 GDP35.6%，规模以上服务业企业 97 家，数量上全市第三。水浒文化、黄河风光、红色经典等特色旅游协调发展，金融保险、信息消费和健康养老等现代服务业加快发展。中小企业电子商务产业园等 8 个服务业项目纳入市服务业重点项目。山东郓城水浒旅游发展有限公司、郓城县郓州百货大楼有限公司入选省内服务业重点品牌企业，占全市 1/3。申报并获批国家返乡创业试点县，建立全县返乡创业项目库，策划项目 143 个。

（王可宝）

统计工作

【概况】 县统计局为正科级单位，是负责全县综合统计和国民经济核算工作的政府部门，内设 7 个行政科室和 4 个事业单位。行政科室分别是办公室、综合法规科、工业科、能源科、固定资产投资科、社会科技科和财贸科。事业单位分别是县社情民意调查中心（副科级）、农村经济调查队、普查中心和计算中心。县统计局行政编制 14 人，事业编制 14 人，有人员 23 名。

【第三次全国农业普查】 组织开展第三次全国农业普查，查清全县农业、农村、农民基本情况，掌握农村土地流转、农业生产、新型农业经营主体、农业规模化和产业化等新情况。组建乡、村两级普查机构，落实办公场所和办公经费。全县 22 个乡镇（街道）和经济开发区组建由乡镇长（办事处主任）和管委会主任任组长的农业普查领导小组，设立普查办公室，抽调 10—15 名专职工作人员，落实办公场所和办公经费；各行政村成立 3—5 人的普查工作组。对选调的 4812 名“普查指导员”“普查员”进行业务培训。本次普查首次采用手持电子终端（PDA），工作难度大，县统计局采用多批次、小型培训会的方式，历时近半个月的时间完成培训任务。10 月中旬，在唐塔街道北徐庄村进行农业普查试点，乡镇普查业务骨干 260 余人参加试点培训。利用墙体标语、宣传横幅、电视台、农普简报、致调查对象的一封信、宣传车等载体，做好农普宣传。同时利用各种会议、微信群、工作群宣传农业普查。县普查办与各乡镇签订《郓城县农业普查责任书》，落实包乡镇责任制，成立督导组，加强对乡镇排查工作的督导检查。

【全省 1% 人口抽样调查】 全省 1% 人口抽样调查涉及全县 21 个乡镇（街道）、3977 户、10706 人。完成普查区划分、电子地图绘制、清查摸底、普查指导员（普查员）的选调培训等各项前期准备工作。11 月 1 日零时入户登记，历时一个多月，完成全省 1% 人口抽样调查任务。

【“四上企业”联网直报】 县统计局成立“四上企业”（规模以上工业企业、资质等级建筑业企业、限额以上批零住餐企业、国家重点服务业企业等四类规模以上企业统称）联网直报工作领导小组，定期对直报工作研究讨论，对直报中可能出现的情况和问题进行分析预判，提出对策，提前做好工作预案。实行专业相互配合、共同把关、联合审核的方法。2016 年共举办各类培训班 8 期，培训基层统计人员 540 余人次。对全县所有企业的直报情况时时在线监控，及时掌握全县各乡镇、各企业的直报进度，强化对乡镇、企业的调度力度，确保企业直报进度和直报率。2016 年全县直报企业 856 家。

【社情民意调查】 10 月，县社情民意调查中心正式成立，搭建党和群众联系的平台。强化基础设施建设，购置访问设备，配置访问室和监听室，强化工作人员的业务培训。受县委组织部和宣传部委托，分别对机关干部作风、科学发展综合考核、移风易俗等进行 3 次调查访问，为领导决策提供大量第一手资料。

【基层基础建设】 全县新增和调配统计人员 9 人，更新电脑 12 台，购置打印机 6 台，办公条件得到改善。制订和完善各项规章制度，并制成标牌上墙。统一制作《统计法》《统计规章制度》等标牌。县统计局出资2.3万元，为22个乡镇（街道）统一装订统计档案1800余册。要求所有“四上企业”都要达到有机构、有人员、有办公场所、有微机、有台账和有制度的“六有”标准。对达标企业进行通报表扬，为企业挂星级规范企业标牌。

【名录库更新维护】 每月对基本单位名录库进行更新维护，增加新增单位，剔除消亡单位，并对名录库中发生信息变动的单位进行更新完善。2016年，县统计局对名录库中的13600个单位进行更新维护，确保名录库的准确性和完整性。

【粮食产量抽样调查】 粮食产量抽样调查的内容主要包括小麦、玉米、地瓜、大豆等粮食作物的播种面积和单位面积产量。2016年粮食产量抽样调查涉及全县11个乡镇，1268个农户。郓城县连续6年被评为全国粮食生产先进县。

【畜禽监测】 郓城是国家财政部、农业部、统计局首批纳入的畜禽监测县之一，畜禽监测的主要范围是全县辖区内的猪、牛、羊、禽生产经营单位、规模养殖户以及抽中普查小区的所有农户。调查内容包括主要畜禽（猪、牛、羊、禽）存栏、出栏、产品产量及出售价格等情况。郓城是享受国家财政奖励的生猪调出大县，需要单独调查生猪生产及价格变动情况。畜禽监测涉及全县13个乡镇，20个行政村，213项调查项目。

【统计服务】 2016年，撰写统计分析和调研报告64篇，其中领导批示2篇，信息183条；编印《郓城县主要经济指标月报》12期；及时收集整理周边县区主要经济发展情况和主要经济指标完成情况，编印《郓城县国民经济统计资料》，发布《统计公报》，发挥统计的信息、咨询、监督、服务职能。

（单文建）

国土资源管理

【概况】 2016年，县国土资源管理局内设办公室、地籍科、耕保科、土地规划科、土地利用科、法规信访科、测绘管理科、人事科、财务科、统一征地办公室、土地综合整治办公室、纪检监察室12个职能科（室）。下设县土地储备中心、县执法监察大队（9月30日整体划转县综合执法局）、县地质矿产办公室、县地租征收中心、县国土资源信息中心、县土地交易所、县土地估价所、县国土资源档案室9个直属事业单位和23个国土资源所。2016年，县国土资源局被评为“省级精神文明建设先进单位”、全国国土资源系统依法行政先进单位，郓城县被评为“省级国土资源节约集约模范县”。

【土地资源】 2016年，全县土地总面积1633.23平方公里。耕地113765.91公顷，园地487.47公顷，林地7448.74公顷，草地372.35公顷，城镇村及工矿用地24377.32公顷，交通运输用地5085.41公顷，水域及水利设施用地9155.76公顷，其他土地2630.15公顷。人均耕地0.087公顷。

【土地利用总体规划】 至2020年，全县耕地保有量113563公顷，基本农田保护面积100021公顷，园地面积2922.20公顷，林地面积6135.30公顷，牧草地面积4.0公顷，建设用地总规模26770.93公顷，城乡建设用地规模22951.2公顷，城镇工矿用地规模4791.00公顷，交通水利及其他用地规模3819.73公顷。全年调整土地利用总体规划的用地627.29亩。

【耕地保护】 落实耕地保护制度，保证全县耕地保有量113677.47公顷，基本农田100021公顷，连续多年保持耕地总量动态平衡。继续加大基本农田保护力度，县、乡、村、户逐级签订《基本农田保护责任书》，更新基本农田保护标志和土地开发整理项目宣传标志；完成城市周边永久基本农田划定，划入基本农田1526.66公顷，通过省级验收。争取资金1.16亿元，开展14366.66公顷高标准基本农田建设，已验收郓城县侯咽集、张鲁集、程屯3个乡镇8586.7公顷，黄安镇等6个乡镇、双桥镇李楼等7个村、葛家庄等

13个村5780公顷项目已基本完工。10月26日，菏泽市国土资源局在郓城召开全市高标准基本农田建设现场会，向全市全面介绍、推广郓城的先进经验。

【土地征收】 2016年，报征建设用地240.73公顷。加快工矿废弃地复垦项目建设，张营镇等7个工矿废弃地复垦项目全面完成，新增耕地36.86公顷；整合挖潜存量建设用地84公顷；科学推进城乡建设用地增减挂钩项目建设，扩宽增减挂钩项目融资渠道，贷款融资4.5亿元。实施丁里长晁庄、黄安于楼增减挂钩项目建设，节余指标17.25公顷。申报南赵楼镇褚庄、双桥镇后黄岗村增减挂钩项目，完成后可节余建设用地指标44.62公顷。

【建设用地管理与土地市场】 全县供应各类建设用地125.33公顷，保障民生工程、大项目和城镇建设用地需求。扎实推进批而未供土地有效利用，近五年供地率81.4%，全市排名第一。做好土地经营，加大土地储备力度，全年出让土地111.28公顷，实现土地收入6.55亿元。

【不动产登记】 顺利完成不动产登记整合，9月26日成立郓城县不动产登记中心，当日颁发首证，全年发放不动产证书512本。

【地籍管理】 2016年，全县农村集体土地所有权确权登记发证全面完成，发证4360宗，发证率100%。宅基地使用权、集体建设用地使用权确权登记工作基本完成，外业测量、权属调查，内业资料收集、整理、填表、绘图、建档等全部完成，准备验收；完成郓城县耕地后备资源调查评价和不稳定耕地调查，成果通过省厅验收。

【矿产资源】 郓城县矿产资源主要有煤炭、地热和砖瓦用黏土三类，其中能源矿产二类，非金属矿产一类。郓城县煤田总面积535.24平方公里，煤炭资源总量223928.9万吨，资源量146395.1万吨，主要为肥煤、焦煤、气煤等，含硫量少、灰分低、燃烧值高，为工业、化工、动力用优质煤碳。全县已建成投产矿井4对，彭庄煤矿、郭屯煤矿、赵楼煤矿和郓城煤矿，年设计开采能力825万吨，核定生产能力980万吨；已探明地址储量29.03亿吨，其中工业储量11.37亿吨；正在前期论证的矿井1对（李集乡高庄煤矿），已探明地质储量1.06亿吨，可建设年生产60万吨的矿井；地热资源处于勘探开发初期，初步探明蕴藏面积120平方公里，深度1400—1900米，具有良好的导热、导水的地质条件，具备广阔的开发利用前景。砖瓦用粘土矿，分布于黄河和引黄干、支渠两岸，共有砖瓦窑厂58个，年产标准砖8.7亿块，主要利用黄河和引黄灌溉落淤进行生产。

【矿产资源管理】 2016年，年检采矿企业15个，年检率100%，资源综合利用率95%，矿产资源补偿费征收面100%。对地热开发企业开展检查，安装计量、回灌等监控设备37套，打击非法勘查开采地热资源行为。建立地热开发监督管理制度，加强地热资源开发利用保护，制作宣传片，加大地热利用保护宣传。完成鲁南快速铁路、霸商铁路、郓城县沿黄风电项目、菏泽市桂陵（菏泽III）500KV输变电工程及全县批次建设用地压覆矿产资源及地质灾害危险性调查，对压覆矿产资源的建设项目或有关线路路径进行调整，减少对煤炭资源的压覆。

【地质环境保护】 严格执行汛期地质灾害预警预报、24小时值班等制度，对地质灾害易发区进行现场踏勘，发现隐患及时消除，确保汛期安全。并对所有隐患点和煤矿采煤塌陷区埋设警示标志。

【测绘管理】 全县共有国家设立测绘标志点84个，其中，B级点1个，C级GPS点7个，D级点38个，二等水准点20个，二等三角点13个，三等GPS水准点5个。2016年，完善测绘市场信用体系，加强测绘成果质量、测量标志、安全保密、地图市场等综合监管。

【执法监察】 创新巡查机制，组织日常动态巡查，特别是春季重点巡查，春节假期后抽调精干力量120人，利用24辆宣传车，集中利用30天的时间，对县经济开发区、乡镇（街道）驻地、主要交通沿线和重点地区进行强化宣传，县电视台全程跟踪报道。集中强化宣传结束后，执法大队7个中队分别组织责任区域的国土资源所，进行队所联动，分片作战，对所辖乡镇（街道）实行分别宣传与集中宣传相结合，动态巡查与联合查处相结合，历时3个多月，宣传、巡查遍及全县1043个村居。同时，专门组织一支精干的宣讲队伍，历时40余天，深入全县22个乡镇（街道）宣讲土地管理法律法规及政策。每到一处，乡镇（街道）党政一把手、班子成员、管区干部、村两委全体成员及群众代表参加，直接受教育5400余人。县委、县政府成立6个督导组，对全天候遥感监测图斑和国家土地督察济南局下发的597个重点图斑全部依法立案查处，整改到位。完善手续25个，面积61.33公顷，拆除复耕10个，面积14.93公顷，备案8个，面积9.83公顷，举证22个，面积60.35公顷，拆除违法建筑物24.03万平方米，查处窑厂17个，追究党政纪处分2人。通过2016年度土地矿产卫片执法检查，全县违法占地比例为1.57%。

6月25日，郓城县开展“6·25”土地日宣传活动（董静　摄影）

【宣传教育】 2016年，深入开展“3·19”矿法日和“6·25”全国土地日等宣传活动。加大国土资源节约集约利用宣传，在公路、乡镇驻地、集市场所制作宣传标语300余幅，发放“6·25”全国土地日特刊2300余份，《建设用地服务指南》600余册，地质灾害防治宣传手册1000余本，宣传土地节约集约利用的目的意义、政策要求，促进全县经济社会持续健康发展；利用节假日、“6·25”全国土地日等重大节日，组织机关科室、国土所出动宣传车，全区域、全覆盖式的土地法律法规宣传。开展化解信访积案集中攻坚活动，化解信访积案4件、日常信访79件、咨询115人次，处结信访案件19起，人大代表和政协委员提案3件，满意率100%。

【队伍建设】 深入推进“双联双创”“精准扶贫”工作，强化领导，细化方案，组织抽调78名政治素质过硬的人员组成工作组，联系帮扶14个村（12个“双联双创村”、2个第一书记村）。创新扶贫开发模式，以土地增减挂钩为扶贫总抓手，申报3个项目，总投入1亿元，建设新村2个，2万多群众改善生产、生活条件。多措并举开展第一书记定点帮扶，带领村民创建160亩的山药种植示范园，协调资金25万元，对村主干道、胡同进行硬化，方便村民出行。同时，全系统捐款1.6万元，捐赠棉被583床，捐赠衣物300余件。

（孟令麟）

市场监督管理

【概况】 2016年，县市场监督管理局内设办公室、人事科、财务科、监察室、法制科、稽查科、信息中心、考核办、网络监管办公会、商标广告科、市场科、企业注册局、公平交易局、消费者协会办公室、个体私营企业协会办公室、食品安全协调督查科、食品药品抽检科、不良反应监测站、12331投诉举报中心、食品生产监管科、食品流通监管科、餐饮服务食品监管科、药品监管科、医疗器械监管科、保健食品化妆品监管科、食品药品稽查队、监督与法制科、综合业务科、特种设备安全监察科、行政许可科、稽查队、特种设备稽查科、质量检验所、计量测试所、衡器管理所、产品质量监督检验所，下设1个机动车辆交易所，1个运输市场管理所，23个市场监督管理所（已将食药监管所合并到7个所），15个食品药品监督管理所。2016年全县市场监管系统共有干部职工1120人，县市场监督管理局被评为全省网监工作优秀典型，被复评为“山东省文明单位”。

【服务经济社会发展】 服务市场主体提质增量和返乡创业，新增市场主体23669家，其中企业14948家，个体工商户8721家。对返乡创业办理营业执照注册登记的，提供便利条件，只要手续齐全随到随办，当场办结，向返乡创业人员开展电子商务宣传教育，引导他们由实体经营向网络经营领域拓展，拓宽创业途径。

【推进商标品牌战略】 成立商标品牌和名牌产品建设领导小组，建立3处品牌和商标指导服务站，为市场主体提供涉及商标事务的咨询、协调、指导服务，引导企业办理注册商标和申报驰著名商标和山东省名牌。共引导企业新注册商标200余个，帮助企业申报1个山东省著名商标和1个山东省服务名牌，续展2个山东省著名商标。

【加强食品药品安全监管】 开展食品国抽66批次，省抽108批次，市抽60批次，县抽1184批次，食用农产品录入公示603批；开展药品市抽39批次，县抽100批次；开展工业产品质量国抽省抽共39家企业。

【推进标准化建设工作】 督促65家企业在网上公布执行国家标准情况，对12家网上公示企业标准文本进行技术审查，指导6家企业建立技术标准体系，完善质量管理手段；以县政府名义成功申报山东省农村电子商务标准化试点县项目，并获得批准，争取到省标准委划拨的项目经费20万元。

【服务企业发展】 办理动产抵押登记346份，帮助企业抵押借款25.9亿元；开展“守重”企业创建，2016年度，全县共有57户企业被公示为“守合同重信用”单位，其中国家级1户，省级18户，市级38户。

【推进广告产业园建设】 加强对郓邑水浒商贸城的指导，动员全县各类酒类包装、广告、动漫等企业到园内入驻经营，打造以酒类包装产业为特色的水浒文化创意产业园。郓邑水浒商贸城水浒文化创意产业园被正式批准为菏泽市市级广告产业园。

【加强市场执法监管】 *强化食品药品安全监管。*实行食品生产企业分级分类监管，全年组织开展各类专项整治行动22次，建立6处食品快检室，检测食用农产品972批次，推选10家食安山东品牌餐饮服务食品安全示范店，5家示范学校食堂，20家“明厨亮灶”示范店，完成全县667个餐饮单位量化分级工作，全年没有发生食品药品安全事故。强化特种设备监管。先后开展特种设备、安全生产领域“打非治违”等安全专项整治等专项活动18次，检查、巡查各类特种设备2300台次，发现并消除各类事故隐患30处，下达《特种设备安全监察指令书》30份，建议使用单位更换压力容器5台，拆除不合格设备3台，强制报废超期气瓶150只。

*强化质量管理。*检验化工类、食品类、轻建类等产品240个批次，组织开展农资、成品油、危化品、纤维制品等质量专项检查，工业产品生产许可证专项检查、机动车生产领域产品质量专项检查等工作，提高工业产品质量合格率。

*维护市场经营秩序。*全年检定压力表、加油机、血压计、电能表等计量器具共8260台件，检定率98%，巡查农资经营户876户次，抽检农药18个品牌，36个批次，肥料71个品牌，135个批次，抽检加油站160余次，抽检率100%。查处商标违法案件91件，广告违法案件4件，商业贿赂案件2件。加强消费者权益保护。查处侵犯消费者权益违法案件20余起，受理消费投诉82起，处结率100%，为消费者挽回经济损失15余万元。

【加强班子和队伍建设】 深入开展“三严三实”和“两学一做”专题教育，党委对党员组织关系进行集中排查，顺利完成9个基层党支部调整设置和换届选举工作，健全完善组织机构。抓好教育培训，坚持每周一次集中学习制度，全年共配合组织各类培训20多场次，参训人员2000人次。推进文明创建和道德建设，实现道德建设和文明创建的规范化、长效化、共赢化和社会化。

【驰著名商标】

表1　2016年郓城县驰著名商标一览表

商标名称	所属企业	商标类属
水浒	郓城县水浒酿酒有限公司	著名商标
神舟	山东神舟食品集团有限公司	著名商标
恒聚	山东金鸡饲料有限公司	著名商标
瑞丰	山东瑞丰搪瓷有限公司	著名商标
泰舟	郓城泰嘉门业有限公司	著名商标
伟业达	山东伟业达磨具有限公司	著名商标
双马	郓城万马塑料有限公司	著名商标
亿万	山东亿万车轮制造有限公司	著名商标
富士达	山东富士达食品有限公司	著名商标

【集贸市场】

表2　2016年郓城县主要集市一览表

集市名称	位置	集期（农历）	上市人数（万人）
水浒商场	郓城南关	每天	1.6
东城商场	郓城东关	每天	1.5
西苑农贸市场	郓城西关	每天	0.6
庞园农贸批发市场	郓城庞园村	每天	1.2
富西水果蔬菜交易中心	育才路西段	每天	1
郓城集	郓州街道　唐塔街道	二、七	1.1
于楼集贸市场	于楼村	四、九	0.3
徐垓集贸市场	徐垓村	五、十	0.6
陈长集贸市场	陈长村	一、六	1.6
南赵楼集贸市场	南赵楼	二、七、四、九	1.8
郭屯集贸市场	郭屯	三、八	1.6
随官屯集贸市场	随官屯镇	四、九	0.4
吕月屯集贸市场	吕月屯村	一、六	1.4
汉石桥集贸市场	汉石桥	二、七	1

续表

集市名称	位置	集期（农历）	上市人数（万人）
丁长集贸市场	丁长	五、十	0.6
芦营集贸市场	芦营村	四、九	0.3
王集集贸市场	丁里长王集村	四、九	1.4
黄堆集集贸市场	黄堆集	三、八、五、十	1.8
杨庄集集贸市场	杨庄集	五、十	1.8
陈楼集贸市场	陈楼村	四、九	1.4
唐店集贸市场	唐店村	一、六	0.5
双桥集贸市场	双桥	四、九	0.8
房集集贸市场	房集村	三、八	0.6
陈坡集贸市场	陈坡	三、八	1.8
王楼集贸市场	王楼村	一、六、四、九	1.2
郭庄集贸市场	郭庄	一、六	0.3
黄安集贸市场	黄安	二、七、四、九	4
郭垓集贸市场	郭垓村	三、八	0.4
武安集贸市场	武安	二、七、五、十	4
夏垓集贸市场	夏垓村	四、九	0.3
三屯集贸市场	三屯	四、九	0.4
王老虎集贸市场	王老虎村	二、七	0.6
张营集贸市场	张营	五、十	0.3
刘官屯集贸市场	刘官屯	一、六、三、八	0.54
大人集贸市场	大人	二、七、四、九	0.9
常庄集贸市场	常庄	三、八	1.2
程屯集贸市场	程屯	一、六	1.5
肖厅集贸市场	肖厅村	四、九	0.3
肖皮口集贸市场	肖皮口	三、八、五、十	0.8
潘渡集贸市场	潘渡	二、七、四、九	3
王屯集贸市场	王屯村	二、七	0.4
侯集集贸市场	侯咽集	三、八、五、十	1.2
黄集集贸市场	黄集	三、八、五、十	1.4
张楼集贸市场	张楼	二、七	0.4

续表

集市名称	位置	集期（农历）	上市人数（万人）
刘仁集贸市场	刘仁	二、七	0.32
李集集贸市场	李集	二、七、四、九	4
罗楼集贸市场	罗楼	五、十	0.56
李楼集贸市场	李楼	二、七、四、九	0.3
梳洗楼集贸市场	梳洗楼	一、六、四、九	0.8
张集集贸市场	张集	三、八、五、十	2
张楼集贸市场	张楼	二、七	0.3
大潭集贸市场	大潭	一、六、四、九	0.3
杨集集贸市场	杨集	二、七	0.16
刘口集贸市场	刘口	二、七	0.16
水堡集贸市场	水堡	一、六、四、九	3
西北王楼集贸市场	西北王楼村	二、七	0.56
玉皇庙集贸市场	玉皇庙	三、八	1.5

【“守合同、重信用”工业企业】

表 3　2016 年郓城县“守合同、重信用”工业企业统计表

守重企业级别	企业名称
国家级	山东水浒酒业有限公司
省级	郓城县伟业达磨业有限公司
	山东圣玉集团有限公司
	山东圣通建筑工程有限公司
	郓城县四龙种禽有限公司
	郓城县住宅建筑公司
	郓城县第二建筑工程公司
	郓城县城区建筑工程公司
	山东圣达实业集团有限公司
	山东华灵集团有限公司
	中国移动通信集团山东有限公司
	山东神舟食品集团有限公司
	郓城县郓州百货大楼有限公司

续表

守重企业级别	企业名称
省级	山东郓城诚源工程有限公司
	郓城良辰木艺制品有限公司
	郓城县华杰玻璃有限公司
	菏泽鸿瑞水利工程有限公司
	菏泽清泉食品有限公司
	山东洪达化工有限公司
市级	山东瑞丰搪瓷制品有限公司
	郓城县华晨盖业有限公司
	山东圣隆纺织集团有限公司
	郓城县耀森装饰工程有限公司
	郓城县龙泉油脂有限公司
	郓城县宏达钢球有限公司
	郓城县华东无纺布有限公司
	山东洪达化工有限公司
	山东省郓城县烟郓金属彩印有限公司
	郓城县华杰玻璃有限公司
	山东省郓城县正达玻璃有限公司
	山东郓城天元建筑工程有限公司
	郓城宏远肠衣有限公司
	中国联合网络通信有限公司郓城县分公司
	郓城县兴华塑料制品有限公司
	郓城县博海包装有限公司
	山东协力生物科技股份有限公司
	山东郓城诚源工程有限公司
	山东郓城翔达水利工程有限公司
	郓城良辰木艺制品有限公司
	山东郓城鲁润酒业有限公司
	菏泽鸿瑞水利工程有限公司
	郓城县同心印刷包装有限公司
	郓城县鲁冠包装有限公司

续表

守重企业级别	企业名称
市级	郓城县工力有限公司
	郓城县水浒小额贷款有限公司
	郓城县大众搪瓷制品有限公司
	郓城县华丰烘干有限公司
	山东郓城卓越建筑工程有限公司
	山东郓城未来互联网络有限公司
	郓城县好汉网络服务有限公司
	郓城艾尚羽羽绒制品有限公司
	郓城奥烽玻璃有限公司
	. 郓城县大福源购物广场有限公司
	山东郓城成达专用汽车制造有限公司
	郓城智联电子商务有限公司
	郓城县亿万汽车配件制造有限公司
	山东郓城黄修良香油有限公司

（王岩）

物价管理

【概况】 县物价局机关行政编制21人，全额事业编制23人。内设办公室、业务股、物价检查所、农产品成本调查室，下设收费管理办公室、价格监测中心、价格认证中心、价格事务所、价格举报中心。2016年，县物价局获“全国价格宣传工作先进集体”“菏泽市价格监测工作先进单位”等荣誉称号。

【价格调控监管】 对城区居民生活用管道天然气实行阶梯价格。进一步深化医药卫生体制改革，修订和印发《郓城县县级公立医疗机构医疗服务价格标准》，包括临床诊疗类、医技诊疗类、综合医疗服务类、中医及民族医疗诊疗类等4大类共5499项。为规范城市基础设施配套费的征收、使用和管理，加快城市基础设施建设，筹集建设资金，出台城市基础设施配套费政策。调整公办幼儿园保教费标准以及郓城一中、实验中学住宿费和学费标准。取消出租车燃油附加费，降低出租车价格。创建2条“明码标价示范街”和10个“明码标价示范店”。

【价格监督检查】 在全县范围内组织开展乡镇卫生院医药价格和医疗收费、小区物业收费、商业银行收费、房地产明码标价以及涉农、涉企收费等6项专项检查，检查单位和个人180余家，查出价格违法行为和价格违法案件50余起，依法没收违法所得和罚款180余万元，已全额上缴县财政。

【收费管理】 整理、发布《涉企涉民收费清单》，并印制成册多层面发送；组织精干力量，严查在目录清单之外擅自设立收费项目，以及随意扩大收费范围、变相提高收费标准、不按规定实行收费公示、收费票据使用不规范等违规行为，检查收费单位110余家，整改21家；对水、电、气、暖、出租车、物业收费、农村道路交通票价、幼儿园收费标准及有线电视安装、收视费等涉民收费项目和标准进行公示。

【价格认证】 参与政府投资基础设施造价评估、项目建设附着物价格认定以及部分乡镇委托办理的价格认定等工作。全年受理各类委托认定业务并出具价格认定报告256份，认定标的金额6150万元。

【农产品成本调查】 主要完成小麦、大豆、棉花、散养肉羊、林下养鸭等5个农产品品种的成本与收益的直报和常规调查。开展全县农户存售粮情况、农户农资购买情况、主要农产品成本与收益预测以及2016年苹果滞销等4项专项调查。全年共撰写上报调查分析报告12篇。

【价格监测】 建立50多个采价网点，对煤、电、油、运等基础工业产品，农药、化肥、种子等农业生产资料，皮棉、棉纱、钢球、玻璃、木材等全县主导产业产品，粮、油、肉、蛋、菜等居民基本生活必需品，共60多个品种的商品价格进行监测和分析，全年共上报周报表220次，旬报表252次，月报表24次，并承担全国劳动力监测报表12次，撰写监测信息分析报告30余篇，专项调查报告13篇，报送《价格信息》12期。

【价格投诉和举报】 全年共受理各类价格举报案件180件，其中来电130件、来访4件、电子件5件、上级交办41件；接受各种价格咨询300余人次，案件办结率和群众满意率100%。主要涉及到农业浇灌、物业收费、供暖价格、学校收费、房地产、出租车、城乡公路票价等诸多方面。

价格执法人员开展药品价格检查（赵勇刚　摄影）

【队伍建设】 撤销原县直所和乡镇所，设立市场价格监管所、南城物价检查所、北城物价检查所，并对各所进行定责、定岗、定目标。实行《廉洁公正执法监督卡》制度，所有人员凡到单位检查、服务，都必须持卡进驻，并由被查单位或服务单位对物价工作人员做出评价后直接邮寄到局长办公室，局长亲自阅览、汇总，年终将结果公示，并作为个人年度考核和评优的主要依据。组织业务骨干先后赴济宁邹城、泰安肥城、临沂郯城等兄弟县市交流学习先进经验。

（郑祥振）

项目建设

【概况】 2016年，县项目建设办公室内设办公室、综合科、对外经济合作科、项目建设科等4个职能科室。县项目办负责收集项目信息，做好项目的策划、推介、引进、审查和落地建设相关工作；督促全县各项目责任单位工作的落实，做好各重点项目建设的协调工作；负责全县项目建设的情况综合、数据统计。

11月18日，县政协党组书记王秀忠（前中）视察双启门业项目建设工作

【健全招商引资和项目建设工作机制】 立足全县实际，深入企业调研，策划项目，编印全县投资指南。与县发改局共同起草《郓城县2016年招商引资、项目储备和项目建设考核办法》，每月对乡镇、街道上报的招商信息进行核实，对项目

建设情况进行抽查，1 号前整理印发《全县招商引资、项目储备、项目建设情况通报》。

【承办市县招商引资活动】 全年开展集中招商引资活动 9 次，签约项目 118 个，其中项目落地 97 个，签约项目个数和落地项目个数位居全市前列。配合完成北汽福田、天津渤海精细、中辆有轨电车、岱岳区、新泰市外出学习等活动的对接、接待工作。

【编纂《郓城县重点建设项目推进计划》】 每月定期、不定期深入项目建设工地了解项目进展，加快项目推进。同时，组建“共筑郓城梦”和“郓城县招商项目建设”两个专项微信群，第一时间发布招商引资信息和项目建设进展情况，保证信息畅通，为项目建设的督导提供依据。

【配合完成市县科学发展观摩】 配合完成市县科学发展观摩和大项目考核工作，并与市对外合作办公室对接，对全县新落地的 97 个项目逐一进行现场录像，编制专题片报市合作办认可通过。

（溪含慧）

审计监督

【概况】 县审计局机关行政编制 17 人，配备局长 1 名，副局长 2 名，全额事业编制 39 人。内设办公室（挂法规科牌子）、财政与农业审计科、行政事业审计科、固定资产投资审计科、经济贸易金融审计科、社会保障审计科 6 个职能科室。2016 年，全局共完成审计项目 215 个，比上年增加 35 个，查出主要资金总额 213855.93 万元，向被审计单位提出审计建议 188 条。2016 年，县审计局被评为“全国审计宣传工作先进单位”“市级文明单位”。

【财政与农业审计】 2016 年完成对县财政局、县地税局等 11 个部门单位的预算执行审计以及随官屯镇等 7 个乡镇的决算审计。审计问题资金 155799.83 万元。提出 45 条合理化建议。

【行政事业审计】 2016 集中实施教育卫生行业审计，完成对 9 处乡镇医院和 11 处中小学的全面审计，提交审计报告。对 17 个行政事业单位进行审计，所审 17 个单位共查出各类违纪违规问题金额 2505.85 万元。提出 56 条合理化建议。

【固定资产投资审计】 2016 年共完成政府投资审计项目 154 个，其中最高控制价审计 119 个，竣工决算审计 35 个，审计投资总额 22.37 亿元，审减工程价款 2.75 亿元，审减比例突破 10%。主要开展包括 2016 年郓城县绿化景观工程 BT 项目、郓城县中医院西片区棚户区改造工程、郓城县人民医院新院区建设工程项目——桩基工程在内的最高控制价审计以及包括郓城县 2014 年度县乡公路改造工程、全国新增千亿斤粮食生产能力规划郓城县（2014 年度）田间工程建设项目在内的竣工决算审计。

【社会保障审计】 2016 年完成保障性安居工程审计、社会救助政策落实情况审计、医疗保险资金审计。审计资金总额为 70921.69 万元，其中问题资金 6383.1 万元。提出 14 条合理化建议。

【经济责任审计】 2016 年接受组织部以及上级部门委托，对 61 名领导干部进行经济责任审计。查出问题金额 9054.88 万元。提出合理化建议 73 条。

【审计信息宣传】 2016 年，共提供各类信息简报 40 篇，其中被省审计厅转发使用 2 篇，市审计局采用 5 篇，县政府网站采用 20 篇。共向被审计单位提供审计建议 188 条，采用率 100%。

（部普祥）

安全生产监督

【概况】 县安全生产监督管理局内设办公室、综合科、危化科、工矿商贸安全监督管理科、规划科技科、政策法规科、职业安全健康监督管理科、安全生产应急救援指挥中心 8 个行政科室，下设安全生产监察大队，属参照公务员管理事业单位，全局行政编制 11 人，参照管理的事业工作人员 13 人，实有人员 24 人。 2016 年，全县共发生各类生产安全事故 9 起、死亡 8 人，同比事故起数下降28.5%，死亡人数与上年同期持平，全县安全生产形势总体平稳。

【落实目标责任】 县政府出台《郓城县安全生产行政责任制规定》，明确全县各有关部门的安全生产责任。县政府与22个乡镇街道、县经济开发区及54个县直部门签订责任书、承诺书。充实调整县政府安委会成员，成立县领导任组长的15个安全生产专业领导小组和24个督查组。实行县级领导干部包乡镇，乡镇干部包企业和村制度，制订走在全市前列全面争创一流工作方案，继续将安全生产工作纳入全县科学发展观考核。

【安全生产检查】 县主要领导先后多次主持召开会议，对开展安全生产隐患“大快严”集中行动，开展安全生产大检查深化打非治违专项行动作出安排部署，对活动推进情况亲自调度。制订集中行动和专项执法检查方案，成立联席会议办公室，明确5个工作组和25个行业组的工作职责，实行集中办公。组织开展企业主体责任落实专项执法检查，对调查摸底的1462家企业逐一建档立册，实现网格化、实名制监管；向企业下达自查自改指令书，督促企业自查自改问题和隐患5208处；制定全县以及19个行业专项执法检查计划；公布举报奖励电话，重奖举报行为。

【专项整治和“打非治违”专项行动】 组织开展全县安全生产大检查及各重点行业领域的专项整治，共检查企业4735家次，检查学校、幼儿园、医院、养老机构611家，督促完成隐患和问题整改6223处，查纠各类交通违法行为19000余起，排查道路隐患里程282公里。

【企业风险分级管控与隐患排查治理体系建设】 全县已经对761家生产经营单位安全生产风险点完成摸底工作，共排查出风险点652个，其中2级33个，3、4级619个；已排查城乡公共领域安全生产风险源102处，安全风险“一企一册”“一县一册”已初步建立。确定10家工贸行业标杆企业，组织人员对两个体系建设工作进行督促指导。

【企业安全监管】 完成16家企业的三级标准化创建。10家危险化学品企业全部签订专家查隐患服务协议，30家工贸企业按市工作要求开展“三道防线”建设，与专家签订服务协议。30家工商贸企业完成“应知应会”手册编写和岗位培训。完成职业病危害因素申报企业217家，职业卫生危害因素检测58家，职业健康查体42家，开展职业卫生基础建设达标活动企业25家。6、7月分别组织两次县级综合应急救援演练，组织34家企业进行专项应急预案及现场处置预案的演练，完成21家企业应急预案在市安监局备案工作。

【宣传教育培训】 印制发放两高法释〔2015〕22号单行本和挂图20000套，印制发放《居家安全手册》和《安全知识读本》20000套，开展安全生产月活动。完成全年企业负责人、安全管理等人员培训任务1166人。严格执法，加强对企业员工全员培训情况检查。

（郭磊 孙旭）

农 业

全株玉米青贮收割现场会

农　业

农业和农村工作

【概况】 2016年，县农业局下设办公室、人事科、财务科、生产信息科、政策法规科5个行政科室，产业办、农业综合执法大队、农广校、农技站、经管站、植保站、土肥站、环保站、种子管理站、能源办、农技中心、桑蚕办12个事业单位，有职工167人。

【绿色粮食高产创建】 全县已建成绿色粮食高产创建示范方40万亩，主要涉及丁里长、随官屯、黄泥冈、侯咽集等9个乡镇，先后争取国家示范方建设资金3600万元，整合农开、国土、发改、水务、交通等部门项目资金6.2亿元，集中投放，改善基础设施。测土配方施肥面积90%以上，秸秆还田面积95%以上，小麦宽幅精播、玉米“一增四改”等关键增产技术普及率100%，一喷三防、统防统治等绿色防控技术覆盖率达到100%。通过示范方带动，全县粮食产量水平不断提高，全县先后6次被评为“全国粮食生产先进县”。2016年，全县粮食总产26.3亿斤，继续保持全省超级产粮大县地位，入围全国超级产粮大县。

【种植业结构调整】 强化政策扶持，把种植业结构调整作为发展现代农业的切入点，以设施蔬菜和食用菌为突破口，补齐短板，推动农业产业转型升级，壮大高效特色产业规模。一是优质蔬菜面积不断扩大，全县各类蔬菜种植面积达到43.4万亩，已成为全县农业发展的新动能，其中优质蔬菜基地面积20.6万亩，年产蔬菜168.3万吨，设施蔬菜发展迅猛，全县高标准日光温室大棚5300余个。二是食用菌规模不断壮大，全县发展食用菌大棚1860个，专业村22个，平均亩收入2万元以上。三是油用牡丹间作套种发展较快，全县油用牡丹2万余亩，为提高经济效益，农业部门引导新型经营主体发展间作套种，主要模式以“牡丹+辣椒”为主。圣达农业科技发展有限公司通过土地规模流转，发展油用牡丹6800亩，间作套种辣椒5200亩，仅辣椒一项亩收益4000余元。

【发展一村一品，实施品牌战略】 政府高度重视“一村一品”工作，制定出台奖补政策和考核办法，全县因地制宜、分类指导，采取新型经营主体带动、返乡创业人员引领、发展农村电子商务与乡村文化旅游等方式，推进“一村一品”发展，加快全县现代农业发展。2016年，全县具有一定规模和产业特色的乡镇街道9个，各类专业村396个。其中，特色种植专业村143个，畜禽养殖专业村75个，农产品加工专业村140个，食用菌专业村22个，乡村旅游、电子商务专业村16个。李集镇梁楼村获国家级专业示范村，南赵楼镇甄庄村、侯咽集镇八里湾村获省级专业示范村，市级示范村20个。侯咽集镇八里湾村设施蔬菜面积1800余亩，占全村耕地面积的90%以上，蔬菜产品远销河南、河北、济宁、聊城等多个省市，农民人均年收入超过4万元，成为远近闻名的蔬菜专业村。在发展“一村一品”的同时，实施农产品品牌战略，县政府出台《郓城县农产品品牌建设三年行动计划》（2016—2018），加快“三品一标”认证和商标注册，整合县域特色优质农产品资源，打造地方名优农产品品牌集群，提升农产品知名度和市场竞争力。91个农产品通过无公害产品认证，6个通过绿色农产品认证，325个农产品注册商标，其中21个产品获山东著名商标，23个产品获山东名牌。先后获市级

“三品一标”认证奖补资金95万元，县财政又拿出54万元用于奖补品牌认证。

【培育新型农业经营主体，加快适度规模经营】 以服务现代农业发展和促进农民增收为中心，以创新经营机制和转变农业发展方式为主线，培育新型农业经营主体。截至2016年底，全县新型农业经营主体发展到4632个。其中，农民合作社3861个，家庭农场182个，种养大户387个，规模以上农业产业化龙头企业202家。2家合作社被评为国家级示范社，15家合作社被评为省级示范社，42家合作社被评为市级明星示范社，5家企业被评为省级农业产业化重点龙头企业，78家企业被评为市级农业产业化重点龙头企业，神舟食品集团成为国家级农业产业化重点龙头企业。在培育发展同时，通过完善土地确权颁证，建立产权交易平台，探索土地经营权抵押贷款等措施，鼓励、引导、支持新型农业经营主体开展农业适度规模经营。流转土地1000亩以上的新型主体12家，500亩以上的28家。张营镇百蔬园蔬菜合作社，通过开展土地规模流转，发展连体大棚西红柿种植1200亩，经济效益可观，发挥了较好的扶贫作用，这种经营模式已推广到随官屯、唐庙等乡镇，设施农业面积2800亩。

2016年菏泽市暨郓城县放心农资下乡进村宣传周活动启动

【加大农业综合执法力度，创建全国农产品质量安全县】 整合农业、畜牧、水产、农机等部门执法力量，成立新的农业综合执法大队，整顿和规范农资、农产品市场秩序。先后累计查处农资非法经营门市6800个次，受理举报私屠乱宰案件120余起，立案处理农资、农产品案件90余起，查扣各类农资、农产品50余吨，价值180余万元，为农民挽回经济损失近千万元，确保全县人民群众“舌尖上的安全”。以创建全国农产品质量安全县为目标，不断加快标准化生产基地和标准化示范养殖场区建设，建设标准化生产基地40万亩，省级示范养殖场区32处。严格农业投入品监管，强化生产准入，全面推行经营主体备案许可，严格经营诚信档案和购销台账建设，完善监督管理及检测抽查制度，构建农业投入品监管信息平台，不断完善农产品质量安全监管、标准、检测、追溯、执法五大体系建设，全县农产品抽检合格率98%以上。

（季明成　李潘潘　郭勇）

农业综合开发

【概况】 郓城县农业综合开发办公室为正科级事业单位，内设秘书股、项目股、土地治理股、科技推广股、多种经营股，编制15人，实际在职人数11人。

【土地治理】 2016年实施土地治理项目3个，侯咽集镇10000亩高标准农田建设项目、陈坡乡浩霖谷物种植合作社4000亩高标准农田建设项目、程屯镇绿源家庭农场2000亩高标准农田建设项目。共开挖疏浚沟渠56公里，动土方29万方；

高标准防渗渠（孙明坦　摄影）

新建砌石桥、涵315座；新打机井140眼，埋设PVC管道67公里，新建农电线路57公里，配套变压器14套，新建砂石路21公里，混凝土路4.8公里。项目区防灾抗灾能力增强，使过去的低产田变成“田成方、林成网、地平整、土改良、旱能浇、涝能排、渠系配套、路路相通”的高产稳产田，土地综合生产能力提高。

【农业产业化经营】 2016年，全县农业综合开发共向上级争取同鑫养殖专业合作社、宇鸿丰养殖专业合作社2个财政补助项目；华宝食品100万头生猪屠宰加工项目、绅联肠衣年产10亿米复原天然肠衣项目、神舟食品5000吨牛羊肉深加工扩建项目、龙泉淀粉年产50000吨薯类农产品项目4个贷款贴息项目，产业化项目数量居全市各县之首。

财政补贴项目。同鑫养殖专业合作社投资113万元，财政补助57万元；宇鸿丰养殖专业合作社投资126万元，财政补助63万元。产业化项目的实施，促进优势特色产业发展，壮大企业发展规模；通过“公司+基地+农户”“合作社+农户”的产业化经营模式，开展企业与农户联合，发展订单农业，有效地延长产业链条，提高农民收入，加快农业产业化发展步伐。

贷款贴息项目。山东郓城华宝食品有限公司100万头生猪屠宰加工项目财政贴息42万元；山东绅联生物科技有限公司年产10亿米复原天然肠衣项目财政贴息42万元；山东神舟食品集团有限公司5000吨牛羊肉深加工扩建项目财政贴息42万元；山东省郓城县龙泉淀粉制品有限公司年产50000吨薯类农产品项目财政贴息42万元，共计168万元。

（李焕　赵文忠）

农业机械

【概况】 2016年，全县农业机械总动力994315千瓦，农业机械装备总值55612万元，拖拉机10416台、小麦联合收割机2666台、玉米联合收割机955台。全县农作物耕、种、收作业综合机械化水平达到87.5%。孵化机、挤奶机、铡草机、卷帘机、渔业增氧机、水产饲养投饵机等特色农业机械迅速推广应用，粮食清选机、秸秆还田机械、秸秆打捆、高性能植保机械正在示范推广。

【农机购置补贴】 认真贯彻省、市局农机购置补贴工作会议精神，严格按照省财政厅、农业厅关于农机购置补贴工作的要求，加强宣传引导的工作力度，严格操作流程，突出重点，规范补贴。利用短信平台、发放宣传单、张贴通告多种方式宣传购机补贴政策到乡镇村组，推动购机补贴政策在全县的顺利实施。2016年，省财政厅分配郓城中央补贴资金指标共计1990万元，补贴各种农机具868台/套，受益农户837户。

【农机跨区作业】 三夏三秋期间，县农机局成立联合收割机跨区作业领导小组，局长任组长，成员由农机管理科、农技推广站、农机安全监理站等相关人员组成，具体负责全县联合收割机的跨区和引进工作。县农机局派专人到安徽、河南、河北等地进行考察选点，并与当地农机部门签订机收小麦作业合同。按照小麦的种植布局，从有利于联合收割机作业和确保较高作业量的角度，在黄安和随官屯两个乡镇设立联合收割机跨区作业服务接待站，免费为过往机手发放跨区作业明白纸、饮用水和常用药品等，专门为来郓城县作业的联合收割机机手提供作业信息、交通路线、机械维修、油料供应、气象信息等方面的便利服务。作业期间设立24小时值班电话，做好信息咨询和突发事件处理工作。县联合收割机跨区作业领导小组和各镇农业技术服务中心紧密配合协调，密切注意作业期间天气变化和作业市场供求状况，通过信息引导加强机具调度，防止机械扎堆无活干，麦地空闲无机用的情况发生，促进市场的供需平衡。2016年，参加跨区作业的联合收割机2300台，实现收入4980万元。

【农机推广】 借助国家不断加大对农机购置补贴力度的有利时机，重点开展对玉米收获机械化技术和保护性耕作机械化技术及相关机具的推广，破解制约全县玉米生产机械化发展的瓶颈。玉米机收、小麦免耕播种率分别达到42%、35%。

【农机服务组织建设】 在培育农机大户和发展农机专业合作组织工作中，通过补贴促动、典型带动、信贷扶持，抓规范、抓运营，促进农机专业合作社的多样化创建、规范化发展，推动农业生产的规模化、产业化、市场化。2016年，全县新增2家示范性农机专业合作社，2个农机专业合作社正在筹建。

【农机监理】 加强与公安、交通、安监等部门的密切合作，开展“农机行业安全隐患大排查快整治严执法集中行动”“隐患排查”“两节、两会”农机专项整治、上道路拖拉机联合专项整治、农机维修经营网点安全大检查和安全宣传活动月等多项整治宣传活动，提高全社会认识水平和机手的安全意识、法制观念。完善内部管理机制，强化自身建设，提高服务效能。严格执行农机行政许可审批办理的规定，完善责任体系，实施“一个窗口受理、一条龙办理、全过程服务”，按照“谁主管、谁经办、谁签字、谁负责”的岗位责任制，全面推行首问责任制、限时办结制、服务承诺制、效能过错责任追究制，严格遵循法定权限和办理程序，强化牌证管理，落实对机手的培训、考试、考核相关手续，抓好农业机械、驾驶操作人员档案的规范管理，从源头上把好安全生产关。成立重特大农机事故应急处理专项工作领导小组，制订《郓城县重特大农机事故应急救援预案》，使全县农机安全生产形势进一步好转，农机安全生产事故进一步减少，拖拉机年审率90%，上牌率95%，一年来未发生一起重特大农机事故。

【农机修配管理】 一是扎实开展打假专项整治活动，会同质监、工商等部门，利用“3·15”消费者权益活动日，在县城主要街道设立农机维权专区，并先后41次共抽调农机执法人员156人次，出动宣传车41辆（次），分成政策宣传组、投诉举报受理组、执法检查组，对全县辖区内的农机主机及零配件销售市场、生产企业、维修网点等进行全面深入地检查整治，共检查企业156家，整顿农机市场96个，印发宣传资料2880份。二是依法将农机维修网点纳入规范化管理，严格执行农业机械修理网点、修理工审定和准入制度。及时对全县农机维修网点进行一次全面摸底调查，造册登记，对现有修理网点进行严格审定。通过专项整治和对修理网点的规范化管理，有效遏止“三无”农机产品和不合格农机产品坑农、害农现象。三是认真制订落实“五五”普法规划，开展农机生产、销售、维修、服务等重点工作中的法制宣传教育，进一步规范农机市场秩序和农机维修经营活动，净化农机市场，保证农机产品质量，切实维护农民群众的合法权益。2016年，在全县开展农机从业人员职业技能鉴定工作，共鉴定拖拉机和联合收割机驾驶员750人。

表4 2016年郓城县主要农业机械拥有量一览表

	编号	计量单位	数量
一、农业机械总动力	1	千瓦	994315
1. 柴油发动机动力	2	千瓦	883002
2. 汽油发动机动力	3	千瓦	4655
3. 电动机动力	4	千瓦	106658
4. 其它机械动力	5	千瓦	

续表

	编号	计量单位	数量
二、拖拉机及配套机械	6	*	*
（一）拖拉机	7	台	10416
	8	千瓦	299675
1. 大中型（14.7 千瓦及以上）	9	台	5716
	10	千瓦	244022
其中：14.7—18.4 千瓦（含 14.7 千瓦）	11	台	1528
	12	千瓦	28083
18.4—36.7 千瓦（含 18.4 千瓦）	13	台	1585
	14	千瓦	53367
36.7—58.8 千瓦（含 36.7 千瓦）	15	台	1270
	16	千瓦	69816
58.8 千瓦及以上	17	台	1333
	18	千瓦	92756
其中：轮式	19	台	4804
	20	千瓦	186654
2. 小型（2.2 ～ 14.7 千瓦，含 2.2 千瓦）	21	台	4700
	22	千瓦	55653
其中：手扶式	23	台	220
	24	千瓦	1980
（二）拖拉机配套农具	25	台	21330
1. 大中型	26	台	11600
2. 小型	27	台	9730
三、种植业机械	28	*	*
（一）耕整地机械	29	*	*
1. 耕整机	30	台（套）	130
	31	千瓦	394
2. 机耕船	32	艘	
	33	千瓦	
3. 机引犁	34	台	6095

续表

	编号	计量单位	数量
4. 旋耕机	35	台	3737
5. 深松机	36	台	296
6. 机引耙	37	台	
（二）种植施肥机械	38	*	*
1. 播种机	39	台	6449
其中：免耕播种机	40	台	730
精少量播种机	41	台	5080
2. 水稻种植机械	42	*	*
（1）水稻直播机	43	台	
（2）水稻插秧机	44	台	
	45	千瓦	
其中：乘坐式	46	台	
	47	千瓦	
（3）水稻浅栽机	48	台	
	49	千瓦	
3. 化肥深施机	50	台	3
4. 地膜覆盖机	51	台	145
（三）农用排灌机械	52	*	*
1. 排灌动力机械	53	台	40285
	54	千瓦	368940
其中：柴油机	55	台	31375
	56	千瓦	284430
电动机	57	台	8910
	58	千瓦	84510
2. 农用水泵	59	台	19675
3. 节水灌溉类机械	60	套	758
（四）田间管理机械	61	*	*
1. 机动喷雾（粉）机	62	台	3590
	63	千瓦	4017

续表

	编号	计量单位	数量
2. 茶叶修剪机	64	台	
	65	千瓦	
（五）收获机械	66	*	*
1. 联合收获机	67	台	3621
	68	千瓦	193216
（1）稻麦联合收割机	69	台	2666
	70	千瓦	152856
其中：自走式	71	台	2114
其中：半喂入式	72	台	
	73	千瓦	
（2）玉米联合收获机	74	台	955
	75	千瓦	40360
其中：自走式	76	台	488
2. 割晒机	77	台	
	78	千瓦	
3. 其他收获机械	79	台	2809
	80	千瓦	778
其中：大豆收获机	81	台	
	82	千瓦	
油菜籽收获机	83	台	
	84	千瓦	
马铃薯收获机	85	台	4
	86	千瓦	
甜菜收获机	87	台	
	88	千瓦	
花生收获机	89	台	
	90	千瓦	
棉花收获机	91	台	
	92	千瓦	

续表

	编号	计量单位	数量
蔬菜收获机	93	台	2
	94	千瓦	
茶叶采摘机	95	台	
	96	千瓦	
青饲料收获机	97	台	6
	98	千瓦	778
牧草收获机	99	台	
	100	千瓦	
秸秆粉碎还田机	101	台	2778
秸秆捡拾打捆机	102	台	5
	103	千瓦	
玉米收获专用割台	104	台	
大豆收获专用割台	105	台	
油菜籽收获专用割台	106	台	
（六）收获后处理机械	107	*	*
1. 机动脱粒机	108	台	1400
	109	千瓦	
2. 谷物烘干机	110	台	11
	111	千瓦	110
3. 种子加工机械	112	台	
	113	千瓦	
4. 保鲜储藏设备	114	台（套）	2
	115	千瓦	
（七）设施农业设备	116	*	*
1. 水稻工厂化育秧设备	117	套	
2. 温室	118	平方米	10363600
其中：设施总面积	119	平方米	10363600
连栋温室	120	平方米	
日光温室	121	平方米	2692100

续表

	编号	计量单位	数量
塑料大棚	122	平方米	7671500
四、农产品初加工机械	123	*	*
（一）农产品初加工动力机械	124	台	10723
	125	千瓦	93835
其中：柴油机	126	台	8820
	127	千瓦	74005
电动机	128	台	1903
	129	千瓦	19830
（二）农产品初加工作业机械	130	台	1134
其中：1. 粮食加工机械	131	台	870
2. 油料加工机械	132	台	226
3. 棉花加工机械	133	台	38
4. 果蔬加工机械	134	台（套）	
5. 茶叶加工机械	135	台（套）	
五、畜牧养殖机械	136	台（套）	432
	137	千瓦	2153
其中：饲草料加工机械	138	台（套）	363
	139	千瓦	1930
畜牧饲养机械	140	台（套）	51
	141	千瓦	164
畜产品采集加工机械	142	台（套）	8
	143	千瓦	34
其中：挤奶机	144	台	1
	145	千瓦	3
剪羊毛机	146	台	
	147	千瓦	
六、渔业机械	148	台	63
	149	千瓦	124

续表

	编号	计量单位	数量
其中：增氧机	150	台	32
	151	千瓦	21
投饵机	152	台	31
	153	千瓦	103
七、林果业机械	154	台	16
	155	千瓦	88
其中：挖坑机	156	台	10
	157	千瓦	70
果树修剪机	158	台	6
	159	千瓦	18
八、运输机械	160	*	*
1. 手扶变型运输机	161	台	
	162	千瓦	
2. 农用挂车	163	台	100
九、农田基本建设机械	164	台	80
	165	千瓦	4223
十、其他机械	166		*
其中：农用飞机	167	架	
十一、农业机械原值和净值	168	*	*
1. 农业机械原值	169	万元	55612
2. 农业机械净值	170	万元	48051

畜牧业

【概况】 郓城县畜牧兽医局为参照公务员管理的正科级事业单位，下设机构办公室、人事科、审计科、兽医站、畜牧站、畜禽改良站、动物防疫站、兽药饲料监察所、动物卫生监督所为股级全额事业编制，7 处区域性动物卫生监督分所和畜禽屠宰管理办公室为股级一类事业编制。2016 年，全县牛、羊、猪、禽存栏量分别达到 4.74 万头、71.76 万只、54.59 万头、1790.95 万只，出栏量分别 2.69 万头、88.28 万只、96.61 万头、4457.19 万只。全县存栏 300 头以上的养猪场 196 处，500 只以上的养羊场 64 多处，500 只以上的肉牛场 10 处，100 只以上的奶牛、肉牛场 90 多处。全县肉蛋奶总产量 30.26 万吨，同比增长 4.3%，畜牧业产值 21.5 亿元，同比增长 2.8%，畜牧业占农业产值的比重 33.6%。2016 年，县畜牧兽医局工作在全市畜牧业考核中取得第一名。

【畜牧业生产】 2016年，全县完成标准化规模养殖场创建15处，创建省级标准化规模养殖场6处，新增养殖大棚100处，利用林地面积10万亩。推动秸秆“过腹还田”，新建500立方米以上青贮池50个，推行玉米秸秆全株打包青贮，年增青贮秸秆25万立方米，玉米秸秆利用率45%。完成畜产品无公害认证4家企业多个产品。

【重大动物疫病防控】 完成春秋两季重大动物疫病防控工作任务，未出现重大动物疫情，共使用猪口蹄疫疫苗192.16万毫升，猪蓝耳疫苗96.08万头份，猪瘟疫苗96.08万头份，牛羊口蹄疫疫苗80.8万毫升，羊小反刍兽疫疫苗40万头份，禽流感疫苗1124万毫升。创造条件开展检疫检验工作。电子出证共59050份。病死畜禽无害化处理厂11月建成投入运营。

【畜牧兽医技术推广】 在养殖技术推广工作中，组织举办3次养猪技术培训班、3次养鸡技术培训班、1次肉牛养殖技术培训班，征订《齐鲁牧业报》200份，《山东养猪》80份，《现代牧业》30份，《农业知识（健康养殖）》20份。培训人员1000余人次，推广200余万元的新型养殖设备。

【畜产品质量安全专项整治】 开展畜产品质量安全专项整治工作，加大巡查力度，进一步提高巡查范围和频率，加强与食品安全各个部门的协作，加大执法力度，全年未出现重大畜产品质量安全事件。动检执法罚没收入26.5万元，其中兽药饲料罚没收入5.5万元，生猪屠宰罚没收入0.5万元，动物检疫执法收入20.5万元。承担省市抽检任务650个样品。

（李良杰）

林　业

【概况】 2016年，郓城县林业局内设办公室（计划生育办公室）、人事科、财务科、造林绿化科、林政科、森林公安局（副科级）6个行政科室局，辖林业站、果树站、林业科技推广站、森林植物检疫站、林木保护站、野生动物保护站、花卉站、林业种子苗木监督检验站、木材检查站、国有何庄林场、国有小屯苗圃、林产品经销站、林业项目管理中心。2016年，郓城县林业局被中国林产品交易会组委会评为优秀组织奖、优秀设计奖；被菏泽市人力资源和社会保障局、菏泽中国林产品交易会办公室授予第十三届中国林产品交易会先进集体特别贡献奖。

【植树造林】 2016年3月，郓城县春季林业生产工作全面展开，全县共完成新造林3万亩，超额完成市政府下达的造林任务。通过市政府检查验收。

【林业有害生物防治】 2016年2月至4月，郓城县林业局组织有关技术人员对春尺蠖越冬基数进行调查，并适时进行人工防治，效果明显。2016年5月17日至6月3日，郓城县林业局对全县辖区内展开第一代美国白蛾飞防工作，全县共出动“运—5”型飞机122个架次，飞防航线113条，防治作业面积46.9万。飞防结束后，顺利通过市林业局专家组验收。

【森林护管】 2016年度，郓城县森林公安局定期在辖区内进行巡视，全年共出动警车25车次，森警及林业执法人员100余人次，共查处涉林案件15起，全部为滥伐林木行政案件，未发生一起森林火灾。

【保护发展森林资源目标责任制检查】 7月28日至8月3日，国家林业局驻合肥专员办尹钟玉、华东林业调查规划设计院王柏昌率检查组到郓城督查保护发展森林资源目标责任制建立和执行情况。检查组通过观看资料片、听取工作汇报、组织召开座谈会、查阅相关资料和制度、现场查看等方式认为，郓城县高度重视保护和发展森林资源目标责任制落实工作，资金投入力度大，领导和考核机构健全，职责分工明确合理，目标任务层层分解，考核办法和评分标准科学合理，工作制度体系完善并有较强的务实性和可操作性。培育林业龙头产业、优质高效林特产品产业体系，逐步提高林业产业化水平，全县林业向生态化、功能化、特色化、高效化的现代林业方向发展，森林资源总量持续增加，发展成效明显。

县林业局开展第九次森林资源清查工作

【林交会参展布展】 2016年9月19日至22日，第十三届中国林交会在菏泽中国林展馆举行。全县在此次展会上特装展位面积200平方米，10个企业参展，公输子木雕有限公司的绿檀木梳获得林交会金奖，郓城县林业局获得优秀组织奖、优秀设计奖和先进集体。

（明广增）

水　利

【概况】 城南水库工程于2016年5月13日通过下闸蓄水验收并引入600万立方米黄河水入库；城南净水厂通过供水管网运行；城区管网对接完成，乡镇管网工程全部完成，并通水试运行，城乡供水一体化达到“同源”“同网”“同质”目标。2016年，郓城县小型农田水利重点县工程项目获得专家组一致好评。在市政府组织的冬春水利建设评比中获得全市第二名，在全县组织的“两学一做”知识竞答中获得第二名。

【城乡供水一体化工程】 城南水库　郓城县城南水库工程于2015年5月16日下达开工令并于2016年5月13日通过下闸蓄水验收，截至12月底引600万立方米黄河水入库。共完成土方开挖830万立方米，改建北关沙河引水闸1座、新建节制闸1座，饮水路线与沿线排水沟交叉处新建节制闸5座，改建生产桥12座；隔坝中部新建桥梁，隔坝与围坝连接处新建2座穿坝桥涵，隔坝两端引路与排水沟相交处新建2座涵洞；铁路桥路基与排水沟衔接处新建箱涵，铁路桥两侧各埋1处管涵；新建南排水沟涵闸1座、北排水沟涵闸3座；新建水库围坝、入库闸、出库泵站及管理设施。

城南净水厂　工程占地面积80亩，日供水6万吨，总投资1.1亿元，可满足全县128万人的饮水。城南水库、城南净水厂由郓城县人民政府和菏泽天源水务有限公司按照出资比例，成立合资公司共同经营。供水设备调试完毕，已具备处理水的条件，处于联网运行阶段。

管网工程　成立3个管网建设工作组和1个协调组，工作组奋斗在一线现场指导监督工程进展状况，利用工程调度车实现工程各个方面的有效衔接，协调组协调与乡镇、村、施工单位等有关乡镇管网工程的各个方面。2016年底完成城区对接和乡镇管网两大工程，并通水试运行，城乡居民喝上优质黄河水，实现菏泽市委、市政府要求的“年底前全面通水”目标。

管网工程施工现场

杨庄集水库　工程内容包括水库围坝、丰收河节制闸、丰收河右堤上的引水闸、郓巨河节制闸、入库泵站、出库泵站等建筑物。郓城县杨庄集水库项目总投资为6.31亿元，位于丰收河以南，杨庄集村北的大洼区域。总库容991万立方米，相应水位41.53米，死库容为118万立方米，调节库容873万立方米。工程永久占地2512.53亩、临时占地66.05亩。水库利用杨集引黄闸引黄河水，经丰收河入水库；设计每年总充库水量3467.3万立方米，年供水量3246.1万立方米，水库居民生活用水供水保证率为95%。可行性研究报告获得专家评审通过，并于12月20日获得菏泽市发改委的立项审批。

【小型农田水利重点县建设】 2016年，郓城县小型农田水利重点县项目建设高效节水灌溉2.66万亩，总投资2944.58万元。其中，中央财政补助资金1500万元，省财政补助800万元，地方财政配套资金644.58万元。涉及双桥乡、武安镇、唐庙镇的25个村，受益人口2.33万人。工程建设于1月底开工，10月底竣工。新建小型水源工程418处，新打机井334眼，改造机井84眼，铺设管道171.74千米；安装变压器28台，高压线路9.40千米，低压线路104.80千米；整治排涝沟道131.4千米，配套建筑物229座，信息自动监测点及小型气象站3处，新增高效节水灌溉面积2.77万亩；项目区每年节水能力新增292.6万平方米，新增粮食2.216万吨，新增经济作物产值171.46万元，节能55.4万kW·h，省工2.77万个；在建设高效节水灌溉工程的同时，疏浚田间排水管网，配套管涵建筑物，形成管道输水灌溉、田间排水沟配套完善的灌排体系，增强防洪抗旱能力。工程于12月底通过验收并获得专家评委的一致赞成，工程建设质量和项目管理居全市之首，专家组建议在全省推广。

【冬春水利建设】 2016年，冬春水利基本建设共投资22952万元，其中中央投资994万元、省投资2160万元、市投资1180万元、县投资1695万元、乡镇投资1972万元、吸收社会资本6000万元。投入工日88万个，出动机械台班9万台，完成土石方752万立方米、混凝土11.2万立方米，新修防渗斗农毛渠道45千米，疏浚河道35.6千米，清淤沟渠187千米，建设村镇供水工程3处，新修灌溉机井912眼，维护灌溉机井262眼，新修泵站17座。工程完成后新增蓄水能力801万立方米，新增灌溉面积2.5万亩，改善灌溉面积6万亩，新增除涝面积7.8万亩，改善除涝面积16万亩，新增节水工程面积6.9万亩，新增年节水能力413万立方米。在菏泽市政府组织的冬春水利建设评比中获得全市第二名。

【水利设施维修养护】 *苏阁灌区维修养护项目区* 中央投资100万元用以维修养护灌区内被破坏的水利设施，11月底已全部完成施工，共完成土方11万立方米，石方600立方米，砼130立方米。

杨集灌区维修养护项目区 中央投资100万元用以维修养护灌区内被破坏的水利设施，11月底已全部完成施工，其中共完成土方22.42万立方米，石方160立方米，砼140立方米。

农田水利设施维修养护项目区 2016年郓城县农田水利设施维修养护项目共投资171万元，11月底完成施工，项目完成后改善灌溉面积1.5万亩。

【水资源管理】 成立班子，全力做好水资源开发利用率考核工作。严格落实用水总量控制红线，对新上项目水资源论证、取水许可审批管理覆盖率达到100%，全面做好最严格水资源管理制度的落实工作。

【防汛工作】 2016年汛期6月降雨140毫升，7月降雨为199.8毫升，8月降雨为90.2毫升，9月降雨48.9毫升，汛期共计降雨478.9毫升。5月，组织召开全县防汛抗旱工作会议，修订2016年度《郓城县内河防洪预案》、编制《二〇一六年度夏季除涝工程会战方案》，及早做好防汛准备工作，为安全度汛打下坚实的基础。派出检查组对在建水利工程、重要河道等重点防洪工程开展全方位、扫描式汛前检查，对检查出的问题逐一梳理分析，逐级明确责任，逐项整改落实。加强防汛物资管理，及时更新补充抢险物料，保证各种设备物资齐全并加强工作人员的防汛意识，提高工作水平。

【抗旱工作】 协调黄河河务部门开闸引水抗旱，苏阁、杨集两座引黄闸引黄河水1.55亿立方米，结合井灌区灌溉农田130万亩。完成五界新河清淤治理11.2公里、二支沟清淤治理6.5公里、丰收河下段治理工程12公里、老赵王河下段清淤7公里。

【水政执法】 在“世界水日”“中国水周”通过悬挂条幅、发放宣传单、发送短信等多种方式向群众普及法律知识，让群众在懂法、知法氛围中尊法、守法。水政执法人员不断加强日常执法巡查并加大对重点河道、水利工程的巡查力度。2016年通过与公安部门的联合执法，查处52起破坏水利工程设施的案件并联合检察部门，对较大的违法案件进行立案调查，经济处罚13万元。

（肖作宁 徐长修 郑海芝）

渔业水产

【概况】 县水产局下设人秘股、渔政股、渔业技术推广站、水产站、水产开发公司。2016年，全局在编干部职工50人，其中高级工程师1人，工程师3人，助理工程师12人。2016年，县水产局完成鱼种投放面积49245亩，共投放鱼种2285吨，渔业总产量18003吨，其中渔业养殖产量16434吨，捕捞产量1569吨，渔业经济总产值30238万元。渔业专业从业人员3520人，渔业人口12600人。加快渔业结构调整步伐，提高渔业养殖技术水平，新品种养殖试验和新技术示范应用取得成功，超额完成试验指标。渔业项目申报工作取得突破性进展，渔业园区创建工作得到省厅专家组的充分肯定。

【水产养殖】 全县水产养殖业稳步发展，在搞好鲤、草、鲢、鳙、鲫等当家养殖品种的同时，引进、试养、推广名优特新养殖、种植新品种，推广藕鱼混作生态养殖模式和水产品无公害养殖、健康养殖技术，促进水产养殖结构调整和水产品质量安全水平的提高。全县水产养殖分为苗种培育和成鱼养殖。成鱼养殖模式为池塘养殖、大水面养殖、工厂化养殖、拦河养殖、鱼藕混作等。主要养殖品种为四大家鱼，名特优新品种养殖面积逐步扩大。其中青鱼养殖面积100余亩，鳜鱼养殖近100亩，台湾泥鳅120亩。随着水产养殖新技术的推广普及，养殖单产逐年提高。休闲渔业特色凸显，集垂钓、休闲、餐饮于一体的休闲渔业得到发展，延长了渔业产业链条，增加渔业附加值。着力调整经营运行模式，实现养殖户与市场的有效对接。

【渔业技术指导】 根据生产需求，联系鱼种，投放鱼种4000余万尾，鱼种放养面积4.9万余亩。渔业技术指导员抓住鱼类生长重要季节，到坑塘口指导示范户做好饲料投喂，并指导做好养殖水体调节，并搞好鱼种寄生虫病、水霉病等寄生性病害的预防工作。9至10月，水产技术人员抓住鱼种秋放的有利时机，加强指导，确保秋放鱼种目标的顺利完成。加强水产养殖病害防控工作，加强水产养殖病害测报及预测预报，在全县水域和池塘设立的鱼病测报点，由专门鱼病测报员，及时完成规定的测报数量和项目，每月及时向上级质检中心上报水产养殖病害情况，苗种场病害监测情况及水产养殖病害预测预报情况，并根据测报情况制订相应防治措施，指导全县水产病害防治。

【基层渔业技术推广体系改革与建设项目】 经过筛选确定150户养殖户为渔业科技示范户，确定渔业科技示范基地1处。项目物化工作有序进行，养殖示范户共投放草鱼、鲤鱼种3000余斤，鱼药20桶和饲料物化2.5吨全部发放到养殖户手中。根据上级要求，基层渔业技术推广体系改革与建设项目县，技术指导员要加强能力建设，县水产局技术指导员12人全部参加省厅组织的基层渔业技术人员培训班，考试全部合格，均取得结业证书，圆满完成培训任务。针对不同生产季节的技术要求，开展技术培训和新技术现场交流，定期开展巡回技术指导服务，指导科学养殖、病害防治，对渔业示范科技入户示范工程跟踪指导。利用好现代渔业远程智能信息化服务平台，做好渔业技术指导员的入户签到工作，确保每一位技术指导员每年每人下乡指导不低于60

次。加强示范户技术指导力度，做好示范户养殖情况抽查，将抽查情况记录在案，为第2年示范户的筛选和制订鱼种放养方案、技术指导方案做准备。对示范户加强饲料投喂指导，加强水质调控力度、养殖鱼类增加肥满度，为鱼类出塘做好准备。对技术指导员入户指导情况，通过与示范户座谈、填写调查表等形式进行评估。同时，充分利用现代渔业远程智能信息化服务平台。专家和技术员通过平台及时准确地向养殖户提供养殖技术、病害防治、市场行情、供求信息等相关的服务信息，真正实现与渔业专家零距离互动交流。

【池塘水质综合调控及节能减排示范推广项目】 购买微生态制剂50箱（价值16000元），膨化颗粒饲料、泥鳅膨化料2吨及混合膨化料（鲤、草、鲫通用）3吨（价值26800元），全部发放到项目实施户手中，进行饲料精准投喂试验。将微孔增氧设备2台套（价值16600元）安装到位，实施微孔增氧设备调节水质试验。根据使用要求，项目实施人员对菌种进行激活、配送，送到坑塘指导使用，每20天使用一次，对使用效果做好记录。指导饲料精准投喂，减少饲料对水质的影响。同时，指导好微孔增氧机的科学使用，加速水中有机物和有害物质的分解，从而减轻养殖污染，减少鱼病发生，降低养殖成本，减少换水次数，改善水质环境，提高饲料利用率，提高生长速度。做好饲料投喂及微孔增氧机使用情况记录。根据微生态制剂泼洒使用记录，饲料精准投喂情况，微孔增氧机使用情况，搞好项目实施塘与对照塘或过去养殖情况的比较，总结通过项目实施对改善水质环境及降低养殖成本，增加鱼产量和经济效益等方面的作用，写出总结报告，接受上级部门的审查验收。8月4日，省渔技站副站长董济军、研究员蒋火金一行在市水产局副局长史峰和科长王学成陪同下指导项目工作，并在项目实施点之一丁里长优质鱼项目区会议室举办现场讲座。10月20日，省渔技站副站长董济军率领的专家组在市水产局副局长史峰、渔业科科长王学成陪同下，检查验收池塘水质综合调控及节能减排示范推广项目，经现场抽样，完成项目预期目标，顺利通过项目验收。

【渔业精准扶贫工作】 渔业精准扶贫主要做到三个结合。*一是扶贫工作与优质鱼项目相结合。*郓城县农业发展资金优质鱼项目位于郓城县双桥乡和丁里长镇交界处的集中连片采煤塌陷区。共涉及2个乡镇2个行政村，人口5680人，土地面积2800亩。由郓城圃禾谷物种植专业合作社承担实施，筹集资金1000余万元，其中中央财政资金500万元。建成标准化池塘600余亩，围河、沟渠等配套100亩，土地整理100余亩，湿地200余亩，一期工程完成1000余亩。2016年该项目投入运营，圃禾谷物种植专业合作社与村委结合，实施有针对性的渔业扶贫，从贫困户中抽出15人，到养殖场参加护管、投饲等工作，月工资额1500—1600元，使他们逐步走向脱贫之路。另外，圃禾谷物专业合作社抽出76亩池塘，提供给贫困户，三年内免除承包金等费用。

*二是扶贫工作与渔业公益性项目相结合。*山东省基层渔业技术推广体系改革与建设项目、池塘水质综合调节与节能减排项目和新型渔民培训项目，同属于渔业公益性项目，全局以项目为抓手，做到项目的实施与扶贫开发充分糅合，把项目的物化重点向渔业贫困户倾斜，并充分发挥水产局渔业技术优势，将先进的技术、优良的渔业养殖品种送到贫困户手中，让他们在养中学、学中养，把先进的养殖技术化为脱贫致富的本领。县水产局从全县渔业贫困户中选择30余户，经过连续不断的技术培训和物化投入，让其增强能力，逐步实现脱困致富。采取集体培训与科技下乡、开设田间课堂相结合的方式对渔民进行培训。开设田间课堂两期，培训200名，其中，集中培训120名，田间课堂培训80名。

*三是扶贫工作与申报渔业项目相结合。*根据扶贫工作实际，并结合当地渔业产业发展，组织上报能够吸纳带动贫困户脱贫的渔业行业扶贫项目5个，各项目申请报告根据贫困人口所在区域

地理、资源和环境特点，有针对性地进行渔业产业项目设计，总结和提炼特色突出、行之有效的扶贫项目，项目以渔业专业合作社为依托，在入社方式、收益分配等方面创新思路，确保贫困户能够入社。有一定资金的以现金入股，没有资金的用劳动力入股，既无资金也无劳力的则以土地流转或自家水塘折价入股，入股资金可多可少。这样的入股方式，灵活多样、门槛低、形式活，给贫困户入社创造了非常便利的条件，从而解决贫困户资金短缺的困难。收益分配上，为确保贫困户入社社员的资产受益，对贫困户实行“入社保底，托底分红”的办法，不让入社的贫困户承担任何经济风险，保证入社的贫困户只盈不亏，从而解决入社贫困户的后顾之忧。

【标准化池塘项目】 对原有池塘进行改造治理，进行进排水渠施工，购进增氧机、投饵机各6台，达到高产塘标准。6月10日，从安徽省省级水产良种场引进台湾泥鳅苗种60余万尾投放入池，并从安徽宣州市购进泥鳅专用膨化颗粒饲料。8月16日，市水产局召开全市渔业现场观摩会，参观李集乡刘浩村台湾泥鳅养殖场，市水产局及兄弟县区水产人员给予高度评价。10月19日，省海洋与渔业厅渔业技术推广站副站长董济军率领有关专家来检查指导工作，经省市专家测产亩产1300余公斤。

（杨学军）

黄河河务

【概况】 2016年，郓城黄河河务局设办公室、工程管理科、防汛办公室、人事劳动教育科、财务科、党群工作科、经济发展管理办公室、水政水资源科、黄河派出所，下设苏阁、杨集、伟庄、金堤4个管理段和菏泽黄河工程局第四工程处。菏泽供水分局郓城黄河供水处，管辖苏阁、杨集引黄闸。2016年县河务局共有干部职工292人。其中在职139人，离退休153人。

【防汛工作】 严格落实以行政首长为核心的各项防汛责任制，逐级签订责任书，并细化内部岗位责任制；进一步修订完善各类防洪预案和抢险方案，完成汛前工程普查和河势查勘；开展防汛宣传活动，提高沿黄群众的水患意识和责任意

黄河沿线风光

识；对村庄现有劳动力进行排查，落实防汛队伍11016人，组建116人的黄河专业机动抢险队；加强防汛队伍建设，举办防汛抢险技术培训班；落实国家常备物资和社会团体、群众备料，确保顶打管用；对信息网络设施、通信设施、防汛应用系统等进行调试和维修，确保汛期各类信息、通信畅通。全局职工通过严密的组织、科学的调度、职工的恪尽职守，确保黄河安澜。

【工程管理】 郓城黄河所辖临黄堤长度28.075千米，金堤35千米;险工（苏阁、杨集、伟庄）3处，坝85道，垛11道，工程长度10937米，其中护砌长度9374米；控导工程（杨集上延）1处，坝18道，工程长度1310米，其中护砌长度1376米。滩区（徐码头、罗楼、四杰）3处，面积5.18万亩，其中耕地面积3.76万亩，共涉及张集、李集、黄集沿黄3乡43个村庄4.7万人。引黄涵闸（苏阁、杨集）2处，总设计引水流量为80立方米每秒。

修订完善《郓城黄河工程管理检查办法》，继续推行工程管理月检查制度，并会同相关部门联合检查，进行量化打分，体现奖勤罚懒、奖优罚劣的激励机制，切实做到工程管理精细化、维修养护常态化、检查整改及时化的要求，使工程管理与养护工作始终处于良性运转状态。

全年完成日常维修养护土方5.86万立方米，土方5.8579万立方米，树木养护87.3729万株，树木补植2.9万株，淤区围格堤维修17.11万平方米，草皮养护115.73万平方米，根石加固2808立方米，坦坡整修173平方米。2个科技创新项目分别获山东黄河科技火花一等奖、二等奖，1个项目获黄委科技“三新”认定。

按照国家级水利工程管理单位要求，依照《水利工程管理考核办法》及《河道工程管理考核标准》。分别从组织管理、安全管理、运行管理、经济管理4大类共32项分92卷进行资料整理，内容详细完整，顺利通过国家级水管单位评审验收工作。

【水行政执法】 水政、公安两支队伍密切配合，充分发挥各自职能，进一步加强黄河河道监管力度，及时预防违反水法律、法规及治安管理行为，依法查处各类水事、治安案件，维护良好的治黄管理秩序，确保黄河行洪安全。2016年，共计巡查185余次，累计出动1014余人次，行程13000余公里，清理堤顶、淤背区、防浪林障碍物40余处，依法立案查处治安案件14起，刑事拘留5人，行政拘留8人。

加强水法规宣传，启动“七五”普法工作，采取刷写标语、悬挂横幅、印刷宣传材料、制作喷绘宣传提袋等多种形式，通过各种媒介开展第二十四届“世界水日”、第二十九届“中国水周”“送法进学校”“送法进乡村”“送法进集市”等形式多样的水法宣传活动，做到宣传、巡查、执法同步，取得良好的社会宣传效果。

【文明创建】 文明创建活动丰富多彩，形式多样，提高干部职工文明素质和社会文明程度。切实加强思想道德建设，开展社会公德、职业道德、家庭美德、个人品德教育，进行“文明科室、文明职工、文明家庭”的民主评选活动。组织职工参与慈善和公益事业，开展慈心一日捐活动，共捐款18200元，树立黄河行业良好形象。开展“文明餐桌”活动，倡导节约行为；开展“选树先进典型，促进单位发展”活动，每月按时上报身边的好人好事；学雷锋服务队走出去为社区做好事、做实事。县河务局获得“菏泽市五一劳动奖状”，被评为“全市学习型组织先进单位”，连续15年保持省级文明单位称号。

【治黄改革】 学习治黄改革相关文件，按照上级要求组织各部门完成相关改革任务。工作由主要负责人全面抓，分管领导具体抓，部门之间互相监督合作，形成一级抓一级，部门间互相督促的良好局面。督导组对改革工作进行定期梳理检查，通过对照深化治黄改革任务台账，逐条逐项检查各项改革任务推进情况，要求时限内任务到期圆满完成，长期任务持续稳步推进。

【安全生产】 按照“安全第一，预防为主”的方针，开展全国“安全生产宣传月”和“安康杯”

劳动竞赛活动。每月定期开展安全检查，及时召开安委会例会，不断加大定期或不定期安全生产检查频次，按要求采取“飞查”或夜查方式进行，确保各类不安全因素及早发现，对查出的隐患，做到及时登记、及时整改、及时复查，真正做到检查、整改、落实三到位，预防各类事故的发生，实现全局安全生产无事故。

【引黄供水】 2016年，执行水量调度指令，严格按照引水订单和水量调度通知单要求，与用水单位签订供水协议。争取引水指标，提供水情信息，做到丰蓄枯用，冬蓄春用。全年共计引水2.01亿立方米，支援全县农业生产。

（安磊）

工 业

县经信局调研清洁技术改造项目

工 业

工业经济

【概况】 县经济和信息化局有正式工作人员21人，设办公室、产业政策与行业发展科、投资与科技科、企业管理科、信息化科、能源管理科6个科室和经济运行办公室、节约能源办公室2个内设机构。

全县工业已形成能源化工、机电设备制造、棉纺织、木材加工、食品加工和酒类包装等为支柱的工业格局。2016年，全县经济运行呈现出总体平稳、稳中有进的态势。全县规模以上工业企业达到406家，比上年新增15家。全年实现主营业务收入875.3亿元，同比增长12.16%；利税112.4亿元，同比增长21.12%；入库税金过千万的企业4家。

【传统产业提档升级】 棉纺织行业以一鸣纺织为代表，走技术改造、设备升级路子，5万纱锭精梳紧密纺已建成投产，正在建设一鸣二期，主要设备或是原装进口，或是国内先进，与传统棉纺织设备相比，产能提高15%，用工节约70%，吨纱增值2500元，产品供不应求。以华亿达纺织为代表，走拉长产业链条的路子，由单纯纺纱向织布进而生产床上用品转型，300台喷气织机正在陆续安装。机电设备制造行业以恒基集团为代表，由为整机厂配套生产零部件逐步向生产整机转型，其电动叉车、道路灌缝已正式投产，恒基四期铸钢项目正在建设。恒基股份已成功在新三板上市。畜产品加工行业以华宝食品为代表，走养殖、屠宰、储存全链条保证食品安全的路子，年100万头生猪宰杀深加工项目已建成投产。全年规模以上工业企业完成技术改造投资55.35亿元，实施39个重点技改项目，新增省市级企业技术中心3家，全县省市级企业技术中心达到27家。

【新兴产业】 多友科技年产8000吨分子筛项目；采煤塌陷地综合治理150MW光伏发电项目一期，30MW已投产发电；郓城县生活垃圾焚烧发电项目已投产运行；山东恒基集团年产2000台智能叉车项目；山东绅联生物科技肝素钠药物的研发及工业化生产项目、富马酸依美斯听产业化技术开发项目。

【企业培训】 培养高素质企业家队伍，组织企业家和管理人员技术人才1100人次参加各类培训学习。在浙江大学举办郓城企业家培训班，35名企业家和经济管理部门负责人参加培训；组织企业家参加厦门大学重点企业培训班、山东大学工商管理培训班和“新常态下转方式调结构形势报告会”“中国制造2025专题讲座”等；组织木材加工行业20余名企业家到徐州、临沂进行参观学习。

【节能降耗工作】 全县万元GDP能耗预计比上年底下降3.7%，完成市政府下达的节能指标任务。淘汰高耗能落后设备80台（套），实现节能量2800吨标准煤；实施江南化纤、昌隆建材、华北化纤3个合同能源管理项目，实现节能量2981吨；完成冉晶照明LED光源电源一体化、卓越钢球电阻炉无煤油新技术推广项目，实现节能量4418吨标准煤；组织金河热电脱硫脱硝高效除尘升级改造项目申报中央预算内投资备选项目，获得中央和市财政奖励资金373万元。

表5　2016年工业企业主要经济指标

（单位：亿元）

工业总产值	主营业务收入	利润总额	利税总额
886.3	875.3	72.6	112.36

表6　2016年工业企业技术改造项目情况一览表

（单位：万元）

序号	企业名称	项目名称	产品名称	年新增生产能力	总投资
1	郓城郓州晶玻有限公司	年产1.5亿只轻量化玻璃制品建设项目	玻璃瓶	1.5亿只	43200
2	郓城鑫华能源开发有限公司	太阳能发电项目	电	40MW	43200
3	郓城永信包装有限公司	轻量化玻璃瓶及高档防伪瓶盖项目	玻璃瓶、瓶盖	1亿只、3亿只	26000
4	山东琦泉生物发电有限公司	农村生物质发电项目	电	2*12MW	39880
5	山东恒基集团股份有限公司	年产2000台智能物流装备项目	叉车	2000台	28000
6	郓城县双启门业有限公司	年产100万套防火防盗门建设项目	防盗门	100万套	35225
7	郓城县华鹏纺织有限公司	5万精梳生产线	棉纱	1万吨	7500
8	山东一鸣纺织有限公司	10万精梳及600台剑杆织机项目	棉纱	2万吨	41000
9	山东郓城众建电缆有限公司	年产9000万米电线、电缆项目	电线、电缆	9000万米	11000
10	山东京玻集团有限公司	年产3.8万吨轻量化玻璃制品建设项目	玻璃制品	3.8万吨	51000
11	郓城县正尚车轮科技有限公司	年产200万套无焊接一体化高强度钢制车轮建设	车轮	200万套	50017
12	山东省郓城县龙泉科技有限公司	国家薯类全利用产业化郓城项目	薯类制品	10万吨	36297
13	郓城县圣达如意印染有限公司	整体搬迁升级改造项目	印染布	7000万米	18625
14	郓城县宜合宜美整体家居有限公司	整体家居生产线	家居	100万套	168005
15	山东绅联生物科技有限公司	复原肠衣项目	肠衣	4亿米	46000
16	山东赛莱电气设备有限公司	年产4000台变压器项目	变压器	4000台	13771
17	山东绅联生物科技有限公司	注射剂肝素钠GMP车间的技术升级改造	肝素钠	10000亿单位	12000
18	郓城县恒瑞包装有限公司	3.2万吨燃气发生炉及水晶料质窑炉改造	玻璃球、玻璃瓶	10亿只	3500
19	山东郓城新亚挂车有限公司	年产1200台专用挂车项目	专用车	1200台	13500
20	山东华峰新材料科技有限公司	含氟化合物项目	含氟化合物	1万吨	31000

表7 2016年菏泽市重点工业企业一览表

序号	企业名称	企业负责人
1	山东圣隆纺织集团有限公司	李继斌
2	山东绅联生物科技有限公司	刘建洋
3	山东省郓城县烟郓金属彩印有限公司	张建彬
4	山东恒基集团有限公司	郑从军
5	郓城县宏发工程机械有限公司	王秀宽

（鹿美英）

煤炭开发

【概况】 郓城县煤炭管理局（加挂郓城县人民政府压煤村庄搬迁办公室牌子）是县政府直属的正科级事业单位，内设办公室、规划发展科、经济运行科、安全监督管理科、压煤村庄搬迁科5个科室，在编人员13人，其他工作人员9人。

【煤炭经济运行】 2016年，县煤炭局发挥职能作用，确保彭庄、郭屯、赵楼煤矿正常生产，郓城煤矿生产调试工作顺利进行。全年全县煤矿累计生产原煤726.73万吨，销售商品煤670.32万吨，实现销售收入33.54亿元，利税16.16亿元，税收7.24亿元，实现税费总额7.48亿元，其中县级直接收益1.15亿元。全县商品煤平均售价496.57元/吨（不含税），精煤平均售价624.28元/吨（不含税）。全县煤矿完成掘进进尺38510米，开拓进尺12373米。

【压煤村庄搬迁】 2016年，张营镇王庄、新庄顺利通过省市搬迁验收。郭屯镇文庄新村具备搬迁入住条件，邵集村公建工程进入最后扫尾阶段。杨庄集镇完成唐街等4村新村址征收，清除地上大部分附属物，签订新村址垫高及辅桥、辅路修建协议，完成部分工程招投标。南赵楼镇研究确定褚庄村拆除安置方案。双桥镇、潘渡镇对搬迁村庄新村址进行初步论证。

【采煤塌陷地治理】 张营镇彭庄矿塌陷地综合治理30MW光伏发电示范项目，总投资2.4亿元，6月实现并网发电，治理采煤塌陷地800余亩。丁里长镇单垓采煤塌陷区优质鱼养殖项目，完成投资1700万元，流转土地1000余亩，挖池塘600亩，造地350亩，沟、渠、路等建设用地100亩，池塘内放养的鲤鱼、台湾泥鳅等喜获丰收。张营镇彭湖音乐风情小镇项目完成可研报告编制，计划总投资32.70亿元，治理、开发利用塌陷地近万亩，确定一期工程施工范围。10月，该项目被评为第三批国家级PPP示范项目，并纳入国家环保部、财政部水环境治理工程成熟项目清单。郭屯煤矿采煤塌陷区丁里长镇—双桥镇综合治理项目纳入国家环保部、财政部土壤环境治理工程成熟项目清单。郭屯镇采煤塌陷区综合治理项目纳入省环保厅、财政厅土壤环境治理工程项目清单。同时，聘请专业队伍编制兖煤菏泽能化公司赵楼煤矿采煤塌陷区南赵楼镇生态农业区治理工程、郓城煤矿采煤塌陷区杨庄集镇生态治理观光工程2个项目的可研、环评、能评等资料，列入项目储备库。年底，以PPP模式向社会推介郭屯镇综合治理项目、南赵楼镇生态农业区治理项目，与17个社会资本单位进行洽谈对接。

【煤炭扬尘防治和燃用煤质管控】 巩固煤炭扬尘污染防治成果，煤炭生产经营企业新上一批环保设施。根据市煤炭清洁利用工作领导小组办公室安排，对兖煤菏泽能化公司赵楼电厂、洪达化工、洪达化工集中供热项目、富海能源、郓城金河热电等20余家煤炭经营、使用企业煤质进行抽检，及时反馈煤质信息，向有关煤质超标企业下发整改通知书，并跟踪督促整改。对照市局下发的郓城锅炉燃煤企业名单，协调有关部门单位进行摸排核实，逐一登记造册，并核实上报市局，为开展下步工作奠定基础。

【大项目建设】 协调各方面关系，郓城煤矿、郭屯煤矿、彭庄煤矿顺利完成资产划转和股权转让，郭屯煤矿铁路专用线通车运行，在大唐电厂、城南水库、杨庄集水库、济菏高速郓城连接线等项目报批建设方面做出应有的贡献。

（马传璨）

郓城煤田

【概况】 郓城煤田作为华东地区最后一块整装煤田—巨野煤田的重要组成部分，总面积478.15平方公里，探明地质储量30.81亿吨，可采储量8.37亿吨，其中地质储量占巨野煤田探明储量的55.3%。主要煤种为气煤、肥煤、气肥煤、1/3焦煤，局部有天然焦，低灰、低硫、低磷、高发热值、高挥发分，属典型的“三低两高”煤种，为优质动力用煤和炼焦配煤。县境内已开发建设4对矿井，自南至北分别为赵楼煤矿、郭屯煤矿、彭庄煤矿、郓城煤矿，矿井总设计生产能力890万吨/年，总装备能力1810万吨/年。

【赵楼煤矿】 赵楼煤矿是兖煤菏泽能化有限公司在巨野煤田开发建设的第一对矿井。有在册职工3454人，设置生产及辅助单位12个，地面生产及辅助单位1个，后勤服务单位4个。井田面积143.36平方公里，探明地质储量10.75亿吨，可采储量2.54亿吨，煤种以1/3焦煤、气肥煤、气煤为主。矿井由煤炭工业济南设计研究院有限公司进行设计，矿井设计生产能力300万吨/年，服务年限60.5年，配套建设同等规模的选煤厂。矿井于2005年1月开工建设，2009年3月28日进行联合试运转，2009年12月正式投产，2011年12月实现达产达效目标。先后获得省部级科技成果奖12项，兖矿集团公司级20项。开展文明单位创建、诚信企业创建、矿井综合文明形象提升等活动，促进矿区和谐稳定发展。先后获得山东省“富民兴鲁劳动奖状”、山东省安全质量标准化一级矿井、山东省劳动关系和谐企业、省级文明单位、国家优质工程银奖等多项荣誉称号。4月，获得由中国煤炭职工思想政治研究所颁发“中国煤炭工业文明煤矿”荣誉称号。

安全管理创出新水平　全年杜绝重伤及以上人身事故和二级及以上非人身事故，截至2016年年底，实现连续安全生产2836天，安全周期不断延长，顺利实现第七个安全年。

各项指标创出新成绩　利润总额、销售收入、商品煤产量、精煤产量均超力争目标，创出历史最好成绩。全年完成商品煤产量232.34万吨，掘进进尺14978米，销售收入20.49亿元，利润6.16亿元，商品煤完全成本313元/吨。围绕“大部室、大区队”的改革思路，完成科室、区队机构改革，实现机构配置合理、责任明确、人员精干、效能提升。调整管理人员143人，提拔任用47名年轻有为的青年干部。公开竞聘管理技术岗位，选拔优秀大学生32人上岗。

重点工程取得新突破　顺利完成两级公司年度重点工作和矿85项重点工程。其中，选煤中心完成主厂房扩容改造项目，年入洗能力由450万吨提升至600万吨；井下水处理项目完成设备安装调试，预计年创效478万元；井下信集闭系统安装投入使用，实现大巷机车运行调度监控信息化，井下物料运输精准化，运输效率提高15%，矿车使用效率提高10%；地面通风系统改造项目土建工程按期完成。

科技创新又添新成果　全年开展科研项目6项，投入科研资金652万元。其中，《高应力复杂条件巷道约束混凝土支护理论与关键技术》获得中国煤炭工业协会科技进步奖一等奖；《矿井全风量降温关键技术研究与工程示范》获得中国煤炭工业协会科技进步奖二等奖；“粗煤泥高效分选关键技术与装备”通过中国煤炭行业协会鉴定，达到国际领先水平。

整体形象实现新提升 “四个一流”矿井建设取得突破性进展，经济效益、规模当量、企业形象、职工幸福指数实现大幅提升，巩固本部五大支柱矿井地位，成为本部经济增长新亮点。代表集团公司迎接国家276个工作日生产督查组检查，受到高度评价。顺利通过菏泽市“环保十个一工程”验收，矿区绿化实现全覆盖。

【郭屯煤矿】 郭屯煤矿全称为“山东能源临矿集团菏泽煤电公司郭屯煤矿”。井田面积69.32平方公里，探明地质储量7.83亿吨，可采储量1.76亿吨，批准开采深度：-600米—-1200米标高，设计服务年限52.4年。2005年10月正式开工建设，2010年3月正式投产运营，设计生产能力240万吨/年，240万吨/年洗煤厂同期运营。煤种以气煤、气肥煤为主，可用于火力发电，也可作为炼焦配煤及化工原料使用，矿井采用立井单水平上、下山开拓，中央并列抽出式通风，生产水平为-808米，矿井为低瓦斯矿井。

【彭庄煤矿】 彭庄煤矿全称为“山东能源临矿集团菏泽煤电公司彭庄煤矿”。井田面积67.19平方公里，探明地质储量1.47亿吨，可采储量0.32亿吨，煤种以气煤、气肥煤为主，可用于火力发电，也可作为炼焦配煤及化工原料使用。矿井于2004年4月开工建设，2007年3月正式投产运营，设计服务年限41.6年，核定综合生产能力110万吨/年。矿井连续11年实现安全生产，被中国煤炭工业协会评为“特级安全生产高效矿井”“国家级安全文化建设示范企业”。

以效益为中心，变革采场设计，原煤生产实现集约发展。加大掘进开拓力度，基本实现良好接续。同时，着眼中长期采场接续，优化采区布局，“三量”充足、接续宽松、高效集约的生产模式正逐渐形成。张营镇王庄、新庄顺利通过省压煤搬迁办验收，郭屯镇文庄、邵集新村建设1404套楼房主体工程全部完工，郭屯镇、双桥镇4村搬迁已正式启动。

以高效为目的，变革系统装备，保障能力实现稳健发展。优化生产系统。针对效率效益双低短板，采掘生产全面推行“双仓”配置，部分已投用，实现局部煤矸分装分运，效率、效益双低短板逐渐补齐。改运输方式，掘进出矸变轨道运输为皮带运输，彭庄矿设计井底“双转道”矸石运输。优化洗选系统。对郭屯矿洗选系统进行立项攻关、改造升级，洗煤综合回收率、吨煤介耗等指标均显著改善。缩短两矿主井绞车单钩运行周期，优化装载定量系统。郭屯煤矿扩容主变压器、制冷系统，两矿扩容压风系统，为矿井安全生产保驾护航。

以成本为重点，变革经营机制，经济效益实现跨越发展。一是人资改革调劳动定额。遵循“总量控制、岗位需要、人员适配”的原则，以价值链流程优化，调配三类岗位人员，提升岗位创效能力。全面实行吨煤、延米单价和安全目标考核，突出效益挂钩、量化考核、按效取酬、协同收益。二是“三位一体”降材料定额。源头采购比质比价，按照“同质优价、同价优质、量质量价”的原则，寻求最优性价比。过程招标专业把关，经过专业职能部门技术审核，根治性能不匹配、标准不统一的弊端，减少后期维护成本。材料领用预算预警，节奖超罚。三是源头治理压维修定额。强化油质、水质要素管理，洁净化润滑系统，纯净化液压系统，提高设备完好程度。坚持“有旧不用新、能用不报废、能修不外委”原则，健全物料回收复用激励机制，从源头降低维修费用。

以品牌为根本，变革营销模式，运销格局实现突破发展。一是用品牌创市场。打破掺洗模式，强化煤质管理，打响郭屯精煤、彭庄动力煤品牌。源头上，煤质收购考核到现场，追溯到全产业链，过程管控上，科学配采、分时推采、定时放仓多措并举，同时充分利用洗煤厂，优化产品结构，郭屯精煤赢得市场认同，充实市场份额。二是用服务赢客户。成立市场开发工作组，变角色、转观念，主动降低运费，换位思考谋划产品方案，以品质和诚信赢得市场，形成以直供户为主体、

市场贸易户为补充的客户结构。三是用铁路拓市场。经过努力协调，精心组织，郭屯铁路专用线缺陷工程整改、装车站安装等历史遗留问题得以妥善解决，签订代维协议，即将开通运营。

*以服务为宗旨，变革职能定位，党建工作实现创新发展。*一是构建党建组织体系。建立以开展“活力激情矿区”创建为主线、以星级党支部竞赛为抓手的制度体系，调整充实基层党支部，配齐配强支部班子。二是聚焦“两学一做”学习教育。设计22项特色推进活动，制订管理干部工作联系点制度，组织党员手抄党章，举办知识竞赛，开展专题讨论，深入一线宣讲，开展“三练三提”活动。三是凝聚文化精神。通过微信平台推送，举办主题晚会、主题演讲等各类文体活动，积极导入“超越”和“实新”文化，实现两种文化有效落地融合，形成人心思上、人心思进的新局面。四是强化反腐倡廉建设。对党员管理干部和重点岗位人员开展专题廉政教育，层层签订党风廉政建设责任书。强化监督执纪问责，营造风清气正的政治生态环境和干净干事的工作氛围。在党员干部中开展“一问责十治理”作风整顿活动，有效解决“碌碌无为”和“慵懒散”等突出问题。

2016年，郭屯煤矿和彭庄煤矿共实现销售收入12.84亿元，上缴税费2.7亿元，其中，县级收益0.46亿元。

【郓城煤矿】 郓城煤矿全称为“山东省郓城煤矿”，属龙矿集团开发矿井。位于巨野煤田的最北部，地处郓城县城东北约5公里处，井田面积198.28平方公里，探明地质储量10.76亿吨，可采储量3.75亿吨，矿井主要煤类为气煤、1/3焦煤及天然焦，主采3煤层平均厚6.87米，是我国稀缺的炼焦用煤和优质动力煤。矿井由煤炭工业济南设计研究院设计，设计生产能力240万吨/年，服务年限111.7年，矿井采用主、副、风三个井筒，立井开拓，单一水平开拓全井田，采用中央并列抽出式通风方法。井底车场水平为-845米。施工中主、副井表土段采用冻结凿井法施工，风井表土段采用钻井法施工。

*矿井产权转让圆满完成。*2016年6月14日，龙矿集团与齐鲁新航集团在济南签订郓城煤矿移交接管划转协议后，13个工作组克服资产数量大、跨度时间长、相关人员变动大等困难，仅用一个月的时间高效完成资产、人员、财务等交接工作，实现矿井顺利交接、平稳过渡。12月23日，完成了法人、营业执照等变更。

*验收手续办理接近尾声。*9月29日完成选煤厂单项工程质量认证，10月11日顺利通过安全设施及职业病防护设施竣工验收，11月14日顺利通过水土保持专项工程验收，12月16日通过环境保护和地面消防竣工验收，12月27日取得矿井安全生产许可证，12月30日完成档案验收工作，2017年1月6日完成安全质量标准化验收。

*压煤村庄搬迁进展顺利。*8月19日，完成1304工作面剩余三个村庄1400余户的丈量清点工作，9月24日至26日，完成1301工作面新村圈地工作。

*煤炭洗选效益持续攀升。*8月底，在电煤、精煤价格倒挂的情况下，及时对洗选效益进行对比测算，于8月24日果断对主洗系统进行停产改造。10月19日，实现正常运行。

*地面工程建设有序推进。*结合矿井安全生产及建设发展需要，适时成立基本建设办公室，进一步明确目标，倒排工期，多点开花，并行推进，仅用4个月的时间，高标准完成福利楼改造、消防工程改造、防火灌浆站扩建、龙门吊基础与专用场地修建、选煤厂地面硬化与办公室改造、停车场修建等工程，打造独具特色的郓煤建设文化。

*安全形势在应对变化中持续平稳。*面对井下现场防治水、防灭火等方面出现的不利因素，全矿上下牢牢把握“安全第一”的工作定位不动摇，紧紧围绕严细管理、预防预控主线，抓现场、控行为、强规范、夯基础，保持安全形势稳定。一是紧抓安全教育不放松，持之以恒地开展事故案例警示教育、“学规程、抓整改、促

落实、保安全”活动，举办多次“岗位安全描述”竞赛，进一步提升全员安全素质素养。二是紧抓隐患治理不放松，按照集团公司“开展两个体系建设”的工作要求，建立健全安全风险分级管控和安全隐患排查整治双控机制，重点加大工作面防灭火、防治水、防冲击地压等重大隐患以及“五一”、中秋、国庆等特殊时段的监督检查力度，确保现场安全始终处于可控、在控状态。三是紧抓质量标准不放松，推行“问题区队安全约谈”制度，有效遏制个别单位在现场安全管理及施工质量标准等方面出现的不良苗头。深入开展井下“死角”专项整治，供电系统、综合防尘专项拉网检查等活动，持续推进“朴素质量标准化”建设，并根据集团公司安全质量标准化验收情况，刚性考核层级责任，促进安全责任与压力的有效传递。

*生产组织在理性掌控中均衡高效。*加快一采区三条下山施工进度，比计划提前2个月施工到位。有效提升系统保障能力，通过持续推进设备管理的标准化、规范化和制度化，充分发挥人员、设备最大效能，有效提升矿井整体装备水平，研究实施“无极绳绞车+齿轨车”的辅助运输方案，安装扩容泵房远程自动控制系统、主井防溃仓装置等系列新技术、新装备，实现安全、效率、效益的同步提升。

*经济效益在提质增量中稳步攀升。*牢固树立“效益决定工资”的理念，深入落实“十项断然措施”，尽最大努力开源节流，提质增收，矿井经济运行质量不断攀升。一是以“盯市场”为龙头，完善内控“网络”。适时成立煤质管理机构，明确煤质管理业务范围，完善煤炭质量、计量、运输、库存等管理制度，使煤质管理工作逐步走上正轨。及时完善相关管理制度，加大市场研判力度，科学制定销售策略，努力实现经济效益最大化。二是以“调机制”为手段，激活肌体“细胞”。加大“三长”人员管控力度，按照集团公司要求推行全员联网电子考勤管理，促进人员管理的规范化、标准化。严格按照“以岗定薪、易岗易薪、以效定薪”的原则，进一步规范采掘、井下辅助单位班组长、头长等管理人员的工资计分办法、员工工资的浮动范围和工分上墙的时限，有效调动全员工作积极性。

*技术基础在课题攻关中逐步夯实。*始终坚持技术先行的原则，紧紧围绕防冲击地压、防治水、防灭火、高温热害治理等制约矿井安全生产的瓶颈问题进行技术攻关，为矿井安全高效推进提供有力支撑。一是注重以技保安“破瓶颈”。建立防冲监测室，新增高精度微震系统和KJ24支架阻力无线监测系统，修订完善相关管理制度，有效增强冲击地压防治能力。通防专业完成地面注浆站改造，购置两套注氮机和一套采空区自燃发火光纤测温系统，进一步增强防灾抗灾能力。二是注重人才培养“提素质”。在全矿范围内对基层区队8个专业技术人员岗位进行公开竞聘，为矿井发展提供人才支撑和技术保障。开展6次全矿范围内的专业工程技术人员、副科级管理干部业务知识考试，有效调动全员学技术、学业务的积极性和主动性。

*党群保障在文化筑基中全面发力。*超前应对员工队伍迅速扩编带来的复杂局面和不稳定因素，入情入微，求实务实，有效保持员工队伍稳定。一是牢抓思想引导，凝聚全员攻坚合力。根据上级党委统一部署，扎实开展“两学一做”学习教育，“五讲三谈两转”“三转一强化”和“学哲学、用哲学”等一系列主题教育活动，有效激发全员干事创业热情。二是强化作风建设，保持良好工作秩序。深入开展四季度“干部作风整顿季”“形势怎么看、问题怎么办、工作怎么干”大讨论活动，进一步破除思维定式和工作惯性，凝聚攻坚合力。三是深化民生保障，营造和谐发展氛围。牢固树立“稳定压倒一切”的工作理念，通过召开中层干部会议，严格落实思想动态分析制度等措施，有效保持干部员工思想稳定，加强“两堂一舍”建设，竭力为员工创造舒适的生活环境。

（马传璨）

民营经济

【概况】 郓城县中小企业办公室设主任1人，副主任2人。下设人秘股、规划股、安全生产股。2016年底，全县民营经济主要有纺织、木材加工、酒类包装、机械加工、食品加工、煤电煤化工等产业，全县民营注册企业22981家，个体工商户49000户。

【产业调研】 全面了解企业情况，及时帮助企业解决生产中遇到的问题。2016年每季度对各行业进行调研，走访企业300余家，对企业进行运行情况全面摸底，帮助企业分析行情，分析运营中存在的问题。整理出酒类包装产业、纺织产业、木材加工产业、食品加工产业、机械加工产业5篇调研报告。

【企业培训】 2016年，随着经济下行的压力，企业面临越来越多的困难，县中小企业办公室采取有效措施，抓好职工培训，提高企业管理者素质。从北京邀请轻纺协会专家，轻工业联合协会专家对纺织企业、酒类包装企业进行培训，从省内邀请10名企业管理专家对12家企业进行一企一策专题讲座。在中小企业服务平台进行4次培训，共培训厂长经理660人次。

【企业融资】 把解决企业融资难作为工作的重中之重，多次到济南、菏泽，向驻济驻菏各大股份制银行推介郓城企业，支持企业发展。青岛银行济南分行、招商银行菏泽分行等驻郓城银行先后向郓城部分企业签订贷款协议。至12月底，有142家企业从银行得到资金支持，直接贷款7.8亿元。

【综合服务平台建设】 郓城县中小企业公共服务平台是一个集产品检验、检测、产品研发、职工培训、融资、信息化、协会建设等综合型的中小企业公共服务平台。平台的运行推动企业结构调整、产业升级。入驻机构有：会计事务所、水浒税务事务所、菏泽仲裁委员会、汇通担保公司、浙商金融、北京新世纪管理咨询公司、金蓝盟管理咨询公司和银行机构。

【企业信息化建设】 2016年，县中小企业办公室充分发挥省市中小企业网作用，全年为郓城县中小企业发布企业信息2400余条，促进企业发展。

（张秀兰）

电力供应

【概况】 国网郓城县供电公司下设9个职能部门、2个业务支撑实施机构和23个供电所。担负着全县22个乡镇（街道）1041个村（社区）127万人口及全县工农业的供电任务。供电辖区内变电站29座，其中500千伏变电站1座，220千伏变电站2座，110千伏变电站10座，35千伏变电站16座。110千伏公用线路17条、153.539公里；35千伏公用线路31条、282.439公里；10千伏公用线路153条、2168.8866公里；10千伏公用配变2892台，“四到户”44.81万户。2016年供电量完成26.35亿千瓦时，同比增长8.70%；售电量完成24.79亿千瓦时，同比增长8.71%。

郓城县被命名为“山东省新农村电气化县”，公司被国家电网公司授予“新农村电气化建设先进单位”称号。

【安全生产】 落实安全生产责任制，逐级签订安全责任书和安全承诺书，层层传递安全责任和压力。强化安全督察，成立专职安全督察队，严格执行“一板四卡”和“两票三制”，现场安全得到进一步管控。扎实开展安全隐患排查治理、“三查三强化”安全专项行动，利用安监一体化平台建立隐患排查治理常态机制。开展线路通道专项治理，加强与各级政府协调联动，通过先宣传、后排查，最后集中清理的方式，对保护区内的违章树木进行治理，有效降低配网跳闸频次。开展“安全生产月”、“我安全、我幸福”签名、安全用电宣传“六进”等活动，营造安全和谐供用电环境和浓厚的安全生产氛围。应急管理能力持续提升，成功应对“6·13”“7·19”等强对流灾害性天气，完成大面积停电和防汛应急演练。2016年期间，公司安全生产形势平稳，未发生人身伤亡事故，未发生六级及以上电网、设备、信息安全事件，完成全年安全目标，实现连续安全生产1827天。

【电网建设】 对接县委县政府，共同会商电网发展，县政府主要领导两次到公司调研电网建设工作。坚持规划引领，《郓城县城乡电网规划（2016—2030）》通过县政府批复，《“十三五”新一轮农村电网改造升级规划》作为全市县公司典型，顺利通过省公司评审。开展晋北—南京±800千伏特高压直流属地协调，全省实现六个“率先”，创造郓城速度，省公司3次发表扬信盛赞属地协调工作。全年完成专项投资5.56亿元。110千伏侯咽集第二电源等4项基建工程提前投产，新增线路长度29.1公里、变电容量10.54万千伏安。新建改造中低压线路2674公里，新增配变1150台，改造中心村55个，5658眼机井实现通电，户均配变容量达到1.63千伏安。配合城镇化建设，迁改线路15条、17.58公里。完成双桥变电站小电流接地选线装置安装等47项大修技改项目。抓安全、保质量、创精品，丁里长何垓台区等4项工程被市公司评为“配农网中低压优质工程”。

【调度管理】 2016年，调控分中心开展“两学一做”和下基层帮扶活动，精心调度，晋位争先。

特高压工程建设

调控中心强化县调配网计划管理，严格落实配网调控范围全覆盖，将10千伏配电线路主线、分段、分支线纳入月度计划管理，对配网停电计划实行刚性管理，1至12月共平衡调度计划663项，批准非计划44项。加强变电站全停、连续多日停电等敏感计划工期审核，避免重复停电达130余条次。调度计划和上年相比减少29.87%。强化配网可开放容量信息表应用，落实重过载线路逐一分析要求，将业扩工作与可开放容量信息相结合，1至12月，通过负荷调整、更换CT、改变运行方式等方式，共督促整改受限配网线路24条。调控分中心重视竞赛调考工作，2月17日，在全市自动化专业“学规程、用规程”知识竞赛中，取得全市团体第二名，个人第一名；4月8日，在全市自动化专业“学规程、用规程”第二期知识竞赛中，再次取得个人第一名;4月15日，获得全市配电网调度运行专业调考选拔赛团体第二名（各县公司第一名）；6月20日，在市公司人事部和调控中心共同组织的全市继电保护专业知识竞赛中，取得全市团体第二名（县公司第一名）。9月底，在全市继电保护专业比武中，调控中心和运维参赛人员获得个人第一名，团体第二名；11月3日，调控中心党支部参加市公司举办的创建“电网先锋党支部”实践创新成果评选，获二等奖。

【营销管理】 加强用电信息采集设备维护，终端在线率、日均采集成功率分别达到99.8%、99.94%。率先完成2000户“多表合一”采集建设任务，安装总量全市第一位。推进业扩服务提升，新增客户配变278台、容量7.81万千伏安。注重营销管控，查处违约用电和窃电32起，追补电费和违约使用电费8.7万元。开展“电网连万家，共享电气化”活动，电e宝等自有线上缴费渠道缴费笔数位列全省第十位、全市第一位。服务电动汽车充换电业务，2座充电站、16个充电桩投入使用。提高清洁能源并网服务水平，并网130户、容量2183.4千瓦。持续加大优质服务考核力度，查处违反“三个十条”及行风建设事件43起、106人次。坚持不停电是最好的服务，开展带电作业357次，同比增长242%，零点检修26次、同比增加15次，停电计划数量减少29.87%，工单平均处理时长缩短148分钟。治理重过载配变369台，消除低电压3301户，居民电压合格率提高1.81个百分点。中央电视台9次报道公司服务民生先进事迹。

【优质服务】 推进营销类投诉“五十条”预控措施全面落地，落实“四项规范”和“两本手册”，开展系列培训，使基层电工在思想观念上真正实现从“管电”到“服务”的转变。坚持处罚与正向激励相结合，加大对属实投诉处罚力度，客户投诉数量同比下降30%，确保客户服务满意率完成98%。在电费回收上，制订“一户一策”，实施分次结算、质压、抵压等管控措施，2016年电费回收率完成100%，电价执行准确率完成100%，电费回收高风险客户预付费比率完成100%。多表合一建设是国网公司为拓展业务从2016年开展的重点工作，郓城公司向县政府部门汇报，与郓城县自来水公司沟通协调，在全市范围内率先实现上线应用，居民足不出户即实现电、水、暖、气的资费查询和支付。

【企业管理】 开展职业技能鉴定工作，新增高级技师18名、技师25名，人才当量密度达到1.024，同比增长2.54%。强化财务预算与业务预算融合，财务实时管控水平位居全省前列，线损同期建设走在全市前列。深化物资集约化管理，申报物资类采购计划35批次，签订合同851份，计划提报准确率100%。开展“创新创效在班组”活动，取得实用新型专利164项，申请发明专利31项，应用创新成果43项；《强化培训师管理，提高教学质量》获山东省企业培训和职工教育重点课题成果一等奖。推进班组建设“四大体系”落地，举办班组“大讲堂”89期，建立包保制度，修订考核办法，坚持“走出去，请进来”，赴成武等单位交流学习256人次，班组对标全省排名第55位，提升40个位次，变电检修班等5个班组（供电所）获“进步班组”称号。集体企业改革改制顺利完成，光明公司取得电力承装修五级资质。加强路灯管理，安装路灯413盏，维修路灯5676盏。

【三个建设】 开展“两学一做”学习教育，党委理论中心组集中学习8次，各党支部集中学习288次。开展“手抄党章100天”、支部书记讲党课等活动，《落实“两学一做”，打造鉴定品牌》党课课件获省公司三等奖，两件“电网先锋党支部”实践创新成果分别获市公司一、二等奖。完成公司党委和24个党支部换届选举，顺利召开第一次党代会。公司获“菏泽市创建学习型组织先进单位”“菏泽市理论宣教基地”称号。落实“两个责任”，层层签订《党风廉政建设责任书》，在市公司“两项法规”知识竞赛中获三等奖。开展“安全生产示范岗”创建评选、“我们身边的好青年”风采展示活动，配电运检班获“菏泽市青年安全生产示范岗”，公司团委获“省公司五四红旗团委”。推进机关作风建设，提升干部员工的“精气神”，在全市职工技能大赛等比武中，公司8次获一等奖或二等奖，丁盛等4名员工获得个人第一名，张兵等5名员工获“岗位技术能手”称号，陈猛等2名员工受到省公司表彰。加强宣传报道工作，累计在各类新闻媒体上稿272篇，省公司门户网站用稿量位列第一。组织参加市公司运动会、歌咏比赛、职工健步走等活动，举办职工文化展演、太极拳推广培训，公司获“省公司工会工作先进单位”称号。组织全体员工健康体检，优化办公环境，光明公司搬入新办公场所，水堡供电所新办公楼投入使用，武安等4个供电所进行标准化改造，张营供电所配餐室获得省公司配餐室流动红旗。

履行社会责任，开展“双联双创”“精准扶贫”等活动，联系24个村居，帮扶5个村居的301户贫困户、863位贫困人口，选派2名“第一书记”支持贫困村建设。公司获“菏泽市慈善工作先进单位”“菏泽市最具爱心捐赠企业”称号。严格落实稳定工作责任制，加强值班、信访、保密、舆情防控等工作，保持和谐稳定局面。

表8 2016年12月郓城县社会用电分类统计表

甲	指标代码	用户个数	用户用电装接容量（千瓦）	用电量（万千瓦时）			
				本月	上年同月	累计	上年累计
	乙	1	2	3	4	5	6
全社会用电总计	01	469079	5465689	22517	19238	263466	242370
A、全行业用电合计	02	48650	1610764	18634	15740	214103	197768
第一产业	03	15871	203904	658	355	8862	7462
第二产业	04	6698	1037409	16170	14121	186042	174557
第三产业	05	26081	369451	1806	1264	19199	15749
B、城乡居民生活用电合计	06	420429	3854925	3883	3498	49363	44602
城镇居民	07	71390	644657	1502	934	12859	10221
乡村居民	08	349039	3210268	2381	2564	36504	34381
全行业用电分类	09	48650	1610764	18634	15740	214103	197768
一、农、林、牧、渔业	10	15871	203904	658	355	8862	7462
1. 农业	11	5315	56790	267	173	3351	2890
2. 林业	12	18	613	2	0	15	8
3. 畜牧业	13	4805	50069	324	156	3521	1915
4. 渔业	14	13	545	2	0	16	8
5. 农、林、牧、渔服务业	15	5720	95887	63	26	1959	2641
其中：排灌	16	5649	95145	58	26	1917	2622
二、工业	17	5798	913473	15730	13871	182070	171822
1. 轻工业	18	2943	485396	9901	8016	110568	105551
2. 重工业	19	2855	428077	5829	5855	71502	66271
（一）采矿业	20	71	12941	99	53	1002	940
1. 煤炭开采和洗选业	21	46	9935	76	34	658	600
2. 石油和天然气开采业	22	7	553	7	4	75	61
3. 黑色金属矿采选业	23	0	0	0	0	0	0
4. 有色金属矿采选业	24	2	408	3	7	63	56
5. 非金属矿采选业	25	11	1480	10	6	151	147
6. 其他采矿业	26	5	565	3	2	55	76

续表

甲	指标代码	用户个数	用户用电装接容量（千瓦）	用电量（万千瓦时）			
				本月	上年同月	累计	上年累计
	乙	1	2	3	4	5	6
（二）制造业	27	5645	891892	14638	11645	164271	155533
1. 食品、饮料和烟草制造业（轻）	28	692	41375	368	267	4131	3763
其中：农副食品加工业	29	519	32877	265	187	2891	2640
2. 纺织业（轻）	30	603	207791	6349	4979	69672	63047
3. 服装鞋帽、皮革羽绒及其制品业（轻）	31	32	2901	27	23	318	312
4. 木材加工及制品和家具制造业	32	1880	93854	738	474	9008	7700
其中：轻工业	33	112	8242	53	84	1298	1109
5. 造纸及纸制品业（轻）	34	59	3617	48	32	440	464
6. 印刷业和记录媒介的复制(轻)	35	76	17107	223	173	2432	2661
7. 文体用品制造业（轻）	36	4	281	0	0	3	0
8. 石油加工、炼焦及核燃料加工业	37	23	140215	1659	1805	22185	20240
9. 化学原料及化学制品制造业	38	30	7290	119	115	1206	3846
其中：轻工业	39	14	2546	32	22	364	334
其中：氯碱	40	0	0	0	0	0	0
电石	41	0	0	0	0	0	0
黄磷	42	0	0	0	0	0	0
其中：肥料制造	43	1	12	0	0	0	0
10. 医药制造业（轻）	44	8	3505	8	9	279	246
11. 化学纤维制造业（轻）	45	25	17262	297	220	3505	2310
12. 橡胶和塑料制品业	46	523	47991	634	504	7005	7086
其中：轻工业	47	408	28740	374	315	4271	4504
13. 非金属矿物制品业	48	242	68412	1401	957	15508	12555
其中：轻工业	49	30	18460	569	526	6643	5890
其中：水泥制造	50	143	35109	467	237	5240	4085
14. 黑色金属冶炼及压延加工业	51	36	16920	186	75	1566	1221
其中：铁合金冶炼	52	10	3660	70	11	537	228
15. 有色金属冶炼及压延加工业	53	26	2395	31	14	264	368

续表

甲	指标代码	用户个数	用户用电装接容量（千瓦）	用电量（万千瓦时）			
				本月	上年同月	累计	上年累计
	乙	1	2	3	4	5	6
其中：铝冶炼	54	1	125	2	0	26	0
16. 金属制品业	55	394	52528	589	381	5845	5862
其中：轻工业	56	24	2597	32	34	455	437
17. 通用及专用设备制造业	57	65	20978	255	192	2611	2461
其中：轻工业	58	0	0	0	0	0	0
18. 交通运输、电气、电子设备制造业	59	47	12069	164	105	1604	1089
其中：轻工业	60	2	18	0	0	0	0
其中：交通运输设备制造业	61	36	10620	158	92	1486	973
19. 工艺品及其他制造业（轻）	62	838	129159	1488	1300	16328	20071
20. 废弃资源和废旧材料回收加工业	63	42	6242	54	20	361	231
（三）电力、燃气及水的生产和供应业	64	82	8640	993	2173	16797	15349
1. 电力、热力的生产和供应业	65	0	0	891	2090	15597	14369
其中：电厂生产全部耗用电量	66	0	0	0	0	0	0
线路损失电量	67	0	0	891	2090	15597	14369
抽水蓄能抽水耗用电量	68	0	0	0	0	0	0
2. 燃气生产和供应业	69	22	1640	39	19	225	151
3. 水的生产和供应业	70	60	7000	63	64	975	829
其中：轻工业	71	16	1795	33	32	429	403
三、建筑业	72	900	123936	440	250	3972	2735
四、交通运输、仓储、邮政业	73	130	9372	81	42	701	461
1. 交通运输业	74	31	5609	39	23	338	238
其中：城市公共交通	75	3	40	0	0	1	0
管道运输业	76	1	20	0	0	1	3
电气化铁路	77	0	0	0	0	0	0
2. 仓储业	78	87	3648	40	18	339	199
3. 邮政业	79	12	115	2	1	24	24

续表

甲	指标代码	用户个数	用户用电装接容量（千瓦）	用电量（万千瓦时）			
				本月	上年同月	累计	上年累计
	乙	1	2	3	4	5	6
五、信息传输、计算机服务和软件业	80	1041	13787	174	128	2078	1969
1. 电信和其它信息传输服务业	81	1034	13572	173	127	2073	1964
2. 计算机服务和软件业	82	7	215	1	1	5	5
六、商业、住宿和餐饮业	83	16696	188705	764	486	8153	5610
1. 批发和零售业	84	15962	174740	667	420	7104	4906
2. 住宿和餐饮业	85	734	13965	97	66	1049	704
七、金融、房地产、商务及居民服务业	86	565	43677	180	158	1919	1822
1. 金融业	87	67	2087	22	23	271	241
2. 房地产业	88	65	28520	90	77	1079	1071
3. 租赁和商务服务、居民服务和其它服务业	89	433	13070	68	58	569	510
八、公共事业及管理组织	90	7649	113910	607	450	6348	5887
1. 科学研究、技术服务和地质勘查业	91	19	3215	30	15	275	236
其中：地质勘查业	92	1	5	0	0	2	0
2. 水利、环境和公共设施管理业	93	6052	53200	175	122	1848	1922
其中：水利管理业	94	44	2869	18	7	130	107
其中：公共照明	95	6008	50331	157	115	1718	1815
3. 教育、文化、体育和娱乐业	96	309	18250	133	92	1140	976
其中：教育	97	188	16481	123	82	1015	775
4. 卫生、社会保障和社会福利业	98	1080	29746	173	145	2088	1890
5. 公共管理和社会组织、国际组织	99	189	9499	96	76	997	863

（樊护兵　刘明）

商贸·流通

郓翰云城电商产业园

商贸·流通

商　务

【概况】 郓城县商务局为正科级行政单位，下设综合科、对外贸易管理科、外资管理科、对外经济合作科、县财贸办公室5个行政科室和1个商务综合执法大队，行政编制18人，事业编制6人。2016年全县完成进出口45269万元，其中出口40100万元，进口5169万元；全年实际利用外资536.7万美元；居民消费品零售总额181亿元，同比增长10.9%；全年电子商务交易总额实现180亿元，网络零售额27.2亿元，农产品交易额3.1亿元。先后被评为首批省级电子商务示范县、山东省农村电子商务标准化试点县、菜鸟网络全国首个县域物流智慧中心。

【对外贸易】 全县2016年完成外贸进出口45269万元，纺织、肠衣、印染等支柱企业出口额下滑。多次走访全县进出口企业，进行摸底工作，对全县多家企业进行帮扶指导工作。对有一定竞争力、管理比较好、暂时困难的企业，通过拓展市场、资金扶持等手段，帮助度过难关；对成长性强的企业，集中资源支持满负荷生产。举办外经贸企业银企对接会，解决外贸企业融资问题。全县拥有自主进出口备案企业206家，主要涉及纺织、印染、食品、板材、机电等行业，进口实绩产业由原有39家新增到43家。

【利用外资】 以参加香港山东周活动为契机，促成郓城琦泉生物发电项目注册资金增加5000万元人民币。郓城琦泉生物发电公司由中国新能源（香港）投资有限公司独资兴建，与香港科技大学合作，在郓城县设立生物质发电研发中心，专注于秸秆、玉米芯等生物质发电技术的技术研发和推广。全县新批境外投资企业一家：郓城亨达环保科技有限公司在越南投资74.2万美元设立久旭有限责任公司，主要生产加工木制品及化工产品。做好外资企业安全生产，开展外资企业安全生产应急演练2次，发放安全生产宣传资料1000余份。

【电子商务】 2016年郓城农村电子商务成为山东省标准化试点。加强电商培训。2016年全县以淘宝大学培训为核心，同时依托于京九技校、智联电商培训等第三方培训机构开展电商培训，共培训74期，培训人数达到7510余人，其中淘宝大学全年共培训3500余人。2016年的电商培训再度升级，由基础知识培训转向专业培训。开展提升性培训，培养电商实用型人才、电商管理人

县商务局组织退役士兵电子商务培训班

才，提升电商管理团队能力，开设乡镇培训班，讲师驻扎在当地镇村进行授课，开设美工提升班及定向班，为郓城电商发展培养运营、管理、美工等各类电商人才。

加强村级电商服务点建设。阿里巴巴农村淘宝服务站郓城数量为165个，仍居全市第一位，培育农村淘帮手80个，在“6·18年中大促”活动中，郓城农村淘宝实现交易额2740多万元，位列全国第二，全省第一；京东电商旗舰店数量为10个、邮政便民服务站1000余个，已建或在建全民合伙人服务站20多个，村集宝加盟店达到180多个；同时，以村淘点为中心的电商孵化器逐步壮大，20%以上的村级服务站建立电商孵化器。

加强电商平台建设。郓城县自建电商平台7个，其中，郓百集团网上商城2016年5月运营，已实现线上交易额2700多万元，是传统商业企业与电商融合发展，实现转型升级的典范。“跑帮郎”是郓城县完美网络科技有限公司推出的为用户提供跑腿、代办、代送和代驾等生活服务的一家电商平台，业务已覆盖郓城城区，在全国已设立10个省级代理商；郓城大福源购物广场有限公司七圣同城网上购物平台已覆盖郓城城区，乡镇正在布点。

加强淘宝村镇建设。南赵楼村和唐塔街道西代庄村被阿里认定为淘宝村；已申报43个电商村，申报省级电子商务示范园区1家，省级电子商务示范企业2家。

加强电商园区建设。规划建立4个电商园区，一是互联网+商贸的郓翰云城电商产业园，已入驻电子商务企业200余家；二是互联网+工业的郓城七星中小企业电商创业园，六大产业40多家骨干企业的500余款产品入驻；三是互联网+外贸的郓城富达跨境电商产业园，引进外贸企业6家，主要为残疾人提供就业岗位，从事电商工作的残疾人可以通过富达跨境电商产业园将国外的产品卖给本地居民进行消费，让郓城人民足不出户就能享受到国外的产品和服务；四是“互联网+”物流的郓城龙源物流电商产业园，基础设施正在建设。四大电商园区整合全县各类产业业态，为郓城“互联网+”提供发展平台。

【内贸工作】 一是开展“四上”企业申报工作。实地开展对批零住餐业企业的摸底排查，并根据掌握的情况逐一对乡镇、街道进行督促，确保及时申报、不漏报。二是报废汽车监管初见成效。第一严格管理，规范经营，按照相关政策要求守法经营，从严管控，决不能让报废回收的黄标车流入社会。第二对旧车拆解企业采取有效措施，做好应对“黄标车”淘汰的准备工作，确保淘汰“黄标车”任务顺利完成。第三加强宣传，做好服务，加大黄标车淘汰的宣传力度，让车主更多地了解黄标车对大气的危害、报废黄标车的补贴政策，并主动服务，方便车主尽快报废。三是二手车交易市场整治工作有序开展。对不具备买卖资质的二手车非法交易市场，违规经营、违法经营的二手车经营主体，二手车交易市场场外非法交易及占道经营、乱停乱放等行为联合交通、城管部门联合执法，逐步规范全县二手车市

七星中小企业电商创业园

场交易秩序。四是组织督导旅游餐馆和大型商场（超市）厕所的新建改建和管理工作。调研全县300平方米以上的商场（超市）运营情况，掌握第一手信息，上报大型商场（超市）厕所新建4个，改建6个。与商场建立长期联系的动态机制，充分掌握新建、改建厕所进度，确保顺利地完成此项工作。五是加强商务信息的上报统计工作。严格市场监测，信息上报有条不紊。上下联动，安排工作人员深入大型商场、超市和农贸市场，对富西农贸市场、富民农贸市场以及乡镇农贸市场等开展市场调查，并将调查结果进行科学分析后，按时向市局上报。七是获批中央冷链物流示范项目资金支持。山东郓城华宝食品有限公司万吨猪肉冷链物流建设项目，获批中央冷链物流示范项目400万资金支持。

（贾美玉）

供销合作贸易

【概况】 郓城县供销社是全县供销合作社的联合组织，供销社机关内设办公室、监事会办公室、劳动人事科、财会科、审计科、合作指导科、资产管理科、安全统筹科、机关党支部、计划生育、信访科，在职人员35名。拥有22个基层供销社，12个全资直属企业，16个控股参股企业，国有划拨土地近2000亩，总资产4亿元，干部职工近8000人。2016年全系统实现商品销售额16.2亿元，利税7000万，获全市供销社综合考评第一名，县政府综合考评二等奖，被全国供销总社评为百强县级社。

【综合改革】 2016年，围绕完成体制机制改革、农业服务规模化、流通现代化三大改革任务，重点开展土地托管、为农服务中心建设、推进农业服务规模化等改革工作。全市美丽乡村建设现场会、全国供销总社土地托管与发展现代农业研讨会都把郓城县供销社为农服务中心作为现场；中央及省市新闻媒体多次对县供销社综合改革进行专题报道。

【农业服务规模化平台建设】 以搭建为农服务平台为重点，高标准建设为农服务中心。按照打造“3公里”服务圈、托管土地5万亩要求，2016年建成运营为农服务中心4处，总数达到10处。拥有粮食周转库14座，总容量达到8万吨，粮食烘干机13台套，日处理粮食1200吨，购置大型农业机械100台套，整合社会农业机械300多台套，无人植保飞机3架，测土配方智能机3台。围绕全县30万亩粮食高产创建，全年土地托管面积达到38万亩。统防统治10万亩，其中植保飞机飞防5000亩，储存销售粮食3万吨，烘干粮食2万吨，生产配方肥5000多吨。

【实体性合作经济组织建设】 2016年全县共领办、参办种植、农机等各类农民专业合作社40多个，总数达到220个，带动服务农民合作社650个，组建22处乡镇农民合作社联合社。成立县级农民合作社联合社，组建郓城现代农业服务有限公司、电子商务公司、资产管理公司。

【社村共建工程】 由县委组织部、农业局、供销社牵头实施，构筑供销社、村两委、合作社、资金互助组织“四位一体”推进机制。2016年共建土地托管基地面积达到12万亩。供销社、“村两委”、合作社、信用合作组织充分发挥各自优势，合理处理利益分配，实现供销社、村集体、农民群众三赢格局。新增共建托管基地的行政村40个，共建村160个，村集体收入5万元以上的行政村50个，3万～5万元达到110个。

【农村现代流通创新工程】 组建郓城供销宜家电子商务有限公司，提升郓城现代农业服务公司、千村植保公司、众邦农业发展公司、安泰烟花爆竹公司、虹旺饲料、金绿洲食品、六和食品、九丹蛋禽、辉腾家禽养殖、绿叶馒头等企业规模，形成“农”字号龙头企业和经营品牌。对12处基层社进行改造。全县新增改造营业面积6万多平方米，其中1000平方米以上的日用品超市24处，乡镇农资超市40处，农村综合服务社850个，电子商务交易额2100万元。

【新型农民社员素质提升工程】 利用为农服务中

心农民大讲堂，与县新华技校、县会计培训中心合作办学，从大专院校、科研机构聘请专业人员，与农业、农机、畜牧等部门加强合作，采取课堂讲课、现场观摩、下乡巡回指导、发放技术资料等多种形式，2016 年完成培训 1.6 万人次。

【农村合作金融创新工程】 严守“四条红线”，在运作规范的鑫丰种植、众兴种植、众联种植等专业合作社内部开展农民信用资金互助，互助金额达到6000万元。2016 年，山东省地方金融监管局向郓城县颁发信用互助许可证 2 个，都是供销社领办的农民合作社。

（张磊）

商　业

【概况】 县商业总公司为全额拨款的正科级事业单位，下设办公室、综合计划股、人事股和安全保卫股。2016 年，加强企业网点建设，转变发展方式，做好企业监督和职工服务，促进系统和谐稳定。

【企业改革】 因地制宜，盘活企业资产。企业发展不平衡，部分处于停产半停产状态，采取承包和租赁等方式，提高收入，改善职工生活。对于百货大楼、东城商场名牌商店，百货批发商场和东城商场，这 4 家骨干企业，采取重点培植和重点调度，协调企业争取上级优惠政策，其中百货大楼是国家商务部“万村千乡市场工程”承办企业；2016 年郓百集团新增大型商场 2 家，分别是六合苑新天地广场、侯咽集镇新天地广场，肉类食品公司利用闲置土地改造成金利菜市场，五金大楼对外整体承租，服务公司大楼整体改造承租。

【信访维稳】 2016 年，县商业总公司加强信访维稳工作，开展“大走访，大化解”活动，化解矛盾问题。成立领导小组，实行“一岗双责”，全面落实总公司和企业领导班子在信访维稳工作中的责任，对于县委县政府交办的信访案件，实行限时办结，按期结案率 100%，接待职工群众来信来访 120 余次，妥善解决和化解职工矛盾 100 余起。

【社会保障】 将养老金的缴纳作为企业财务的首要支出，大部分企业都能及时足额的缴纳养老保险金，条件好的企业为职工办理城镇职工医疗保险，并发放最低生活补助。2016 年全系统缴纳养老保险金 880 万元，为 1653 人办理医疗保险。将 234 户 389 人符合低保条件的家庭纳入城镇居民最低生活保障。

【重点企业】 郓州百货大楼有限公司。1997 年 12 月改制成股份制企业，已发展成为集购物、休闲娱乐、餐饮、仓储、配送于一体的综合性企业。拥有郓百百货大楼、郓百唐塔商城、郓百购物中心 3 个城区中心店，物流配送中心 1 处，郓百商务大酒店、郓百六合苑（建设中）和城区便民店 15 个，乡镇商贸中心 4 个，乡镇直营超市 8 个，村级加盟店 280 多家，营业面积近 6.5 万平方米，员工 1000 多名。公司连续多年获省“消费者满意单位”、省“重合同守信用”企业、省“百城万店无假货示范店”、省“青年文明号”、省“巾帼文明”示范岗和省商贸流通业“服务名牌”企业；市“文明诚信单位”等称号。

东城商场。1995 年郓城县副食品公司投资兴办东城商场。已形成占地 7500 平方米，230 余间商品房的商贸中心，已成为郓城县占地面积最大、商户最多、商品品种最齐全、营业额最高的批发零售商场。已成为周边县市村镇销售针织服装等商品的批发集散地。商场入驻商户 285 户，安置下岗职工 800 余人，年销售收入过亿元，商场先后被评为“山东省规范文明商场”“山东省诚信文明商场”。

（郑体栋）

石油供应

【概况】 2016 年，中国石化销售有限公司山东菏泽石油分公司郓城县公司（以下简称中石化郓城公司）下设零售、财务 2 个科室，加油站 11 座，共有干部职工 85 人。网点遍布城乡，主要经营

92# 车用乙醇汽油、95# 车用汽油、0# 及 -10# 车用柴油、0# 及 -10# 普通柴油、润滑油等，每座加油站均开设有易捷便利店。2016 年，销售成品油 2.27 万吨，销售非油品 678.7 万元。

【石油经营】 2016 年，中石化郓城公司完成全县重点工程项目及重大民生工程、节假日用油高峰和夏秋保供任务，特别是在“三夏”“三秋”农业用油高峰期间，公司开辟农业用油“保供专用加油站”，保持全天 24 小时营业。在非农机专供站开辟“绿色通道”，优先保证持跨区作业证或农机作业证的客户油品供应。增加便民服务项目和设施，采取提供保供政策咨询、每日更新天气预报、加油站设置临时休息点、“易捷”便利店设立“三夏”商品专柜等便民服务措施。

【规范化服务】 2016 年，中石化郓城公司重点抓好“多卖一吨油”“四化四提升”活动，拓展服务内容，完善便民服务项目，为客户提供小药箱、便民油桶、雨伞、简易修车工具、针线包、饮用水、地图册、打气筒、手机充电器、免费厕所等便民服务项目。同时，搞好规范服务促销量，提升规范服务水平。

【安全管理】 2016 年，中石化郓城公司组织开展“HSE 基础管理提升年”等活动。要求各站站长每月必须有半月时间住站带班，及时处理遇到的各种安全隐患，防患于未然。加强对职工的安全意识教育，树立“安全第一”的思想，增强防范意识，杜绝安全事故的发生。多次组织实施消防预案演练，提高职工消防安全意识。

（管庆建）

粮　食

【概况】 郓城县粮食局内设机构为四科一室一执法大队，即办公室、人事科、财会科、业务科、企业科、粮食执法大队。主要负责国家政策性粮食的储存和依法对全县社会粮食经营主体进行指导、协调、监督和服务。

【粮食购销】 县粮食局在 2016 年的托市收购工作中共完成托市粮收购任务 7100 万斤，同时引导个体收购网点收购，全县累计收购商品粮 1.65 亿斤。强化市场监督，规范粮食市场秩序，保障农民利益。4 月至 5 月，华尔储备库完成 7000 万斤跨省移库粮玉米的出库任务。

【市场管理】 发挥粮食部门市场主渠道作用，抓好全县粮食的购销业务。对符合收储条件的收购点集中进行综合整治，加大政策宣传力度，全年发放宣传材料 730 余份，悬挂张贴宣传标语 18 幅，并将新的粮食质量标准、等级价格等需要向群众公开的内容全部予以公开。

【粮食储备体系】 全县已落实地方储备粮 750 万斤；粮食应急供应保障面粉厂 1 处（郓城县宋江面业有限公司），确保全县粮食安全。组织粮食清仓查库工作，制订《粮食安全应急预案》，重点加强对粮食价格测报网点和农户储粮监测点建设，应急处置物资的筹集、储存和管理以及搞好粮食生产、粮食供求、粮食购销库存等统计调查的措施，向省财政厅申请到粮食应急体系建设专项资金 150 万元，调整完善粮食应急预警和供求保障体系，确保及时掌握全县粮油市场供求形势及价格变化情况和全县粮油市场供应及社会安定情况。

【粮食行政执法】 完善监督检查、社会统计为内容的行政执法工作体系建设，2016 年粮食执法大队累计为 11 家粮食经营户办理收购许可证，对粮食经营点进行 142 人次的监督检查，配合工商部门整治粮食市场秩序。规范行政审批手续，简化申办程序，方便粮食经营业户，办理收购许可证，形成依法管粮的浓厚氛围，维护正常的粮食流通秩序。

【粮安工程】 全县举办培训班 1 次，培训各类粮食经纪人 62 名，分布在全县人口稠密、粮源充足的村镇中，指导农民安全科学储粮，

开展“农户科学储粮”工程，向农民发放科学储粮示范仓 1000 套。建立以居民厨房工程为载体，重点在增加粮油花色品种、提高产品质量上下功夫，在金河路西段筹建“放心粮油示范

店”1处，组织开展“放心粮油进万家”活动，拓宽粮油产品的覆盖面和流通渠道，确保城镇居民和军粮供应。

（王观景）

烟草专卖

【概况】 郓城县烟草专卖局（营销部）主要负责全县22个乡镇（街道）的专卖管理、卷烟销售工作，下设综合办公室、营销科、法制科、专卖科、财务科、内管派驻组、1532分公司和1个专卖稽查大队、2个大要案中队、7个专卖稽查中队、1个质检小组。共有从业人员142人。辖区共有4749户卷烟零售客户。被菏泽市烟草专卖局（公司）授予“先进单位”荣誉称号。

2016年，共销售卷烟29917.96箱，单箱价值19347.18元；实现利税1.33亿元。共查处各类案件292起，案件总值44.88万元。查获违法卷烟372.48万支，烟叶、烟丝2.56吨。拘留19人，批捕8人，判刑10人，完成公安部、国家局国标网络案件1起。

【卷烟营销】 2016年，共完成卷烟销量29917.96箱，较上年同期减少614.18箱，下滑1.99%，整体销量同比基本持平，高于全市销量平均进度2.3个百分点，降幅全市最低。销售额为5.8亿元，同比降低4.45%，高于全市平均进度5.6个百分点，占比全市第四；单箱值完成19347.18元，同比减少493.28元，降低2.49%；人均条数完成7.19条/人，同期为7.33条/人，同比降低2.01%，位居全市第四；实现利税1.33亿元，同比减少0.43%；毛利1.39亿元，同比增长0.51%。

鲁产品牌卷烟销售15710.1箱，同比增加1316.78箱，增长9.15%，销售额达2.6亿元，同比增加2205.19万元，增长9.26%；泰山品牌完成11973.59箱，增长11%，其中，红白将军分别完成6005.71箱、4043.48箱，同比分别增长32.36%、16.38%。电子结算率达96.6%，成功率94.85%，金额占比达93.58%，全年共建成示范店463户，基本覆盖全县卷烟消费市场，占总零售户数的10%左右。

一、二类烟，分别完成2391.5箱、1606.82箱，同比减少15.17%、8.43%；三类烟完成14978.66箱，增长5.84%；四类烟完成7319.28箱，减少10.15%；五类烟完成3603.18箱，减少1.4%。细支卷烟完成649.71箱，同比增加301.73箱，增长86.71%，其中一类细支烟增长50.51%，二类细支烟增长99.34%。

【专卖管理】 全年出动执法人员6900余人次，共查获各类涉烟违法案件292起。查获5万元以上案件8起，查获各类非法卷烟372.48万支，涉案金额128.77万元；烟丝2.56吨，案值18.18万元。其中假冒卷烟16.09万支，案值44.88万元。拘留19人，批捕8人，判刑10人，完成公安部、国家局国标网络案件1起。

全年案件结案率100%，罚没款4.81万元。移送案件88起，其中移送公安案件6起，移送工商案件82起。新办许可证339户，注销290户，停业82户，恢复营业12户，延续14户，行政许可工作程序合法、文书规范。

【1532分公司业绩】 1月至12月，共销售金额406.49万元，利润44.88万元，综合毛利率12.88%。其中卷烟销售124.34万元，利润11.69万元，毛利率11%；非烟销售282.14万元，利润33.19万元，毛利率13.71%，组织召开“菏泽泰山1532第七届（春节）大型商品订货会”1次。

【履行社会责任】 开展扶贫工作，帮助“第一书记村”潘渡镇吴庄村新建、扩建、修缮、配套村级组织活动场3个（包括1个篮球场、1个党员活动室和1个图书室），向菏泽市烟草专卖局（公司）争取“情义”扶贫资金10万元，帮助“第一书记村”修建公路。同时，号召员工捐款，共筹集扶贫基金14300元帮助困难群众解决实际问题。

（刘哲）

盐业经营

【概况】 郓城县盐务局（公司）隶属于菏泽市盐务局（公司），是郓城县盐业主管部门，内设盐政科、财务科、办公室、业务科（内设6个营销部）。2016年年底，公司在册职工95人，其中在岗32人。2016年盐业公司共销售各类盐产品6010吨，保障全县群众的日常食盐和工厂企业生产用盐的充足供应；盐产品销售总额1150万元。

【盐业市场管理】 2016年，共出动盐政执法人员6390人次，办理涉盐案件198起，查获违规盐产品14.3吨，罚款10.23万元，端掉伪劣食盐制售窝点23处，刑事拘留2人，保证全县盐业市场的稳定和群众食盐安全。

【调整盐品结构】 2016年，落实食盐品种结构调整工作部署，加大食盐市场管理和宣传引导力度，合理安排计划和组织购进，提高配送能力和改善服务态度，及时掌握市场动态和客户需求，适时调整销售策略和供应品种。

【拓展非盐经营】 加快转变思想观念和经营机制，实现从专营走向市场，从单一化经营走向多元化经营格局，探索开展非盐商品经营路子，为行业的转型发展寻求新的增长点。

（许勇）

医　药

【概况】 郓城县水浒医药有限责任公司是全县唯一一家国有医药商业企业，公司下设经理室、综合办公室、财务科、业务科、质量管理科、储运科，有医疗器械批发部、香料批发部及销售科等销售部门，水浒大药房34家药店，其中城区12家，乡镇22家，遍布城区各街道和各主要乡镇驻地。公司有员工188人，其中执业药师10人，药师164人，药士5人。2016年实现销售额3400万元，利税40万元。公司仓库总面积1505.29平方米，其中阴凉库836.29平方米，常温库669平方米，冷库20.8平方米，中药养护室22.5平方米，办公及辅助用房面积520.8平方米。

【质量管理】 公司按《药品经营质量管理规范》及附录要求，建立完善的质量管理体系，确定“依法经营、质量第一、诚信服务、求实创新”的质量方针和“1、进货合格率达到100%；2、退回率控制在1%以下；3、全员培训率100%；4、合理储存药品报损率控制在0.05%以下。”的质量目标，并贯彻到药品经营活动的全过程；在质量管理控制模式上，采用计算机管理系统，具有与药品经营范围、规模相适应的符合《药品经营质量管理规范》要求的经营场所和库房，配备冷藏车、保温箱和备用发电机组，建立冷藏冷冻药品的温湿度自动监测系统，新增药品经营风险评估内容，实现药品流通全过程的自动化控制程序。

新版《药品经营质量管理规范》实施后，公司对照自己的情况找差距，对内部质量管理体系文件进行修订和完善，新修订后的质量管理制度43个，操作规程25个，管理职责28个。

公司建立符合新版《药品经营质量管理规范》的千方百剂计算机控制系统，配备服务器、UPS不间断电源、终端机和移动硬盘，由联通公司安装专线光缆，网络环境安全稳定，建立各部门、岗位信息传输和数据共享的局域网；有符合《药品经营质量管理规范》要求及企业管理实际需要的应用软件和相关数据库；各类数据的录入、修改、保存等操作程序均符合授权范围、管理制度、操作规程的要求，能保证数据原始、真实、准确、安全和可追溯。

能严格按照企业质量管理制度及操作规程进行管理和运行，经营活动中未发生经营假劣药品的案件，未发生重大药品质量事故。

【品牌服务】 公司将所属的34家药品零售企业合并，成立独立法人企业——郓城县水浒大药房连锁有限公司，专门运作药品零售连锁直营店。公司的门店遍布郓城县城区各街道及各主要乡镇，网点布局合理，覆盖范围大。在药品的经营品种上尽量丰富，能够做到普药齐全，新药丰富，能满足不同客户的各方面要求。药店采取药师现场咨询、新药登记预约、药店现场服药服务等便民服务措施，方便群众。

【基本药物配送】 郓城县医药公司是经山东省基本药物采购服务中心审批的具有基本药物配送资质的企业，单位保持合理药品库存，完善配送条件，提高配送水平和服务能力。加强药品配送中的质量管理，确保配送及时和药品的质量安全。2016年基本药物配送额2000余万元，基本满足基层医疗机构临床用药需要。

（吕泰龙）

建设·环保

宋金河二期（吕亮　摄影）

建设·环保

城乡建设

【概况】 郓城县住房和城乡建设局为隶属县政府的正科级行政单位，是郓城县城市规划、建设、管理、建筑业管理的行政主管部门。内设办公室、人事股、建筑业管理股、城镇化办公室、人民防空办公室等6个科室，下辖园林管理处、城乡建设工程管理监察大队、城建档案信息管理办公室、城镇排水服务站、污水处理费征收办、建筑企业养老保障管理站、建筑工程质量监督站、建设工程监理中心、城市房屋拆迁办公室、建筑工程招标投标办公室、建筑材料管理站、规划设计室、市政工程管理处、自来水公司、城建综合开发公司、建筑公司、建筑设计院、污水处理厂18个单位。县住建局机关与下属单位共1530人，其中，机关人员数26人；机关编制数20人，下属单位编制539人。

【市政道路、配套及桥梁建设】 投资约3.7亿元，新建改建道路19条，总长度17.9公里，新增道路面积54.7万平方米；完成铺装面积11.5万平方米；埋设雨水管网24.3公里，污水管网12公里；开工建设4座桥梁；投资1.2亿元开工建设北沙河综合治理及截污管网项目。

修订完善《2016年郓城县城市防洪预案》，新建道路全部安装“三防”井盖，对城区已建成道路逐步换装“三防”井盖。

【园林绿化】 9月23日，顺利通过省级园林城市专家现场验收。投资9000余万元，建成绿地面积约107万平方米，其中公园、广场新增面积86.38万平方米，道路绿地新增面积20.62万平方米。协助县规划局制订完成《郓城县城市绿线规划》；治理城区内公园、街头绿地、道路绿化带内裸露土地42.5万平方米；安装树池篦子6000余个；城区公园、广场、桥梁及道路绿地等摆放、栽植牵牛花、鸡冠花等花卉100余万株；维修城区公园公共服务设施、安装导示标牌320余个、城区街头绿地放置景石180余组。

【房屋征收】 完成市政基础设施建设项目相关各道路、工程配套房屋征收工作，配合房管局完成棚户区改造项目征收工作，其中棚改共征收房屋面积418100平方米；涉拆户数2118户。

【乡村建设】 农村住房建设与贫困户危房改造工作完成新建住房6514户，新建面积78.2万平方米。完成贫困户危房改造529户，改建面积2.9万平方米村镇污水处理设施。全县8.72万户农村旱厕启动无害化卫生厕所改造，已基本改造完成。在建小城镇房地产开发项目32个，完成建筑面积101.9万平方米，在建面积29万平方米；同时结合压煤村庄搬迁、土地增减挂钩试点项目，推进旧村改造和新型农村社区建设。2016年，随官屯镇被评为省级美丽宜居小镇（第三批），张营镇后彭村被评为省级美丽宜居村庄（第三批）。

【建筑业管理】 发放建筑工程施工许可证17份，建筑面积57万平方米，造价9亿元。检查房屋建筑工程36个，建筑面积33万平方米，市政工程1个。参加菏泽市住建局承办的全市建筑业职业技能大赛装饰抹灰工总决赛。

【工程招标】 完成公开招标工程93项，合同价约187280万元，其中建筑工程43项，建筑面积约505127.8万平方米，造价约66934万元。市政工程69项，造价约120346万元。

【工程质量监督】 监督监理的各类房屋建筑单位

工程 142 个，总建筑面积 134 万平方米，总造价 110000 万元，其中年度新开工房屋建筑工程单位工程 68 个，新开工工程建筑面积 92 万平方米。

【自来水供应】 完成供水 548 万吨，比上年同期多供水 60 万吨。投资 60 余万元，新打水井 2 眼，并配套完成供水机泵安装工作，新增供水量 2600 吨／日。投资 60 余万元完成供水自动化调度中心建设。申请建设《郓城县城区供水管网建设工程项目》。完成配水管网 5500 余米，新增用户 4000 余户。发展智慧水务，建设自动化调度系统，新建小区安装远传水表，用水量实时上传，收费实现支付宝、微信等多渠道交费功能。

【南湖（银湾）新区项目】 开工建设郓城县南湖（银湾）新区项目，总投资约 10.2 亿元。南湖新区地处南部新城的核心区域，位于宋金河景观轴线和城市南北中心轴线的交汇处，占地 1.4 平方公里，计划投资 10.2 亿元，该项目采用 PPP 模式运作，与中电建路桥集团有限公司合作建设运营。整个新区滨水而建，主要建设内容包括南湖公园、文化中心公共服务建筑、绿地广场、配套道路等几大板块。其中文化中心包括市民文化交流中心、群众艺术中心、科技馆、档案馆，总建筑规模 6.5 万平方米左右，市民文化交流中心内容包括文化馆、青少年活动中心、妇女儿童活动中心、夕阳红艺术活动中心，建设规模 2.5 万平方米，群众艺术中心主要由 1000 座大剧院、小型电影厅、音乐厅等 12 个不同功能厅组成，座位数量为 3000 座，总建筑面积 2 万平方米。

11 月 16 日，县人大常委会主任王广岱（前左一）视察南湖新区建设工作

（宋智慧）

规划管理

【概况】 郓城县规划局设办公室、规划管理科、技术科、市政规划科、监督检查科、审批服务科 6 个职能科室，1 个分支机构，1 个局属单位，编制 15 人。

【规划编制】 2016 年，完成新型城镇化规划方案论证的基础上，协助省住建厅组织召开郓城县新型城镇化规划专家评审会，并将规划成果报县政府批复实施。

加快城市控规编制进度。完成中心城区控规和南部新城 9.15 平方公里控规专家评审；完成宋江武校片区 3.3 平方公里控规初步成果汇报；完成工业园区 5.01 平方公里控规专家评审前成果，涉及职责调整，工业园区控规已由开发区管委会接手具体负责项目后期的专家评审和报批工作。全部控规成果完成后，全县控规覆盖率将达到 100%。

全面启动城市综合交通、绿地系统、热力、燃气、防灾减灾等专项规划的编制。截至 2016 年年底，绿地系统专项规划完成并报县政府批复实施，综合交通专项规划通过专家评审，热力和防灾减灾专项规划完成招标工作，燃气专项规划完成初步成果。

加强城市设计工作。加快重点旅游项目方案设计，委托北京新宿时代信息服务有限公司编制完成水浒特色小镇、水浒故里旅游集散中心和自驾车汽车营地概念性规划方案；委托北林地景园林规划设计院编制完成印象水浒项目景观设计工作，由杭州新泽园林景观设计有限公司进行施工图设计深化工作；通过方案征集的方式完成东溪湿地旅游度假区规划方案招标，确定由苏州园林发展股份有限公司进行修建性详细规划深化设计。做好城市景观设计，委托杭州新泽园林有限公司编制完成南湖公园方案及施工图设计，报县政府批复实施；委托济南市政工程设计研究院编制完成北沙河景观设计方案及施工图设计，设计成果已全部完成并启动北沙河景观施工。加强市政工程设计，完成迎宾大道与胜利街、迎宾大道与西门街、迎宾大道与义和路等17个道交口渠化设计；完成公明路（郓州大道—裕民路）、迎宾大道（220国道—工业二路）、临城路（西溪路—义和路）等11条道路综合管线设计；完成中央学府、凤凰城、御龙湾、枫叶正红、县医院等区块高压线路迁改方案。

启动城乡统筹规划。在全省率先启动县域乡村建设规划及村庄规划试点工作，制订并印发《全县乡村规划编制工作方案》。11月10日，由郓城县和省住建厅联合举办山东省乡村规划技术研讨会，并邀请住建部、省内外知名规划院、17地市规划局的有关领导和专家共同对郓城县域乡村建设规划进行点评和技术推广，12月中旬将规划成果报住建部申请全国试点。乡镇总体规划修编，丁里长镇总规修编完成初步成果，待龙源电子商务园项目方案确定后组织专家进行方案评审；程屯镇总规已通过专家评审论证，督促程屯镇尽快上报县政府批复。乡镇控规编制，随官屯镇控规已完成，黄安镇控规完成初步方案，丁里长、杨庄集镇控规由镇政府负责组织编制。

乡村规划技术研讨会召开

【规划管理】 *健全城乡规划委员会制度*。设立县城乡规划项目审查委员会和专家组，并对城乡规划委员会工作职责及组成人员进行调整，面向社会公开选聘热心城市规划建设事业、熟悉全县实际情况的专家学者和公众代表，充实到城乡规划委员会中，确保郓城城乡规划委员会非公务员委员占比50%以上，使城乡规划的决策更加民主科学。

严格规划审批程序。在项目审批上坚持技术论证先行、重大项目民主决策，建立以市局专家技术力量为依托、以部门联审为补充的规划项目专家委员会制度，弥补全县技术力量的不足，增加项目决策的科学性。2016年，共召开7次专家评审会，对龙泽湾C区、龙泽湾D区、中央学府，中央首府、中华家园、望龙公馆、御龙湾、司店南区块、商业风情街、枫叶正红养老公寓、唐塔养老公寓、新县医院、新县一中、妇幼保健院、新消防大队等15个建设项目进行专家评审。2016年共出具规划设计条件19份，涉及用地面积76万平方米；发放选址意见书7份；发放建设用地规划许可证14份，建设用地面积共计734286平方米；发放建设工程规划许可证46份，建筑规模共计2880785.73平方米。

完善规划管理体系。公布规划局权力清单和责任清单，编制行政审批事项业务手册和服务指南手册，牵头制订《郓城县关于对房地产开发项目中存在问题的处理意见》（郓政发〔2016〕41号）。

加强规划监督检查。抽调专门技术力量，设立监督检查科，具体负责规划项目的验线和跟踪检查，力争做到违规现象早发现、违法行为早制止。配合城管部门做好2016年3期郓城县遥感动态监测疑似违规图斑排查工作，全县共涉及疑似违规图斑37处，已全部移交城管部门进行处理。

（汤亚）

房地产管理

【概况】 郓城县房产管理局为县政府直属正科级全额事业单位。内设办公室、房产管理股、法规股、档案股、物业管理办公室、住房保障管理办公室（挂住房委员会办公室牌子）、开发管理办公室，下设县房产交易测绘中心、县房产监察大队、县房屋安全鉴定中心、县房产评估事务所4个单位。

【住房保障】 2016年，郓城县完成棚户区改造6262户，改造面积77万平方米，总投资27亿元，已全部补偿安置到位。出台《郓城县棚户区改造实施方案》《郓城县棚户区改造货币化安置实施方案》《郓城县棚户区改造货币化安置被征收居民选购商品房实施补贴办法》等一系列棚改配套文件，实施棚改货币化安置，货币化安置率71%，在全省率先实施“购房券”购房。外地市县区多次来郓城县参观学习棚户区改造方面的经验做法。争取棚改政策性项目贷款23.91亿元，基础设施配套费到位资金0.359亿元；国开行、农发行棚改专项建设基金到位3.4亿元；争取中央及省级补助资金0.9393亿元。

分配经济适用住房73套；收取公共租赁住房租金112万元；通过政府购买的方式筹集公共租赁住房100套，争取公共租赁住房中央及省级补助资金288万元。

6月28日，郓城县2016年度经济适用住房摇号分配仪式在七星华誉大酒店二楼会议室举行

【住宅与房地产业】 2016年，郓城县共有房地产开发企业38家，其中二级资质企业1家，三级资质企业7家，四级资质企业21家，暂定资质企业9家；县内企业37家，县外企业1家。全县城区在建房地产开发项目19个，乡镇在建房地产开发项目5个，城区新开工项目8个，完成房地产开发投资28.5亿元，全县商品房在建面积144万平方米，其中新开工115万平方米，竣工46万平方米。办理开发项目开发经营权证7宗，批准开发经营面积68.32万平方米；办理开发项目商品房预售许可24宗，预售面积58.92万平方米，监管商品房预售资金13.5亿元；对商品房买卖合同备案系统进行升级，率先在全市启用新版商品房买卖合同，共备案50.78万平方米，其中住宅47.04万平方米，3901套。新增“四上”房地产开发企业14家，超额完成全年任务目标。

【物业管理】 2016年，郓城县共有物业服务企业36家，其中本地物业服务企业27家，县外企业9家，一级资质企业3家，二级资质企业4家，三级资质企业25家，暂定资质企业4家。全县在管项目49个，包括42个住宅小区、2家医院、4个办公楼、1个商业区，其中省级物业管理优秀示范小区1个，市级物业管理优秀示范小区9个，管理面积360万平方米，从业人员650人。推广应用数字化物业信息系统，全县29个项目已联网，31家物业企业信用档案信息，33家开发企业的基本信息，16个项目物业服务等级评审信息，22个项目的前期物业服务招投标信息及物业企业资质申请的信息，实现网上办公服务，该系统被评为泰安市科技进步贰等奖，已在菏泽市区、东明、曹县等3个兄弟县市开通应用。在全市物业管理现场会上作典型发言，向菏泽市其它县区推广物业管理工作经验。开展老旧住宅小区综合整治改造工作，截至2016年底，争取奖补资金221万元，县医院家属院、水浒小区、农业局家属院、乐园小区已改造完成，改造面积17.2万平方米。

【房屋交易管理】 对房屋登记系统进行全面升级改造，建成完善的房屋交易权属管理系统，新增楼盘表、二手房合同网签、资金监管等子系统，建立房产交易和产权登记一体化管理服务体系。强化房产中介管理，对辖区内的房产中介机构和从业人员进行备案，对从业资格和业务内容进行规范并开展专项检查，对不规范行为责令限期整改，对发布虚假信息、欺诈客户等行为计入企业信用档案。加强房屋交易档案、个人住房信息查询、房屋租赁备案、房屋面积管理，被山东省档案局评为山东省档案科学化管理先进单位。

（崔俊峰　王福国　王占科）

城市管理

【概况】 郓城县城市管理局为隶属于县政府的正科级行政单位。下设县城市管理行政执法大队、环境卫生管理处和垃圾处理厂3个下属单位，内设办公室、人事股、法制股、执法股、市政管理股、市容管理股。全局共有编制人员332名，保洁环卫工人698名。

【市容市貌治理】 在加强日常监管的基础上开展清理路沿石斜坡、治理灯箱和露天烧烤、整治广场秩序等专项行动18次，整治迎检线路150余次，提升城区环境质量。

开展清理路沿石斜坡行动

【规划建设管理】 重点加强棚户改造区夜间突击违建的打击力度，坚决遏制新增违建，共查处各类违法建设5300余处，拆除面积达8万余平方米，查扣车辆机械400余台，稳定规划区的建设秩序；参与强制拆除行动，保证政府依法征收工作的开展；建议并引导拆迁补偿政策的合理合法调整。

【环境卫生保洁】 新建改建西溪路、赵楼、潘渡3座垃圾中转站，其中西溪路垃圾中转站投资500万元建成为全市乃至全省一流的中转站；城乡环卫一体化工作取得全市第三，全省四十名的成绩，在省抽查暗访中满意度达到100%，并列全市第一。完成城乡环卫一体化保洁服务一期项目，通过实行市场化运作提升工作成效。城区共新建改建18所公厕，增加裕民路、公明路等8个保洁路段，面积36万平方米。11台道路清扫车和5部洒水车全天候作业，提升机械化作业率。清理城区生活垃圾8万余吨，处理农村生活垃圾15万余吨；出动火灾应急供水车辆80辆次，协助消防部门扑灭多起大型火灾；查扣违规渣土车辆110余辆，规范城区渣土运输秩序，控制扬尘遗撒。

【民生项目建设】 燃气热力方面新铺设供热管道40公里，新增17个集中供暖小区，面积共71万平方米；新增天然气管道25公里，完善城市功能，提升居民生活质量。公共自行车项目方面首期共建设25个站点，投放公共自行车500辆，于10月10日正式启动运营，建成菏泽市首例县级公共自行车项目。截至2016年底，共办理借车卡3935张，绿色出行成为广大市民生活的新风尚。

10月10日，郓城县城市公共自行车服务正式启动

【数字城管建设】 数字化城管监督指挥中心一期系统的核心机房建设完成，并于8月试运行，2016年底已完成数据普查工作和城市基础信息数据库建设，数字城管平台框架基本完成。

【燃气热力检查】 对10家有燃气经营许可证的

企业不定期检查，共查出安全隐患63处，全部进行整改，确保达到安全生产条件。查处违法倒卖液化气人员20余人，责令当事人立即停止违法行为，并没收违法供气设备。

（丁林举）

环境保护

【概况】 郓城县环保局是隶属于县政府的环境保护行政主管部门，机关内设办公室、环评科、污防科、总量办、人事科、法规宣传科6个行政科室和环境监测站、监察大队2个事业单位。下设城区、园区、直属、随官屯、丁里长、南赵楼、武安、唐庙、双桥、玉皇庙、潘渡、程屯、张营、黄安、侯咽集15个环保所。有干部职工97人，行政编制20人，事业编制77人。

【大气污染防治】 开展燃煤机组（锅炉）超低排放改造工作，赵楼电厂、金河热电完成改造任务。对全县17家玻璃瓶加工企业的24座窑炉进行升级改造，在线监控平台正在建设。对金河热电、圣达印染、赵楼煤矿等21家大气污染企业进一步完善治污设施，全面执行大气污染物第二时段排放标准。全面落实秸秆禁烧与综合利用工作，完成“地头不燃一把火，田间不冒一处烟”目标任务。

【水污染防治】 加强对省市控重点水污染企业的治理，确保达标率100%，对县控重点水污染企业加强治理，确保达标率98%以上。加强对污水直排口的管控。已将东园区1号直排口彻底封死，新建提升泵站一座，修复提升泵站一座。监督督促侯林沟、北沙河治理进程。督促郓城县第二污水处理厂完成升级改造，使南园区污水得到处理。完成省市控重点企业环保“十个一”工程的升级改造。全县15家重点企业共投资7000余万元，全部按照最新标准完成环保“十个一”工程再提高建设，企业污染治理及环境管理行为得到有效规范。

【环境执法】 开展执法检查。2016年共实施整治违法排污企业保障群众健康环保专项行动12次，排查企业401家，发现存在问题企业62家，存在问题210个，全部形成问题清单，建立台账，实行销号管理，48家企业已整改完毕，14家处于停产状态。另外，对问题严重的11起环境违法行为向公安机关进行移送（行政拘留8人）。全力化解信访案件。2016年以来，共办理环境信访案件132件，全部处理到位；对全县2015年以来95件省级以上环境信访案件落实情况进行再督察，全部落实到位。强力取缔土小企业。全县共清查土小企业128家，通过与各乡镇和供电、市场监管、国土、公安等部门联合执法，已全部关停取缔。

开展清理全县土（小）作坊联合执法活动

【生态建设】 农村环境综合整治项目争取中央专项资金5270万元，建设全县122个农村饮用水水源地保护项目、18个污水处理站、18个畜禽污染防治项目。

郓城县宋金河人工湿地水质净化再提高工程，争取省专项资金2500万元，主要建设人工潜流湿地、人工水草带、人工浮岛。

（丁杰）

交通·通信

县交通局开展超限超载检测

交通 · 通信

交通运输

【概况】 2016 年，县交通运输局下设行政科室 8 个，分别是办公室、人事科、财务科、法制科、规划基建科、安全监督科、交通战备办公室、源头管理办公室；事业科室、队、站、所 12 个，分别是县运输管理所、监察大队、客运稽查队、后勤办公室、汽车维修管理所、客运管理所、城乡客运管理所、城区客运管理所、地方海事所、档案室、地方公路管理处、质监站；辖 21 处乡镇交通管理所。全局共有在职干部职工 835 人，行政人员 17 人，事业人员 818 人，其中大专以上学历 580 人，中级以上职称 60 人。

2016 年度，县交通运输局被菏泽市交通运输局评为全市农村公路工作先进单位、全市交通运输监察工作先进单位、道路运输管理工作先进单位、交通安全工作先进单位，被菏泽市委命名为先进基层党组织，被市政府表彰为全市重点交通工程建设先进单位。

【农村公路建设】 县交通运输局秉承打造“县城与乡镇半小时生活圈、相邻乡镇十分钟生活圈、相邻村五分钟生活圈”和“乡镇成环、村庄成网”的公路建设理念，按照“统筹规划、适度超前”的原则，决定近期建设“两环、四纵、六横、八连、十二接”县城辐射乡镇、乡村之间相连的农村公路网络，彻底改变农村公路的面貌。计划利用 3 年时间，改造升级农村公路 2000 公里，配套改造窄危桥 117 座。2016 年，县交通运输局在资金没有到位的情况下，先期启动，一年就建设 900 公里公路，不仅开工里程、投资额度全市第一，历年之最，创造全省、全市推广的经验。全市农村公路开工现场会、全市农村公路建设会议在郓城县召开，市委副书记李建华对郓城县农村公路建设给予充分肯定。《大众日报》以《美丽乡村建设路先通》为题对郓城县的农村公路建设经验进行整版报道，《山东省经济战略研究》《菏泽政务》等多家省市媒体也以《打破农村交通瓶颈，助推美丽乡村建设》为题进行报道，全省、全市推广。县级道路升级方面，28.6 公里的郓杨公路，9 月底实现全线通车，不仅在全市创造投资额度最大、标准最高、质量最优的多项纪录，而且成功攻克黄泛区施工的技术难题，为沿黄县市区在黄泛区施工提供宝贵的技术范例。在全市率先启动“户户通”工程，13 个试点乡镇共计完成“户户通”工程 158 万平方米，受益村庄 356 个。

10 月 1 日，郓杨公路全线通车

【新河航道建设】 郓城新河航道自郓城县唐店闸，向东流经梁山、嘉祥，注入运河，全长 29.5 公里，境内 14.5 公里，按三级航道标准设计，是市港航局为业主的全市交通重点工程，县交通运输局协助市港航局已完成郓城段的立项。县交通运输局正配合市港航局与济宁市有关部门进行沟通协调工作。

【交通枢纽建设】 启动郓城县交通枢纽工程，工程占地217.5亩，项目总建筑面积8.6万平方米，投资2.9亿元，是全县十三五重点工程项目，建成后的交通枢纽除车站主体外，还涵盖交通指挥大厅、全域旅游服务及游客接待中心，将综合城乡客运、有轨交通、城区公交、长途运输停车周转，同时集购物、住宿、旅游服务、停车、加油、洗车、维修等功能于一体，不仅体现国家一级综合交通枢纽建设标准，而且将成为郓城县的地标性建筑和城市新名片。工程已完成征地、地面附属物评估等前期筹备工作，正在启动拆迁程序。

【新能源有轨交通建设】 县交通运输局引进并实施有轨电车公交系统。根据城区发展规划，县交通运输局同步规划4条有轨电车公交线路，T1线工程已完成奠基，正在推进，该项目线路西起郓城县交通枢纽，快速连接南部新城片区和东部工业园区，全长9.855公里，全线设车站12座，项目总投资14亿元。成为山东省县级城市中首家实施有轨交通的县，开创县级城市发展有轨交通的新模式。

【农村公路养护】 县交通运输局落实日常养护“365”制度，对辖区内的县道进行以路肩上土、路肩整理、路面清扫为主要内容的日常养护，整理路肩、边坡274.4公里；投资68.6万余元，修复水毁10855余立方米；处理桥头跳车现象6处；路树刷白111.9公里；年初绿化29.4公里栽植树苗19991棵；对郓杨、郓苏、唐庙—G220等县、乡、村道进行养护作业。其中，挖补基层3308平方米；挖补面层22486平方米；抹油16340平方米；罩面1.1公里、面积3850平方米；洒油33620平方米；灌缝4万余米；桥面维修210平方米。延长公路的使用年限，提高公路的抗灾能力。同时，加强农村公路路域环境综合治理，先后出动人力400余人，铲车40余台次，清理路面、路肩堆积物，清除非公路标志200余块、摘除条幅80余条，确保公路安全畅通，改善公路环境。

县交通运输局后彭庄施工现场

【道路客运市场】 2016年，全县长途客车152部、城乡客车224部、公交车80部、出租车162部；组织技术人员对城区进行客流调查，按照“全覆盖，无缝隙”的工作思路，重新对公交线路、停车场、候车亭、站点牌进行优化组合，新规划公交线路6条。对城乡客运车辆实行三定（定人、定车、定线）管理，城乡客车运营得到有效规范。同时为激发客运车主的营运积极性，对170辆城乡客车、162辆出租车、46辆公交车共发放620余万元的燃油补贴。

【驾培市场】 对全县8所驾校开展整顿驾校、整顿教练车、整顿教练员的“三整顿”活动，开展整顿驾培市场专项行动。分管县长亲任组长，各乡镇、街道及县直有关单位分管领导任副组长。联合公安局、市场监管局、公路局、国土局、各乡镇对各类黑驾校、驾校培训点进行排查治理。经过一个月的治理，共出动宣传车辆70辆次、执法车辆210辆次、租赁大型挖掘破碎机器15台次、执法人员600余人次，对全县109家非法培训点的培训场地、临时简易房、场地围栏、广告牌、宣传条幅等相关设施，予以铲除和清理，查扣非法培训车辆2部。完成道路运输从业人员培训3668人。

【行业管理】 对进入道路运输市场的企业、单位和个人进行严格把关，按照程序，填写相关手续，严格行政许可；将分散的营运车辆进行集约化管理，一律纳入公司，实行公司化经营；按照省《道路运输企业质量信誉考核办法》的规定，加强道路运输企业和驾驶员的质量信誉考核，建立起公平竞争、优胜劣汰的道路运输市场机制，开展对150家货运企业质量信誉考核，规范经营行为；做好营运从业人员的继续再教育，抓好车辆年检审验工作。治理公路超限超载运输，发挥交通公安联合执法大队的职能作用，全年共拘留暴力抗法人员20余人，逮捕1人。交通公安联合执法大队的成立，创造全市治理超限超载工作“交通主导、公安介入”的成功经验，郓城成为全省甚至全国第一家推行交通公安综合执法治理超限超载的县，为全国治理超限超载提供成功的范例。开展超限超载治理“百日会战”专项行动。对4个矿区和重点路段进行全天候监控，24小时查处。全年共出动执法人员18000余人次、执法车辆3600余辆次，检查车辆36600余辆次，处理违章车辆3820余辆次，卸载货物2.86万吨。

表9　2016年郓城县汽车营运情况一览表

指标名称	全年累计绝对量	比上年增长（%）
客运量（万人次）	1680	－0.4
旅客周转量（万人公里）	67934	0.8
货运量（万吨）	3005	0.7
货运周转量（万吨公里）	832869	0.03

【安全生产管理】 开展“道路运输平安年”活动，突出抓好“春运”“安全生产月”“夏季汛期”等重点时期的交通运输安全生产，加大“打非治违”力度，持续开展安全生产隐患“大排查、快整治、严执法”集中行动，确保全县交通运输行业安全生产形势持续稳定。全年实行全方位、拉网式安全生产隐患排查，共组织检查组22个，检查客运企业3家，货运企业128家，浮桥企业3家，公路水运建设企业6家，发现问题183处，下达整改通知书65份。检查客运车辆327部，检查货运车辆24872辆，查处超限超载车辆2826辆，检查危化品运输车辆2205辆，查处违章危化品运输车辆124辆。组织安全培训15次，培训人员2100余人次，发放安全宣传材料5万份。全县道路、水路运输领域没有发生较大以上安全生产责任事故，施工领域继续保持零事故，安全生产形势持续稳定。

【源头管理】 全县境内有彭庄煤矿、郭屯煤矿、赵楼煤矿、李楼煤矿4对矿井，年运输量在20万吨以上的源头管理单位56个，100万吨以上的单位有4个。县交通运输局先后派出专门力量，进驻4对矿井及20余家年货运量20万吨以上的货源地，从源头入手，确保不超载、不扬撒。对沙石料厂开展专项治理行动，常务副县长及其他5名副县级领导靠上抓，对料厂集中的乡镇划片清理，取缔62家沙石料场。

【政风行风建设】 制订出台《关于进一步加强工作秩序的通知》，严肃工作纪律；认真加强党章学习，重温入党誓词，提高党员的责任意识；以党的群众路线教育实践、“三严三实”教育和“两学一做”教育为基础，深入学习习近平总书记系列讲话及中央、省市县委和纪委一系列会议精神，提高政治理论水平；抓好中国共产党纪律处分条例学习，增强遵纪守法意识；形成集中学习制度。每周五为集体学习日，每两周检验一次学习效果，分别明确一名工作人员谈认识、谈体会、谈工作；邀请菏泽市检察机关进行预防职务犯罪宣讲，用省内外一些鲜活的案例论证犯罪成本与人身自由的关系，邀请县纪委、检察院领导作廉政教育培训，认识到腐败犯罪对个人、家庭和社会带来的危害，邀请市委党校讲师团对十八大精神进行解读，邀请省交通干部学校、省交通厅党校教授对中层干部进行培训，不仅对业务知识解疑答惑，还对依法行政、法律法规知识进行解读，通过到县廉政教育基地参观学习，以实际案例警示干部遵纪守法，廉洁从政，更加自觉地做好本职工作；全面落实党风廉政建设“一岗双责”制，党组书记、局长为全局党风廉政建设第一责任人，其他科室负责人作为本部门本单位的党风廉政建设第一责任人，出现问题，严格追究责任；签订廉政责任状。局党组与各执法管理部门，各执法部门与交通执法人员层层签订廉政责任状，层层落实责任。

制订人员管理、财务管理、车辆管理等制度；建立权力监督运行平台，对交通各项权力进行梳理、整理，与县纪委对接，直接接受纪委监督；根据中央《建立健全惩治和预防腐败体系2013—2017年工作规划》，结合实际，制订细致的预防腐败工作规划，建立详细的廉政目标、工作措施及考核管理办法；建立政务通报电视台。投资8万元，购置数码摄像机，在办公大楼大厅设置LED显示屏，每天对交通工作动态，各部门工作成绩、好人好事、在岗在位等情况进行实时通报；筹建公务车辆监管平台。投资8万元，筹建公务车辆监管平台，将全局公务用车的运行轨迹进行实时监管定位，有效管理公务车辆；在公路改造等基础设施建设中建立招投标制、监理制、法人管理制、项目公示制、廉政合同管理制等制度。在交通服务大厅设立办事流程公示图和费用公示栏；在公路建设和交通执法一线建立社会监督员制度，每个公路建设现场都聘请社会义务监督员，监督工程建设质量，在执法一线监督执法程序、执法标准等事项；接受县纪委巡查组的巡查。发现个别历史遗留问题，但在公路建设、桥梁改造和依法行政等方面没有出现大的问题。对于发现的问题，多次召开局党组会议进行研究，按照巡查建议逐条研究落实，制订切实可行的整改方案，并报县纪委通过。

表10　2016年郓城汽车站班车时刻表

终点站	发车时间	终点站	发车时间	终点站	发车时间	终点站	发车时间
省际班车时刻表		县际线路班车时刻表		市际线路班车时刻表		市际线路班车时刻表	
徐州	08:00　14:00	菏泽	05:50—18:30（每15分钟一班）	济南	06:30—17:30（每15分钟一班）	磁窑	13:00
						聊城	8:00
濮阳	07:20、13:00	巨野	06:50—18:00（每15分钟一班）	泰安	07:20、08:20、13:30	临沂	7:40
						日照	7:40、14:00
新乡	8:30	鄄城	07:05—17:30（每20分钟一班）	济宁	07:00—17:00（上午半小时下午一小时一班）	潍坊	8:00
天津	8:00					东营	8:00
郑州	7:20	单县	07:20、13:30、15:00	兖州	07:00、09:30、12:00、13:40	烟台	8:30
商丘	7:30	苏州昆山	16:00			威海	9:00
上海	8:00			梁山	8:30—17:30（每小时一班）	黄岛	8:00
西安	8:30					青岛	8:30

续表

终点站	发车时间	终点站	发车时间	终点站	发车时间	终点站	发车时间
省际班车时刻表		县际线路班车时刻表		市际线路班车时刻表		市际线路班车时刻表	
台前	07:40—16:40（每小时一班）			淄博	08:00、12:10、13:00	寿张	08:40、15:20
				枣庄	7:30、13:00	邹城	08:10、14:40
北京	10:40:（过路）			莱州	10:00（过路）		

表 11　2016 年郓城公交线路及站点

一路：郓城县高级中学（二中）—苏庄桥　　早 6 ：00—晚 6 ：00
二中→中医院→西关桥头→育才路口→自来水公司（唐塔路口）→华灵家园→十八中→公交公司（老城关镇）→烟草公司（胜利街口）→南关第一初级中学→汽车站南门→利民街路口→盛世华庭南门→儿童乐园→西溪路北桥→大福源购物广场（前门）→东环路口→工业三路路口（眼科医院）→华灵纺织→恒基集团→苏庄桥西
二路：宋堂—棉六厂　　早 6 ：00—晚 6 ：00
宋堂→八里庄→粉张庄→二中西临→中医院→育才路口→郓城一中（南门）→政府招待所→县政府（三角花园）→东关商场（三角花园）→华联超市（东门街）→汽车站南门→利民街路口→盛世华庭南门→儿童乐园→西溪路南桥→鲁西南战役纪念馆→婚姻登记处→蓝天驾校→棉六厂
三路：怡情园—八里河　　早 6 ：00—晚 6 ：00
怡情园（门口）→义和路口→交通局家属院北（花园社区大门）→教育局→西门街路口（西关车站）→郓城一中（南门）→唐塔广场北（郓百商城）→唐塔路口（县医院路口）→东关商场（三角花园）→临城路口（工会）→汽车站西门→交通局→忠义路口（工商银行总行）→圣达酒店→郓州大道（七星华誉大酒店）→八里河社区
四路：水浒商贸城—司店村　　早 6 ：00—晚 6 ：00
水浒商贸城（南门）→诚信医院→锦和花园（门北）→水浒路口→金旭凯旋城→武装部门口→华联润发超市（陈路口店）→公交公司(老城关镇)→烟草公司→南关中学→汽车站西门→华联超市(东门街)→东关商城(三角花园)→唐塔广场(县医院路口）→司店村
五路：水浒酒厂（工业园区）—三馆一场　　早 6 ：00—晚 6 ：00
水浒酒厂（工业园区）→蓝天驾校→职教中心→东城国际小区→大福源购物广场（前门）→水岸新都→御水苑→郭林桥→帝景湾→东城家园→泰和家园（利民街南）→汽车站南门→南关中学→烟草公司→公交公司→华联润发超市（陈路口店）→水浒小区→廪丘路（三馆一场）
六路：郓城县高级中学（二中）—宋江名都小区　　早 6 ：00—晚 6 ：00
二中→金都豪庭→唐塔广场→唐塔南路→县医院路口→东关商场（三角花园）→华联超市→汽车站西门→交通局→工商银行总行→圣达酒店→彩虹桥（胜利街南）→郓州大道（法院）→万象世纪小区路口（西门街丁字路口）→南城中学→蒋庙灯塔
七路：火车站—于屯　　早 6 ：00—晚 6 ：00
火车站→郓邑路口→人民保险公司→实验中学→水浒大厦（外贸路口）→邮电局→县委→华联超市（东门街）→金河路口（汽车站西门）→交通局→工商银行总行→圣达酒店→御景园（盛平路口）→帝景湾→郭林桥→开发区管委会→工业二路→于屯路口→于屯
八路：开发区—三馆一场　　早 6 ：00—晚 6 ：00
开发区→勤润家园→盛世华庭北门→党校财局→汽车站西门→烟草公司（金河路）→凤凰城西门→宋江武校→汽车六队东门→华联润发超市（陈路口店）→水浒小区→廪丘路（三馆一场）

（李印文　杜德成　郭昂）

公 路

【概况】 郓城县境内国道1条，省道3条，全长155.2公里，分别是国道220线，省道德商路、济董路、巨郓路，建成一级公路78.8公里，在建一级公路18.9公里，一级公路里程已占全县干线公路总里程的60%以上。郓城县公路管理局为正科级事业单位，隶属于菏泽市公路管理局垂直管理，下设工程处、养护科、路政大队等13个职能科室和1个养护中心、4个公路管理站，有在职干部职工220人。

【工程建设】 2016年，济董路郓城东段改建项目开工建设，总投资3.5亿元，工期2年。年内完成工业园区路段的路基土方、改善土、水稳底基层和沥青路面底层2公里，完成苏庄桥至嘉祥交界路基土方、改善土、小桥涵等工程总量的50%，推进北环路段的征地拆迁工作取得阶段性成果。同时，重点抓好220国道郓城至梁山段和南绕城段建设项目前期工作，委托山东省公路设计咨询有限公司开始编制工程可行性研究报告。

【公路养护】 加强境内155.2公里干线公路的路面保洁和日常养护，及时处治路面病害，快速修复完善公路沿线安全防护设施。加强桥涵的养护及监管，上半年济董线魏垓桥不堪重负，出现桥面铺装混凝土严重碎裂、多处露筋等重大安全隐患，为此配合交警部门对该桥实施交通管制，限制宽度超过2.2米、载重量超过10吨的大型车辆通行，保证广大人民群众的出行安全。推进公路养护机械化，道路保洁使用洒水清扫一体化设备，避免干线公路大量扬尘。加大资金投入，完善220国道、德商路、巨郓路部分穿村镇路段的排水设施，健全各项应急保障机制，完善物资储备库建设，加强应急抢险演练，应对雨雪雾风等恶劣天气，妥善处置突发事件，及时抢通阻断道路。

县公路局开展路政宣传月活动

【路政管理】 推行路政管理分路段包干制，加大路政巡查力度，严格涉路审批手续，规范执法行为，开展路政宣传活动，广泛宣传公路相关法律法规，营造良好执法环境。加强对乱堆乱放、占道经营、违章建筑等集中治理，路域环境治理效果明显提升。配合县政府、国土、环保、交通等部门开展清理砂石料专项行动，采取拆房屋、断辅路、停电、恢复耕地等措施，依法取缔黄安、张营、杨庄集、程屯存在的非法砂石料场，抓好超限运输源头治理。麦收、秋收期间，提早安排部署，扎实开展“公路打场晒粮”“秸秆禁烧”专项治理行动，确保辖区内道路安全畅通。共处理各种路政案件29起，行政许可15件，收回公路设施损坏赔偿费74.1万元，案件查处率、结案率、回收率100%。

【党建工作】 扎实开展“两学一做”学习教育，党总支及各支部坚持把党的思想建设放在首位，以尊崇党章、遵守党规为基本要求，以习近平总书记系列重要讲话精神武装全党为根本任务，灵活运用讲党课、学习讨论会、思想交流会、个别重点谈话等多种方式，引导广大党员干部深入学习。一是突出经常性教育的特点，以党支部为基本单位，以“三会一课”等党的组织生活为基本形式，以落实党员教育管理制度为基本依托，充分发挥党支部自我净化、自我提高的主动性，把全面从严治党落实到每个支部、每名党员，推动党的思想政治建设抓在日常、严在经常。二是结合纪念建党95周年活动，参与市县优秀共产党员、先进基层党组织等评选活动，组织党员到廉政教育基地、烈士陵园等接受教育。三是认真开展党员组织关系排查工作，按照集中排查、联系查找、登记造册、规范管理、组织处理、分析总结的步骤，核查党员身份信息，摸清“口袋”党员、长期与党组织失去联系党员情况，理顺党员组织关系，健全完善党员档案。同时，派驻的“精准扶贫”工作组、“双联双创”工作组和 2 名“第一书记”继续帮扶驻村生产生活和党的建设，定期走访、慰问困难群众，送去生活必需品。

县公路局合唱团参加全县庆“七一”歌咏比赛

（曾凯）

铁　路

【概况】 郓城站位于郓州街道，北邻济宁市梁山站，两站间距 24.45 千米，南邻郓城县黄安镇马寨站，两站间距 18.74 千米。郓城站中心里程位于京九线自北京西站起 527 千米 689 米处，隶属济南铁路局聊城车务段管辖。车站 CTC 计算机联锁设备，双线四显示自动闭塞。为客货运三等站，车站有到发线 6 条，上下行正线 2 条。货物线 2 条，专用线 1 条，郭屯煤矿于 2016 年 12 月 15 日正式开通。年发送量 20 万吨，年发送旅客 38 万人次，货物年发送 8.5 万吨，客货年总收入 1885.2 万元

【客运】 工作人员共 29 人，男 21 人，女 8 人，平均年龄 50 岁；设主任值班员 1 人，客运值班员 3 人，售票员 5 人，安检人员 3 人，站台服务 18 人。全年累计发送旅客 38 万人次。

【货运】 货运主任 1 人，负责人 1 人，货运值班员 3 人，货运员 6 人，门卫 3 人。年发送 8.5 万吨。其中粮食 2.1 万，面粉 1.6 万，杂货 2.8 万吨。卸车日均 300 吨。

【候车室建设】 郓城站客运站房建筑面积为 531 平方米，其中总候车面积 468 平方米，旅客座椅 192 座。

【车站班制】

行车：接发车四小班制，每班 2 人

调车：两班制，每班 3 人

客运：三班制，每班 9 人

货运：两班制，每班 6 人

日均接发列车 85 对，图定办理客运业务的客车 9.5 对。

表 12　2016 年郓城站办理客运业务时刻表

	车次	发站	到站	新时刻	
				到点	开点
郓城站	K732	广州东	大同	14:15	14:18
	K1110	黄山	北京西	5:13	5:15
	K2386	南宁	长春	7:36	7:57
	1304	郑州	北京西	12:43	12:45
	2072	济宁	北京	14:35	14:37

续表

	车次	发站	到站	新时刻	
				到点	开点
郓城站	K892	杭州	太原	9:09	9:12
	K926	郑州	哈尔滨	19:54	20:04
	K1109	北京西	黄山	19:44	19:46
	K1902	日照	北京	21:37	21:43
	K1011	石家庄北	上海	20:15	20:25
	K569	齐齐哈尔	东莞东	21:35	21:38
	K1901	北京	日照	5:38	5:40
	K973	哈尔滨	襄阳	15:29	15:33
	K905	太原	杭州	17:03	17:05
	K1453	北京西	赣州	19:08	19:10
	K125	长春	西安	8:12	8:28
	K715	大连	郑州	8:48	8:51
	K919	天津	汉口	22:40	22:44
	K1511	聊城	金华	13:58	14:07

邮　政

【概况】 中国邮政集团公司山东省郓城县分公司位于郓城县临城路中段，下辖20个邮政支局，3个邮政所，内设2个职能部室，4个专业科室，各类从业人员294人。全县共有投递段道61条，邮路总长4092公里；有效便民服务站1498处，实现“一村一站”的总体部署;2016年“买卖惠”农村电商平台上线商品3948种，交易额1843.92万元。

【业务经营】 业务规模、点均业绩、收入进度等多项指标位居全市乃至全省前列，全年实现收入10439万元，完成年计划的105.91%，同比增长31.21%，绝对值增加2481.23万元，达到近年最好水平。先后获全省三十佳县公司、全省卓越贡献奖、全市突出贡献奖。被县商务局评为2016年农村电商先进单位。

【科学管理】 把握“安全保稳定、安全出效益、安全促发展”的工作定位，通过多种渠道开展安全教育活动，组织消防演练、防抢劫演练等，与各单位签订安全责任书，进一步明确安全责任；加大检查频次和深度，全年共出检支局270余次，填写报告书246份，对于检查中发现的现场卫生差、投递质量低等现象制订整改措施，通过整改，提高职工主人翁意识，改善现场卫生和服务形象；加强管监控岗位人员履职情况通报，认真受理客户投诉，深入开展规章制度及安全防范教育培训；解决县公司和市公司转来的投诉26起，网点风险点得到有效控制，机要通信业务实现第26个质量全红年，基础管理水平及服务质量均得到提升。

【企业文化】 全面推行网点淡季轮休，职工带薪年休假比例达到95%以上，切实保障职工休息休假权利。开展职工健康健身活动，为每位员工发放健康查体卡，积极组织送温暖、送清凉和帮扶救助，职工的获得感进一步提高。

一是加大精神文明建设力度。在抓好先进典型选树与推广的基础上，加大文明创建工作力度，确保2016年继续保持省级精神文明单位的荣誉。二是坚持传承与创新相结合的原则，打造郓城特色邮政“郓城好汉、勇往直前”的企业文化，提升企业软实力。三是进一步深化民主管理，维护员工权益。落实好职代会制度、局务公开制度，促进企业和谐发展。

【拓展邮政服务领域】 集自助寄件和自助取件功能于一体的智能包裹柜投入运行，全县已成功试点安装18处智能包裹柜，发挥明显的作用，获得小区居民的认可和欢迎。与县老龄委联合举办第二届“关爱夕阳和谐山东”广场舞大赛，关心关爱老年人群的身心健康，参与人数1200人；与县妇联深入开展关爱留守儿童活动，打造武安、丁里长、玉皇庙等网点的留守儿童之家，开展“两地书、亲子情”书信比赛活动，进一步关心留守儿童的成长，为外出务工的老乡送去家的温暖；与县工会对接，共同发放具有身份标识、工会服务、消费优惠和金融服务4项功能的银行卡，切实服务每一位工会会员，已完成5000余名会员银行卡发放。

（王玉腾）

中国移动郓城分公司

【概况】 中国移动通信集团山东有限公司郓城分公司（以下简称郓城移动分公司）有移动员工152人，公司设有综合部、业务运营部、建设维护部和集团客户服务中心4个部室，有城区营业厅2处，乡镇经营部20处，2300多处代理网点。郓城移动获省级精神文明建设单位，省级“守重企业”单位，连续五届获得省级消费者满意单位，被省移动公司评为“双十块”县公司，被评为郓城县A级纳税企业等荣誉。

【网络服务及工程建设】 郓城移动推动2G、3G、4G“三网合一”和光纤宽带业务的网络工程建设，网络规模和通信能力大幅提升。实现城区、乡镇驻地、矿区和大部分行政村庄光纤宽带热点覆盖，解决城乡居民高速上网需求，为淘宝网店提供网络支撑，推动数据信息化进程。郓城移动分公司积极推进无线数字城市建设，推进政府信息化、行业信息化、农业信息化等综合信息化应用，加快移动互联网、物联网的应用推广。

【客户服务】 开展各项服务举措，推出“掌上营业厅”“咪咕业务”“和天气”“车主服务”等业务，实现客户利用手机进行缴费、消费、理财、查看天气等功能，真正实现惠民服务，推动数据信息化服务能力。到郓城电视台“民声快办”栏目，面对面地接收客户对移动服务的咨询和建议，并限期解决客户问题，同时以客户建议或投诉为切入点，从流程制度上不断完善，制订针对性改善措施，对话费争议、流量业务等投诉热点，不断优化投诉处理流程，快速处理，满足客户合理需求，降低投诉量，进一步提升整体服务质量。

【精神文明建设】 在公司企业文化墙建设“四德榜”宣传栏，在公司四楼建设道德讲堂室，在公司大门口明细位置设立“纠四风”监督电话宣传栏。公司开展形式多样的文化娱乐活动，开展“讲述我和身边人的故事”企业文化演讲比赛，开展班组团队“六小文化”示范点建设，启动EAP员工关爱援助工作，让广大员工“激情工作、快乐生活”。公司高标准建设县公司职工小家1处和乡镇经营部职工小小家17处，增强员工归属感和向心力。郓城移动践行社会责任，踊跃开展慈心一日捐活动，主动落实精准扶贫，出资12万元为李集乡前杨村建设400平方米厂房；踊跃为贫困灾区捐钱、捐物。

（田金学）

中国联通郓城县分公司

【概况】 中国联合网络通信有限公司郓城县分公司（以下简称郓城联通）是经营全业务电信运营商，内设综合部、营销中心、集团客户服务中心，渠道服务中心、驻地网营销中心，简称1部4中心，下辖20个乡镇营业部，设有200多个营销网点。有职工111人，在职职工70人，内退员工41人。

2016年，郓城联通公司实现通信服务收入1.23亿元，比上年同期增长4.8%，上交地方税收365万；移动用户到达21.26万户，宽带用户到达10.5万余户；固话有效用户3.8万户。联通4G采用LTE-FDD和TD-LTE混合组网的形式，是真正的“双4G、双百兆”，是一种完全开放式的网络制式，网络下行速率最高可达100Mbps，网络更快，内容更加丰富。

【网络建设】 2016年，郓城联通进一步加大网络建设步伐，新增6个3G基站，82个4G基站，36个2G基站，共925个逻辑基站。实施宽带光网改造工程建设，20个乡镇营业部全部实现FTTH光缆覆盖，工程总投资200万元，共改制村点、小区20个，新建FTTH端口4838个，转化用户4032万户，老用户转换率100%，改造区域内完成新装用户4032户；FTTH用户到达94545户。改制后，腾退机房、局站共计8处，年节约租金2.2万余元，月节省电费3.4万元。

【基础管理】 开展“学党章党规、学系列讲话”活动 ，深化中国特色社会主义和“中国梦”学习教育，落实“两学一做”持续推进首席客户经理制度，使员工的综合素质得到进一步提升。综合部联合各部门每月开展综合大检查，安全隐患得到有效整改；加强成本支出管控，提前谋划，事前申请，事后评估，使资金成本得到有效发挥。连续5年，获全市守合同重信用企业。

【客户服务】 郓城联通坚持“以客户为中心”的服务理念，不断创新完善服务质量监督体系，注重“提升企业声誉，改善经营服务。一是开展培训、考试工作，提高员工业务素质、服务水平、服务技能和服务意识。二是进一步完善服务质量综合评价体系，落实好各项服务规范，客户服务部要加强监督检查力度，提高预警能力。三是加强客户投诉处理。切实执行“首问负责制”等服务考核办法。四是在营业厅设置导购营业员、VIP受理专风、触摸民间屏查询机、自动缴费机，方便客户缴费和查询业务，提高营业服务水平。五是深入开展窗口服务创先争优活动，以投诉预防及现场督导为切入点，持续推进客户满意度改善工作的开展，进一步提升整体服务质量。

【精神文明建设】 开展“创先争优”“四好班子”“五好党支部”创建活动，突出“我为党旗增光添彩，争做促进发展先锋”这一主题，组织开展不同层面的服务达标、技术比武、重点业务发展劳动竞赛，全体党员以实际行动实践先进性，在经营发展中起到模范带头作用。进行理想信念和形势任务教育。利用会议、文件、分散、集中辅导等形式，及时准确地向广大员工宣传党和国家的方针政策，宣传企业的经营方针、经营规划，客观介绍企业面临的形势任务，使广大员工牢固树立“企业兴旺，我的责任”的理念。开展社会主义道德教育。以倡导社会主义荣辱观为核心，广泛宣传《山东省公民基本道德规范40则》，全面贯彻《中国联合网络通信（香港）股份有限公司员工职业道德守则》，大力倡导爱岗敬业、乐于奉献的良好风尚，引导员工对工作负责、对企业负责、立足岗位，建功立业。宣传先模人物，营造比学赶超的浓厚氛围。宣传学习党员专家吴大观、党的好干部沈浩、杨善州的先进事迹，宣传学习联通战线上的楷模王树明身残志坚、自强不息、忠于事业、为民奉献的精神，开展服务明星、技术能手、十佳企业员工评选活动。

（魏伟）

中国电信郓城分公司

【概况】 2016年中国电信郓城分公司围绕“规模效益发展”这一工作主线，以移动业务、宽带业务、ICT业务、增值号百业务四轮驱动，切实做好“内强素质、外树形象”基础管理工作。中国电信郓城分公司移动用户5.6万户，新增手机用户中，80%以上用户为4G智能手机，天翼4G已经在悄然改变着郓城人民的信息生活方式。全县电信宽带用户2.5万户，继续保持电信宽带的市场领先地位；ITV电视用户新增0.5万户，用户应用感知良好。此外，电信政企OA、翼校通、协同通信等一批信息化应用新业务，已在全县党政机关、学校、中小企业、智能工业园区等越来越多的行业领域得到应用，通过信息化手段为生产和管理提高效益。

【光网建设】 中国电信是国内唯一拥有卫星、移动和固网业务的真正意义上的“天地一体化”全业务运营商。中国电信郓城分公司拥有世界上最大的固定通信网络和相对先进的移动通信网络。截至2016年，中国电信郓城分公司投入2.5亿元用于网络开发建设。手机上网达到150M，有线宽带上网达到100M，双百兆业务得到用户一致好评和认可。

“宽带中国”建设方面，郓城分公司2016年新形成端口能力3.5万线，较2015年新建能力提升近1.5万线。其中城区建设10个小区，形成端口能力0.31万线；农村宽带合作投资建设340个村，形成端口能力3.19万线。

【电信服务】 在各电信营业厅安装全球眼，围绕资费收费、服务履约、营销管理和投诉处理等方面问题进行自查自纠，严格首问负责制、服务承诺制及工单回访等制度，提高办事效率不断规范经营服务行为，形成统一脚本并全市共享，有效统一服务标准。为全面提升客户满意度，成立客户服务小组，对客户服务全过程进行管控，责任到人，提高客户忠诚度。

同时，开展加强行风建设、优化发展环境活动，认真执行《电信服务标准》，不断优化业务处理流程，努力缩短服务时限，坚持一站式服务、预约上门服务、回访制度等，有效提升用户服务满意率。对内提高窗口营业人员的整体素质，规范窗口服务人员的服务行为，健全服务质量考核监督检查体系，认真执行投诉处理流程、时限要求。对外建立健全监督机制，通过聘请社会监督员，开通总经理热线电话、总经理信箱等，虚心接受社会各界意见、建议，及时解决人民群众反映的问题；加强与农行等代收费网点合作，进一步方便用户交费，树立良好的服务形象。

【基础管理】 *提升员工专业技能增强竞争力。*全面开展业务知识技能培训活动。一是确定每周一上午为公司集中培训日，由县公司领导亲自进行专业知识授课并通报发展指标；二是每月12号召开乡镇支局会，进行集中代理商培训，渠道经理每周开展送培训到一线的活动。

*发现问题解决问题提升向心力。*深入落实一线调研、帮扶工作。一是制订县公司深入一线调研制度，发现问题、分析问题、解决问题；二是组织渠道经理人员深入乡镇农村，实际帮助支局开展业务宣传、炒店促销、集团攻坚等生产经营活动。

*深入落实安全生产工作。*紧紧围绕“安全第一，预防为主”的指导思想，逐级签订安全生产目标责任书，狠抓落实，强化重点部位、重点环节安全管理；深入生产经营一线进行安全生产检查，每周对重点部位及施工现场进行4～6次例行检查。对员工定期开展安全消防培训，全年组织开展两次安全逃生现场演练。

*打造企业家文化。*组织开展“天翼真4G 菏泽我来了”骑行宣传活动；全面开展业务知识及营销技能培训活动，创建学习型企业；常态化开展领导带队值日活动，组织扫雪集体活动，树立家园意识，促进协同配合，增强员工归属感；组织开展企业文化宣传，把企业文化形成展板上墙。

关心关爱员工。持续开展夏送清凉活动；组织员工积极参加争创优秀员工活动，2016 年度评比中，中国电信郓城分公司共有 4 人获“市级优秀员工称号”。

（李新帅）

财政·税务

PPP 项目推介会现场

财政·税务

财　政

【概况】 2016年，县财政局在职干部职工86人，内设6个职能科室包括办公室、企业科、基层财政管理办公室、国有资产管理办公室、国库科、预算执行监督管理办公室，16个事业编制科室包括财政信息中心、经济建设管理办公室、会计管理中心、县预算外资金管理办公室、县政府集中招标采购服务中心、县财政监督办公室、县会计核算中心、县黄淮海平原开发资金管理公司、农业资金管理办公室、社会保障资金管理办公室、行政事业资金管理办公室、县国有资产运营中心、县经济开发投资公司、预算管理办公室、国库管理办公室、政府和社会资本合作办公室。县财政局被省文明委授予“省级文明机关”。

【财政收支】 一般公共预算收支。全县一般公共预算收入22.7亿元。其中增值税4.5亿元，营业税3.86亿元，企业所得税1.05亿元，个人所得税0.25亿元，资源税1.54亿元，城市维护建设税0.66亿元，房产税0.8亿元，印花税0.23亿元，城镇土地使用税2.3亿元，土地增值税0.27亿元，车船税0.19亿元，耕地占用税1.18亿元，契税0.4亿元，非税收入5.48亿元。

全县一般公共预算支出52.25亿元。其中一般公共服务支出6.24亿元，公共安全支出1.42亿元，教育支出11.2亿元，科学技术支出0.49亿元，文化体育与传媒支出0.49亿元，社会保障和就业支出9.97亿元，医疗卫生支出7.96亿元，节能环保支出1.07元，城乡社区事务支出1.25亿元，农林水支出9.18亿元，交通运输支出0.98亿元，资源勘探电力信息等事务支出0.28亿元，商业服务业等事务支出0.32亿元，国土资源气象事务支出0.3亿元，住房保障支出0.94亿元，粮油物资储备管理事务支出 0.03亿元，国债还本付息支出0.11亿元，其他支出0.03亿元。

政府性基金预算收支。政府性基金收入完成8.23亿元，增长34.68%；政府性基金支出完成7.97亿元，增长9.68%。

【全面深化改革】 完善部门预算编制。预算编制体系更加完善，编制内容更加细致，涵盖公共财政预算、政府性基金预算、财政专户和部门其他收入在内的所有收支。

预决算公开。对2016年财政预算、部门预算、“三公经费”预算和2015年财政决算、部门决算、“三公经费”决算向社会进行公开，进一步提高公开的细化程度和完整程度。

“营改增”改革。2016年5月1日起全面实施“营改增”改革，营业税全部改为增值税，增值税和改征增值税同时实行中央和地方五五分成。

公车改革。制订《郓城县机关公务用车制度改革车辆处置办法》，测算好公务交通补贴费用需求，保证公务用车改革的顺利实施。公车补贴于2016年6月正式发放。

现代预算管理制度改革。根据鲁政办发〔2016〕17号文件精神，制订《实施方案》，统领各项财政改革逐步深入。

【助力经济发展】 不断壮大融资平台规模。截至2016年底，水浒城市建设置业有限公司总资产达到67亿元，净资产52亿元，主体资信AA级。与政策性银行、商业银行等金融机构对接，融资规模达到78亿元，在全市率先发行9.7亿元县级城投债，项目涉及棚户区改造、解决“大班额”、校区建设、城市交通枢纽工程、农村路网建设及公共服务设施等。

深入推进政府和社会资本合作。成功举办两届PPP项目推介会，累计向社会推介34个PPP项目，涵盖城市建设、安居工程、教育、环保等多个领域。重点推进职业中等学校新校区、南湖（银湾）新区、城区道路和经济开发区道路4个PPP项目，项目投资总额累计33亿元，引进社会资本32亿元。南湖（银湾）新区建设项目和彭湖湿地生态区建设项目被确定为第三批国家级示范项目，投资总额30.94亿元。

支持农业经济发展。加大扶贫资金投入力度，2016年投入2.5亿元用于支持全县扶贫攻坚。制订下发《郓城县财政扶贫资金管理办法》，进一步强化对涉农资金的监督管理。推进农业新型经营主体融资增信工作，2016年发放贷款1250万元，累计发放贷款6707万元。推进农业综合开发项目建设，2016年争取资金2809万元，支持农业综合开发项目区农业基础设施建设和产业化经营。做好政策性农业保险工作，为全县78万亩小麦和66万亩玉米进行政策性参保，财政支付2160万元。支持农村“一事一议”公益事业建设，确定80个村级公益事业建设“一事一议”财政奖补项目，共争取省以上财政奖补资金1214万元，争取农村公共服务运行维护机制建设项目奖补资金637万元。做好各项涉农补贴发放工作，发放农业支持保护补贴资金17035万元；发放农机补贴资金1990万元；发放棉花目标价格改革补贴资金169万元，全部通过“齐鲁惠民一本（卡）通”兑付；对提前淘汰的775辆黄标车和207辆“黄改绿”车辆发放补贴，补贴总额1258万元。

【全面保障民生】 社会保障基金方面。2016年完成5项社会保险费收入18.6亿元，较上年增长30%。确保机关事业、企业离退休人员、城乡居民基本养老金的按时足额发放，保障医疗、失业、工伤等各项保险待遇的及时支付。

城乡居民基础养老金。发放标准由每人每月85元提高到100元，补贴资金2.38亿元。

居民医疗保险。筹集居民医疗保险补助资金4.11亿元，其中县级配套1.12亿元，地方配套比上年增加2205万元。

最低生活保障。提高城乡低保财政补助标准，城市和农村低保补助标准分别达到240元和160元，财政投入1.02亿元。

五保供养。集中和分散供养标准分别达到每人每年4400元和3500元，财政投入1726万元。

公共卫生。提高基本公共卫生服务补助标准，由每人40元提高到45元，筹集专项资金4859万元。

支持就业再就业。设立扶持返乡创业基金500万元，专项用于返乡创业政策宣传、贷款贴息、创业奖励、吸纳就业和房租补贴等。拨付创业孵化基地和“县长创业奖”奖补资金90万元，充分发挥典型效应，鼓励更多人创业。认真落实各类政策性补贴，对5082人给予职业培训补贴284万元；对104人给予社会保险补贴65.4万元；对201人给予公益性岗位补贴240万元；对2841人实施免费职业技能鉴定，补贴资金32万元。

优抚。投入7080万元，用于优抚对象生活补助、义务兵优待、自主就业退役士兵补助，以及伤残军人、老复员军人生活补助。

完善城乡社会救助体系。完善城乡大病医疗救助体系，重点对低保对象、五保户及特困优抚对象人群中患大病的人员实施救助。建立临时救助制度，重点帮助城乡贫困人口等弱势群体，解决好基本生活、子女上学、住房困难、受灾受困等问题。支持老年福利和儿童福利政策建设。

教育文化事业方面。支持教育事业发展。农村中小学生人均公用经费补助标准小学、初中分别为710元和910元，家庭经济困难寄宿生生活费补助标准小学、初中分别为1000元和1250元，特殊教育学校生均公用经费补助标准由3000元提高到4200元，全年支出义务教育保障经费1.27亿元。

支持“全面改薄”和解决“大班额”问题。拨付“全面改薄”和解决“大班额”建设资金3.15亿元。

支持文化事业。支持送戏下乡、送电影下乡和多种形式的群众文化开展，完成文化体育与传媒支出3416万元。

落实国务院增资政策。按照新的标准对机关事业在职和离退休人员工资进行调整，调整后在职人员人均月工资5059元、增加677元，工资调整、养老金非统筹项目、医疗金提高基数、取暖费提标、职务职级并行等人员支出全年增加支出2.38亿元。

【财政管理】 *会计集中核算*。核算资金收入累计53.6亿元，支出累计50.9亿元，审核违规违纪单据3110张，涉及资金570万元，制止挪用专项资金520万元，代扣税款2491万元。

政府采购。通过各级政府采购门户网站进行采购信息的发布，全年采购金额1.1亿元，节约资金998万元，节约率 9%。

企业管理。充分利用财政资金的杠杆作用，发放小额担保贷款7000余万元，争取上级贴息资金175万元，支持全县返乡创业人员及小微企业的发展。

财政监督评审。联合地税、国土等单位，开展城镇土地使用税和耕地占用税专项检查，以查促管，以查促收。

政府性债务管理。县纪委、检察院、审计局和财政局组成联合工作小组，专门负责拖欠工程款的审核，清偿中坚持实事求是的原则，确保清偿工作的顺利开展。全年置换政府存量债务98887万元，化解政府拖欠工程款46922万元。

基层财政管理。对全县22个乡（镇）、办事处及进行基层数字财政管理系统安装应用培训，组织人员学习外地先进经验。组织人员参加山东省第二届乡镇财政业务技能竞赛，获得“菏泽市乡镇财政业务技能竞赛团体二等奖”，获省一等奖1人，二等奖1人，市一等奖6人，二等奖2人，三等奖4人，优秀奖1人。

会计管理。全年办理会计从业资格证书530人，会计档案调出136人，调入238人，信息变更962人，上岗注册187人，丢失补证4人。

（闫国昌）

国家税务

【概况】 2016年，郓城县国家税务局在职干部职工268人，县局机关内设11个行政科室，1个直属机构，1个事业单位，下设8个派驻机构（税务分局）。先后获省级文明单位、省级文明机关、全国税务系统文明单位、全国巾帼文明岗、省级“青年文明号”示范集体、全省国税系统十佳“纳税人之家”“法治国税”示范点等荣誉。

【税收收入】 2016年累计入库税收131491万元，增收33501万元，首次突破13亿元大关。其中，县级收入完成53840万元，增收27397万元，为地方经济社会发展和社会稳定提供财力保障。加强38户重点税源企业管理，全年入库税收63021万元，占总收入的47.93%；加强营改增后续管理，入库税款10846万元，同比增长343.06%；强化传统行业管理，纺织业入库25362万元，增收2600万元，机械制造业入库4962万元，增收1544万元，木材加工业入库4774万元，增收1279万元；加大稽查评估力度，评估提醒入库税款4900万元，同比增长96%;稽查入库2102万元，同比增长5.36%，打击涉税违法行为；注重税收调查分析，增强组织收入工作的主动性，被评为2016年全市税收调查工作先进单位。

【基层党建】 县国税局不断强化党建基础，建立“横向到边、纵向到底、层层抓落实”的责任网络，开展党支部书记述职评议，将评议结果纳入绩效考核，压实领导责任。累计拨付11个党支部25万余元党建经费，加强基层党建软硬件设施建设，组织党建观摩，检验成效。推进“两学一做”学习教育，局党组成员累计讲党课15次，开展集体谈话6场次，谈心交流930人次，组织党组理论学习中心组集中学习12次，举办“学习党章、手抄党章”书法比赛，并利用“互联网+”上微党课、举办知识竞赛，增强党组织战斗力和凝聚力，提升工作站位。7月25日，县委书记刘文林对郓城县国税局践行“两学一做”助推税收增长的做法做出批示予以充分肯定，县委下发通知号召全县向国税局借鉴学习。12月，省委组织部“两学一做”学习教育督导组到郓城进行督导，县国税局作典型汇报发言。

【纳税服务】 县国税局多措施优化纳税服务方式。利用走访、上门辅导、专题培训等方式宣传税收政策1400多户次；先后召开纺纱、挂车等行业涉税政策专题辅导7次，培训纳税人累计1500多人次。创新实施国地税联合办税，8月，国地税联合办税服务厅进驻县政务服务中心后，在全省第二家、全市首家实现“一窗一人一机双系统”国地税业务“一站式”服务，并按照“一窗受理、内部流转、一窗出件”的原则内部流转资料，方便纳税人。同时，落实税收优惠政策，2016年落实税收政策优惠、减免和出口退（免）税款11549万元，其中，有1806户个体户减免219万元；有4381户小微企业减免852万元；为41户企业办理出口退（免）税4999.85万元；落实固定资产抵扣10369万元，支持地方经济发展。

【征管改革】 县国税局推进营改增全面试点改革，首创“精准分类、制订指南、人人过关、区别辅导、模拟验证”的营改增工作模式，被全市推广。分别对新设登记、变更登记、外管证等12项业务进行联调联试，记录事项推送全流程。确保金税三期优化版在郓城顺利上线，提升征管数据质量。全方位深化国地税征管体制改革，实施联合办税，实现服务融合、信息聚合、执法整合，征管质效和服务水平大幅提升，经验做法被省委改革办《改革情况交流》专期刊发。同时，整合风险提醒、纳税评估和大企业管理职能，成立重点税源管理分局，打造税收征管模式升级版，税收风险管理和应对更加专业化。

【队伍建设】 县国税局借助“数字人事”“两学一做”等载体，大力加强素质培养，提升干部职工整体素质。交流中层干部13人、一般人员47人，采取竞争性选拔方式将9名青年干部提拔到副股级岗位，盘活人力资源。同时，推进文明创建工作，5月，县委宣传部组织全县省、市级文明单位60多人，到县国税局参观交流，并在县文明创建工作现场会上作典型发言。12月，顺利通过省级精神文明单位复审，并且正在争创国家级青年文明号。在“双联双创”工作中，国税局8个基层党支部联系263户贫困户，提供就业信息20余条，捐款捐物5万余元；“第一书记”定点帮扶，帮助建文化广场2处，捐助特困学生14名；精准对接重点帮扶，筹措资金20万元，新建扶贫就业点2处。菏泽市委《昨日要情》刊发郓城县国税局精准扶贫工作做法。

【内管效能】 推进绩效管理，对上进一步明晰相关工作要求，对下层层分解，突出重点工作，严格督导考核。注重过程管理，按月分析、按季讲评、定期推进，并实施三级督办，抓整改、明方向，提高绩效管理质效。在市级以上媒体刊发宣传稿件30余篇，配合上级科研工作，在《中国财政》发表科研文章1篇，在《山东税务研究》《菏泽税务》发表科研文章27篇，同时，加强涉税舆情、信访维稳、保密、档案等基础保障工作，及时化解矛盾，确保安全稳定。完善多项财务管理制度，进一步规范财务行为，狠抓预算管理，严控“三公”经费，稳步推进公车改革，落实审计巡视整改，财务管理水平得到提升。修订完善会议、公务接待、宣传、请销假等多项制度，降低行政运行成本。

（王理生 王昌强）

地方税务

【概况】 2016年，郓城县地税局共有干部职工369人，其中，在职干部职工239人。内设办公室、法规税政科、征管和科技发展科、税源管理科、收入核算和财务科、人事科、机关党委、监察室、纳税服务中心9个科室，下辖郓城中心税务所、双桥中心税务所、武安中心税务所、随官屯中心税务所、杨庄集中心税务所、潘渡中心税务所、侯咽集中心税务所、张鲁集中心税务所、玉皇庙中心税务所和直属征收局、稽查局2个直属单位。2016年，全局组织各项收入135451.68万元，取得全市地税系统绩效管理综合考评第一名，被评为全省地税系统“十佳”绩效标杆单位。

【税收管理】 适应经济税收新常态，组织开展税源调查，深化税源“四化”管理，实现税收征管无缝隙。稳步推进企业、银行、税务三方签订“税库银”协议，推行网络电子申报，提升信息管税水平。市委常委、常务副市长闫剑波对“充分运用第三方信息加强税源控管”的工作做法作出重要批示，要求全市推广。执行最低税负预警值征收管理办法，开展企业所得税汇算清缴，全面推行个人所得税全员全额申报和年所得12万元以上个税申报工作，组织入库企业所得税、个人所得税共计10462万元。依托“网格化”电子税源地图对企业经营占地和用房进行动态监控，跟踪管理，提升土地使用税、房产税征管质效。执行煤炭资源税改革政策，组织入库煤炭资源税12511万元，增收3977万元。落实委托代征、代扣代缴等工作，全面加强车船税、印花税等税收管理，组织开展医疗行业印花税专项检查，查补入库印花税70余万元。市地税局党组书记、局长许从法给予表扬批示，工作经验全市推广。强化税务稽查，严肃税收秩序，2016年，全局组织38户企业自查，入库各项税款2640余万元；选案检查企业48户，入库各项税款、滞纳金和罚款340万元；审批申请行政处罚45户纳税人，税收强制执行和税收保全措施143户纳税人，下达相关涉税文书1230余份。

【征管改革】 深化“管、征、评、查”相互分离的税收征管新模式，按照税收征管规范要求，健全完善征管绩效考核指标，县局对基层分局（所）征管情况按月比对分析，按月考核通报，税源管理更加公正透明。稳步推进“营改增”试点改革，全系统共向国税局移交试点纳税人3760户，清理营业税及相关税收2.02亿元，二手房交易和个人出租不动产增值税代征软件系统成功上线运行，并开具出全市第一张增值税发票，全面打赢“营改增”改革攻坚战。采取领导督战、挂图作战、全员奋战、征纳会战“四战”措施，完成数据验证、双轨运行、冒烟测试等前期准备工作，10月8日，“金三”优化版成功上线运行。联合国税在县政务中心投建全市一流的联合办税大厅，率先实行“一窗一机双系统”办税模式，做到一个窗口，国地税业务通办，减轻纳税人负担，提升办税效率。市委副书记、市长解维俊批示表扬，并要求全市推广，省委《改革情况交流》、市政府《菏泽政务》专期刊发推介。

【执法服务】 开展法治税务示范基地创建活动，推行执法权力清单制度，加大执法督查内审工作力度，深化执法360系统推广应用，提升税收执法水平。全市地税系统法治地税建设现场会在郓城召开，被市地税局授予全市法治税务示范基地。开展“便民办税春风行动”，全面推行预约、延时等亲情化、个性化服务，落实税收优惠政策。2016年，全局受理小微企业所得税优惠户数165户，减免企业所得税45.17万元，受理免征营业税小微企业788户（含个体工商户），减免税款84.25万元。落实“银税互动”激励措施，助推中小微守信企业健康发展，《山东地税情况》、市委《信息专报》专期刊发推介，5月，在全国诚信建设会议上作典型发言，连续16年获全县行风评议第一名。

【队伍建设】 以“做合格党员、建过硬支部”为目标，开展“两学一做”学习教育，做到学习教育与税收工作双促进、双提升。2016年，两次代表市委顺利通过省委“两学一做”督导检查，全市基层党建观摩会观摩郓城县地税局现场。玉皇庙中心所“四心”党支部工作法入选省局“十佳”基层党支部工作法。联合烟台鲁东大学举办3期共154人参加的综合能力提升培训班，提升干部队伍整体素质。开展“双联双创”“精准扶贫”“第一书记”包村等工作，投资20万元为唐庙镇建设产业扶贫项目2个，投资3万元为李集乡田河崖行政村打农田灌溉机井3眼，救助特困家庭18户、贫困户222户，发放物品慰问金26200元。

【党风廉政建设】 全面落实从严治党要求，层层压实“两个责任”，全系统制订47条156项主体责任清单，签订责任书228份。深化廉政教育，与县检察院联合开展“税与法”预防职务犯罪专题报告，组织开展廉政风险点排查，修订编印《郓城县地税局工作制度规范》，强化“两权”监督制约。按期开展廉政谈话，2016年，县局纪检组、监察室对各基层分局（中心所）班子成员谈话76人次，述职述廉81人次，明察暗访14次，无一人发生违法违纪问题。深入开展执法监察，落实“一案双查”制度，处置信访案件。2016年，全局共查处核实12366、市长热线等移送信访案件5起，做到件件快落实、有回音。

表13　2016年郓城县地方税收分税种完成情况统计表

单位：万元

项目类别	税（费）项目名称	完成数额
税收收入	一、税收收入合计	126422.88
	增值税	104.13
	营业税	40153.49
	企业所得税	4266.58
	个人所得税	6196.20
	资源税	15405.03
	城市维护建设税	6634.83
	房产税	8034.27
	印花税	2253.52
	城镇土地使用税	23035.01
	土地增值税	2664.58
	车船税	1918.20
	耕地占用税	11752.34
	契税	3972.66
其他收入	二、其他收入合计	9060.83
	教育费附加	4091.67
	地方教育费附加	2726.64
	残疾人就业保障金	443.42
	税务部门罚没收入	42.07
	地方建设水利基金	1361.35
	工会经费	395.67

（徐福兵）

金融·保险

人民银行郓城支行开展金融知识普及月宣传活动

金融·保险

地方金融管理

【概况】 郓城县金融工作办公室（郓城县地方金融监督管理局）是县政府直属的正科级财政拨款事业单位，编制8人。

【金融机构】 2016年，全县共有银行机构11家，包括中国人民银行郓城县支行、中国农业发展银行郓城县支行、中国工商银行郓城县支行、中国农业银行郓城县支行、中国银行郓城支行、中国建设银行郓城县支行、中国邮政储蓄银行郓城县支行、郓城县农村商业银行、莱芜商业银行郓城县支行、济宁银行菏泽郓城支行、郓城北海村镇银行。

全县共有保险机构16家：中国人民财产保险股份有限公司郓城县支公司、中国人寿保险股份有限公司郓城支公司、中国人民人寿保险股份有限公司郓城县支公司、中国人寿财产保险股份有限公司郓城支公司、中国太平洋财产保险股份有限公司菏泽市郓城支公司、中国太平洋人寿保险股份有限公司菏泽市郓城支公司、中国平安财产保险股份有限公司菏泽郓城营销服务部、中国平安人寿保险股份有限公司菏泽郓城营销服务部、新华人寿保险股份有限公司郓城支公司、中华联合财产保险股份有限公司郓城支公司、中国大地财产保险股份有限公司菏泽郓城营销服务部、安邦财产保险股份有限公司菏泽中心支公司郓城营销服务部、阳光财产保险股份有限公司菏泽中心支公司郓城营销部、安华农业保险股份有限公司菏泽市郓城支公司、华夏人寿保险股份有限公司菏泽市郓城支公司、信达财产保险股份有限公司菏泽市郓城支公司。

全县共有省市金融办批准设立的金融机构4家，包括郓城县水浒小额贷款有限公司、郓城县华灵汇商小额贷款有限公司、郓城县汇通融资担保有限公司、郓城县亿鑫民间资本管理有限公司。

证券机构1家即中泰证券有限公司菏泽郓城东门街证券营业部。组织召开郓城县企业上市（挂牌）培训会议，2016年新增挂牌企业5家。

【扩大融资规模】 制订《郓城县银行业金融机构信贷资金投放考核办法》，每月考核排名通报，每季末兑现奖惩，促进全县各家银行机构信贷投放。截至2016年12月底，县内各家金融机构各项存款余额380.46亿元、新增60亿元，各项贷款余额180.6亿元、新增19.52亿元，存贷比48.5%。国开行、青岛银行、浦发银行、恒丰银行、北京银行、天津银行等10余家域外银行对郓城县融资平台及实体企业贷款余额约22亿元。通过争取基金、政策性银行贷款、发行企业债、直接融资等途径，累计融资78亿元。

【防范化解金融风险】 调整县金融风险防范处置（打击和处置非法集资）工作领导小组，研究起草《银行机构执行担保圈风险处置“八不准”规定暂行办法》《县防范和处置企业金融风险工作预案》等文件，形成一套防范处置金融风险的规章制度。多次向县委、县政府主要领导和县长办公会汇报重点企业金融风险情况，每季度召开全县金融工作会议，每周召开行长调度会，及时研究解决各类金融风险情况和问题。全县银行业组织开展信贷担保圈排查分类预警工作，一企一策，跟踪调度，随时掌握企业动向，维护全县金融生态环境稳定。

【银政企合作】 组织开展“银行行长企业行”活

动，组织召开银企对接工作会，组织召开全县电子商务暨返乡创业银企对接会，协调各家银行为50余家电商企业办理续贷等手续。组织召开银行与住建、交通、卫生、教育部门融资对接会。

2016年度全县银企对接工作会议召开（赵宏飞 摄影）

【打击金融领域犯罪】 打击恶意逃废银行债务行为。召开全县优化金融生态环境工作会议，开展严厉打击企业恶意逃废银行债务专项整治活动，联合公安、法院、各银行印发《打击逃废银行债务年历宣传页》90000份和《打击非法集资宣传手册》10000份，于元旦前后在各银行网点发放到群众手中。组织开展全县非法集资专项整治活动，制订《非法集资问题专项整治活动实施方案》。

（赵宏飞）

中国人民银行郓城县支行

【概况】 2016年，中国人民银行郓城县支行内设办公室（纪检监察室）、货币信贷调统科、金融服务管理科、金融稳定科，员工30人。郓城县支行被授予济南分行级文明单位称号；重点工作得到中心支行、县政府主要领导肯定批示18次，工作做法、成效被省级以上媒体刊发6条，被总分行信息、简报采用12条。

【金融改革与发展】 2016年，呈阅件《中国人民银行郓城县支行推动电子商业汇票业务全面开展成效显著》被分管金融工作的副县长王明华批示，促进“电票”普及应用，推动商业汇票业务发展；呈阅件《构建国库服务机制，推动地方经济发展》被副县长孙迁国批示，提高财政资金的运行效率和使用效益，树立人民银行经理国库社会形象。召开4次金融联席会议，分析金融运行中存在的问题，提出防范“担保圈”金融风险意见，同时围绕地方经济发展和金融运行情况编写并上报《专报件》、政务信息。全年被中心支行以上刊登政务信息122篇。

【金融服务与监管】 推进金融服务和工作创新，加强对经济提质增效升级发展的金融支持，重点工作做法、成效在上级行专报信息、信息选编等刊发45条，文明单位创建、“信义”文化建设、国库业务操作、电子商务、反假货币工作监督考评工作在中支会议交流或在全辖推广。2016年，全县金融机构各项存款余额380.46亿元，新增59.99亿元；各项贷款余额184.53亿元，新增19.51亿元。投入2万元打造高标准党员活动室，推动“两学一做”教育的开展。对农商行、工行、中行开展综合执法检查，“两个加强、两个遏制”专项检查得到上级行领导肯定。呈阅件《夯实基础，心系“三农”扎实开展农村金融消费维权终点建设》被副县长王明华作出重要批示。人民银行郓城县支行被济南分行确定为“政务信息”直报行、国库重点工作联系行、货币金银专业重点联系行、党建工作联系点。

【金融创新】 重点创新工作《郓城县企业信贷资金风险分类评价及通报预警》得到中支领导的批示，按季对全县贷款企业进行“好、中、差”分类评价，为防范金融风险，维护金融稳定提供参考依据。创新工作《金融支持电子商务和精准扶贫攻坚》得到中支的认可，全辖内80%的农村电子商务服务站与助农取款服务点融合发展，推动电商扶贫和产业扶贫的发展，完成县委分配的定点帮扶黄安镇黄南村65户贫困户脱贫致富。

（赵进华）

中国工商银行股份有限公司郓城支行

【概况】 中国工商银行股份有限公司郓城支行内设机构 5 个：运行管理部、对公金融业务部、个人金融业务部、信贷管理团队、个人贷款营销团队；下设开发支行、营业室、第四储蓄所、第十储蓄所、临城路储蓄所、东门街分理处 6 个营业网点。

【经营指标】 截至 2016 年 12 月 31 日，各项存款余额 35.40 亿元，较年初增加 3.85 亿元，增幅 12.21%，日均存款余额 33.32 亿元，较上年日均增加 3.5 亿元。

储蓄存款余额 25.61 亿元，较年初增加 2.9 亿元，四行余额与增量占比分别为 20.48% 和 14.92%，四行占比排名均为第二名。储蓄存款日均余额 25 亿元，较上年日均增长 2.89 亿元。

公司存款余额 3.03 亿元，较年初增加 0.59 亿元，存款日均余额 2.99 亿元，较上年日均增加 0.64 亿元。

机构存款余额 6.45 亿元，较年增加 1.09 亿元，机构存款日均余额 5.33 亿元，较上年日均增加 0.0125 亿元。

各项贷款余额 18.52 亿元，较年初减少 0.67 亿元，其中：该行法人客户贷款 13.65 亿元，较年初减少 1.58 亿元。个人贷款余额 4.88 亿元，较年初增加 0.91 亿元。

实现拨备前利润 1.05 亿元，同期增加 1285 万元，实现净利润 7901 万元，同期增加 989 万元。实现全年安全运行无事故、案件发生。

【业务考核】 截至到一季度末，储蓄存款新增同业占比第二，在市分行旺季服务活动中，获市分行“旺季服务活动储蓄存款优胜奖”二等奖，第十储蓄所被授予“旺季服务活动网点优胜奖”一等奖称号，营业室、第三储蓄所、临城路储蓄所等 3 个网点被授予“旺季服务活动网点优胜奖”二等奖，营业室、第三储蓄所、第十储蓄所、临城路储蓄所、东门街分理处等 5 个网点被授予“网点对抗优胜奖”称号。

【拓展农村市场】 根据支行年初确定的“调动行内行外两种资源，经营好城区农村两个市场”总工作思路，在巩固、提高城区市场份额的基础上，推进农村金融市场营销工作，制订《郓城支行农村金融市场拓展活动实施方案》。

【转型网点经营】 将中间业务收入纳入网点绩效考核，同时也对网点盈利水平、实现经营转型提出新要求。出台《关于加强个金业务中间业务收入发展的几点意见》，从信用卡分期、贵金属业务、代理保险、个人理财销售、资本市场业务等方面提出发展指导意见，强化营业网点中间业务收入的考核，下达中间业务收入计划，在网点绩效合约中加大考核权重，促进营业网点行动起来拓展创收渠道落实各项业务践新、长新机制，增强创收意识。

【广开按揭源】 落实高管营销纯按揭楼盘工作机制。对新开建楼盘进行地毯式营销，到各楼盘进行宣传。7 个老楼盘恢复业务合作，帝景湾小区三期工程开盘后，所有按揭业务都在该行办理，全年共与龙泽湾、中华家园、凤凰城、中央学府等 6 大楼盘建立按揭业务合作关系，新按揭量逾 20 亿。

【完善公私联动机制】 向客户推荐代发工资、各种银行卡、电子银行、个人及对公理财等业务，加大各项产品营销力度，促进产品与存款的互动，提高综合服务能力和市场竞争力，进一步提升客户综合贡献度。通过认真排查筛选对公目标客户，落实责任部室、网点和客户经理，将代发工资客户营销作为首要目标，成立由市场营销部、营业室、个人金融业务部、网点和对公及个人客户经理人员组成的联合营销小组，做好客户营销和维护工作，开展对公业务和个人业务的捆绑营销，逐个客户制订专项金融服务方案，以代发工资业务、配发灵通卡为切入点，全面做好代发工资客户金融服务。

（王云华）

中国建设银行股份有限公司郓城支行

【概况】 郓城支行现有网点3个，分别为营业室、唐塔分理处和金河路支行，员工总数62人。截至2016年12月31日，郓城支行全口径存款余额21.96亿元，较年初新增2.8亿元，其中，对公存款余额7.32亿元，较年初新增8246万元；个人存款余额14.64万元，较年初新增1.97元。各项贷款余额20.20亿元，较年初增长326万元；其中个人贷款余额7.51亿元，较年初新增776万元。实现中间业务净收入1186万元（分行还原前），实现利润6825万元。

【旺季营销活动】 制订《郓城支行2016年个人业务旺季营销活动方案》和《郓城支行2016年旺季营销活动计划分解一览表》，开展旺季营销活动。抓住郓城县新型城镇化机遇，紧盯拆迁保证金、拆迁补偿金、片区建设资金，围绕房地产开发企业重点抓好上下游链条资金。对县财政局、人社局等重点机构客户精心维护。

【客户拓展活动】 把基本户、有效户、代发工资户、POS商户、个人中高端客户作为客户拓展的重点，加强与工商局、会计事务所的联系，从源头营销客户与开户；加强业务学习，梳理经办流程，缩短办理业务的时间，提升服务质量与效率；全面梳理存量客户的产品配置，尽可能配置对公产品，新开立账户按照要求办理相关产品。截止到12月底，新增对公账户223户，其中基本结算账户新增152户，系统内排名第1位。

【重点产品营销活动】 加大分期宣传力度，以账单分期、直客式分期、现金分期为重点，争取实现量的突破。信用卡业务以汽车卡、钻石白金卡、龙卡益贷卡为重点，细分客户群体，扩大发卡规模。电子银行业务重点提高个人电子银行产品同步签约率，同时加大激活和回访工作，促进客户持续应用，推动电子银行活跃客户占比和电子渠道占比双提升。截至12月31日，全年营销上报汽车分期、安居分期、车位分期共计46户，金额432.8万元，新增POS商户212户、益贷卡113张、汽车卡577张、鲁通B卡320张、外呼账单分期1300余万元，全年10次获得分行“过百万”奖励，居全区县行前列。

（王文涛）

中国农业银行股份有限公司郓城县支行

【概况】 中国农业银行股份有限公司郓城县支行位于郓城县西门街中段166号，内设5个机关部门及4个中心，分别为综合管理部、个人金融部、公司业务部、财会运营部、风险管理部及三农服务中心、清收中心、个贷分中心、现金管理中心；辖属11个营业网点，其中城区营业网点6处，分别为营业部、水浒支行、唐塔支行、金河支行、南城分理处、北城分理处；农村营业网点5处，分别为黄安分理处、武安分理处、郭屯分理处、潘渡分理处、玉皇庙分理处。全行共有在职员工154人，其中高级管理人员4人。至2016年末，全行各项存款余额达到55.95亿元，较年初增加3.24亿元，增幅达6.15%；各项贷款余额21.98亿元，当年新增3.01亿元；实现中间业务收入2078万元。2016年，农行郓城县支行连续7年保持省级“文明单位”荣誉称号，被菏泽市总工会授予2016年度“基层工会经审工作规范化建设先进单位”，被菏泽分行授予“2016年个人金融业务先进单位”“集中宣传月”先进支行。

【三农服务】 创新推出简式快捷、联保、国际贸易融资、差额承兑、钢架结构抵押、动产质押、担保公司担保等融资方式。同时，向上级行反映郓城良好的金融生态环境和中小企业良性发展态势，争取上级行的信贷政策支持和信贷规模配置。2016年，该行共计发放法人贷款3.33亿元、个人贷款6420万元（其中农户贷款2418万元），各项贷款余额21.98亿元。

【电子化建设】 开展“迎新春”贵金属巡展、“迎三八花样美人节”“七夕”贵宾客户联谊会、中秋贵宾客户答谢会等形式多样、内容丰富的营销活动，零售及电子银行产品取得较好的营销效果。为进一步丰富“线上+线下”场景服务，减少业务流程，该行陆续推出“E管家”“特约商户”等电子平台，丰富小微企业的结算模式，加强银企契合度，提高综合服务能力和市场竞争力。

【网点建设】 合理规划网点网络布局，张营金融便利店、随官屯自助银行相继投入使用，杨庄集、南赵楼助农取款精品服务点相继开门营业。配齐配全超级柜台等新式自助设备，全年累计投放各类自助设备20台。为助推城乡统筹发展，解决偏远乡村地区老百姓办理业务不便的现实问题，该行大力开展“金穗惠农通”工程建设，通过自助机具的布放，实现广大农民“足不出户可缴费、人不出村可转账、支取现金在家门”的目标。年末，已在全县拓展设置金穗“惠农通”工程服务点1553个，行政村覆盖率98.36%，同比增加8个百分点。修订完善《网点文明标准服务管理办法》，开展全市“星级”网点评定活动，金河支行、南城分理处、武安分理处被市行评为五星级网点，营业部、唐塔支行、北城分理处被市行评为四星级网点。同时，营业部、武安分理处被农总行评为2016年“运营基础管理‘三铁’单位”。

【文化建设】 组织进行职工运动会、演讲比赛等一系列文体活动，增强集体凝聚力和向心力。建立困难员工帮扶机制，对特困员工和党员进行摸底排查，组织员工进行慢性病申报、健康查体和困难救助，为在职员工及其父母订送生日蛋糕，员工凝聚力和向心力持续增强。先后3次组织参加《民声快办》栏目，组织开展“送金融知识下乡”“金融知识进万家”“金融知识普及月”“慈心一日捐”等多项公益服务活动。开展精神文明创建，进行“四德”模范人物评选，顺利通过省文明委验收，连续7年保持省级“文明单位”荣誉称号。2016年，该行被菏泽市总工会授予“基层工会经审工作规范化建设先进单位”，水浒支行被菏泽市总工会授予“菏泽市女职工建功立业标兵岗”荣誉称号。

（孙明伟）

中国银行股份有限公司郓城支行

【概况】 中国银行股份有限公司郓城支行内设综合管理部、业务发展部、营业部三个部门，下设唐塔广场支行，共计33人。截至2016年年底，全行人民币各项存款余额70918万元，其中公司存款余额15042万元，较年初新增4717万元；储蓄存款余额55310万元，较年初增加2108万元；人民币贷款余额65500万元，其中公司授信余额为57592万元，个人贷款余额为7908万元。

【重点企业信贷】 2016年重点加强对临沂矿业集团菏泽煤电有限公司、郓城县亿万汽车配件制造有限公司等重点骨干企业的信贷支持力度。继续加大对郓城县特色产业中挂车、纺织等传统行业的中小企业的资金支持。截至2016年底，中小企业授信余额11550万元，涉及木材加工、挂车制造、纺织、机械加工及塑料制品加工等5大行业。

【内部管理】 中国银行郓城支行加强“担当银行、现代银行、流程银行、稳健银行、幸福银行”建设，加快“重塑系统强行、争创区域标杆”的挺进步伐。提高工作效率，更好地为郓城百姓服务，郓城中行对内部岗位工作职责进行梳理和完善，优化工作流程，提高系统内部工作协调能力。

【业务培训】 中国银行郓城支行在内部推行员工集体学习制度，领导干部带领员工共同学习《2016年版员工违规处理办法》《员工行为守则》等培训教材，利用晨会时间开展“一分钟风险提示”的方式学习基层营业网点业务操作风险控制，并要求每人定期总结培训心得体会。要求员工从集体和个人两个角度分别提出郓城支行存在的问题，并与同业进行横向比较，增强员工发展业务的意识和动力。

（中国银行郓城支行办公室）

中国农业发展银行郓城县支行

【概况】 中国农业发展银行郓城县支行是全县唯一的一家农业政策性银行，内设办公室、信贷业务部、会计结算部3个部室。现有员工22人，设行长1名、副行长2名。农发行郓城县支行按照国家的法律、法规和方针、政策，以国家信用为基础，筹集资金，承担国家规定的农业政策性和经批准开办的涉农商业性金融业务，代理财政支农资金的拨付，为农业和农村经济发展服务。

【业务经营】 截止到2016年底，各项贷款余额84806万元；省行批复中长期基础设施贷款14.33亿元，2016年投放76100万元；2016年共投放项目基金3.7亿元用于地方建设；地方储备粮轮换贷款678万元；完成种粮农民直补和农资综合补贴17136万元；监管异地粮食库存25641万斤，金额27692万元；日均存款余额82839万元，较年初增加23059万元；营销同业存款9000万元；收回两个挂账利息400万元，实现账面收入2058万元，2016年金融行业全面营改增，实现税收43万元。

【企业文化建设】 先后召开5次企业文化建设工作会议，对全行企业文化建设工作进行全面部署。印发《关于加强企业文化建设的意见》和《全面推进企业文化建设的实施方案》。广泛开展宣传语、核心理念的学习践行工作，视觉形象识别系统全面推进，专业文化、制度文化、行为文化三大文化建设工作同步开展。制作标准化标识，对门头、门牌、门楣和各种标志进行规范统一，建立文化阅览室、荣誉室等。省、市分行对郓城县支行的企业文化建设工作给予肯定，被省分行授予“文明建设先进单位”。

【党建工作】 成立党建和“两学一做”工作领导小组，投入13000多元建立党员活动室；制作讲党性、比奉献、树形象、促发展的专题宣传栏。同时制作“面对新常态、迎接新挑战”、开展“两学一做”“双提升”活动；创建精神文明、弘扬社会正气的宣传栏两个。开展党建宣传工作，被中央人民广播电台和省电台采用9篇。响应号召，开展“健步走”活动、女工小组学习活动、到帮扶贫困村小学开展慰问活动、组织退休老同志开展学习活动、扶贫捐赠活动、文明创建活动、举办迎行庆二十周年趣味运动会。

（宋保对）

山东郓城农村商业银行股份有限公司

【概况】 山东郓城农村商业银行股份有限公司（以下简称郓城农商行）辖前台经营、中台管理和后台保障共20个内部职能部门，1处营业部，40处支行，有在职职工607人，主要为城乡居民、企事业单位办理存贷款、结算、票据承兑与贴现、代收代付、银行卡等金融业务，是全县网点最多、服务最广、业务齐全、资金雄厚的综合性地方金融机构。截至2016年末，各项存款余额170.15亿元，各项贷款余额93.46亿元，实现经营利润3.83亿元，缴纳各项税款8876万元。先后获省级文明单位、市创先争优先进单位、优秀金融服务单位、支持地方经济先进单位、人民满意服务单位、青年文明号等荣誉称号。

【资金组织】 在县区主要街道、居民区设置“便民银亭”，开办网上银行、手机银行，提高卡交易份额，抢占潜在市场，至2016年末全行累计新增有效发卡9.34万张，实现银行卡业务收入378.95万元；实行全员揽存，以考核促发展；推行“网格化”管理，开展“扫街、扫楼、扫社区”活动；紧盯棚改资金和财政资金，推进大客户营销，抢占存款市场；加大货币市场业务和理财业务的规模和力度，拓宽资金运用渠道，压缩低收益性资产占比，用足用活资金，增加收益。

【富民工程】 创新推出“农民工返乡创业贷款”“青年创业贷款”“妇女创业贷款”等信贷产品，加大扶贫支持力度。成立扶贫攻坚领导小组，对接县扶贫办，对有贷款需求的贫困户实行限时办结，重点扶持，支持贫困户创业带动就业并脱贫致富，促进劳动密集型小企业快速健康发展。2016年年末，全行共发放扶贫贷款233笔，金额10670万元，带动1271名建档立卡的贫困户实现脱贫致富。同时，与县下岗失业人员小额贷款担保中心及县财政局签订小额担保贷款合作协议，对通过郓城县下岗失业人员小额贷款担保中心资格审查，且符合农商行贷款条件的贷款客户给予财政贴息，支持贫困户创业带动就业并脱贫致富，促进劳动密集型小企业快速健康发展，为下岗职工提供再就业机会。

【信贷营销】 推广家庭银行、企业主办行，以农户、小微企业、优质高端客户为发展重点，支持种养殖大户、家庭农场、农副产品加工等农村新型经营主体，扶持优质个体工商户，重点满足小微企业对新技术、新工艺、新设备、新材料等项目的信贷资金需求，优先加大对具有自主知识产权、自主品牌和高附加值产品小微企业的信贷支持力度。推行高管带头，开展全员营销。鼓励非信贷人员与客户对接，营销优质客户，全年共营销贷款2.1亿元。做好银企对接，组织上百家辖内企业家代表召开“企业客户答谢会”，现场签约贷款意向5.8亿元，现已投放3.22亿元，扶植辖内传统产业的协调发展。

【内部管理】 强化全员风险意识，强化员工行为管理和职业规范约束，加强重要业务环节和风险点的管控，真正建立起内控制度健全、业务流程完善、岗位制约严密、检查监督有效的风险防范体系。强化监督检查力度。实行信贷检查和责任追究的常态化，创新检查监督手段，加强内控管理，对违规风险高发、多发、易发环节进行重点检查和经常性辅导。强化审计部审计职能，及时发现风险苗头和漏洞，建立违规违纪问题台账，对检查发现的问题及时督促整改落实。加强员工培训管理。全面提高会计人员基本技能和核算能力，提升会计人员责任心和事业心，强化培训练兵，提升会计人员操作能力和水平。加强信贷人员业务培训，组织参观廉政文化教育基地，增强信贷人员风险意识和合规意识。

【社会责任】 做好各类补贴的发放工作。设立补贴专柜，优先办理各类补贴支取业务，加班加点，确保粮食直补、低保金、新农村养老保险等各项补贴迅速、准确地发放到居民手中，做到让群众满意，让政府放心，让老百姓及时享受到各项政府惠民政策。开展“一对一”定点扶贫包村帮扶活动，为所帮扶的5个贫困村送去资金60多万元，帮助贫困村建设扶贫就业点；为水堡乡赵北村建立“农村书屋”，购买800余本科技书籍，帮助农民学习科学知识，增长科技手段；帮扶孤寡老人、留守儿童、智障肢残等困难群众和生活困难的新中国成立前农村老党员，为他们送去生活用品和慰问金，真正做到为困难群众排忧解难。开展“双联双创”工作，对所包22个村，建立包村台账，制作联系卡，确保每户群众随时都能联系到人。开展“慈善一日捐”活动，共捐资7.2万元，帮助残疾弱势群体，资助寒门学子入学。

【企业文化】 加强制度文化建设，通过制度的约束使价值观贯彻到员工的行为中，让企业的核心价值观变为员工的自觉行为。坚持行务公开，广开言路征求职工意见建议；建立起大病救助、困难救助基金，让员工享受家庭的温暖；加快温馨家园建设，让家园真温馨更温馨，为员工工作生活提供便利。

【队伍建设】 全面推进人力资源改革，拓宽人才引进渠道。通过员工保荐、猎头服务等方式挖掘同行人才、引进科学创新人才、聘请资源型人才，强大团队力量。畅通人才晋升渠道。建立员工成长档案，综合记录员工的各方面信息，作为干部培养与选拔的依据，将人品好、作风正、求真务实、脚踏实地、工作上真正有业绩的员工选拔出来，作为干部重点培养对象。建立岗位流动体系。实行“末位淘汰”制度，解决人员能进不能出、能上不能下的问题。每月按服务、各项任务指标进行排名，排在末位且低于及格线的要离开总行机关或驻城支行，自寻岗位。完善绩效考核体系，加大奖励力度，以物质、休假等多种方式奖励绩效突出员工，形成以绩效考核为导向的薪酬分配体系。构建立体化培训体系。营造学习氛围，建成以考促学的培训体系；实现高管及专业性人才走出去，通过到一流金融机构实地考察学习的方式，将先进的管理模式和经营理念带回来。

（刘惠）

中国邮政储蓄银行郓城县支行

【概况】 中国邮政储蓄银行郓城县支行下辖2个机关部室、22个营业网点，其中银行自营网点4个，邮政代理网点18个。截至2016年12月31日，邮储银行郓城县支行各项存款余额达61.44亿元，较年初净增12.95亿元，存款总量及增量居郓城县各金融机构前列，其中自营网点存款余额13.19亿元，较年初净增3.02亿元；各项信贷业务余额3.51亿元，较年初净增10341万元，其中小微行业贷款投放占全部贷款投放量的75%。

【信贷对接】 以乡镇、行业、市场为单位，因地制宜对小微贷款产品要素进行调整。针对黄安、唐庙木材加工行业、陈坡貂的养殖、黄集肉牛养殖等具有当地行业特色的小额贷款实现要素调整，大规模推广新型农业经营主体贷款，2016年累计发放新型农业经营主体贷款134笔、1914万元，服务小微客户的深度和范围进一步扩大。与人社部门联合，在2016年累计发放创业担保贷款155笔、1446万元，促进郓城县创业与就业工作。中国邮政储蓄银行郓城县支行先后开办房地产抵押贷款业务、市场方担保贷款、助保金贷款、增信贷业务、融资性担保公司担保贷款、转期贷、票据贴现、承兑汇票等数十项金融业务，形成"强抵押""弱担保""纯信用"相结合的贷款全产品体系，企业可通过信用、保证、抵押、质押等多种方式获取资金支持，拓展企业的融资渠道。

【业务提升】 组织开展"员工业务技能+业绩"提升活动，根据每月初下发的学习计划表组织好学习，注重实效，不走形式，加强"双提升活动"与实际工作的结合程度，提高信贷报审质量，降低退回率，减少稽核差错，提高工作效率，优化工作质量。特别是信贷服务效率提升方面，邮储银行郓城县支行以管理机制为突破口，从下沉信贷经营管理权、建设专业队伍、提高高管人员专业水平、推进特色支行建设入手，陆续开展各贷种经营管理权的下沉工作。组织高管人员参与信贷业务实践活动，让高管人员全面参与到小微信贷业务的营销、贷前调查、贷后检查等环节当中去，提高经营管理人员业务水平。

【普惠金融】 丰富自身融资产品，加大对小微企业的资金投放，邮储银行郓城县支行推行科学合理的小微企业贷款风险定价机制，对优质客户实行优惠利率，杜绝乱收费、不合理收费、强制搭售等不规范经营行为的发生，并与再就业担保中心、团委等部门合作，推广再就业小额担保贷款、鲁青基准贷、菏青基准贷、青年创业小额担保贷款等业务，为客户提供政策性低息、贴息贷款，不断降低小微企业的融资成本，减轻小微企业的融资负担，严格贯彻政府和监管机构在扶持小微企业健康发展方面的各项政策。搭建覆盖城乡的支付结算体系，通过布放ATM、CRS、商易通、

邮政储蓄银行郓城支行开展金融政策宣传活动

POS 等机构，加快助农取款点建设，致力于“延伸城乡金融服务最后一公里”。为各类群体尤其身处偏远农村地区客户提供汇兑、理财、代发工资养老金、代收电费电话费、代收罚没款等各种与民生息息相关的银行服务。

【自身建设】 开展“三项清单”梳理自查、自律回头看、非法集资风险排查、内控达标年等自查活动，重点排查“十条禁令”违规行为，消除风险隐患。做好 ERP 系统上线和营改增工作，加强公务车辆管理，严控会议、招待费用支出。以开展“强基固本”试点建设为契机，开展党的“两学一做”专题教育活动各阶段工作，查摆县行各层级存在的问题，建立问题台账并整改，不断改进工作作风，提高管理服务水平。推动农村支行职工小家建设工作，不断改善农村支行工作生活环境，赵楼支行顺利通过省行先进职工小家验收。开展企业文化和精神文明创建工作，顺利通过市级文明单位复查。

（陈阊）

莱商银行股份有限公司菏泽郓城支行

【概况】 莱商银行菏泽郓城支行是莱商银行菏泽分行成立的第一家县域支行，下设营业部、业务部、综合部 3 个部门，2015 年 12 月 31 日成立郓城西城小微支行，共有人员 28 人。被县委县政府评为 2016 年度金融系统服务郓城经济发展先进单位。

【业务拓展】 莱商银行菏泽郓城支行发卡量达到 94584 张，较年初新增 7359 张，企业网银 492 户，较年初新增 103 户，个人网银 5949 户，较年初新增 444 户，手机银行 4365 户，较年初新增 1354 户，支付宝签约达到 11154 户，较年初新增 2778 户，微信银行较年初新增 354 户，理财本年累计销售 31879 万，储蓄存款较年初新增 3555 万。

【业务提升】 2016 年，莱商银行菏泽郓城支行抓案件防控，利用晨会、夕会时间组织员工学习制度法规，分析、分享当天的疑惑和特殊业务，并学习总分行下发的各类业务提示、简报和账务检查中出现的问题，取人之长补己之短。对于每天的业务凭证，采取员工交叉审核，柜员组长再次审核，会计科长最后把关的凭证审核流程，提高大家的账务核算质量和风险防控能力。

【内部管理】 制订涵盖会计核算、劳动纪律、安全保卫、财务费用等方面的规定，督导员工按照规定要求尽职履责。同时明确各部室、各岗位职责权利，使各项工作有章可循、有据可依。不定期按照总分行飞行检查的要求组织规范化检查，检查重点在于现金及重要空白凭证的管理，重要物品管理，抵质押品管理、自助设备管理及业务印章保管，信贷业务管理、档案室、更衣室以及办公桌内物品存放及其他有关业务中的重要操作风险控制环节等。2016 年累计组织内部检查 11 次，累计处罚人次 16 人，累计罚款金额 5300 元。

利用晨夕会时间练习礼仪规范，不定期查看监控视频，抽调客户进行暗访等形式，对服务质量进行监督检查，将结果纳入支行绩效考核，坚持按月评选服务明星，刊登支行光荣榜。推选出安全员两名，制订详细的营业网点安全员职责，做到定期检查各类安全消防设备、营业设备，下班后检查门窗落锁、断水、断电、断火等情况，为莱商银行业务发展保驾护航。

【信贷服务】 调整行业准入门槛和退出标准，同时拓展和储备目标客户，拓展信贷客户 8 户。在业务到期前考察完企业，缩短客户融资的时间。前三季度累计为信贷客户办理信贷业务 168 笔，平均每两天办理一笔信贷业务。

加强贷后管理和企业走访，每天都有信贷人员到企业了解生产经营情况，将此类客户列入重点关注对象，加强走访和沟通频率，提前研究处置措施和应对策略。

（崔丽丽）

济宁银行股份有限公司菏泽郓城支行

【概况】 济宁银行股份有限公司菏泽郓城支行是济宁银行股份有限公司在菏泽市设立的首家县域支行，致力打造“中小企业的伙伴银行、城市居民的贴心银行、小微商户的主办银行”。被县委县政府评为金融系统服务郓城经济发展先进单位。

【存储业务】 先后开展“岁末年初旺季营销”“存款开门红”“揽储大干一百天”等存款营销活动，坚持以客户为导向，梳理自身业务结构，以产品营销和个性化服务为手段，扩大客户群体，多方位发展零售业务。同时，借助机构理财、大额存单等产品优势，营销企事业单位、重点客户的批量代发业务，全方位提升对公存款规模。截至2016年末，人民币存款余额18632万元，较年初净增9542万元，增幅为104.97%。其中，个人储蓄存款6213万元，对公存款12419万元。

【授信业务】 加大贷款营销力度，细分市场，做好对辖内重点中小企业的授信工作，公司类贷款规模逐步扩大。支持绿色信贷，微贷团队借助“商贸通”“惠农宝”等微贷产品简便快捷的优势，及时帮助家庭农场、返乡创业工商户、创新型小微企业解决困难。全年累计为50余户中小企业、130余户小微企业主及个体工商户提供信贷支持。截至2016年末，人民币贷款余额28306万元，较年初净增17078万元，增幅为152.11%，其中：公司贷款余额26453万元，个体工商户及个人消费贷款1853万元。

【电子银行业务】 借助网络信息技术不断创新服务模式，多次组织电子产品宣传、“金融知识进社区”等营销活动，推广网上银行、手机银行、微信银行等电子银行业务，实现业务处理的自动化、业务管理的信息化，为客户提供更加快捷、方便的服务。截至2016年年末，共开立儒商卡5864张，个人网银1175个，企业网银186个，手机银行1932个，微信银行349个。

【文化安全建设】 加强规章制度建设，健全各项业务细则和日常管理制度，依托技能练兵、业务知识考核等各类学习培训活动，强化员工的业务操作能力和风险防范意识。加大监督检查力度，组织“两个加强、两个遏制”专项检查及“回头看”活动，多次开展员工异常行为排查、柜面业务大检查、信贷档案自纠自查等检查工作，杜绝风控案件的发生。同时，通过举办节日茶话会、乒羽比赛、旅游踏青等集体活动，丰富员工的业余生活，增强团队的凝聚力。关注扶贫帮困、助老助学等公益慈善事业，多次开展“慈心一日捐”、走访帮扶困难群众、慰问儿童学校等公益活动，回报社会。

实行“一把手”负责，由支行行长签订安全目标责任书，全面管理负责消防、用电、人身财产等安全保卫工作。定期组织开展消防自查、安全知识培训、消防演习、防爆演练等活动，防风险于未然，为日常服务提供安全保障。

（党宇光）

郓城北海村镇银行股份有限公司

【概况】 郓城北海村镇银行是经中国银监会批准成立，由山东莱州农村商业银行主发起设立的具有独立法人资格的股份制银行，2016年1月16日正式开业，有员工38人，主要为郓城当地“三农”、小微企业、个体工商户和城乡居民提供金融服务。2016年，各项存款突破3亿元，贷款1亿元。

【金融服务】 推出针对个体工商户贷款的“助商贷”；针对高端客户消费的“随薪贷”；针对农户的“惠农贷”；针对当地中小企业的“兴企贷”和针对青年创业的“创业贷”等各类特色贷款产品。与县财政局合作设立融资增信共保基金，并对共保金贷款实行利率优惠、绿色通道，解决农业新型经营主体融资难、融资贵的问题。已办理种养殖大户担保贷款800万元。

专注郓城当地小微企业发展。针对部分客户缺乏抵押品、担保人的情况，与本地担保公司合作，缓解小微企业流动资金缺乏难题。截至2016年底，郓城北海村镇银行共走访辖内客户400余户，并为其中90余户优质客户发放贷款共计8821万元，其中小微企业贷款余额共计6420万元。

开展社区综合金融服务。郓城北海村镇银行通过设立集中宣传点，悬挂横幅，安排咨询员，现场宣传并发放宣传资料和纸袋、抽纸等宣传礼品，向居民发放银行专门印制的宣传折页，讲解基本的金融常识和银行的金融业务品种。2016年，郓城北海村镇银行采取“点面结合”的方式，深入郓城城区和乡镇，走进群众当中，开展送金融服务活动50余次。

【服务地方】 组织开展“行长下基层，银企面对面”走访和百日行活动，专门成立以行长为领导核心、信贷部员工为成员的走访活动小组，深入走访企业，帮助企业解决生产经营、融资等方面的困难和问题，提出落实问题解决方案。至2016年年底，郓城北海村镇银行共专门走访企业30余家，顺利发放新增贷款700万元，为实体经济发展注入新鲜血液。

制定专门的精准扶贫授信政策，对有贷款意愿、有就业创业潜质、有技能潜质的贫困户推出小额扶贫贷产品，专项用于贫困人员种养殖、技术培训、再就业等扶贫项目，并实行贷款利率优惠，以解决贫困户“贷款难、贷款贵”的问题。

郓城北海村镇银行多次开展“情洒社会 温暖郓城”主题慰问活动。开展“情暖回乡路 服务众乡亲”“情牵敬老院 服务众乡亲”活动，为返乡务工人员提供新钱兑换、零币兑换等金融服务。

【队伍建设】 郓城北海村镇银行制订完善的培训计划，加大员工培训力度，提高员工的业务水平和行业自律意识。每周二周四晚上进行员工培训，制订《郓城北海村镇银行行为规范》《郓城北海村镇银行员工违规违纪行为处理办法》，订购大量有助于提升员工综合能力的相关书籍与视频进行系统学习。制订“开门红绩效考核管理办法”“季度绩效考核管理办法”等一系列的管理、考核、激励机制。定期开展技能达标考评，提升员工业务技能与专业金融知识。先后举办“春华秋实”演讲比赛、“防火演练”“防抢劫应急预案演练”等活动，提高员工的团队意识和安全防控意识。

（李鹤 王超）

中国人民财产保险股份有限公司郓城支公司

【概况】 中国人保财险股份有限公司郓城支公司在岗人数60人，主要经营：车辆保险、企业财产保险、家庭财产保险、货物运输保险、产品质量保险、责任保险、人身意外伤害保险、农村个人建房综合险和能繁母猪养殖保险、种植养殖等政策性保险。2016年实现保费收入5278万元，同比增长9.32%。

【产品创新】 实施产品创新和升级策略，搭建科学的产品创新机制，成立“一室十四区”产品创新基地，打造业内领先的产品创新支持系统。其中，在巨灾保险、科技专利文化保险、中小企业保险、互联网保险、三农保险等多领域取得创新和突破；在个人保险产品方面推出城市和农村家庭一揽子综合保障产品，探索直接面向消费者的灵活、便捷的互联网保险产品创新，满足个人客户的多样化需求。

【服务提升】 开通365天24小时全国服务专线95518、官网直销平台、电话销售专线，随时随地为客户提供投保咨询、理赔查询等保险服务，打造“人保之友”客户俱乐部，为客户提供车务和生活相关增值服务，多样化的营销渠道足以支撑全国范围的“通保通赔”与“异地出险、就地理赔”等保险服务。

参与社会风险管理和社会保障体系建设，重点推进环境污染、食品安全、医疗责任、校园安全、安全生产等与公众利益关系密切的责任保险，发展与人民群众生活息息相关的新农合和健康保险等，参与多层次医疗保障体系建设。

（尹国伟）

中国人寿保险股份有限公司郓城县支公司

【概况】 中国人寿保险股份有限公司郓城县支公司是中国人寿保险公司的全资分支机构，属正局级编制，下设经理室、客户服务部、综合部、个人业务部、团体业务部、银行保险部。负责经营人寿保险、健康保险、意外伤害保险等人身保险业务，以及法定人身保险业务、再保险业务、保险咨询服务。有专业化销售精英2160人，先后被市县两级政府评为“青年文明号”“巾帼文明岗”“消费者满意单位”。

【保险业务】 2016年，公司共支付各类保险金1.9亿元。开办“学生平安保险”；与县老龄委合作，开办“银龄安康保险”；与计生系统合作，开办“独生子女及双女意外保险”；根据省政府《关于开展新型农村合作医疗重大疾病医疗保险工作的意见》（鲁政办发〔2012〕65号文）和山东省卫生厅（鲁卫农〔2013〕3号文）的要求，与卫生系统合作实施“新农合大病保险”。

（褚艳丽）

教　育

郓城一中第一附属学校

教　育

综　述

【概况】 2016年，县教育局内设科室28个，局机关在职人员112人。全县有各级各类学校313处，在校生19万余人，其中定点小学177处、教学点94处，在校生12.4万人；初级中学36处，在校生4.8万人;普通高中3处，在校生1.9万人；职业教育中心、聋哑学校、进修学校各1处。全县中小学有教职工11515人，其中专任教师10904人。2016年，全县高考本科上线率、录取率创历史新高，高分实现新突破，3人被清华大学、北京大学录取；县教育局和3所高中被评为菏泽市高中教学工作先进单位。

【推进“全面改薄”工程】 县政府出台《郓城县义务教育均衡发展工作考核办法》（郓办发〔2016〕57号）等有关文件，将“全面改薄”工作纳入各乡镇（街道）科学发展考核。在全县开展“全面改薄”“百日会战”活动，印发《关于开展“全面改薄”“百日会战”的实施方案》（郓改薄字〔2016〕1号）。县教育局实行分包项目责任制，机关全体人员每人负责1～2个建设项目，根据建设合同的时间节点，深入工地督促进度。截至2016年底，全县校舍开工学校177处，开工项目251个，开工面积56.04万平方米，完成投资4.76亿元；全县设备购置投资2.1亿元；完成教师周转宿舍建设3.6万平方米；新建、改扩建农村公办幼儿园43处，建筑面积20974平方米，新增幼儿班132个，新增幼儿学位3960个。

【加快城区学校建设】 南城中学建设过程中缺少运动场地，县政府决定将已拍卖、正开工建设的商品楼地块高价回收，划拨给南城中学建运动场，运动场下面建设南城中学餐厅，南城中学建设达到省定标准。截至2016年年底，郓城一中附属学校等8所学校建成招生，新增教学班282个，新增学位13230个；郓城一中新校区主体工程完工，其他附属设施全部开工；八里河小学主体工程已完工。上述学校建成后，将基本解决全县大班额问题。

【深化教育教学改革】 抓好常规管理，实行学校管理目标责任制，逐项检查落实评比；规范办学行为，开全课程，开足课时。4月、10月两次对全县教学常规管理进行检查。完善教学视导制度，开展高效课堂和“同课异构”等主题教研活动，加强教学过程指导，全面提升教学质量。先后举办菏泽市初中英语、高中数学“同课异构”、初中物理“研究性学习”课堂教学模式展示等主题教学活动。参与省教育科学“十三五”规划课题4项、省教育科学研究课题10项。高考本科上线2856人，比上年（2529人）增加12.93%，重本上线1165人，3名考生被北京大学、清华大学录取。在全市高中教学工作会议上，县教育局和3所高中均被评为全市高中教学工作先进单位；初中、小学教学成绩名列菏泽市前列。

【全面推进素质教育】 抓好特色学校建设，重视学校校本课程资源的开发。黄泥冈中学的《空竹》、南城中学的《兰布印花》获全市校本课程评选一等奖。开展中华民族优秀传统文化和美德教育，举办“传承中华文化，共筑精神家园”“百年追梦，全面小康”等读书教育活动。开展阳光体育活动，保证中小学生每天一小时校园体育活动，为每位学生建立体质健康档案。黄泥冈中学代表菏泽市参加省中学生运动会，获全省一等奖。

菏泽市中小学生第二届读书活动舞台剧、演讲比赛在郓城县高级中学举行

【提升教师队伍素质】 2016年，全县共招聘中小学教师611名，其中硕士研究生31名，是历年来招考力度最大、招考数量最多的一年，位居全市之首。扩大校长教师交流轮岗范围，2016年城镇到乡村交流轮岗教师共1170人次；推行普通中小学校长职级制改革，评出一级校长25人，二级校长32人，三级校长11人。完成“国培”2117人，参加省远程研修6289人；组织校长跟岗学习35人；培训校长190人次，骨干教师、骨干班主任500人次。

【化解教育热点问题】 开展校园环境、乱办辅导班、有偿家教等专项治理活动，先后查处6起中小学在职教师违规有偿补课的行为，处理相关教师11人。建立和完善教育系统惩防体系，落实党风廉政、反腐败工作责任制。加强学校安全管理，定期开展安全隐患排查，与各学校签订安全管理责任书，严格执行安全工作一岗双责和责任追究。开展非法载运学生车辆集中治理工作，治理非法校车20余辆。做好学生资助工作，免除中职学校学生学费1834人，金额293.44万元；资助家庭经济困难学生2290人，金额312.4万元；发放大学生助学贷款4743人，金额3612万元。

（李士栋　荣德羽）

郓城第一中学

【概况】 山东省郓城第一中学是省属重点中学，学校占地196亩，有教学班121个，在校学生7400人。教职工588人，其中，全国模范教师1人，全国师德标兵1人，全国优秀教师7人，正高级职称教师1人，特级教师3人，高级教师104人。学校连续六年被市教育局授予“高中教学先进单位”，先后获得“全国绿色学校创建活动先进单位”“全国科研教改先进实验学校”“中国创新型学校”“全国德育科研先进单位”“省级文明单位”、省“教学示范学校”等多项荣誉称号。

【高考成绩】 2016年高考实现历史性突破，应届一本录取581人，比上年的463人增长25.5%，二本以上录取1261人。高分群体大幅度增加，于瑞晗同学被北京大学录取，袁涛等175名同学分别被上海交通大学、南开大学、同济大学、天津大学、武汉大学、厦门大学、山东大学、哈尔滨工业大学、西北工业大学等“985”“211”院校录取，一本录取率和本科录取率均位列全市前三名。学校先后成为同济大学、西北工业大学、西南政法大学等全国著名高校的“优秀生源基地”。

【名牌战略】 学校围绕创建“齐鲁名校”的目标，实施“名牌带动战略”。名牌战略领导小组研究升入北大清华的十条途径，加大奥赛、自主招生和综合素质评价工作的力度，确定以数学奥赛为主的数理化生奥赛计划，采取“走出去”“请进来”相结合的方式，每个学科确定专兼职相结合的奥赛教练员队伍，成立学科社团，利用周末、寒暑假辅导，组织学生参加高校和省学科学会举办的学科竞赛夏令营。合理规划三个年级的创新实验部，科任教师全员育人，实行导师制度，研究学生特点，制订因人而异的培养模式和实施方案，冲击北大、清华等名校。发挥丽媛艺术楼的作用，加大艺术特长生的培养，冲击艺术类名校。办好郓城一中初中部，实行六年一贯制教育，实行“名校直通车计划”。成立高三教研室，研究高考招生制度的新变化，及时获取高考信息，重视自主招生、农村专项计划招生等方面的研究，探讨尖子生培养的有效途径。

【学科竞赛】 学校重视学科竞赛工作，成立专兼职相结合的奥赛教练员队伍，制订辅导计划和目标，学科竞赛成绩不断提升。在2016年全国高中数学联赛中，徐兴雯同学获全国一等奖，郑潜、佀同欢、张潇、胡圣泽4名同学获全国二等奖，周殿松同学获全国三等奖，另有60人获山东省数学竞赛一等奖，63人获二等奖；在理化生竞赛中，9人获国家级二等奖，30人获国家级三等奖，这是全校参加全国高中学科竞赛取得的重大突破。

【科技创新】 学校注重学生创新潜质的培养，加强科普教育，科技创新成为新亮点。举办第五届科技节，进行创意设计大赛，学生创意发明共1429份，有70余名同学的创意作品获得国家实用新型专利。组织学生参加各项科技比赛，在2016年第31届山东省青少年科技创新大赛中，李洋、张保虎、王麒栋、郭志轩四位同学获得省一等奖，在全国总决赛上，李洋同学又以全省第一名的成绩获得“全国创意之星”，张保虎同学获“全国优秀创意奖”，郓城一中是山东省唯一一个获两个创意奖的学校。在第五届全国校园发明创意大赛中，全校获得两金两银两铜的成绩。在2016年菏泽市中小学生航模竞赛中，共有6名同学获得个人一等奖。在第6届全国校园发明创意大赛中，王麟栋等5名同学分获金银铜奖，17人获优秀奖，学校被授予“优秀组织奖”。此外，学校每两周安排一次中国科学院老科学家科普报告，邀请中国创造学会讲师陈明泉、科普教育专家赵历男等来校作科普报告，学校获“未来科学家培养计划教育基地”“山东省科技教育创新发展实践基地”等称号。

【德育工作】 学校把“立德树人”作为学校工作的首要任务，注重德育课程建设。一是活动课程化。九个系列主题教育活动、四大校园节日（艺术节、科技节、语文节、体育节）活动、国庆节、五四青年节等节庆活动以及每天、每周的教育活动，每项活动都有计划方案、有总结评比、有评价办法。二是主题班会纳入课程管理。要求主题鲜明、学生全员参与，有教案、有课件、有检查评比、有影像资料，举行班会公开课和主题班会评选活动。三是成立中国传统文化教育研究会和中国革命传统教育研究会，对学生进行中华传统文化教育和中国革命传统教育。编写8本校本教材，定期播放爱国主义教育影片，举办名师讲堂。四是注重家长委员会建设，构建家庭、学校和社会立体教育网络，办好家长学校，针对不同学段、不同类型的学生开设家长教育课程，提升家长教育理念、技能，凝聚家校教育合力。通过一系列活动的开展和德育课程的不断完善，努力打造“书香校园”“歌声校园”“激情校园”“文明校园”。在全国中学生英语能力竞赛中，杨婷然等13名同学获全国一等奖，107名同学获全国二三等奖，获奖成绩位列全市第一；王雪灿同学代表菏泽市参加山东省“国学达人”比赛，获三等奖；郭志轩同学在菏泽市教育局主办的“真善美伴我行”演讲比赛中获一等奖，第三次代表山东省参加在台湾举行的“海峡两岸高中生辩论赛”，获团体优胜奖。在第11届全国创新作文大赛总决赛中，董再鑫同学获国家级二等奖，王雪灿、黄晓雯等7位同学获国家级三等奖。在第二届全国青少儿语言艺术大赛“菏泽赛区”中，刘姝含、陈姿杉同学获特等奖，郭珊瑞获一等奖，并晋级北京总决赛。在2016年菏泽市中小学生体育联赛乒乓球比赛中，获女子团体第二名。在全国德育与班主任工作创新发展论坛上，被授予“全国德育科研先进单位”荣誉称号。

【教学改革】 为转变教学理念，改进教学方法，推进课堂教学改革，先后邀请江西金太阳教育研究院高级研究员刘运芳、江西金太阳教育研究院副院长徐昀等到学校讲学。组织各级部主任和部分教师先后到德州一中、历城二中、邹城一中、泰安一中、莱州一中、日照实验高中、曹县一中、单县一中等学校参观学习，提高对新课改的认识。继续研讨完善并推行“11126”学科教学模式，即明确“一个目标”（提高课堂教学效益，进而提升教学质量保证）、围绕“一个中心”（以学生为中心，突出学生的主体地位）、抓实“一个扶手”（精心编制导学案，有效使用导学案）、实现“两个转变”（教师的教学方式，由“灌输式教学为主”向“以启发、引导、指导教学为主”的转变；学生的学习方式，由“接受式学习为主”向“以自主、合作、探究式学习为主”转变）、突出“六个环节”（目标定向、自主学习；小组讨论、合作探究；展示成果、互动交流；精讲点拨、答疑解惑；目标检测、反馈矫正；总结归纳、升华提高）。各学科结合学科特点针对新授课、讲评课、复习课等课型再进行修改完善。学校重新修订《课堂教学评价标准》，平时的听评课、各类评选课都使用新的评价标准，促进广大教师尽快把新课程教学理念转化为教学行为，提高课堂教学效益。

【教师发展】 学校把教师专业发展作为一项战略任务，制订《郓城一中教师专业发展规划》，实施“名师工程”“青年教师培养工程”“教师全员成长工程”“教师读书工程”和“科研兴校工程”等五大工程。在青年教师中有计划地开展“教坛新秀评选”“青年教师教学基本功大赛”“精品课堂教学展示”等活动，注重对青年教师的师德和业务培训，实施“青蓝工程”，举行师徒结对仪式，开展青年教师基本功比赛，组织评选出21名第四届“教坛新秀”，周末的名师讲堂为优秀教师的成长提供平台。借助远程研修平台、“请进来”与“走出去”等方式，多次邀请省内外教育专家来校讲学，选派100名骨干教师和班主任赴华东师大参加高级研修班，2016年暑假分批组织100余名教师到江西南昌、青岛城阳、聊城莘县等地进行培训学习，不断提升教师的理论水平和实践能力，促进专业成长。通过开展读书活动，营造深厚的读书氛围，建设温馨的书香校园，助推教师树立终身学习的理念。加大校本教研的力度，以科研为先导，推进课堂教学改革。通过上述措施，优化教师结构，提高教师素质和教学水平，一大批老师逐步成长为教学骨干。李志华老师获第三批“齐鲁名师”称号，戴其雷老师被评为菏泽市第三期名师工程建设人选，黄克超老师被菏泽市总工会授予“五一劳动奖章”，张修军带领的奥赛辅导团获“工人先锋号”称号，韩永合老师获“菏泽市职业道德先进个人”称号，李召峰、胥林磊两位老师分获菏泽市职工职业技能大赛第二、三名。在2016年全县教师节表彰大会上，黄克超等38位老师分别被授予教书育人先进个人、先进教育工作者、师德先进个人、模范班主任等荣誉称号，学校被县政府授予“教育工作先进单位”。

【教科研改】 2016年，学校参与国家、省级教学课题研究的教师多达150余人，参与校内微课题研究的教师有230余人，教师在各类报刊上发表教学科研论文240篇，完成国家级和省级课题阶段性总结报告和论文30篇。

【特色教育】 郓城一中培养出以著名歌唱家彭丽媛为代表的大批艺术人才，在艺术生的培养上积累了一定的经验，在广泛征求群众意见的基础上，确定艺术教育作为学校的办学特色。依托校本教材，加强艺术课程教学。根据课程计划对课程实施的要求，开设校园小合唱、古筝、舞之韵、电子琴、硬笔书法等艺术类校本课程。在山

丽媛艺术楼

东省首届特色课程评选中，黎丹老师主编的《古韵琴思》获三等奖。

【作风建设】 在工作中，严格执行中央八项规定，开展“两学一做”学习教育，推行“一线工作法”，领导干部走出办公室，到教学一线去，做到“有学生在的地方，就有老师在；有老师在的地方，就有级部主任在；有级部主任在的地方，就有学校领导在。”学校建立健全规章制度，修订完善加强师德建设的若干意见、教学常规、集体备课和听评课等制度、财务管理实行预算制度，量化考核、职称评定制度进一步完善。实行“联席会议制度”，教学委员会列出工作计划，加强督促检查指导，学管督查，后勤巡查，级部处室一周一碰头，召开联席会议，一是通报上周教学常规工作和学生日常管理工作督导检查情况，针对存在的问题提出要求和改进措施；二是总结上周有关教学和学生活动开展的情况，明确下周工作任务，将落实情况公布到部门及负责人。

【新校区建设】 县委县政府在郓城南部新区投资6亿元兴建郓城一中新校区，占地300亩，总建筑面积18万平方米，办学规模150个班，学生7500人，教职工600人，由上海中建建筑设计院规划设计，山东电建二公司承建，教学楼、综合楼、学生公寓、食堂及社区中心等教学设施完成主体竣工验收等工作，实验楼、艺术楼、体育馆等二期工程基本完工。

（梁福标）

郓城高级中学

【概况】 郓城高级中学占地200余亩，建筑面积8万余平方米，绿化面积4万余平方米，学校投资2亿元人民币。学校建有综合教学楼、行政办公楼、科技实验楼、艺术教学楼、图书楼、信息中心、教职工公寓、学生公寓、标准化学生餐厅、学生洗浴中心、微机室、录播室、实验室、电子阅览室、阶梯教室、报告厅等基础建设及配套设施。教室内配备空调、音箱、闭路监控系统、数字化多媒体等现代化配套设备。

【教师队伍】 学校有教学班114个，教师509人，其中公办教师457人，自聘教师52人，特级教师1人，高级教师98人，一级教师175人，研究生学历46人，本科生411人，教师学历达标率100%；国家、省、市级骨干教师、教学能手近80人，分别承担着国家级和省级教育科研课题的研究；有省市公开课、优质课执教经历的教师95人；全国劳模1人，省优秀教师7人。200余篇科研论文在省级以上报刊发表。

【学校管理】 坚持“从起点看提高，从基础看进步，以评价促发展”，重视过程评价、日常评价、积累性评价。开辟途径，通过家长委员会、利用校长信箱、校长接待日等方式来增强家长评校、学生评教的权能，广泛听取校内外的意见和建议。

将德育上升到“课程”的高度建构，“每周生活规划”和“正行日记”贯穿于教育教学的全过程，开展感恩教育和励志教育系列活动，以感恩促心，以砺志促学。每周一次的升国旗仪式和每天早操后的晨会从不间断，从思想到品质、爱国到法制、从安全到卫生、读书与修养、方法与习惯等方面，强化学生认识，收到良好的教育效果，促进积极、健康、文明、向上的校风的形成、健全的学生会、团委会、班委会等学生组织，有利于实现学生“自我管理、自我服务、自我教育、自我监督”。

邀请公安民警和消防官兵对学生进行道路安全、消防安全教育，落实学校安全事故预防预警机制，加强学校安全管理，专职安保人员实行24小时值班、巡逻制度，对走读生和外来人员出入登记，安装监控系统，提高突发事件的应对能力。强化学校食品卫生安全管理，严格执行国家食品卫生安全标准，对学校食堂食品卫生每日抽查，规范食品的采购配送渠道，严防不洁、过期食品进入校园。

【教学管理】 学校采取“分区管理，分层次教学”的教学方式，即根据原有知识水平和知识能力的差异，把学生分成A、B、C三个层次，分别编入不同的班级进行教学和管理。

分层次备课。依据学生的心理特征、个性特点、学习基础和家庭影响分成不同层次，教研组集体备课。备课中实行“一大多小”教案，即一个大教案，2～3个小教案。大教案针对全体学生，小教案针对个别学生（差生、优等生、特长生）。多备一些个别学生参与的活动，培养学生参与课堂活动的兴趣。备课时既要备教材，也要备学生。在备课时充分考虑到学生的不同需求，尽量使学生吃得饱，让学生有事可做。

分层上课。在课堂教学中，对不同层次的学生做到两个兼顾：目标兼顾，即对不同层次的学生提出不同的基础性目标、发展性目标、提高性目标。基础性目标是每个学生必须而且可以达到的。在上每节课前，把本节课的目标展示在黑板上。这样有利于学生明白每个单元和每节课的教学弹性分层目标，从而结合自身实际情况，确定自己的层次目标，每个人的选择是动态的。授课内容兼顾差生，提高优生，带动一般学生，差生学会新知识，优生和特长生训练运用能力，一般学生加深印象，巩固知识，一举多得。

课后习题和作业布置分层，根据本年级学生的层次目标，精心设计练习题，既非轻而易举又非高不可攀，分层递进，呈阶梯式，让不同层次的学生使用。

分层进行学法指导。教师根据不同层次的学生，给予针对性指导。对差生而言，除了帮助他们找到学习困难的症结，还要对他们的个性进行分析，教会他们可行的学习方法，帮助他们树立学好的信心。对优等生和特长生来说，要指导他们不断提高自学能力，对有困难的学生可以找出问题的共性。近年来本科升学人数每年都在450人以上，并有尖子生进入全县高考前10名，有500余名学生升入全国“211”“985”大学和艺术类星级院校，2016年1人升入清华大学，1人升入北京大学。

【硬件设施】 学校投资300多万元，升级改造校内道路、微机室。建设学生体育运动场，新建高标准篮球场12个、羽毛球场3个、排球场4个、体育舞蹈房1座。新建可容纳4000人同时就餐的高标准餐厅楼1座。累计投入600多万元进行校园绿化、美化、亮化建设。绿化覆盖率超过50%，花、乔、灌、草相结合，做到三季有花、四季常青。校内有各种乔木2500多棵，灌木2.5万多株。珍贵花木及树种如樱花、广玉兰、白玉兰、法桐、紫荆树、腊梅、海棠等600余棵。园林景观主要有怡情花园、文化长廊、石头文化、“书写未来”雕塑等。另建有高标准媒体教室、电子阅览室、图书室、实验室、阶梯教室、录播室等。

（韩玉臣）

郓城县实验中学

【概况】 郓城县实验中学是省级文明单位、市级规范化学校，是全县唯一的省级新课程示范校，是美国康州Middle Town公立高中姊妹学校。学校占地100亩，有101个高中教学班，学生6486人，教职工446人。2016年度，被评为“山东省文明单位”“菏泽市高中教育教学先进单位”“郓城县高中教育教学工作先进单位”。

【环境建设】 学校不断优化育人环境，对校园进行绿化、美化，栽种银杏、广玉兰、五角枫等名贵树种；提高教师教学条件，为教师置换办公桌椅后，配备办公一体机；完善教育基础设施，投资350万元的塑胶操场顺利完工并投入使用；强化多功能餐厅的使用，三楼会议室开工建设。

【师资队伍】 学校坚持“事业用人、情感留人、发展成人”原则，构建“以师为本”的管理体系。在师德师风方面，组织教师学习法律法规，开展“立师德、正师风、铸师魂”的师德活动，提高教师思想觉悟和理论水平；在教师专业发展方面，落实帮扶制度，通过“传帮带”活动，实现以“老”带“新”，建立教师专业发展梯次培养体系。组织教师参加县及以上各级优质课、教学基本功竞赛、粉笔字板书大赛等活动，提升每一位教师的业务水平；在教师评价机制方面，修订完善《教师量化考核实施意见》《请销假制度》《校内结构工资实施方案》等章程制度，规范教师行为，调动教师积极性；在落实学校规范方面，开展“庸懒散”专项治理工作、《厉行节约反对浪费条例》贯彻落实工作，与每位教师签订工作日不饮酒的承诺书。规范教师日常行为，提升教师队伍的职业素质。

【德育工作】 探索学校、家庭、社会共建的德育教育网络，推行学生自主管理与教育模式，延伸德育教育手臂，为学生行为习惯的养成、是非荣誉观的确立，营造积极、健康、向上的德育大环境。

2016年，学校不断完善德育教育机制，实现管理育人、教书育人、服务育人。加强学生日常行为规范教育，针对性地开展文明礼貌、禁止奇装怪发、交通饮食安全等主题德育活动。拓宽多元化的德育内容，利用主题班会、“节日文化”活动、国旗下讲话、“七五”普法教育等，挖掘鲜活的德育内容。探索多样化的德育途径，重视学校、家庭、社会的教育作用，成立家校委员会，形成德育教育合力；利用学校各类教育载体，如学校广播站、学校以及班级宣传板报园地，抓好校园、班级德育文化建设；开展“文明礼貌月”、文明宿舍及自励自强班级评选、“青春——我的梦”征文比赛等德育活动；组建学生自主教育管理委员会，带动学生成立实验中学文学社团、乒乓球队、篮球队、治理校园垃圾死角雷锋团等。

【特色教育】 学校在人才培养模式上，探索多元发展、特色发展之路。在搞好普通文化教育的基础上，坚定“人无全才，扬长避短，人人成才”的信念，坚持“因势利导”“因材施教”的基本规律，为学生的自主发展提供多种选择。努力打造普通教育与艺体教育相结合、普通教育与职业教育相融通的多元化人才培养模式，创造适合每一个学生的教育。

成立特色实验班，面向优秀学生，吸收先进的教育理念，变革传统意义上的班级管理模式，实行“双导师制”，实现全员育人，切实培养优秀拔尖人才。开办日、俄语班，为英语成绩较差的学生提供一条进入大学深造的捷径。根据学生特点和发展特长，开设美术、音乐、体育、体育舞蹈、影评、空乘等多样的专业课程，为成绩中等的学生进入重点大学创造条件。与县职业中专、县职教中心进行联合办学，选拔通过普通高考难以进入较好大学的成绩中等的学生，成立春季高考班，让这部分学生既可以掌握普通高中文化课知识，又能具备职业高中专业知识技能，既可参加春季高考升入普通大学深造，还可以发挥一技之长进入社会就业和创业。

【教学管理】 完善教学常规评价体系，强化教学过程精细化管理，创新课堂教学模式，构建高效课堂。加强学生学习管理，强化学法指导和心理疏导，优化学风建设。

抓好教师继续教育全员培训工作，选派骨干教师和管理人员到先进地区挂职学习，组织各学科组、年级参加全国、省、市、县召开的培训会，让教师培训成为教师形成新理念、走进新课程、掌握新技术的有效途径；创新课堂教学模式，推出“备、教、批、辅、考、评”六环节教学法，立足课堂45分钟，向课堂教学要质量，细化教学设计，优化教学过程，让教师教学行为贴近课程、贴近课堂、贴近学生、贴近高考；实行推门听课制度和集体备课制度，学校领导带头走进课堂听课、评课，指导教学。各学科组课前集体研讨，相互学习，让每一堂课成为精品课；实行月考制度。规范组织高一、高二、高三年级月考检测。月考之后，年级组、科任教师、班主任认真分析得失，找出补救措施，强化教学检查、反馈及指导；抓好音、体、美、计课堂教学，开展阳光体育、大课间活动。对学生进行有计划、有组织的卫生教育和心理健康教育，改善学生的卫生习惯，增进学生的身心健康；做好毕业班工作，加强毕业班备考与研究。组织好毕业班后期的复习工作，凝聚合力，提升学生本科上线率；加强学生学习管理，强化学法指导，实行分层授课，构建符合学生实际、促进自主发展的课堂教学模式。

【行风建设】 加强财务管理，实行“财务、政务公开”制度，执行大额发票会签制度，在经费管理上，坚持有关规定，保证经费的合理合法使用。

加强教育行风建设，杜绝乱办补习班、乱收费现象；设立“勤工助学岗”，推行学杂费“减免缓”政策及“助学金”政策，确保无一名学生因经济困难而辍学。开展“献爱心、送温暖”等活动，先后为社会各界捐款7万余元。

加强平安校园建设，实行岗位责任制，确保学生人身及学校安全，确保学校无安全责任事故发生。

（张文涛）

菏泽学院郓城分校区

【概况】 菏泽学院郓城分校区占地面积61869.76平方米，建筑面积41056.85平方米，有固定资产5284.73万元，馆藏纸质图书7万余册，电子图书35万余册。教职工编制155人，在职在编教职工121人（另有外聘教师31人）。其中，专职教师105人，管理人员4人，工人12人。专业技术人员中，具有高级讲师职称49人、讲师职称45人、初级职称11人；具有硕士研究生学历17人、在读4人，本科学历76人，专科学历8人。有高级工12人、中级工1人、初级工1人。离退休人员58人。在校学生数总计3462人。

【思想政治工作】 组织全体党员干部开展“两学一做”学习教育活动，召开“两学一做”学习教育动员会。学习党章党规和习近平系列重要讲话精神、十八届六中全会精神，在学院表彰中，有2名党员获优秀党员称号、有3名党员获优秀党务工作者称号。做好基层党建工作，坚持开展“三会一课”制度，加强党员的培训工作。更新党建资料室设施，充实学习书籍、报刊，党员学习资料、笔记、会议记录存档，定期检查党员手抄党章和心得体会，每位党员学习心得体会10篇以上。加强全天工作督查制度，严格执行《郓城分校区工作督查制度》《党员干部联系班级制度》，坚持领导带班制度，强化责任，加强监督，提高工作效率。

【教学管理】 菏泽学院分校区以“教学、管理和招生就业”这三项工作作为学校的中心工作，把提高办学水平和质量作为出发点和落脚点。加强教学运行管理，突出职业技能培养和技能训练，5月、10月组织全校区5项职业技能大赛活动。加强教学运行管理，完善管理制度。明确培养目标规格，制订完善五年制专科人才培养方案。纳入学院统一管理，做好教学质量检查相关工作，进一步规范教学管理。制订《教师学生课堂行为规范》，严肃课堂纪律，规范教学常规。

开展青年教师培训。3月、9月，分别选派11名青年教师到山东师范大学进行研修。参加学院青年教师教学比赛，一名教师获得一等奖，两名教师获得二等奖。

【德育工作】 完善各项管理制度，做好学生德育工作。制定和修订学生管理制度，根据学院相关制度条例，制订《学生违纪处分处理办法》《学生公寓管理规定》。加强学生管理人员的考勤管理，强化班主任职责，实行班级指导员制度，协助辅导员和班主任管理好班级。强化学生日常管理和教育。4月、11月举行全校学生防火、防震演练。

加强共青团工作。以活动为载体，开展丰富的思想教育。“学雷锋，献爱心，保护宋金河”活动、植树节“多一片绿叶、多一份温馨”活动。成立大学生通讯社和社团联合会，组织6月首届最美团支书评选，成功举办首届社团文化成果汇报演出。10月举办“纪念长征胜利80周年”演讲比赛。

【招生就业】 拓宽招生渠道，保障生源质量。成立招生工作组，分工落实，确保招生工作的顺利实施。加强对中学的直接宣传。组织学生来校参观等，做好考生和家长的接待工作。顺利完成“3+4”高师本科和学前、初等两个专科专业的招生工作。

【民生工程】 妇女节组织女教职工健身活动，4月女教工舞蹈队参加县工会广场舞大赛获三等奖，5月参加市宣传部、妇联举办的菏泽市第五届广场舞大赛，取得良好成绩。

【安保与资助】 做好校园治理工作，制定《学校进一步加强安全管理的几项规定》，做好校园治理工作，强化门卫值班管理，对全校监控设施进行设备维护和软件更新，并对消防设施进行摸底排查。全年学校无重大责任事故发生。

广泛宣传，强化监督学生资助管理机制。做好享受国家助学金同学的信息采集、补办、上报及银行卡的发放工作。组织评审、上报、发放2016年春季助学金和秋季助学金。做好学籍管理工作，对重复学籍和流失学生进行清理，郓城分校区实有职业教育全日制学生1471人。维护好全国学生学籍信息平台，确保月报信息准确。

（崔九猛）

郓城县技工学校

【概况】 郓城县技工学校占地面积62亩，总建筑面积1357平方米，固定资产2085万元。设有办公室、教务科、学生科、招生安置办等机构。有教职工103人，其中高级教师18人，讲师39人，在校学生839人。

【开设专业和更新实习设备】 学校坚持“面向市场，贴近企业，突出特色，服务经济”的办学宗旨，适时开设热门专业和更新实习设备。焊接专业：各种型号焊接设备40台；车钳专业：数控车床5台，普通车床5台，实习工位50个；机电专业：电工、电子、电力拖动三合一实习设备30个工位，电力拖动42个工位，电子焊接工位30个；电子商务（计算机）专业：微机室工位300个；其他专业：烹饪（实习基地2处）、汽车驾驶（实习基地一处）。

【招生就业】 根据省财政厅发布的鲁财政〔2012〕90号文件，对全日制在校学生中所有农村、城镇学生免除两年的学费，城市涉农专业学生和家庭困难学生享受国家补助。学生完成学业，经考试、考核和思想品德鉴定合格，由省人社厅厅验印核发毕业证书。毕业生就业实行学校推荐就业和毕业生自谋职业相结合，以服务学生为宗旨，以市场需求为导向，以高质量就业为目标，落实全部推荐、优生优荐、个案指导、跟踪反馈的就业原则，保证毕业生满意就业、高薪就业。2016年全年招生500人。

【培训工作】 电子商务培训。学校依托“淘宝大学”电商培训基地，面向全县下岗失业人员、乡（镇）电商试点村群众、返乡创业人员，进行免费培训。年度共计培训518人。退役士兵培训。学校开设汽车驾驶、挖掘机、计算机、电焊等专业，为广大退役士兵创造良好的就业平台。2016年学校为菏泽市培训退役士兵458余人。其他培训工作。2016年学校共组织农村劳动力培训、新成长劳动力培训、失业职工培训，以及大学生、农民工返乡创业培训，共计培训人数 5620 人。

【春季高考】 根据山东省普通高中与中等职业学校学分互认学籍互转试点工作，“普通高中或中等职业学校的学生可结合自身实际情况，经过测试可从普通高中转入中等职业学校或是从中等职业学校转入普通高中学习”。学校充分利用实习场所和师资资源，与实验中学联合举办的春季高考班，开设机电与机械制造两个专业。2016年参加考试160人，本科录取40人。

【职业培训及鉴定】 开展国家职业技能培训和鉴定考试工作。针对农村劳动力转移、下岗职工再就业、企业职工技能提升，开设数控车工、计算机操作工、电工、电焊工等十几个工种。2016年共组织各类培训鉴定考试5批次，共计1284人。

（邹龙祥）

郓城宋江武术学校

【概况】 郓城宋江武术学校占地面积600余亩，建筑面积9.5万平方米，固定资产6.5亿元，文科设有从小学到高中各个年级，武科在原有散打、套路、拳击、柔道、摔跤、影视、跆拳道、武术舞蹈、足球等专业的基础上，2016年增设空手道和攀岩两个专业。有来自全国20多个省市区和美、日、英、澳、韩等国学生4000余人，教职工400余人。宋江武校是山东省优秀运动队后备人才基地、北京体育大学教育实习基地、吉林体育学院竞技运动人才基地。先后被评为“全国群众体育先进单位”“全国先进武术馆校”“全国十大武术名校”。

【教学业绩】 宋江武校拥有一流的训练场馆，配备一流的武术教练，制订“以德建武，以文保武，以武养文，文武并进”的办学方针。训练场上对学生严格要求，生活上关心体贴，训练水平逐年提高。8月，宋江武校学生赴辽宁参加2016年全国青少年跆拳道锦标赛，张广顺获51公斤级冠军，杨洪潇获73公斤级亚军，李国洋获56公斤级季军。2016年宋江武校学生先后参加2016年山东省散打锦标赛、2016年山东省散打冠军赛、2016年山东省跆拳道锦标赛、山东省跆拳道冠军赛、2016年山东省拳击锦标赛、2016年山东省拳击冠军赛、2016年山东省套路锦标赛、2016年山东省武术套路冠军赛等山东省大型赛事，共获得22枚金牌，28枚银牌，51枚铜牌。

宋江武校把文化课教学放在重要位置，半天学文，半天练武，文武并进。在全校400余名教职工中，特级教师1人，硕士研究生4人，大学本科以上文化程度的占92%，高中级职称的占75%。文化课按教育部颁布的《义务教育课程标准》设置。在市县历次联考中，学生的及格率都在95%以上。2016年宋江武校升入北京体育大学、上海体育学院等本科院校的学生达到96人，其中考入北京体育大学的10人。2016年12月，宋江武校被山东省体育局、山东省教育厅授予“山东省省级优秀体育传统项目学校”。

武术训练

【承办山东省第二届武术大会】 10月13日至17日，由山东省武术协会主办，菏泽市体育局、郓城县文体局、宋江武校承办的“水浒酒业杯”第二届山东省武术大会在宋江武校练武场开幕。来自全省17个地市、60余支队伍、4000余名运动员参加本届武术大会。武术大会共设竞赛项目与表演项目2个大类，包括武术散打、竞赛套路、传统套路、太极拳、太极推手以及武术特色拳种、武术短兵、武术操、舞龙舞狮等11个大项，102个小项，集体项目8项。参赛选手从12岁以下、12—17岁、18—39岁、40—59岁以及60岁以上分设为a、b、c、d、e五个年龄组，男女组分别录取名次。本次武术大会竞赛拳种包括少林拳、武当拳、大洪拳、形意拳、八卦拳、通臂拳、华拳、花拳、查拳、螳螂拳等，可谓内容丰富，异彩纷呈。同时还有单、双器械演练、集体项目展示，让广大观众尽享武术魅力。

（曹先锋）

郓城县职业中等专业学校

【概况】 2016年，郓城县职业教育中心更名为郓城县职业中等专业学校（以下简称县职业中专），学校占地96亩，建筑面积3万余平方米，有教职工209人，其中专业教师108人，占专任教师比例62.1%，双师型教师占专业教师比例达

70%，专任教师本科学历占比98.5%，高级职称占26.2%。

【教育绩效】 2016年，县职业中专完成招生692人，在校生人数1800余人，专业设置有机电技术应用、农村经济管理、计算机应用、服装设计与工艺、农业机械与维护、学前教育、建筑工程与施工等7个专业。2016年学校毕业生658人，有168人参加春季高考，升入高等职业院校126人，其余学生由学校推荐或本人自主择业顺利就业，就业率83%。郓城县职业中专具有较为完善的教育教学设施和实验实训设备。2016年投入800余万元用于实验实训室建设，学校生均教学仪器设备值6000余元，图书室图书5万余册。

【教学管理】 2016年，县职业中专围绕“培养学生就业竞争力和发展潜力，提高学生综合素质能力”目标，按照“抓规范、建机制、夯实基础，全面提高办学水平”的总体要求，坚持走内涵式发展道路，进一步促进学校的科学发展，坚持改革创新，以改革总揽学校工作全局，推动办学水平不断提升。以学生为中心，强化对学生的教育与服务，坚持以教学质量体系建设为重点，突出专业特色。强化实践教学，着重提高学生实践操作能力。坚持以人为本，注重队伍建设，努力提高教学质量、服务水平，坚持以德治校、依法治校、科研兴校、创新发展的办学思想，科学化管理，规范化建设全面推进素质教育和技能教育，拓宽办学渠道，不断改善办学条件，突出抓好教学质量工程，招生就业安置工作，信息化建设，管理队伍建设，着力打造核心竞争化，在整体推进各项工作的同时集中力量解决重点问题，做好重点工作，以重点突破带动全局发展。学校领导班子成员与全体教职工团结奋进，求实践、办实事，脚踏实地、开拓创新，进一步培育“团结务实、创新发展、诚信竞争”的良好校风，“严谨治学、乐于奉献、培育特色”的优良教风，“勤学苦练、厚技多能、学以致用”的优良学风。

（刘刚）

郓城县第一初级中学

【概况】 郓城第一初级中学成立于2009年3月，2012年2月原郓城镇中学并入，2015年8月原开发区中学并入，形成“一校三区”格局。共有84个教学班，在校生近5400人。2016年，被评为省级“禁毒宣传示范校”、省级“文明单位”、市级“普法工作先进单位”、市县两级教育教学先进单位，获市级“中小学生读书演讲三等奖”、县级“中小学生规范汉字书写大赛优秀组织奖”。

【教师培训】 坚持分步优化、整体推进原则，全方位提高教师专业化水平。教师培训步入常态化、规范化轨道，深入夯实教师教学基本功，推进集体协作、经验交流为主体的集体备课制，把集体备课作为教学工作中重要基础手段。通过备课组内说课交流，集思广益，突出基本的、共同的、规律性问题，使之更加符合所教班级学生需要，逐步提高全体教师的备课和课堂教学水平。同时，教务处组织全体教师参与国培研修，对每个学科组进行实况录课、集体评课，实时跟踪教师研修动态，发现问题及时督促解决。

构建教、学、研体系，搭建教师学习交流平台。继续举办校级公开课、观摩课、教师基本功大赛等活动，校委会成员带头深入推进推门听课，当堂点评，不走过场。承办县级公开课和骨干教师“送课下乡”等活动；采取“走出去、请进来”的办法，组织教师参加省市级各类学科教学、班级管理的培训和研讨；3月，学校部分骨干教师和中层干部到山大附中参观学习，并聆听知名教育专家冯恩洪所作的《班主任专业成长》专题讲座；6月下旬，学校骨干教师和教学能手到胶州六中进行学习交流，提高教师自身教学业务水平。

【常规教学】 全面开展“低重心教学”，逐步实施分层次教学。通过“低重心教学”实践，老师们在课堂教学中更加注重从低处起步，抓基础，重过程，分类施教，在“培优”的基础上，重心下移，关注学困生，实行小组合作，落实差异化、分层次教学，让学生成为课堂教学的主体，充分发挥教师的引领作用，实现教与学的有机融合，提高学生学习的积极性、主动性和创造性。

为促进教师专业化同步成长，第一初级中学校委会启动“青蓝教师培训工程”，分批组织学校骨干教师和教坛精英对青年教师和新入职教师进行全方位的业务“传、帮、带”，加快青年教师的专业化发展。

全体老师继续保持集体备课和个人备课相结合的良好习惯，推进学科教学与信息技术的深度融合，突出学生的学习主体地位，着眼于课堂教学结构的整体性、灵活性和延展性，培养学生的学科兴趣。进一步发挥课堂质量检测、单元检测的诊断、巩固功能，通过每一次检测，教师详细分析、梳理不同层次学生的优势和短板，在以后的备课和课堂教学中及时修正自身的不当和疏漏之处，提高教学质量。

【德育教育】 运用多种形式和渠道对学生进行人生、爱国、尊师、纪律、团队、创新等方面的教育。

路队建设。以规范路队管理为切入点，强化力度，继续推行家长轮值，通过与家长委员会协商，除空档值班人员外，每天由4～6位家长轮流参与校门口值班，监督学校周边卫生和安全。同时，发挥学生作为教育主体的地位，由政教处牵头，引导学生积极参与学校、班级日常事务管理，对路队建设、校园文明、卫生保持、文体活动进行检查和评比，形成学生自我管理、自我监督的良好局面。

持续开展“入室即静，入座即学”行为习惯养成教育。校委会成员和年级部负责人每天都去各班级巡查，确保学生有一个安静、积极的学习环境。教师在构建“高效和谐课堂”过程中，更加注重对学生自主学习意识的培养，并结合不同学科的特点，引导学生掌握正确的学习方法，通过自主、互助学习，以及丰富多彩的班级主题活动，逐步培养学生具有较强的学习兴趣、独立思考的学习习惯，乐于发现和探究，让学生在快乐中学习，在合作中进步，在肯定中成长。

以活动为载体，全面提升学生综合素质。学校坚持大课间跑操制度，增强师生体质。举行两次消防和防震应急演练；由政教处和团委组织部分师生代表看望留守儿童王梦瑶和身有残疾的鹿靓同学，去杨庄集镇敬老院慰问孤寡老人；在清明节前夕，全校师生到烈士陵园扫墓。持续开展“携手文明，摒弃陋习”活动，由政教处和各年级部对学生在校期间出现的不良行为进行督导检查，使学生养成自我约束、遵规守纪的良好习惯。举办读书征文演讲和中华经典诵读比赛，开展宣传栏和班级墙报评比活动，举行春季运动会、校园文化艺术节以及硬笔书法大赛，成功举办大型的、师生全员参与的2016届初三毕业典礼，丰富的活动让同学们的个性得到充分发展和释放，提高了道德素养，展示了青春的朝气和奋进的力量。第一初级中学被省广播电视台青少年艺术团指定为合作学校。

【家校教育一体化】 始终重视学校、家长、社会三方面合力，努力构建和完善“三位一体”德育教育体系。由校委会牵头，政教处负责组织，对学生家长分批分期进行系统培训，给家长传授教育技能，提高家长育人水平。校级家长委员会每星期召开一次会议，对学校的各项工作提出合理化建议，各班级的家委会也定期开展活动，在校委会的指导下，成功举办两次家校联谊会议；校委会和家委会组织部分家长去潍坊青苹小学、泥景小学、阳光中学学习考察家校教育一体化经验；经过校委会和家委会协商，通过深入调研，由家委会协调各方面关系，县公交公司在第一初级中学开通6辆“定制公交车”，学生违规骑电动车的现象几近绝迹，保证学生的人身安全，净化学校周边环境。获国家关工委颁发的家长教育“金推手”奖，学校家委会被省广播电视台指定为宣传合作组织，顺利通过市教育局组织的“校本培训示范校”评比和综合督导评估。王海霞、刁望新两位老师被评为全县教育系统职业道德模范。

在2016年度中考前的优秀毕业生选拔竞赛中，郓城一中实验班共招收100名新生，第一初级中学有56名学生入围。被郓城一中确认为“优质生源培养基地”。

（祝恩伟）

郓城县聋哑学校

【概况】 郓城县聋哑学校是一所九年制寄宿式国办特殊教育学校，始建于1992年，1993年正式招生。现有聋班4个，语训班5个，共有聋生110名，启智班2个，招收智障生32人。学校有教职员工53人，其中专职教师33人，山东昌乐特师毕业教师20人，其他非特师毕业的老师都经过特教专业的培训，经过进修，已有24名教师达到本科学历。其中市教学能手4人，市优秀教师6人，市优质课8人。学校提高教师素质和业务水平，派出骨干教师到上海、潍坊、济南学习，把全国先进的特教理念带回到学校。

【制度建设】 不断加强制度建设，构建平安和谐的教学环境。在《郓城县教职工管理办法》的基础上，进一步完善学校规章制度。教职工每天上下班考勤；校长公务外出向县教育局局长请假；教职工在调整好自己工作的前提下向校长请假。学校领导就影响学校健康发展问题积极研究对策，进一步统一思想，完善《郓城县聋哑学校安全工作规程》，明确岗位职责，对教师上课备课，学生管理，课外活动，食宿都提出来明确的要求。每轮开学都制定《教职工值班表》。放假时学校领导人和班主任全部到岗，每天教师轮流组织学生进行课下活动，夜晚教养员看护巡逻，在各个地方都安装电子探头，使学生24小时在教师视野之中。针对社会上个别犯罪分子利用聋哑人进行犯罪的情况，印发《致全体学生的一封信》，时时告诫，警示学生。并与学生家长签订《关于学生接送及事故处理协议》提醒家长关注学生安全，思想动向。保证学校正常的教学秩序。

【设施设备】 购置特殊教育设施以满足残障孩子的特别需求。学校高度关注弱势群体，不断满足听障和智障儿童少年接受教育的需要。尊重学生人格，补偿学生听障和智障学习缺陷，完善教书育人环境。在培智教育方面。购置智障儿童专用学具“木脑袋”开发学生智力，启迪学生灵感，2007年成立语训部，采购世界先进的蜂力FM语训专用设备，并在教室配备普通话语训强化设备，利用VCD、电视机音响，单独设置语言训练和听觉补偿课程，多次请蜂力专家来校指导，使每个聋孩子都接受良好的教育。组织教师根据自己的教学经验编写校本教材，共编写《聋校生活教育》《聋校健康教育》《特色学语文》《培智教育》等4本教材，受到兄弟学校的好评。

【教学管理】 加强师资队伍建设，实施素质教育。学校组织学习习总书记同北京师范大学师生座谈时的讲话，按照讲话中如何做一个好老师严格要求每一位老师，教导老师要有理想信念，要有道德情操，要有扎实学识，要有仁爱之心。确立“敬业、爱生、探索、奉献”的高尚师德标准，完善“精讲、激趣、善导、质疑、创新”的教学方针。鼓励教职工最大限度满足学生学习、生活和发展的需要，制定教职工量化管理办法，通过对教师的课堂教学成绩、备课计分、作业批改计分量化，民主产生校级教学能手，作为评选县级优质课执教人和教学能手的候选人，坚持量化管理与奖励挂钩，激发广大职工的积极性。学校选派优秀的一线教师去学习培训，回来和在校老师一块讨论研究，做到以点带面，全面提高。

学校发挥特教设施设备等资源优势，为随班就读工作提供技术支持和服务，对随班就读学生开展训练和康复指导，对随班就读学校教师，学生家长开展康复技能培训与指导，充分发挥学校在教育教学、科研等方面的专业优势，将成功的教育与教学经验，尤其是康复和特教工作经验，向普通学校辐射。

（孟庆雷）

郓城县实验小学

【概况】 郓城县实验小学占地面积8000多平方米，学校以教学为中心，推进素质教育，加强校园文化建设，促进科学规范化管理。学校先后被授予"山东省教学示范学校""菏泽市平安和谐校园""郓城县教书育人先进单位""郓城县先进党支部""郓城县三项活动先进单位"等荣誉称号。

【教师队伍】 学校有43个教学班（含幼儿园），在校学生近3000人，教职员工131人，其中市优秀教师10人，市、县级教学能手35名，菏泽名师1人，市、县教坛精英8人，学历达标率100%。新招录青年教师，优化教师队伍。

【教学管理】 加强师资队伍建设，全面提高教师的整体素质，狠抓师德建设，使师德建设成为学校一项全局性、经常性、长期性的工作。学校加大规范办学的力度，引导教师转变观念，促进和提高教学质量。组织部分年级部分学科教学质量监测；加强毕业班管理工作，减轻过重课业负担，开展课内外作业内容和数量的调查研究，严格控制作业量，密切关注学生发展。

【校本教研】 坚持规范加特色的办学思路，以教师队伍建设为重点，以课堂教学改革为主线，以校本课程开发为依托，以师生评价改革为突破口，注重校本培训，强化校本研修，扎实有效的实施素质教育。真正做到"备求实，讲求精，辅求活，批求细，评求导，补求足"。开展以研究教材为重点的集体备课，建立研讨制度，以教研组为单位的集体备课活动，做好青年教师的"传、帮、带"工作，并开展伙伴结对互助活动。各科明确要求，注重实效性。教案教学目标明确，包括教学要求、重点难点、教学准备、板书设计等要齐全，要备有详细的教学过程，合理的教学方法，字迹要求工整、清晰。要有教学随感、札记，开展以关注课堂为重点的校本研究。

为提高课堂教学水平，及时发现教学中的问题，促进青年教师的专业成长，学校每学期开展听课评课活动，要求人人上一节校级公开课，所有听课教师都参与点评，提出指导性建议。这一活动将校本研究提到一个新的高度。

【课程开发】 学校注重校本课程的开发，不断提升课程实施水平。学校制订校本课程实施规划，要求"人人有课程，班班有特色"，老师们根据自己的特长，结合本班的实际情况，开发一门自己的学校课程，有古诗文诵读、数学速算、书法、生活数学、成语、兴趣英语、科学发现、戏曲器乐、礼仪、安全、制作、手工、武术、健美操等几十种课程，精心编写出讲义、评价方法等。体现教学内容的多元性和选择性，更有利于学生的自主发展。

【教学评价】 改革评价制度，彻底取消百分制，实行等级制。注重过程管理和终结性管理相结合。在教师教育教学评价中，取消用单一的成绩评价老师，而是从德、能、勤、绩等方面综合评价。实行《教职工量化月考核制度》和《教师整体工作量化考核实施方案》，不但注重对教师的终结性考核，更注重在教育教学中的过程性评价。

【特色教育】 开展丰富多彩的艺体活动。学校组建一百多人的鼓号队、秧歌队、腰鼓队，成立舞蹈、戏曲、绘画、剪纸、葫芦丝、盘鼓、跳棋、篮球、武术等多个兴趣小组。把健康还给孩子，把快乐还给孩子。学校克服活动场地狭小等困难，认真组织学生上好两操，下午大课间按年级轮流跑步，全体教师和同学们一起跑。定期测量学生的视力、体重等，每学年召开两次运动会，两次艺术节，把学生的艺体教育落到实处。

【校园文化】 注重内涵发展，提高学校办学品味。学校注重精神文化和环境文化的建设，增强学校凝聚力和影响力。重新更换宣传栏、楼梯、走廊、墙壁的内容，让每面墙壁说话，让每个角落育人。2016年聘请青岛专业校园文化设计团队，以"情义实小"为校园文化主题，对学校进行重新设计，使校园更加整洁、规范、和谐、文明。

【改善办学条件】 努力改善办学条件。先后建立微机室、电子备课室、多媒体教室、仪器室、实验室、图书室、音乐室、舞蹈室、书法室、综合实践活动室、少先队活动室、多功能会议室等，给每个教室安装空调、触摸式一体机，安装高配置的箱式变压器，改造电路，更换全部日光灯，彻底改善照明条件。学生桌凳全部换成可升降的标准桌凳。幼儿园管理更加人性化，幼儿室外活动场地新铺设人造草坪，安装大型玩具，室内新更换适合儿童身心发展的桌椅，每个幼儿活动室新装修软体壁纸，大屏幕液晶电视等，达到市级一类幼儿园办园水平。已申报山东省教育信息化试点学校。

实验小学秧歌队

（傅召展）

郓城县东关小学

【概况】 2016 年暑假郓城县东关小学搬迁至宋金河畔新校址。学校有 51 个教学班，在校学生 3561 人。教职工 191 人，其中专任教师 191 人，学历达标率 100%，适龄儿童入学率 100%。学校先后被共青团山东省委授予“山东省金星大队”“山东省少先队工作规范化学校”；被山东省教委命名为“艺术教育示范学校”“山东省德育教育示范学校”“山东省电化教育示范学校”“中小学教师培训省级示范学校”；被山东省教学研究室命名为“教学示范学校”。

【校本教研】 坚持以校本教研为核心，全面开展各级课题研究活动以及校本教研活动，提升校本教研的整体水平，提高教师业务素质，提高学校整体教育教学质量。加强集体备课、进行学科调研、加强教学质量监控。引导教师把提高质量的着力点放到提高课堂教学效率和应用现代化教学手段上，使科研兴校真正落到实处。

【课程开发】 开展“利用现有资源，开发校本课程”的课题研究。推出《爱我家乡、爱我郓城》《走向阳光》《中华字经》《弟子规》《双节棍》《花样跳绳》等课程。

【教学评价】 为适应教育改革的新形势，本学期在对教师评价方面，进行“以制度引导教师发展，激励教师提高”的新尝试。试行《教职工量化月考核制度》和《教师整体工作量化考核实施方案》，目的是既加强教师教育教学管理的过程性评价，又重视学期末的终结性评价。

【德育建设】 坚持周班会的召开。学校规定每周一下午第三节是班会时间，一周一个主题，在反复的说教中规范学生的行为习惯。每周一的升旗仪式是少先队重要的一项活动，是对学生进行德育教育的主阵地。本学期学校创新升旗仪式，按班级轮流主持，把升旗仪式变成一个舞台，给每一位学生展示的机会。国旗下的讲话、重大新闻播报、升旗手的选拔、护旗手的培训都有班级自己组织，升旗仪式增加呼号环节，“为国争光，为校添彩”的声音响彻校园。

为引导学生养成良好的行为习惯，增强学生自我教育、自我管理和自我约束能力，校委会设立“校园文明监督岗”，对学生的路队、着装、课间活动及班级卫生等进行全方位督查。有效地发挥“小干部”的大作用，既让学生自觉地遵守校纪校规，又培养学生良好的行为习惯。

为了让学生在实践中体验，在生活中做到尽孝心、讲诚信、有爱心，学校开展师生“唱响三德歌，争做三德人”活动，增强师生的感恩意识和责任感。

【安全教育】 学校始终把安全工作放在首位，分工明确，一岗双责，责任到人。加强值日护导，门口安保人员认真负责，各班都有一位老师提前半小时到校看护学生。学校每周一次“三级”安全隐患排查，每月召开一次以安全为主题的班队会，每学期举行两次紧急避险逃生演练，学生都有自己的逃生路线图。放假前，老师对学生进行离校前安全教育，定期对老师进行安全知识讲座。

【特色教育】 人人有课程，班班有特色，每位老师除做好本职工作外，都有自己的特色课程，周三、周四是各队活动的时间，经典诵读、哑铃操、泥陶、粘贴画、刮花、合唱团、电子琴、呼啦圈、花样跳绳、竹竿舞、双截棍等20多个社团。老师们编写的《走向阳光》和《双截棍》被评为市县精品课程。王小苏同学在全市中小学第三届“读书助我成长”征文比赛中获得一等奖，李欣然、夏子涵、蔺渝桐3名同学获得二等奖。学生编排的课本剧《丰碑》在全市中小学生第二届读书系列“舞台情景剧”比赛中，荣获小学组一等奖。

（杨永慧）

郓城县西关小学

【概况】 郓城县西关小学占地约24亩，小学部有35个教学班，学生3180人，幼教部有21个教学班，幼儿在园近1000人，学校教职工167人，其中获市级荣誉30多人，多名教师受到省政府、省教育厅的表彰，一级职称教师占70%，教师学历合格率100%。学校先后被评为“山东省教学示范学校”“菏泽市优秀家长学校”“市电化教学先进学校”“菏泽市少先队工作师范学校”“市学前教育先进集体”“菏泽市一类幼儿园”“菏泽市平安和谐校园”“郓城县首批特色学校”“县级规范化学校”及“郓城县教书育人先进单位”。

【教学管理】 学校重视教学常规管理制度的制订和创新，结合教学工作实际，在广泛讨论和征求意见的基础上，制订《西关小学规章制度》，对教师从德、能、勤、绩，民主评议等方面进行考评，考评结果作为教师评优评模的重要依据。学校还加强对教学过程的全程管理，结合学校教学实际，制订《西关小学教学常规制度》，明确“备课、上课、听课、测试、辅导”各教学环节的要求，给教师精细具体的指导，规范教师的教学行为。学校探索评价方式改革，既有对学生的形成性评价，同时关注过程性评价，科学评价学生，用好《学生成长记录手册》，并实行检查制度。为确保教学常规管理落到实处，学校切实加强教学常规督查，建立校长室—教导室—年级组层层负责的教学管理流程。

【校本教研】 学校全面贯彻《基础教育改革纲要》精神，以课改为导向，改进和加强学校教研工作，建立以教师研究为主体、课堂为阵地的教研制度，形成教师静心教书、潜心育人，学生乐观向上、个性鲜明的新风貌。

*加强隔周教研活动与集体备课。*教研活动以自我反思、同伴互助、专业引领、观看课堂实录等活动形式，及时探讨解决教学中的问题和困难，交流教学心得、经验，探索教学规律，不断促进教师的专业成长。集体备课要求三定，五统一，并且有备课记录，要求全员、全时。

*规范课堂教学，强化听课制度。*学校制定严格的听课制度。每学期行政领导听课20节以上，教研组长（备课组长）听课15节，组员听课10节，听课后学校领导、组长及时反馈听课情况。学校组织的重大教学活动，实行听课签到制度，期末对教师的听课情况作统计，并列入绩效考核。通过活动以评促研，浓厚学校的教研氛围；以评督学，促进教师的专业发展，提高教师队伍的整体教学水平和课堂教学效益。

【课程开发】 学校立足学生生活实际，围绕“牵手文明”“放飞梦想”“学会学习”等几个方面的内容开发出具有学校特色的课程，让学生认识家乡的人文、地理、环境，培养爱祖国、爱家乡的情感，懂得一些基本生活技能，学会关爱生命、珍惜生命，合理安排自己的学习和生活，培养自主学习的能力，主动探索并获取知识，实现自身不同程度的发展。为此，学校特推出剪纸、三字经、弟子规、文明礼仪等20多种校本课程。

【德育建设】一是加强“两规”教育。各班班主任利用班队会、晨会对学生重点加强以《小学生日常行为规范》《小学生一日常规》为内容的“两规”教育，从道德行为习惯培养入手，持之以恒地抓好学生的养成教育，使学生从小养成讲文明、守纪律、勤奋学习、艰苦朴素、助人为乐等良好的思想品德和行为习惯。二是注重发挥教师的榜样示范作用。每位教师都积极参与到学校德育工作上来，形成德育合力。教师从小事做起，时时处处严格要求自己，用高尚的人格、良好的习惯、积极的人生态度影响教育学生。三是充分利用各种宣传阵地，如红领巾广播站、文化长廊、升旗仪式等，弘扬孩子的每一个闪光点，引导孩子纠正和克服不良行为。让孩子的闪光点不断闪亮，辐射他人。四是充分利用思想品德课、班队活动等时间，加强行为规范教育，做到教育时间保证，教育内容落实，教育形式多样，教育成效显著。五是美化、净化、绿化校园，营造美好的育人环境，以“让每栋墙都说话、学校管理人性化”为主线，抓好校园文化建设，提升校园文化品味。六是构建学校、社会、家庭三结合的教育模式，办好家长学校，宣传法制制度，加强学校与社区联系，提高德育工作的实效性。

【安全教育】学校把安全工作列入重要议事日程，成立学校安全工作领导小组，学校要求全体教师都要有强烈的安全责任意识。值日教师提前半小时到岗，与家长签订责任书，加强交通安全宣传和管理，对骑车学生集中进行安全教育，严禁学生骑车载人，校内无学生骑车现象。坚持每周利用早会、国旗下讲话、班队会等途径有针对性地对师生进行安全教育。每学期定期举行两次紧急避险逃生演练，建立学校安全保卫工作的各项规章制度，加强对外来人员的管理，认真做好外访登记，严防闲散人员进入校园。

【特色教育】在狠抓教育教学质量的同时，学校坚持特色强校的思路，充分挖掘各种教育资源，着力打造特色教育品牌。学校逐年加大特色教育投入，完善校本课程开发，促进学生综合素养不断提升，先后成立篮球、乒乓球、绘画、书法、剪纸、手工、器乐、轮滑等社团组织，挖掘整理抖空竹、竹竿舞、少年拳等传统体育项目，学生参与热情高、参与面广，逐渐形成较有影响的艺术特色项目。

郓城县乐园小学

【概况】郓城县乐园小学占地面积6000余平方米。学校包含大、中、小共12个班的幼儿园，1至6年级共34个班的小学部，在校生3000余人，在编教职员工138人。学校先后被授予“全国示范家长学校”、教育部“国培计划2015”培训项目优秀示范学校、“山东省学前教育先进单位”“山东省科普示范学校”“首届郓城县鼓号大赛优秀组织奖”等荣誉称号。

【校本教研】建立学习小组，每个老师建立学习笔记做好记录。学校组织好每周一次的学习会议，检查老师们的学习笔记，走进课堂，倾听老师们的学习体会和困难，认真研究及时解决学习中遇到的问题。组织好每月一次的教研活动，随时开展以教研组为单位的观摩教学活动，各教研组相互交流，相互学习，相互探讨，争取每一堂课都是最优质的。充分发挥教研组作用，优化课堂教学。共有34个教学班，14个教研组，14位教研组长，都是第一线老师，是课程改革的带头人，在教育教学中起到模范带头作用。在教研活动中，主抓集体备课，以教研组为活动单位，就本册教材的重点难点进行探讨，发挥集体智慧，对教材进行个性化解读。

【素质教育】注重养成教育，注重优等生的培养、差生的转变。发展学生特长，组织开展好经典诵读比赛、写字比赛，办好小学生手抄报、班级园地。通过这一系列活动，不少学生背诵古诗文超过百首的学生，小学生手抄报、学习园地办得丰富多彩，天文、地理、幽默笑话、文学小说，体裁丰富，版面新颖，扩大学生的阅读量，激发学生学习兴趣，提高学生的整体素质。

增设阅读和写字课。学校专门组织老师讨论研究教材，制订出灵活的学习方法和学习计划，打造高效课堂，设置阅读课，让学生读爱读之书，学爱学文章，从童话故事到文学名著，从动漫画书到唐诗宋词。三年级以上的学生都建立阅读笔记，老师定时检查，学生之间认真交流，真正做到读有所获，读写结合

尊重每一位学生，做好“差生”的转化工作。树立“转变一个差生与培养一个优生”同样光荣的思想，对差生不歧视、不厌弃、不排斥。重视差生思想上和习惯上的补差工作。教育他们遵守纪律，服从管理，帮助他们树立信心，消除自卑感。对差生适当降低要求，注意寻找闪光点，在思想上、行为上、习惯上有进步就表扬，多设台阶，多鼓励，灵活处理教材。使每位差生不断进步。

【德育建设】 坚持以人为本，德育为首的原则。以讲传统、讲诚信、讲文明、讲守则为活动切入点，牢牢把握住学校课堂这个主阵地，以寓教于乐的教育形式，对学生进行全面的“五爱”教育、诚信教育、法制教育、养成教育，帮助学生树立正确的人生观和价值观。

做好每周一的升国旗仪式。升国旗仪式是培养学生的爱国主义情操，锻炼少先队员们的组织能力，德育教育的主阵地，是学校德育的重要载体。每周一的升国旗仪式由少先队各中队轮流组织主持，以最新发生的国内外大事并结合学校实际为主题作为国旗下的讲话，成为少先队员展现自我，宣传先进的舞台。

加强和完善少先队建设。大队委分工明确，由民主选举产生新的大队委员会，并实行小干部轮岗制度，建立卫生监督岗等，还对各班的卫生、纪律情况每天进行登记，一周一小评，一月一大评。少先队大队部定期召开各种形式的例会，大队干部培训会议、文明监督岗人员会议等，定期组织对队干进行培训。培养队干部能力，发挥少先队作用，完善队员自我管理模式。阶段性对队干部进行培训，确保队干部起到真正作用，同时，大队、中队委加强自治、自主训练，提高少先队员的能力。另一方面，抓好学校升旗手训练工作，促进学校少先队工作的稳步发展。完善发挥红领巾监督岗和管理作用，每周总结。组织建设好我校的大型鼓号队，展现乐园少先队风采。

【校园文化】 学校加强校园文化建设，建立学校广播站，办好有一定质量的黑板报、布置好橱窗、电子屏、楼梯文化，建设学生德育教育基地等阵地，时时处处体现“乐雅教育，快乐学习”的办学理念。学校采取多种措施丰富师生的课外文化生活，让学生们在健康和谐向上的文化氛围中快乐地成长。

【特色教育】 以校本课程开发为载体，以艺术教育为龙头，以美育的基本原理为依据，树立大美育观，充分发挥课程美育、课堂美育、社会美育、自然美育的作用，以人为本，将特色教育、知识教育和思想教育结合起来，以特色陶情、以特色辅德、以特色益智、以特色健体、以特色促教。在实践中形成学校特色，学科教学渗透特色，课外活动感受特色，亲身实践创造特色，行为习惯检验特色的运行机制，形成学校自己的特色。学校成立电子琴、舞蹈、合唱团、书法、儿童画、跆拳道、双节棍、传统武术、太极拳、跳绳等近20个社团，让每个学生都有自己喜欢的项目，有发挥自己特长的舞台，学生参与率100%。

【改善办学条件】 先后硬化操场、校园，粉刷教学楼内外墙，把老式厕所翻修改建成水冲式厕所。为老师配备笔记本电脑，整理填充图书室，丰富图书阅览内容，为所有学生配备崭新的可调高度的课桌椅。对所有教室的照明进行改造，全部换为LED灯管，光线柔和，环保节能，有利于学生的视力保护及身体健康。

（刁望庆）

科学技术

县科技局推进郓城天勤工程科技有限公司与山东大学进行产学研合作

科学技术

综　述

【概况】 县科学技术局下设办公室、科技合作科、发展规划科、科技成果科、农村科技科、高新技术发展及产业化科、知识产权办公室7个科室，共有干部职工63人，专业技术人员34人，其中高级职称1人，中级职称3人。

【高新技术产业】 重点培育新材料、新能源、煤化工、生物制造、机电设备制造等高新技术产业。全县已培育发展省级高新技术企业8家，市级高新技术企业32家。2016年完成高新技术产业产值182亿元，同比增长16%。

【科技项目】 科技局2016年共组织申报各类科技项目共计9项。其中山东省重点研发计划项目（科技攻关部分）4项，包括山东绅联生物科技有限公司的“硫酸乙酰肝素的研发”项目，郓城县世炬化工有限公司的“间氟苯酚的研究与开发”项目，郓城县亿万汽车配件制造有限公司的“辐辋一体化无焊接车轮的技术工艺研究”项目，郓城县浩源生态养殖场的“规模化养猪排泄物环保化资源化利用”项目；山东省重点研发计划项目（重大关键技术）2项，包括山东绅联生物科技有限公司的“依诺肝素的研究制备”项目，山东协力生物科技股份有限公司的“生物转化分离阿拉伯糖、木糖醇”项目；山东省重点研发计划（军民科技融合）项目1项，即郓城县天源电子科技有限公司的“高性能抑菌银纤维及电磁屏蔽材料的研究开发”项目；中央引导地方科技发展专项资金科技创新示范（科技扶贫类）项目1项，即郓城县大鹏农牧科技有限公司的“小尾寒羊超高繁新品系选育”项目；泰山产业领军人才项目1项，即郓城县世炬化工有限公司。

【科技合作】 坚持项目、人才、平台一体化推进，加强产学研合作。实施“走出去、引进来”的科技合作战略，先后前往多家国内顶尖高校院所开展产学研合作，2016年，全县已有90家企业与国内高等院校、科研院所建立紧密的、实质性的产学研合作关系，提升企业自主创新能力和核心竞争力，提高企业经济效益，促进县域经济发展的转型升级。

【科技平台建设】 绅联、多友两家省级工程技术研究中心提质升级，新筹建协力生物、世炬化工、爱农种业三家企业申报省级工程技术研究中心，培育推荐乐农星创天地、绅联·众创空间、阳光创客之家、创客营科学孵化基地、凤翔众创空间5家众创空间申报省级众创空间，组织申报1家省级科技企业孵化器。其中，乐农星创天地获科技部星创天地首批备案，将纳入国家级科技企业孵化器的管理体系和服务体系。获批6家市级众创空间。

【知识产权】 2016年，全县专利申请量605件。其中，发明专利申请125件，实用新型430件，外观设计49件。发明专利授权量12件。推进山东绅联生物科技有限公司知识产权管理体系贯标工作启动。组织科技成果鉴定9项。

（马宁）

科学技术协会

【概况】 2016年，郓城县科学技术协会（简称县科协）独立建制，有行政编制4人，领导班子一正一副，内设科室有“三部一室”，科普部、学会部、咨询部、办公室。全县22个乡镇（街道）

都建有乡镇科协组织，配有专兼职科协主任。2016，在全市科协系统科学发展综合考核中郓城县被评为优秀等次。

【完善县科技馆科普教育功能】 县科技馆投资10余万元，充实建设“童话科学展厅”“数字科技馆”及互动自然科学展厅，使科技馆功能更加齐全，科学性、趣味性更加浓厚。县科技馆新馆已纳入郓城县文化中心建设规划之中。

【加强校园科技教育】 一是把科技教育纳入中小学校教育教学计划。全县209所高中、初中、小学中已有135所学校开设科学课程。二是广泛开展校园科技实践活动。3月，县科协、县一中联合举办以“科技、创新、生活”为主题的第五届校园科技节，开展科技小制作比赛、航模比赛、科技创意大赛、趣味互动竞赛等活动。7月，县一中举办“航空科普文化月”活动，开展航空科普知识讲座、航空知识竞赛、航空模型制作、放飞竞赛等系列活动。三是深入开展青少年素质提升行动。县科协邀请中科院教授、著名老科学家徐文耀到郓城举办“生活，因科学而美”的科普报告会。县科协还联合爱育幼童教育中心成立“郓城县青少年机器人科普教育基地”。在2016年创新大赛中，获省一等奖4项、二等奖1项、三等奖5项，县一中李洋同学获全国“创意之星”奖，张保虎同学获全国“优秀创意”奖。在菏泽市中小学生航模竞赛中，郓城一中代表队获一等奖6名，二等奖4名，三等奖3名。

【推进农民科学素质提升行动】 一是实施农业科技培训。结合“双联双创”活动和精准扶贫工作，联合农业、畜牧、林业、水产等部门，依据农广校、乡村专家讲堂等开展新型农民培训、绿色证书培训、阳光工程和各类农业科技培训。二是深入开展农技服务。县科协牵头实施“科技惠农富民工程”，举办送科技下乡活动，组织农业科技人员100余人次进村入户、深入田间地头，开展农业科技咨询服务，把先进农业技术、现代科学知识传授给农民群众，帮助他们依靠科技致富。三是发挥农技协的作用，农技协依靠身在基层、扎根农村、贴近农民的优势，做给群众看、带着群众干，开展实用技术培训156期次，培训农民3万余人次，引进推广农业新技术、新品种125项。

3月8日，县科协举办小麦玉米高产技术培训班

【推进“银企合作”】 3月，市科协在全县召开农技协暨银会协作现场会。4月，县科协召开“银企合作”调度会，促成3家农技协与邮储银行达成合作意向，使“银企合作”工作取得实效。

【实施助力地方创新驱动发展工程】 8月，省机械工程学会理事长林江海等一行4人赴郓城县经济技术开发区，就助力郓城创新驱动发展工程开展调研对接，先后到郓城县嘉谊减速机制造有限公司、山东恒基集团机械有限公司、郓城县亿万汽车配件制造有限公司等企业进行调研，详细了解企业在生产经营、转型升级、创新研发等方面的情况及需要解决的技术难题，对郓城县机械行业发展提出切实可行的建议。并明确提出，省机械工程学会将发挥自身的人才及资源等优势，有针对性地组织有关专家与郓城相关企业搞好深入对接，帮助企业解决技术难题，为企业创新发展服务。

【举荐表彰科技人才】 县科协与县委组织部、县人社局联合开展自然科学优秀学术成果、优秀科技工作者评选表彰活动，选拔出全县优秀科技工作者、优秀学术成果参加市级评选表彰活动，其中有4人被评为市优秀科技工作者，获市自然科学优秀学术成果一等奖 1 人、三等奖 1 人。

【“双联双创”活动】 县科协投资 5000 余元，为东杨村建设“科普书屋”，购置书橱，并陆续增添一批关于种植、养殖和农产品加工等方面的书籍；2016 年农历春节前夕，县科协还走访慰问东杨村 14 户困难群众，为他们送去棉被、食用油及慰问金。

【精准扶贫】 县科协多次到帮扶村程屯镇孔洼村进行调研，通过排查摸底、建档立卡，制订帮扶目标，理清帮扶思路，强化帮扶措施，在科技扶贫上狠下功夫。在县财政拨付资金的基础上，县科协另筹资金在孔洼村北部建设占地面积 400 余平方米的高标准扶贫示范点一处，为孔洼村贫困户就业创收提供支点和平台，使困难群众能够足不出村就可谋业创收。

（张娜　郭金亮）

气　象

【概况】 郓城县气象局是国家一般气象观测站属参照公务员管理事业单位。隶属上级气象部门与地方政府双重领导，以垂直管理为主。有在职人员 7 人，下设气象台、气象科技服务中心、防雷所、人工影响天气办公室（挂靠县政府）。

【气象工作】 基础业务质量稳步提高，测报工作 3 项错情率为 0.0%，农业气象错情率为 0.0%，晴雨预报准确率为 97%。2016 年通过预警信息平台共发送预警信息、传真 56 次，遇到转折性天气为县领导及相关部门负责人发送短时临近预报 32 次。制作春节、五一、麦收、中秋、国庆节等专题预报，印发呈阅件 3 期，重要天气预报 4 期。完成新型站建设任务，8 个乡镇区域站进行升级改造。在 2016 年汛期气象服务工作中，提供及时、准确的预报、墒情、农事建议近千条，为全县安全度汛做出贡献。2016 年，为缓解旱情，组织作业人员实施 4 次人工增雨作业，发射火箭弹 30 枚。

【气象数据】 郓城属于暖温带季风性大陆气候，主要气候特点是夏热冬冷，四季分明。往年较常发生的灾害性天气主要有冰雹、干热风、大风、暴雨、暴雪、霜冻、雷暴、旱涝等。2016 年平均气温 15.4℃，较历年平均值 13.9℃偏高 1.5℃；最高气温 37.0℃，较历年极值 41.0℃偏低 4.0℃；最低气温 -14.0℃，较历年极值 -18.1℃偏高 4.1℃。年平均相对湿度为 65%。年降水量 708.2 毫米，较历年平均值 635.0 毫米偏多 73.2 毫米，7 月份降水最多，为 238.5 毫米，3 月份降水最少，为 0.3 毫米。年日照时数 2068.9 小时，较历年平均值 2201.8 小时偏少 132.9 小时；全年以 6 月份日照时数最多，为 232.1 小时，12 月份最少，为 99.0 小时。全年以南风为主，年平均风速 1.6 米每秒。降雪初日为 11 月 22 日，全年降雪日数为 9 天。暴雨日数 4 天，偏多 3.2 天。无霜期 221 天，偏长 19 天。全年气温偏高，降水稍偏多，日照偏少。年内主要灾害天气有大风、冰雹及暴雨，虽有一定经济损失，总体为偏好年份。

表 14　2016 年郓城县各月气象数据

	1月	2月	3月	4月	5月	6月	7月	8月	9月	10月	11月	12月
月平均气温（摄氏度）	-1.1	4.1	11.2	17.8	20.6	25.8	27.9	26.6	23.3	16.4	8.1	3.5
月降水量（毫米）	2.4	21.4	0.3	14.0	27.7	134.0	238.5	116.6	57.8	52.5	22.5	20.5
月日照时数（小时）	101.9	214.0	215.7	192.8	208.6	232.1	188.8	179.9	207.9	110.9	118.1	99.0

（祝永伟）

地震监测

【概况】 郓城县地震局是参照公务员管理单位，与县科技局合署办公。2016年，按照“预防为主，防御与救助相结合”的工作方针，建设“监测预报、震害防御、应急救援”三大体系，完善地震灾害管理机制，为防震减灾工作奠定基础。

【监测预报】 完成数字测震台（县工业园区内），的建设工作、测震井深312米，打破郓城无测震台的空白；测震台和强震台的仪器设备运转良好，数据信息传输正常；全力推进地震列席速报与预警项目建设工作，完成3个基本点和17个一般点勘选、信息填报、资料归档和上报工作。

【综合防御】 郓城县地震小区划成果在一般建设项目抗震设防要求管理中得到应用；依法把建设项目抗震设防要求纳入基本建设审批程序，把抗震设防纳入房地产开发验收程序，缺少抗震设防手续限时办理完毕才予以出具验收手续；设置行政审批窗口，优化和规范审批流程，依法进行抗震设防要求事中事后监管工作；推广减隔震技术。

【应急救援】 加强地震灾害救援力量建设，依托县消防应急救援队伍，建立地震灾害紧急救援队，提高地震救援救助和抢险保通能力；推进地震救援志愿者队伍建设，志愿者发展到360余人；完善地震应急预案体系，加强应急检查工作；加强地震应急避难场所建设，郓城县唐塔广场地震应急避难场所可容纳3万人，功能设施齐全。

【科普宣传】 组织开展“5•12”国家防灾减灾日宣传活动。编制发放地震科普知识宣传页、地震知识、房屋建设防震知识、地震自救互救知识小册子等材料；推进防震减灾知识进学校、进社区、进农村、进企业、进机关、进家庭的“六进”活动，开展地震应急演练，特别是把防震避险纳入校园安全教育内容，每学年至少开展2次应急疏散演练，中小学生防震减灾知识普及率100%。全面提高社会公众的防震减灾意识、紧急避险能力和识别地震谣传的能力。

（陈洪建）

文化·体育

《跑旱船》参加2017年山东元宵戏曲晚会

文化·体育

综　述

【概况】 县文化体育局内设办公室、人事科、文化科、体育科、新闻出版管理科、文化市场管理科、文化产业科、广播影视管理科8个职能科室。直属事业单位9个，其中财政拨款的单位有文化市场综合执法局、文化馆、图书馆、文物管理所、美术馆、体育中学；自收自支单位有电影公司、影剧院、山东梆子剧团。全县文化体育系统共有在职干部职工288人，其中高级职称44人，中级职称74人。23个乡镇、街道和县经济开发区设有综合文化站。全县有民间艺术表演团体56个，民间艺术学校1所。

【基础设施建设】 文化体育中心主体工程已完工，正申请县财政资金，完成招投标后，逐步完善内部设施设备，争取早日免费开放。文化馆、图书馆内部装修已完成，大门霓虹灯牌子制作安装完毕，正在进行外部场地石材铺设、绿化。体育馆外部玻璃幕墙安装完毕，正在进行内部装修；体育场主体已完工，正在进行内外部场地平整、围墙建设、体育场周围道路施工、户外给排水、消防、暖、电、绿化等地下预埋、景观工程施工。新增晨晚锻炼点28处，新增经常参加锻炼人数940余人。安装21个扶贫村的标准篮球架和6件健身路径，12个贫困村的9件健身路径。安装106个村的农民体育健身工程，每个村9件健身路径。更换唐塔广场、宋江河户外全民健身活动基地损坏体育器材和健身路径90余件。城乡体育公共设施不断完善和丰富，村级体育设施不断增加，"十分钟健身圈"逐步形成，有力地保障群众性体育运动的快速发展。

【群众文化活动】 组织开展郓城县庆元旦"大福源杯"秧歌大赛、"义务写春联""送书画下乡""好运之城，孝行天下"——华人海归精英会文艺志愿者走进山东郓城县文化惠民演出活动、图书馆有奖灯谜会、刘德魁国花暨收藏名人作品展、九天玄女祖庙民俗文化节新春庙会、庆祝"三八"妇女节郓城县女书画家作品展、山东省第十一届读书朗诵会郓城选拔赛、郓城县李集乡第三届桃花文化艺术节、郓城县第八届农村文化艺术节戏曲展演、庆祝建党95周年曲艺展演、郓城县移风易俗曲艺展演、纪念中国工农红军长征胜利80周年红色文化交流展、电影《武魂寻踪》开机仪式、菏泽市"群文精品"巡回演出走进郓城等文化体育活动30余次，受到广大人民群众热烈欢迎，取得良好的社会效益。其中，郓城县第八届农村文化艺术节戏曲展演为期10天，共20多个剧团参加展演，为群众带来山东梆子、枣梆、琴剧等丰富多彩的戏曲节目，精彩的戏曲表演深受群众喜爱，唐塔广场每天观众千余人次，掌声不断、热闹非凡。组织参加菏泽市第七届农村文化艺术节优秀文化展演，选送的黄集乡花鼓戏代表队获菏泽市"十佳表演团队"和优秀组织奖；组织参加菏泽市第四届鲁西南鼓吹乐大赛，选送的程屯镇唢呐代表队获菏泽市"十佳表演班社"和优秀组织奖；组织参加"菏泽市首届公共图书馆业务竞赛"，县图书馆代表队田淑霞获得"菏泽市首届公共图书馆业务竞赛"一等奖，徐翠华获得优秀奖，县图书馆获得"优秀组织奖"；组织参加山东省第六届戏曲红梅大赛，参赛选手李素英获表演一等奖，梁福堂获乐队打击乐一等奖，杨秀芝、陈念昌、王爱萍、于亚亚获二等奖，马卫东获打击乐二等奖，文化体育局获优秀组织奖；组织参加山东省第二届戏迷票友大赛，参赛选手徐兴营获青年组个人一等奖，李欢欢获青年组二等奖，王江虎、李秀华获青年组三等奖，在成年组的比赛中闫成良、张凤芝获个人表演二等奖，于章莲、张翠华、郑兰松、肖凤霞获表演三等奖，陈爱芝、宋瑞兰、郑龙艳获优秀表演奖，县文化体育局获优秀组织奖。

郓城县第一届“诚信郓城杯”徒步全民健身运动会

【文化惠民工程】 认真实施送戏下乡工程，县剧团免费为群众送戏402场，观众人数达52万人次；放映农村公益电影12738场，观众189万人次。建成基层综合性文化服务中心666个，文体小广场658个。对33个省定贫困村文化大院每村补助5万元的文化设施设备发放到位；为109个省定贫困村、39个行政村发放一套拉杆式音箱。图书馆新购图书3000册，价值5万余元，开展“送书”活动6次，送书2600余册，其中县武警中队送书1000余册。

【文学艺术创作】 全年发表各类文学作品240余篇。吕永清作词的歌曲《公仆情怀》《谁说菏泽没有海》获菏泽市委宣传部“精品文艺工程”奖；创作的坠子《清风颂》在中共菏泽市委宣传部、菏泽市文广新局、菏泽市文联举办的全市曲艺作品评奖中获三等奖；根据身边的普通抗战英烈真实事例创作《这样的人》《翻读梁仞仟》《二十二岁的青春》《兄弟英烈》《王王氏》等20余首抗战英烈诗歌作品，为“感动中国”人物、菏泽籍台湾老兵高秉涵创作散文诗《心中有家的人》、散文《心中有娘的人》；魏天作创作电影文学剧本《超级email》，“金十字影视”筹拍中；小说集《再次上路》将由安徽文艺出版社出版，马瑞芳老师作序；长篇小说《魔爱与坚守》(20万字)创作完成。动漫舞台剧《跑旱船》，入选国家艺术基金资助项目，是山东省入选的8台大型舞台剧之一，也是唯一一台县级剧团创作的剧目，获跨界融合类项目扶持资金60万元。文化馆创作的坠子《牛英雄》、山东梆子打击乐《水浒古韵·打闹台》、无伴奏合唱《包楞调》入围菏泽市备战第十一届艺术节重点作品。

全国基层院团戏曲汇演

【文化遗产保护】 完成全县第一次国有单位可移动文物普查第二阶段信息录入工作，共计录入3463件。状元张楼村状元祠、侣楼村侣公家祠、南关村樊氏家族墓地等3处文物保护单位被列为省级重点文物保护单位。郓城县传递红色文化博物馆和郓城县传统民居博物馆，被中共山东省委宣传部、山东省文化厅等9个单位，公布为第一批“乡村记忆”工程文化遗产。做好非遗项目的申报工作，山东古筝乐、山东梆子、黄泥古陶被山东省人民政府公示为山东省第四批非物质文化遗产保护名录项目。郓城县拥有国家级非物质文化遗产项目1项，省级非物质文化遗产项目11项，市级非物质文化遗产项目27项，县级非物质文化遗产项目86项。挖掘、整理“山东琴书”代表性传承人何淑玲材料近万字，做好第五批国家级非物质文化遗产“山东琴书”代表性传承人的申报工作，何淑玲被评为第五批国家级非物质文化遗产山东琴书代表性传承人。有国家级传承人1人、省级传承人4人、市级传承人31人、县级传承人146人。新建非遗传习所（郓城剪纸）1个，培养剪纸艺人5人。

郓城民间剪纸艺人用剪纸妆点生活

【文化市场管理】 加强春节期间农村文化市场监管执法，打击农村文化市场乱象，净化农村文化氛围，严厉打击各类未经审批、擅自举办的文艺演出活动，特别是在农村庙会集会、红白喜事中非法流动性演出。开展文化市场安全大检查，对全县各类文化市场经营场所安全生产责任制度建立及落实情况、消防安全工作规章制度贯彻落实情况等进行拉网式检查。对检查中发现的安全隐患进行立即整改，对不能现场整改的，下发整改通知书限期整改，确保整治行动取得实效。在各项专项整治期间共出动执法人员320余人次，车辆140余台次，检查经营场所760家次，查处违法违规经营网吧33家，警告14家，处罚11家，停业整顿8家；依法取缔歌舞场所3家；停业整顿游艺娱乐场所5家，取缔2家；查处侵权、盗版光盘3300余盘，违法出版物3200余件，盗版图书、报刊8500本（册）。

【新闻出版管理】 全县有印刷企业63家，图书、音像经营单位26家，2016年加大法律、法规宣传培训力度和市场监管力度，整顿规范出版物市场和印刷业秩序，采取错时监管、集中监管、专项监管等多种形式，日常巡查与突击检查、集中检查、专项检查以及明查和暗访相结合，多部门联合执法，扎实开展“扫黄打非”行动、非法出版物清理整治行动、校园周边文化市场环境整治专项行动等12次大型专项治理活动，打击违法违规经营行为，进一步规范和净化全县新闻出版市场。其中“4•26”国际知识产权日销毁盗版音像制品书籍活动，共销毁非法出版物4000余册，盗版光盘5500余张，电子版出版物200余块。

【群众体育】 体育协会及俱乐部总数已达到36个，发展会员12000余人。

举办2016年郓城县迎元宵掌洪拳武术展演、“郓城好家居”杯郓城县佛汉拳2016年展演活动、“庆五一”职工运动会、《中国武术段位制》初段位郓城考评点授牌揭牌仪式、郓城县首届“诚信郓城杯”全民健身徒步活动、同城约钓——山东省郓城县听雨轩钓鱼比赛、菏泽市首届“凤凰城杯”健美锦标赛、郓城县2016年太极拳交流展演活动、2016年“舞动中国——排舞联赛”（山东赛区）暨2016年全国广场舞联赛（山东赛区）、第二届山东省武术大会”。

第二届山东省武术大会在宋江武校开幕

【基层体育骨干培训】 社会体育指导员队伍不断壮大，新发展社会体育指导员220人，全年共组织440多人参加省、市、县举办的各类社会体育指导员培训班。

【竞技体育】 组织参加全国第十三届武术之乡武术套路比赛，郓城县代表队运动员12人，参加16个比赛项目，经过3天激烈比赛，共获得金牌3枚，银牌10枚、铜牌7枚，其中，徐德林获男子中年组传统一类拳、传统拳术展示金牌、男子中年组双器械银牌；张五平获男子老年组传统枪术金牌、男子老年组少林拳银牌；高留心获男子老年组其他传统单器械银牌；高联保获男子青年组其他传统拳铜牌；王建忠获男子老年组其他传统单器械银牌；徐传忠获男子青年组少林拳铜牌、男子青年组传统枪术铜牌；祝令生获男子老年组少林拳银牌；沈海滨获男子中年组少林拳银牌、男子中年组朴（大）刀银牌；安志宏获男子中年组朴（大）刀银牌、男子中年组少林拳铜牌；安志宏、姬生龙获徒手对练银牌；邹开见获男子青年组传统剑术铜牌、男子青年组其他传统拳铜牌；姬生龙获男子中年组传统棍术铜牌；教练韩文献获武德风尚教练员奖、祝令生获武德风尚运动员奖；组织参加由山东省体育总会主办，山东省篮球运动协会、烟台市体育局承办的山东省第八届百县篮球（东部赛区）总决赛，郓城代表队战胜东营代表队，夺得总冠军。

县文化体育局组织开展足球比赛

【体育彩票】 2016年全县销售体彩3659万元，同比增长23.85%。截至12月底，郓城在售网点47家，其中县城22家，乡镇25家。

表15 郓城县国家级、省级、市级非物质文化遗产名录项目统计表

序号	项目级别	项目批次	项目编号	项目类别	项目名称	保护单位
1	国家级	3扩	Ⅴ—21	曲艺	山东琴书	郓城县文化馆
1	省级	1扩	Ⅴ—2	曲艺	山东琴书	郓城县文化馆
2	省级	1批	Ⅷ—8	传统技艺	郓城水浒纸牌及雕版印刷工艺	郓城县图书馆
3	省级	2批	Ⅵ—14	传统体育、游艺与杂技	大洪拳	宋江武校
4	省级	1批	Ⅷ—9	传统技艺	郓城古筝制作技艺	郓城县文化馆
5	省级	1扩	Ⅳ—15	传统戏剧	北词两夹弦	郓城县文化馆
6	省级	3批	Ⅲ—45	传统舞蹈	高跷	郓城县文化馆
7	省级	3批	Ⅴ—18	曲艺	坠子	郓城县文化馆
8	省级	3批	Ⅵ—31	传统体育、游艺与杂技	水浒拳	郓城县体育中学
9	省级	4扩	Ⅱ—4	传统音乐	山东古筝乐	郓城县文化馆
10	省级	4扩	Ⅳ—10	传统戏剧	山东梆子	郓城县文化馆
11	省级	4扩	Ⅷ—67	传统技艺	黄泥古陶制作技艺	郓城县文化馆

续表

序号	项目级别	项目批次	项目编号	项目类别	项目名称	保护单位
1	市级	1批	Ⅷ—3	传统技艺	郓城水浒纸牌及雕版印刷工艺	郓城县图书馆
2	市级	1批	Ⅷ—4	传统技艺	郓城古筝制作技艺	郓城县文化馆
3	市级	1批	Ⅷ—5	传统技艺	郓城泥塑	郓城县文化馆
4	市级	2批	Ⅵ—5	传统体育、游艺与杂技	大洪拳	宋江武校
5	市级	2批	Ⅰ—11	民间文学	水浒传说	郓城县文化馆
6	市级	2批	Ⅲ—8	传统舞蹈	高跷	郓城县文化馆
7	市级	2批	Ⅵ—9	传统体育、游艺与杂技	宋江阵	郓城县文化馆
8	市级	2批	Ⅵ—10	传统体育、游艺与杂技	王氏内家拳	郓城县体育中学
9	市级	2批	Ⅸ—2	传统医药	全氏正骨	郓城县文化馆
10	市级	2扩	Ⅳ—5	传统戏剧	北词两夹弦	郓城县文化馆
11	市级	2扩	Ⅴ—1	曲艺	山东琴书	郓城县文化馆
12	市级	1批	Ⅵ—3	传统体育、游艺与杂技	水浒拳	郓城县体育中学
13	市级	3批	Ⅳ—9	传统戏剧	竹马戏	郓城县文化馆
14	市级	3批	Ⅴ—7	曲艺	坠子	郓城县文化馆
15	市级	3扩	Ⅲ—4	传统舞蹈	抬阁	郓城县文化馆
16	市级	3扩	Ⅳ—1	传统戏剧	山东梆子	郓城县文化馆
17	市级	3扩	Ⅳ—7	传统戏剧	柳子戏	郓城县文化馆
18	市级	3扩	Ⅴ—5	曲艺	郓城渔鼓	郓城县文化馆
19	市级	3扩	Ⅶ—5	传统美术	花鸟字	郓城县文化馆
20	市级	4扩	Ⅴ—7	曲艺	山东落子	郓城县文化馆
21	市级	4扩	Ⅴ—2	曲艺	山东花鼓	郓城县文化馆
22	市级	4批	Ⅶ—2	传统美术	郓城碳粉画	郓城县文化馆
23	市级	4扩	Ⅱ—2	传统音乐	山东古筝乐	郓城县文化馆
24	市级	4批	Ⅸ—4	传统医药	郓城罗氏刺络疗法	郓城县文化馆
25	市级	4批	Ⅵ—4	传统体育、游艺与杂技	郓城乾捶梅花炮拳	郓城县文化馆
26	市级	4扩	Ⅶ—2	传统美术	郓城剪纸	郓城县文化馆
27	市级	4批	Ⅷ—3	传统技艺	黄泥古陶制作技艺	郓城县文化馆
28	市级	5批	Ⅳ—10	传统戏剧	琴剧	郓城县文化馆
29	市级	5批	Ⅴ—10	曲艺	莲花落	郓城县文化馆
30	市级	5批	Ⅹ—10	民俗	肖固堆庙会	郓城县文化馆

续表

序号	项目级别	项目批次	项目编号	项目类别	项目名称	保护单位
31	市级	5扩	Ⅳ—2	传统戏剧	枣梆	郓城县文化馆
32	市级	5扩	Ⅵ—8	传统体育、游艺与杂技	佛汉拳	郓城县文化馆
33	市级	5扩	Ⅵ—15	传统体育、游艺与杂技	阴阳掌（二郎门阴阳掌）	郓城县文化馆
34	市级	5扩	Ⅷ—15	传统技艺	鸿发涌酒酿造技艺	郓城县文化馆

（杨涛 张嘉宏）

广播电视

【概况】 郓城县广播电视台有干部职工193人，其中高级职称11人，中级职称54人，党员23人。机构设置为新闻综合频道、农商经济频道、快乐综艺频道、广播电台、融媒体中心、培训中心、频道管理办公室、播音部、技术部、播出部、台办公室、财务科、政工科、计生（考核）办、工会共15个部门。

【宣传工作】 坚持政治立台，提高新闻质量。对《郓城新闻》《新闻播报》等新闻栏目全面改版升级，围绕中心、服务大局，深入基层和经济工作一线，全年共制播新闻7000余条。

加强外宣上稿，走在全市前列。加强与上级媒体的联系和新闻稿件上送，力争多上稿、上大稿，全年共向上级媒体各栏目供稿1200多件，外宣工作位居全市前三名。

办好《民声快办》，打造阳光政务。中共郓城县委办公室、县政府办公室下发“进一步做好《民声快办》直播热线工作的意见”，《民声快办》直播热线2016年全年解答群众咨询约2800人次。

县电视台开展庆祝记者节活动

增设频道、栏目，营造舆论氛围。开设“水浒频道”“农商频道”两个特色频道和《新跨越——郓城县重点工作巡礼》专题栏目，加大重点工作的宣传报道力度。县委书记刘文林对此作出批示，给予高度评价。

活跃节目形式，发挥服务功能。开展《好汉来啦》“乡村行”活动，让栏目走出演播室，更好地践行电视文艺为广大人民群众服务的宗旨。《今日郓城》《前端访问》《乡村》等专题栏目制播专题节目400余期。

加强媒体融合，拓展发展空间。成立融媒体中心，开通“掌上郓城”手机平台，进一步开拓事业发展和新闻传播途径。

遵守法律法规，规范节目制播。按照《广告法》等相关法律、法规要求，医疗、医药等违法违规广告全部关停，提高节目播出质量。

【广告经营】 加大改革力度，改善经营管理，力保广告创收。一是找准市场定位，在提高节目质量的同时，加强管理制度创新，合理有效地分配资源，深入挖掘创收潜力。二是通过精心策划，合理编排，增强可视可听性，充分利用广告资源。三是协调好外部关系，开拓新的广告领域，进一步拓展发展空间，应对困难、突破困境，保障广电事业发展的需要。

【事业发展】 争取项目资金，服务改善民生。争取两个项目资金60万元，对无线电视进行数字化改造，更新部分机器设备。认真实施“村村响广播”，获得全市评比第一名。

积极改革创新，完成频道制改革。学习外地先进经验，对广播电视台进行频道制改革，实行绩效浮动工资，调动员工积极性。

（李印杰）

图书发行

【概况】 山东新华书店集团有限公司郓城分公司为省属国有文化企业，设有经理室、工会、办公室、业务科、财务科、发行科、门市部、营销办、机关发行部、阳光服务部等科室。全店70名干部职工，已有59人达到大专以上文化水平。2016年全年营业收入7100万元，比上年同期5773万元增加1378万元，同比增长22.99%，实现利润950万元。继续保持山东省文明单位的称号，被评为省出版集团经营管理（双效）先进单位、省新华书店经营管理（双效）先进单位、菏泽市工会工作先进单位、菏泽市新华书店经营管理先进单位、菏泽市新华书店教辅读物发行先进单位、菏泽市新华书店青少年读书活动用书发行先进单位、菏泽市新华书店多元化发展先进单位。

【教辅图书发行】 实施“一把手”工程，一把手亲自抓，业务经理靠上抓，业务科、农村发行一科、农村发行二科、城区科，分片管理，各司其职。为满足学校师生需求，加强与教育部门沟通，征求教育部门基础教育科、勤工俭学办公室及纪监科室对教辅品种、版本、内容等意见。同时，应用现代营销业务，树立、强化以市场为中心的教辅营销意识，加大调研力度，了解每个学校所需的具体教辅品种，做到按需进货，实现点对点服务，超额完成省集团、市分公司下达的任务指标。围绕“服务”做好教材教辅主营业务，经营中坚持社会效益第一。教材教辅的征订报数、书本发放、书款结算、书本调剂、售后沟通联系等各个环节，紧紧围绕“服务”核心，让教育部门放心、让学校和老师满意，连续多年被市公司授予辅征订发行工作先进奖。

【多元发展】 探索开拓多元化经营渠道，围绕主业做好拓展，做好大文化板块，做大非图书业务，通过与教育局配合，做好教育装备配送工作。2016年实现销售731万元，成为郓城分公司新的利润增长点和新的工作亮点，逐步形成以主业带副业，主副并举同步发展的良好局面。多元化经营收入占总销比例达到10%，提前一年实现省集团要求的2017年多元经营占比要达到10%的经营目标。

【文件发行】 征订发行《全面小康热点面对面》4358册，码洋78444元，销售排名位列全市县级分公司第1名。征订发行《习近平总书记系列重要讲话读本（2016）》18500册，码洋296000元，征订发行《严明党的纪律》340册，码洋6800元，《条例》340册，码洋3400元，《毛泽东座谈会讲话》200册，码洋1800元，《自律准则》200册，码洋800元。征订发行《胡锦涛文选》1650册、《准则》2530册、《公报》2530册、《汇编》2530册、《辅导读本》2317册。

【门店升级】 创新门店营销，稳步推进门店转型升级。创新营销活动，通过打折优惠、举办主题图书展销、参加社会公益事业等形式，吸引人气，扩大影响。邀请《山东高考作文状元卷》作者桑哲举行高考作文公益讲座并现场签名售书。演讲共3场，地点在郓城县第一中学、实验中学、高级中学，参会教师和学生人数近万人，销售《山东高考作文状元卷》880册，码洋24640元。邀请儿童文学作家、冰心图书奖获得者庞婕蕾来

县新华书店门店

郓城与读者见面，举办公益讲座，现场签名售书。签售地点选在实验小学和东关小学，参会学生达3000人，当天销售1200册，码洋18000元。借助国家“互联网+”战略部署，加强网络出版内容投送平台建设和管理，利用“新华阅购郓城店”和“郓城县新华书店微信公众号”及时、快速推送以及更新阅读内容，进一步拓宽全民阅读活动的载体和形式，满足人们数字阅读的需求。

（罗述清）

旅 游

水浒好汉城

旅　游

综　述

【概况】 郓城县旅游局是郓城县旅游事业的管理部门和全县旅游行业的主管部门，为县政府直属正科级事业单位，参照《公务员法》管理单位，同时加挂“郓城县文物管理中心”“郓城县水浒文化发展中心”和“中国（郓城）好汉节组委会办公室”牌子，负责全县旅游、水浒文化发展管理工作和中国（郓城）好汉节的筹备举办工作。有编制15人，内设办公室、规划发展科、行业管理科、市场科、质量监督管理科（加挂“县旅游质量监督管理所”牌子）、旅游执法科（加挂“县旅游执法大队”牌子）等科室。

2016年，县旅游局紧扣山东省十大文化旅游目的地“水浒故里，好汉郓城”品牌的目标定位，围绕“打造水浒故里目的地品牌，发展全域旅游”目标，突出项目建设、行业管理、宣传营销等重点工作，以完善旅游发展的支撑体系为保障，重点构建“好汉郓城”的主题形象，打造水浒故里旅游品牌。2016年11月，郓城县入选全省首批全域旅游示范区。全年接待游客243万人次，实现旅游消费总额15.5亿元。

【景区建设】 *完善规划*　对《郓城县水浒故里旅游集散中心概念性规划》《彭湖音乐小镇概念性规划》《水浒特色小镇概念性规划》《郓城边庄沟水泊湿地汽车露营公园概念性规划》《郓城县黄集乡曹西村乡村旅游规划》进行全面编制，并顺利完成；《郓城县东溪湿地旅游度假区项目》已完成规划评选，正在进行规划细节的完善；《宋江故里及黄泥冈概念性规划》已完成初审，并完成修改稿。

加快旅游项目建设　全县旅游项目23个，完成投资2个，2016年完成投资项目1个，其中在建11个，在建项目总投资32.88亿元，累计完成投资13.17亿元，占总投资的40.05%，2016年完成投资8.55亿元，占累计投资的64.92%。其中即将落地的PPP项目1个；2016年旅游新业态项目接待游客100余万人，营业收入5000余万元，形成新的旅游增长点。

提档升级精品景区　重点督促水浒好汉城景区进行三期工程建设，并组织对好汉城景区进行宣传推介；对唐塔景区的内部陈列布展和基础设施进行完善；对夏公馆进行维修、布置和文物征集，同时在夏公馆南墙安装无量寿经石刻，找专人设计、制作、安装夏辛酉和夏溥斋的硅胶像；在宋江湖新建旅游厕所、游客中心、停车场、水上高尔夫、攀岩基地等旅游基础设施，并完善景区周边的基础设施。其中水浒旅游特色小镇入选全省十大文化旅游目的地品牌核心项目，水浒好汉城三期纳入全国优选旅游项目。

【乡村旅游】 *乡村旅游规划*　在原有乡村旅游规划的基础上，编制《郓城县黄集乡曹西村乡村旅游规划》《宋江故里及黄泥冈概念性规划》等一批乡村旅游点规划。

乡村旅游点申报建设　2016年，成功创建4处乡村旅游点，其中李集镇创建山东省旅游强乡镇，黄集乡曹西村和玉皇庙镇西陈庄村创建山东省旅游特色村，张营镇百疏园创建山东省精品采摘园。李集镇已建设完成镇区域和重点旅游村的公共厕所、停车场、标识牌、旅游服务中心，正在筹建杨集村烈士墓、广场和烈士纪念塔，并完善镇周边的道路和基础设施。

旅游扶贫　争取省旅发委旅游精准扶贫村资金10万元，用于李集镇前杨村和黄集乡曹西村

游客服务中心等基础设施建设；和县扶贫办协调争取黄集乡曹西村旅游专项扶贫资金100万元，用于曹西村的旅游行业扶贫工作。

首届黄河人家乡村旅游节

【旅游企业发展】 郓城2016年星级旅游饭店、旅游餐馆6个，其中三星级饭店2个、二星级饭店2个、星级旅游餐馆2个。旅行社2个，营业网点6个，其中省级AAA级旅行社1个，经营出境游的旅行社营业部1个。旅游商品丰富，具有特色。有郓城纯手工制乐器古筝、水浒英雄宋江剑、水浒人物扑克、吴家宏伟烧驴肉、水浒酒、郓城西瓜酱、郓城好汉食品（好汉牛肉、宋太公五香牛肉）等。其中郓城好汉食品和纯手工制乐器古筝被评为菏泽市最具特色旅游商品。

【节庆活动】 2016年，组织开展好客山东贺年会、贺年灯会、好汉节、黄河人家乡村旅游节等一系列旅游节庆活动，在带动郓城旅游发展的同时，促进相关产业的发展和就业，全年共举办相关节庆活动8次，接待人数76.7万人，经济收入1276.75万元。

菏泽市好客山东贺年会启动仪式在郓城举行，启动仪式结束后，在圣达大酒店举办第四届旅游系统元旦联欢会，展示旅游系统全体员工朝气蓬勃、昂扬向上的精神风貌。

第七届贺年灯会时间从2月8日到24日，为期17天。以“太平盛世闹花灯，好汉城里过大年”为主题，设计了80余组大型灯组，分水浒故事、丰收年、鸿运当头、金猴闹春等8个主题灯区。共吸引游客10.87万人次，带来旅游收入160万元。

第六届中国（郓城）好汉节在水浒好汉城景区举行，时间从9月28日至10月17日，包括水浒旅游摄影大赛，灯光秀演出、水浒酒封藏大典、传统文化高峰论坛、万人祭祖大典、水浒旅游发展论坛、山东省第二届武林大会等活动，共吸引游客10万余人，增加旅游收入100万余元。

首届黄河人家乡村旅游节由李集镇政府主办，时间从2016年3月21日持续到4月9日，包括开幕式、桃、梨、杏花观赏、黄河风光游览、肖堌堆庙会、李村营祈福活动和郓城名人书画展销等活动，共吸引游客20多万人。

2016年水浒好汉城大型贺年灯会

【宣传营销】 *旅游宣传品策划*。围绕“好汉郓城”主题形象，突出水浒文化特色，策划制作“一句口号、一个LOGO、一本画册、一张地图、一幅海报、一部视频”等宣传资料，尤其是“万元买您一句话”的征集活动，收到来自全国各地近15000万条稿件，不但征集宣传口号，也在一定程度上宣传郓城旅游；举办景区摄影大赛，收到国内外500余幅摄影作品。

广告宣传。在济菏高速和日兰高速上设计制作12处高炮广告，37处公路旅游交通标识牌，24处形象宣传牌，宣传郓城旅游；并继续参加2017年省旅游局的捆绑营销活动，在央视和省电视台做广告营销，增强郓城旅游的品牌影响力。

横向联合。与梁山、阳谷等水浒旅游景区结合，加大联合营销力度，探讨共同发展的新途径；与曲阜沟通，探讨武术旅游与孔子修学项目的联合，实现“东有曲阜修文，西有郓城习武”的旅游产品；采取客源地营销的办法，赴曲阜、开封等周边省市做好客源地推介，向当地游客介绍郓城的旅游产品和旅游线路。

智慧旅游建设。构建包括智慧景区、电子商务、数字化营销等在内的郓城旅游电子商务网站，提升旅游信息服务水平。在旅游公共场所（如国家AAAA级旅游景区、星级饭店等区域）为游客提供免费无线上网服务，初步实现游客服务、旅游管理和旅游营销的智慧化。依托郓城旅游局官方微信平台、PC和移动网站、官方微博等网络平台，为游客提供即时信息服务。

【旅游市场监管】 对旅行社、旅游饭店、餐馆和旅游景区进行检查，出勤45人次，主要针对消防、食品、租用车辆、旅游保险进行专项检查，下达限期整改通知书4份，停业整顿通知书1份，防患于未然。对黑车、黑社、黑导进行联合执法检查，针对导游专座进行专项督导，对旅行社进行专项整治。对旅游企业的安全预案进行抽查，全年举行2次应急预案的演练。2016年全局共接到旅游投诉41起，受理36起，调解、处理36起，结案率100%。

（何思迪）

精品景点

【水浒好汉城】 水浒好汉城作为郓城旅游新名片，于2014年4月晋升为国家AAAA级景区，交通便利，特色鲜明，是集郓城县衙、晁家庄等原汁原味的古代建筑群和宋江武校的武术教学与交流，以及狗娃艺术团的武术舞蹈、水浒情景剧表演于一体的综合性人文景观，包括水浒文化博物馆、宋江武馆、九天玄女庙、郓城酒楼、及时雨茶楼、孙二娘客栈、古筝坊、大刀馆、忠义庙、乌龙院、寅宾馆、明伦堂、明清戏楼等十几个景点，北方传统四合院和浙派、徽派的古代建筑荟萃，雕梁画栋，令人赏心悦目；狗娃的精彩表演和重二百多斤的状元大刀绝技，使人倍感震撼；而深藏在每一栋房屋里的水浒英雄的传奇故事，则令人浮想联翩，流连忘返。

水浒好汉城

【唐塔风景区】 唐塔也有人叫它荒塔、观音寺塔或幞头塔。五代后唐始建，占地面积80平方米，

唐塔

砖砌，塔身为八棱四门楼阁式，下层周围42米，上层40米，共7级，地表现存4级，塔高32米。塔上自古以来居有数千只独特的燕子，冬夏季蛰眠，春秋季绕塔飞鸣，翅膀似燕，头及脚腿似蝙蝠，靠滑翔起飞。“荒塔燕子”为郓城十大古景之一。五代唐塔为县级重点文物保护单位。

【宋江湖】 宋江湖位于郓城东北部，程屯镇冷庄村外，东去不远就是梁山县境。占地面积1000多亩，其中水上面积800亩，距郓城20多公里。

宋江湖是八百里梁山泊遗水，梁山泊在北宋时是一个湖泊，郓州和济州各有一部分水面。当年的梁山泊水域用今天的行政区域指称，大致在郓城东部、南部，巨野北部，汶上西部，梁山中南部，呈肾状弯曲。而现在的宋江湖，就在古梁山泊的西北部。北宋末年黄河南迁后，梁山泊逐渐缩小、北移、干涸。现宋江湖就由湖面而变为宋江河的河道，依然纳广济河之水，北注大清河（1855年黄河改行山东入海后成为现黄河河道）。新中国成立后，对宋江河进行治理，宋江河在李楼筑坝截流，余水改经郓城新河入淮，现宋江湖也就成了一个独立的湖面。

宋江湖原为生态经济区域，湖中生苇产莲，喂鱼养虾。进入新时期以来，有关方面越来越注重开发它的旅游价值，植树修岸，建亭立碑，疏通水道，把这一自然水域打扮得更加亮丽。

宋江湖

表16　郓城县旅游景区一览表

景区名称	标准	地址
水浒好汉城景区	国家AAAA级旅游景区	郓城县西门街南段
唐塔景区	国家AA级旅游景区	郓城县胜利街
夏公馆	夏辛酉夏溥斋纪念馆	郓城县胜利街北段
宋江湖	八百里水泊遗水	郓城县程屯镇冷庄
烟郓盖业	省工业旅游示范点	郓城县丁里长镇
鲁西南战役指挥部旧址纪念馆	全国爱国主义教育基地	郓城县临城路北段宋江大桥北

表17　郓城县星级宾馆、餐馆一览表

企业名称	标准	地址
圣达大酒店	三星级宾馆	郓城县东门街南段路西
郓州宾馆	三星级宾馆	郓城县胜利街北段
水浒人家	二星级旅游餐馆	郓城临城路西段
水浒故里	四星级农家乐餐馆	水浒路南段

（何思迪）

卫生与计划生育

县卫计局开展安全生产月宣传活动

卫生与计划生育

综　述

【概况】 郓城县卫生和计划生育局为县政府工作部门，局机关设办公室、人事股、政策法规股、医政医管股（与药政股合署）、疾病控制股（挂卫生应急办公室牌子）、妇幼保健计划生育服务股（挂科技宣传股牌子）、基层指导股（与计划生育家庭发展股合署）7个股级行政科室，设信息中心、流动人口计划生育管理办公室以及核算中心3个股级事业科室，局属医疗卫生计生事业单位32处。其中，县直医疗卫生机构10处：县人民医院、县中医医院、县卫生计生综合监督执法局、县妇幼保健计划生育服务中心、县疾病预防控制中心、县医疗保险门诊部、县地方病防治办公室、县农村改水办公室、县结核病防治所、县卫校，乡镇卫生院21处，社区卫生服务中心1处。

【公共卫生服务项目】 建立常驻居民规范化电子档案930734份，电子档案建档率86.19%；65岁及以上老年人健康管理87071人，规范健康管理率80.46%；新生儿访视人数11302人，新生儿访视率90.80%；孕产妇管理率88.98%，产后访视率90.79%；管理高血压患者85125人，规范管理44606人，规范管理率52.40%；管理糖尿病患者28687人，规范管理15078人，规范管理率52.56%；入托、入学儿童补种率达到98.11%。全县2～3周岁儿童8苗全程接种率93.95%，超出80.64%的标准。学生查体工作全部完成，全县共查体154574人，占学籍总人数的91.2%，全县学校体检率100%。

【医疗人才队伍建设】 为县公立医院招聘研究生8名，本专科毕业生181名，为县直全额卫生单位招聘本科生3名，为乡镇卫生院招聘专科以上学历毕业生42名。加强乡村两级医生培训工作，制订乡镇卫生院到县级医院学习、进修计划，通过对口帮扶、进修学习等方式，推进全科医生转岗培训、住院医师规范化培训、乡村医生及社区卫生人员岗位培训和继续医学教育工作。

【医疗基础设施建设】 县医院新院区、中医院扩建、妇幼保健计生服务中心新建项目顺利施工。陈坡卫生院、水堡卫生院主体工程已完工；完成7处乡镇卫生院国医堂建设工作，实现所有乡镇卫生院“国医堂”全覆盖。

【中医药事业发展】 通过基层中医药服务能力提升工程和国医堂建设，中医药服务能力明显增强。截至年底为23512名儿童开展至中医调养服务，服务管理率达72.58%；为54574名老年人进行中医体质辨识服务，服务管理率62.67%。

【计划生育管理服务】 开展《山东省人口与计划生育条例》宣传教育活动，县乡组织政策培训班40多次，培训人员4200多人次，制作《山东省人口与计划生育条例》版面1200多幅，发放各类宣传资料20多万份，让新的生育政策家喻户晓。各乡镇街道全部设立计生服务大厅，完善生育登记和再生育审批流程，并进行挂牌公示，督促办证人员自觉以新制度、新规范开展生育服务证件办理。2016年，全县办理一孩登记6551起，二孩登记15678起，办理《生育证》155件，证件办结率100%。2016年，全县合法生育率93.02%、性别比114.64，人口出生率13.78‰。

【出生人口性别比治理】 全县150多名B超从业工作人员全部签订禁止“两非”责任书、承诺书。全年查处“两非”案件17起，没收B超6台、医疗器械及药品 3 宗，吊销许可证 3 件，没收违法所得及落实经济处罚共计 25.15 万元，落实党政纪处理 2 人。

【利益导向政策落实】 全县《计划生育家庭优待证》持证家庭达到 5.6 万户，其中特扶家庭 155 人。2016 年度已发放农村部分计生家庭奖励扶助金 357.36 万元，特别扶助金 62.88 万元，减免计生家庭新农合参保费 740.6 万元；为 67 名计生困难家庭大学新生发放助学金 33 万元。

【健康扶贫工作】 建立各级健康扶贫组织机构，精准建立健康扶贫档案。落实“八个一”工程。对全县患 93 种疾病的 10947 名贫困人口，明确 24 个县乡定点医院，为每名患者确定家庭医生，建立健康档案，发放健康扶贫卡片、组织健康会诊和健康查体，基本做到患病贫困人口全覆盖。制订实施分类救治计划。按 93 个病种对患病贫困人口进行分类，先行选定疾病负担较重、诊疗路径清晰、疗效确切的 37 种疾病进行集中救治，2016 年救治患者 4845 人。开展便民服务。全县 24 处公立医疗机构均设立便民惠民门诊，采用“先治疗、后结算”模式，开展免费新生儿筛查、妇女“两癌”筛查、孕前优生检查等。实施医疗救助。对贫困人口免收门诊诊疗费、急诊观察床位费，减免 20%—30% 心电图、B 超、化验等各类检查费和治疗费、住院床位费等，有效减轻患病贫困人口就医负担。

（张波）

卫生计生监督

【概况】 县卫生计生综合监督执法局为全额正科级事业单位，隶属县卫生和计划生育局。有干部职工 86 人，设有办公室、人事科、信息管理科、公共卫生监督科、计划生育监督科、人口性别比管理监督科、医政卫生监督科、法制稽查科、卫生许可受理科、卫生许可评审科、卫生许可服务中心、卫生计生综合监督协管办公室、财务科、行政执法服务中心等主要行政职能科室和 9 个执法中队。先后获得全省“卫生监督执法工作先进集体”“职业（放射）卫生监督工作先进集体”“卫生计生服务监督年活动先进集体”；全市“卫生系统先进集体”“市级卫生单位”“市级文明单位”“卫生计生综合监督执法工作先进单位”、全市“卫生监督执法工作综合考核二等奖”“卫生综合监督执法技能大赛团体二等奖”；全县“宣传思想工作先进单位”“政务中心工作先进单位”“依法行政先进单位”“优化经济发展环境满意机关”等荣誉称号。

【卫生计生综合监督体系建设】 加快资源整合，初步建立起县、乡、村三级四层卫生计生综合监督执法体系。调整和明确县级执法机构内部人员和科所职能，新内设公益一类事业单位行政执法服务中心；派驻 9 个执法中队，按照网格化管理模式承担着全县 22 处乡镇（街道）、县经济开发区的卫生计生综合监督执法工作；全县各乡镇（街道）全部设立卫生计生综合监督乡镇执法队，按照属地管理模式协助县监督执法局开展本辖区的卫计综合监督执法工作；在村级层面，村及社区配备卫生计生综合监督协管（信息）员，负责本村（社区）监督巡查、协管、信息上报工作。开展全县卫生计生综合监督执法人员业务培训 8 次，累计培训 1200 余人次，各乡镇均设置卫生计生监督执法工作办公室两间，配齐办公桌椅、档案橱、微机等办公设备。

【创新“互联网＋卫计监督”工作运行机制】 一是优化工作运行流程。对卫生计生综合监督执法检查、行政处罚、卫生许可审批等 3 个方面，制作详细的工作运行流程图，细化具体到每一个工作环节，明确县、乡、村三级执法队伍在每个工作程序中的具体分工。二是建立完善动态电子地图档案管理系统。投资 10 万余元，开发卫生计生监督系统动态电子地图档案管理系统，有效解决卫生计生监管执法日常监管难的问题。首先摸清监管对象底数。组织人员对全县所有监管对象进行统一调查摸底，将单位规模、从业人数、是否办验证等信息逐一登记造册，并录入微机存档。其次进行地图标示。对监管对象所处的地理位置、分类及监管情况，在全县地图上用不同图标和不同颜色进行标注，制作出地图标注电子档案，实行分类动态式监管。再次是强化系统综合运用。每周定期召开工作调度会，利用电子地图档案实时展示全县卫生监督工作动态，及时解决工作中的困难和问题，做到监管对象全覆盖，监管内容无遗漏，提高监管执法的科学化水平。三是加快监督执法信息化建设。统一建立全县卫生计生综合监督执法信息平台，为基层执法人员统一发放便携式手持移动执法终端，实现执法现场移动办公、执法信息实时互联互通和监督情况实时上报、远程监控，提高信息化水平和执法效率。

【卫生监督员职位分级管理】 根据《卫生监督员职位分级管理办法》，县卫生计生综合监督执法局具体结合在编在岗人员现任行政职务、专业技术职务、任职年限、德才表现及办法中的五档九级设置比例，完成在编在岗卫生监督员首次职级认定和聘任工作，首次认定22名，其中高级督导1名、督导2名、高级督办7名、督办6名、高级督员5名、督员1名。郓城县作为国家在山东省两个卫生计生综合监督调研单位之一，多次接受国家和省市领导对卫生监督员职位分级管理工作调研。人员登记、公示工作已经完成，已向县政府、县编办申请报批。

【服务提升】 一是推进执法职能下沉。坚持便民、利民、惠民原则，科学配置监督执法岗位，重点向业务岗位和监督执法一线倾斜，全力打造服务型卫生计生监督执法队伍。二是转变工作作风。全面推行联系群众服务卡和服务承诺制度，开展以“贴面、贴身、贴心”为主要内容的“三贴”服务，面对面听取群众意见，做到群众来访有迎声、群众询问有答声、群众走时有送声、处理结果有回声。三是提升执法规范化水平。实行卫生计生监督执法统一着装，统一执法证件管理，统一执法用语，做到文明、规范执法，树立起良好的社会形象。四是严格执法考核。制订《工作质量考核标准》，成立工作质量考核小组，对执法工作进行周督导、月检查、季考核、年终总评。局法制稽查科按被监督单位总数的10%，随机对各科室、监督所、执法队、村协管员工作情况进行稽查考核。考核结果与工资核发、工作经费拨付等挂钩，并作为评选树优、职务晋升的重要依据。

【卫生计生综合监督提升年活动】 8月30日，全县正式启动“卫生计生综合监督提升年”活动。卫生计生监督员深入基层对被监管单位进行全方位、地毯式的监督检查。共出动车辆460余辆次，监督检查医疗卫生机构494家，公共卫生场所1000余家，集中式供水单位60余家，中小学校292家，采供血机构1家，涉水产品5家，共监督检查8000余户次，下达监督意见书2900余份，查处无证行医26家，拆除非法医疗广告牌53块。

【打击计划生育“两非”专项治理行动】 抽调骨干力量成立打击“两非”执法队，与各乡镇街道、各有关部门结合，联合社会力量，集中开展打击“两非”专项治理活动，圆满完成上级交给的打击“两非”案件查处任务。共立案“两非”案件17件，其中大案3件，次大案1件。没收B超机8台，药品、器械6宗。依法严肃处理一批“两非”涉案单位和有关责任人，在全社会形成严打“两非”的震慑作用。

【严格卫生计生综合监督执法案件落实工作】 完成行政处罚案件268件，其中无证行医案件26件，计划生育投诉、举报案件6件。执法案卷评查90余份。完成行政处罚案件116件，其中医疗卫生案件95件，公共卫生案件21件；共受理投诉、举报案件38件，其中计划生育案件23件，其他案件15件。

（陈东升 庞元春）

疾病预防控制

【概况】 郓城县疾病预防控制中心隶属县卫生计生局管理。有职工166人，在编人员50人，不在编人员116人，离退休35人。其中专业技术人员141人，副主任医师9人，主管医师54人，医师29人，医士49人。内设办公室、财科、消杀、传染病防治、计免、预防接种门诊、检验、慢病、体检、艾滋病、公共项目办、药械、疫情、卫生、健康教育、保卫16个科室。

【疾病控制工作】 *免疫规划* 全县科学发展免疫规划疫苗接种率81%，达到省科学发展考核规定的80.64%的标准，控制计划免疫针对疾病的发生和流行，保障全县广大儿童的身体健康。

中小学生健康查体 2016年学生查体工作于10月份开始，参加体检学校421处，其中中学38处，小学383处，全年共查体158669人，体检率94%，数据录入率100%，达到省科学发展考核规定的90%目标。发现患有不同疾病的学生95813人，患病率60.39%。按要求对参加体检的学生全部建立健康档案，建档率100%。

【疫苗接种工作】 全县建立数字化门诊14处；对全县23处预防接种门诊进行季度督导检查；全年培训乡镇防保人员10次400余人；下发《关于进一步加强麻疹防控工作的意见》，开展8月龄至6周岁儿童麻疹成分疫苗查漏补种工作，由于措施得力，麻疹发病率较上年大幅度降低；开展入托、入学儿童接种证查验和疫苗补种工作，全县共查验托幼机构326处，入托儿童23605人，查验学校372处，入学儿童36446人，入托、入学儿童补种率达到98.11%。认真开展疫苗常规免疫、查漏补种工作，免疫规划疫苗接种率是科学发展考核目标，通过采取每月常规查漏补种、季度查漏补种、入托入学预防接种证查验补种、逐村摸底核查目标儿童、针对接种率较低疫苗突击查漏补种等综合措施，全县2—3周岁儿童8苗全程接种率93.95%，超出80.64%的标准。

【传染病防治】 加强霍乱、布病、手足口病、出血热、疟疾、流感、狂犬病及艾滋病等传染病的防控工作，积极采取宣传、疫苗接种、流调、检测等预防措施，全年没有发生大的传染病暴发流行。全县共设立肠道门诊成25处，5—10月份登记感染性腹泻病人110例，无可疑病例，继续保持无霍乱状态。开展布病高危人群血清学检测，共计采集血清标本516份（监测点监测376份，实验室日常监测140份），确诊病例46例，隐性感染15人，对监测点流调1240人，检测布病标本376份，阳性标本28份，其中隐性感染14份，新发病例7例，为每例新发病人建立《布病患者档案》，按期督促服药，纳入档案管理57人。采集手足口病标本61份，实验室确诊病例47例，其中“EV71”1例，其他肠道病毒38例，“CoxA16”8例。4月份规范处置输入性恶性疟疾1例；21处乡镇镜检站共血检各类发热病人2732人，复检318人，复检率为11.60%。流调出血热病人12例，对居民采取防鼠灭鼠、加强个人防护及养成良好的个人习惯等措施。7—8月份对上年发病率较高村庄的重点人群开展流热疫苗接种工作，共计接种2500人份。累计接种流感疫苗成人1.5万人份，儿童5000支。

【慢性病防治】 开展全民健身行动，创建示范酒店3个，示范学校2个；开展“减盐、降压”活动及慢性病网络录入工作。

【艾滋病防治】 宣传普及艾滋病防治知识，各乡镇级社区发放宣传单2000余份，张贴宣传画800余张，在电视台等媒体进行艾滋病防治的宣传；结合有关部门对高危人群进行干预、检测，发放宣传单1200余份，提供安全套1000只，干预过程中检测535人；对现有“HIV”服药人员，按照国家规定每年随访4次，CD4检测4次，病毒载量检测1次，结核病检测2次，按时完成身体指标的检查。

【健康教育】 围绕“4•25全国免疫接种宣传日”“4•26全国疟疾宣传日”“5•31世界无烟日”“7•28肝炎宣传日”“9•28狂犬病宣传日”“12•1世界艾滋病日”等卫生宣传日，深入广场、学校、大型企业等场所进行宣传咨询活动，发放相关疾病防治知识宣传材料1万余份，进一步提高群众健康知识知晓率；通过电视节目向群众普及疾病预防控制的相关知识，解答群众问题。全年举办健康教育讲座8次，制作简报16期。

县卫计局、疾控中心在唐塔广场开展世界无烟日宣传

【项目建设】 郓城县疾病预防控制中心综合业务楼项目 根据项目要求设计总建设面积6000平方米，总投资1100万元，中央预算内资金600万元，县级财政配套500万元。中央预算内资金600万元已到位，位置确定在郓州大道以南，崇文路以东，并已通过县发展和改革局、县财政局等相关部门的批准并立项。

农村饮用水安全工程水质检测中心 项目建设已完成实验室改造、装修，仪器设备调试，并对人员进行培训，已具备承担全县生活饮用水检测能力。

（侣传向）

郓城县人民医院

【概况】 县人民医院有工作人员1368人，其中编制内职工963人，高级职称人员88人，业务用房5.2万平方米，病房床位820张。全院2016年住院人次3.5万较上年增加0.15万，门诊人次39万较上年增加2万，业务收入3.26亿元，收入较上年增加8.61%。2016年，医院新增固定资产713万元，其中10万元以上大型医疗设备5台。医院被评为“省级文明单位”，医院心内科、产一科被菏泽市卫生局评为“菏泽市卫生系统先进集体”。

【主要工作指标】 患者平均住院日：6.31天；病床工作日：326.88天；床位使用率：92.09%；门急诊人次：32176人次；出院病人例数：30321例；住院手术人数：4585人；病历甲级率：94.3%；处方合格率：97%；住院病人好转率：63.92%；住院病人死亡率：0.02%；危重病人抢救成功率：93.35%；入院前后诊断符合率：96.5%。

【教学科研】 2016年共申报市级成果3项。吕秀云：电子支气管镜分布操作法协助经皮扩张气管切开术在重症医学科的临床研究。许秀灵：热疗联合化疗与单纯化疗治疗晚期乳腺癌的临床研究。樊亚琴：妇科手术术后抗凝药物干预时间不同对下肢静脉血栓形成的影响。

【社会服务】 各单位健康查体12475人次。病退休、伤残鉴定130余人，征兵、大中专查体7000余人，参加医疗事故鉴定30余人次，义诊、县级会议服务、各种活动服务5000余人，对口支援帮扶14个乡镇，参加人员30余人。

【人才培养】 2016年度派送到上级医院进修人员共16人，分别赴北京、上海、济南等地医院进修学习。参加国内学术研讨会、学习班共90余次，300余人。省级专家讲座50余人次。业务骨干到三级医院培训30余人。组织三基三严业务技能考核，其中包括主治医师、住院医师共计276人。组织各级各类人员继续学习1260人次，其中公共必修课的学习为700余人，住院医师规范化培训67人，合格率100%，委派8人分别参加山东省省立医院、菏泽市立医院住院医师规范化培训。并完成实习生辅导讲座44次。完成各学校100位毕业实习生的鉴定考核工作和新分配来实习生的岗前培训工作。

【人才引进】 根据全院人力资源规划及现状，制订招聘计划，2016年，县医院引进人员157人，其中研究生7人。

【信息化建设】 硬件方面 优化虚拟化服务器：对2015年购置的3台服务器进行虚拟化，2016

年又购置一台服务器并入虚拟化，新购成一台固态存储，以提高活跃数据的存取速度，特别是提高电子病历的读写速度。新购置网闸一台。由于历史原因，网络的拓扑结构存在一定的缺陷，特别是外联网络，为保证信息化数据的安全性，新购置网闸一台，将内外网进行隔离。同时，也是菏泽市人口健康信息平台数据传输的必需设备。

软件方面 HRP（医院综合资源计划管理）系统上线。HRP是医院后台运营管理方面的重要管理系统，包括财务管理、成本核算管理、预算管理、物流与固定资产管理、人力资源与绩效管理等方面，对医院一体化经营管理发挥重要作用，是加强医院管理的重要技术手段。

人口健康信息平台建设 按照菏泽市卫计委要求，尽快做好前期准备，包括软硬件建设，硬件方面服务器和网闸已经购置，电信专网已经调通。软件方面已与四大系统（HIS、PACS、EMR、LIS）的厂家签订接口合同。新增超声工作站一台。为满足工作需要，医院新购置B超机1台，并接入PACS系统。

【新院区筹建】 11月2日，郓城县医院新院区建设工程正式开工。新院区总用地面积152176平方米，一期工程建筑面积179914平方米，地上建筑面积141139平方米，地下建筑面积38775平方米，包括门诊楼（24806平方米）、医技楼（23376平方米）、外科病房楼（25350平方米）、内科病房楼（25250平方米）、康复楼（16705平方米）、综合楼（15129平方米）及中心供氧、中央吸引等设施；新院区设置床位1400张（内科病房600张，外科600张，康复楼200张），停车位1400辆。

【“两学一做”教育活动】 2016年，医院党总支抓严抓实党员干部学习教育管理，推进学习型党组织的创建，制订《院党总支理论学习中心组集中学习研讨方案》，完成党总支、党支部换届工作，开展“双联双创”活动，根据县委县政府要求，对4个村庄开展联创帮扶活动，医院为联系村樊周楼村的两委会办公室，购置桌椅。党员捐款10200元，对联系村17户特困户进行慰问。

（王庆湛）

郓城县中医医院

【概况】 郓城县中医医院占地2万平方米，总建筑面积1.7万平方米，病床400张，全院年门诊接诊病人135000人次，收住院病人13000多人次。有职工598人，其中正高级职称7人、副高级职称30人、中级职称198人，初级职称229人。护理人员256人。从事中医药工作的技术人员101人。医院设置临床科室17个、医技科室10个、职能科室9个。医院拥有16排CT机、意大利百胜MyLab50型彩色B超机、美国GE飞天6000型DR、日立全自动生化分析仪等大、中型医疗设备。2016年收治住院病人达1.2万人次，业务收入达1.1个亿，在严格执行医改政策、实行药品零差价的情况下，业务收入与上年基本持平。

【医药卫生体制改革】 根据省卫计委关于《县级公立医院综合改革实施意见》及国务院办公厅《关于深化医药卫生体制改革2015年重点工作任务》等文件精神，2016年继续深化医院综合改革，在实施药品零差价、合理调整医疗服务价格的基础上，完善全成本核算和内部管理，降低医疗运行成本，理顺医疗服务比价关系，实现医院不亏损和患者负担不增加的“双赢”目标。工作中坚持“总量控制、结构调整、有升有降、逐步到位”原则与“公立医院公益性”原则，对医院收入总量增长幅度进行控制，确保收支平衡；对患者实际医药费用进行控制，确保总额不增加，逐步建立规范、科学、高效、有序的公立医院运行机制，保障群众享受安全、方便、价廉的基本医疗服务。同时，注重改革的系统性、整体性和协同性；将提高医院服务能力与改善群众医疗条件有机结合，改革分配制度，建立起符合实际、体现岗位绩效和医务人员技术劳务价值的收入分配制度，收入分配向临床一线、关键岗位、业务骨干倾斜，调动医务人员积极性；并逐步建立现代医院管理制度，实行院长任期目标责任制管理，全面推进管理体制、补偿机制、人事制度、收入分配、价格体制、采购机制、监管机制等综合改革，建立适合医院特点、保障可持续发展的运行机制，推动医疗服务水平进一步提高。

【医疗服务管理】 2016 年郓城县中医医院继续落实国家卫计委关于《进一步改善医疗服务行动计划》，弘扬“不畏艰苦、甘于奉献、救死扶伤、大爱无疆”的行业精神，坚持以病人为中心，以问题为导向，以改善人民群众看病就医感受为出发点，围绕人民群众看病就医反映比较突出的医疗服务问题，推进医院改革和改善服务，通过改善环境、优化流程、提升质量、保障安全、促进沟通、建立机制、科技支撑等措施，努力做到让人民群众便捷就医、安全就医、有效就医、明白就医，医疗服务水平明显提升，人民群众看病就医感受明显改善，社会满意度明显提高。

【医院质量管理】 为使医院质量管理更趋科学化、制度化、规范化，2016 年首先从发挥质控体系职能入手，在完善原有质控体系的基础上，按照“医疗质量控制实施方案”和“医院质量控制考核标准”，充分发挥三级质量监控职能，以环节质控为主，重点抓好医院相关法律法规、规章制度及各项医院工作制度的落实、监督、检查，并指导各科室质量控制小组的质控活动，定期对各科室医疗服务质量进行终末评估。并将质控结果与薪酬发放挂钩，做到奖优罚劣，优绩优酬。通过发挥质控体系在医院质量管理中的作用，实现医疗质量持续化改进。

县中医院名医乡村行义诊活动

【医疗安全管理】 贯彻执行各项医疗法律法规、规章制度、诊疗规范和指南，把减少医疗质量缺陷、消除医疗安全隐患、减少医疗纠纷、杜绝医疗事故作为医疗质量管理的重点，实行全面质量管理和质量控制，加强医疗质量内涵建设，全面落实医疗质量和医疗安全核心制度，强化监督与检查，变静态管理、事后控制、被动管理为动态管理、全程控制、主动管理，推动医疗质量与安全管理持续改进。

【责任制整体护理】 2016 年全面推行责任制整体护理工作模式，优化护理人员配置结构，对护理工作实施目标管理，全程质控，落实岗位职责和管理目标，完善考核机制和护士岗位责任制；明确优质护理内涵及工作规范，充分调动护士工作积极性，深入推进优质护理服务，提升护理服务水平，提高护理服务满意度。

【人才培养与引进】 2016 年度，招聘大学本科及专科人才共计 31 人。通过有计划地培养与引进人才，提高专业技术人员业务水平；着重建设糖尿病、针灸科、骨伤科等重点专科，打造省重点专科——中风科精品专科品牌，形成“院有重点、科有专长”的发展模式；引进新技术、新项目，拓展医疗服务领域；增强医院核心竞争力，推进医院各项工作取得新进展。

【成本控制】 本年度医院继续加强成本控制，完善全成本核算和内部管理，持续降低运行成本。进一步完善绩效分配方案，逐步与成本核算挂钩，与薪酬发放挂钩。核算指标进一步精细化，通过合理薪酬分配，激发全院职工的工作积极性，促进医疗服务质量和效益进一步提高。

【医院扩建项目】 4 月 20 日，县中医院拆迁扩建工程开工。中医院扩建项目规划用地 94.206 亩，占地面积 62804.38 平方米，总建筑面积约为 12.3 万平方米，项目总投资 55001.60 万元。主要建设内容为门诊医技病房综合楼 79100 平方米，中医康复楼20850平方米，远期病房楼18000平方米，食堂及会议中心楼4500平方米，高压氧舱500平方米；其中地上建筑面积约9.64万平方米，地下建筑面积约2.66万平方米。项目设置床位1076张，包含门诊医技楼、急诊急救中心、内科病房楼、外科病房楼、康复楼及相关配套设备。

（于占良　樊琳琳）

郓城县妇幼保健院

【概况】 郓城县妇幼保健院是全县唯一一所以妇幼保健为中心，集医疗、科研、预防于一体的妇幼保健机构，在职职工102人，其中高级职称3人，中级职称39人，业务用房面积1700平方米，开放床位50张。设有妇女保健科、儿童保健科、妇产科、儿科、新生儿疾病筛查、产后康复、儿童康复科、麻醉科、药剂科等30多个保健、临床、医技科室。2016年荣获菏泽市救护培训先进集体、菏泽市新生儿疾病筛查工作先进集体、郓城县卫生系统先进集体等荣誉称号。

【临床业务】 2016年，进一步加强产科建设与管理，规范操作规程，提高产科急救能力及基本技术水平，降低孕产妇和儿童死亡率，全面提高产科技术水平。为保障母亲和婴儿健康，提高出生人口素质，建设危急、重症孕产妇和新生儿救治中心，健全急救转诊网络，确保绿色通道通畅。实行医疗质量安全检查和质量控制，加强岗位职责及医德医风建设。严格落实首诊负责、三级医师查房、疑难病例讨论、会诊、术前讨论、死亡病例讨论、交接班等核心制度，规范病历书写，促进合理检查、合理用药、合理治疗。合理控制剖宫产率，倡导母乳喂养，最大限度的保障母婴身体健康。全年门诊量31260人次，住院分娩1531人次，剖宫产率26.6%，呈逐年下降趋势。

【公共卫生服务项目】 妇幼保健院负责全县基本公共卫生服务妇幼项目孕产妇保健和儿童保健工作的基层业务指导、督导和考核。目标人群增补叶酸知识知晓率83%，服用率82.3%，依从率86%，服务对象的满意度88%；住院分娩补助92%，居全市首位。

【出生缺陷综合防治】 严格按照《菏泽市新生儿遗传代谢疾病筛查工作实施方案》及《菏泽市新生儿遗传代谢疾病筛查采血技术规范》为全县新生儿进行疾病筛查。2016年全县新生儿疾病筛查人数为15843人，占活产婴儿数的99.07%，听力筛查人数为16560人，占活产婴儿数的98.99%，查出甲状腺功能减低症确诊30例；苯丙酮尿症确诊0例；“葡萄糖-6-磷酸脱氢酶缺乏症”确诊15例；先天性肾上腺皮质增生症确诊1例；听力障碍确诊2人，使患儿通过筛查得到了早期诊断和治疗，从而避免智力障碍或降低残疾程度，减轻家庭和社会的经济负担。产前筛查网络已经健全，产前筛查工作全面展开。2016年，全县产前筛查9414例。

【妇幼基本公共卫生服务项目】 *孕产妇健康管理* 为孕产妇建立随访档案，开展至少5次产前健康管理服务和2次产后访视。2016年，产妇总数12707人，活产数为12829人，孕产妇系统管理12045人，系统管理率94.79%；产后访视11670人，访视率90.97%；住院分娩活产数12829人，其中高危产妇986人，住院分娩率100%，孕产妇死亡2人。

7岁以下儿童保健和健康管理 为0—6岁儿童建立儿童随访档案，开展新生儿访视及儿童健康管理工作。2016年全县共有7岁以下儿童91057人，5岁以下儿童66143人，3岁以下儿童42899人。为82045名7岁以下儿童进行健康管理，健康管理率90.10%；3岁以下儿童系统管理38674人，系统管理率90.15%；新生儿访视11775人，新生儿访视率91.78%。

乳腺癌、宫颈癌筛查 在县妇联和财政局的支持和配合下，抽调乳腺科、妇女保健科、放射科10余名业务技术骨干对全县农村适龄妇女进行“两癌”筛查工作，2016年乳腺癌检查任务指标2000人，实查2060人，正常人数1866人，

发现乳腺增生、乳腺纤维瘤、乳房脂肪瘤 等174人，其中彩超阳性，建议钼靶X线检查6人。宫颈癌筛查任务3000人，实际完成3250人。其中正常人数2518人，发现 宫颈糜烂、息肉、肌瘤等502人，宫颈癌1例。

预防艾滋病、梅毒和乙肝病毒母婴阻断工作 为加强对预防艾滋病、梅毒和乙肝病毒母婴阻断工作的领导与管理，成立领导小组和技术指导小组，负责全县预防艾滋病、梅毒和乙肝病毒母婴阻断工作的组织领导、技术培训和业务监督指导。2016年全县孕产妇艾滋病检测14612人，占97.88%，梅毒检测14520人，占97.27%，乙肝表面抗原检测14481人，占97.01%。其中乙肝表面抗原阳性586人，注射乙肝免疫球蛋白人数为586人。

【婚前医学检查】 郓城县妇幼保健院是全县唯一的婚前医学检查专业机构，为做好婚前医学检查工作，县妇幼保健院一面主动与民政部门协调，一面编印并发放宣传资料，宣传婚前医学检查的重要性和必要性，倡导男女未婚青年自觉接受婚前医学检查，2016年全县婚检5940对，婚检率为98%。

【《出生医学证明》管理】 加强《出生医学证明》的签发管理工作，成立《出生医学证明》领导小组及监督检查小组，明确分工，责任到人。《出生医学证明》相关签发管理人员已经市、县卫生行政部门备案，健全各项管理制度及岗位职责，制订2016年度工作计划及《出生医学证明》管理办法，并定期进行督导检查。2016年《出生医学证明》首次签发14987份，补发117份，换发153份。

（房殿海）

郓城诚信医院

【概况】 郓城诚信医院是经政府卫生行政部门批准成立的一所集医疗、教学、科研、预防、康复、急救、体检于一体的现代化综合性医院，是新农村合作医疗、城镇职工居民医疗保险定点医院。医院占地面积14.3万平方米，建筑面积6.8万平方米，固定资产4.5亿元。形成包括院本部、康复中心、郓城潘渡分院和中心敬老院组成的集团医院。2016年有员工900余人，其中专业技术人员720余人，高中级专业技术人员203人。设有41个中层科室，其中29个临床医技科室。日均住院病人1000多人。重点学科、特色专科如眼科、精神科、康复科、腹腔镜微创手术、肿瘤科、血液净化等学科已达全市领先水平。

【医护质量】 按照各级主管部门的规定、制度及规范，对全院医疗质量实施动态管理。注重医疗安全，杜绝医疗安全隐患。对临床及医技医疗质量进行量化考核，并根据各科、各专业自身情况，制定相应的医疗安全控制目标。加强全面质量管理。运用PDCA的管理方法，健全质量反馈和奖惩机制。继续开展创建“优质护理服务示范病房”活动，全院“优质护理服务示范病房”已覆盖全院病区的50%，每个病区均有体现本专业特色的温馨护理服务项目。每月发放患者满意度调查表，对患者不满意的项目，进行总结分析反馈，提出整改建议，对整改结果追踪评价，年患者满意率96%以上。

进一步优化百分制考核方案。经过实施百分制考核方案对科室进行加入药占比、医疗质量、业务指标、医疗安全、抗菌素使用等综合考核，使科室医护质量指标清楚，目的明确，加大质控管理力度，杜绝医疗事故的发生。

【医护保障】 为应对住院高峰，制订应急预案，采取有力措施，保证患者在医疗资源紧张的情况下，能够正常治疗，享受到优质服务。做到在病人增多的非常时期，保证医疗质量有提高，医疗服务不下降，医疗安全有保障。开设绿色通道，使患者不会因为住院高峰而影响就诊和入院时机。在门诊大厅，加强导医报务；收费处、医保办、新农合办实行一站式出院结算，避免出入院病人来回奔波；落实门诊预检分诊导诊，合理分流病人到专家、专科门诊就诊；收费处、门诊部、检验科、放射科、功能科每日早7:30安排人员上班，中午保证人员在岗值班，错开上下班时间，确保病人就诊。最多时每天门诊量达到1000余人次，住院患者达到880余人，没有出现一例因门诊人员多、床位紧张而不能就医、入院的病人。

【健康教育】 开展病人健康教育活动。一是举办糖友会活动。每周一三五开展健康讲座，周六免费测血糖、测血压，省千佛山医院专家坐诊。全年开展讲座120期，糖友会活动51期。参加活动的群众有4000余人次，发放各种宣传品5种5000余份。参加的医护人员有30余人，导医、后勤服务等20余人。二是开办妇幼保健讲座，建立孕妇教室。三是建立7处室外宣传栏，对群众宣传生活环境、饮食、运动等卫生知识。

【信息化建设】 在完善信息化系统的同时，开通各项新媒体业务。建立郓城诚信医院微信公众平台，内部建起企业号。实现网站和微信的互通互联。

【人才建设】 加强人才培养，破解人才瓶颈。医院实施人才发展战略，医护人员定期开展学术研究和业务学习，严把进人关口，加强业务学习，提高人员素质。对不合格人员实行末位淘汰制，经常聘请上级医院专家来院讲课、教学查房。与上级十几家医院建立技术协作关系。常年聘请专家来院会诊，解决疑难病例，开展教学查房、学术交流等活动。6月，为优化护理队伍，通过理论、操作考核及民主测评，对全院护士长和护士进行“双向选择，竞聘上岗”活动，共有5名护士走向护士长岗位，9名护士进入轮岗。

【募捐活动】 响应县委、县政府，以及县卫计局、红十字会的号召，5月17日上午，组织开展特重大疾病救助募捐活动。540多名职工踊跃参加，全院共完成捐款60600元。

【精准扶贫】 唐庙镇陈南村为诚信医院结对帮扶定点村。医院从实际出发，制订帮扶方案。一是进村入户调查，摸清贫困底数；二是开展助健义诊活动，进村入户进行疾病复查；三是为60岁以上老人免费体检；四是选定特困户和特困患者重点帮扶；五是选定项目，精准扶贫，投资10万余元建立精补木皮子扶贫点，吸纳贫困人口就近就业。

【医德医风建设】 全面贯彻《公民道德建设实施纲要》、国家卫计局《九不准》、医院各级各类人员服务规范，使员工明是非、知荣辱、正法规、守信用，营造“我靠医院生存，医院靠我发展”的氛围。2016年，医院完善院内外监督机制。在门诊楼和病房楼设置多个投诉电话公告牌和意见箱，设有投诉处理办公室，坚持院长接待日制度，诚心为患者解决困难，有效化解矛盾危机，维护医院的社会形象。通过住院患者满意度调查和出院电话回访，发现问题及时解决，拉近与患者的距离，改善医患关系。

【技能比赛】 11月8日，在“菏泽市职工职业技能急救大赛”中，急诊科医生杨东远、杨雪亮，护士曹凤莲、许丽静等获全市集体二等奖。11月22日，在“菏泽市职工职业养老护理技能比赛”中，褚美荣、郭春燕、樊静获全市集体一等奖，其中郭春燕获得个人特等奖，并被授予市劳动模范奖章，樊静获个人一等奖，并被授予市劳动模范奖章。

【医疗设备】 2016年投资2000多万元购置更新多种医疗设备。飞利浦1.5T磁共振通过省级验收，正式投入使用。飞利浦1.5T磁共振是目前世界上最为先进的磁共振之一。该型磁共振又称“绿色磁共振”，与传统磁共振相比较，具备最先进的功能影像和分子影像技术，能够达到亚毫米扫描，极高的空间分辨率提高病变的早期检出率和定性诊断率。

【医疗科研】 2016年开展新项目的科室共有16个，合计30个项目。其中内一科：(3项）重视小卒中、双抗治疗取得很好的效果。对短暂性脑缺血发作进行急症干预，降低纤溶蛋白溶栓。成功救治大量蛛网膜下腔出血。内二科：(2项）微波消融治疗肝癌。阿帕替尼治疗晚期胃癌及其他癌种。内五科：(2项）肾内和内分泌专业与省千佛山医院肾内和内分泌科建立稳固的协作关系。

创建糖尿病特色科室。外一肛肠科：（1项）开展便秘微创治疗、直肠部分切除加盆底悬吊术治疗重度脱肛，内痔注射疗法。外一泌尿外科：（1项）独立开展输尿管镜及后腹膜腔腹腔镜技术。外二科：（1项）独立开展并完成数十例人工全膝关节置换术，成功完成多例高龄（70～80岁以上）单侧或双侧髋关节置换手术。外三科：（5项）腹腔镜腹膜前疝修补术（TAPP）。腹腔镜联合胃镜（因为暂时无胆道镜）行胆囊结石保胆取石术。胸骨骨折外固定术。B超下温盐水低压灌肠治疗小儿肠套叠。下肢动脉血管闭塞动脉搭桥术。外四科：（1项）肌筋膜触发点治疗、内热针治疗、骨盆脊柱手法矫正、经皮穿刺神经根松解术。妇产科：（1项）腔镜及阴式手术。儿科：（3项）改良固定的鼻导管吸氧法给患儿吸氧。应用米力农持续静脉滴注治疗重症肺炎。用脉氧监测仪替代心电监护仪对危重患儿进行基本生命体征监测。放射科：（1项）胃冠状静脉栓塞术，治疗门静脉高压、1例，股骨头坏死介入治疗3例，MRI各关节磁共振扫描共57例，肩关节20例，子宫附件10例，踝关节18例，前列腺3例，肘关节、手及腕关节6例。检验科：（1项）唾液酸、同型半胱氨酸、过敏原检测、叶酸基因检测、RH血型分型。功检科：（1项）超声导向甲状腺细针穿刺术、超声导向肾穿刺活检术、超声胃造影检查技术。重症医学科：（2项）重症病人的镇痛、镇静治疗。深静脉置管。病理科:（1项）常规石蜡、快速病理、薄层液基细胞诊断、免疫组化（外送）。麻醉科：（1项）可视化插管技术。中医科：（3项）新引进一台中药熏蒸机，开展中药熏蒸新业务推拿、按摩疗法。小针刀技术。

【基建设施】 康复中心大楼正式启用。扩大精神科，康复科成人康复部、儿童自闭康复大厅，小儿脑瘫康复部病房规模。康复楼各种设施按标准配置，功能齐全，可容纳精神科、康复科800多位患者同时入院治疗。提升残疾人服务保障能力。

新设潘渡分院。郓城潘渡中心敬老院与医院结为一体，采用医养结合的方式，为老年人提供食宿、取暖、医疗、娱乐等生活服务。环境整洁、设施齐全，无陪人管理。2016年12月接受潘渡镇20多名五保老人。并开始面向社会招收失能半失能状态人员入住。

（师清桐）

郓城眼科医院

【概况】 郓城眼科医院位于县经济开发区内，是一所集医疗、教学、科研于一体的现代化、规范化医疗机构，是城镇居民医疗保险定点医院，是鲁西南地区最大最强的眼病专科医院。医院占地面积26000平方米，建筑面积4200平方米，开放床位60张。有专业技术人员31人，其中主任医师3人，副主任医师9人，主治医师12人。医院设有眼科、内科、外科、检验科等12个临床医技科室。2016年，接诊门诊病人13000余人次，收治住院病人2100余人次，群众满意率达98%以上。

县眼科医院综合楼

【医疗质量保障】 医院医疗设备先进。拥有进口高档手术显微镜、超声乳化仪、数字眼底造影检查仪、电脑视野仪、非接触眼压仪、眼电生理仪、电脑验光仪、眼用A/B超、同视机、自动生化分析仪等国内外顶尖的现代化医疗设备40余台。2016年，医院新进进口高档手术显微镜、全自动生化分析仪、数字眼底造影检查仪、电脑验光仪等先进医疗设备10余台，价值200余万元。医院技术力量雄厚。院长张秀梅系中华医学会会员、中国三项康复研究会会员，菏泽市政协委员，曾受世界白内障医师组织的邀请作为国内唯一的县级医疗机构代表出席在新加坡组织的国际眼科学术研讨会，进行学术交流。她擅长白内障、斜视弱视矫正、眼球震颤、泪囊炎、青光眼等各类眼科手术及眼科常见病、疑难病的治疗。她的“清热明目冲剂治疗早期单纯性疱疹角膜炎临床研究”获山东省科技进步奖，眼球震颤减弱术填补鲁西南该项手术的空白。医院还聘请原北京同仁医院眼科主任魏均等一批国内知名眼科医院定期来院坐诊及手术。医院严格落实各项医疗核心制度，执行首问负责制、首诊医师负责制、专家巡诊制、医患沟通制、出院病人回访制。规范医疗护理程序，门诊与出院诊断符合率99%，手术后诊断率达100%。

【与山东省眼科医院合作办院】 医院为加强人才引进工作，提高医疗质量和水平，与山东省眼科医院签订战略合作协议，与山东省眼科医院合作办院。一方面由省眼科医院定期派出专家来院坐诊，使本地患者在家门口就能享受到省级专家的医疗服务；另一方面，医院定期选派医护人员到省眼科医院学习深造。省眼科医院派遣眼底外科主任原公强、角膜病科副主任李素霞、王富华、刘明娜、亓晓琳、张静之等一批博士专家定期来院坐诊，合作开展复杂性视网膜玻璃体、复杂性眼外伤、复杂性角膜移植等高难度手术，使患者不出家门就能享受到省级医疗专家的优质服务。2016年，省眼科医院派遣专家50余人次，医院医护人员到省眼科医院学习30余次。

【信息化建设】 2016年，医院购买电脑及相关设备20余台，对信息中心机房和信息系统进行更新，保障数据存储的安全性及可靠性。完善以财务管理为核心的计费系统（HIS）、建立以病床信息系统为中心的医生工作站、电子病历、合理用药、门诊“一卡通”、临床实验室系统（LIS）。

【医德医风建设】 医院注重加强医德医风建设，与县诚信建设促进会签订协议成为诚信共建单位，与每名医护人员签订廉洁行医责任书，向患者郑重承诺廉洁行医，不接受患者及其家属的红包和礼品。医院把2016年定为医德医风整顿年，每周末召开一次全体工作人员会议，学习医德医风建设方面的文件材料，总结问题、查找不足，研究整改措施。2016年，全院出现医生将红包和礼物退回给患者事例18次，全年收到表扬信30余封，锦旗20余面。

【爱心医疗救助】 医院为郓城县白内障康复治疗中心、国家卫生部“贫困白内障免费复明工程”定点医院、郓城县慈善总会合作单位。2016年，完成240例贫困白内障免费复明任务。医院关注贫困疾病患者，对无钱的贫困患者实行无条件治疗，开通贫困患者就医治疗的绿色通道，实施“爱心医疗救助工程”，对贫困患者采取“先看病、后付费”、减免部分医疗费，免除全部医疗费等方式进行救助。2016年，救助贫困患者700余人，免费救助特困家庭患者300余人，为贫困患者免除医疗费用200余万元。

【开展免费义诊送医下乡活动】 为解决村居群众看病难、看病贵、看不起病的问题，医院投资30多万元专门购买2台车辆，抽调精干医护人员，组建两支义诊队伍送医下乡，进村入户为群众义诊，宣传健康知识，介绍眼病预防治疗方法，诊治眼病患者。全年总共免费义诊4000余人次。

（王慧颖）

社会管理

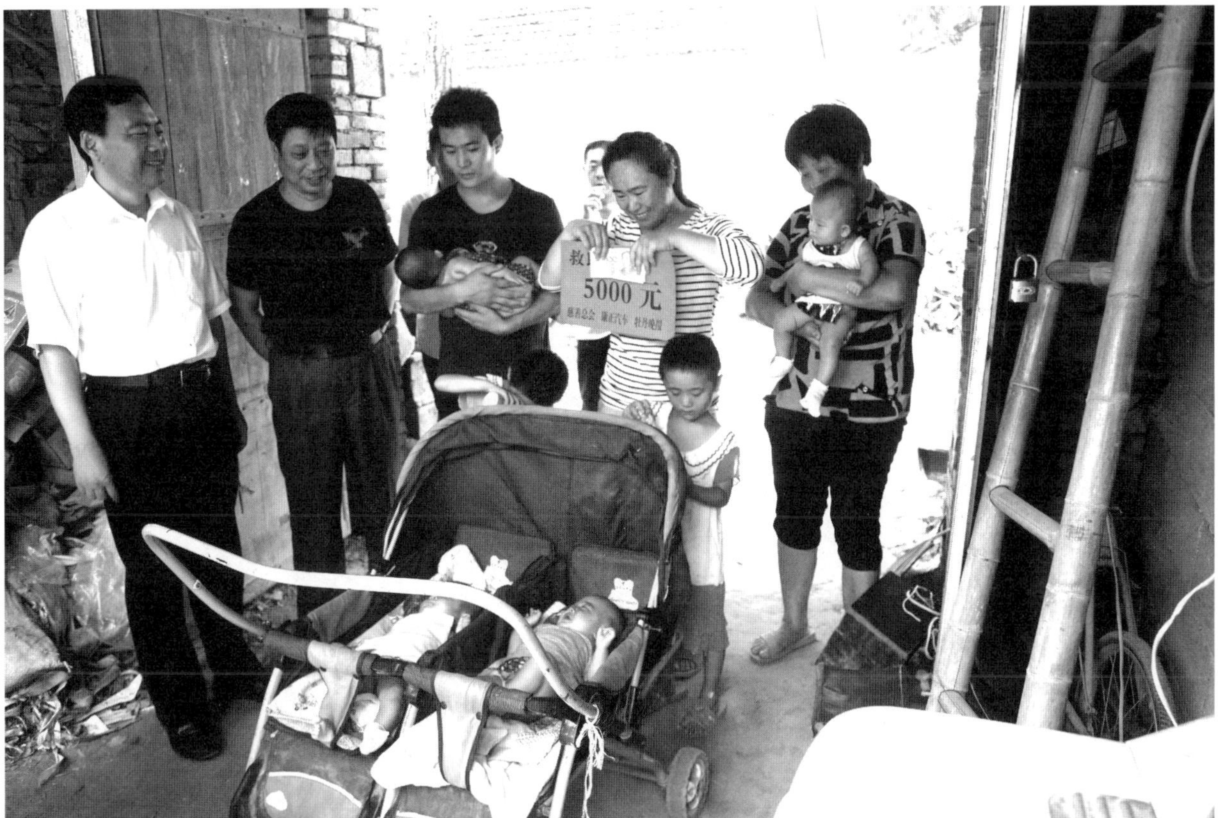

县民政局到唐庙镇开展周行一善活动

社会管理

民　政

【概况】 郓城县民政局是县属正科级单位，下辖办公室、双拥办公室、救灾福利科、优抚科、退伍军人安置办公室、基层政权科、社会事务科7个行政科室和社会救助办公室、社会组织监督管理办公室、军队离退休干部休养所、福利彩票发行管理站、区划地名办公室、婚姻登记处、慈善总会办公室、社会福利中心、敬老养老康复中心、殡仪馆、革命烈士陵园管理所、光荣院、救助管理站13个事业单位，共有工作人员62人。

【社会救助】 全县共有城乡低保对象51373人，其中城市低保5892人、农村低保45481人。2016年，城市低保月保障标准提高到400元、人均月补差提高到240元，农村低保年保障标准提高到3000元、人均月补差提高到160元，发放城乡低保金10570.38万元。2016年，开展临时救助共救助1818人，发放救助金295.46万元；大病医疗救助共救助城乡困难群众4450人次，发放救助金1226.2万元。农村特困人员对象集中供养标准提高到每人每年4400元、分散供养标准执行每人每年3500元，为全县4798名特困人员发放供养资金1705.9万元。资助特困人员、低保对象54529人次参加医疗保险，支出资金304.5万元。

实施县乡民政干部结对帮扶孤儿工作，为193名孤儿和事实无人抚养儿童、632名困境儿童发放基本生活费288.1万元。救助流浪人员720人次，其中残疾人258名。扎实开展“暖心行动”，为9名困难家庭中的0～18周岁先心病患儿实施免费手术；救助大学新生262名，发放助学金123万元。春节前结合县扶贫办开展“扶贫济困、情暖万家”活动，慰问困难群众16000余人，发放救助金302.4万元。

【养老服务体系建设】 2016年，制订《郓城县养老服务专项规划》，明确全县养老服务业发展定位和目标。新建、改扩建乡镇敬老院5处，建成社区老年人日间照料中心4处、农村幸福院55处。全县新增养老床位1820张，每千名老人拥有养老床位达到32张。全县有县级社会福利中心1处，乡镇敬老院23处，社会力量举办的养老机构3处（正在建设），社区老年人日间照料中心19处，农村幸福院117处。

【双拥优抚安置】 2008年以来，郓城县连续两届被评为省级双拥模范县。全县共有各类优抚对象10652人，全年发放各类抚恤补助金5046万元。完成130名优抚对象在县光荣院的轮流休养工作和29名优抚对象在省荣军总医院的疗养任务。支出348万元，为4637名城乡优抚对象办理城乡居民医疗保险和城镇职工医疗保险。实施《郓城县优抚对象困难家庭临时救助办法》，共救助各类优抚对象376人次，资金89万元，为472人次优抚对象住院补助资金84.2万元。“八一”建军节前，为全县1023个义务兵家庭发放优待金1152万元、退役士兵自主就业一次性经济补助1137万元。开展退役士兵技能培训工作，加大退役士兵培训政策宣传力度，报名参训率95%以上，培训合格率98%以上。3月26日，在退役士兵培训基地举办退役士兵专场招聘会，现场签约51人。投资100多万元，装备2个可同时容纳100人的退役士兵电商培训标准化教室。11月底，完成2015年度退役士兵安置任务，事业单位安置指标占到90%以上。开展退役士兵返乡创业先进典型的宣传工作。

【革命烈士陵园建设】 县烈士陵园占地45亩，安葬烈士1307名，其中著名烈士4名（梁仞仟、徐秋、罗明星、樊诚）。创建郓城县革命烈士陵园网站，为弘扬先烈的英雄事迹打造良好平台。投资100多万元建设烈属及游客接待服务中心，征集红色革命文物，有馆藏文物3000多件。9月30日，全县烈士纪念日纪念活动在县烈士陵园隆重举行。

【基层政权和社区建设】 一是推进城乡社区服务中心建设。为方便人民群众，新建或改扩建黄西、于官屯、魏路口、张楼等农村社区服务中心20处。二是在县文明办牵头指导下，在全县广泛深入开展移风易俗工作。全县1041个村（社区）全部建起红白理事会，喜事新办、丧事简办的文明节俭新风在全县上下初步形成，2016年火化遗体2700多具，火化率提升至95%以上。同时，加大对封建迷信祭品店铺的清理力度，查处纸扎等店铺30余处。三是按照县委要求做好村庄规模调整工作。九月下旬开始，与组织部门一起围绕“布局调优、规模调大、班子调强”的总体目标，充分尊重民意、依法依规进行村庄调整，顺利将全县1041个村（居）合并至690个，奠定基层工作基础。四是做好“三留守”人员的调查摸底统计工作。农村留守儿童、妇女、老人统计摸底工作力求做到乡不漏村、村不漏人，如期完成摸底排查任务。

【社会组织】 全县有登记注册的社会组织143家，其中社会团体80家，民办非企业单位63家。2016年，新登记社会组织15家，其中社团10家、民非5家。为县社会组织服务中心争取到“省级财政支持社会组织发展和购买社会组织公益慈善服务示范项目”资金30万元。推行社会组织登记“三证合一”“一证一码”制度改革。

【区划地名】 组织地名普查成员单位开展郓城县第二次全国地名普查工作。5月19日将县地名普查初稿上报市局，完成2016年地名普查任务。做好郓城—巨野行政区域界线联合检查的准备工作；与河南省范县、台前县配合，做好鲁豫线联检准备工作。

【婚姻登记】 全年办理结婚登记7090对、离婚登记1615对、补办结婚证3314对、补办离婚证85本。9月份通过“AAA”级婚姻登记机关验收。

【福利彩票】 2016年，销售福利彩票4631.2万元，保持全市领先地位。

表18　2016年新增社会团体一览表

序号	批准时间	社团名称	办公地点	法人
1	2016-1-20	郓城县再生资源行业协会	郓城县临城路中段	程志刚
2	2016-1-19	郓城县爱心义工协会	郓城县双桥乡黄岗村	黄修良
3	2016-1-20	郓城县道教协会	胜利街剪子股东巷	李兰臣
4	2016-2-10	郓城县信鸽协会	西门街北段	徐保定
5	2016-5-18	郓城县巾帼志愿者协会	山东绅联生物科技有限公司	甄爱华
6	2016-5-30	郓城县幸福之光义工协会	武林街	李伟
7	2016-6-1	郓城县党外知识分子联谊会	统战部院内	宋雪丽
8	2016-10	郓城县婚礼庆典礼仪行业协会	郓城县文化市场综合执法局	李霞
9	2016-10	郓城县围棋协会	郓城县水果街	任洪杰

续表

序号	批准时间	社团名称	办公地点	法人
10	2016-11	郓城县青少年写作协会	郓城县西门街沙河巷	王晶
11	2016-3	郓城县席克职业培训学校	郓城县临城路中段	李凤秋
12	2016-6	郓城县助残创业服务中心	郓城县残联院内	冯艳婷
13	2016-9	郓城县消夏之音艺术团	郓城县自来水公司二楼	侯同义
14	2016-10	郓城县韶华健康交流中心	郓城县汽车六队对过	刘兆国
15	2016-10	郓城县牡丹文化经济发展中心	郓城县育才路西段	刘伟领

表 19　2016 年郓城县烈属、因公牺牲军人遗属、病故军人遗属定期抚恤金标准表

单位：元／年

烈属	因公牺牲军人遗属	病故军人遗属
21030	18050	16980

表 20　2016 年郓城县因公致残人员抚恤金标准一览表

单位：元／年

级别	类别	全年抚恤标准
一级	因公	64140
二级	因公	56780
三级	因公	49420
四级	因公	38910
五级	因公	29440
六级	因公	24890
七级	因公	17890
八级	因公	11550
九级	因公	8420
十级	因公	6300

表 21　2016 年郓城县婚姻登记情况一览表

序号	办理项目名称	人数
1	结婚登记	7090 对
2	离婚登记	1615 对
3	补办结婚证	3314 对
4	补办离婚证	85 本

（曹炜）

人力资源和社会保障

【概况】 郓城县人力资源和社会保障局是县政府工作部门，在职在编人员125人，机关设置办公室、人事科、规划财务科、就业促进办公室、职业能力建设科、专业技术人员管理办公室、事业单位人员管理科、工资福利与退休人员管理办公室、劳动关系办公室、社会保险办公室、社会保险基金监督科、劳动监察科、外国专家局、公务员办公室、军官转业安置办公室、劳动人事争议仲裁院、人力资源市场与人员调配科、档案管理科18个机构，下设劳动就业办公室、人事考试中心、人才交流服务中心、社会劳动保险处、社会医疗保险事业处、机关事业保险处、城乡居民社会养老保险事业管理处、工伤保险事业处、失业保险处、生育保险事业处、劳动保障监察大队、创业贷款中心、人力资源市场、信息中心、职业技能鉴定中心、后勤服务办公室16个局属事业单位。先后获得省级文明机关、全省就业工作先进单位、全市全民创业先进单位、全市社会综合治理先进单位、全市妇女儿童维权先进集体、全市安全生产先进单位、全市社会治安综合治理先进单位等荣誉称号。

【就业创业】 完善“三级就业创业”服务体系。城镇新增就业9178人，失业人员再就业1224人，困难人员就业352人，举办“春风行动”大型招聘会，深入开展就业援助月活动，城镇登记失业率控制在3.15%以内；完成技能提升培训3820人，创业培训1350人，新增高技能人才培训基地1处，培养引进高技能人才380人，2人被评为山东省首席技师。贯彻落实《郓城县人民政府关于支持农民工等人员返乡创业的意见》（郓政发〔2016〕14号），设立返乡创业基金500万元，落实就业创业扶持补贴900余万元，发放创业贷款8900万元、财政贴息160万元；筹建全县创业服务中心，设有“创业者之家”展厅以及众创空间，可提供创业政策咨询、培训、项目推介、贷款补贴等一站式服务，完善项目库、人才库、专家库信息3000余条；创建1处市级返乡创业园，3处市级创业孵化基地，挂牌120处返乡创业示范基地和260个示范点。发挥深圳、青岛、西安、北京返乡创业服务站的联系纽带作用，举办12次郓城籍成功人士返乡创业座谈会，寄发《致在外人员的一封信》和创业政策汇编2万余份，收集创业反馈信息5200余条。建立典型引导机制，筛选116个返乡创业典型，制作两期返乡创业宣传片，汇编2期《创业风采录》，编印5期《全民创业简报》。全市返乡创业现场交流座谈会在郓城召开，评选表彰10名“县长创业奖”和2处创业孵化基地。

【社会保险】 2016年，全县各项社会保险总参保199.4万人次，城乡居民养老和医疗保险实现全覆盖。征缴基金18.98亿元，支付各项社会保险待遇16.54亿元。其中，城镇职工基本养老保险参保人数64047人，领取待遇人数15016人；基金征缴3.63亿元，支付待遇3.21亿元。机关事业养老保险参保33320人，领取待遇9862人；基金征缴4.13亿元，支付待遇4.03亿元。城乡居民养老保险总参保63.91万人，领取待遇人数201784人；征缴基金3.67亿元，支付待遇2.28亿元。城镇职工基本医疗保险参保80610人，基金征缴1.54亿元，支付待遇1.48亿元；城乡居民医疗保险参保1027530人，基金征缴5.66亿元，支付待遇5.23亿元。失业保险参保人数3.78万人，基金征缴1453万元，支付待遇1561万元。工伤保险参保人数6.01万人，基金征缴1622万元，支付待遇1178万元。生育保险参保51544人，征缴基金546万元，支付待遇380万元。及时提高社会保险待遇，从2016年7月1日起，城镇职工基本医疗保险财政供养人员缴费基数由1670元提高到3285元，城乡居民养老金标准提高到每人每月100元。企业退休人员连续13年增加待遇标准，达到1800元/月；机关事业养老保险离退休人员人均增资240元；农村贫困人口大病起付线标准减半，每段医疗费报

返乡创业服务大厅

销提高5个百分点；充分发挥失业保险预防失业、促进就业的作用，按规定降低失业保险费率至1.5%。“核心三版”平台在全市率先上线运行，实现社会保险登记、申报、缴费、稽核、支付待遇等业务的“一站式”流水服务。增加39处城镇职工定点药房，方便参保职工购药。建立与乡镇（社区）互联互通的信息化网络，推进60项业务服务职能下沉。筹集资金为全县22处乡镇、街道人社服务大厅配置身份证识别仪、掌纹认证一体机以及软件系统等设备，畅通县、乡信息网络，随时随地提供认证服务。强化社保基金监管，确保社保基金安全。健全社保基金管理和内控机制，确保基金安全。深入开展社会保险基金账户开户、核算、保值增值、优惠利率等方面的自查。认真做实企业养老保险个人账户，及时为跨区域流动就业人员办理转移手续。进一步落实城镇医疗、失业、工伤和生育保险市级统筹，医疗保险实现市内无异地联网结算和转济南就医人员的实时结算；完善医疗、工伤、生育保险与定点医疗服务机构协议管理；加大稽查力度，开展医疗机构年检，严厉查处3家有违规行为的定点医疗机构。

【返乡创业服务】 6月6日，返乡创业服务大厅、“创业者之家”、创业培训教室和“创业咖啡屋”全面启用。

返乡创业服务大厅功能设施完善、信息化程度高，实现创业咨询服务和自助式网络查询服务功能于一体。自动查询机数据库汇总150名创业指导专家，2000余条创业人才信息和300余个经过筛选论证的创业项目，为创业者提供便利、周全的创业指导和信息服务。服务大厅共开设5个创业服务窗口，10个服务工作台，融合创业政策咨询和落实、创业专家指导、创业项目推介、创业培训登记、创业贷款服务等功能。

“创业者之家”是综合宣传创业政策和创业成果的多功能展厅，向返乡人员全面透彻的介绍创业政策、创业进程和创业环境，了解家乡所潜在的商业环境和创业氛围，从而激励的有志之士和返乡人员投身郓城的创业大潮，实现人生价值和梦想。

创业培训教室总面积约70平方米，可容纳30余人同时上课，配有投影仪等多媒体教学设备，采用老师和学员互动教学模式，实现最佳的培训效果，进一步提高创业成功率。

创业者之家

创业咖啡屋

“创业咖啡屋”是专门为返乡创业人员和创业指导专家提供“面对面”“1对1”温馨交流的场所，帮助创业者了解更多的创业知识和创业技能，实现更为人性化和精细化的服务，从而进一步激发创业激情。

【人才工作】 引进及培养硕士65人，专业技术人员67人。组织县人民医院、县中医医院、洪达化工有限公司和绅联生物科技有限公司等4家企事业单位参加山东大学2016届毕业生就业双选会（春季）暨菏泽专场招聘。实现就业41人，其中硕士以上14人，包括山东大学、苏州大学、南开大学、中国石油大学等多所985、211高校学生。组织宋江武术学校在陕西师范大学参加“山东—名校人才直通车”活动，硕士以上4人达成就业。组织实施职称评审工作，完成高、中、初级专业技术人员和技术工人缺岗聘任485人、续聘2000余人，健全专业技术人员信息库，整理、完善信息18000余条。组织卫生职称、注册咨询师、一级建造师、注册环评师考试报名1600人，发放各类合格证书820人。为18名自主择业军转干部上报、发放取暖费、医疗费、住房补贴；为计划分配军转干部和自主择业军转干部及家属开落户手续，协调落户及子女入学等；完成2名计划分配军转干部的安置工作。

【人事工作】 招录县乡机关公务员44人，完成2015年度公务员和事业单位人员年度考核工作。任免政府系统股级干部15人。推荐表彰先进集体31个，先进个人235人。面向社会公开招聘录用全县机关事业单位工作人员65人、教师584名、卫生系统专业技术人员231名，包括硕士研究生96名（其中教育系统26名、卫生系统8名、县直机关1名），安置“三支一扶”大学生26名。

【劳动关系】 构建和谐劳动关系，及时公布最低工资标准（1390元/月，13.9元/小时）和企业工资指导线，严格督导用人单位贯彻执行。加强劳动人事争议仲裁软硬件建设，建立专门仲裁庭、流动仲裁庭和调解室，接收争议案件46件，为劳动者挽回经济损失133.9万元。扎实开展劳动维权，开展农民工工资支付、劳动用工和社会保险专项检查等执法活动2次，受理投诉咨询电话2000余次、来人来访1930人次，妥善处置讨薪案件26起，涉及人数366余人，追讨工资103余万元。

（孙庆玲）

老龄事业

【概况】 郓城县老龄工作委员会办公室是参照公务员管理的正科级事业单位，编制5人，内设秘书股、业务股。2016年先后被授予“山东省老年人公益维权服务示范站”“菏泽市老龄工作先进单位”“菏泽市实施银龄安康工程一等奖”“菏泽市老龄宣传先进单位”等多项荣誉称号。全县60岁以上老年人口22.04万人，占总人口比例的17.3%。

【尊老敬老】 老人节、春节期间，中共郓城县委、县政府主要领导人带上慰问金和慰问品，深入到离退休老人、特困老人、百岁老人家中及乡镇敬老院进行慰问、调研，为老年人解决实际困难和问题，送去党和政府的温暖。每逢节日，各乡镇、街道、县直各部门和社会各界都结合实际，通过走访慰问、召开座谈会、茶话会等多种形式，为老年人送去祝福和慰问。在全县所有中小学校开展“敬老、爱老、助老”主题教育活动，组织有条件的学校到敬老院等老人集中的地方开展义务劳动。连续开展九届“十大孝星”和“十佳老人”评选表彰活动，充分利用五一、敬老月、老人节、中秋节、元旦、春节等重要节假日进行集中宣传，全社会尊老敬老的氛围进一步浓厚。

【为老服务工作】 一是足额发放高龄补贴和长寿补贴金。2016年，按照每人每年300元的标准为全县4524名90—99周岁老年人发放高龄补贴，共计发放135.72万元，为百岁老人足额发放长寿补贴金，发放金额38.88万元。二是开展山东省老年人公益维权服务示范站工作。2016年，老龄办以维护老年人权益为重点，宣传新《老年法》和《山东省老年人权益保障条例》，提高老年人维权意识。春节和重阳节期间组织走访和慰问老年人和高龄老人60余人次，接待老年人来信来访共51人次，为58人免费提供法律援助，减免律师费57600元，受到全县广大老年人的好评。2016年，共免费办理老年人优待证3万余份，并开展下乡入村免费办理老年证活动，缩短为老服务的最后一公里。三是联合相关部门落实老年人健康管理工作。会同政府督查室、县卫生局对60岁以上老年人免费查体政策落实情况和65岁以上老年人健康档案建立工作进行检查，全年对60周岁及以上老人免费查体20余万人。四是开展送戏下乡活动。联合县文体局组织剧团深入农村，进行慰问演出，全年演出450余场次，受到广大老年人的欢迎。五是开展丰富多彩的老年文化体育活动。4月，成功举办全县第27届老年人运动会，设置门球、太极拳、太极剑、八段锦、秧歌、象棋、乒乓球、台球、羽毛球等比赛项目，近3300名老年运动员参加比赛。8月28日，由县老龄办、县老年体协主办，郓城县邮政分公司承办的“邮爱夕阳，和谐山东”第二届中老年广场舞大赛在郓城县水浒商贸城成功举行，共有1000余人参赛。

【“空巢老人”关爱工作】 2月下发郓老办字〔2016〕2号文《关于做好“空巢老人”关爱工作的通知》，并于2月25日至3月31日组织全县乡镇、办事处对空巢老人生活状况开展入户调查和访问，深入了解空巢老人的生活和健康状况，掌握第一手资料，为下一步开展关爱活动奠定良好基础。同时，协调团县委等相关单位，组织20支志愿者

空巢老人联欢活动

服务队伍，参与到“空巢老人”关爱工作，长期在社区为老人开展活动的志愿者1500余人，还有近千人的灵活志愿者队伍，不定期在社区开展为老服务活动。

【“银龄安康”工作】 召开全县银龄安康工作会议，推动“银龄安康”工作的顺利开展。实行一把手负总责、分管领导靠上抓、有关人员具体抓，采用政府督查、政策宣传等多种形式有力地保障“银龄安康工程”的实施。2016年，全县“银龄安康工程”保费缴纳 168万元，超额完成市老龄办下达的目标任务，位居全市第一。7月23日，在全市“银龄安康”工作推进会议上郓城县作典型发言。全年共出险362例，赔付金额达73.2万元，增强广大老年人抵御风险能力，减轻老年人家庭负担。

【“敬老月”活动】 9月底下发《关于开展2016年“敬老月”活动的通知》，表彰全县第九届“十大孝星”和“十佳老人”，各乡镇、街道也开展好媳妇、好婆婆、孝亲敬老楷模等评选活动，在全县营造敬老爱老、尊老助老的良好社会氛围。敬老月期间，开展“百日义诊·善行郓城”和“百善孝为先、敬老百叟宴”等活动，各乡镇（街道）和老龄委成员单位以不同形式为辖区内老年人庆祝节日。

（刘月）

乡镇·街道·开发区

县经济开发区远景

乡镇·街道·开发区

县经济开发区

【概况】 郓城县经济开发区于2016年5月正式挂牌成立，前身为郓城县工业园区。 2016年12月中小企业创业园被菏泽市人民政府评为“菏泽市市级返乡创业园”。入园企业223家，其中规模以上工业企业102家。拥有省级企业技术中心、工程中心4家，市级企业技术中心、工程中心10家，博士工作站1处。县经济开发区所辖区域包括东园区和煤化工园区。东园区西起宋金河，东至郓巨河，北起立汇路及220国道，南接丁里长镇，下辖15个行政村（社区），总面积28.5平方公里。共有耕地约2.4万亩，总人口约2.2万人。煤化工园区只管理辖区企业，不管理涉及行政村。2016年，县经济开发区完成固定资产投资63.93亿元，同比增长10.51%；完成主营业务收入478.9亿元，同比增长15.99%；实现工业增加值109.6亿元，同比增长14.95%；利税总额55.7亿元，同比增长12.31%；完成进出口总额4860万美元。

【发展环境】 *区位优势* 220国道和254、338省道交贯其中，距离济广高速3个出入口车程都在30分钟以内，西距京九铁路6公里，东距济宁机场50公里，日照港320公里，交通方便快捷。

规划设计 木制品、纺织品、酒类包装、搪瓷、机械装备、食品加工、生物医药和精细化工8个特色产业园，统一规划，统一建设道路、管网等基础设施，集中建设办公、住宿、餐饮等配套设施。结合已基本建成投入使用的中小企业创业园和初具规模的陆港韵梦小镇，向产城融合、产业聚集、要素集约、资源共享的发展目标迈进。

基础设施 已建成四横五纵九条主道路，总长度35公里，硬化路面70万平方米。同时建设有自备热电厂，总装机容量12.5万千瓦。各项基础设施同时配套，开发区区域内已达到“七通一平”。

政策引导 国家新型城镇化综合试点、国家深化县域基础设施投融资体制机制改革试点、国家支持农民工等人员返乡创业试点落户郓城，为开发区经济发展注入蓬勃的活力。

【工业经济运行】 立足丰富资源，围绕产业优势，以民营经济为主攻方向，棉纺化纤、机械制造、酒类包装、肉制品加工、能源化工等优势产业发展迅猛，群体规模优势明显。其中，棉纺化纤企业40家，规模以上企业26家，年产化纤20万吨，基本形成纺、织、印、染、服装加工一条龙的生产体系，2016年完成工业总产值69.17亿元；机械制造企业25家，规模以上企业16家，2016年完成工业总产值42.02亿元，实现利税5.65亿元，行业内企业已建成省级企业技术中心2家、市级6家，省级高新技术企业2家，产品主要集中在工程机械部件、农业机械、矿山机械等；现代包装企业60余家，其中规模以上企业20家，2016年完成工业总产值40.43亿元，发展成为华东地区规模大、档次高、市场份额较大的酒类包装基地；肉制品加工企业12家，规模以上企业8家，2016年完成工业总产值11.57亿元，产品出口到法国、德国、俄罗斯及中东等10余个国家和地区。

【招商引资和项目建设】 全年共培植发展专业园区4个，分别为龙源物流产业园、中小企业创业园、玻璃产业园和棉纺化纤产业园。龙源物流产业园5条骨干道路路槽施工基本完成，公路港、汽贸中心、仓储中心3个功能区正在建设。中小企业创业园各项建设基本完成，已入驻亿万车轮、赛莱电器、晨方彩塑、双启门业、董氏包装、宜和宜美、金永固矿山机械、元盛包装8家企业。玻璃产业园永信包装已部分建成投产，计划落地的3家。棉纺化纤产业园新落地2家，即南方纤维二期4条生产线和万福纺织6万锭转笔纺。另外在建的单体项目还有龙泉农业科技、圣达科技、中辆科技孵化器、恒基四期及煤化工工业园的洪达干熄焦预热发电、中油环保科技、菏泽再生资源科技、诚源医药科技、山东久久农业科技9个项目。全年共开工建设单体项目20个。

【中小企业创业园和科技孵化器综合体项目】 中小企业创业园和科技孵化器综合体项目是郓城县紧紧围绕产城同创、产业聚集、要素集约、资源共享发展思路，重点建设的中小企业孵化平台和返乡创业基地之一。项目于2016年3月初全面开工建设，规划用地1200亩，计划总投资55亿元，入驻科技企业和实体企业78家。产品涉及定制家具、高端设备制造、新型材料等传统和新兴产业。科技孵化器主体建筑面积16000平方米，共设置产品展示、会务中心、公司办公、科技研发四大功能区，同时配套建设生活服务设施，可满足创业园企业发展需要。

【基础设施建设】 煤化工业园污水处理厂完成升级改造，12月8日正式运行，天源污水处理厂二期扩容工程12月18日开工建设。侯林沟污水治理工程正在加紧建设，下游的提排站5月份投入使用。共新建中小企业创业园道路、规划二路、规划一路、景泰路、郓州大道、工业五路等道路总长12.96公里，铺设各类管网71.13公里。

【民生建设】 5月初，在县委县政府划定开发区行政辖区范围后，开发区党工委迅速组织人员、安排场所，实现15个社区、行政村农村工作的顺利交接，确保各项村级服务工作的有序正常进行。精准扶贫工作全年共脱贫314户550人，完成年度脱贫任务。开展集中入户送温暖活动，夯实扶贫工作基础，提升群众的满意度。环卫一体化在巩固农村工作的基础的同时，通过区企共建等方式形成长效机制，从根本上改变开发区的环境卫生面貌。棚户区改造金河社区坝头区块共有210户，已完成拆迁202户。

【党建工作】 深入开展“两学一做”学习教育，组织机关干部每周三次集中学习。建立健全各项组织生活制度。对开发区全体党员组织关系进行排查，共排查外出流动党员21人，全区无失联党员。严格落实三会一课、民主生活会、谈心谈话等制度，进一步加强思想建设、组织建设和制度建设。建立健全工作日禁酒、考勤、日常行为规范等机关管理制度，由纪工委负责监督执行，与党纪政纪处分、考核评优相结合，狠抓机关作风建设。发挥党工委的主体责任和纪工委的监督责任，每位科级干部签订《廉洁自律承诺书》，各部门负责人与党工委签订《部门党风廉政建设责任书》，层层落实，夯实责任，保证开发区风清气正。

（董贯生）

郓州街道

【概况】 郓州街道位于城区南半部，是郓城县政治、经济、文化、商贸、交通中心，2013年10月19日由原郓城镇分设而成。区域面积40平方公里，下辖9个社区，12个行政村，49个自然村，总人口7万人，其中农业人口29491人，耕地25138亩。京九铁路郓城站在郓州街道境内，220国道、济董公路、聊商公路、日东高速、济菏高速公路等穿境而过。辖区内有樊林、夏林等市县级重点文物保护单位。2016年规模以上企业85处，主营业务收入54.3亿元，工业总产值44.6亿元，农业总产值1.68亿元，服务业销售收入8.2亿元，农民人均纯收入14500元，全年完成财政收入1.54亿元。辖区内形成纺织、玻璃、酒类包装、搪瓷等经济支柱产业体系。

【招商引资和项目建设】 2016年，郓州街道采取专业招商、以商招商、资源招商、产业招商等多种方式，坚持有信息及时跟进，有意向及时盯紧，有落地全程服务，确保项目引得来，落得下，留得住。重点建设项目有圣达科技、红星美凯龙、大卫茂物流、枫叶正红、七星电商创业园、一鸣纺织二期等，在建过亿元项目22个。

【工业经济运行】 2016年底，郓州街道有工业企业142家，其中规模以上工业企业23家，从业人员5119人。工业企业年实现产值44.6亿元，主营业务收入45.3亿元，其中规模以上企业固定资产投资总额5.72亿元，主营业务收入43.2亿，利润6.9亿元，利税5.3亿元。

【城市建设】 以新型城镇化建设试点县为契机，推动各城建项目的建设进度，完成裕民路、迎宾大道、胜利广场、义和广场、一中附属学校、新一中、县医院、城南水库、“三馆一场”、南湖公园、卫生计生服务站、职业中专、枫叶正红等公益事业项目的用地清障，推进蒋庙、南城、盛平、五道街棚改工作，先后创造“蒋庙速度”“五道街模式”；推进郓州嘉苑、御景苑、锦绣苑、中央学府、水岸新都、万象世纪、凤凰城、御龙湾等开发区块的稳步推进，保障中小企业工业园、七星电商创业园、一鸣纺织、圣达印染、红星美凯龙、大卫茂等企业建设。

城南水库

【平安建设】 完善信访工作机制，结合公安机关对涉嫌违法犯罪的非访人员进行依法打击，对涉及4起信访案件的10名涉嫌违法犯罪的信访人采取强制措施，各村居设立信访信息员，第一时间掌握民情和不稳定因素，及时处置。健全防范体系，建设综治（平安建设）服务中心，实行职能部门集中办公，及时为群众办理业务；协调各社区、行政村组织巡逻队晚上打更巡逻，辖区内行政村和社区全部安装电子监控，安装监控探头400多个。

【民生建设】 “一乡一业”“一村一品”工作初显成效，各社区、行政村逐步形成养殖、种植、加工等特色产业。姚垓社区的蘑菇种植逐步扩大，带动周边20多户群众增收。电子商务发展较快，已建设农村淘宝网店7处，从业人员52人。

抓好全面改薄工作，整合教育资源，徐屯小学操场、葛营小学综合楼建设完成，新建芦庄科小学即将开工，新建高标准农村公办幼儿园1处。筹措配套资金，推进村村通工作实施，姚垓、芦庄科、义和里等6个村进行农村公路改造，力争年内实现全域“户户通”。

狠抓企业安全生产，组织人员深入企业检查安全隐患，签订安全生产责任书。

做好环境综合整治工作，大力整治火车站广场等，维护正常秩序；通过秸秆禁烧、治理“小乱散污”企业、整治料场煤场建筑工地等措施，改善城区环境，提高空气质量。

【脱贫攻坚】 一是就业扶贫，调整20个保洁员岗位提供给贫困人员，安排企业务工413人，个体服务业232人。二是发展“一村一品”特色产业，75家合作社，带动153名贫困人员实现脱贫。三是依靠棚户区改造政策脱贫，实现56户贫困户，77名贫困人口全部脱贫。四是建设扶贫基地，安屯、后葛营等4处扶贫点已建成，可带动80余人实现脱贫。

表 22　2016 年郓州街道基本情况一览表

项目	单位	数量	项目	单位	数量
土地总面积	平方千米	40	总人口	人	70225
耕地面积	万亩	2.51	农业人口	人	29491
行政村、社区	个	21	人口出生率	‰	16.58
工业企业	个	142	人口自然增长率	‰	9.1
工业总产值	亿元	44.6	计划生育率	%	93.57
利税总额	万元	53000	中小学	所	16
固定资产投资	万元	397500	在校学生	人	4725
农业总产值	万元	16800	幼儿园	所	14
粮食总产量	吨	26500	在园儿童	人	682
蔬菜总产量	吨	32277	教职工	人	371
肉类总产量	吨	275000	参加农村社会养老保险率	%	92.3
财政收入	万元	15400	农村合作医疗投保率	%	100
工商税收	万元	14200	最低生活保障人数	人	1058
农民人均收入	元	14500	养老机构供养老人	人	6

表 23　2016 年郓州街道社区、行政村基本情况一览表

社区、行政村	社区、村两委主要负责人	包括自然村	居民户数（户）	总人口（人）	耕地面积（亩）
南城社区	党总支书记：樊继文 居委会主任：樊继文	南关	968	3666	74.9
盛平社区	党总支书记：董城郊 居委会主任：董城郊	东董店、西董店、侯庄王垓子、时庄、郝庄、孙油坊、 张李庄	651	2581	2001.8
东城社区	党总支书记：侯春秋 居委会主任：侯春秋	侯楼、焦园、前三里庄、何庄、张胡同	313	1688	1072.5
胜利社区	党总支书记：徐龙现 居委会主任：刘瑞秋	郁胡同	350	1243	201.5
和平社区	党总支书记：李　楠 居委会主任：史洪波	蒋庙、彭庄	323	1280	1409.6
水浒社区	党总支书记：陈德信 居委会主任：陈德信	陈路口	310	904	354.2
徐屯社区	党总支书记：徐　良 居委会主任：徐　良	徐屯 、姜庄	393	1543	1157.2
隆兴社区	党总支书记：张东青 居委会主任：张东青	张兴庄	325	1080	715

续表

社区、行政村	社区、村两委主要负责人	包括自然村	居民户数(户)	总人口(人)	耕地面积（亩）
安屯村	党支部书记：宋洪彦 村委会主任：宋洪彦	安屯	430	1602	2106.3
芦庄科村	党支部书记：樊兆辉 村委会主任：	芦庄科	430	1713	2130.3
姚垓社区	党总支书记：边广启 居委会主任：边广启	姚垓、王庄、邱庄、西边庄	420	1393	1501.2
张夏庄村	党支部书记：张利玺 村委会主任：张利玺	张庄 、夏庄、 和睦里	299	979	749.8
义和里村	党支部书记：李景集 村委会主任：	义和里	550	1949	2048.3
前葛营村	党支部书记：刘兆国 村委会主任：	前葛营	320	1211	1595.8
西葛营村	党支部书记：张如乐 村委会主任：	西葛营	205	638	988.2
后葛营村	党支部书记：刘思龙 村委会主任：刘思龙	后葛营	260	776	1056.1
闫庄村	党支部书记：闫先红 村委会主任：闫先红	闫庄、吕庄	257	827	1100.5
富李庄村	党支部书记：李美成 村委会主任：李美成	富李庄、刘花园	267	910	1104.6
李河口村	党支部书记：齐建全 村委会主任：	李河口	265	935	1035.2
南边庄村	党支部书记：边兆全 村委会主任：边兆全	南边庄	300	1102	1468.4
侯庙村	党支部书记：梁邦建 村委会主任：	侯庙、周庄、 王庄	385	1471	1267.5

（孟凡振）

唐塔街道

【概况】 唐塔街道地处城区北半部，是郓城县政治、经济、文化、交通、贸易中心，于2013年10月19日由原郓城镇分设而成。总面积58平方公里，总人口82077人，其中农业人口46383人、非农业人口35694人，耕地36511亩。2016年10月村（居）规模调整，辖22个行政村、12个城市社区，辖区内有127个党支部，1985名党员。境内临城路、育才路、北环路、东门街、西门街、新建街等主干道路纵横交错，220国道、聊商路穿境而过。2016年，获县科学发展综合考核二等奖，全县第三名。获“市级电子商务专业镇”，宋屯、罗庄、苏庄3个行政村被命名为“市级电子商务专业村”，“艾尚羽”羽绒制品有限公司被命名为“市级电子商务示范企业”，西代庄行政村被阿里巴巴命名为中国“淘宝村”。获全县移风易俗、林业、网络文化、文化体育等先进单位。

【工业经济运行】 有工业企业153家，从业人员1.4万人。主导产业主要有纺织、畜产品加工、机械加工、酒类包装等。形成规模的有棉纺企业19家，纱锭30万枚；机械加工企业12家，涉及汽车配件制造、农机零配件等；畜产品加工企业14家，主要从事冷藏、肉食加工；酒类包装企业

23家，主要涉及酒瓶、酒盒、瓶盖、烤花等。规模以上工业企业发展到23家，主要企业有神舟食品、绅联生物科技、一鸣纺织、亿万车轮、同心印刷、大众搪瓷、兴达玻璃、嘉泰门业等。

【工业重点项目】 *亿万车轮项目*。该项目占地170亩，总投资5亿元，年产200万套无焊接镁铝合金车轮。新上设备达到国际先进水平，从旋压、冲床、压平、群钻等各个工序实行自动化生产，一个人可以看守6道工序，精密度99%，合格率从原来的89%达到99%，产量从原来的每天600个达到1200个。项目建成投产后，每年实现产值3.6亿元，税收1080万元，利润3550万元，将成为国内同行业三强。

亿万车轮机器人车间

兴达玻璃项目。20机组高白玻璃瓶生产线总投资1.2亿元，规划建筑面积3万平方米。项目投产后，生产效率提升30%，年销售收入1.36亿元，利税2600万元，可安置就业400余人。

【城建重点工程】 在建城市开发区块项目4个，分别是帝都花园、翰文尚城、丰泽家园、新时代（老电影院区块），总建筑面积75万平方米。新建项目司店南区块（悦华城项目），规划占地265亩，总投资15亿元。4月启动，涉及居民668户，已完成拆迁。北沙河综合治理项目。9月启动，在唐塔街道内长度5.3公里，涉及10个村居，占地753亩，拆迁402户。中医院扩建项目。计划征地94.6亩，涉及拆迁户169户（其中门头房37户）。公明路北段。10月15日启动拆迁工作，涉及文汇社区和花园社区居民30户、1个纱厂、1个建筑公司、2个养殖场，补偿全部到位。五道街路。五道街路总长度2.0公里，贯穿三里庄、三义村、赵庄3个行政村，涉及拆迁征地户数150户，冬暖式大棚95处，果园5亩，已签订拆迁协议145户。济董路。济董路郓城东段在唐塔街道内总长度4公里，老路改建2.2公里，新建道路1.5公里，涉及6个村居（乐园社区、司店社区、赵庄村、金润社区、西高村、七里铺社区），占地面积270亩；涉及拆迁企业2处（宏宇高砼、中石油加油站），已全部签订拆迁协议。冬暖式大棚150处，户数80户，已签订协议73户。

【民生建设工程】 *唐塔老年公寓项目*。该项目是集养老、康复、医疗为一体的现代化医养结合项目。投资2.1亿元，占地面积2.5万平方米，规划建设4.5万平方米，一期建设3.4万平方米。12月30日前主体工程封顶，项目建成后，能容纳600多位失能、半失能的老年人入住，可解决1200多个家庭养老难、看病难的实际困难，可为社会提供900余个就业岗位。

唐塔街道敬老院项目。街道敬老院占地20亩，建筑面积5000平方米，计划投资750万元，建成后可容纳五保老人230人，主体工程已基本完工，10月可竣工投入使用。

【精准扶贫】 建成10个精准扶贫就业点，吸纳200余名贫困人口就业。完成脱贫534户、1358人，超额完成年初制订的脱贫计划。完成51个村（社区）“一村一品”和844户贫困户的“一户一案”规划编制。

【电子商务】 投资50余万元在西代庄、罗庄、宋屯3个村分别设立电商孵化园。先后制作发放电子商务宣传手册500余册、制作粉刷高档墙体广告200余幅。开展电商专题培训5期，培训企业、合作社负责人、大学生村干部、农村致富带头人等200余人次。向郓城农村淘宝服务中心推荐村淘合伙人百余人，通过面试、培训确认合伙人8人，已建成并运营的服务站达到8个。着力培育“艾尚羽”“壹商邦”“村集宝”等10余家电商企业、电商平台，加大品牌优势转化，推广成功经验。其中“艾尚羽”品牌发展天猫、淘宝店铺40余家；鑫河纺织和瑞丰纺织入驻“1688”平台，2个月销售总额232万元；永祥实业有限公司等40余家散户已入驻线上网店。亿万车轮通过阿里巴巴等跨境电商平台寻找客户、联系业务，产品出口15个国家和地区，2016年出口额700万美元。

中国淘宝村——西代庄

【社会事业】 新建教学楼5栋，操场4处，幼儿园2处。新修农村公路30公里。新建街道文化服务中心1处，村居文化服务中心34处，村级文化广场22处，配备健身器材22套，组建秧歌队、广场舞、武术队等文艺团队34支。开展文化培训120人次，“送戏下乡”演出40余场。新建街道敬老院1处，唐塔老年公寓1处。

【移风易俗】 51个村（社区）红白理事会实现全覆盖。召开村民代表会议，广泛征求村民意见，制订红白理事会章程。街道统一印制红白事备案薄110份，制作理事会章程51块。相关婚丧嫁娶的规定制度纳入到村规民约当中，农民群众对移风易俗满意度90%以上。已建成西代庄、西高、郭颜庄、西辛庄、东侯、梁何庄、三里庄7处公墓。

【党建工作】 培训党员1500人次，发展农村党员20人；合并800人以下村（社区）17个，活动场所全覆盖并达标。村级集体经济收入3万元以上的村（社区）29个，占85.3%；2016年投入党建经费350万元，其中，城市社区为民服务专项经费35万元；以“两学一做”学习教育、“双联双创”活动为载体，扎实推进基层党建7项重点工作，补交党费5.4万元，成立20个非公企业党支部和1个联合党支部，实现“两新”组织党组织组建率和党的工作全覆盖。成立街道党工委、综合党委和三个城市社区党委，选优配强城市社区党组织书记队伍和“两委”班子；认真落实驻区单位党员干部到社区报到工作制度，县民政局、县财政局、县医院等6个单位437名党员到社区报到。认真落实党风廉政建设责任制，在思想认识、责任担当、方法措施上紧跟中央要求，严明纪律，加强监督。

表24　2016年唐塔街道基本情况一览表

项目	单位	数量	项目	单位	数量
土地总面积	平方千米	58	总人口	人	82405
耕地面积	万亩	4.88	农业人口	人	46383
行政村、社区	个	34	人口出生率	‰	16.43
工业企业	个	167	人口自然增长率	‰	10.53

续表

项目	单位	数量	项目	单位	数量
工业总产值	亿元	52.36	合法生育率	%	93.64
利税总额	万元	86394	中小学	所	15
固定资产投资	万元	63219	在校学生	人	3500
农业总产值	万元	38615	幼儿园	所	14
粮食总产值	吨	44876	在园儿童	人	1300
蔬菜总产量	吨	89462	教职工	人	253
肉类总产量	吨	7290	参加农村社会养老保险率	%	100
财政收入	万元	10956	农村合作医疗投保率	%	100
工商税收	万元	16821	最低生活保障人数	人	1695
农民人均收入	元	15080	养老机构供养老人	人	114

表25　2016年唐塔街道社区、行政村基本情况一览表

社区、行政村	社区、村两委主要负责人	包括自然村	居民户数（户）	总人口（人）	耕地面积（亩）
唐塔社区	党支部书记：李瑞芹 居委会主任：李瑞芹	杨店、北关	595	2408	296.4
西苑社区	党支部书记：刘瑞成 居委会主任：刘瑞成	西关	500	2535	280
乐园社区	党支部书记：吕继祥 居委会主任：吕继祥	高原、东关	487	2518	115
文汇社区	党支部书记：刘建鲁 居委会主任：刘建鲁	王庄、刘孟庄	393	1373	732
庞园村	党支部书记：康传亮 村委会主任：	庞园	180	703	417.7
八里庄村	党支部书记：李永军 村委会主任：李体国	八里庄	297	1033	1723.1
郭颜庄村	党支部书记：颜廷印 村委会主任：颜廷印	郭颜庄	204	735	1041.3
楚寨村	党支部书记：侯保社 村委会主任：侯保社	楚寨、侯庄、西侯庄	224	768	1058.8
徐庄村	党支部书记：徐长华 村委会主任：徐仰秀	北徐庄	195	758	1105.5
苏庄村	党支部书记：苏衍红 村委会主任：徐香蕊	教场苏庄	110	518	531.5
侯一庄村	党支部书记：侯京生 村委会主任：侯本起	侯一庄	124	474	554.3
北侯庄村	党支部书记：侯中原 村委会主任：侯中原	北侯庄	76	305	294.4
东代庄社区	党支部书记：郑培伦 居委会主任：郑培振	东代庄	282	845	1238.9
西代庄村	党支部书记：宋体利 村委会主任：郑如奎	西代庄	220	660	989

续表

社区、行政村	村两委主要负责人	包括自然村	居民户数（户）	总人口（人）	耕地面积（亩）
西辛庄村	党支部书记：刘干超 村委会主任：李景俊	西辛庄、五里坑、六里窑	298	823	1186.8
赵园村	党支部书记：张雪林 村委会主任：张宗显	赵园	93	320	479.2
粉张庄村	党支部书记：张照峰 村委会主任：徐德存	粉张庄	215	850	1158.4
胡坑村	党支部书记：王同国 村委会主任：王林松	胡坑	88	350	362.1
罗庄村	党支部书记：屈衍斌 村委会主任：苏文革	罗庄	293	987	1609.3
梁何庄村	党支部书记：何建国 村委会主任：何建国	梁何庄	144	510	660.4
义和村	党支部书记：何厚谭 村委会主任：张厚良	义和村	155	559	581.3
魏路口村	党支部书记：魏天学 村委会主任：魏天学	前魏路口、后魏路口、烟墩	484	1561	1184.3
三里庄村	党支部书记：李同喜 村委会主任：侯仰建	后三里庄	220	680	478.1
三义村	党支部书记：杜同林 村委会主任：杜同林	杜庄、邹庄、梁庄	278	1006	840.9
金润社区	党支部书记：司良波 居委会主任：司品松	司油场	320	1130	887.4
王垓村	党支部书记：王连才 村委会主任：王丰贤	王垓	250	828	914.6
司店社区	党支部书记：李善坤 居委会主任：李善坤	司店	313	1070	851.3
红庙村	党支部书记：侯宪刚 村委会主任：侯洪斌	红庙	110	382	392.6
赵庄村	党支部书记：司品起 村委会主任：	赵庄	180	671	381.2
司庄村	党支部书记：司品相 村委会主任：李山海	司庄	110	411	443.6
宁庄村	党支部书记：宁守欣 村委会主任：宁守欣	宁庄	143	530	485.3
东侯庄村	党支部书记：高道记 村委会主任：侯慎超	东侯庄	158	615	1017.6
北王庄社区	党支部书记：郭广金 居委会主任：张同祥	北王庄	474	1283	1350
七里铺社区	党支部书记：曹其林 居委会主任：曹其林	宋庄、七里铺	520	1598	2333.5
西高庄村	党支部书记：高中贺 村委会主任：高中贺	西高	155	526	894.8
蝙刘社区	党支部书记：赵青年 居委会主任：赵青年	蝙刘庄	314	1197	1652
宋屯村	党支部书记：宋现立 村委会主任：黄瑞华	黄庄、宋屯	600	2219	3226.1
刁东村	党支部书记：刁文才 村委会主任：刁文才	刁东	200	791	1238.7
刁西村	党支部书记：刁秀付 村委会主任：刁怀亮	刁西	172	670	987.2

续表

社区、行政村	村两委主要负责人	包括自然村	居民户数（户）	总人口（人）	耕地面积（亩）
汪堤村	党支部书记：丁复华 村委会主任：刘尊立	汪堤	223	713	865.2
魏庄村	党支部书记：熊广岱 村委会主任：熊广岱	魏庄	62	210	272.6
李庄村	党支部书记：李钦勇 村委会主任：李贵钦	李庄	144	563	693.7
宋堂村	党支部书记：张克运 村委会主任：张宪征	苇子园、宋堂	460	1587	2640.6
团柳树村	党支部书记：张建忠 村委会主任：张建忠	团柳树	210	754	1056.4
徐李庄村	党支部书记：李广仲 村委会主任：李广仲	徐李庄	115	485	595.1
祝庄村	党支部书记：祝令申 村委会主任：祝令俭	祝庄	245	828	1166.4
田庄村	党支部书记：田纪兵 村委会主任：田纪兵	田庄	300	1242	1338
樊周楼村	党支部书记：樊祥坦 村委会主任：樊宝才	樊周楼	213	763	1323.5
苑梁庄社区	党支部书记：苑全欣 居委会主任：苑全欣	苑梁庄	180	696	486
孙庄村	党支部书记：杨永生 村委会主任：孔庆彪	孙庄	200	863	1260
花园社区	党支部书记：郭福臣 居委会主任：郭福臣	郭庄、鹿庄、王花园	224	814	588.3

（徐长现）

侯咽集镇

【概况】 侯咽集镇位于郓城县西北部，距县城18公里，镇域面积105.2平方公里，耕地面积10.5万亩。辖74个行政村，95个自然村，总人口7.43万人。郓李公路、沿黄公路、侯雷公路等纵横交错，交通便利。

【招商引资和项目建设】 侯咽集镇40WM农业光伏电站项目。7月21日，与江苏协鑫集团签订农光互补项目建设协议，总投资4.32亿元，占地1300亩。10月11日举行开工典礼，12月底并网发电。带动580人就业，增加国地税收入1200万元，帮扶1600户贫困户脱贫。

郓城县同发新型建材有限公司。该项目是沈桥窑厂与河北廊坊投资商合资兴建轨道窑，总投资1.2亿元，占地67亩，投产后年产砖块1.2亿块，9月28日已进行运营生产。

天翔纺织有限公司。由浙江天翔纺织集团投资，项目总投资1.2亿元，占地50亩，在原来2万纱锭的基础上新上纱锭3万，达到5万纱锭的规模。

欣荣纺织有限公司。投资1.1亿元，新建浆纱、织布2个车间，总面积约12000平方米，新

40WM农业光伏电站项目奠基

上浆纱设备1宗、织布机500台。

【工业经济运行】 2016年，全镇完成财政收入4465万元，其中国税收入465万元，地税收入2556万元，全年完成固定资产投资81.67亿元。截至2016年底，全镇共有纺纱、板材加工等各类企业202家，其中规模以上工业企业12家，2016年企业主营业务收入29.4亿元。

【农业生产】 2016年，枣杭村和郭垓村承担小麦高产创建项目，面积4000亩；朱庄、李垓等16个行政村承担玉米“一增四改”项目，面积5000亩；全镇冬暖式蔬菜大棚技术改造278个。侯楼、孟胡同等8个行政村新增以法桐、黑槐等为主的绿化苗木2200余亩，密桥、孔垓等村新增片林面积1300亩，沈桥、刘楼新增以葡萄为主的经济林面积400亩，郭庄发展毛木耳大棚30个，占地60亩，全镇新增林网面积1.6万亩。全镇共成立专业合作社及家庭农场163家。其中有4家合作社升为县级，1家升为市级，1家升为省级。利用“万亩丰产方、全国新增千亿斤粮食工程、高标准基本农田整治项目”3个项目，共修建硬化道路116公里，其中水泥路91公里、砂石路25公里。修建桥涵599座、机井417眼，新增变压器29座，低压线路97公里。大力推进“村村通”“户户通”工程，投资316万元，硬化井李庄、何堂、陈楼、子房东、徐庄等村道路7.9公里。

【扶贫攻坚】 侯咽集镇共有贫困户5934户15394人，9月底已脱贫2638户7119人，占总贫困人口的46%，2016年底脱贫1420户3824人。精心打造凯润家庭农场、御龙家具厂、“记忆小镇”农家乐等一批“帮扶干部+能人大户+贫困户”扶贫攻坚示范点，带动贫困户371户脱贫；全镇形成有产业特色的陆庄村、八里湾村等11个专业村，带动1850户农户从事“一村一品”生产，增加产值1806万元，可脱贫农户360余户。

【城镇化建设及新农村建设】 建设完成中心街、百货商业步行街商住两用楼房1.2万平方米，鑫源商城0.6万平方米、朝阳商贸街0.5万平方米建设任务；建设完成和谐家园二期建筑面积约2万平方米的主体工程，10月份达到入住条件。投资400万余元、建筑面积3700平方米、床位156张的侯咽集镇敬老院招标已完成，正在开工建设，预计年底前投入使用。对郓李路经过镇驻地的1.5公里路段进行高标准绿化、美化、亮化。

【民生建设】 **教育** 小学适龄儿童入学率100%、初中适龄人口入学率100%，小升初升学率100%，九年义务教育覆盖率100%；总投资900余万元的霍楼、赵营、陈楼、梳洗楼、何堂小学教学楼，中心小学塑胶跑道已建设完毕，9月份投入使用；总投资1100余万元的八里湾、黄岗、何堂、子房、陈楼、实验小学标准化操场建设正在施工中；总投资800余万元的黄岗、子房、八里湾小学教学楼，总投资700余万元的徐桥小学整体搬迁工程已设计完毕，8月份动工；侯集中学投资190余万元的塑胶跑道7月份完工，投资200余万元、建筑面积2586平方的综合楼11月份投入使用，投资120余万元、建筑面积1200平方的学生宿舍楼已设计完毕；梳洗楼中学综合楼正在装修中，投资450万元、建筑面积4600平方的学生宿舍楼9月份可投入使用，投资300余万元的操场图纸已设计完毕。

卫生 投资50万元，镇中心卫生院所有病房安装空调、有线电视、铺设地板砖，新增陪护椅和天轨输液架等设施，门诊楼及放射科外墙更换部分门窗并粉刷外墙漆，改善病人就医环境。中心卫生院门诊量61200余人次，住院病人数2362人次，完成各类手术480余例。门诊人均费用25元、住院人均1620元，较上年明显降低。

【社会保障】 2016年城镇新增就业1352人，基础养老保险参保人员47746人，征缴金额1432.38万元。2016年，共发放低保款5652720元;五保户286户，287人，发放资金861000元;大病救助70户，共280000元，临时救助87户，救助款为208000元。

社会救助 2016年，按照程序为2201户低保户发放低保资金565.27万余元，为286名五保户发放资金86.1万余元；做好大病救助、失火、被盗及其他困难群众的临时救助工作，共发放救灾救助款10.3万余元；开展“双拥”优抚工作，为690余名优抚对象发放抚恤金320万余元；提高敬老院软硬件生活条件，改善院民的居住环境，全镇集中供养率达到历史最高水平。

惠农政策　2016年侯咽集镇积极开展村级道路、下水道修建等惠民建设，其中邢庄村下水道资金10万，姚庄、李垓道路建设各15万，王庄村下水道建设10万；按照程序及时发放9.14万亩小麦补贴款1142.5万余元。

【民生工程】 实施美化、亮化郓李公路镇驻地路段1.5公里，加大力度治理街道拥堵、街道卫生等，制订集贸市场管理制度和街道综合治理办法，签订街道整治协议书；开展道路安全集中整治行动，及时维修危桥，为居民提供良好的出行环境；2016年修建桥涵599座、机井417眼，新增变压器29座，低压线路97公里。实施“户户通”工程，修建农村道路网格化21公里。

【乡村文明行动】 投资100余万元为各村购置环卫设施设备，包括118个吊臂式垃圾箱，1951个垃圾桶，投资70余万元配套建设垃圾中转站基础设施。与济南明德物业有限公司签订托管合同（托管费用每年135万元），配齐130名保洁员和130套保洁工具。开展存量垃圾集中清理清运活动，先后动用机械2100多台次，出动人力19500多人次，粉刷墙壁58余万平方米，树木涂白13800多棵；深入实施“四德工程”建设，实现“四德榜”建设74个行政村全覆盖，制作“四德榜”宣传牌91块，上榜人数16000余人，电影下乡500余场次，戏曲下乡50余场次，组织秧歌、舞狮等文艺演出10余场次；开展“孝德进万家”活动。评选280户“和谐家庭”、336户“星级文明户”、266名“好婆婆”、278名“好媳妇”。新建朱庄、徐桥、大力赵、八里湾、孔垓等文化大院6处，改扩建文化大院3处；韩庄、祁集、南李庄等11个村建成文化娱乐健身广场并配套了器材。

【计划生育】 2016年共上报初婚人数373人，清理清查漏档漏管68人，统计合格率达到98%以上。共落实节育手术705例，其中男扎0例，女扎0例，放环697例，取环0例，人工流产8例，避孕节育措施落实率达到98.87%以上；办理各项利益导向证件175户，发放各类奖励扶持金50余万元；全面开展免费孕前优生优育检测，完成806人，覆盖率达到82.5%以上；全镇独生子女户537户，55岁以上奖励扶助户224户，在外流动育龄妇女485人次。

【平安建设】 镇党委、政府与各单位、各企业签订安全生产责任书412份，达到全覆盖，组织安全生产检查65次，填写检查记录70家次，查出安全隐患24处，全部进行及时整改，整改率100%；开展安全生产巡查和培训，对规模以上企业、加油站、涉氨企业、烟花爆竹经营户进行集中巡查和培训，达到县要求安全生产目标任务。严厉打击各种违法犯罪行为，派出所通过采取加强巡逻管控、发放“警民联系卡”等措施，全年共逮捕违法犯罪分子10人，治安处罚38人，起诉判刑8人，调解治安案件84起，破获刑事案件25起，化解各类矛盾纠纷125起。司法所调处各类纠纷21件，其中进入社区矫正50人，解除矫正人员16人，社区矫正人员27人，给社区矫正人员上课10场次。

【党建工作】 坚持每周五例会学习制度，深入推进“三严三实”专题教育。2016年新增“四德榜”286个，组织孝德与人生宣讲3次，参与人数3709人次。扎实开展“双联双创”活动。党委指派负责人定期检查民情日记记录情况，对群众反映的问题事事有回应、件件有落实。开展“两学一做”专题教育。邀请领导作专题辅导1次，组织镇机关党员干部集中学习13次，领导干部去基层党支部上党课85次，新发展党员26名。夯实基层基础建设。对孙庄、南李庄、徐楼等18个村基层党组织村级服务场所验收完毕。截止到2016年底，全镇74个农村党支部村级服务场所全覆盖。加强党风廉政建设，构建预防和惩治腐败体系，开展提醒谈话 6 人次，诫勉谈话 2 人次，对 4 人进行党内警告处分。

表 26　2016 年侯咽集镇基本情况一览表

项目	单位	数量	项目	单位	数量
土地总面积	平方千米	105.2	总人口	人	74315
耕地面积	万亩	10.5	农业人口	人	72203
行政村、社区	个	74	人口出生率	‰	16
工业企业	个	203	人口自然增长率	‰	9.77
工业总产值	亿元	35.2	计划生育率	%	62.5
利税总额	万元	81000	中小学	所	22
固定资产投资	万元	81670	在校学生	人	8641
农业总产值	万元	26510	幼儿园	所	31
粮食总产量	吨	75217	在园儿童	人	2123
蔬菜总产量	吨	42860	教职工	人	531
肉类总产量	吨	5881	参加农村社会养老保险率	%	90.7
财政收入	万元	4465	农村合作医疗投保率	%	95.4
工商税收	万元	3022	最低生活保障人数	人	2487
农民人均收入	元	11745	养老机构供养老人	人	31

表 27　2016 年侯咽集镇各行政村基本情况一览表

行政村	村两委主要负责人	包括自然村	居民户数（户）	总人口（人）	耕地面积（亩）
侯集	党支部书记：王雪建 村委会主任：王振文	侯集、新村	972	3891	4174.2
王岗	党支部书记：王廷华 村委会主任：王廷华	王岗	215	862	1080.7
刘营	党支部书记：王法英 村委会主任：王卿丽	张安屋、刘营	403	1612	2356
黄岗	党支部书记：王兴凯 村委会主任：王兴凯	黄岗	462	1850	1909
魏岗	党支部书记：孙效林 村委会主任：孙效林	魏岗	188	806	1354
牛垓	党支部书记：牛记田 村委会主任：牛记田	牛垓	124	424	1014.6
孟胡同	党支部书记：孟凡文 村委会主任：孟庆修	孟胡同	197	786	1211
王庄	党支部书记：王树立 村委会主任：王树立	王沙湾、王庄	290	1162	1765.4
赵营	党支部书记：刁爱国 村委会主任：赵性军	赵营	301	1201	1275

续表

行政村	村两委主要负责人	包括自然村	居民户数（户）	总人口（人）	耕地面积（亩）
王垓	党支部书记：王志民 村委会主任：王志民	王垓	93	408	870.6
郭垓	党支部书记：郭相生 村委会主任：郭金才	东郭垓、西郭垓、梁庄	552	2208	3396
陈楼	党支部书记：陈化敏 村委会主任：陈化敏	王楼、陈楼	660	2639	1971
韩楼	党支部书记：韩贵启 村委会主任：韩广法	韩楼	107	518	613.3
张龙庄	党支部书记：汤保建 村委会主任：汤保建	张龙庄	119	518	556
侯楼	党支部书记：侯本秋 村委会主任：侯本秋	侯楼	347	1443	2893.4
碱店	党支部书记：谭承鲁 村委会主任：谭承侠	碱店	501	1999	716.4
侯铺	党支部书记：侯善安 村委会主任：侯善安	前铺、侯铺、李庄	474	1896	2755
秦集	党支部书记：秦景寿 村委会主任：秦景寿	秦集	502	2008	3079.8
贾楼	党支部书记：杨邦东 村委会主任：杨邦东	贾楼	207	828	2031
密桥	党支部书记：郑自起 村委会主任：王显敬	密桥	143	788	404
孔垓	党支部书记：孔祥勋 村委会主任：孔凡跃	孔垓	103	411	1131
刘楼	党支部书记：黄如雪 村委会主任：陈洪亮	刘楼	144	539	1058
南李庄	党支部书记：李心建 村委会主任：李效峰	南李庄	97	383	474
孙庄	党支部书记：孙清松 村委会主任：孙清松	孙庄	184	689	1005
侯庙	党支部书记：孟庆印 村委会主任：王兰英	侯庙	122	511	535.6
徐桥	党支部书记：徐淑印 村委会主任：王建华	徐桥	287	1260	1193.2
安庄	党支部书记：王林聚 村委会主任：王林聚	安庄	97	318	911.8
杨孟庄	党支部书记：杨德胜 村委会主任：杨德胜	杨孟庄	74	320	2345.6
井李庄	党支部书记：王慎存 村委会主任：王慎存	井李庄	93	416	713.2
戚庄	党支部书记：戚聿相 村委会主任：戚聿相	戚庄	191	765	1225
孙楼	党支部书记：孙可新 村委会主任：孙可新	孙楼	175	715	1050
王凤车东	党支部书记：王延义 村委会主任：王延义	王凤车东	134	501	733.8
王凤车西	党支部书记：王兴春 村委会主任：王兴春	王凤车西	113	480	724.7
王化育	党支部书记：王广峰 村委会主任：王广峰	王化育	182	580	901

续表

行政村	村两委主要负责人	包括自然村	居民户数（户）	总人口（人）	耕地面积（亩）
八里湾	党支部书记：于加征 村委会主任：于加振	八里湾	458	1892	2486
刘店	党支部书记：刘自生 村委会主任：刘自生	刘店	208	954	1502
赵庄	党支部书记：赵相森 村委会主任：赵相森	赵庄	102	411	612.4
韩庄	党支部书记： 村委会主任：	韩庄	224	809	1516
周楼	党支部书记：周生元 村委会主任：周忠昌	周楼	129	629	1124
徐楼	党支部书记：徐守亮 村委会主任：徐效常	徐楼	231	1042	1750
刘庄	党支部书记：刘云献 村委会主任：刘云臣	刘庄	99	436	619.2
范楼	党支部书记：王梦现 村委会主任：孟凡坡	范楼	168	806	911.5
蔡楼	党支部书记：张雪林 村委会主任：张雪林	蔡楼	145	620	871.9
大力赵	党支部书记：赵风停 村委会主任：赵瑞山	仇庄、房庄、大力赵	228	912	1037.8
北李庄	党支部书记：李慎立 村委会主任：李慎立	北李庄	58	185	380
梳洗楼	党支部书记：李庆丽 村委会主任：冯玉观	闫庄、乔庄、梳洗楼	338	1353	1510.3
武菜园	党支部书记：武良珍 村委会主任：武良珍	武菜园	84	336	324
李垓	党支部书记：李庆寒 村委会主任：李广杰	鲍垓、王叮当、李垓	486	1945	3517.3
朱庄	党支部书记：马守良 村委会主任：朱道臣	朱庄、石张庄、马台	228	913	1342.5
王堂	党支部书记：王献武 村委会主任：王宪岭	王堂	214	857	1172.7
殷张庄	党支部书记：殷守良 村委会主任：于　忠	殷张庄	89	402	659
殷楼	党支部书记：殷进运 村委会主任：李荣花	殷楼	165	642	908.2
姚庄	党支部书记：赵修华 村委会主任：赵相福	姚庄	186	808	1378
郭庄	党支部书记：郭怀景 村委会主任：郭学聚	郭庄	174	694	1165.5
孙垓	党支部书记：孙全启 村委会主任：孙成君	孙垓	164	681	1090
西二合	党支部书记：王恒连 村委会主任：王恒连	王庄、苑庄	185	725	1084
何堂	党支部书记：何有忠 村委会主任：何有忠	何堂	377	1386	3107
张堂	党支部书记：张德才 村委会主任：张传君	陈庄、张堂	219	918	1714.4
雷庄	党支部书记：雷传辉 村委会主任：雷玉从	雷庄	192	890	1472

续表

行政村	村两委主要负责人	包括自然村	居民户数（户）	总人口（人）	耕地面积（亩）
邢庄	党支部书记：赵洪库 村委会主任：赵洪库	邢庄	190	806	1256
于楼	党支部书记：于加果 村委会主任：	于楼	600	2196	3197
祁集	党支部书记： 村委会主任：	祁集	267	1152	1590
牛庄	党支部书记：牛现朝 村委会主任：牛现朝	牛庄	115	544	653.3
沈桥	党支部书记：沈传印 村委会主任：侯加春	沈桥	85	377	611
苑楼	党支部书记：苑尚军 村委会主任：苑尚军	苑楼	58	270	541
柳庄	党支部书记：李传军 村委会主任：李传军	柳庄	183	714	1071
子房西	党支部书记：刘性云 村委会主任：刘性云	子房西	196	814	1175.1
子房东	党支部书记：刘少华 村委会主任：刘学军	子房东	225	1034	1444.5
东二合	党支部书记：李厚习 村委会主任：李厚习	佃张庄、李庄	315	1298	2107.6
枣杭	党支部书记：王长才 村委会主任：颜廷柱	颜庄、枣杭	497	1986	3384
陆庄	党支部书记：刘现玉 村委会主任：陆建立	陆庄、刘庄	412	1928	2887.4
霍楼	党支部书记：霍明凯 村委会主任：霍明玉	霍楼	167	709	1131.4
宫庄	党支部书记：宫兆明 村委会主任：宫兰聚	宫庄	196	853	1384.5
徐庄	党支部书记：徐东力 村委会主任：徐东力	徐庄	95	369	531.2

（程华贤　许文强　侯楠）

黄安镇

【概况】 黄安镇是郓城县西南重镇，西邻鄄城县，南接牡丹区，交通发达，京九铁路纵穿南北，220国道、339省道在镇驻地交汇。辖47个行政村，94个自然村，总面积78.02平方公里，总人口6.56万人，耕地面积7.15万亩。2016年财政收入9409万元，其中工商税收完成5344万元。

【招商引资和项目建设】 大力开展招商引资活动，成功参加百个项目进菏泽洽谈会、牡丹花会和林交会等经贸活动，赴浙江、上海、广东等发达地区招商引资，瞄准高科技、高附加值、产业龙头项目，招高引强，促进产业升级、发展转型。宜和宜美整体家居产业园项目总投资16.8亿元，建筑面积8.1万平方米，已完成建设厂房15个，2个车间已投入运营。董氏包装项目投资1.2亿元，建成并投入使用。

天华电商物流园落地黄安，总投资3.8亿元，占地400余亩，该物流园是充分依托黄安镇优势的木业产业基础，以电商带动产业升级为导向，由天华集团规划建设的一座以双创孵化、电商交易、仓储物流、分拨配送和综合配套为一体的现代化物流园区。投产运营后，年实现交易额达30亿元以上，利税3亿元，可直接带动就业5000人，间接带动1万余人以上。

【工业经济运行】 镇党委政府不断优化民营经济发展环境，为企业搞好全方位服务，制订鼓励、服务措施和优惠政策，为企业的发展提供有力的支持和保证。全镇木材加工企业发展到2300家，胶合板、科技木、密度板、刨花板生产线750余条，从事板材加工产业的加工户3000余家，从业人员2.6万人。全镇形成“上层是科技木、刨花板、密度板生产线，中间是胶合板生产线，底层是千家万户”的杨木旋切点的金字塔式发展格局，产品发展到10多个系列、20多个品种、100多个规格。

2016年，部分板材加工企业逐渐走出困境。企业兼并和重组成为资本整合新途径。部分企业开始通过兼并、重组、收购等方式，实现资本扩张，形成新一批辐射范围广、带动能力强、具有竞争优势的龙头企业。如林祥木业公司整合新科木业公司、光达工贸有限公司、泰林有限公司等7个企业，成立山东旺家事业发展集团股份有限公司，整合资本2.1亿元。经营模式电商化逐渐成为新常态。不少企业纷纷与阿里巴巴、京东相结合，寻求新市场、新资源，发展跨境电子商务。如金迈达木业公司通过阿里巴巴B2B电子商务网上贸易平台，实现国际推广，年销售额达2.7亿元，成为B2B电子商务平台国际会员。产业技改升级引领新潮流。部分企业通过技改项目的实施，不断提高技术装备水平，促进产品升级换代。如顺兴木业新上无醛地板生产线，生产系列高档家具板、实木复合地板，产品销往缅甸、俄罗斯、澳大利亚和美国等国家。“红羽牌”系列产品的各项技术指标严格执行GB9846-2004国家标准，并通过国家环境标志认证和美国加州CARB认证。板材加工产品已出口到越南、朝鲜、韩国、日本、澳大利亚、美国、也门等10多个国家和地区，多个企业在上海、浙江、广州、江苏、北京、河南等省市设立办事处或直销点。

板材加工

【农业生产】 以京九铁路为界，铁路以北重点发展特色农业。以孙吾屯为中心种植山药约20亩。东管庄、韩屯种植西红柿、黄瓜大棚约26个；郭垓、管庄村以养鸡为主，已发展养鸡棚46个，鸡存栏量80余万只。基础设施更加完善，完成老赵王河与洙赵新河的连接线工程，对三分干部分河段进行清淤，增加水浇田1.2万亩。完成县政府下达的220国道两侧60米范围内绿化，造林任务，搞好杨尺蠖、美国白蛾的等林业病虫害的防治工作，确保生态安全。新修洙赵新渠，连通洙赵新河和老赵王河，新增灌溉耕地2万亩。

【扶贫工作】 对所有贫困户进行重新排查和筛选，清退及脱贫贫困户486户，1342人，各村重新上报符合标准的贫困户502户，1233人，按照时间节点，全面完成精准识别的建档立卡工作。通地产业扶贫，安排近1500余名贫困人口就业。农业合作社引导70余户贫困户发展特色农业，200余人脱贫；利用县人社局培训机会，引导贫困户30余人次到县技校学习电工、焊接等技术；危房改造与精准扶贫相结合，以户均1.2万的标准，重点解决9个贫困户的危房改造问题；利用“雨露计划”帮助8名贫困学生免去中专、大专的一切学习费用。截至2016年底，全镇脱贫3140人。

【城镇建设及新农村建设】 启动并完成三角广场铺装工程，铺装面积3000平方米，安装体育器材10余台套，配备大型电子屏幕，为群众提供文化娱乐场所。投资470余万元完成镇中心幼儿园建设，招收幼儿200余名。全面完成镇水厂建设，铺设管道50余公里，全镇达到管网全覆盖，47个行政村均能吃上安全水。投资20余万元建设完成黄安镇服务大厅，实现一站式服务。黄安利民中医院总投资2000余万，建成投入使用；镇中学宿舍楼总建筑面积2200平方米，容纳700名学生住宿，已竣工投入使用。郓城永安医院医养项目正在清障。镇敬老院已完成规划设计，5个行政村建起幸福院，6个行政村建起百姓大舞台，7个行政村建起健身广场，季垓村投资95万元建成文化长廊和健身广场。19个行政村上交公路网格化配套费筹集，总里程达40余公里，11月全部建成通车；经开路已完成前期设计、勘测。于楼村一期工程已建成楼房12栋，建别墅房8户，老年周转房48房，可容纳430户，已入住350户，拆除复耕面积96亩。季垓新村一期占地98亩，已建楼房14栋，可安置264户，老年周转房可安置40户，总建筑面积5.02万平方米，总投资4700万元。旧村已拆迁340户，已腾出土地220亩，下步计划新建老年周转房80户。

季垓新农村

【民生建设】 教育“改薄”继续深化，镇6所小学启动教学楼、实验楼建设，校舍建设面积达1.5万平方米。2016年，全镇有4个行政村建设农家书屋，6个行政村增添体育健身设备。积极推进民政工作，镇享受低保人口1950人，有农村“五保户”216人，集中供养26人。新型农村合作医疗参保人员539092人，参保率88%。征收新型农村养老金2.1万人，参保率92%。

【乡村文明行动】 成立移风易俗工作推进领导小组，研究制订《黄安镇移风易俗工作实施方案》。各村成立红白理事会，建立红白理事制度，并把移风易俗工作纳入到《村规民约》中。在县里下发的《倡议书》基础上，黄安镇又加印《移风易俗倡议书》2000份，在各村显要位置张贴，粉刷移风易俗宣传标语100余条，出动宣传车辆在镇辖区巡回宣传，大力宣传移风易俗政策，使得家喻户晓形成浓厚的舆论氛围。吕公堂村丧事率先实行“一碗端”，在全镇移风易俗工作中发挥带头作用。

2016年，全镇47个行政村建起“四德”榜，四德榜上榜人数1.1万人。为使四德榜规范有序，镇统一制作标准版面，各村各单位均上墙公布。2016年秋季，在昌武广场举办黄安镇首届广场舞大赛，丰富群众文化生活。2016年12月底，全镇广播村村响、户户通工程顺利实施，采用光缆传输和无线小调频相结合方式，建立覆盖全镇的正常广播和应急广播系统。有线电视入户率达到30%，实现3300户安装有线电视，看上画面清晰、频道丰富的有线节目。

【计划生育】 调整充实计划生育领导小组，以宣传生育政策、奖励政策、免费政策、处罚政策等计生法律法规政策为重点，广泛深入开展“婚育新风进万家活动”“阳光计生行动”。以强化宣传、利益导向、优质服务、依法治育、队伍建设、信息化建设为手段，扎实开展工作，群众的婚育观念得到逐步改变，群众实行计划生育的自觉性得到增强。

【平安建设】 立足破现案，带旧案，打团伙，追逃犯的工作思路，适时组织开展多次专项治理和“严打”集中行动。同时加强对后进村整治活动，坚持“班子、经济、治安”一起抓，“治瘫、治穷、治乱”一起抓，使这些村走上正轨。镇调解中心把人民调解、行政调解有机结合起来。镇社会治安综合治理工作顺利通过市、县考核。2016

年，全镇共排查各类重大民间纠纷140起，调解率为100%，调解成功率87.5%。网格化管理工作进展顺利，制订并实施《黄安镇网格化管理工作实施方案》。全面推进“天网”工程、社区警务战略和农村治安防范体系建设，基层基础工作实力明显增强。加强对企业、医院、集贸市场、加油站、液化气站、烟花厂及主干线交叉路口等重点领域、路段的安全排查力度，抓好全镇中小学及幼儿园食品安全检查、校车安全检查和周边安全保卫工作。

【党建工作】 开展机关干部走访困难群众和老党员活动，全镇干部走村入户，深入群众中开展调查研究，认真分析查找出存在的问题。层层细化分解党建工作目标任务，逐级签订党建目标责任书，落实“一岗双责”、切实推进廉政建设。组织全镇党员干部到郓城县检察院廉政教育基地接受教育，观看腐败案件的视频、展板、陈列物等警示资料。坚持执行党员领导干部党建工作联系点制度，每位副科级干部联系一个村，普通党员干部联系1—2户，要求每个党员领导干部每月到所联系点检查指导党建工作不少于2次。深入开展“两学一做”“双联双创”活动。处理“不做为、乱作为、慢作为”等问题2件，调整村级组织3个，完善公务接待、请销假等内部管理制度6个。各联系单位为各村里争取协调资金约1100多万元，开展访贫问苦活动170余次，帮助贫困群众解决生产、生活中的困难和问题300余件。市派“第一书记”先后为村争资金890余万元，修建办公场所6处，修建道路12.6公里。强化村级服务场所建设，5个行政村建起幸福院，6个行政村建起百姓大舞台，7个行政村建起健身广场，季垓村投资95万元建成文化长廊。全年聘请专家授课3次，由机关党员干部下基层对党员集中培训2次，带领党员干部外出参观学习移风易俗1次。全镇共发展新党员16名，培养入党积极分子126人，培养选拔村级后备干部40人。

表28　2016年黄安镇基本情况一览表

项目	单位	数量	项目	单位	数量
土地总面积	平方千米	78.02	总人口	人	65626
耕地面积	万亩	7.15	农业人口	人	61350
行政村、社区	个	47	人口出生率	‰	14.53
工业企业	个	276	人口自然增长率	‰	5.85
工业总产值	亿元	51.69	计划生育率	%	93.63
利税总额	万元	41352	中小学	所	11
固定资产投资	万元	54121	在校学生	人	8270
农业总产值	万元	26183	幼儿园	所	26
粮食总产量	吨	42376	在园儿童	人	2586
蔬菜总产量	吨	56324	教职工	人	568
肉类总产量	吨	3620	参加农村社会养老保险率	%	92
财政收入	万元	9409	农村合作医疗投保率	%	88
工商税收	万元	5344	最低生活保障人数	人	1950

续表

项目	单位	数量	项目	单位	数量
农民人均收入	元	11700	养老机构供养老人	人	219

表 29　2016 年黄安镇各行政村基本情况一览表

行政村	村两委主要负责人	包括自然村	居民户数（户）	总人口（人）	耕地面积（亩）
黄南	党支部书记：吴长文 村委会主任：刘广华	黄南、家庙吴庄	809	2588	1752
黄北	党支部书记：吴衍超 村委会主任：吴衍义	黄北、西吴庄、丁庄	659	2109	1294
张楼	党支部书记：张庆俊 村委会主任：张春华	张楼	298	953	702
吕垓	党支部书记：吕继河 村委会主任：吕省章	吕垓	310	992	707
梁庄	党支部书记：仪洪发 村委会主任：仪洪发	梁庄、铙庄、东五里井、西五里井、陈庄	926	2963	3404
季垓	党支部书记：季广阳 村委会主任：季海良	季垓、姜庄	739	2366	2788
孔庄	党支部书记：任永香 村委会主任：朱良凤	孔庄、张庄、刘庄	558	1785	1811
后于	党支部书记：李志俊 村委会主任：刘国良	后于、前于庄	303	968	853
杨庄	党支部书记：崔洪丽 村委会主任：李效兴	杨庄	498	1593	1690
冯屯	党支部书记：冯全贵 村委会主任：冯全胜	冯屯	397	1271	1914
管庄	党支部书记：管兰法 村委会主任：管圣高	后管庄、前管庄	423	1352	2437
张菜园	党支部书记：张为胜 村委会主任：张修金	张菜园、菜园	467	1495	2287
左王庄	党支部书记：左红光 村委会主任：左广涛	左王庄	135	432	823
马寨	党支部书记：刘德喜 村委会主任：刘守光	马寨、刘庄	426	1364	1880
西韩屯	党支部书记：韩保为 村委会主任：韩保为	西韩屯	127	406	544
桑庄	党支部书记：桑圣瑞 村委会主任：张宝民	桑庄、大屯、李庄	571	1827	2672
隋庙	党支部书记：隋须发 村委会主任：刘守民	前隋庙、后隋庙	238	763	1469
孙吾屯	党支部书记：李新社 村委会主任：李新良	孙吾屯	303	968	1094
孙楼	党支部书记：孙学灵 村委会主任：孙学秀	孙楼	170	543	803
明姚	党支部书记：张善贵 村委会主任：张友清	明姚	106	340	484
东管庄	党支部书记：管福印 村委会主任：管福印	东管庄	128	408	493
吴庄	党支部书记：吴长金 村委会主任：吴春雷	吴庄	151	482	468

续表

行政村	村两委主要负责人	包括自然村	居民户数（户）	总人口（人）	耕地面积（亩）
东韩屯	党支部书记：韩凤华 村委会主任：韩福运	东韩屯	218	699	1160
舒屯	党支部书记：吴正辞 村委会主任：陈爱国	舒屯	161	514	758
郭垓	党支部书记：郭良钦 村委会主任：郭进成	郭垓	456	1459	1910
于楼	党支部书记：于文卿 村委会主任：陈修全	前于楼、耿庄、南北庄、刘楼、刘居庄、老屯、老陈庄、新朱庄、西于楼、东于楼、苏庄	1929	6172	3309
宗陈	党支部书记：陈目增 村委会主任：陈感月	宗陈、茅屯	477	1526	1682
钢王	党支部书记：王金环 村委会主任：王　磊	钢王、胡庄	187	597	454
曹庄	党支部书记：王乃现 村委会主任：朱后涛	曹庄	295	944	1012
西贾屯	党支部书记：杨传场 村委会主任：杨海峰	西贾屯、王河	659	2108	1916
东贾屯	党支部书记：郭洪亮 村委会主任：郭玉兵	东贾屯	612	1958	1706
乔庄	党支部书记：乔贵钦 村委会主任：曾凡东	乔庄	168	539	658
南官庄	党支部书记：郭功臣 村委会主任：郭中先	南官庄	293	939	1058
西王	党支部书记：田承刚 村委会主任：田新得	西王、东王、田庄、东郭辛庄	508	1624	1736
郭辛	村支部书记：刘作林 村委会主任：刘作印	郭辛、于庄	300	961	796
邵垓	党支部书记：邵现法 村委会主任：周传允	邵垓	320	1024	952
孙马庄	党支部书记：许兰平 村委会主任：朱忠革	孙庄、马庄、薛李庄、安庄、姚庄、张庄、许庄、褚庄	1053	3369	3835
魏楼	党支部书记：魏忠胜 村委会主任：魏公太	前魏楼、后魏楼、东魏楼	623	1994	2835
郭庄	党支部书记：张乃民 村委会主任：毛明省	郭庄	252	806	817
商庄	党支部书记：商承平 村委会主任：高　峰	商庄	540	1727	1797
樊庄	党支部书记：李祥玺 村委会主任：李红海	樊庄	395	1265	1998
马驿店	党支部书记：冯建法 村委会主任：刘守臣	马驿店	429	1372	1971
罗庄	党支部书记：杨继仓 村委会主任：王体红	罗庄、老陈庄	473	1512	1748
吕公堂	党支部书记：许永占 村委会主任：曹金阁	吕公堂	573	1835	2619
邵平	党支部书记：邵宪法 村委会主任：邵海青	邵平	129	412	398
宣垓	党支部书记：宣灵潮 村委会主任：宣景明	宣垓、赵河、薛庙	216	692	715
徐垓	党支部书记：徐长钦 村委会主任：徐长渠	徐垓	503	1610	1330

（孙润华）

杨庄集镇

【概况】 杨庄集镇是省政府确定的中心镇，市政府确定的重点镇，两市（菏泽、济宁）两县（梁山、郓城）交界处，济南至菏泽的中间点，位于郓城县东北部，是郓城县的“东大门”。220国道斜穿镇区，距京九铁路郓城站10公里，距济菏高速公路入口10公里，全镇总面积97平方公里，耕地9.1万亩，辖63个行政村，6.8万人。

【工业经济运行】 2016年，完成地方财政收入7463万元，完成固定资产投资8.8亿元。赛莱变压器、东旭专用车、建宇专汽、金达挂车、亨利达印务、华锦纺织等规模企业发展到23家。镇专用汽车生产园专用挂车企业35家，其中具有生产公告企业20家，年生产能力2.8万辆，年产值16.8亿元，利税2.9亿元。专用汽车生产产业正由粗放经营逐步向规范化、集团化、高端化、科技化方向的迈进。全镇民营企业65家，涵盖专用汽车制造、机械制造、纺织、畜产品加工、木材加工、碳素等10多个门类。

【农业生产】 全镇共有农业专业合作经济组织296个，涉及农机、农技、用水、养殖加工等。加强农田水利基本建设，投资96万元共疏浚沟渠80余公里；投资50万元，新打机井96眼；投资500余万元，新修农村道路70余公里；投资85万元，铺设镇驻地国道两侧排水管道3公里。积极发展现代农业、优势产业、特色产业，重点做好双孢菇种植、养鸭、养猪等特色产业的发展工作，全镇双孢菇大棚有20个，养鸭大棚222个，养猪场32处，2016年全镇农业总产值3.8亿元，全镇每年外出务工人员都在14000人以上，2015年全镇林地面积4万亩，人均拥有树木65棵，森林覆盖率41.5%。

【城镇化建设及新农村建设】 立足交通区位优势，建设以生态居住为主导，以纺织、挂车、商贸为特色，各项公共事业相配套的现代化生态小城镇。委托山东省城镇规划设计院已完成全镇总体规划设计。先后投资100余万元，进行220国道两侧整治改造，新铺设下水道2公里；新开发建设阳光小区二期3万平方米，已完成工程建设。全镇已有60个行政村完成村庄规划，占全部村庄的60%，节约土地2100余亩。截止到2016年底，共新建新农村住宅楼26栋。全镇改水工作走在全县前列，除4个压煤搬迁村外，59个村完成全部改水工程，共有5.5万人用上干净卫生的自来水，共改厕近6000个。

【民生建设】 *就业促进工作*。全年实现城镇新增就业560人、下岗失业再就业120人、残疾人新增就业32人。大力做好精准扶贫工作，将农村电子商务作为精准扶贫的重要载体，依托阿里巴巴村淘项目，在帮包村设立村级服务站，提供免费装修或者免费场所，打造淘宝品牌优势，通过领导帮包、发展种养项目、基础设施建设和“第一书记”帮包等措施，扶贫工作取得较大进展。全镇共有贫困户1505户，贫困人口3139人，2016年共完成脱贫727户、1684人，在规定时间内全部实现脱贫。强力推进电子商务工作，镇积极发展电商事业，成立电子商务工作领导小组，镇长任领导小组组长；全镇加大宣传力度，大街小巷刷写标语360幅，制作灯板粘贴200幅；截至2016年12月，杨庄集镇有农村淘宝服务站8家，免费培训各类电子商务人才120余人，镇政府大力发展“互联网+产业”，腾讯为村5个，以“互联网+乡村”的模式，为乡村连接情感，连接信息，连接财富，打通村民参与互联网生活的最后一公里。

社会保障工作。严格按照“申请、评议、审核、审批”程序和“三榜公示”要求进行低保户对象年度复核工作；全镇享受农村居民最低生活保障2357人，农村五保289人，其中集中供养66人。投资360万元、建筑面积2700平方米的敬老院综合楼已全部完工并投入使用。改造后的敬老院总建筑面积达到4500平方米，可集中供养五保老人180人。新建占地15亩、建筑面积2200平方米的镇中心幼儿园教学楼，并配齐各项

设备，已投入使用。

省级三星敬老院

村级组织活动场所建设。对2016年按标准新建村级组织活动场所的村，在县委组织部每村补助5万元的基础上，镇财政筹措资金44万元，每村再补助2万元，2016年共新建场所25处。并对村级活动场所办公设施差的村进行更新和维护，全镇村级场所全覆盖。

安全生产工作。注重安全生产及火灾隐患整治工作，全力维护社会稳定。加大安全生产监管力度，明确安全生产责任制，对辖区企业等隐患单位进行专项检查。共检查各类企业350余家次，整治各类隐患58处。认真落实火灾隐患排查整治工作，对辖区内生产、储存、经营场所开展消防安全排查整治行动，整改42处。

文化体育工作。有秧歌队32个，建成农村文化书屋18个，文化大院52个。以“四德”榜建设为载体，深入开展形式多样、积极向上的精神文明创建活动。

【平安建设】 加强平安杨庄集建设，努力实现社会和谐稳定。实行领导干部公开轮流接访制度，认真倾听群众诉求，建立接访台账，实行限时办结和首问负责制度，严禁案件积压。以管区为单位，管区书记作为第一责任人，每月2次逐村全面排查各类矛盾纠纷，建立台账，实现农村打更巡逻常态化、制度化。

【党建工作】 *开展“三严三实”专题教育活动*。深入群众，广泛听取意见，全镇共征集意见建议160余条，认真梳理，全部建档立案，即查即改；为群众办实事170余件，解决难题63个。

发挥“第一书记”联系帮带作用。协助配合好省“第一书记”开展工作，积极为“第一书记”创造工作条件。2016年，对帮包的5个村提高党建水平，完善基础设施，落实产业项目。一是发展党员15名，确定培养对象5名，发展入党积极分子10名。二是累计硬化道路57条，35.2公里。三是新打灌溉井20眼，并配齐水泵、电机等设备，灌溉能力显著增强。四是新建小学2处，已完工招生使用，新建幼儿园5处，已建成招生使用。五是对村级组织活动场所进行新建13处。六是安装太阳能路灯390盏、监控112台。七是为每个村都找到切合实际的产业项目。常庄村的大棚种植、唐街村的养殖、东程庄村和西赵庙村的服装加工、前刘庄村的养殖等11个产业项目全部落实到位，承包到户，实现扶贫产业贫困户年底分红。村集体经济累计收入100多万元。

表30　2016年杨庄集镇基本情况一览表

项目	单位	数量	项目	单位	数量
土地总面积	平方千米	97	总人口	人	68721
耕地面积	万亩	6.07	农业人口	人	58730
行政村、社区	个	63	人口出生率	‰	9.8
工业企业	个	45	人口自然增长率	‰	3.4
工业总产值	亿元	35	计划生育率	%	81.4

续表

项目	单位	数量	项目	单位	数量
利税总额	万元	5055	中小学	所	35
固定资产投资	万元	95000	在校学生	人	8161
农业总产值	万元	1724	幼儿园	所	36
粮食总产量	吨	39168	在园儿童	人	1535
蔬菜总产量	吨	15880	教职工	人	589
肉类总产量	吨	5210	参加农村社会养老保险率	%	100
财政收入	万元	6578.8	农村合作医疗投保率	%	100
工商税收	万元	3744	最低生活保障人数	人	2356
农民人均收入	元	10580	养老机构供养老人	人	68

表 31　2016 年杨庄集镇行政村基本情况一览表

行政村	村两委主要负责人	包括自然村	户数（户）	总人口（人）	耕地面积（亩）
杨庄集	党支部书记：季行民 村委会主任：李言会	杨庄集	536	2078	2358
南张庄	党支部书记：李崇良 村委会主任：	南张庄	435	2290	2116
前刘庄	党支部书记：刘瑞昌 村委会主任：张承群	前刘庄	580	1443	3082
后刘庄	党支部书记：刘开顶 村委会主任：刘林寨	后刘庄	343	1643	2797
唐街	党支部书记：唐为勇 村委会主任：唐为勇	唐街	235	749	872
杨街	党支部书记：杨银亮 村委会主任：杨银亮	杨街、葛庙	172	1033	788
李赵街	党支部书记：赵宪华 村委会主任：赵先锋	李赵街	258	1223	1025
大庙	党支部书记：孔令成 村委会主任：李辰启	大庙	177	812	854
夏庙	党支部书记：李玉明 村委会主任：陈宝立	夏庙	109	768	601
温庄	党支部书记：温　旭 村委会主任：王汉松	温庄	182	486	1066
南何庄	党支部书记：刘建法 村委会主任：刘建法	南何庄	183	1123	1075
冯李庄	党支部书记：李运来 村委会主任：冯登伍	冯庄、李线庄	242	779	1461
西程庄	党支部书记： 村委会主任：明尊廷	西程庄	110	756	603
东程庄	党支部书记：程金健 村委会主任：程继海	东程庄	428	1983	2650
中王庄	党支部书记：王金祥 村委会主任：王金祥	中王庄	139	1762	1021

续表

行政村	村两委主要负责人	包括自然村	户数（户）	总人口（人）	耕地面积（亩）
焦庄	党支部书记：焦慎修 村委会主任：	焦庄	197	497	1046
路楼	党支部书记：樊明合 村委会主任：樊祥钦	路楼、王土园	472	698	3547
辛庄	党支部书记：闫理锋 村委会主任：王理民	辛庄	203	835	879
大王庄	党支部书记：王百福 村委会主任：王百福	大王庄	185	674	1547
陈庄	党支部书记：陈继才 村委会主任：陈继才	陈庄	85	1511	614
刘寨	党支部书记：刘宪生 村委会主任：刘宪生	刘寨	155	840	1233
李寨	党支部书记：李发运 村委会主任：李发运	李寨	150	874	1138
东马庄	党支部书记：马忠生 村委会主任：马忠生	东马庄	320	456	2159
商白	党支部书记：李学勇 村委会主任：李学勇	商白	140	1680	1076
黄庄	党支部书记：黄自东 村委会主任：黄自东	黄庄	99	337	642
大胡庄	党支部书记：胡存法 村委会主任：胡存法	大胡庄	300	502	781
薛王庄	党支部书记：王仁先 村委会主任：王仁先	薛王庄	85	1398	437
大陈楼	党支部书记：陈保星 村委会主任：陈广电	大陈楼	587	656	3059
前孙庄	党支部书记：孙兆美 村委会主任：孙兆美	前孙庄	363	432	2401
后孙庄	党支部书记：孙则星 村委会主任：孙则星	后孙庄	213	678	1603
向阳	党支部书记：解培玉 村委会主任：解培玉	向阳	70	710	286
曹屯	党支部书记：曹同福 村委会主任：曹同福	曹屯	171	2135	1061
代庄	党支部书记：冯建存 村委会主任：冯建存	代庄	53	757	277
闫庄	党支部书记：刘兴远 村委会主任：刘兴远	闫庄	168	620	1029
苑垓	党支部书记：苑全伦 村委会主任：苑尚富	苑垓	290	217	1810
孟庄	党支部书记：李若振 村委会主任：李若振	孟庄	439	348	1689
东赵庙	党支部书记：赵庆海 村委会主任：赵庆春	东赵庙	46	693	355
西赵庙	党支部书记：赵龙海 村委会主任：赵龙海	西赵庙	130	256	748
袁屯	党支部书记：袁增春 村委会主任：袁忠波	袁屯	507	2053	3456
洼里	党支部书记：李朝奎 村委会主任：李朝奎	洼里	132	2639	727

续表

行政村	村两委主要负责人	包括自然村	户数（户）	总人口（人）	耕地面积（亩）
赵庄	党支部书记：杨孔玺 村委会主任：杨孔玺	赵庄、徐庙	125	1217	1100
红门厂	党支部书记：石景文 村委会主任：董继业	红门厂	713	498	4035
李楼	党支部书记：李贤举 村委会主任：李显新	李楼	309	1493	1603
朱庄	党支部书记：朱玉敏 村委会主任：朱玉敏	朱庄	44	462	204
陈屯	党支部书记：陈成运 村委会主任：陈云秋	陈屯	511	635	2696
辛集	党支部书记：吴金钟 村委会主任：高玉稳	辛集、高庄、田庄	313	1310	2054
康庄	党支部书记：康为芹 村委会主任：康为芹	康庄	225	628	1020
明楼	党支部书记：明　斌 村委会主任：明　斌	明楼、曹庄、周胡同	263	2023	2103
李垓	党支部书记：李凌山 村委会主任：李新贵	李垓	259	1354	2139
崔楼	党支部书记：崔连红 村委会主任：崔连灵	崔楼	171	1256	1399
吴屯	党支部书记：陈新田 村委会主任：陈新田	吴屯	98	1734	489
北何庄	党支部书记：何传雷 村委会主任：何传雷	北何庄	221	701	1258
常庄	党支部书记：刘丙来 村委会主任：刘丙来	常庄、李庄	457	1415	1787
潘庄	党支部书记：潘永海 村委会主任：潘永海	潘庄	139	685	648
郑垓	党支部书记：郑庆朝 村委会主任：郑体明	郑垓	352	217	2865
马阁	党支部书记：刘秋田 村委会主任：刘秋田	马阁	105	1134	1062
程垓	党支部书记：刘兆臣 村委会主任：	程垓、柴庄	138	650	1331
梁垓	党支部书记：王恒江 村委会主任：王恒江	王庄、盐店、房庄、小陈楼、梁垓	355	572	1931
北张庄	党支部书记：张金华 村委会主任：张金华	北张庄	169	1767	1006
李旺楼	党支部书记：邢康华 村委会主任：邢康华	李旺楼、小张庄	156	1463	800
柳条圈	党支部书记：刘言峰 村委会主任：刘言峰	柳条圈、后梁厂	417	599	1362
毛直屯	党支部书记：刘相峰 村委会主任：刘相峰	毛直屯	104	1221	739
赵垓	党支部书记：唐芙蓉 村委会主任：唐芙蓉	赵垓	321	413	1536

（郭恒杰）

武安镇

【概况】 武安镇辖34个行政村，95个自然村，总面积90平方公里，总人口67949人，耕地面积86392亩。工业企业273家，其中规模以上企业25家，全年主营业务收入47.2亿元，进出口总额4125万美元，实现利税5.1亿元。全年实现财政收入7653万元，农村居民可支配收入10825元，年末居民存款余额13.05亿元。

【招商引资和项目建设】 成立招商引资办公室，对项目签约、落地实行“一条龙”服务。全年招商引资5.6亿元，琦泉生物质发电项目建成并成功并网发电，投资1.7亿元新建科胜木业；投资1.1亿元新建思辰酒类包装；投资1.2亿元新建水浒木业注塑模板项目；投资3.62亿元油用牡丹全产业项目开工建设；帝日斯诺制衣项目达成投资协议。

【工业经济运行】 2016年年底，全镇个体工商户达1625户，规模企业25家，外向型经济有了新的发展，宏远肠衣有限公司在德国、西班牙等国家设立办事处，水浒木业、天源木业两家企业也获得自营出口权。全年生产总值达48.5亿元，地方财政收入7653万元，年末人均收入10825元。

【农业生产】 2016年，武安镇在不断扩大“七彩庄园”“油用牡丹”基地建设的基础上，火王村租赁于宝灵牧业土地780亩，新建郓城锦和农业发展有限公司，扩建采摘园基地，栽植杏、桃、葡萄、苹果、樱桃等矮化果树36万株，同时向农业局争取扶贫项目，新建冬暖式蔬菜大棚88个;张寨村新建茶树菇大棚30个。徐梁岗、苏庄、后张3个村和阳关花卉有限公司结合，流转土地1200亩，新建油用牡丹种植基地一处。新建中小型养猪场34个。新建鸡、鸭养殖场230个，发展特殊养殖38户。完成“千亿斤粮食增产项目”和“小型农田水利重点项目”基础建设任务，已修建桥梁52座，开挖沟渠2.5万米，新打机井202眼，安装农田变压器26台，埋设农田灌溉管道18万米，完成生产路路基10公里。

【城镇化建设及新农村建设】 多方筹资先后修建武华路—张坑，华营—徐垓，武华—至飞集，韩华路，武郭路—夏垓，高速公路连接线—孙庄、武郭路—东厂等乡村公路21条，总长72公里。基本形成以国道为主、县乡道路为辅、农村公路纵横成网的便利交通网络。做好农村“户户通”试点工作。以冯庄管区为试点，多方筹资99万元，完成冯庄、洪王、孙庄、火王等11个行政村，15个自然村“户户通”建设任务，总面积93400平方米。

【民生建设】 一是学校改薄工作，投资447万元新建镇初级中学3层综合楼4100平方米，投资25万元完成镇初级中学300米操场跑道基础设施建设，投资120万元新建31000平方米学生餐厅，投资44万元完成唐庄小学、洪寺小学、华营小学围墙1100米。二是卫生改造升级，先后投资250万元，用于镇卫生院基础设施建设和仪器设备更新，新建病房楼、医技防保楼、供应室等，购置遥控X光机、彩色B超机等大中型医疗设备，使卫生院跨入全市一流的中心卫生院行列。农村医疗保险普及率达95%以上，大病救助率90%以上。三是社会保障，五保、低保做到应保尽保，资金发放及时并全部到位，2016年大病救助60人，发放救助金18万元；转移农村劳动力3261人；交纳企业职工养老保险金682万元；

五界村文化广场

城乡居民养老保险参保30856人，医疗保险参保51950人。镇养老院集中供养孤寡老人25名。以“双联双创”活动为契机，多方筹集资金，在五界、武安、前吴庙、后胡4个村新建“老年幸福院”和“乡村大舞台”并安置健身器材，确保农村孤寡老人老有所养、老有所依、衣食无忧、生活愉快。

【精准扶贫】 全镇共有贫困户2530户，贫困人口5360人，镇政府专门成立扶贫工作领导小组，充实帮扶人员，明确脱贫任务目标，科学谋划，精准发力，分类实行光伏发电、特色种植、畜牧养殖、有机农产品加工采摘、电子商务、务工就业等一系列符合各村实际情况的脱贫计划。发展“一村一品”“一乡一业”，改善群众的衣食和住房条件。全镇已脱贫户1632户，3686人。从农行、信用社、邮政储蓄3家金融部门统计数据看，2016年底全镇居民存款余额13.05亿元，人均19477元。

武安镇电商园

【乡村文明行动】 以乡村文明行动为载体，实施“城乡环卫一体化”工程。全镇配备垃圾清运车6辆，三轮保洁车100辆，垃圾箱100个，垃圾桶5000只，各村清理存量垃圾，并托管于银湾保洁公司。二是加大移风易俗工作的宣传与整治力度。做好移风易俗工作，制订实施方案，成立领导小组，形成党委领导、政府负责、部门协同、社会参与的工作机制。重新修订《移风易俗村规民约》《红白理事会章程》，对各村婚丧事宜的办理流程、标准要求等作出明确规定，倡导婚事新办、丧事简办，减轻群众负担。三是深入推进乡村文明行动，不断加大文化基础设施建设。建设文化广场34处，成立秧歌队、广场舞队42支，多次举办武安镇秧歌、广场舞大赛。建立“四德榜”，新建武安、彦张、洪寺等11处村级健身广场；举办20期“新农村、新生活”培训班；新设河北王、沈桥2个“道德讲堂”;镇团委、妇联、武装部、民政、计生办等部门先后开展“争当时代先锋活动”“巾帼建功立业”和“好媳妇”、“好婆婆”等评选活动。积极开展各项创建活动，带动和促进全镇社会风气改善。

【计划生育】 实行“三三三工作机制”和“村20字”工作法。全镇出现低生育水平的大好局面，人口出生率12.8‰，合法生育率96%，性别比117.5，避孕措施落实率100%，人口出生统计准确率100%，已婚育龄妇女信息覆盖率100%，利益导向家庭奖励1360户、免费政策已足额落实到位，无一起重大违法案件发生。

【平安建设】 一是启动“网格化管理”工作模式。为全镇信访专职人员配备手机65部，并进行专门培训，每天上报本村信访稳控信息，对各村安全时时监控。二是健全治安防控体系，上交配套资金20万元，全镇增设高清视频监控380个；继续实施“警灯闪烁”工程，警用巡逻车每晚对全镇全覆盖巡逻，实现人防、物防、技防一体化。三是创新社会服务与管理机制。新建面积600多平方米的综治（平安建设）服务大厅，向群众提供“一站式”服务，大大简化群众办事流程。四是定期举办各种普法下乡、科普下乡活动，使广大人民群众的法制观念不断增强，积极发挥群众的民主监督作用。五是重视司法、综治队伍建设，配备专职人员及办公室。加强社会治安综合治理工作，全镇社会稳定、政治安定。

【基层组织建设】 以“两学一做”学习教育和“双联双创”活动为载体，狠抓服务型党组织建设，投资近200万元，新建村级活动场所13个，根据上级要求，圆满完成村（居）合并工作，由原来的65个行政村，合并为34个行政村，3个农村社区，并按照上级规定采取“五抓”的形式，增加村集体经济收入，全镇集体收入达到3万元以上的村共有31个，占83.7%，全部消灭空壳村，全镇共有37个农村党支部，一类支部达到30个。

表32　2016年武安镇基本情况一览表

项目	单位	数量	项目	单位	数量
土地总面积	平方千米	90	总人口	人	67494
耕地面积	万亩	8.6	农业人口	人	59710
行政村、社区	个	37	人口出生率	‰	12.8
工业企业	个	273	人口自然增长率	‰	6.8
工业总产值	亿元	72	计划生育率	%	96
利税总额	万元	51000	中小学	所	28
固定资产投资	万元	56000	在校学生	人	8946
农业总产值	万元	42356	幼儿园	所	6
粮食总产值	吨	7467	在园儿童	人	2988
蔬菜总产值	吨	21375	教职工	人	496
肉类总产值	吨	8098	参加农村社会养老保险率	%	95.8
财政收入	万元	7653	农村合作医疗保障人数	%	97.8
工商税收	万元	5738	最低生活保障人数	人	2046
农民人均收入	元	10825	养老机构供养老人	人	25

表33　2016年武安镇社区、行政村基本情况一览表

社区、行政村	社区、村两委主要负责人	包括自然村	居民户数（户）	总人口（人）	耕地面积（亩）
武安	党支部书记：王开业 村委会主任：宋连喜	武安、程庄、葛油坊、周庄、卜州营、童庄	1200	4228	4586
吕庄	党支部书记：张修增 村委会主任：梁衍祥	吕庄、郁庄	224	748	1208
张坑	党支部书记：张勤革 村委会主任：张勤领	张坑、于庄	429	1654	1852
华营	党支部书记：王体涛 村委会主任：梁尔周	华营	434	1619	2005
飞集	党支部书记：范经耀 村委会主任：侯晓磊	前飞集、后飞集、姚庄、乔庄	484	1992	2305
马屯	党支部书记：张如军 村委会主任：孙　华	马屯	344	1415	2577
孙林	党支部书记：王之乾 村委会主任：孙如亭	孙林、崔庄、　张桥口、侯楼	248	829	1242

续表

社区、行政村	社区、村两委主要负责人	包括自然村	居民户数（户）	总人口（人）	耕地面积（亩）
冯庄	党支部书记：赵全力 村委会主任：赵洪举	冯庄、马坑、中王、赵庄	675	2312	2978
洪王	党支部书记：刘召荣 村委会主任：王思环	洪王、李庄　陈菜园	408	1614	2169
火王	党支部书记：周传印 村委会主任：王邦坤	火王、伊洼、　张司庄、李楼	446	1761	2598
夏垓	党支部书记：夏印祥 村委会主任：夏合龙	夏垓	323	1171	1573
新华村	党支部书记：陈传富 村委会主任：段连珠	陈庄、段庄	261	1056	1650
吴庙	党支部书记：吴自广 村委会主任：宋明慈	前吴庙、后吴庙、后宋	435	1499	2392
前宋	党支部书记：杜新广 村委会主任：韩要坤	前宋	258	1002	1782
孙庄	党支部书记：孙守才 村委会主任：赵爱菊	孙庄	252	986	1386
洪寺社区	党支部书记：张同臣 居委会主任：杨金标	洪寺、桃园、季庄、东马庄、西马庄、郭庄、宋花园、海王、季园	1141	4112	6073
张英	党支部书记：李松国 村委会主任：李松国	张英、常庄	313	963	1303
大王	党支部书记：肖天福 村委会主任：王奉典	大王、前王庄	375	1222	2269
东厂	党支部书记：王福溪 村委会主任：李良从	东厂、西厂、边庄、贾道沟	658	2302	2451
李垓	党支部书记：王忠心 村委会主任：李传记	李垓、解庄	539	1734	2314
唐庄	党支部书记：段连君 村委会主任：何建营	唐庄、高庄、畲子营	480	1672	1817
五界社区	党支部书记：王庆崇 居委会主任：任玉林	五界、马庄、屈垓、曹垓、张寨	1214	3971	6778
西王楼	党支部书记：季秀春 村委会主任：王学现	西王楼	419	1494	2405
彦张庄	党支部书记：张修达 村委会主任：张善贵	彦张庄	550	2046	2751
前王楼	党支部书记：王先聚 村委会主任：王先华	前王楼	292	1133	1275
窦寺	党支部书记：窦金福 村委会主任：窦金福	窦寺	304	1195	1257
窦楼	党支部书记：窦合力 村委会主任：窦建臣	窦楼	285	992	1749
胡庄	党支部书记：刘尊岭 村委会主任：徐福洋	前胡、后胡、东徐垓、西徐垓	679	2394	3493
于庙	党支部书记：刘云甫 村委会主任：于胜利	于庙、巨庄、张窑	545	1956	3031
徐梁岗	党支部书记：徐德增 村委会主任：徐万秋	徐岗、梁岗	192	656	1255
河北王	党支部书记：李在朝 村委会主任：张清银	河北王、林庄、沈桥	381	1329	2245

续表

社区、行政村	社区、村两委主要负责人	包括自然村	居民户数（户）	总人口（人）	耕地面积（亩）
张庄	党支部书记：何广臣 村委会主任：苏世海	前张、后张、苏楼	465	1471	3223
孙楼	党支部书记：孙明义 村委会主任：郭瑞锋	孙楼、徐屯	299	1058	1938
江湾	党支部书记：刘贵鱼 村委会主任：刘登聚	江湾、刘庄	274	875	985
黄楼	党支部书记：黄之强 村委会主任：黄海记	黄楼	277	991	1531
鸡寺	党支部书记：王奉国 村委会主任：王庆臣	东鸡寺、西鸡寺、付庄	479	1467	2883
杨庄	党支部书记：王长省 村委会主任：王长甲	杨庄	207	791	1063

（于加锋）

郭屯镇

【概况】 2016 年，全镇实现社会生产总值 34 亿元，规模以上工业销售额 19.5 亿元，农业产值 5.1 亿元，农民人均收入 11850 元，地方财政收入 4895 万元。

【招商引资】 总投资 2.6 亿元的永信包装项目，7 月落户县经济开发区并正在施工。4 月实施总投资1.1亿元的尚品酒类包装项目，已完成立柱、上挡板、封顶工程。完成投资 1.1 亿元的一诺玻璃和投资 1.2 亿元的九州华泰玻璃技改项目。同时，还对镇园区的利源纺织、江南化纤、开创制衣等企业进行扩建。正在洽谈的项目有 8 个，已签约的项目有 3 个，其中，投资 1.2 亿元的迪普化工项目正在环评复评，千户分布式光伏项目已具备施工条件。

【城镇化建设】 投资 600 万元、占地 2.1 万平方米的府前广场已接近完工，硬化解放路面积达 1.8 万平方米，完成府东 1.5 万平方米和镇南 2 万平方米的商品楼建设，完成投资 220 万元镇敬老院建设。

【电子商务】 投资 30 万元在后辛庄村建起占地 1500 平方米，建筑面积 240 平方米的电子商务服务中心。投资 10 万元，购置 30 台套电脑，举办 3 期电子商务培训班，培训 76 名贫困青年，开设村淘宝店 4 家、网店 42 家。

【精准扶贫】 5 月下旬，全市精准扶贫工作观摩现场会在郭屯镇魏楼、后辛庄设立观摩点，并在全市评比中取得优异成绩。投资 485 万元完成七陵碑 85 亩的苹果园建设、西张楼 260 亩苹果园建设、后辛庄 160 亩苹果园建设。投资 135 万元完成魏楼 110 亩蔬菜大棚建设、唐官屯村的长毛兔基地建设。完成后辛庄、唐官屯、西张楼、魏楼、七陵 5 个村的街道硬化、亮化、绿化。推动全镇一村一品和新农村建设。建起开创制衣、紫源制衣、科技木制作、食用菌生产等 8 个扶贫基地点，安排 672 名贫困劳动力就业。

郭屯镇食用菌基地

【农田设施建设】 总投资 3000 万元的千亿斤粮食项目，已打井 96 眼，铺设节水灌溉管道 6 万米，建起13个变压器房，完成高压线路铺设，铺修生产路10公里。投资360万元的后辛庄、高庄等5村的土地资源整合项目，于4月12日开工，已打机井8眼，生产路铺修硬化4000米，1.6万平方米。

【民生建设】 完成七陵碑、魏楼等14个村的户户通建设，铺设面积18万平方米，使7632户通上公路。镇筹资140万元的村村通配套资金，铺修农村公路40公里，铺设面积16万平方米，完成县分配全年任务的118%。在全市农村公路户户建设观摩会上，郭屯镇为全县选出的观摩点，代表全县参加全市的考核评比。投资60万元，建起600平方米的民生服务大厅。投资168万元，建起建筑面积5600平方米，容纳120个床位的标准化敬老院。完成98名分流人员的养老保险费上缴，完成农村养老保险收缴任务。完成5+1多层和二层带院工程、小胡同给排水硬化工程、幼儿园小学建设工程、老年周转房工程和外环路工程，为压煤村庄搬迁打下基础。农村中小学改薄工作全面启动，建起镇中标准化塑胶操场和实验楼，唐官屯、西张楼、付官屯、邵文小学教学楼正在建设中。

表34　2016年郭屯镇基本情况一览表

项目	单位	数量	项目	单位	数量
土地总面积	平方千米	56.2	总人口	人	40363
耕地面积	万亩	5.6	农业人口	人	38379
行政村、社区	个	18	人口出生率	‰	11
规模工业企业	个	12	人口自然增长率	‰	40
规模工业总产值	亿元	19	计划生育率	%	62
利税总额	万元	23000	中小学	所	15
固定资产投资	万元	17000	在校学生	人	4500
农业总产值	万元	2860	幼儿园	所	15
粮食总产量	吨	50231	在园儿童	人	1800
蔬菜总产量	吨	6000	教职工	人	282
肉类总产量	吨	1500	参加农村社会养老保险率	%	100
财政收入	万元	4893	农村合作医疗投保率	%	100
工商税收	万元	4330	最低生活保障人数	人	1540
农民人均收入	元	11850	养老机构供养老人	人	150

表35　2016年郭屯镇各行政村基本情况一览表

行政村	村两委负责人	包括自然村	居民户数(户)	总人口(人)	耕地面积(亩)
郭屯村	党支部书记：张文杰 村委会主任：王作臣	郭屯	1028	3598	4886
大屯	党支部书记：李庆伦 村委会主任：杨来成	大屯	537	1878	3233

续表

行政村	村两委负责人	包括自然村	居民户数（户）	总人口（人）	耕地面积（亩）
文庄	党支部书记：胡中安 村委会主任：侯国良	文庄	343	1199	1263
侯庄	党支部书记：侯留安 村委会主任：侯本显	侯庄	148	473	730
邵集	党支部书记：杨兆信 村委会主任：	邵集	1362	4632	5373
车楼	党支部书记：边兆兴 村委会主任：宋贞燕	车楼、梅庄	948	3222	3793
褚垓	党支部书记：韩应春 村委会主任：褚衍习	褚垓	339	1151	1530
林集	党支部书记：端木凡记 村委会主任：郝胜强	林集	529	1746	3629
前辛庄	党支部书记：彭龙法 村委会主任：彭龙敢	前辛庄	268	909	882
后辛庄	党支部书记：梁乃荣 村委会主任：	后辛庄	510	1734	2408
付官屯	党支部书记：马希山 村委会主任：张振建	付官屯	464	1577	2454
郭西村	党支部书记：章延勇 村委会主任：章衍民	前郭庄、后郭庄	586	2050	2684
高庄集	党支部书记：任宪斌 村委会主任：董恩词	高庄集	351	1193	1369
唐官屯	党支部书记：李建校 村委会主任：唐崇雪	前楼、付庄、程庄、唐官屯	598	1974	2980
明徐庄	党支部书记：郑学文 村委会主任：徐龙记	明徐庄	137	466	748
魏张楼	党支部书记：魏海平 村委会主任：张志岗	魏张楼	196	668	1025
西张楼	党支部书记：张尊记 村委会主任：张承伦	西张楼	482	1639	3112
东张楼	党支部书记：张山岭 村委会主任：张宪珍	东张楼	661	2256	4812
北盐厂	党支部书记：吕利东 村委会主任：张文现	北盐厂	223	790	1533
七陵碑	党支部书记：孙宏达 村委会主任：王新久	七陵碑	184	644	1200
丁官屯	党支部书记：盛现坤 村委会主任：丁永社	丁官屯	795	2892	3892
娘庙张庄	党支部书记：张孟良 村委会主任：张祥岭	娘庙张庄	361	1423	1851

（车先申）

随官屯镇

【概况】 随官屯镇位于郓城县东南部，镇驻地距县城12公里，是郓城县的“南大门”。济广高速公路贯穿全境；日兰高速公路和德商公路在镇区交汇，并设有互通立交道口。南距新石铁路12公里，西距京九铁路18公里，东距济宁水运码头60公里，具有良好的区位和交通条件。镇域面积117平方公里，耕地8.7万亩，辖46个行政村，5.8万人。被列为第三批全国发展改革试点镇、全国重点镇、全国建制镇试点示范镇、山东省“百镇建设示范行动”示范镇、菏泽市重点镇和全国建制镇示范试点镇。

【招商引资和项目建设】 2016年，共落地总投资10.33亿元的菏泽九久农业科技有限公司农业医药中间体项目、郓城诚源医药科技有限公司中间医药体项目和湖北中油优艺环保公司医药废物处理及工业危险废物处理综合利用项目等工业项目6个，均已开工建设，其中百利安制衣项目已投产，鲁锦纱厂浆纱项目正在进行设备安装。新建总投资2.5亿元的锐鸣能源30MW农光互补扶贫项目、于官屯光伏大棚生态示范园等3个光伏发电项目，均已开工建设，部分项目基建完成。投资6000万元的郓城盛启光伏科技有限公司镇区及新村分布式光伏发电项目已完成相关手续。

【工业经济运行】 镇主导产业以煤化工、棉纺织、建材、机械加工为主。全镇工业企业、批零贸易和交通物流企业发展到158家，其中规模以上工业企业26家，规模以上批零贸易和交通物流企业15家。已投产运营过亿元大项目16个。煤化工园区已建成5.01平方公里，入园企业达到16家，完成固定资产投资134亿元，实现产值58亿元。

【小城镇建设及新农村建设】 *抓好城镇建设，提升城镇承载力。*一是抓好规划引领。完成镇总体规划、修订完善镇区控制性详细规划；镇区已建部分和整体风貌提升改造规划已完成；卧龙湖沿河风景带规划设计基本完成；随官屯镇城乡一体化发展规划、随官屯镇环境生态化提升总体方案和镇保留村庄综合整治方案正在编制中。二是完善基础设施。镇区道路形成4纵6横整体框架；加快实施“村村通”“户户通”工程，42个村78公里农村主干道及46万平方米农村胡同硬化正在施工，交通条件进一步改善。铺设雨污管网8753米、路沿石16公里、人行道5万平方米；栽植绿化带2万余平方米，安装路灯400余盏，镇区主干道绿化、亮化及配套管网基本完善。垃圾中转站已投入使用，污水处理厂即将开工，4个污水处理站已安装完毕。开展农村安全饮水工程，全镇46个行政村建设自来水供水厂2处，设立提水点14处，铺设自来水管道主干道23公里，村内管道70公里，安装水表14000余只，镇域居民自来水入户率达到100%。三是优化公共服务。镇区高标准建成镇中学、中心小学、中心幼儿园、中心医院、中心敬老院和文化广场，开工建设便民服务中心和市民活动中心；各社区建设配套幼儿园及小学，4处社区服务中心、4处社区文化活动广场建成投用。全镇拥有20处小学、26处幼儿园，2处中学，2处医院，13处标准化卫生室，各行政村实现适龄儿童4公里范围内就读、5公里内就医，师生比达到省定标准。开展集中供水、供热、供气，全镇实现自来水入户率100%，镇区供热、供气主管道铺设基本完成，各新型社区正在逐步实施集中供热供气，在各行政村推广秸秆炉等新能源供热，逐步实施统一供气。在各行政村、社区设立警务室，提高社会治安防控能力和服务群众的能力，加强社会维稳体系建设。

*改善居住环境，推进城乡一体化建设。*建设新型农村社区，不断扩大城镇规模。全镇已启动泰和社区、文昌苑社区、东西尹新村等7个新型农村社区项目，涉及23个村、7800余户、2.2万人，泰和社区、东西尹新村、于官屯新村一期、文昌苑社区一期已建成并具备入住条件，正在搬迁入住；文昌苑二期、于官屯二期已开工建设；汉石桥社区一期26栋楼9.6万平方米，已基本达到入住条件；二期36栋楼已陆续封顶；谭庄李垓新村、侣楼王庄社区已做好开工前的准

随西新村

备。同时，对未建设新型社区的保留村庄开展新农村建设，着力打造村容整洁、村风文明、村民生活舒适的美丽宜居村庄。

【农业和农村工作】 实施精准扶贫。结合“双联双创”活动，共派出46个工作组，在全镇建立21个扶贫点，2016年已建成18个扶贫点，完成脱贫任务719户，1223人。

农业工作开展粮食高产创建。积极实施多项农业综合开发项目、土地整理项目，开展农田基础设施建设、农业机械更新换代、惠农政策落实和农业关键技术宣传推广，确保全镇粮食播种面积稳定在8.4万亩以上，粮食总产增长10%以上。示范方累计完成投资1.01亿元，累计植树4.7余万株，修整道路40公里，开挖疏浚沟渠4.6公里，新建和维修桥涵200多座，新打机井及配套700余眼，变压器26台套。在全镇16个重点行政村全面推进整建制粮食高产创建工作。其中在吕东、吕西、高庄、陈庄、三合西、三合东、代垓、随东、随西集中打造4.5万亩粮食高产创建大方田。在每个行政村安排“十百千万”高产示范片，万亩核心示范区小麦平均单产600公斤以上，玉米平均单产630公斤以上，带动全镇粮食产量比上年提高10%以上。

建立为农服务综合平台。总投资600万元，设立随官屯镇为农服务中心，占地15亩，建筑面积4000平方米，内设农资直供超市、测土配方智能配肥、农机作业、维修销售、粮食收储烘干、综合服务大厅、信用合作、农民大讲堂等功能。可服务周边5个乡镇，40多个行政村，服务半径5公里，托管土地5万亩，其中全托面积达到1万亩，订单种植1万亩。

【民生建设】 投资480万，建设建筑面积3600平方米的12个班省级标准化中心幼儿园，投资500万元，建设建筑面积4700平方，可容纳80张床位的中心医院门诊综合楼，已交付使用；投资1000万元，建设建筑面积6800平方的中心敬老院已交付使用，可集中供养老人350人。5600平方的中心小学已完成主体建设，正在进行内外装饰。投资3000余万元对镇中学重新进行规划设计，已完成两栋教学楼、学生宿舍楼、餐厅、厕所建设，标准化操场及相关配套正在进行。为方便群众休闲娱乐，规划建设4500平方的文化广场，已安装30余套健身器材，完成硬化和绿化。解决5个社区用电、用水问题；帮助8个村安装路灯、18个村疏通下水道；疏通3座桥涵和10条沟渠，修筑华灵路桥。为增强公共服务能力，设立随官屯镇便民服务中心，行政许可和审批事项实行“一站式服务”，为企业发展和群众生活提供优质高效服务。

表36 2016年随官屯镇基本情况一览表

项　目	单位	数量	项目	单位	数量
土地总面积	平方千米	117	总人口	人	57922
耕地面积	万亩	8.4	农业人口	人	51875
行政村、社区	个	26	人口出生率	‰	16.58
工业企业	个	112	人口自然增长率	‰	9.65
工业总产值	亿元	133.1	计划生育率	%	93.59
利税总额	万元	119790	中小学	所	20
固定资产投资	万元	400000	在校学生	人	7300
农业总产值	万元	125000	幼儿园	所	22

续表

项　目	单位	数量	项目	单位	数量
粮食总产量	吨	89100	在园儿童	人	2846
蔬菜总产量	吨	1787	教职工	人	431
肉类总产量	吨	4861	参加农村社会养老保险率	%	100
财政收入	万元	6505	农村合作医疗投保率	%	92
工商税收	万元	7128	最低生活保障人数	人	4619
农民人均收入	元	17450	养老机构供养老人	人	62

表 37　2016 年随官屯镇社区、行政村基本情况一览表

社区、行政村	主要负责人	包括自然村	总户数（户）	总人数（人）	耕地面积（亩）
文昌苑社区	党支部书记：王奉彪 居委会主任：	东张、西张、大马、晏庄、王坊、刘马店、赵河	1002	4882	6718
汉石桥社区	党支部书记：吕平新 居委会主任：	汉东、汉西、汉南、汉北、刘垓、中尹、李集	1106	4577	8187
大尹庄	党支部书记：韩廷国 村委会主任：	东尹、西尹	525	2382	3772
元庙集	党支部书记：袁兴旺 村委会主任：	前街、前庄、王垓、河东、后街	1013	4362	8647
随西村	党支部书记：梁宝记 村委会主任：李海泉	随西	496	1644	2337.6
随东村	党支部书记：王步林 村委会主任：刘德珍	随东	552	1796	2637.12
代垓村	党支部书记：代建彩 村委会主任：代长倩	代垓	534	1964	3075.4
西屯村	党支部书记：刘发现 村委会主任：王广方	西屯、李庄	832	2341	5136
东屯村	党支部书记： 村委会主任：王金旺	东屯、郭庄	674	2054	3970
三合东村	党支部书记：刘思印 村委会主任：刘连环	三合东	307	1016	1605.85
三合西村	党支部书记：史月云 村委会主任：张建虎	三合西	265	981	1580.43
大高庄村	党支部书记：鹿培雀 村委会主任：李安营	大高庄	476	1450	2262.26
陈庄村	党支部书记：陈广福 村委会主任：陈文柱	陈庄	247	876	1375.62
吕东村	党支部书记：刘现芹 村委会主任：刘先于	吕东	557	1717	3446.65
吕西村	党支部书记：周长征 村委会主任：王存明	吕西	618	1839	1948.33
于官屯村	党支部书记：杨占芳 村委会主任：杨连东	于官屯	560	1892	2515.25
姚庄村	党支部书记：姚树俊 村委会主任：姚东升	姚庄	422	1288	2642.6

续表

社区、行政村	主要负责人	包括自然村	总户数（户）	总人数（人）	耕地面积（亩）
谭庄村	党支部书记：谭新占 村委会主任：谭涛	谭庄、李垓	347	1224	1100.13
佀东村	党支部书记：佀传贺 村委会主任：佀庆东	佀东	469	1372	1882.89
佀西村	党支部书记：佀国强 村委会主任：佀同记	佀西	558	1391	2516.4
王庄村	党支部书记：王福稳 村委会主任：王向杰	王庄	581	2024	3045
彭店村	党支部书记：彭汉臣 村委会主任：宋化分	彭店	465	1368	1836.09
李店村	党支部书记：李延青 村委会主任：李延僧	李店村	278	902	1842.23
辛庄集村	党支部书记：樊庆云 村委会主任：高玉启	辛庄集	610	1782	3990.87
徐庄村	党支部书记：徐龙爱 村委会主任：徐龙爱	徐庄	325	962	1597.66
马尹村	党支部书记：孙士景 村委会主任：王光超	马尹	454	1418	2391.1

（赵考状　高参）

丁里长镇

【概况】 丁里长镇辖28个行政村，40200人，48000亩耕地，建制面积49.7平方公里。其中镇区面积3900亩，镇区人口17947人。2016年全镇实现地方财政收入7300万元，农民人均纯收入9970元，工业总产值23亿元，农业4.18亿元，服务业6.2亿元。

【招商引资和项目建设】 陆港韵梦小镇项目于2016年4月开工建设，总投资100亿元，占地面积3600亩，由河北智龙投资公司投资建设。小镇支撑产业是大型现代物流和仓储分检，主要引进传化、京东、普洛斯等国内外一流的物流、仓储和电商企业。同时还建设电商产业园、科技孵化器、众创空间、会展中心、碧桂园产业地产等。两横三纵骨干道路及公路港、汽贸中心、仓储分检中心等正在加紧施工，5月初传化信息交易中心和汽贸中心投入试运行。特色小镇建成后，仅产业板块年可实现营业收入200亿元，利税10亿元，将成为鲁西南最具活力的产城融合创新示范区和独具魅力的商贸旅游体验区。2016年，新上绿杨科技、晶彤玻璃、兴瑞玻璃、金鹏玻璃、恒大科技等8个项目，总投资11亿元。储备项目有6个，其中签约项目2个，洽谈项目4个。

【工业经济运行】 全镇有各种企业147家，其中规模以上企业26家，地区生产总值28亿元，人均GDP6.6万元，其中工业产值23亿元，二、三产业所占比重88%，实现地方财政收入7300万元，农民人均纯收入9970元。形成酒类包装、棉纺织两大支柱产业，发展成为全国重要的酒类

烟郓瓶盖生产车间

包装基地。全镇酒类包装生产企业54家，小规模加工户89户，其中纳入规模以上工业企业管理的18家，直接从事生产加工管理的人员11000多人，产业资产总值达15亿元，年约实现销售收入22亿元。全镇专业从事酒类包装产品营销的人员约有1200多人，近几年，每届全国糖酒交易会和春秋季广交会，全镇都有95%以上的企业自发参加，形成比较成熟完善的市场销售网络。

【农业特色种植】 积极引导，广泛宣传油用牡丹的适用实用价值及经济效益，让群众接受、认可。鼓励规模种植，与企业集团达成协议，制定优惠政策，不断扩大油用牡丹种植面积，圣达牡丹产业园有限公司在原有的基础上，2016年又新增3000亩，总计面积6300亩，安排更多贫困人口就业，周边群众每年仅在牡丹产业园打工收入达300余万元。

【城镇化建设及新农村建设】 修订完成4平方公里的小城镇总体规划和2平方公里的物流产业园总体规划。先后开发建设金都府邸和华诚花园商住小区，总建筑面积17万平方米。丁梁名城正在建设中，规划建设商住面积29000平方米，其中商业面积近8000平方米。投资80万元的垃圾中转站和投资425万元的污水处理厂投入运营。镇政府成立7人的城镇综合执法中队，组建5人的专职保洁队伍，制订《丁里长镇环境卫生综合整治管理办法》，实现规范管理，改善镇驻地环境卫生。完成晁庄新农村建设工作。晁庄村共有4个村民小组，196户，746人，223处院，村庄面积209.6亩。截至2016年12月，晁庄村腾空土地182亩，完成新增耕地142亩，争取国家土地增减挂钩补偿款2130万元。新村共建10栋“5+1”式楼房290户，每户112平方米，整个小区水、电、暖、通讯、有线电视、绿化、亮化、道路硬化等基础设施配套齐全。

【民生建设】 新建面积约400平方米的综治服务大厅，设立信访、人社、司法、计生、公安、国土、民政7个服务窗口，方便群众咨询、受理群众诉求，化解社会矛盾，实现群众工作“一个大厅受理、一站式办结、一条龙服务”。建设标准化敬老院1座，床位260张，全镇五保老人集中供养率达75%，被评为山东省一级五保供养服务机构。有卫生院1处，病床90张。有中学1处，小学13所，义务教育普及率100%。有银行营业网点1处，邮政网点1处，电信服务网点2处，实现固定移动电话网络全覆盖。全镇基础设施齐全，道路铺设率100%，实现村村通自来水，村村通公路。

【乡村文明行动】 大力实施城乡环卫一体化，努力提高全镇环境卫生质量。全镇共配备专职保洁员128人，保洁车128辆，垃圾桶1709个，吊臂式垃圾箱91个，垃圾转运车4辆。开展多次环境卫生集中整治行动，每天正常往县垃圾储存场转运垃圾，建立长效环卫机制。开展移风易俗工作，通过宣传发动、培训学习、外出参加，转变群众红白事观念，并且下发《关于大力开展移风易俗活动的实施意见》，与各村党支部、镇直部门签订《移风易俗目标责任书》，镇村干部、农村党员也签订《移风易俗承诺书》，每村每户下发明白纸。制定严格奖惩标准，把移风易俗工作纳入对村级年度考核重要内容。投资近50万元新建文化广场4处，建设农村书屋18个，成立秧歌队24个。

【计划生育】 全镇新增人口736人，符合政策生育率64.2%，死亡180人，性别出生比为112：100。完成药具发放任务，各村建立卫生服务室和药具免费发放点。加强对优生优育、避孕等计生知识的宣传，全年育龄群众对避孕方法基本知识知晓率98%以上，避孕节育率达98.89%，已婚妇女签约率95%。辖区内流动人口登记率100%，综合服务率90%以上。

【平安建设】 积极推进“123”农廉工程建设、科技防腐预警平台建设，狠抓农村三资管理和“四议两公开一审核”制度落实，切实加强以党支部为核心的农村基层组织建设，认真开展帮扶困难家庭和平安创建活动。扎实推进维稳视频安装，确保各村269个摄像头的入网运行工作。同时进一步夯实农村基础，化解信访稳定的突出问题，促进农村社会的和谐稳定。加强夜间打更巡逻，成立夕阳红打更巡逻队63个，促进农村社会的和谐稳定。

【党建工作】 扎实开展党的群众路线、"三严三实"和"两学一做"等党内集中性教育，狠抓领导班子和干部队伍建设，坚持好干部标准导向，优化绩效考核，治理"慵懒散"。实施述职评议制度，集中整治软弱涣散基层党组织，严格党员教育管理，提高村干部待遇，推进"网格化管理，组团式服务"等载体创新，基层组织服务阵地和服务功能明显增强，全镇党风政风明显好转。坚持党管武装，狠抓基层组织建设和各项制度落实，圆满完成征兵工作任务，被评为党管武装工作先进单位。

表38 2016年丁里长镇基本情况一览表

项目	单位	数量	项目	单位	数量
总面积	平方千米	50	总人口	人	40200
总耕地面积	万亩	4.8	农业人口	人	37000
行政村	个	28	人口出生率	‰	12.1
工业企业	个	24	人口自然增长率	‰	7.4
工业总产值	亿元	23	计划生育率	%	73.5
利税总额	万元	24210	中小学	所	18
固定资产投资	万元	97000	在校学生	人	4680
农业总产值	万元	42300	幼儿园	所	17
粮食总产量	万吨	0.94	在园儿童	人	1200
蔬菜总产量	万吨	0.38	教职工	人	394
肉类总产量	万吨	0.34	参加农村社会养老保险率	%	64
财政收入	万元	7300	农村合作医疗投保率	%	100
工商税收	万元	8640	最低生活保障人数	人	1423
农民人均收入	元	9970	养老机构供养老人	人	94

表39 2016年丁里长镇各行政村基本情况一览表

行政村	村两委主要负责人	包括自然村	居民户数（户）	总人口（人）	耕地面积（亩）
庄科	党支部书记：刘建玉 村委会主任：李印灵	鹿庄科	501	1696	2220.8
苑楼	党支部书记：苑保超 村委会主任：王安民	富苑楼	498	1583	1808.7
何垓	党支部书记：何昌林 村委会主任：何邦印	何垓	181	809	732
侣垓	党支部书记：马立月 村委会主任：郭祥增	侣垓	270	1047	1240
史垓	党支部书记：史广民 村委会主任：史全喜	史垓	380	1513	1742

续表

行政村	村两委主要负责人	包括自然村	居民户数（户）	总人口（人）	耕地面积（亩）
马垓	党支部书记：马汉景 村委会主任：马立群	马垓	420	1492	2884.5
魏楼	党支部书记：邹祥忠 村委会主任：宋先溪	魏楼	140	526	486.3
王集	党支部书记：张传生 村委会主任：	王集、何庄	757	3088	3296.6
周垓	党支部书记：周长金 村委会主任：周文生	周垓	598	2281	2374.8
苑厂	党支部书记：苑化全 村委会主任：苑金起	苑厂	205	787	690.3
东前营	党支部书记：杨朝春 村委会主任：杨茂科	东前营	367	1156	1100
张庄	党支部书记：张兵 村委会主任：张新战	张家庄	320	1284	1572.5
前营	党支部书记：李玉虎 村委会主任：白林华	前营	442	1686	1879.6
李文清	党支部书记：孟庆新 村委会主任：刘瑞学	李文清	210	688	648
芦营	党支部书记：侯瑞刚 村委会主任：李义江	芦营	680	2442	2857.6
晁庄	党支部书记：晁呈瑞 村委会主任：晁岳转	晁庄	213	673	1078
石庄	党支部书记：石建恩 村委会主任：石建瑞	石庄	237	563	1100
刘庄	党支部书记：李欣忠 村委会主任：卢文兴	刘汉庄	240	944	847.4
李院	党支部书记：李伯全 村委会主任：李清芳	李院	198	593	642.5
刘南	党支部书记：刘才 村委会主任：张效党	刘南庄	188	716	484.2
单垓	党支部书记：任汝康 村委会主任：彭济计	单垓、魏庙	826	3447	4854.9
乔庄	党支部书记：许兰亭 村委会主任：乔洪峰	乔庄	285	946	648.7
丁东	党支部书记：王兴全 村委会主任：王龙贵	丁东、崔庄	372	1322	1572.5
丁南	党支部书记：谢广欣 村委会主任：王显照	丁南	402	1450	1835.6
丁北	党支部书记：董广斌 村委会主任：王学斌	丁北	388	1290	2235.2
孟庄	党支部书记：孟凡运 村委会主任：孟海臣	孟庄	348	1151	1645.2
王庄	党支部书记：王庆会 村委会主任：王庆库	南王庄	140	511	512.3
张武屯	党支部书记：张维蛟 村委会主任：张维蛟	张武屯	582	2197	3057.5

（丁旭）

程屯镇

【概况】 程屯镇是郓城县北部门户，与济宁市的梁山县接壤，距县城15公里。全镇辖57个行政村（67个自然村），5.8万人，8.8万亩耕地。京九铁路和254省道纵横南北。镇东北宋江湖有水域面积近千亩，具有较高的旅游开发价值。城镇南部有郓城煤矿，涉及压煤搬迁村庄10个。

【招商引资和项目建设】 已初步形成农副产品加工、新能源、文化旅游、特色种养殖等为主导的产业体系。投资7.3亿元的圣元垃圾发电项目正在调试设备；龙泉农业科技有限公司与中国农科院合作投资3.63亿元的甘薯全利用项目正在紧张施工，龙泉淀粉已在上海证交所新四板上市；投资超过8亿元的村村通天然气输送项目正在办理开工前的相关手续；投资1.2亿元的优路通汽车配件项目正在建设厂房及研发楼；投资6500万元的金永固矿山机械项目，在开发区中小企业园选择了两栋厂房，正在加紧施工；由俊飞鸭业有限公司投资兴建的10万只良种鸭项目已在镇驻地开工；宋江湖景区扩建项目已启动，征地工作已完成，进景区道路施工完毕。

【工业经济运行】 2016年全镇规模以上工业企业11家，完成工业总产值12亿元、利税820万元；固定资产投入3.9亿元。全镇粮食产量达到65000吨；地方财政收入5200万元；农民人均纯收入达到10684元，同比增长12.9%。

【农村特色经济】 加快农田水利基础设施建设，新修建砂石路22公里，桥涵38处，扬水站17座，新打机井45眼，疏通河道48公里，高标准完成面积1.2万亩的国家千亿斤粮食计划程屯项目区建设。优化种植业结构，发展特色优质高效种植业。规范农村土地流转，促进适度规模经营，全镇共流转土地1.2万亩。大力推广优质经济作物种植，蔬菜大棚、油用牡丹、绿化苗木等一批各具特色的经济作物种植已初具规模。涌现出龙泉淀粉、绿源农场等一批龙头企业。

畜牧养殖实现规模化，养殖存栏量大幅增长，牛5000头、猪28000头、羊52000头、禽类超过36万只，形成南钱养牛，代庄、马庄养鸭，仝庄养猪、李宏养羊等几个各具特色的养殖专业村。以鑫荣牧业、俊飞鸭业和长发肉羊为代表的养殖龙头企业已实现科学化、规模化养殖。

【城镇建设及新农村建设】 社区建设进展顺利。小城镇建设扎实推进，供销社片区开发和程屯社区建设进展顺利，牛楼、厂洼社区已建成入住，李宏、肖皮口、晁楼社区正在施工，全镇已开工建设8万平方米，竣工4万平方米。高标准完善基础设施。镇污水处理站已建成使用，铺设排污管道3000米。

【民生建设】 2016年，镇农村淘宝“千县万村”工程蓬勃开展，已建设完成村级服务站7处。2016年实现农村劳动力转移就业3200人；新增社会保险参保2000余人，60岁以上老人按月足额领取基础养老金。

扎实推进义务教育均衡化工作，新建肖厅、钱楼、高楼、宋江湖和玉皇庙5处定点小学，改扩建中心小学及吕庙、刘庄、三村、曹垓、肖南6处原定点小学，程屯中学、肖皮口中学综合楼主体工程已完工，宿舍楼正在施工，确保2017年6月完成改薄任务。

规划以德商公路为主轴的五大村级公路网，已完成聊商路至季庄公路、郓黄路肖皮口段、青年路等路段改造、新建聊商路至王楼公路。村村

程屯镇中心卫生院

通农村公路改造工程已完成35.5公里。

程屯卫生院升级改造计划顺利实施，医疗卫生水平在全县同级别卫生院中名列前茅；镇养老院建设项目已完成初步规划，正在进行前期立项准备工作；全镇农村幸福院已有19处建成并投入使用，其他各村都在积极选址提报。

【乡村文明行动】 建立完善"户集、村收、镇运、县处理"的农村生活垃圾收集处理体系和中转运输机制，代表菏泽市通过省城乡环卫一体化验收组的验收。农村改厕项目已完成14村，陆续完成全镇旱厕全面改造。

【移风易俗】 实施移风易俗活动，制订完善村规民约，普遍建立村民议事会、道德评议会、红白理事会等群众组织，规范村民行为，开展"讲文明、讲科学、讲卫生、讲法制、改陋习"活动，引导农民群众崇尚科学，抵制封建迷信，杜绝黄赌毒，反对邪教，破除陋习，严格推行新事新办，丧事简办，加强村级红白理事会及农村媒人的管理，提升群众满意度。实现四德工程全覆盖，开展社会主义核心价值体系教育，宣传倡导社会主义道德规范，文明和谐风尚正在逐步形成。

【文化生活】 农民文化生活水平有较大提高，农村文化活动日益丰富。进一步加大农村公共文化设施建设的力度，全镇农村电视户户通、广播村村响、农村电影放映、农家书屋等重点文化惠民工程得到全面推动，手机电视、互联网信息服务在全省农村得到广泛普及；村村成立秧歌队、广场舞队，每年举办程屯镇秧歌文化艺术节和程屯镇广场舞大赛，丰富人民群众的文化生活。

【计划生育】 深化优质服务，强化基层基础工作。狠抓创新工作，加快新农村新家庭创建进程，加强宣传教育和育龄妇女健康检查工作，巩固优质服务创建成果。大力宣传国家二胎政策，做好优生优育服务。

【平安建设】 全镇以平安建设为目标，认真落实"一票否决"制，下大力气，狠抓稳定工作。结合领导干部分户包干的办法，将责任落实到人、落实到户。加大矛盾纠纷排查力度。确保各类矛盾纠纷和不稳定因素能够及时发现。加强矛盾纠纷的化解调处，将不稳定因素化解在萌芽状态。

【党建工作】 2016年，全镇先后召开15次党委会研究党建工作，组织8次集体学习，座谈党员群众340多人次，与支部书记谈话75人次。严格按照农村税费改革转移支付资金不低于20%和乡级每年财政新增部分3%的比例落实村级组织运转经费。发展壮大村级集体经济，80%的村摆脱空壳村的帽子。新建村级组织活动场所7处，基本保证村村都有议事场；6个村党支部被选为优秀服务型基层党组织。

表40　2016年程屯镇基本情况一览表

项目	单位	数量	项目	单位	数量
土地总面积	平方千米	96	总人口	人	58000
耕地面积	万亩	8.8	农业人口	人	50029
行政村、社区	个	57	人口出生率	‰	12
工业企业	个	17	人口自然增长率	‰	6
工业总产值	亿元	12	计划生育率	%	85
利税总额	万元	820	中小学	所	21
固定资产投资	万元	39880	在校学生	人	6495
农业总产值	万元	2600	幼儿园	所	19

续表

项目	单位	数量	项目	单位	数量
粮食总产量	吨	65000	在园儿童	人	1480
蔬菜总产量	吨	44764	教职工	人	411
肉类总产量	吨	3710	参加农村社会养老保险率	%	97
财政收入	万元	5200	农村合作医疗投保率	%	95
工商税收	万元	4300	最低生活保障人数	人	2200
农民人均收入	元	10684	养老机构供养老人	人	20

表 41 2016 年程屯镇行政村基本情况一览表

行政村	村两委主要负责人	包括自然村	居民户数（户）	总人口（人）	耕地面积（亩）
程屯	党支部书记：钱永存 村委会主任：崔如言	程屯	532	2269	3359
杨寨	党支部书记：杨丛建 村委会主任：杨丛士	杨寨、双合村	370	1437	1732
陈寨	党支部书记：陈永远 村委会主任：陈绍广	陈寨	140	514	707
孔庄	党支部书记：仝义春 村委会主任：仝宣合	孔庄	214	800	1289
崔辛庄	党支部书记：崔守信 村委会主任：崔全运	崔辛庄	64	206	429
甘庄	党支部书记：甘立存 村委会主任：甘志学	甘庄	65	267	435
苏庄	党支部书记：苏中法 村委会主任：苏昭平	苏庄	213	690	1157
肖前	党支部书记：杨洪海 村委会主任：赵庆川	肖前	274	1082	1878
肖后	党支部书记：贾元江 村委会主任：李德存	肖后、吴庄、苏庄	262	1021	2019
代庄	党支部书记：代传勤 村委会主任：代广忠	代庄	207	851	1352
王垓	党支部书记：王文芹 村委会主任：王光伟	王垓	197	849	1902
张垓	党支部书记：沈东池 村委会主任：冯　涛	张垓	289	1190	2235
纪庄	党支部书记：赵庆军 村委会主任：纪登俭	纪庄	139	597	783
玉皇庙	党支部书记：李福林 村委会主任：贾丙宽	玉皇庙	254	1041	1635
东渠	党支部书记：渠述启 村委会主任：渠继诺	东渠	202	1205	1814
李庄	党支部书记：李延敏 村委会主任：李延合	李庄	262	1201	1824
肖庙	党支部书记：肖善友 村委会主任：肖作民	肖庙、井屯	300	1238	2450
季庄	党支部书记：季长军 村委会主任：季厚岭	季庄	85	432	886

续表

行政村	村两委主要 负责人	包括自然村	居民户数（户）	总人口（人）	耕地面积（亩）
张庄	党支部书记：张　坤 村委会主任：张同岗	张庄、小张庄	217	882	1667
任垓	党支部书记：姬恩令 村委会主任：任洪勇	任垓	242	920	1968
尼庙	党支部书记：曹景波 村委会主任：曹景斌	尼庙	163	619	986
吕庙	党支部书记：吕端臣 村委会主任：吕端存	吕庙	299	1019	1950
杨楼	党支部书记：杨在考 村委会主任：杨德良	杨楼	111	454	688
晁楼	党支部书记：晁月涛 村委会主任：晁代军	晁楼	107	451	732
吴楼	党支部书记：徐长安 村委会主任：杨德才	吴楼	82	346	442
李统庄	党支部书记：李钦峰 村委会主任：王凤典	李统庄	291	1226	1864
崔庄	党支部书记：崔守辉 村委会主任：崔太清	崔庄	150	635	1073
肖南	党支部书记：张德全 村委会主任：肖玉军	肖南	286	1378	2613
肖北	党支部书记：张宪功 村委会主任：宫新科	肖北、农场	441	1747	3587
肖西	党支部书记：刘自山 村委会主任：王宗法	肖西	181	743	1429
曹垓	党支部书记：曹务征 村委会主任：曹修波	曹垓	315	1265	1861
宋徐桥	党支部书记：宋太学 村委会主任：徐龙玉	宋徐桥	105	555	825
牛那里	党支部书记：牛本银 村委会主任：王如举	牛那里	133	644	773
唐庙	党支部书记：张文华 村委会主任：张广民	唐庙	172	734	1297
黄垓	党支部书记：杨述峰 村委会主任：杨庆珍	黄垓	174	686	1269
马沙湾	党支部书记：马近峰 村委会主任：马善良	马沙湾、庄庄	162	630	1217
王春亭	党支部书记：王玉生 村委会主任：王法全	王春亭	110	445	571
高楼	党支部书记：高双印 村委会主任：高建臣	高楼	453	1796	3423
张辛庄	党支部书记：张发收 村委会主任：李志强	张辛庄	127	466	838
南钱	党支部书记：李兴坤 村委会主任：钱永斗	南钱、韩庄、西钱	244	914	1560
北钱	党支部书记：钱爱山 村委会主任：钱永宾	北钱	151	623	1054
徐楼	党支部书记：张善忠 村委会主任：徐淑松	徐楼	218	873	1531
孔洼	党支部书记：孔令峰 村委会主任：孔凡生	孔洼	172	655	1313
马庄	党支部书记：马士朋 村委会主任：丁长生	马庄	123	517	781

续表

行政村	村两委主要 负责人	包括自然村	居民户数（户）	总人口（人）	耕地面积（亩）
张屯	党支部书记：吴玉金 村委会主任：张同印	张屯、吴屯	327	1306	3564
姚庄	党支部书记：马近付 村委会主任：马修银	姚庄	177	709	1083
广洼	党支部书记：王显文 村委会主任：高玉佃	广洼	224	935	1801
牛庄	党支部书记：牛绪钦 村委会主任：牛洪欣	牛庄	173	644	1395
岳庄	党支部书记：杨效军 村委会主任：岳修运	岳庄	118	520	974
王府	党支部书记：李继冉 村委会主任：高月臣	王府	232	998	1621
李宏	党支部书记：丁永民 村委会主任：于继存	李宏	272	1053	1729
王坊	党支部书记：薛祥臣 村委会主任：肖善福	王坊	144	550	1162
冷庄	党支部书记：李德川 村委会主任：李长洗	冷庄	217	1026	1832
王楼	党支部书记：王正亮 村委会主任：王广合	王楼	347	1540	2349
刘庄	党支部书记：刘瑞田 村委会主任：刘立安	刘庄	262	969	1874
西渠	党支部书记：渠述良 村委会主任：渠敬元	西渠	223	970	1664
仝庄	党支部书记：仝兆全 村委会主任：吴冬丽	仝庄	198	752	1298

（高国辉）

玉皇庙镇

【概况】 玉皇庙镇位于县城西 12.5 公里处，北邻张集乡、侯咽集镇，南与双桥乡接壤，西与水堡乡接壤，东与唐塔街道毗邻。总面积 90 平方公里，人口 5.6 万人，辖 60 个行政村，85 个自然村，耕地面积 5867 公顷，水浇面积 90% 以上，交通便利，历史文化悠久，是郓城西部农业大镇、工业重镇。全镇土壤多沙质和黏性土壤，土质疏松，耕性及通透性良好，适宜小麦、棉花、玉米、大豆、花生等作物生长，是郓城县的“粮仓”之一。玉皇庙镇水力资源丰富，水利设施完备，河流众多，郓城新河、跃进河为境内主要河流。金堤南河、北河、霍楼沟、孔厂沟、一至五支干和九支沟纵横交错，贯穿全镇、排水便利。

【招商引资和项目建设】 全镇工业结构进一步优化，恒基集团、汇美包装、福源塑业、德鸿纺织等龙头企业逐步壮大，带动能力和持续发展能力增强。全镇规模以上企业已达 20 余家。机械行业龙头山东恒基集团股份有限公司前身是玉皇庙农机厂，经过 10 年的发展，共有职工 1000 余人，建筑面积 30 万平方米，拥有现代化高端设备 1000 台套，固定资产投资 6.7 亿元，于 2013 年 7 月 1 日成立恒基党委，2015 年 11 月在全国新三板挂牌上市。近 5 年来，恒基集团累计上缴税金 1 亿元。建成恒旭保温材料、大华纺织扩建 1 万纱锭项目、旭和机械、金正模具、金众锻造、齿轮技术改造等多个新型建设项目。郓城润土新型建材有限公司年产 2 亿块新型多孔砖建设项目、恒基集团年产 2 万台智能物流机械装备建设项目、祥盛玻璃科技有限公司年产 4 万吨轻量化玻璃制品建设项目等正在建设中。

【工业经济运行】 全镇民营企业共 115 家，其中规模以上企业20家，分别是恒基工程机械、金源纺织、大地纺织、大华纺织、隆顺纺织、恒丰纺织、六和饲料、汇美包装、宏运陶瓷、远大工程机械、诚成藤编、久鑫纺织、正帆工程机械、鑫元机械、华隆木业、五龙饲料、鲁晋服装有限公司、海涛酒类包装有限公司、新誉建材厂、福源塑业。工业总产值30亿元，工业增加值占GDP的71.43%，销售产值28.5亿元，实现利税2.4亿元，新增就业人数4500余人。形成以机械加工、棉纺织、木材加工、酿造等为主的产业体系。其中机械加工业、棉纺织业走在全县前列。

【农业生产】 大力发展“水果、蔬菜、畜牧养殖”三大特色产业，积极培育经济增长点，延伸产业发展线，拓宽技术指导面。结合实际情况，打造以陈庄、张庄、徐窑为中心的“水果种植产业带”，拥有水果种植面积1600余亩；形成以李湾、老口、马湾为中心的“蔬菜种植产业带”，拥有蔬菜大棚100多个；形成以史樊庄、房村、前玉、马营、梁集为中心的“畜牧养殖产业带”，每年养殖家禽、奶牛等500多万只、头。西陈庄村被县委、县政府定为3个“特色旅游村”之一。

【城镇化及新农村建设】 累计投入资金1.2亿元，建设镇内道路12条，25公里，铺设地下管网8公里，并投资600万元进行绿化、亮化，全镇路灯总数达到1600余盏。投资1200万元进行商业步行街建设。深入开展镇村卫生环境整治，投资100万元新购置洒水车、道路清扫机、垃圾清运车等设备，铺设村内排污管道1200米，硬化路面8万平方米。完成38户农村困难群众危房改造任务。集中开展环境卫生大扫除活动，及时清理生活垃圾，农业生产垃圾，消除卫生死角，大力提高清扫保洁水平，不断改善乡村环境卫生面貌。按照生态文明的理念，发动群众开展村庄绿化、美化、亮化、硬化活动，进一步提升城乡一体化建设水平，确保全镇乡村建设工作健康有序发展。抓好农村危房改造工作，完成县下达500个危房指标任务，群众获补助资金960万元。

【民生及平安建设】 推进创业就业工程，坚持做好职业技能培训，提升劳动者就业创业能力。加快社会保障和社会救助体系建设，扩大社会保险覆盖面，新型农村养老保险基金人均每月增加20元，农村低保对象补助人均每月100元，新农合筹资标准由20元提高到140元。广泛开展全民健身、节庆文娱、文化下乡活动，深入实施广播电视村村通、农村数字电影、农家书屋等工程。组织秧歌队、广场舞队22个，在25个村建设百姓大舞台，在22个村建设娱乐活动广场，发放健身器材50余套。全面加强公共卫生体系和医疗网络体系建设，提高公共医疗技术和预防保健水平。农村社会养老保险参保率达90.6%，新型农村合作医疗参合率达100%；全乡低保对象5828名、孤儿22名、残疾人1196名、五保对象144名、90岁以上高龄老人76名全部享受农村低保和各类生活补贴；累计救助灾民和困难群众4212人次，发放各类救济救灾物资价值达53万元。进一步优化科技服务平台，镇政府建设综治服务大厅，各职能部门统一办公，配备各种办公设施，更加快捷优质的服务大众，同时公安系统在全镇新增监控探头600余个，确保人民群众安居乐业。

菏泽电视台《锦绣梨园》节目组来玉皇庙镇前玉村演出

【计划生育】 继续实施计划生育惠民政策，稳定低生育水平。全镇总人口5.8万人，人口自然增长率为4.02‰，比责任指标7‰低2.98个千分点。出生人口性别比为103.5 ∶ 100 ，出生人口性别比趋于正常。免费孕前优生健康检查项目扎实推进。全年共完成康检1293例，免费孕前优生检查95对。

【党建工作】 在76个基层党组织、2502名党员从严从实开展党的群众路线教育实践活动、“双联双创”和“三严三实”专题教育，通过多种形式，广泛开展《中国共产党廉洁自律准则》《中国共产党纪律处分条例》学习宣讲活动，广大党员干部素质得到提高。服务基层注重深入性，以群众最关心、最直接、最现实的问题为切入点，把矛盾化解在一线，共成功化解基层不稳定因素13起，其中处于萌芽状态的4起，问计于民征求到各类意见建议369条次，其中涉及“四风”问题272条次，为农户直接办理各类事项178件，参与中心工作342人次。

表42 2016年玉皇庙镇基本情况一览表

项目	单位	数量	项目	单位	数量
土地总面积	平方千米	90	总人口	人	57345
耕地面积	万亩	8.6	农业人口	人	52832
行政村	个	60	人口出生率	‰	12
工业企业	个	115	人口自然增长率	‰	5.9
工业总产值	亿元	30	计划生育率	%	62.3
利税总额	亿元	2.4	中小学	所	22
固定资产投资	万元	24800	在校学生	人	7250
农业总产值	万元	88700	幼儿园	所	30
粮食总产量	吨	7359	在园儿童	人	1980
蔬菜总产量	吨	987	教职工	人	475
肉类总产量	吨	909	参加农村社会养老保险率	%	96
财政收入	万元	7540	农村合作医疗投保率	%	98
工商税收	万元	4397	最低生活保障人数	人	2480
农民人均收入	元	13600	养老机构供养老人	人	152

表43 2016年玉皇庙镇各行政村基本情况一览表

村名	村两委负责人	包括自然村	户数(户)	人口(人)	耕地面积(亩)
刘西	党支部书记：刘保振 村委会主任：刘保庆	刘西	468	1404	2586
王集	党支部书记：张留山 村委会主任：王宪国	王集	252	748	1221
刘南	党支部书记：刘尊香 村委会主任：刘尊令	刘南	237	707	997
六姓口	党支部书记：许效聚 村委会主任：刘效锁	六姓口	162	486	637

续表

村 名	村两委负责人	包括自然村	户 数(户)	人 口(人)	耕地面积(亩)
张胡同	党支部书记：张贵祥 村委会主任：张纯客	张胡同	512	1535	2305
马庄	党支部书记：马保现 村委会主任：李传保	马庄	60	176	195
河东张	党支部书记：张修路 村委会主任：张纯杰	河东张	75	221	323
姬庄	党支部书记：王化庄 村委会主任：王化益	姬庄	163	490	609
河东李	党支部书记：李延选 村委会主任：李德进	河东李、苏楼	312	779	1266
刘东	党支部书记：刘代宪 村委会主任：刘保银	刘东	277	831	1084
李庄	党支部书记：李明收 村委会主任：李继知	李庄	115	345	673
朱湾	党支部书记：朱田昌 村委会主任：朱　剑	朱湾	302	907	1628
玉皇庙	党支部书记：郑学海 村委会主任：郑从想	玉皇庙、后新庄	752	2255	2693
史樊庄	党支部书记：樊军华 村委会主任：樊雪华	史樊庄	310	926	1720
祝桥	党支部书记：祝玉才 村委会主任：祝令显	祝桥、郭庙、马庄、李垓	750	2250	3818
安庄	党支部书记：祝仰帅(代) 村委会主任：王怀旗	安庄	187	559	1088
彭庄	党支部书记：彭济夏 村委会主任：彭济山	彭庄	237	707	1124
林庄	党支部书记：王兴同 村委会主任：王学文	林庄	166	498	868
曹庄	党支部书记：曹广春 村委会主任：曹广春	曹庄	97	301	525
程楼	党支部书记：单承启 村委会主任：单承启	程楼	235	698	958
五岔口	党支部书记：马圣杰 村委会主任：马廷昌	五岔口、邢桥、三义村	708	2125	3147
东马楼	党支部书记：马祥银 村委会主任：马玉收	东马楼、三义村	330	990	1589
刘庄	党支部书记：刘友标 村委会主任：刘贵宾	刘庄	349	1042	1656
马刘庄	党支部书记：马传现 村委会主任：刘建斌	马刘庄	227	680	1296
黄西	党支部书记：黄福珍 村委会主任：黄儒磊	黄西、南黄桥	408	1225	2329
曾庄	党支部书记：段作俭 村委会主任：段作珍	曾庄	599	1797	2928
李樊庄	党支部书记：李殿友 村委会主任：李殿勇	李樊庄、义祥村	506	1519	2063
郭李庄	党支部书记：郭广太 村委会主任：谢桂英	郭李庄	197	586	847
樊庄	党支部书记：樊现启 村委会主任：樊保建	樊庄	223	669	981

续表

村 名	村两委负责人	包括自然村	户 数（户）	人 口（人）	耕地面积（亩）
鹿湾	党支部书记：祝东风 村委会主任：鹿传国	鹿湾	195	585	785
丁庄	党支部书记：侯宪西 村委会主任：侯宪西	丁庄	105	316	182
朱庄	党支部书记：朱以光 村委会主任：朱道航	朱庄	162	486	679
朱寨	党支部书记：李安民 村委会主任：李安民	朱寨	125	375	589
葛庄	党支部书记：葛敬舜 村委会主任：葛增站	葛庄	268	804	874
黄东	党支部书记：黄启振 村委会主任：黄振南	黄东、新黄桥	507	1520	2321
樊楼	党支部书记：郑玉海 村委会主任：樊学文	樊楼	327	980	2159
张庄	党支部书记：张忠心 村委会主任：马卫标	张庄	243	727	1047
陈庄	党支部书记：孟祥记 村委会主任：陈广青	陈庄、孟庄	171	513	1549
徐窑	党支部书记：马传巧 村委会主任：徐龙建	徐窑、马营	284	851	860
前玉	党支部书记：祝仰浩 村委会主任：仝西太	前玉	203	609	1375
卜窑	党支部书记：卜祥现 村委会主任：卜令辉	卜窑	136	408	752
俄厂	党支部书记：张云道 村委会主任：杨玉芝	俄厂	342	1024	1894
贾庄	党支部书记：贾作廷 村委会主任：贾庆山	贾庄	275	825	1302
孙庄	党支部书记：孙为师 村委会主任：孙德金	孙庄	272	816	1316
蒋庙	党支部书记：刘善义 村委会主任：刘善义	蒋庙	233	699	866
永富庄	党支部书记：樊兆英 村委会主任：樊兆英	永富庄	154	458	625
李湾	党支部书记：李尊喜 村委会主任：朱祥昌	李湾、彭湾	387	1161	1891
孔厂	党支部书记：任兰更 村委会主任：任万宗	孔厂	318	950	1814
苗胡同	党支部书记：杨庆锁 村委会主任：牛传林	苗胡同、葛庄	347	1041	1857
韩庄	党支部书记：赵言华 村委会主任：赵言河	韩庄	334	995	1591
梁集	党支部书记：王均杨 村委会主任：王建华	梁集、高楼、许庄	524	1573	3274
马湾	党支部书记：马成雨 村委会主任：马雪宴	马湾、新马湾	330	990	1350
北丁庄	党支部书记：李海君 村委会主任：李凤林	北丁庄	171	511	797
北郑	党支部书记：郑瑞轻 村委会主任：祝海建	北郑	488	1460	

续表

村 名	村两委负责人	包括自然村	户 数（户）	人 口（人）	耕地面积（亩）
刘小口	党支部书记：刘孝成 村委会主任：王洪举	刘小口、徐庄	262	781	1325
南郑	党支部书记：仝金礼 村委会主任：仝春霞	南郑	350	1046	1862
魏庄	党支部书记：魏占东 村委会主任：魏占民	魏庄	157	470	905
房村	党支部书记：房领瑞 村委会主任：崔现福	房村	298	895	1557
刘张庄	党支部书记：刘保灵 村委会主任：刘缵仓	刘张庄	193	580	513
老口	党支部书记：程世路 村委会主任：程修民	老口、唐庄	292	877	1400
义和村	党支部书记：刘云华（代） 村委会主任：	义和村	229	686	908
马厂	党支部书记：马圣松 村委会主任：	马厂	167	497	879
张堂	党支部书记： 村委会主任：孙福占	张堂	247	741	901
刘王庄	党支部书记：黄秀静 村委会主任：	刘王庄	62	186	321
杨集	党支部书记：杨庆东 村委会主任：孙玉环	杨集	133	399	552

（汤云刚）

张营镇

【概况】 郓城县张营镇地处郓城县和济宁市梁山县、嘉祥县交界处，素有菏泽东大门之称，济董公路横贯全镇；全镇辖34个行政村，总面积78.6平方公里，耕地面积8.1万亩，总人口63395人，其中农业人口34261人。境内彭庄煤矿是全市第一座投产的矿井。

【招商引资和项目建设】 张营镇民营经济发展迅速，全镇“四上”企业达到51家，投资过亿元项目28家，其中在县经济开发区落地20家。2016年，华宝食品猪肉储备库及检测中心、鑫亿通包装材料、晶玻集团轻量化玻璃制品3个投资过亿元的项目竣工并投产运营。在镇域内落户投资2.8亿元、占地800亩的30兆瓦光伏发电项目、投资7.6亿元的垃圾发电项目、占地1200亩的百疏园蔬菜生产基地项目和彭湖湿地生态旅游5家过亿元项目，即将落地大项目有后彭村美丽乡村建设项目、张营镇棚户区改造项目、昌盛农光互补项目和瑞升玻璃二期扩建项目。

【工业经济运营】 2016年底完成固定资产投入16亿元，全镇完成财政收入6170万元，农民人均纯收入1.4万元。企业263家，规模以上工业企业25家，主营业务收入38亿元。在县经济开发区建设华宝牧业、翔达机械、泰和印刷、瑞升玻璃、华北化纤等16个过亿元的工业企业，镇驻地企业35家，已形成纺织、机械制造、搪瓷特色产业。

【小城镇建设及新农村建设】 聘请上海中建建筑设计院正在进行特色小镇3.8平方公里的总规和详规编制，中广新能源投资2.8亿元的光伏发电一期30MW发电项目已并网发电；仲楼等15个村的分布式光伏已完成安装，下年还将引进青岛奥博新能源等有实力的企业，继续提升小屯、刘官屯新村2个光伏村，着力打造全方位立体式的光伏小镇。充分依托镇域基础，着力构建“两轴四区”的小城镇总体格局，投资900万元完成中心商业街、振兴街、府东路3条镇区道路的升级改造，新栽行道树1200多棵，安装路灯98盏，并新建文化广场1处。

刘官屯新村

【农业特色产业】 现代化农业示范园区已呈现出良好的发展势头，投资2800多万元的百蔬园蔬菜示范园初具规模，建成连体式蔬菜大棚6个，琴弦式蔬菜大棚40个，可年产蔬菜1.8万吨，成为鲁西南最大的无公害蔬菜供应基地；后彭村现代农业示范园已流转土地600亩，已建成温室大棚80个。绿化苗木示范园，种植面积已达到2.5万亩，年销售收入超过3亿元，成为江北最大的苗木调拨基地。良种繁育示范基地2016年，新成立农业专业合作社18家。利用压煤塌陷区建成的张营镇光伏发电站，年发电量3500万度，实现产值4200万元，实现税收714万元。电厂农业服务公司利用光伏板下土地空间，进行高效种植和养殖，吸纳12个村有劳动能力238户贫困户进公司务工。

【精准扶贫工作】 进一步健全完善建档立卡信息，精准编制全镇贫困人口分布图；狠抓苗木与电子商务结合，有15个村1.8万亩绿化苗木，成立48家绿化苗木专业合作社和31个苗木销售网站。11个村安装分布式光伏发电，优先给贫困户安装，每年可增收3000元。张营镇12个扶贫车间已经全部建成并且投入使用，周边很多贫困户可以到扶贫车间打工。加快贫困户脱贫步伐，全镇发放“富民农户贷”和“富民生产贷”800万元，实现1898人脱贫，超额完成脱贫任务。

表44　2016年张营镇基本情况一览表

项目	单位	数量	项目	单位	数量
土地总面积	平方千米	78.6	总人口	人	63395
耕地面积	万亩	5.78	农业人口	人	34261
行政村、社区	个	34	人口出生率	‰	14.6
工业企业	个	136	人口自然增长率	‰	7.4
工业总产值	亿元	59.8	计划生育率	%	93.4
利税总额	万元	57557	中小学	所	24
固定资产投资	万元	32767	在校学生	人	6673
农业总产值	亿元	7.5	幼儿园	所	18
粮食总产量	吨	64600	在园儿童	人	1869
蔬菜总产量	吨	39736	教职工	人	646
肉类总产量	吨	16820	参加农村社会养老保险率	%	100
财政收入	万元	6170	农村合作医疗投保率	%	100

续表

项目	单位	数量	项目	单位	数量
工商税收	万元	1859	最低生活保障人数	人	1862
农民人均收入	元	14064	养老机构供养老人	人	216

表45　2016年张营镇行政村基本情况一览表

行政村	村两委主要负责人	包括自然村	居民户数（户）	总人口（人）	耕地面积（亩）
张一	党支部书记：张友芹 村委会主任：高广军	张营一村	601	1918	2520
张二	党支部书记：高成建 村委会主任：高楚斌	张营二村	476	1535	1635
张三	党支部书记：张友见 村委会主任：张纯强	张营三村	559	1767	2009
车市	党支部书记：吴德宝 村委会主任：吴德轩	车市	283	929	1113
吴店	党支部书记：孔令华 村委会主任：吴汉西	吴店	653	2072	3493
蔡孙庄	党支部书记：李效青 村委会主任：李广银	蔡孙庄	217	644	1017
十二里铺	党支部书记：刘瑞金 村委会主任：侯殿斌	十二里铺	748	2401	3839
张官屯	党支部书记：张新民 村委会主任：张连民	张官屯	933	2864	3763
小民屯	党支部书记：宋明言 村委会主任：宋明言	小民屯	800	2439	3667
小屯	党支部书记：刘红雷 村委会主任：李　伟	小屯	881	2891	4720
黄垓	党支部书记：苑立增 村委会主任：苑立增	黄垓	741	2355	2393
陈河口	党支部书记：陈进海 村委会主任：陈光山	陈庄	350	1149	1460
曹庄	党支部书记：王立叶 村委会主任：王立叶	曹府庄	351	1146	1610
仲楼	党支部书记：牛汉柱 村委会主任：牛汉柱	仲楼	469	1590	2281
后彭	党支部书记：彭迎存 村委会主任：彭存强	后彭庄	783	2586	2943
祝河口	党支部书记：祝玉勇 村委会主任：祝仰拥	祝河口	602	2014	2750
周河口	党支部书记：周长环 村委会主任：周生祥	周河口	428	1437	1844
马庄	党支部书记：马德春 村委会主任：杜道杨	马庄	397	1305	1624
吴楼	党支部书记：吴端勋 村委会主任：樊护林	东樊楼	369	1314	1340
大人	党支部书记：吴复林 村委会主任：江武成	大人	863	2747	3109

续表

行政村	村两委主要负责人	包括自然村	居民户数（户）	总人口（人）	耕地面积（亩）
魏垓	党支部书记：魏敬文 村委会主任：魏清霞	魏垓	625	2164	2236
殷垓	党支部书记：李庆伟 村委会主任：殷先柱	前李庄、殷垓	380	1323	1156
闫庄	党支部书记：闫继忠 村委会主任：闫继忠	东闫庄	418	1398	1905
前唐	党支部书记：唐玉前 村委会主任：杜德府	前唐庄	316	1109	1161
后唐	党支部书记：唐建启 村委会主任：唐恒银	后唐庄	379	1250	1713
韩垓	党支部书记：韩振肖 村委会主任：王宗合	后李庄、韩垓	693	2438	3266
二十里铺	党支部书记：蒋言刚 村委会主任：牛汉同	牛堂、二十里铺	980	3165	5270
孙马厂	党支部书记：孙庆标 村委会主任：孙西河	孙马厂	518	1647	2021
潘庄	党支部书记：潘若冉 村委会主任：潘若辉	姬庄、西樊楼	518	1686	2243
高庄	党支部书记：张纯朵 村委会主任：赵汉东	高庄	267	1575	2662
徐庄	党支部书记：徐秋良 村委会主任：徐成代	徐庄	268	874	1223
刘一	党支部书记：陈玉山 村委会主任：杨念华	新庄、刘一	562	1755	2400
刘二	党支部书记：张道成 村委会主任：杨红超	刘二	573	1865	2208
刘三	党支部书记：王　鹏 村委会主任：王传珠	王庄、刘三	582	1903	2376

（王旭东）

潘渡镇

【概况】 潘渡镇位于郓城县城西北9公里，辖37个行政村，61个自然村，人口6.1万人，耕地面积7.8万亩。京九铁路、254省道、潘杨路、郓李路纵横境内，素有郓城北大门之称，是郓北重要的商品集散地。

【招商引资和项目建设】 加大招商引资力度，积极推进大项目建设。年初投资新建的双启门业项目已建成投产；华亿达纺织有限公司投资1000万元的技改项目已完成，新上300台喷气织机项目部分机器设备已到位；镇中心敬老院主体工程已完工，配套设施建设正在逐步完善，已投入使用；镇驻地新建、续建过千万元企业4家。

【工业经济运行】 2016年，全镇有民营企业85家，其中规模以上企业19家，涉及纺织、板材加工、畜产品加工、农副产品加工、运输等行业。纺织企业21家，纱锭28万枚，织机300台，

华亿达纺织有限公司

畜产品加工企业27家。盛昌化工100万吨/年重芳烃加氢综合利用项目正在加紧建设，郓城煤矿完成井下提升运输系统。针对企业的现状，镇积极引导企业加快推进企业自主创新步伐，不断整合现有的资源。

【小城镇建设及新农村建设】 一品名庭家园二期已完成2栋楼房建设；富民家园4栋居民楼已完成封顶；规划建设15000平方米的教师周转房已建设完成。任屯社区、冯店社区二期、王屯社区共6栋居民楼主体工程已完工，正在进行内外装饰及配套设施建设；梁庄新村二期2栋居民楼已完成主体建设。在全镇提倡婚事新办、丧事简办。基于全镇16～26周岁这一群体，镇上成立融婚介、电商、征兵、计生、就业指导等一体化的“青年之家”综合服务平台，集合民政、计生、团委、妇联、工会等部门的力量，对这部分群体重点做工作，宣扬婚事新办的社会新风尚，并提供结婚、就业等帮助。

【扶贫开发】 全面完成建档立卡工作，认真落实单位包村、干部包户、驻村工作队等措施，逐级签订责任状。对全镇贫困人口建立档案信息，根据贫困人口特点，通过一村一品，一户一策、一人一岗“三个一工程”，建立精准扶贫大数据库。2016年底完成脱贫1136户，2266人。大力推进精准扶贫和“一乡一业、一村一品”工作。成立潘渡镇扶贫开发工作领导小组，明确1名正科级干部专门分管扶贫工作。对全镇2.3万贫困人口建立档案信息，并逐村公示留存影像资料，绘制扶贫地图，填写扶贫手册。全镇共有专业合作社203家，规模养殖场80余处，马扎加工35家，金银花种植160余户；明确一名党员干部至少帮扶1—2个贫困户。组织电子商务培训班15期，共培训2000余人，全镇已建成潘东、潘西、刘坡、李楼、王沃庄等5个村级淘宝服务站，有7家规模企业开设了网站和网络销售平台。

【行政村规模调整】 根据县委县政府制订的行政村规模调整实施意见，经过调查研究，多渠道、多层面、反复征求意见，合并撤销24个行政村，合并后潘渡镇所辖行政村个数为37个，人口在1200人以上的村30个，其中2000人以上的村11个。

【民生建设】 对11处小学进行全面改薄，规划新建镇中心小学，选址已完成；通过镇村自筹和争取上级资金，共筹集配套资金658万元，修建涉及29个村庄、总里程达64.625公里的“村村通”道路；筹集资金10万余元，为各村建设标准化四德榜，新建村级文化广场7处；先后投入325万元，建设垃圾中转站1处，全镇共配备钩臂式垃圾车6辆、密闭式垃圾箱80余个、垃圾桶600余个；建立3个电商孵化基地，依托马扎、食品加工等产业，将潘西村打造成淘宝专业村。全年完成转移劳动力1652人，城镇就业1105人。

潘渡镇中心敬老院

【社会治理】 投资30万元新建总面积330平方米的潘渡镇社会治安综合治理（平安建设）工作中心。设置综合协调工作室、治安综治工作室、矛盾纠纷调处工作室、网格管理办公室等4个工作室和1个群众诉求服务大厅。要求每天至少一名副科级干部接访值班，确保“小事不出村、大事不出镇”；投资20余万元，健全完善镇域所有监控系统，共计424个摄像头全部安装完毕，建立“全覆盖、无盲区”的安全管理监控网络。统筹抓好消防安全、食品药品安全监管环境保护工作等工作。

【党建工作】 强化认识，全面落实党建工作责任制。一是带头落实责任。对2015年度党建述职评议中排查的问题进行逐一整改。二是带头参加组织生活。2016年，共组织中心组成员集中学习12次，召开党建工作例会4次，领导干部民主生活会2次。三是带头建立联系点。全年到村走访140余次，协调资金27.6万元，为草庙村修建水泥路1.5公里。推进学习型党组织建设。成立“两学一做”学习教育工作领导小组，制定工作方案，明确学习方式、内容和具体要求，做好组织部署。通过每周一次集中学习、手抄党章、领导干部上党课、邀请新中国成立前老党员讲述革命事迹、党员志愿者服务等活动，使全镇党员干部转变作风，提高为民服务本领。优化干部队伍，培养后备力量。2016年，共组织教学活动50余次，培训党员干部群众1.5万人次。严格按照党员发展程序，培养入党积极分子77名，确定党员培养对象35名，吸收预备党员12名。着力建设依法廉洁高效政府。开展“基层组织建设提升年”活动，认真落实党建工作责任。严格遵守中央八项规定，不断强化落实情况的监督检查，严防“四风”问题反弹。积极开展规范性文件清理、推动依法行政工作，贯彻实施公务用车制度改革，严控“三公”经费开支，努力打造廉洁高效政府形象。注重抓早抓小，构建廉政约谈工作机制。

表46　2016年潘渡镇基本情况一览表

项目	单位	数量	项目	单位	数量
土地总面积	平方千米	79.3	总人口	人	59036
耕地面积	万亩	7.72	农业人口	人	55512
行政村	个	37	人口出生率	‰	12
工业企业（规模以上）	个	19	人口自然增长率	‰	6.5
工业总产值	亿元	33	计划生育率	%	93.5
利税总额	万元	48730.5	中小学	所	18
固定资产投资	万元	43000	在校学生	人	7294
农业总产值	万元	19865	幼儿园	所	15
粮食总产量	吨	59671.9	在园儿童	人	400
蔬菜总产量	吨	34034.6	教职工	人	1600
肉类总产量	吨	3763.1	参加农村社会养老保险率	%	100
财政收入	万元	6014	农村合作医疗投保率	%	100
工商税收	万元	5709	最低生活保障人数	人	2170
农民人均收入	元	9989	养老机构供养老人	人	24

表 47　2016 年潘渡镇行政村基本情况一览表

行政村	村两委主要负责人	包括自然村	居民户数（户）	总人口（人）	耕地面积（亩）
梁庄	党支部书记：梁乃宝 村委会主任：刁兆星	梁庄、吴庄、刁河沟	560	2098	3002
李杭	党支部书记：李德义 村委会主任：孙广成	李杭、高庄、孙杭	738	2515	3714
朱屯村	党支部书记：陈新龙 村委会主任：朱以贞	朱屯	475	1702	2234
马庄	党支部书记：马成民 村委会主任：马忠学	马庄	286	887	1758
任屯	党支部书记：周生华 村委会主任：王现平	任屯	636	1943	3864
前坝	党支部书记：王作建 村委会主任：樊庆秋	前坝	573	1538	1811
刁孟庄	党支部书记：刁望经 村委会主任：张彦巧	刁孟庄、张湾、后坝	636	1952	2337
冯店	党支部书记：冯宝玉 村委会主任：刁兆明	冯店	386	1203	1024
侣庄	党支部书记：肖作云 村委会主任：刁秀石	侣庄、刘垓	384	1353	1792
李河口	党支部书记：李德太 村委会主任：李善杰	李河口、陈坊、宋庄	490	1686	2264
三栈	党支部书记：吴双来 村委会主任：陈如钦	陈栈、宋栈、刘栈	606	2037	3641
潘西	党支部书记：谭效建 村委会主任：谭相虎	潘西	805	2389	1207
潘东	党支部书记：张爱忠 村委会主任：王瑞霞	潘东	725	2015	1871
潘北	党支部书记：刘新江 村委会主任：谭新愿	潘北	862	2503	2387
薛楼	党支部书记：薛传立 村委会主任：薛艳君	薛楼	388	1193	1503
王西	党支部书记：王建良 村委会主任：王彦军	王西	533	1308	1950
王东	党支部书记：刘卫国 村委会主任：王保华	王东	572	1552	1770
曾屯	党支部书记：曾广峰 村委会主任：邢万柱	曾屯	324	969	1335
仝坝	党支部书记：仝兆营 村委会主任：孙俊来	仝坝	248	873	1283
樊楼	党支部书记：刘玉忠 村委会主任：樊兆同	樊东、樊西	358	1238	1853
杨庙	党支部书记：杨新军 村委会主任：杨庆增	杨庙、张庄、郝庄	517	1843	3274
王大棒	党支部书记：王钦忠 村委会主任：司振轩	王大棒、薛庄	449	1512	2229
仝老家	党支部书记：马增良 村委会主任：仝庆芹	仝老家	646	1960	3020
王沃庄	党支部书记：吕端春 村委会主任：李桂俭	王沃庄、龚庄、黄龙庄	756	2580	4403

续表

行政村	村两委主要负责人	包括自然村	居民户数（户）	总人口（人）	耕地面积（亩）
马楼	党支部书记：张合增 村委会主任：仝代金	马楼、侯庄	382	1431	1689
仝辛庄	党支部书记：仝代才 村委会主任：仝玉江	仝辛庄	374	1163	1400
东王	党支部书记：王景国 村委会主任：李效廷	东王、机房、槐墩	388	1201	1317
西王	党支部书记：孙根启 村委会主任：王继增	西王、唐坊	380	1223	1602
李河涯	党支部书记：李同芳 村委会主任：李维良	李河涯	475	1372	1493
西孙	党支部书记：孙明峰 村委会主任：孙广建	西孙庄	248	802	890
吴皮	党支部书记：王良磊 村委会主任：刘敬存	吴皮	813	2220	2396
李楼	党支部书记：李尊立 村委会主任：王汉军	李楼	609	2192	2170
王楼	党支部书记：陈庆文 村委会主任：李长岭	王楼	421	1484	1960
仝林	党支部书记：仝丙田 村委会主任：仝丙江	仝林	342	1238	1784
草庙	党支部书记：刘传秀 村委会主任：高广锡	草庙、高园	456	1477	1614
双庙	党支部书记：仝瑞杰 村委会主任：李　烨	双庙、刘坡	359	1227	1727
王井	党支部书记：刁望坦 村委会主任：王少银	王井、刁林	357	1157	1632

（辛文潮）

南赵楼镇

【概况】 南赵楼镇位于郓城城南23公里，辖区面积58.23平方公里，辖34个行政村，3.8万人，耕地5.1万亩，距日东高速入口5公里，S339省道横贯全境。南赵楼镇先后被授予国家级生态乡镇、全国文明创建工作先进乡镇、山东省先进基层党组织、省精神文明建设先进乡镇、省生态文明示范乡镇、省小城镇建设示范镇、省生态文明乡村建设先进乡镇、省科普村村通百强乡镇、省中小企业创业互联网+特色产业强镇、菏泽市党建工作先进乡镇、市城乡规划工作先进单位、市压煤村庄工作先进集体、市职业道德建设先进单位、市科普示范乡镇。

【招商引资和项目建设】 投资5.6亿元的北京威顿（郓城）玻璃制品项目已开工建设，投资4.4亿元的鲁发新能源选址已结束，正在完善相关手续，预计2017年底两个项目均可建成投产，可推动全县相关产业提档升级，逐步提升高、精、尖产业水平和产品附加值，初步形成能源、化工、玻璃、医药等支柱产业。全镇工业企业86家，其中规模企业25家，规模企业主营业务收入达到32亿元。

【工业经济运行】 南赵楼镇经济发展、城镇商贸繁荣、生态文明、社会安定。全镇财政收入完成8364万元，其中国税收入完成977万元，地税完成7285万元。全镇各类民营企业发展到45家，其中规模以上工业企业25家，形成煤电、化工、机械制造、木材加工、酒类包装、服装加工六大支柱产业。借助赵楼煤矿和赵楼综合利用电厂的有利条件和城镇化建设的快速推进，加速发展商贸、物流等服务业。

【农业生产】 引导各村制订落实好年度发展规划，多次组织党员群众外出参观学习，大力倡树甄庄、沈庄、李翟庄、南赵楼等“一村一品”典型，积极打造蔬菜种植、食用菌生产、林下养殖、电子商务等专业村。改善农业基础设施，在南赵楼、沈庄实施3000亩的农业综合开发项目，对洙赵新河两座危桥进行改建，建设洙赵新河扬水站，先后新挖、清理沟渠30多公里，彻底解决旱能浇、涝能排问题。截至2016年底，全镇发展早春大棚3000多亩，露地菜1.2万亩，规模养鸭场发展到95个，规模养鸡场发展到118家。

【城镇化建设及新农村建设】 一是加快龙翔社区建设。新建“5+1”商住楼和4栋“12+1”小高层共6万平方米，商住楼已开盘，小高层主体工程已完工。二是加大绿化亮化力度。在郓巨路两侧栽植柳树3000棵，镇驻地与六合苑社区新增绿化面积7600平方米，在新修“村村通”公路两旁栽植栾树、白蜡、红叶、石楠等共计1.4万棵，新增路灯210盏 。三是结合压煤村庄搬迁，对镇驻地褚庄村实施新农村建设，镇成立17个工作组，逐户征求意见，完善搬迁补偿方案。

六合苑新村

【民生建设】 *精准扶贫工作*。结合“百企对百村”活动和县直部门结对帮扶，建设精准扶贫车间13处，建筑面积6000余平方米，六合苑、盐厂、李翟庄已实现项目入驻，7月中旬实现项目全部入驻，届时可带动180户贫困户实现脱贫。同时结合民营企业和特色农产品生产基地建设扶贫帮扶点，吸引贫困人口进厂务工，拓宽贫困户就业渠道，力争2016年底有劳动能力的贫困人口全部脱贫。

全面改薄工作。3所学校实现改薄，六合苑社区、户屯、商营3所学校土地清理工作已完成，达到建设条件。

农村公路改造工作。结合农村公路“户户通”项目，建设“村村通”公路12公里和“户户通”公路26万平方米，使已达到“户户通”标准和计划搬迁之外的25个行政村，7月底全部完成“户户通”公路建设。各村均已聘请群众监理并对其进行培训，同时要求包村干部深入施工一线，与群众监理共同严把材料关，确保工程质量，真正把这一惠民项目做实做好，切实提高群众满意度。

敬老院建设。投资700万元，设计床位200张的敬老院建设项目，主体已完工，正在完善其他配套设施，力争年底达到入住条件。

【乡村文明行动】 进一步完善环卫设施，健全环卫一体化长效机制。配备垃圾箱2000个，垃圾收集桶12598个，确保每户一个垃圾收集桶、每5户一个垃圾箱。印刷《村规民约》和《城乡环卫一体化群众满意度调查问题》等宣传材料2.6万份，公布监督举报电话，由村干部逐户进行张贴，并在各村设立责任区域公示牌，强化群众参与意识及监督意识。针对麦收、秋收过后环境卫生状况下滑现象，全镇组织开展4次全方位、大规模的城乡环境集中整治活动，彻底清除村内外“三堆”、存量垃圾和杂草，镇聘请专业队伍，对镇村道路逐路段进行清扫，加强对垃圾清运公司和保洁员的监督管理，完善城乡环卫一体化长效机制建设，确保环境卫生不滑坡，群众满意度保持在90%以上。加大文明创建力度。全镇30个村居全部建起文明一条街，全部建成基层文化服务中心，全部建起高标准“四德榜”，全部建立秧歌队或广场舞队，镇每个广场补助2万元，在甄庄、连王、郑营、袁庄等村居建设文化广场20处，镇补助10万元成立六合苑老年剧团，完善剧团演出服装和功能配套，让群众娱乐有广场、身边有榜样，积极营造文明向上新风尚。10月21日，成功举办南赵楼镇第二届秧歌广场舞文艺汇演，评出一、二、三等奖，采取以奖代补形式，发放奖金1.4万元，音箱24个，群众参与业余文化生活的热情进一步高涨。

【计划生育】 下大力气抓好春、秋两季已婚育龄妇女查体工作，全面推行“乡指导、村为主”的“三五”管理机制，取消镇人员“包村”制度。2016年全镇人口出生率为13.5‰，人口自然增长率为4.5‰，合法生育率为62.5%，出生人口性别比为116∶100，顺利完成县委、县政府下达全年的人口责任目标和各项工作任务。

【平安建设】 加大人防、物防力度，30个村居全部安装视频监控并实现网络化，督导各村组建打更巡逻队，实施警灯闪烁工程，加大对打更巡逻的检查，可防性案件发生率连年下降；积极排查化解矛盾纠纷，有效处理各类信访案件，确保全镇和谐稳定。

【党建工作】 开展“两学一做”学习教育。采取引导党员干部自学、领导干部带领学、请专家举办讲座等方式，组织党员干部深入学习党章党规和习总书记系列讲话，进一步转变工作作风，激发党员干部干事创业的活力和热情。抓好领导班子建设。认真落实领导干部廉洁自律各项规定，严格执行民主集中制，坚持重要工作、重大问题集体研究、集体决定；抓好党委理论中心组学习，全面提高班子成员统筹全局、协调各方、领导发展的能力；坚持开展批评和自我批评，开好民主生活会，帮助分析挖掘思想根源，增强班子的凝聚力和战斗力。

表48　2016年南赵楼镇基本情况一览表

项目	单位	数量	项目	单位	数量
土地总面积	平方千米	58.23	总人口	人	41649
耕地面积	万亩	5.1	农业人口	人	34271
行政村、社区	个	34	人口出生率	‰	18.8
工业企业	个	45	人口自然增长率	‰	5.8
工业总产值	亿元	45.29	合法生育率	%	93.6
利税总额	万元	49800	中小学	所	12
固定资产投资	万元	124700	在校学生	人	5340
农业总产值	万元	36565	幼儿园	所	11
粮食总产量	吨	48681	在园儿童	人	680
蔬菜总产量	吨	63986	教职工	人	296
肉类总产量	吨	3734	参加农村社会养老保险率	%	100
财政收入	万元	8364	农村合作医疗投保率	%	100
工商税收	万元	6176	最低生活保障人数	人	1235
农民人均可支配收入	元	11026	养老机构供养老人	人	34

表 49 2016 年南赵楼镇行政村基本情况一览表

行政村	村两委主要负责人	包括自然村	居民户数(户)	总人口（人）	耕地面积（亩）
南赵楼村	党支部书记：赵建民 村委会主任：赵建民	赵楼村、闫苑村、牛营村	638	2705	3450
袁庄村	党支部书记：端木凡军 村委会主任：端木凡军	袁庄村	229	782	1207
白王庄	党支部书记：曾庆强 村委会主任：王家冲	白王庄	197	760	400
连王村	党支部书记：唐存记 村委会主任：王修芳	前莲王村、后莲王村	264	930	2084
邵垓村	党支部书记：邵宪科 村委会主任：邵衍经	邵垓村	242	1005	1600
富李集	党支部书记：李士举 村委会主任：李从明	富李集村	358	1219	2210
郭谭村	党支部书记：孙学庆 村委会主任：谭继节	郭庄村、谭庄村	339	1549	2221
康庄村	党支部书记：邵宗云 村委会主任：谭喜连	康庄村	153	671	1234
王大村	党支部书记：王秀元 村委会主任：王秀忠	王大村、郭铁庄	325	1258	2080
魏庄村	党支部书记：魏纯涛 村委会主任：魏建平	魏庄村	199	775	1200
白集村	党支部书记：康思军 村委会主任：康思军	白集村	85	348	380
褚庄村	党支部书记：褚宏文 村委会主任：褚宏文	褚庄村、韩庄村	463	1725	1980
郭楼村	党支部书记：于际国 村委会主任：	郭楼村	163	537	846
商营村	党支部书记：商金存 村委会主任：商建伟	商营村	323	1187	1870
章窑村	党支部书记：章胜利 村委会主任：章胜利	章窑村	65	237	397
樊庄村	党支部书记：樊祥华 村委会主任：王长青	樊庄村	205	943	1100
盐厂村	党支部书记：李洪涛 村委会主任：李洪涛	盐厂村	264	1011	1323
四里庄	党支部书记：邵建国 村委会主任：康传渠	四里庄	106	429	622
康垓村	党支部书记：康延彬 村委会主任：康国涛	康垓村、马垓村	229	1061	494
李翟庄村	党支部书记：李维全 村委会主任：翟少勇	李庄村、翟庄村	232	846	1300
王垓村	党支部书记：王秀蕊 村委会主任：王兆静	王垓村	189	734	1200
甄庄村	党支部书记：张庆涛 村委会主任：张庆涛	甄庄村	263	1096	1950
西姚村	党支部书记：于镇山 村委会主任：于镇山	西姚村、新姚庄	471	1459	2683
沈庄村	党支部书记：沈世领 村委会主任：沈世领	沈庄村	229	921	1236

续表

行政村	村两委主要负责人	包括自然村	居民户数（户）	总人口（人）	耕地面积（亩）
东姚村	党支部书记：李登朋 村委会主任：李登朋	东姚村	346	1325	2300
户西南村	党支部书记：户福全 村委会主任：户海存	户官屯	255	969	1246
户西北村	党支部书记：江传词 村委会主任：王新令		222	873	1230
户东北村	党支部书记：官瑞峰 村委会主任：王纪珍		250	1024	1400
户东南村	党支部书记：陈修兵 村委会主任：陈修兵		241	942	1357
玉皇庙村	党支部书记：季明奎 村委会主任：宋效领	玉皇庙村	319	1183	1402
郑营村	党支部书记：王福德 村委会主任：王福德	郑营村	310	1186	1348
东刘三村	党支部书记：于祥山 村委会主任：于祥孟	智庄村、刘庄村、王土墩	333	1118	1825
张河湾村	党支部书记：张金伟 村委会主任：张传亮	张河湾村	179	722	1150
金庄村	党支部书记：金存民 村委会主任：邵化朋	金庄村	196	741	1253

（侯若慧）

陈坡乡

【概况】 陈坡乡地处郓城县西部，东与双桥镇接壤，南与黄安镇为邻，西邻鄄城县红船镇，北接水堡乡。全乡辖34个行政村，总人口32918人，东距郓城县县城15公里，南距菏泽市50公里，济董路从乡域内穿过；境内全部为黄河冲积平原，地势略为西高东低、南高北低，海拔45.2～47.8米；境内属黄河水系，向阳河自马楼村西北入境，由北而南入双桥镇，境内河道长5.5公里；鄄郓河自刘庄入境由西北至鄄城萁山，境内河道2.5公里。

【招商引资和项目建设】 一是新引进的元盛包装拟总投资1.1亿元，1万平方米厂房已经建设完毕；二是与浙江湖州客商共同建设的美尔森地板已落户乡驻地，总投资1.5亿元，已经建设厂房1万余平方米，安装两条生产线，已投资6000万元，开始投产运营；三是协助森泰木业与广州客商签订1.5亿元的购销合同，预计销售利润将达到3000万元，税金达300万元；四是投资3000万元和恒大集团合作的瑞纳斯有限公司已投产。另外，投资1亿元的天瑞木业高档刨花板项目和投资3000万元的龙翔纺织项目已完成立项、环评、能评、安评等手续，同时完成5个储备项目。

【工业经济运行】 陈坡乡特色产业有木材加工、纺织、模具制造、彩印、酒类包装，企业总数24个，规模以上企业7个。2016年，全乡可实现固定资产总投资1亿元，实现工业总产值13.2亿

天瑞木业生产车间

元，销售收入13.1亿元，主营业务收入12.1亿元，社会消费品零售额4.5亿元，规模企业增加值1.3亿元，农民人均纯收入15092元左右，实现地方财政收入2010万元。

【农村事业】 一是扶贫工作进展顺利，对全乡贫困户、贫困人口，精准识别、精准帮扶、精准脱贫。征地590亩用于扶贫项目“冬暖式蔬菜大棚”建设，120个大棚建设基本完毕，正在对外招标。二是积极打造特种养殖基地，发展各村特色产业，积极利用各项扶贫专项资金发展项目，其中省驻“第一书记”村的项目实施带动241户贫困户429人脱贫致富。建设7个就业扶贫点，每年可以促使约100名贫困户脱贫。三是大力发展“一村一品”产业，全力打造以马楼、瓦屋庄为中心的水貂、狐狸、貉等特种动物养殖产业高地。另外，依托北沙河水源和土质独优的特点，帮扶引导孙庄、田集、石堂村等村集中连片栽植甜瓜200余亩，尹庄村新建食用菌拱棚40个，石堂新建甜瓜拱棚10个，特色产业已形成一定规模，为实现农业增效、农民增收奠定基础。四是认真落实“千县万村”计划，发展1个乡级淘宝服务站，大力发展电子商务，引导农民发展网上营销，助推“一乡一业、一村一品”发展。四是顺利完成全乡34个村土地确权颁证工作，完成土地流转1000亩；争取上级专项资金430万元，发放一喷三防物资400余箱；另外杨寺村、侯庄村黄淮海开发项目争取资金460万元，项目正在实施；新增植树面积80亩，新增果园面积450亩；组织人员对发生杨尺蠖病虫害迹象的300余亩树林进行喷药防治。

【城镇化建设及新农村建设】 一是完成乡驻地3条南北街道和2条东西街道道路的修建，合计长度5000米。二是在原规划的基础上，完成万福家园旧区拆除工作。三是排除困难，确保老中学片区2栋“5+1”模式的居民楼建设顺利开展。四是完成乡文化广场绿化、亮化工程建设，其他配套基础设施建设也顺利完毕。五是完成老乡政府片区开发规划工作，正在进行招标。

【民生建设】 投资50多万元新建500多平方米的高标准综合服务大厅1处；上交配套资金400万元，新修农村道路40余公里；新建1900平方米的卫生院病房楼1处；教育全面改薄顺利进行，已经完成2处小学和2处幼儿园建设。

【环卫一体化】 2016年，为确保环卫一体化工作取得实在的效果，统一管理挂壁车3辆、垃圾桶1100只、垃圾清运三轮车34辆、大型垃圾箱48只、保洁工具60套。另外，为彻底消除辖区内的余量垃圾，3月份进行环卫大排查，组成督查组严格排查各村垃圾死角，并进行排比名次，发放新垃圾箱45个，促进环卫一体化工作。据不完全统计，截止到12月底共出动2.3万人次，清理垃圾3200吨。

【计划生育】 陈坡乡人口与计划生育工作，以稳定低生育水平，提高人口素质为核心，继续加强计生基础工作，树立优先优育风尚，严格执行计划生育“一票否决制”。2016年陈坡乡新出生421人，政策内396人，计生率96 %；引流产3人，放环164例，查体16200人次，新办理奖励扶助29人，孕前检查265对。

【平安建设】 继续深入开展矛盾纠纷和积案化解“百日会战”活动，以重信重访专项治理工作中尚未化解的信访积案为重点，集中人力、物力、财力，根据实际，着力排查化解存在的信访积案及可能影响社会和谐稳定的问题隐患。对于退役分流士兵，落实待遇，养老保险、医疗保险按档案工资标准缴纳。继续成立9人乡治安联防队，各村都建立打更巡逻队和平安互助网；坚持机关干部值夜班制度和领导干部带班制度；全面清理邪教组织，消灭发展苗头，注重宣传，印刷宣传页1.3万页，发放到户。有效解决影响发展、稳定的问题，使全乡呈现出经济社会又好又快发展的喜人局面。

【党建工作】 一是扎实开展“两学一做”学习教育，完成898名党员登记工作，补缴党费 3364元，整顿软弱涣散党组织2个，新增非公有制企业党支部3个，培养入党积极分子108名，培养发展对象63名，发展预备党员16名。书记带头到杨庄讲党课，领导干部下基层讲党课20次。机关党员撰写学习笔记50篇。二是深入开展“双联双创”活动，全乡22个村全部派驻工作组，全年共走访群众6000余户，引进致富项目14个，争取帮扶资金1000余万元，为群众办好事、实事86件。三是强力推进村居规模调整，34个村稳妥合并为22个村，基本上消灭800人以下的行政村。四是建立考核制度，认真落实村级组织运转经费，2016年发放各类报酬补贴147.6万元。五是积极向上争取政策资金项目，帮助各村通过承包闲置土地，发展壮大集体经济。已消除集体收入空壳村，集体收入超过3万元的村7个。六是投入资金155万元，新建改造村级组织活动场所6个。

表50 2016年陈坡乡基本情况一览表

项目	单位	数量	项目	单位	数量
土地总面积	平方千米	49.9	总人口	人	31835
耕地面积	万亩	4.86	农业人口	人	29830
行政村	个	34	人口出生率	‰	10.5
工业企业	家	16	人口自然增长率	‰	4.3
工业总产值	亿元	16.6	计划生育率	%	65.47
利税总额	万元	16511	中小学	所	11
固定资产投资	万元	125190	在校学生	人	4785
农业总产值	万元	183352	幼儿园	所	11
粮食总产量	吨	42139	在园儿童	人	730
蔬菜总产量	吨	2078	教职工	人	225
肉类总产量	吨	2968	参加农村社会养老保险率	%	91
财政收入	万元	1998	农村合作医疗投保率	%	90
工商税收	万元	1543	最低生活保障人数	人	1320
农民人均收入	元	14746	养老机构供养人数	人	99

表51 2016年陈坡乡各行政村基本情况表一览表

行政村	村两委主要负责人	包括自然村	居民户数（户）	总人口（人）	耕地面积（亩）
陈　坡	党支部书记：陈留祥 村委会主任：	陈坡村、西陈坡、南何庄	1226	4290	6113
樊窦庄	党支部书记：王福成 村委会主任：刘兆武	王石桥、樊窦庄	207	724	1230
尹　庄	党支部书记：尹逊军 村委会主任：祝令全	曹楼、孔尹庄	327	1146	2170
雷　庄	党支部书记：赵海涛 村委会主任：赵治伟	雷庄	195	681	1330
杨　庄	党支部书记：杨爱民 村委会主任：杨兰义	杨庄	198	693	1182

续表

行政村	村两委主要负责人	包括自然村	居民户数（户）	总人口（人）	耕地面积（亩）
龚　岗	党支部书记：龚会山	龚岗	68	239	468
田　集	党支部书记：赵爱峰 村委会主任：田广存	田集	371	1300	2039
新田集	党支部书记：田士龙 村委会主任：田士龙	新田集	104	364	699
前　进	党支部书记：孙德柱 村委会主任：孙德柱	前进	71	250	542
双合楼	党支部书记：管作钦 村委会主任：颜廷东	双合楼	183	640	1018
魏　庄	党支部书记： 村委会主任：魏西贞	魏庄	98	343	529
瓦屋庄	党支部书记：王思东 村委会主任：王昌刚	刘庄、瓦屋庄	453	1584	2309
赵　庄	党支部书记：赵爱民 村委会主任：赵为华	赵庄	169	591	843
石　堂	党支部书记：石庆文 村委会主任：石庆文	石堂	532	1862	3058
孙　庄	党支部书记：张保安 村委会主任：郑建强	孙庄	129	451	1010
王克武	党支部书记：赵为方 村委会主任：赵效文	王克武、赵楼	199	695	789
前　屯	党支部书记：王发之 村委会主任：王发之	前屯	180	629	776
张道沟	党支部书记：张存勤 村委会主任：张继瑞	张道沟	122	427	567
黎　桥	党支部书记：黎存记 村委会主任：黎连国	黎桥	233	817	1050
黎仝庄	党支部书记：黎德运 村委会主任：黎传想	黎仝庄	277	969	1719
侯　潭	党支部书记：侯效彦 村委会主任：侯效彦	侯潭	203	709	883
吴　堂	党支部书记：李夫用 村委会主任：吴思海	吴堂	315	1103	1452
康　庄	党支部书记：陈秋月 村委会主任：康少同	康庄	147	513	840
马　楼	党支部书记：马效伦 村委会主任：马效运	马楼	781	2735	3880
史　庄	党支部书记：赵爱花 村委会主任：赵爱花	史庄	234	818	1367
于　阁	党支部书记：于新军 村委会主任：于建军	于阁	391	1369	2183
大王庙	党支部书记：王相忠 村委会主任：王昌军	大王庙	141	495	911
赵　坊	党支部书记：赵联合 村委会主任：赵联合	赵坊	125	436	767
徐　庄	党支部书记：徐龙明 村委会主任：	徐庄	183	641	1395
杨　堂	党支部书记：杨学彦 村委会主任：杨学彦	杨堂	103	362	805

续表

行政村	村两委主要负责人	包括自然村	居民户数（户）	总人口（人）	耕地面积（亩）
侯　庄	党支部书记： 村委会主任：侯全清	侯庄	131	458	722
杨　寺	党支部书记：杨广献 村委会主任：杨一阁	杨寺	503	1761	2466
范　屯	党支部书记：路庆锋 村委会主任：路庆锋	范屯	117	1332	1587
龚　屯	党支部书记：曹章起 村委会主任：曹洪珍	龚屯	381	1332	1587

（王春雷）

双桥镇

【概况】 双桥镇地处郓城县城西南9公里，日东高速与济广高速、220国道与338省道交叉的黄金位置，北距郓城火车站不足10公里，南距日东高速8公里，东到济广高速15公里，到嘉祥飞机场35公里，南面有郭屯煤矿，东面有张营煤矿，北靠郓州街道，南临武安镇，东部和郭屯镇、丁里长镇接壤，西部和陈坡乡、水堡乡、玉皇庙镇交界；东靠宋金河，西临向阳河，南有鄄郓河，西沙河横穿西部。全镇辖61个行政村，73个自然村，2016年底全镇总人口6.4万人，农业人口6.2人，农户14477户；辖域面积99.5平方公里，人均耕地面积1.8亩。

【招商引资和项目建设】 镇党委、政府始终努力为企业打造低成本、高效率、无干扰的一流服务环境。2016年新上工业项目10个，过亿元项目3个，已投产5个，转型升级项目1个，续扩建项目2个。一是祥盛玻璃科技有限公司投资2.98亿元，年产1.2亿支轻量化玻璃瓶项目已落地，县玻璃工业园正在清障。二是舜航玻璃有限公司投资1.1亿元，年产5100万支玻璃酒瓶项目落地后黄岗村北。三是郓城县鸿利新型建材有限公司投资1.1亿元，年处理煤矸石110万吨，年产多孔砖4亿块，2016年6月建成投产。

【工业经济运行】 2016年全镇完成固定资产投资1.4亿元，服务业销售总额3.5亿元，工业总产值23.5亿元；地方财政收入5017万元，其中国税收入527万元，地税收入3280万元，人均纯收入10652元。

【小城镇建设】 一是完成镇驻地东西大街改造工程。二是郓城县南城水库开工建设，积极配合上级部门完成对水库占压村庄的土地清障、测量、道路疏通等工作。三是积极配合鄄郓路绿化带改造土方工程，完成对沿线村庄的土地清障、道路疏通等工作。四是采取以点带面的方式选取苏庄、梁店、前谢井3个行政村为试点，通过村委会牵头、村民集资联建的方式开展新农村建设。五是经过县公证处公证，由山东弘裕土地房地产评估公司对房集、前豆、后豆、秦庄、李垓、孟陆、大梁7个煤矿塌陷村，共计1720户民房进行现状丈量和评估，为下步村庄搬迁打下坚实基础。六是上缴修路配套资金462万元，涉及22条线路，57.34公里，覆盖42个村庄，受益人口4万余人，使双桥镜内主要干线基本贯通。

【城乡环卫一体化】 一是投资32万元按标准完成垃圾中转站建设。二是投资60余万元完成污水处理站建设。三是投资56万元配备村到镇垃圾清运车6辆，镇到县大型垃圾转运车1辆，人力三轮车126辆，垃圾箱及垃圾桶若干。四是按标准配备村保洁员126名，全部配齐保洁工具和服装。五是每年拿出80万元与郓城县洁郓环卫服务有限公司签订保洁合同。六是全面治理农村存量垃圾，共投资222万元，出动4500余人次，清理存量垃圾6100余吨，顺利通过县、市、省政府和国家部委的检查、验收工作。

【教育建设】 全镇完成学校布局调整和改薄任务，保留8处定点小学，7处教学点，新建教学建筑面积16100平方米，全部都在施工中，各定点小学内部配套设施已准备完毕，预计2017年3月底教学楼竣工后即可投入使用。

【安全生产】 成立打非治违专项治理领导小组，由镇安监执法中队结合县安监局执法大队、供电站、市场监管所、土管所、环保所、派出所等部门组成执法联合小组，在全镇范围内开展两次打非治违活动，对全镇企业进行一次全面排查摸底。已排查企业58家，排查出62项安全隐患，整改43家，责令停产停业15家。一是郓城联合医药化学科技有限公司、申梁建材厂存在手续不完善等问题，对其及时下达停产通知书，责令其按要求办理手续，各项手续正在办理中。二是绿之源院内模板厂锅炉设备缺少手续，6月28日联合执法小组结合市场监管局对其下达停产停业执法文书，限定3个月内整改完毕。三是联合执法小组对房集、马集村内9家违规塑料颗粒厂进行清理整顿、切点停电处理。四是7月14日对永丰村内两家无证生产的稀料厂进行查封。五是完成镇内5家窑厂的标准化建设，东岳木业标准化建设正在进行中。

【精准扶贫】 一是全镇共识别出贫困户2754户，5270人，并完成建档立卡工作；二是2016年共有未脱贫贫困户2179户、3548人，经过将近一年的努力，共脱贫1043户、1779人；三是对各种扶贫材料进行补充、规范和整理，并绘制完成不同形式的扶贫地图；四是积极开展“百企联百村”工作，新建扶贫点13个，已建成8个，在建5个；五是新建成光伏发电扶贫项目一处，预计年效益3万元左右。

精准扶贫电商培训班

【基层党建】 一是强化基层组织战斗堡垒作用。2016年新建村“两委”办公场所10处。二是做好党员发展教育管理工作，严把关口、畅通出口、强化培训，切实提高党员的整体素质，2016年新发展党员8名，入党积极分子148名；做好关爱建国前老党员工作，确保补贴按时足额发放到位。三是健全村务运行机制，建立村务监督委员会，推进村级工作制度化、规范化和科学化；推行党务、政务、财务公开，实行村账镇管，统一定时到镇经管站下账。四是镇财政全力保障村级运转经费封闭运行、村干部工资足额按时发放，并配备两名大学生组织员全力支持基层党建工作。五是积极开展“一村一品”，推进村级集体经济发展，加强村级集体经济工作研讨，探索适合本地特点的村级集体经济发展路子。

【民生建设】 一是镇党委、政府全力支持市、县派“第一书记”。“双联双创”活动开展以来，6个市派“第一书记”向上级单位申请资金320余万元，修路9公里，修建6个村级办公场所和2个文化广场。二是积极开展农村扶贫工作。争取各类扶贫项目资金6295万元，其中包括县发改局千亿斤粮食增产项目3500万元、县水利局小农水建设项目1500万元和县农开办项目800万元；通过农村基础设施建设，新建村“两委”办公场所10处、文化广场8处、幸福院6处、幼儿园3处、铺设村内道路45.2公里、修建桥涵260座、新打机井231眼，铺设自来水管道11.7千米、升级改造电路46.6千米、安装路灯164盏；大力发展扶贫产业，新建共计占地210亩的蔬菜大棚40个，发展芦笋种植1860亩，药材种植690亩，瓜果种植2200亩，蛋鸡养殖320余万只，良种繁育基地3个，木材加工企业103家；深入开展“百企联百村”活动，援建精准扶贫示范点13个，8个已竣工。截至2016年底，共计实现脱贫1831户，4707人。三是通过市派“第一书记”争取到投资3200万元的土地整改项目，一期项目1456万正在设计，二期项目1794万正在招标。四是做好信访维稳工作，筑牢镇村两级预警防线，每半年在全镇范围内集中开展一次维稳工作排查，做到小事不出村，大事不出镇。

表52　2016年双桥镇基本情况一览表

项目	单位	数量	项目	单位	数量
土地总面积	平方千米	99.5	总人口	人	55900
耕地面积	万亩	9.5	农业人口	人	50670
行政村、社区	个	61	人口出生率	‰	15.45
工业企业	个	20	人口自然增长率	‰	8.92
工业总产值	亿元	22.74	计划生育率	%	93
利税总额	万元	1.91	中小学	所	16
固定资产投资	万元	14000	在校学生	人	6010
农业总产值	万元	29400	幼儿园	所	24
粮食总产量	吨	7826	在园儿童	人	2150
蔬菜总产量	吨	4323	教职工	人	334
肉类总产量	吨	1245	参加农村社会养老保险率	%	92
财政收入	万元	5017	农村社会养老保险率	%	92
工商税收	万元	3807	最低生活保障人数	人	1774
农民人均收入	元	10652	养老机构供养老人	人	18

表53　2016年双桥镇行政村基本情况一览表

行政村	村两委主要负责人	包括自然村	居民户数（户）	总人口（人）	耕地面积（亩）
双桥	党支部书记：张玉芝 村委会主任：侯仰勋	双桥、陈庄	448	1567	2512
王街	党支部书记：王乃强 村委会主任：王奉战	王营	597	2090	2914
永丰	党支部书记：赵海军 村委会主任：任　鹏	永丰	187	655	1176
赵欢口	党支部书记：赵尊堂 村委会主任：赵善香	赵欢口	194	678	1064
朱方庄	党支部书记：苑心军 村委会主任：苑心军	朱方庄、仪宾庄	213	744	1490
何庄	党支部书记：何建春 村委会主任：何建春	何庄	127	446	1272
葛垓	党支部书记：闫省明 村委会主任：刘尚臣	葛垓、葛庙、三官庙	157	550	692

续表

行政村	村两委主要负责人	包括自然村	居民户数（户）	总人口（人）	耕地面积（亩）
葛庄	党支部书记：葛诚健 村委会主任：葛　岩	葛庄	287	1004	1446
刘家营	党支部书记：刘洪银 村委会主任：刘洪银	刘家营	138	483	864
大梁	党支部书记：梁尔钦 村委会主任：梁尔钦	大梁	211	738	1584
新梁垓	党支部书记：梁尔民 村委会主任：梁海晴	新梁垓	178	622	1011
贾庙	党支部书记：李传玉 村委会主任：李传玉	贾庙	75	262	400
童染坊	党支部书记：童申兰 村委会主任：童申强	童染坊	118	413	663
梁店	党支部书记：梁衍帅 村委会主任：梁现文	梁店	231	807	1664
任怀	党支部书记：周忠宾 村委会主任：周忠宾	任怀、 程庄	343	1200	2894
肖庙	党支部书记：梁邦鑫 村委会主任：梁邦鑫	肖庙	204	713	944
侯营	党支部书记：侯秀波 村委会主任：吕金砖	侯营	205	719	1446
刘垓	党支部书记：刘存法 村委会主任：刘登艳	刘垓	159	557	1261
梁土囤	党支部书记：梁继昌 村委会主任：梁继昌	梁土囤	159	558	873
西梁店	党支部书记：陈冯静 村委会主任：梁邦喜	西梁店	84	291	558
苏庄	党支部书记：朱道贺 村委会主任：朱冠军	苏庄	299	1047	1681
中街	党支部书记：赵悉如 村委会主任：李成贤	中街、 赵街	442	1547	1873
房集	党支部书记：房灵存 村委会主任：房爱振	房集	352	1231	2141
马集	党支部书记：马先旗 村委会主任：房春云	马集	537	1878	3055
前豆	党支部书记： 村委会主任：	前劳豆营	276	965	1633
后豆	党支部书记：王均环 村委会主任：姬生坤	后劳豆营	339	1186	1698
李垓	党支部书记：李全江 村委会主任：李全正	李姓垓	111	389	610
孟陆	党支部书记：孟凡胜 村委会主任：孟凡胜	孟陆	93	325	622
机房	党支部书记：郁德发 村委会主任：马庆印	机房	243	849	1291
解洼	党支部书记：付邦川 村委会主任：付邦川	解洼	187	656	990
秦庄	党支部书记：秦云房 村委会主任：秦于斋	秦庄	94	328	482
坡里何庄	党支部书记：朱仰文 村委会主任：颜廷运	坡里何庄、 小刘口、祝桥、义和庄、 杨园子	883	3089	4783

续表

行政村	村两委主要负责人	包括自然村	居民户数（户）	总人口（人）	耕地面积（亩）
仝楼	党支部书记：梁衍相 村委会主任：郑　宏	仝楼	238	834	1764
前岗	党支部书记：黄修志 村委会主任：黄西京	前岗	326	1141	1844
后岗	党支部书记：黄玉欣 村委会主任：黄建东	后岗	220	771	1720
前井	党支部书记：王广举 村委会主任：王广举	前井	341	1192	2578
马庄	党支部书记：马增涛 村委会主任：马增涛	马庄	173	607	1452
永丰集	党支部书记：石文艺 村委会主任：石文艺	永丰集	219	767	1107
西唐	党支部书记：程世随 村委会主任：程瑞朋	西唐	639	2236	3626
东唐	党支部书记：魏天法 村委会主任：候爱国	东唐	133	465	839
太平庄	党支部书记：丁效良 村委会主任：丁效良	太平庄	157	550	1005
安庄	党支部书记：李佰永 村委会主任：姬生坤	安庄	293	1027	1431
丁庄	党支部书记：丁文祥 村委会主任：丁文祥	丁庄	306	1070	2100
徐洪庄	党支部书记：葛文英 村委会主任：葛文山	徐洪庄	301	1053	1551
杜庄	党支部书记：杜学平 村委会主任：杜红臣	杜庄	165	578	1113
李庄	党支部书记：李传友 村委会主任：梁邦华	清李庄	125	436	659
后井	党支部书记：王从现 村委会主任：王从现	后井	111	389	858
郭庄	党支部书记：季德运 村委会主任：季德运	郭庄	188	657	1522
梁庄	党支部书记：梁尔雷 村委会主任：梁树会	梁庄	317	1109	2129
张王庄	党支部书记：张彦礼 村委会主任：王存海	张王庄	297	1040	1836
梁东	党支部书记：梁云彩 村委会主任：王喜海	梁东	283	989	1960
梁西	党支部书记：梁自运 村委会主任：梁邦合	梁西	306	1072	2525
义和楼	党支部书记：鲍占标 村委会主任：鲍占标	义和楼	78	271	360
梁沙湾	党支部书记：梁衍坤 村委会主任：梁衍坤	梁沙湾	115	403	697
李楼	党支部书记：马朝华 村委会主任：马明安	李楼	171	599	1539
吕堌堆	党支部书记：田延才 村委会主任：田延才	吕堌堆	84	292	819
梁垓	党支部书记：梁乃全 村委会主任：梁乃全	梁垓	72	250	619

续表

行政村	村两委主要负责人	包括自然村	居民户数（户）	总人口（人）	耕地面积（亩）
郑庄	党支部书记：周圣存 村委会主任：孙学礼	郑庄	155	543	904
祝庄	党支部书记：祝仰云 村委会主任：祝玉海	祝庄、 祝园子	104	364	688
刘庄	党支部书记：仝来春 村委会主任：杨邦钦	刘庄	151	530	950
曾楼	党支部书记：曾庆月 村委会主任：李太亮	曾楼、季垓	242	848	1591

（梁金海 陈雪）

唐庙镇

【概况】 唐庙镇位于县城西南 25 公里处，与牡丹区、巨野县接壤。全镇总面积 5082.3 公顷，其中耕地 7.4 万亩。辖 54 个行政村，65 个自然村，全镇总人口 5.4 万人。境内通讯设施齐全，有联通、移动和电信 3 家通信服务企业，服务网点 118 个，电话交换机总量 1.2 万门，固定电话用户 3420 户，电话普及率 28%;移动电话用户 3.4 万户，互联网用户 4200 户。

【招商引资和项目建设】 坚持以情招商、以商招商、以人招商，利用县工业园区和乡镇两个平台，狠抓招商引资和项目建设工作，2016 年新落地项目 2 个，一是投资 3000 万元的一方不锈钢制品项目，该项目 2 月份开工建设，9 月份试车生产；二是日产 800 吨面粉加工项目，该项目投资 1.1 亿元，年底计划试车生产。续建项目是琦泉生物质发电项目，总投资 6.1 亿元，已正式投产运营。新签约项目及储备项目 8 个。

【工业经济运行】 坚持以市场为导向，以农民增收、财政增收为目标，立足镇、村实际，积极引导和鼓励广大干部群众调整、优化经济结构，重点发展木材加工业。全镇民营企业发展到 1247 多家，木材加工业企业 685 家，其中板材生产线 217 条，科技木生产线 102 条，刨切生产线 41 条，木材加工专业村发展到 22 个，完成近 3 万人就业。2016 年全镇人均纯收入 12060 元，比 2011 年翻了一番；2016 年全镇地方财政收入 5037 万元。

【农业产业】 “一村一品”成为富民发展方向。全镇形成有产业特色的专业村 38 个（其中木材加工专业村 30 个，蔬菜种植专业村 4 个，畜牧养殖专业村 4 个），占全镇行政村的 70%，带动 7800 多农户从事“一村一品”生产，从业人员突破 3 万多人，农民从中获得纯收入占家庭年经营收入的 80% 以上。

【城镇化建设及新农村建设】 按照“建设商贸流通和木业加工为主导的生态宜居型城镇”的发展思路，在浙江大学城乡规划设计研究院、郓城县城镇化工作领导小组的帮助和支持下，《郓城县唐庙乡总体规划设计方案（2010—2030）》已经完成，并报县政府批准，已逐步付诸实施。新建盛世家园、永昌豪庭 2 个居民小区，盛世家园已开发商业居民楼房 11 栋、别墅楼 40 套，安置住户 680 家；永昌豪庭已开发商业居民楼房 7 栋，安置住户 380 家；个体工商户达到 460 多家，镇驻地常住人口 6700 多人。

【民生建设】 重点抓好改薄、农村道路、水利、保障等 8 个方面的民生工程。学校改薄方面，2016 年新建 7 个定点小学，投入资金 1450 万元；新建 2 个幼儿园，投入资金 60 万元；完成两处初中教学升级，投入资金 1500 万元。道路建设方面，全年计划新修村村通公里 60 公里，已完成 40 公里道路建设。水利建设方面，完成高速以北 22 个村的高标准农田建设，新增刷卡取水面积3.2万亩；自筹资金30多万元，完成7708米长的游龙河清淤。

【乡村文明行动】 一是强化领导，广泛宣传。成立以党委书记任组长，镇长任副组长的领导小组，充分利用各种形式，广泛宣传环境整洁的重要意义。二是明确责任，奖惩分明。唐庙镇党委、政府与包村干部和行政村负责人签订责任书，明确责任区域，对于没有达到各级验收标准的，给予包村干部和村负责人相应处罚。三是建立长效机制。为巩固城乡环卫一体化成果，镇政府按照村内人口数安排保洁员，按时清理垃圾，保持全镇环境整洁，确保城乡环卫一体化工作的长效化运行。

【计划生育】 全面落实计划生育政策，实施农村计生家庭奖励扶助制度，扎实推进计划生育优质服务，稳定低生育水平，人口自然增长率保持在6‰以下，计生工作全面达标。

【平安建设】 狠抓社会稳定基层基础工作，镇综治工作中心率先通过市级验收，打造全市平安场所建设工作亮点。在全县率先启动治安防控体系建设，投入资金85万元，新装数字摄像头386个，完成“三级平台”建设。同时实行领导干部公开接访，并采取机关干部大下访，领导包案，一事一档，一人一档措施，共排查各种不稳定因素76件，全部得到有效化解，化解率100%。9月12日，全市综治建设现场会在唐庙召开。

【党建工作】 深入“双联双创”活动和“两学一做”学习教育，做到四个“到位”。一是组织领导到位，分别成立活动协调小组，明确联络员，专门负责相关工作；二是宣传工作到位，组织各村通过召开动员会议、刷写墙体标语、印发宣传页等方式进行全方位宣传，营造人人参与，个个争先的浓厚氛围；三是工作落实到位，各党支部通过“三会一课”制度落实，组织党员学习，增强广大党员群众改变落后面貌的责任感和紧迫感；四是学做结合到位，以党建带扶贫，以扶贫促党建，确保学习效果。

【电子商务】 一是建村级服务站，为村民购物提供便利。已开业农村淘宝村级服务站8个，“1+7”模式圆满完成，APP装机量成功破万，交易额位于全县前列。二是农产品上行，成为新的富民方向。完成特色农副产品上行，增加农民收入。三是开展教育培训，为淘宝村、镇建设奠定基础。全年共培训学员5期80余人。四是鼓励企业触网，实现特色产品网上交易。部分企业的特色产品已完成上线。

【精准扶贫】 精准扶贫稳步推进。一摸准扶贫对象，确保目标精准。在扶贫对象识别筛选过程中，明确责任分工，逐户建档立卡，精准识别贫困人口1903户，3283人，实现全覆盖。二细化扶贫方法，采取多项措施推进，确保因户施策。利用基础扶贫，搞好村村通道路建设和水利建设，改善农村居民环境和农业基础条件；利用产业扶贫，发展“一村一品”，实行“一村一策、一户一法、一人一岗”；利用项目扶贫，完成13个行政村光伏发电项目，完成14个扶贫就业点项目建设。

表54　2016年唐庙镇基本情况一览表

项目	单位	数量	项目	单位	数量
土地总面积	平方千米	75.46	总人口	人	56258
耕地面积	万亩	8.69	农业人口	人	53141
行政村、社区	个	54	人口出生率	‰	1.1
工业企业	个	158	人口自然增长率	‰	0.7

续表

项目	单位	数量	项目	单位	数量
工业总产值	亿元	25.3	计划生育率	%	83
利税总额	万元	30015	中小学	所	17
固定资产投资	万元	15000	在校学生	人	6722
农业总产值	万元	17200	幼儿园	所	15
粮食总产量	吨	31139	在园儿童	人	2527
蔬菜总产量	吨	5348	教职工	人	380
肉类总产量	吨	1850	参加农村社会养老保险率	%	90
财政收入	万元	4100	农村合作医疗投保率	%	98
工商税收	万元	1521	最低生活保障人数	人	1716
农民人均收入	元	12853	养老机构供养老人	人	34

表55　2016年唐庙镇各行政村基本情况一览表

行政村	村两委主要负责人	包括自然村	居民户数（户）	总人口（人）	耕地面积（亩）
陈南	党支部书记：谢从钦 村委会主任：邓　帅	陈南	562	2290	3088.2
陈北	党支部书记：徐龙伟 村委会主任：	陈北	620	2171	3707.8
江楼	党支部书记：江保华 村委会主任：江怀见	江楼	389	1678	3473.1
赵王	党支部书记：王德昌 村委会主任：赵福武	赵王	197	785	1907
毕庄	党支部书记：王志孔 村委会主任：李广超	毕庄、王庄	96	422	661.7
常庄	党支部书记：常桂岗 村委会主任：常爱勇	常庄	242	963	2160.9
梁庄	党支部书记：李昌华 村委会主任：薛传宝	梁庄	246	706	1555.2
吕堂	党支部书记：霍玉山 村委会主任：赵家庭	吕堂	113	533	749.3
唐庙	党支部书记：马宪国 村委会主任：唐存申	唐庙、前鹅厂	272	1056	1378.6
鹅厂	党支部书记：李延立 村委会主任：李逢林	鹅厂	312	1252	1861.9
前赵	党支部书记：赵业保 村委会主任：赵业领	前赵	154	632	705.2
前刘	党支部书记：张广银 村委会主任：刘万想	前刘	210	871	755.7
后刘	党支部书记：刘俊合 村委会主任：刘宗东	后刘	281	946	1122.62
兴隆	党支部书记：刘宗雷 村委会主任：刘洪逊	兴隆	208	917	685.6

续表

行政村	村两委主要负责人	包括自然村	居民户数（户）	总人口（人）	耕地面积（亩）
许庄	党支部书记：王宜广 村委会主任：徐福杰	许庄	268	1284	1110.1
陈庄集	党支部书记：陈修俊 村委会主任：陈传香	陈庄集	146	600	786.4
蔡庄	党支部书记：郭齐灵 村委会主任：	蔡庄	112	551	852.3
林陈	党支部书记：林登起 村委会主任：陈敬荣	林陈	119	477	733
仉垓	党支部书记：仉现启 村委会主任：褚福军	仉垓、徐庄	277	1193	1842.9
仲堂	党支部书记：仲　辉 村委会主任：仲雪华	仲堂	407	1604	1811.5
周庙	党支部书记：周长江 村委会主任：姜来军	周庙、高楼	439	1510	2702.6
邓垓	党支部书记：郭良宗 村委会主任：郭良国	邓垓	127	539	637.9
李庄	党支部书记：李玉贺 村委会主任：李绪建	李庄	336	1031	2751.7
丁庄	党支部书记：王连明 村委会主任：魏作才	丁庄	333	1115	1533.4
欧庄	党支部书记：王庆兰 村委会主任：王体军	欧庄	190	768	1407.4
邱河	党支部书记：邱志聚 村委会主任：	邱河	86	279	595.5
郑庄	党支部书记：郑尚俊 村委会主任：王秀银	郑庄	249	1017	1611.9
后赵	党支部书记：赵念银 村委会主任：彭布江	后赵	331	1079	1487.3
张庄	党支部书记：张永杰 村委会主任：张德清	中亭庄、张庄	103	559	972.7
智垓	党支部书记：智绪河 村委会主任：	智垓	402	1677	2239
前屯	党支部书记：高贤臣 村委会主任：高长征	前屯	254	775	1448.1
中屯	党支部书记：郭本勇 村委会主任：郭太林	中屯	455	1370	2605.5
后屯	党支部书记：王爱社 村委会主任：朱以想	后屯	278	923	1457.8
赵孟	党支部书记：赵新社 村委会主任：孟祥海	赵庄、孟庄	312	1153	2266.8
杨潭	党支部书记：杨福立 村委会主任：杨恒重	杨潭	179	722	1231.4
夏楼	党支部书记：夏应祥 村委会主任：夏新立	夏楼	167	719	1167.5
李桥	党支部书记：李之存 村委会主任：李之平	李桥	154	1006	1773.3
李楼	党支部书记：李诗华 村委会主任：李宝山	李楼	181	630	1010.6
孙庄	党支部书记：杨保稳 村委会主任：杨再生	西孙庄、东孙庄	120	525	713.3

续表

行政村	村两委主要负责人	包括自然村	居民户数（户）	总人口（人）	耕地面积（亩）
王虎	党支部书记： 村委会主任：王敏炮	王虎	647	2518	5126.5
王菜园	党支部书记：李传富 村委会主任：付保安	王菜园、付庄	208	970	2050.6
明郭庄	党支部书记：徐新军 村委会主任：谷守峰	明郭庄	206	858	1578.5
前后周	党支部书记：李广斋 村委会主任：王庆允	前周庄、后周庄	208	721	1477.3
霍庄	党支部书记：霍正端 村委会主任：霍学省	霍庄	214	934	2161.5
符楼	党支部书记：王成云 村委会主任：符广贤	符楼、苏集	240	1039	1702.4
胡营	党支部书记：邵宗芳 村委会主任：郑汝言	胡营	187	756	1810.9
闫庄	党支部书记：闫兆喜 村委会主任：闫昭堂	闫庄	205	954	1741.2
杨垓	党支部书记：王相启 村委会主任：许永民	杨垓	333	1445	2825.3
刘垓	党支部书记：王有邦 村委会主任：王玉欣	刘垓	190	797	1480.4
官路口	党支部书记：赵化路 村委会主任：赵化现	官路口	90	508	851.6
胡庄	党支部书记：胡宣峰 主村委会任：胡祥益	胡庄	93	406	1037.9
魏庄	党支部书记：鲁福宽 村委会主任：鲁仪修	魏庄	183	595	804.2
马庄	党支部书记：马乃军 村委会主任：马宪振	马庄	92	380	596
柴周	党支部书记：柴龙库 村委会主任：王成辉	柴周、董庄	133	545	873.5

（房建玮）

黄泥冈镇

【概况】 黄泥冈镇地处郓城东南17.5公里，东临嘉祥县老僧堂乡，西隔郓巨河与丁里长镇相望，南与随官屯镇、巨野县田庄镇毗连，北和张营镇接壤。全镇总面积57.05平方公里，人口4.23万，以汉族为主，辖35个行政村，40个自然村。境内属郓巨河水系。袁庄河自周庄村西入境，由西而东，北六支沟南七支沟贯通镇境内，入运河，境内河道总长约15公里，地下水资源可利用量为16.8万立方米，矿产资源主要煤炭，煤炭储量22.4万立方米。全镇基础设施齐全，道路铺设率98%以上，享受自来水人口4.19万人，实现村村通自来水，村村通公路。全镇共有5个定点小学，8个教学点，1处初级中学，义务教育普及率100%；卫生院1处，业务用房6000平方米，病床99张，定点卫生室10处；敬老院1处，实现五保老人集中供养，入院率达85%以上；农村商业银行1处，邮政网点1处，移动、联通服务网点共2处，实现固定移动电话网络全覆盖。全镇经济发展迅速，区域特色经济增长明显，棉纺织业是支柱产业，有企业422家，规模以上企业40家。2016年底全镇预计实现社会总产值86.3亿元，其中农业总产值3.02亿元，工业总产值66.8亿元；预计财政收入6323万元；

完成工商税收 4980 万元；农民人均纯收入达到 13754 元。

【招商引资和项目建设】 持续加大招商引资力度，分别到长三角、珠三角、京津等重点地区开展招商，对意向性项目盯住不放，全力争取签约；努力拓宽招商领域，提高招商质量，通过产业招商、亲情招商、以商招商等方式，不断巩固和扩大招商成果。已投产、落地、在谈项目共 8 个，有 5 个项目投资过亿元。其中，投资 1.2 亿元的高性能无碱玻璃纤维项目、投资 1 亿元的聚酯纤维项目、投资 5 千万元的世锦纺织项目、投资 3 千万元的明星纺织喷气织机项目 4 个项目已投产运行；投资 2.5 亿元的金属材料项目和多友科技投资 1.5 亿元废剂处理项目 2 个项目正在进行环评和办理相关建设手续，计划分别于 9 月、10 月动工建设；投资 1.5 亿元的矿山机械传递带生产项目和投资 8 千万元的无纺布项目 2 个项目正在积极洽谈，已达成初步意向。

【工业经济运行】 黄泥冈镇共有民营企业 422 家，涵盖纺织、印染、机械制造、酿造、浸出油等行业。投资 1000 万元以上企业 51 家，规模以上工业企业 30 家，从业人员 6288 人。其中，有 5000 枚纱锭以上的纱厂 23 家，织布厂 116 处。企业中用于生产的传统普通络筒机已全部更换为新型自动络筒机，2 个企业引进紧密纺设备，提高产品档次，提升企业综合效益和市场竞争力，也促进农村劳动力就业。

尚佳布业

【农业生产】 投资 590 余万在徐厂行政村新建设施农业（温室大棚）152 亩，合作社发展到 168 家，实现土地流转 1.5 万亩，发展种粮大户 72 家。农村产业结构进一步调整，2016 年大蒜种植发展到 7000 亩，西瓜 2000 亩，辣椒 4000 亩和洋葱 1500 亩。新打机井 50 眼，新修桥涵 18 座，铺设 PVC 管道 20 公里，铺设高低压线路 3 千米。农村土地确权工作完成后进一步确认，确权耕地面积增加 5.47 万亩，确权发证率 96%。

【城镇化建设及新农村建设】 抓住实施城乡公交一体化有利时机，全力推进“村村通”“户户通”工程。建设公交港湾站亭 16 个；“村村通”新修道路 14.5 公里，其中黄随路 6.2 公里、镇园区路 1.2 公里、环镇路 7.1 公里；镇驻地街道加宽 3 公里。“户户通”新修 18 万平方米。工程实施以来已惠及 20 个村庄、近 3 万人口。7 月 5 日代表全县接受市农村公路建设现场会的观摩。镇驻地汇福家苑小区三期新建 3 栋住宅楼，建筑面积 1.2 万平方米；英才路北段新开发以路带商铺 2.2 万平方米，主体已全部完工。

【农村电子商务工作】 不断加大电商宣传、培训力度，镇集中举办 4 期电商培训班，375 人参加培训；累计组织 104 人至淘宝大学参加培训；每村新增 3 幅长期性宣传标语，每周播放 3 次宣传录音，上半年全镇新增电商 156 户；成立电商协会，已有 274 人入会；设立 20 万元的电商奖励基金，已有 3 名业绩优异的电商经营者获得奖励；大力推动传统特色产业与特色产品网上交易，网上交易额月均达到 360 万元。

【民生建设】 保障范围不断扩大。1414 人享受低保；累计救助困境和事实无人抚养儿童 51 人；568 名残疾人享受生活、护理补贴；大病救助 20 人；临时救助 30 人。城镇居民医疗保险和养老保险参保率达 100%。张庄村幸福院通过验收，陈楼村幸福院开工建设，完成黄楼村幸福院选址工作；实现农村广播“村村响”全覆盖，有线电视“户户通”入户率达 25%；送戏下乡 10 场，电影放映30场。实施生态旅游项目，已经完成《旅游区可行性研究报告》，正在进行项目立项。严格按照程序，精准识别出贫困户1351户、3019人。抽调258名镇村干部与贫困户进行结对帮扶，认真落实帮扶责任，根据致贫原因，按照“一户一案，一人一岗”原则制定帮扶措施。实施产业扶贫，大力发展“一村一品”累计为989人提供了就业岗位；着力实施就业扶贫，开展就业培训，累计培训450人次，积极搭建“双向”用工务工服务桥梁，累计帮助1760名贫困人口实现就近、持续就业；建设扶贫示范点14处；有效实施金融扶贫，4户贫困户、1个经营主体，正在办理贷款手续；扎实开展政策扶贫，帮助45人申请低保，帮助6名孤寡老人入住敬老院，帮助79人申请医疗救助，帮助42人申请临时救助，“雨露计划”有3户通过资格审查；大力开展社会扶贫，县镇71名“两代表一委员”全部与贫困户对接帮扶，累计为贫困户寻找就业岗位130个，金都酒业、东盛纺织等企业援建的5处扶贫就业点，已经完工并投入使用。2016年度全镇累计脱贫641户1548人。扎实推进“全面改薄”工作。累计投资650万元，新建小学3处，其中何仓小学已竣工，西杨小学、张楼小学正在建设；新建幼儿园3处，其中孙庄幼儿园、侯楼幼儿园已竣工，前杜庄幼儿园正在建设；东刘小学、红卫小学正在规划中。

【乡村文明行动】 完成武庙、文桥集、黄西等5个村及镇驻地的垃圾清理及墙面粉刷工作，并分别建成“文明一条街”，制作宣传图画；全镇“四德榜”进行全覆盖，秧歌队普及率达到95%，丰富农村居民的文化生活。城乡环卫一体化建立长效机制，深入巩固城乡环卫一体化成果，“脏、乱、差”现象得到有效治理，累计清理存量垃圾3000余方，出动大型挖掘机200余次。建成文化广场18处；新农村新生活培训人数累计达18000余人。移风易俗工作在35个村全面铺开，7月份，全镇发生的64件婚丧事宜，全都按照村规民约执行，为群众节省资金近130万元，得到广大群众的好评。

【计划生育】 认真开展新的计生政策宣传和春秋两季计划生育集中活动。全镇人口出生率为17.6‰，合法生育率为94.5%，出生人口性别比为114：100。

【党建工作】 认真安排部署“两学一做”学习教育。坚持每月为党员上一次党课，认真开展党员核查，核实党员1006名；找回失联党员138名；建立流动党员档案35名，清退党员发展程序不规范党员7名、曾违纪违法党员4名。对党代会代表和党员违纪违法未给与相应处理情况进行排查清理。准确计算应交党费金额，建立工作台账，全镇党员干部应补交党费全部补交到位。带头推进“双联双创”活动，现场办公62次，排查化解矛盾纠纷139件，解决群众诉求39项。强化干部培训，整顿村居软弱涣散班子3个，调整支部书记3人；增配3名组织员，培养入党积极分子48名，发展预备党员10名，累计培训党员400人次。镇财政拨专款146万元用于村级运转经费，全镇35个行政村村级活动场所全部达标。完成7个村的基层服务型党组织建设工作。完成土地流转9800亩，盘活资产资源1200余万元，化解农村债务89万元，全年集体经营性收入3万元以上的村24个，彻底消除经济空壳村。

【平安建设】 平安建设常抓不懈，做好矛盾纠纷的日常排查工作，努力把上访苗头解决在萌芽状态。坚持严打方针不动摇。全力解决群众反映强烈的问题，把上访苗头解决在萌芽状态。处理12345热线360件，信访件处理率达100%，全年无应急上访事件发生。抓好治安防范，成立镇义务消防队、戒毒管理康复中心，加强社区警务室的建设，成立镇治安联防队，全镇35个行政村都安装治安摄像头，提升治安防控水平。做好安全生产、食品安全工作，定期对所有生产性企业普遍检查，把所有安全隐患及时整改；做好镇食药所建设，完善食品安全监管体系，全面启动食品安全风险排查整治及质量安全专项整顿治理行动。

表56　2016年黄泥冈镇基本情况一览表

项目	单位	数量	项目	单位	数量
土地总面积	平方千米	57.05	总人口	人	42281
耕地面积	万亩	5.994	农业人口	人	39775
行政村、社区	个	35	人口出生率	‰	17.6
工业企业	个	315	人口自然增长率	‰	9.89
工业总产值	亿元	66.82	计划生育率	%	94.8
利税总额	万元	82886	中小学	所	14
固定资产投资	万元	46067	在校学生	人	5878
农业总产值	万元	30184	幼儿园	所	17
粮食总产量	吨	49811	在园儿童	人	1878
蔬菜总产量	吨	26832	教职工	人	396
肉类总产量	吨	6150	参加农村社会养老保险率	%	100
财政收入	万元	6323	农村合作医疗投保率	%	100
工商税收	万元	4980	最低生活保障人数	人	1247
农民人均收入	元	13754	养老机构供养老人	人	120

表57　2016年黄泥冈镇行政村基本情况一览表

行政村	村两委主要负责人	包括自然村	居民户数（户）	总人口（人）	耕地面积（亩）
黄西	党支部书记：李爱锁 村委会主任：李先武	黄西村	420	1802	2407
黄东	党支部书记：张庆民 村委会主任：秦显峰	黄东村	362	1549	2051
黄南	党支部书记：张宗营 村委会主任：张宗国	黄南村	320	1682	1983
徐厂	党支部书记：徐兴虎 村委会主任：牛传乾	徐厂村	220	987	1555
黄楼	党支部书记：王传会 村委会主任：李继刚	王庄村 黄楼村	428	1321	1457
陈楼	党支部书记： 村委会主任：陈长想	陈楼村	262	1246	1664
侯楼	党支部书记：侯振旭 村委会主任：杜建国	侯楼村、张庄村、房庄村、樊庄、宋庄	486	1465	2625
燎原	党支部书记：陈树成 村委会主任：李西占	李汉臣村、郧坑村	187	670	1259
孙垓	党支部书记：丁玉娟 村委会主任：李明燕	孙垓村	280	1052	1821
房河口	党支部书记：杜明勤 村委会主任：杜德建	房河口村	235	905	1127
刘行	党支部书记：刘全柱 村委会主任：刘存元	刘行村	630	2141	3519

续表

行政村	村两委主要负责人	包括自然村	居民户数（户）	总人口（人）	耕地面积（亩）
冯楼	党支部书记：李善臣 村委会主任：李善臣	冯楼村	300	1320	1823
张庄	党支部书记：张明进 村委会主任：张正波	张庄村	154	659	1084
文桥集	党支部书记：王金泉 村委会主任：王金泉	文桥集村	328	1376	1668
刁庄	党支部书记：刘桂臣 村委会主任：岳彩记	刁庄村	240	983	1288
周庄	党支部书记：周广群 村委会主任：周长才	周庄村	160	728	808
孙庄	党支部书记：孙学合 村委会主任：陈体雨	孙庄村	221	1003	941
曹庄	党支部书记：闫玉平 村委会主任：曹记刚	曹庄村	305	1114	1903
武庙	党支部书记：武玉三 村委会主任：武玉钦	武庙村	305	988	1356
西杨	党支部书记：杨兆前 村委会主任：杨延词	西杨村	580	1960	2775
何仓	党支部书记：王利显 村委会主任：韩跃龙	何仓村	826	2836	4413
西刘	党支部书记：刘兴华 村委会主任：刘绪国	西刘村	354	1539	2058
张楼	党支部书记：张君民 村委会主任：张兆趁	张楼村	537	2250	3433
魏王	党支部书记：魏一良 村委会主任：魏天雷	魏王村	190	796	1100
杜庄	党支部书记：杜保军 村委会主任：杜善福	杜庄村	169	643	891
前杜庄	党支部书记：杜际淼 村委会主任：杜方林	前杜庄村	184	950	1433
白垓	党支部书记：滕义效 村委会主任：滕传文	白垓村	230	1231	2045
吕庄	党支部书记：吕兹冉 村委会主任：吕开良	吕庄村	175	686	794
西营	党支部书记：程知祥 村委会主任：程荣国	西营村	302	1280	1851
东营	党支部书记：张效峰 村委会主任：李超峰	东营村	246	870	1117
袁庄	党支部书记：袁良民 村委会主任：袁良孟	袁庄村	356	1381	1972
东杨	党支部书记：杨延义 村委会主任：杨现波	东杨村	166	813	1114
东刘	党支部书记：刘清华 村委会主任：刘恩钦	东刘村	265	942	1078
蒋庄	党支部书记：曹先雷 村委会主任：曹占磊	蒋庄村	130	542	774
武庄	党支部书记：武绍功 村委会主任：武玉见	武庄村	120	571	755

（牛犇）

黄集乡

【概况】 黄集乡位于郓城县城西北27公里处，北隔黄河与河南省台前县相望，东与梁山县杨营镇、黑虎庙乡接壤，南、西分别与侯咽集镇和李集乡为邻。全乡版图面积72平方公里，辖49个行政村，总人口5.6万人，耕地面积7.8万亩。

黄集乡位于沿黄滩区，黄河沿线长达5公里，空间开阔，有丰富水草资源。黄集乡立足于自身优势，大力发展规模养殖，规模养牛场达到20余家，其中500头以上的养牛场就有6家，全乡育肥牛常年存栏量1.3万头。金农牧业是全市首家在齐鲁股权交易中心成功挂牌的企业，华宝养猪合作社作为山东省农业产业化重点龙头企业，被农业部评为首批“全国农民专业合作社示范社”。

黄集乡钢球产业具有明显的集群优势，是黄集乡的支柱产业。全乡各类钢球、轴承及球架制造加工企业、业户达到170多家，永昌钢球、龙腾钢球、东升钢球、鑫盛钢球4家已办理自营进出口权，产品直接或间接出口到东南亚等一些地区和国家。

随着钢球企业数量的增加、规模的扩大、技术的改造和提升，钢球产量也由2005、2006年的年产3万吨增加到现在的年产9万吨。钢球材质也由普通钢材进化到高附加值的不锈钢、轴承钢材质，型号也由当初的几种型号，发展到现在的从直径1毫米到30多毫米等几十种型号；级别从千级球提升到符合国家标准的百级球、十六级球、精研球、超精研球，有7家企业已实现ISO2000质量认证。产品已应用于玩具制造业、装饰品制造业、机电制造业、精密仪器制造业、汽车制造业等多种行业和领域，钢球产量占据全国的半壁江山。

【招商引资和大项目建设】 2016年，黄集乡共有新建项目5个，其中荣合堂医疗器械制造和年产2000吨香油项目由为张楼村村民张丰先生“返乡创业”项目；中辆集团共包含3个项目，科技孵化器、T1线和生产组装车间；改建、扩建项目有3个，其中晶玻玻璃二期工程已完工，晨方彩塑正在进行试生产，东兴纺织扩建项目正在施工中。

【小城镇建设】 一是商业街二期3万平方米商、住两用商品楼已全部完工。二是乡老电影院1万平方米商、住两用多层商品楼开发项目，已经破土动工。三是安庄新农村建设已进入最后冲刺阶段，部分村民已迁入新居，土地置换工作正稳步进行。四是完成乡卫生院规范化建设规划，800平方米的病房楼正在进行招标建设。

【教育改薄】 共涉及黄集乡中学、中心小学、王楼小学、袁楼小学、长刘小学、西张庄小学6所学校，所有征地工作已全面完成，围墙建设均已完工。其中：袁楼小学教学楼已完工，学校大门、厕所已完工，操场建设中；中心小学教学楼、综合楼，长刘小学教学楼、王楼小学教学楼、西张庄小学教学楼，图纸已设计完成，正在进行招标；乡中学综合楼、宿舍楼，图纸还在设计中。

【电子商务】 设立黄集乡电子商务培训基地，聘请淘宝大学讲师，共组织三批100多名从业人员进行培训；新增电子商务网点85个，注册网站16家，淘宝农村服务站和淘帮手13个；沙岭淘宝村建设初见成效，已开设淘宝店铺98家，1688商铺17家，产品涉及钢球、家具、服装、农业机械设备、农产品等20多个种类，线上交易额突破300万元。

【精准扶贫】 2016年，黄集乡共有539户1695人实现脱贫。建设完成张宇、七户屯等6个扶贫就业车间，已经投入使用，建立精准扶贫示范点39处，返乡创业服务站1处，返乡创业示范点20处。以曹西旅游特色村建设为抓手，以民俗风情、农家体验为特色，帮助当地群众实现旅游脱贫。2016年，新增葡萄采摘园69家、农家乐2家，建设完成游客接待中心、停车场、农家乐、公共卫生间等配套服务设施，新增旅游就业人数72人，其中新增贫困户就业人员16人，直接增加收入2000元。全年游客达2.7万人次，旅游综合收入32万元，旅游业已经成为当地群众脱贫致富的主要渠道之一。

曹西葡萄种植基地

【农村公路建设】 一是对乡驻地黄集村“三纵三横”6条主要街道进行硬化。二是府西路、府前街升级改造工程正在紧张施工中，同时将配套下水道和绿化、亮化工程。三是刘陈路（黄集段）已完成最终选址工作，安庄村、西朱村、沙岭村清障工作已全面完成。四是村村通工程，已完成16公里;户户通工程已完成长刘、姬庄、白衣集、邢庄四个村，共计21030平方米。

【敬老院建设】 投资280余万元的乡敬老院已完工，并通过市民政局验收。按照设计标准共可容纳120位老人入住，已接到103位老人的入住申请，乡民政所依照入住表准一一审核，已有57位老人依照相关手续完成入住；下一步将逐步增加入住老人数量，同时增加院内绿化面积，扩大硬化面积和亮化面积，改善老人的居住环境。

【土地增减挂钩】 安庄土地增减挂钩项目，已通过省国土资源厅审批。共建成房屋24排144户，建筑面积26640平方米，已拆除房屋106户，拆除房屋面积23190平方米，置换土地面积96亩；后师村新农村建设项目依相关程序召开土地增减挂钩听证会，相关申报材料已报至县国土资源局，等待上级审批。

表58　2016年黄集乡基本情况一览表

项目	单位	数量	项目	单位	数量
土地总面积	平方千米	76	总人口	人	56703
耕地面积	万亩	7.5	农业人口	人	52249
行政村、社区	个	49	人口出生率	‰	14.32
工业企业	个	77	人口自然增长率	‰	9.23
工业总产值	亿元	30.62	计划生育率	%	60.6
利税总额	万元	8159	中小学	所	8
固定资产投资	万元	18600	在校学生	人	5780
农业总产值	万元	33524	幼儿园	所	18
粮食总产量	吨	63693	在园儿童	人	1060
蔬菜总产量	吨	62978	教职工	人	365
肉类总产量	吨	632	参加农村社会养老保险率	%	100
财政收入	万元	6278.7	农村合作医疗投保率	%	100
工商税收	万元	2640	最低生活保障人数	人	2204

续表

项目	单位	数量	项目	单位	数量
农民人均收入	元	9523	养老机构供养老人	人	108

表 59　2016 年黄集乡行政村基本情况一览表

行政村	村两委主要负责人	包括自然村	户数（户）	总人口（人）	耕地面积（亩）
黄集	党支部书记：黄守元 村委会主任：黄守忠	黄集	1120	2026	873
周庄	党支部书记：王兴明 村委会主任：饶跃春	周庄、孟庄	402	1120	1570
三官庙	党支部书记： 村委会主任：	三官庙	238	618	859
张宇	党支部书记：张传文 村委会主任：张传良	张宇、张桓	382	1104	1345
前秦	党支部书记：黄守兵 村委会主任：秦海全	前秦、张合堂、芦庙	498	1473	1908
金店	党支部书记：申金箱 村委会主任：	金店、许楼、雷垓	406	1094	1426
郭庄	党支部书记：高宪昌 村委会主任：玄先聚	郭庄、官庄	432	1126	1528
后秦	党支部书记：秦瑞山 村委会主任：秦和清	后秦	187	510	615
玉皇庙	党支部书记：秦廷春 村委会主任：秦廷振	玉皇庙	206	594	792
王集	党支部书记：辛爱民 村委会主任：	王集、朱庄、辛那里	390	1098	1195
侯庄	党支部书记：侯甲磊 村委会主任：侯庆海	侯庄	307	877	1037
张楼	党支部书记：王文启 村委会主任：张凡云	张楼	914	2444	2300
李桥	党支部书记：仝广恩 村委会主任：李学平	李桥	238	654	837
东张庄	党支部书记：王文民 村委会主任：王文路	王庄、东张庄、林庄	586	1578	2079
宋垓	党支部书记：宋太东 村委会主任：	宋垓	459	1234	1704
徐垓	党支部书记：徐淑存 村委会主任：	徐垓、官庄、程垓、刁庄、张垓	866	2346	3749
良东	党支部书记：张本存 村委会主任：孙继合	良东	280	826	1145
良西	党支部书记：倪崇清 村委会主任：倪景习	良西	574	1748	2603
刘楼	党支部书记：刘兴龙 村委会主任：刘兆先	刘楼	504	1403	1913
任楼	党支部书记：任仲福 村委会主任：任仲良	前任楼、后任楼	304	839	1047
季垓	党支部书记：司丙德 村委会主任：韩兆军	季垓、杨庄	844	2403	2833

续表

行政村	村两委主要负责人	包括自然村	户数（户）	总人口（人）	耕地面积（亩）
西张庄	党支部书记：张善修 村委会主任：孙学民	西张庄村、三官庙、高庄、任庄、孙庄、义和村	816	2442	3330
卜各屯	党支部书记：卢贵军 村委会主任：肖作海	卜各屯	432	1246	1956
王楼	党支部书记：王桂春 村委会主任：	前王楼、后王楼	286	796	1455
安庄	党支部书记：刘超珍 村委会主任：徐龙魁	安庄	301	1050	886
姬庄	党支部书记：姬生明 村委会主任：	姬庄	212	589	821
长刘	党支部书记：岳宗杰 村委会主任：刘庆军	长刘	266	773	1035
白衣集	党支部书记：刘文军 村委会主任：孙宪柱	白衣集	270	828	912
曹西	党支部书记：曹景阳 村委会主任：	曹西	345	1007	1470
曹东	党支部书记：殷传贵 村委会主任：	曹东	464	1307	1678
邢庄	党支部书记：张玉科 村委会主任：	邢庄	164	467	695
阳城	党支部书记：王久柱 村委会主任：	阳城	365	1002	1159
新朱庄	党支部书记：朱贵东 村委会主任：	新朱庄	200	654	745
七户屯	党支部书记：张福强 村委会主任：张洪芹	七户屯	543	1504	1557
三合村	党支部书记：李怀勇 村委会主任：李福进	三合村	345	936	1183
马庄	党支部书记：朱保存 村委会主任：	马庄	211	623	740
东关	党支部书记：马仕汉 村委会主任：韩学义	东关	335	1036	1383
刘仁	党支部书记：吴洪涛 村委会主任：刘玉柱	刘仁	270	792	1116
辛庄	党支部书记：姚树显 村委会主任：王成亮	辛庄	193	592	362.4
伟庄	党支部书记：王怀云 村委会主任：王洪先	伟庄	463	1390	1446
仲潭	党支部书记：耿进春 村委会主任：耿进立	仲潭	217	638	739
前师	党支部书记：马敬军 村委会主任：梁吉金	前师	193	554	588
后师	党支部书记：师尚华 村委会主任：江景存	后师	273	766	653
义和庄	党支部书记：刘超山 村委会主任：	义和庄	880	2547	2341
大武	党支部书记：武守院 村委会主任：武支海	大武	541	1522	2371
袁楼	党支部书记：袁心聚 村委会主任：袁心亮	袁楼村、庞庄、王铁炉	560	1576	2350

续表

行政村	村两委主要负责人	包括自然村	户数（户）	总人口（人）	耕地面积（亩）
沙岭	党支部书记：孟庆秀 村委会主任：	沙岭	427	1280	1231
陆胡同	党支部书记：徐德印 村委会主任：徐淑印	陆胡同	394	1120	1483
西朱	党支部书记：张少作 村委会主任：	西朱	193	551	480

（刘洁）

李集镇

【概况】 李集镇地处黄河滩区，距郓城县城25公里，与河南省台前县、范县隔河相望，是郓城县的西北门户。全乡辖54个行政村、90个自然村，5.7万人，8.6万亩耕地，总面积达96平方公里。郓杨路、郓李路、梳苏路、郓苏路、沿黄路贯穿东西南北，李清、昆岳、苏阁三座浮跨越鲁豫两省。境内肖堌堆文化遗址是县级重点保护文物。

【经济运行】 2016年，全镇共完成固定资产投资2.8亿元;实现地方公共财政预算收入5900万元，同比增长8%；规模以上工业企业主营业务收入13.6亿元，同比增长7.6%，利税1.32亿元、增长7.8%;社会消费品零售额6.1亿元，增长7.5%。招商引资和大项目建设。投资1.1亿元的白雪面粉制造项目建成投产。由北京星宇盈辉科技有限公司投资1.2亿元的年加工5000吨芦笋项目落地建成。工业经济运行。不断深化改革，加大技改力度，切实加强运行调度，破解发展难题，工业经济效益明显提高。全镇规模以上企业达到15家，完成增加值9千万元、利税1600万元，分别同比增长27%和13%。市级高新技术企业从无到有，已拥有“瑞尔机械”“嘉华减速机”“昌顺机械”三家市级高新技术企业。

【农业生产】 一是下力气做好土地流转工作，积极推广“公司+农户”经营模式，大力发展绿色农业，久源芦笋基地已种植芦笋3000亩，由北京星宇盈辉科技有限公司投资1.2亿元的年加工5000吨芦笋项目已落地建成。走出一条“公司+基地+农户”的绿色农业发展的成功道路。二是农业传统产业稳步发展，共有生猪规模养殖户18户，生猪年出栏量27700头；肉牛养殖户19户，年出栏1425头；规模养羊户16户，年出栏2900头；蛋鸡养殖户15户，年出栏93500只；蛋鸭养殖户5户，年出栏73000只。三是电子商务助力农业发展。仲堌堆村借助《舌尖上的中国》栏目的热播，积极开拓发展特色食品加工业，大力组织农户发展规模化规范化生产，以特色食品带动全村致富。目前村内生产的西瓜酱远销各地，供不应求。马庄村依托“油桃妹”的品牌优势，借助电子商务等载体，马庄油桃畅销各地。全镇建有电子商务孵化基地1处，全镇共开设各种网店100多家、淘宝服务点7处，实现网上销售1000多万元。

【乡村旅游】 依托李集镇位于三县交界的区位优势，沿黄河20公里生态景观优势，土地肥沃农产众多的农产优势，周边镇庙会目标地优势，开发了精品采摘园、黄河遗产农业、镇村旅游庙会、“黄河人家”民俗村、肖堌堆文化科普等镇村旅游点，突出“乡土、乡情、乡趣、乡俗”，实现“一镇一品牌”、“一村一特色”。2016年首届“黄河旅游节”的成功召开为杨集旅游特色村建设吹响了冲锋号，近几年肖堌堆庙会越办越大，四方游客乘兴而来，尽兴而归，不仅起到景区宣传作用而且将旅游与文化、商业相结合能够更好地推动景区全方位建设。第三届“油桃妹”桃花节的成功召开，将马庄“油桃妹”打造成一张崭新名片，此外还开发出诸如杨集村特色旅游区、四龙村特色采摘园、李村营村净土寺旅游点等一批乡村旅游资源。

【城镇化建设及新农村建设】 祥瑞家园计划建设商住一体楼 2.4 万平方米，已完成 5000 平方米；学府佳苑小区 6 万平方米的商住一体化小区建设已完成。下半年，又对镇驻地 2700 米下水道进行重建，同时全面整治乱搭乱建现象，安装高标准铁皮垃圾桶 120 个，对镇驻地三横四纵及郓杨路全面提升改造。

【民生建设】 计划改薄 8 处学校，已完成征地 107 亩，计划新建教学楼 7 栋，学生宿舍楼 2 栋，建设面积 11600 平方米，新建标准化操场 7 处。镇实验小学改薄工作已完成。在全市乡镇卫生院中规模最大、标准最高、设施最全的镇卫生院综合门诊楼已建成完工，建筑面积近 8000 平方米，已试运营。镇敬老院筹资 200 万元新建高标准宿舍楼，新增房间 90 间。

【乡村文明行动】 成立由镇党委书记任组长，政府镇长任常务副组长，分管领导为副组长，有关部门负责人为成员的移风易俗工作领导小组，广泛宣传发动，利用宣传车、宣传标语、村内广播等宣传载体在全镇范围内进行铺网式宣传，为各村制作制度标牌，各村均成立红白理事会，制订出台针对党员、干部、教师和其他公职人员带头执行移风易俗的管理规定，充分发挥职工、妇女、青年在移风易俗中的骨干作用，着力抓好四德榜建设，培树一批“厚养薄葬”“丧事简办”“婚事新办”“不要彩礼，创业光荣”方面的典型。

【平安建设】 综治维稳工作成效显著，加强政务中心建设，实行服务承诺制度，提高服务水平和服务效率。加大“三乱”治理力度，严查各类违法乱纪案件，经济发展环境明显好转。认真落实安全生产责任制，不断强化安全生产监督，安全生产意识进一步增强，人防、物防、技防等措施得到加强。

【党建工作】 深入学习党的十八大及十八届历次全会精神，不折不扣地贯彻落实中央和省市县委的一系列重大决策部署，严肃政治纪律、组织纪律和工作纪律，确保政令畅通。深入开展“两学一做”和“双联双创”活动，贯彻执行习近平总书记一系列重要讲话特别是视察山东及菏泽重要讲话精神，始终把党风廉政建设和反腐败工作作为政府工作的生命线，制订落实党风廉政建设责任制实施意见，班子成员切实履行“第一责任人”职责，做到用制度管权、管事、管人，公开廉政承诺，接受群众监督。创新工作推进机制，细化分解年度任务，落实责任，加强督查通报，定期向社会公开，自觉接受人民群众评判和监督。

表 60　2016 年李集镇基本情况一览表

项目	单位	数量	项目	单位	数量
土地总面积	平方千米	96	总人口	人	57276
耕地面积	万亩	8.6	农业人口	人	51359
行政村、社区	个	54	人口出生率	‰	10.38
工业企业	个	45	人口自然增长率	‰	5.68
工业总产值	亿元	13.5	计划生育率	%	55.46
利税总额	万元	17045	中小学	所	15
固定资产投资	万元	28000	在校学生	人	6243
农业总产值	万元	19376	幼儿园	所	7

续表

项目	单位	数量	项目	单位	数量
粮食总产量	吨	56000	在园儿童	人	2356
蔬菜总产量	吨	31000	教职工	人	394
肉类总产量	吨	280860	参加农村社会养老保险率	%	98
财政收入	万元	4702	农村合作医疗投保率	%	98.8
工商税收	万元	4385	最低生活保障人数	人	2600
农民人均收入	元	39260	养老机构供养老人	人	15
工业企业	家	45	财政收入	万元	4702
规模企业	家	15	劳均收入	元	39260
固定资产投资	万元	28000	人均收入	元	12500
个体私营企业	家	141	年末储蓄存款总额	亿元	7.3
第三产业增加值	亿元	7.42			
多种经营产值	亿元	2.83			

表 61　2016 年李集镇行政村基本情况一览表

行政村	村两委主要负责人	包括自然村	户数（户）	人口（人）	耕地面积（亩）
马庄	党支部书记：韩修峰 村委会主任：	马庄	173	611	2385
张口	党支部书记：常福宽 村委会主任：	张口、常楼	346	1258	1593
张堂	党支部书记：张忠秋 村委会主任：韩全锋	张堂、钱庄	280	1170	1403
刘集	党支部书记：刘树来 村委会主任：	刘集、吴庄	353	1301	1778
杨河涯	党支部书记：王洪强 村委会主任：	杨河涯	193	786	1326
田河涯	党支部书记：田忠华 村委会主任：郭永福	田河涯、宋河涯、艾坊	183	688	741
黄垓	党支部书记： 村委会主任：黄体山	黄垓、吕店、焦庙	462	1770	2864
高才刘	党支部书记： 村委会主任：渠修华	高庄、蔡庄、刘垓、黄岗、朱店、渠庄	525	2009	3689
杨集	党支部书记：徐长伟 村委会主任：	杨集	368	1301	1574
军李	党支部书记：李　军 村委会主任：李允红	军李	181	600	807
庞店	党支部书记：丁敬院 村委会主任：	庞店	173	587	713
张庄	党支部书记：李文祥 村委会主任：张保福	张庄、史庄	226	751	1064

续表

行政村	村两委主要负责人	包括自然村	户数（户）	人口（人）	耕地面积（亩）
王铁炉	党支部书记：王效生 村委会主任：	王铁炉	190	693	841
张仰望	党支部书记：于目文 村委会主任：于加兰	张仰望	171	607	973
李晓岚	党支部书记：周广福 村委会主任：	李晓岚	153	617	676
杨府村	党支部书记： 村委会主任：杨际章	杨府村	168	541	903
张景龙	党支部书记：张良超 村委会主任：张思友	张景龙	320	1151	1531
曾庄	党支部书记： 村委会主任：曾庆柱	曾庄	162	590	832
李集	党支部书记：李明香 村委会主任：李先超	李集	905	4320	2380
李村营	党支部书记：孟凡圣 村委会主任：王正伦	李村营、孟庄、林庄	393	1455	2380
陈庄	党支部书记：陈存章 村委会主任：陈公玉	陈庄、西武	273	1286	2152
范庄	党支部书记： 村委会主任：	范庄	137	491	905
高楼	党支部书记：邵士成 村委会主任：高明坤	高楼	178	661	1173
四龙	党支部书记：侯宪功 村委会主任：李安福	四龙	316	1272	2264
四杰	党支部书记：果继华 村委会主任：卢守华	四杰、闫围子	478	1870	4569
张楼	党支部书记：田光辉 村委会主任：	前张楼、后张楼、中张楼、邵庄	436	1842	2714
影塘	党支部书记：王良才 村委会主任：韩效清	影塘	376	1372	1531
胡广屯	党支部书记：潘明科 村委会主任：潘明芹	胡广屯	160	575	942
胡坑	党支部书记：胡允社 村委会主任：胡兴营	胡坑、崔庄	690	2584	3366
严集	党支部书记：严春元 村委会主任：吴端群	严集	429	1484	2840
薛庄	党支部书记：李万平 村委会主任：曾广稳	薛庄、小寨、徐庄	354	1157	1737
后杨	党支部书记： 村委会主任：杨际芹	后杨	120	403	659
前杨	党支部书记：杨际金 村委会主任：杨广清	前杨、徐垓	630	2077	2882
西韩	党支部书记：韩成贤 村委会主任：韩月祥	西韩	257	836	1282
李虎	党支部书记：张良红 村委会主任：张良玺	李虎	207	685	1223
梁楼	党支部书记：梁邦奎 村委会主任：梁存常	梁楼、高庄、吕店	290	1023	2981
孔河涯	党支部书记：王厚山 村委会主任：王书太	孔河涯	183	725	1083

续表

行政村	村两委主要负责人	包括自然村	户数（户）	人口（人）	耕地面积（亩）
杨岗	党支部书记：张保方 村委会主任：罗河启	杨岗	70	230	513
赤楼	党支部书记：郭广效 村委会主任：	赤楼	157	588	919
刘庄	党支部书记：刘尚雨 村委会主任：	刘庄	137	447	527
陈集	党支部书记：陈兆国 村委会主任：山作保	陈集、山庄	362	1161	1270
孙垓	党支部书记：孙维松 村委会主任：孙诗岩	孙垓	265	1002	1415
仲固堆	党支部书记：仲晓田 村委会主任：仲召柱	仲固堆	177	648	745
王楼	党支部书记：王玉江 村委会主任：王慎先	王楼、王庄	235	930	1127
苑庄	党支部书记：郭守仓 村委会主任：郭守新	苑庄	245	889	1075
张店	党支部书记：张良春 村委会主任：赵胜臣	张店、金星庙、赵堂	279	1012	1064
贾庄	党支部书记：贾如宾 村委会主任：仲崇民	贾庄	79	322	542
黄楼	党支部书记：黄体举 村委会主任：	黄楼	59	216	245
李垓	党支部书记：李繁芝 村委会主任：李青松	李垓	223	755	1218
罗楼	党支部书记：罗一博 村委会主任：	罗楼、苗庄	500	2144	2675
靛池刘	党支部书记：张世东 村委会主任：张士同	靛池刘	90	324	564
李楼	党支部书记：李宗朝 村委会主任：李华东	李楼、苏阁、吴庄	740	2588	2728
胡楼	党支部书记：胡宗华 村委会主任：胡公贤	胡楼、赵庄	238	921	1346
刘浩	党支部书记：高宗怀 村委会主任：罗文秋	刘浩、徐庄、李庙	436	1593	2332

（郭晓林）

张鲁集乡

【概况】 张鲁集乡位于县城西北22.5公里处，辖48个行政村，人口4.5万人，版图面积72平方公里，耕地面积6.7万亩，郓苏路和沿黄路在这里交汇，东距京九铁路仅1 8公里，西距德商高速路口6公里，地处黄河腹地，距黄河浮桥3公里，交通十分便利。

【招商引资和项目建设】 有企业38家，乡驻地企业24家。拥有大禹防水材料、红花圆包装、华晶玻璃、同盛纺织机械配件等县园区企业16家。全年引进项目6个，其中投资过亿元的项目4个，5000万元以上项目2个。2016年实现规模以上工业总产值25亿元，固定资产投资13.8亿元，财政总收入3195万元，农民人均可支配收入14850元。

【农业生产】 通过聘请专家技术人员举办科学技术培训班，印发宣传资料，外出参观学习等多种形式，切实为群众搞好服务。全乡林下养殖大棚发展到220多个，特色养殖貂达到2万多只，狐狸达到4500多只，家庭散养羊6000多只，成为全县畜牧养殖强乡。农民专业合作社发展到148个。农村土地承包经营权确权登记颁证工作已基本完成。在“一乡一业”和“一村一品”方面，结合扶贫工作，8个贫困村逐步形成以养殖、加工业为主的扶贫产业，壮大了乡域经济，增加了农民收入。

【城镇化建设及新农村建设】 投资520万元的卫生小区和投资450万元的教育小区已建成并投入使用。新建3处总面积15900平方米的大型购物广场，总投资1.5亿元，完成对乡驻地新街的开发建设工作，提升小城镇形象。投资100多万元的乡政府综合服务大厅已投入使用。开展6个新型农村社区建设，共完成建筑面积2.9万平方米，已入住148户。

【民生建设】 一是新修公路80余公里，实现全乡74个自然村全部通水泥路，完成14个村“户户通”工作。二是总投资289万元的敬老院改扩建已全面完成，可提供220位老人的入住问题。三是全面启动基本农田高标准建设项目，已投资1389万元，修路30公里以及桥涵闸等硬件设施。四是积极做好8个省派“第一书记”村的联系、协调和服务工作，省教育厅援建的薛河口小学和幼儿园，已建成投入使用。五是引导群众积极参加县里组织的淘宝培训班，已完成9个行政村的布局工作。

【乡村文明行动】 投资260多万元购置附属设备和垃圾中转站配套设施，投资80余万元对全乡存量垃圾全面彻底地进行清理，提高群众满意度，环卫工作进行托管，顺利地通过省市暗访验收。建设农村文化大院17个，文明一条街17个，秧歌队38个，广场舞9个。

【计划生育】 一是完善利益导向机制，加强计划生育管理和服务，使计划生育工作得以全面健康发展。二是创新载体，充分发挥“三结合”帮扶户和计生奖励户的示范作用，利用入户调查等计生行动让群众在潜移默化中接受计生政策宣传。三是加大规范化建设力度，打造具有计生特色、充满人文关怀的基层生殖健康服务机构，努力提高群众满意度。

【平安建设】 完善农村治安体系建设，全乡安装视频探头224个，狠抓农村治安区域治理，深入开展严打整治斗争，维护社会秩序的稳定。广泛开展大接访、大排查、大化解工作，最大限度地消除了社会不和谐因素。认真落实安全生产责任制，保持全乡安全生产形势稳定。

【党建工作】 一是科学设置专题，规定学习篇目，领导班子成员率先带头抓学习、搞调研、查问题、上党课，积极组织集中学习研讨，排查梳理解决群众诉求，带头建立“不严不实”问题台账，带头进行整改落实，真正让人民群众看到变化。二是把“双联双创”作为基层党建工作的重要抓手，成立33个工作组，做到全覆盖。三是多渠道筹集资金18万元，新建吕阁、张楼、苗庄、黄楼、孟庄五个村级活动场所；村级集体经济收入3万元以上的村11个。四是在广大党员中组织开展学习党纪条规的教育活动，坚持以正面宣传为主，扎实开展反面警示教育，促进全乡干部作风的大转变。

表62 2016年张鲁集乡基本情况一览表

项目	单位	数量	项目	单位	数量
土地总面积	平方千米	72.74	总人口	人	48588
耕地面积	万亩	6.7	农业人口	人	41628
行政村	个	48	人口出生率	‰	12.99

续表

项目	单位	数量	项目	单位	数量
工业企业	家	38	人口自然增长率	‰	9.38
工业总产值	亿元	25	计划生育率	%	65
利税总额	万元	22957	中小学	所	25
固定资产投资	万元	137525	在校学生	人	5968
农业总产值	万元	2350	幼儿园	所	29
粮食总产量	吨	49287	在园儿童	人	1538
蔬菜总产量	吨	62898	教职工	人	418
肉类总产量	吨	8791	参加农村社会养老保险率	%	100
财政收入	万元	3195	农村合作医疗投保率	%	100
工商税收	万元	2325	最低生活保障人数	人	1833
农民人均收入	元	14850	养老机构供养老人	人	152

表 63　2016 年张鲁集乡行政村基本情况一览表

行政村	村两委主要负责人	包括自然村	户数（户）	总人口（人）	耕地面积（亩）
张集	党支部书记：郝为建 村委会主任：郝元军	张集	282	1095	1251
苗庄	党支部书记：曾联合 村委会主任：苑华民	苗庄	170	653	1130
曾楼	党支部书记：曾宪钦 村委会主任：曾庆保	曾楼	266	1090	1860
董庄	党支部书记：杨洪举 村委会主任：	董庄	106	434	776
轩楼	党支部书记：轩云亮 村委会主任：轩书良	轩楼	253	1141	2102
鲍庄	党支部书记：鲍化峰 村委会主任：李广索	鲍庄	99	321	765
李庄	党支部书记：李铁玉 村委会主任：	李庄	77	275	540
蔺屯	党支部书记：蔺纪申 村委会主任：陈安运	蔺屯	280	1063	2115
大李庄	党支部书记：王志峰 村委会主任：	大李庄	110	431	945
夏楼	党支部书记：夏祥各 村委会主任：夏祥龙	夏楼	388	1568	1995
东苑庄	党支部书记：苑司伟 村委会主任：苑司为	东苑庄	159	669	915
西苑庄	党支部书记：苑福河 村委会主任：	西苑庄	211	815	1395
梁垓	党支部书记：孙钦柱 村委会主任：孙承运	梁垓	132	646	825

续表

行政村	村两委主要负责人	包括自然村	户数（户）	总人口（人）	耕地面积（亩）
吕阁	党支部书记：吕占军 村委会主任：刘尚起	吕阁、李庄	200	800	1635
王进士	党支部书记：曾兆奇 村委会主任：禚来法	王进士、张庄	224	848	1485
张楼	党支部书记：张书修 村委会主任：张殿周	张楼、陈庄	520	2276	4365
潘朱庄	党支部书记：潘守贵 村委会主任：朱仰申	潘朱庄	110	435	660
黄楼	党支部书记：赵纪民 村委会主任：张效全	黄楼、刘庄	135	546	1395
王庄	党支部书记：王瑞华 村委会主任：王勤涛	王庄	175	765	1560
西沟李	党支部书记：燕振村 村委会主任：	西沟李	173	738	1650
宋庄	党支部书记：马兆产 村委会主任：马兆金	宋庄	175	691	1320
汤庄	党支部书记：汤庆增 村委会主任：汤占稳	汤庄、新汤庄	156	729	1575
鲁王集	党支部书记：赵清岭 村委会主任：赵文清	鲁王集	190	685	1515
付庄	党支部书记：臧念坤 村委会主任：	付庄	60	245	645
孟庄	党支部书记：孟海峰 村委会主任：	孟庄	95	308	645
茂张集	党支部书记：张建付 村委会主任：	茂张集	180	690	1365
三李庄	党支部书记：李玉选 村委会主任：李传行	三李庄、冯垓	372	1559	3090
杜垓	党支部书记：宋纪元 村委会主任：	杜垓	70	229	840
于垓	党支部书记：杜凤云 村委会主任：赵纪民	于垓、新徐码头	140	506	1260
郑庄	党支部书记：郑昌英 村委会主任：	郑庄	92	362	930
薛堂	党支部书记：薛存连 村委会主任：薛纪华	薛堂	140	420	1350
大潭	党支部书记：汤庆稳 村委会主任：薛良秀	大潭	301	1158	1445
亓楼	党支部书记：汤景华 村委会主任：许化超	前亓楼、后亓楼、汤庄、亓老庄	370	1469	1857
汤垓	党支部书记：汤新民 村委会主任：汤庆忠	汤垓	421	1557	2523
蒋李荣	党支部书记：荣祥启 村委会主任：	蒋庄、李庄、荣庄	225	745	940
三合村	党支部书记：荣祥举 村委会主任：乔修善	王花园、柳河涯、西荣庄	183	628	955
潘芦庄	党支部书记：韩广聚 村委会主任：	潘庄、芦庄	110	373	620

续表

行政村	村两委主要负责人	包括自然村	户数（户）	总人口（人）	耕地面积（亩）
南李楼	党支部书记：朱道敬 村委会主任：刘佃营	南李楼、邹厂、徐庄	417	1581	2820
侯垓	党支部书记：侯本达 村委会主任：侯宪春	侯垓	282	1158	2443
四合村	党支部书记：汤景华 村委会主任：	三官庙、宋庄、张堂、赵庄	286	1179	2235
聂厂	党支部书记：聂福祥 村委会主任：聂纪良	聂厂	232	815	1500
袁蔺	党支部书记：赵洪印 村委会主任：袁月贵	袁楼、蔺庄	122	456	722
渠庄	党支部书记：渠修成 村委会主任：许化君	渠庄、香王、夏楼、 四十五李庄	310	1004	2815
李河崖	党支部书记：李德景 村委会主任：李爱红	李河崖	185	699	2286
薛河口	党支部书记：杜占峰 村委会主任：薛善房	薛河口	188	668	1785
徐码头	党支部书记：曹清玉 村委会主任：徐福清	徐码头	192	869	2599
门庄	党支部书记：谭纪和 村委会主任：贾如成	前门庄、后门庄	198	859	2645
杨孔庄	党支部书记：孔庆三 村委会主任：	杨庄、孔集	95	328	1300

（王书田）

水堡乡

【概况】 水堡乡位于东经 115° 73′～115° 74′，北纬 35° 51′～35° 52′。距郓城县城西 20 公里，南靠 338 省道，西接鄄城县。辖区东西最大距离 7 千米，南北最大距离 9 千米。境内为平原，地势略为西高东低、北高南低，地面高度一般在海拔 10～20 米。辖 27 个行政村，总面积 37.33 平方千米，总人口 2.5 万人。

【招商引资和项目建设】 2016 年，全乡固定资产投资达到 1.2 亿元，规模以上企业主营业务收入 14 亿元。配套完善水堡村省级乡村旅游示范村基础设施建设，重点抓好总投资 5.8 亿元、占地 80 亩的宋江故居风景区旅游开发建设项目。已完成立项、征地补偿、土地调规和景区设计规划，2017 年即可开工、完成建设。做好县园区协力生物有限公司新产品的研发、设计，提升高、精、尖产品研发销售能力，在乡园区培植一批辐射带动力的民营经济群体。

【工业经济运行】 初步形成以纺织、木材加工、化纤制造、农副产品加工为主的四大主导产业。企业总个数 60 个，规模以上企业 7 家，即山东协力生物科技有限公司、郓城县江北化纤有限公司、郓城县顺华纺织有限公司、郓城县金汇纺织有限公司、郓城县裕丰纺织有限公司、郓城县水堡纺织有限公司、郓城县正欣木业有限公司（其中县经济开发区 3 家）。

【农业生产】 农作物以小麦、玉米、花生、蔬菜、瓜果为主，农民养殖、种植专业合作社共计 85 个；新增丰产林 590 亩，示范林 260 亩；畜牧养殖业长足发展，全乡共有规模养猪场 16 处，年存栏 12000 头；规模养鸡场 9 处，年存栏 7.4 万只；特种养殖场 4 处，年存栏量 3000 余只，畜禽免疫密度 100%，耳标配搭率 100%，免疫证发放率 100%。

【民生建设】 全乡有幼儿园 14 所，入园幼儿 908 人；小学 14 所，专任教师 112 人，在校学生

2552人；中学1所，专任教师67人，在校学生685人；卫生院1所，职业医师29人，卫生院床位60张；村卫生室6处。2016年初，共有建档立卡贫困户808户，2256人。经调整年底有建档立卡贫困户491户，1097人。加强师德教育和技能培训，在全县教育质量检测中，小学教育质量进入全县中等水平，中考考试评比进入全县前六名。落实社会保障，全乡核定低保户843户，低保人员1207人，全年发放低保金260余万元；落实五保户140户，发放五保金580万余元；优抚对象180人、发放优抚资金300余万元；发放救灾救济资金6万余元。新增外出务工劳动力800余人；年内完成全乡人才资源摸底调查统计上报工作；全乡新农保参保人数17000余人，全乡共有已领取发放农村养老保险5000余人，新增400余人；新农合参合人数22000余人。新建780平方米日间照料中心，集中供养50余名老人年的新建敬老院完工，已搬迁入住。

【乡村文明行动】 共投资230余万元，将乡驻地及27个行政村全部纳入城乡环卫一体化管理范围。成立环卫所，落实规章制度和工作人员，配备60名保洁员及60套保洁工具，分发120升垃圾桶980个，垃圾箱48个，购买钩臂式垃圾车2辆，占地4亩的乡级垃圾中转站已建成投入运行。2016年，共清理存量垃圾3000余吨，粉刷墙壁15万余平方米，印刷宣传页2万余份，残垣断壁得到清理，柴草堆和粪堆统一集中存放，生活垃圾逐步实现日产日清。与郓城县俊杰保洁服务公司签订合同，进行市场化托管，基本形成“户集、村收、乡转运、县处理”的城乡生活垃圾处理体系。同时，建立文化站点30个，文化大舞台1个，设立“四德榜”27个。

【计划生育】 2016年，已婚育龄妇女5289人。全年新出生498人，男孩273人，女孩225人，性别比为121.3∶100。其中，政策内出生464人，政策外34人，合法生育率为93.1%。年内多孩22人，多孩率为3.41。施行节育措施共116例，其中女性绝育为1例，放置宫内节育器110例，人工流产5例。领取独生子女父母光荣证348人。其中14周岁以下54人，双女绝育户2人。全乡共有独生子女家庭人口1346人，独生子女家庭户成员全部减免每人140元的医疗保险费。优生检测全县第3名，产前筛查第16名，完成县分配的社会抚养费征收任务。

【平安建设】 积极推进社会综合治理网格化管理，严厉打击农村“两抢一盗”行为，27个村庄安装视频监控并实现网络化，人民调解和纠纷排查调处15起，社区矫正共计17人，27个村不间断进行普法宣传。全年未出现重大信访及群体性事件，未出现食品药品安全及其他重大安全生产事故。全年共办理市长热线190件，办结率达到100%，满意率达98%；来信来访9件，办结率100%。

【党建工作】 一是抓好村级活动场所规范化建设。采取财政补贴和村级自筹等方式，新建赵新、顺河楼、后屯、张庄和李庄5个村级活动场所，修缮崔庄、赵垓、杜楼、王楼、刘集和魏坝等6个村级活动场所，确保每个村“有场所议事”。二是积极盘活壮大集体经济。集体性收入3万元以上村达到40%，做到村级组织“有钱办事”。三是加强乡村干部教育。落实好“三会一课”、民主评议党员等党组织生活制度；制订全年学习计划，规定每周五下午为干部集中学习日；党员干部全部关注“共产党员”及“郓城先锋”等微信公共号，及时了解、学习党的理论政策。四是加强党的作风建设。3月份开展对照“十问”怎么办大讨论活动，5月中旬启动“三严三实”专题教育，全力配合县“第一书记”及包村干部开展“双联双创”活动；对违反“八项规定”及工作中出现慵懒散现象发现一起，通报一起，处理一起。全年通报违纪违规5例。五是搭建为民服务平台。创办水堡乡党务政务微信公共号，设立网上便民利民服务平台。受理群众投诉100余件，接受意见建议80余条，发布党务政务消息57条。

表 64　2016 年水堡乡基本情况一览表

项目	单位	数量	项目	单位	数量
总面积	平方千米	37.33	总人口	人	29235
耕地面积	万亩	3.91	农业人口	人	22930
行政村、社区	个	27	人口出生率	‰	17
工业企业	个	16	人口自然增长率	‰	13.3
工业总产值	亿元	14	计划生育率	%	93.17
利税总额	万元	14000	中小学	所	11
固定资产投资	万元	9000	在校学生	人	2649
农业总产值	万元	16528	幼儿园	所	14
粮食总产量	吨	26774	在园儿童	人	964
蔬菜总产量	吨	7030	教职工	人	139
肉类总产量	吨	4884	参加农村社会养老保险率	%	100
财政收入	万元	2649	农村合作医疗投保率	%	100
工商税收	万元	1845	最低生活保障人数	人	1207
农民人均收入	元	10585	养老机构供养老人	人	20

表 65　2016 年水堡乡行政村基本情况表

行政村	村两委主要负责人	包括自然村	户数（户）	人口（户）	耕地面积（亩）
赵北	党支部书记：赵福年 村委会主任：赵念营	赵北村 黄洼村	507	1793	2412.15
顺河楼	党支部书记：赵作夏 村委会主任：赵作夏	顺河楼村	136	437	912.30
赵西南	党支部书记：赵考峰 村委会主任：赵章雷	赵西南村	267	951	1345.50
肖垓	党支部书记：肖作欣 村委会主任：肖自开	肖垓村	331	1099	1345.80
赵垓	党支部书记：马英图 村委会主任：赵安瓦	赵垓村	272	956	1345.80
华庄	党支部书记：方传佩 村委会主任：方修国	华庄村	139	412	909.60
新复街	党支部书记：李玉安 村委会主任：李文恒	新复街村	349	1119	1507.50
王庄	党支部书记：王奉新 村委会主任：王奉新	王庄村、后王庄村	175	607	623.55
崔庄	党支部书记：崔俊和 村委会主任：崔记录	崔庄村	228	769	1180.05

续表

行政村	村两委主要负责人	包括自然村	户数（户）	人口（户）	耕地面积（亩）
魏坝	党支部书记：王怀谋 村委会主任：魏仲玉	魏坝村	182	667	726.15
刘集	党支部书记：张同安 村委会主任：张同欣	刘集村	283	1003	1644.30
孔河涯	党支部书记：曾庆词 村委会主任：孔庆乐	孔河涯村	361	1209	1544.00
丁楼	党支部书记：丁其哲 村委会主任：丁兆兰	丁楼村	232	756	1180.05
殷庙	党支部书记：王全放 村委会主任：王全放	殷庙村	224	736	1039.95
李庄	党支部书记：李瑞超 村委会主任：李修富	李庄村	144	454	283.35
马庄	党支部书记：肖广军 村委会主任：肖广贺	马庄村	397	1273	2514.90
杜楼	党支部书记：杜传富 村委会主任：杜传富	前杜楼村、后杜楼村	292	956	100.25
后屯	党支部书记：房善营 村委会主任：钱继热	后屯村	161	582	1051.05
水堡	党支部书记：陈申增 村委会主任：陈申增	水堡村、新水堡村	746	2583	2152.20
朱河湾	党支部书记：朱仰士 村委会主任：朱道自	朱河湾村	411	1341	1752.75
赵东南	党支部书记：赵作标 村委会主任：赵作标	赵东南村	292	975	2392.35
闫堂	党支部书记：刘殿景 村委会主任：鹿兰秋	闫堂村	131	407	776.40
陈楼	党支部书记：颜丙江 村委会主任：陈申科	陈楼村	565	1941	2203.35
赵新	党支部书记：赵圣敏 村委会主任：赵圣玉	赵新	113	400	621.30
王楼	党支部书记：王先占 村委会主任：王昌库	王楼村、赵庄村	486	1652	777.00
马楼	党支部书记：马玉磊 村委会主任：马增存	马楼村、曹楼村	736	2413	3813.00
张庄	党支部书记：张守国 村委会主任：张伏之	张庄村	273	906	1034.28

（杨磊 陈兴）

人　物

鼎盛千秋

人　物

县级领导

刘文林　男，1968年6月出生，汉族，山东曹县人，硕士研究生学历（同济大学管理科学与工程专业）。1991年10月参加工作，1995年6月入党，中共郓城县委书记、县委党校校长。1987年9月至1991年10月，在山东建筑工程学院城市规划专业学习。1991年10月至1995年2月，任菏泽市（县级）规划局规划科科员。1995年2月至1998年5月，任菏泽市（县级）规划局规划科副科长。1998年5月至2002年9月，任菏泽市（牡丹区）规划处副主任、党组成员。2002年9月至2003年3月，任菏泽市牡丹区规划局副局长（正科）。2003年3月至2004年6月，待安排。2004年6月至2005年12月，任菏泽市规划局党组成员、开发区分局局长。2005年12月至2009年1月，任菏泽市规划局副局长、党组成员。2009年1月至2009年2月，任菏泽市社会科学联合会党组书记。2009年2月至2009年5月，任菏泽市社会科学联合会主席、党组书记。2009年5月至2010年1月，任菏泽市社会科学联合会主席、党组书记，牡丹区委副书记（挂职）。2010年1月至2010年12月，任菏泽市牡丹区委常委、副区长，菏泽市高新技术产业开发区党工委副书记（正县级）。2010年12月至2011年1月，任巨野县委副书记、代县长。2011年1月至2014年2月，任巨野县委副书记、县长。2014年2月至2014年7月，任郓城县委副书记、县政府党组书记、代县长。2014年7月至2015年5月，任郓城县委副书记、县政府党组书记、县长。2015年5月至2015年7月，任中共郓城县委书记、县委党校校长，县政府党组书记、县长。2015年7月至2015年8月，任中共郓城县委书记、县委党校校长。2015年8月至2016年1月，任中共郓城县委书记、县人大常委会主任、县委党校校长。2016年1月，任中共郓城县委书记、县委党校校长。

谷永强　男，1973年6月出生，汉族，山东曹县人，大学本科学历。1994年12月入党，1995年7月参加工作，中共郓城县委副书记、县政府党组书记、县长。1991年9月至1995年7月，在山东工业大学电力工程系电气技术专业学习。1995年7月至1998年4月，任成武县委组织部办事员、副科长。1998年4月至2000年7月，任共青团成武县委副书记。2000年7月至2003年3月，任巨野县县长助理、县政府党组成员。2003年3月至2003年8月，任巨野县县长助理、党组成员，县经济贸易局局长，县经济贸易委员会党委书记，县工业园管理委员会办公室主任。2003年8月至2004年7月，任巨野县县长助理、党组成员，县经济贸易局局长，县经济贸易委员会党委书记，县经济技术开发区（筹）管理委员会主任、党工委副书记。2004年7月至2005年1月，任巨野县县长助理、党组成员，县经济贸易局局长，县经济贸易委员会党委书记。2005年1月至2005年3月，任共青团菏泽市委副书记、党组成员，巨野县县长助理、党组成员，县经济贸易局局长，县经济贸易委员会党委书记。2005年3月至2009年5月，任共青团菏泽市委副书记、党组成员。2009年5月至2011年1月，任共青团菏泽市委副书记、党组成员，单县县委副书记（挂职）。2011年1月至2012年1月，任东明县委常委、办公室主任。2012年1月至2013年9月，任东明县委常委、副县长（列副县长第一位）。2013年9月至2014年1月，任东明县委副书记、副县长。2014年1月至2014年3月，任东明县委副书记。2014年3月至2014年6月，任东明县委副书记、副县长、代县长。2014年6月至2015年7月，任东明县委副书记、县长。2015年7月至2015年8月，任郓城县委副书记、代县长。2015年8月，任中共郓城县委副书记、县政府党组书记、县长。

王广岱 男，1962年10月出生，汉族，山东郓城人，大学学历。1982年7月参加工作，1984年10月入党，郓城县人大常委会党组书记、主任。1980年9月至1982年7月，在菏泽农校农学专业学习。1982年7月至1984年1月，任郓城县常庄公社农技站技术员。1984年1月至1988年7月，任郓城县常庄乡团委书记（其间：1986年9月至1988年7月，在菏泽地委党校干部大专班政治专业学习）。1988年7月至1989年3月，任郓城县常庄乡党委秘书。1989年3月至1991年2月，任郓城县常庄乡党委组织委员。1991年2月至1993年2月，任郓城县常庄乡党委副书记。1993年2月至1997年1月，任郓城县大潭乡党委书记。1997年1月至2001年2月，任郓城县苏阁乡党委书记（其间:1996年9月至1998年12月，在山东省委党校业余本科班经济管理专业学习）。2001年2月至2003年1月，任郓城县随官屯镇党委书记。2003年1月至2004年4月，任郓城县政协副主席、随官屯镇党委书记。2004年4月至2007年2月，任中共郓城县委常委、县委宣传部长。2007年2月至2012年1月，任中共郓城县委常委、郓城县政府副县长、党组副书记。2012年1月至2016年1月，任郓城县人大常委会第一副主任、党组书记。2016年1月，任郓城县人大常委会党组书记、主任。

徐淑珍 男，1956年7月出生，汉族，山东郓城县人，大学学历，1980年7月参加工作，1982年6月入党，郓城县政协主席、党组书记。1978年3月至1980年7月，在菏泽农业学校果树专业学习。1980年7月至1982年2月，任郓城县林业局技术员。1982年2月至1984年2月，任郓城侯咽集公社团委副书记。1984年2月至1984年9月，任郓城县侯咽集镇党委宣传委员。1984年9月至1986年6月，在山东农业大学干修科农学专业学习。1986年6月至1987年4月，任中共郓城县委组织员办公室组织员。1987年4月至1989年12月，任郓城县侯咽集镇党委副书记、镇长。1989年12月至1995年3月，任郓城县黄堆集乡党委书记。1995年3月至1997年12月，任中共郓城县委常委、县委政法委书记（其间：1994年7月至1996年12月，在山东省委党校业余本科班经济管理专业学习）。1997年12月至2000年6月，任单县人民政府副县长。2000年6月至2001年3月，任单县县委常委、副县长。2001年3月至2003年1月，任单县县委副书记。2003年1月，任郓城县政协主席、党组书记，2016年3月病逝。

王秀忠 男，1961年9月出生，汉族，山东郓城人，大学学历。1982年7月参加工

作，1985年4月入党，中共郓城县委常委、宣传部部长，县政协党组书记。1978年9月至1982年7月，在莱阳农学院农机系农业机械化专业学习。1982年7月至1984年6月，任郓城县农机局干部。1984年6月至1987年4月，任郓城县农机化学校副校长。1987年4月至1990年6月，任郓城县农机化学校校长。1990年6月至1992年6月，任郓城县双桥乡副乡长兼县农机化学校校长。1992年6月至1992年10月，任郓城县双桥乡党委副书记兼县农机化学校校长。1992年10月至1995年3月，任郓城县双桥乡党委副书记。1995年3月至1998年12月，任郓城县双桥乡党委副书记、乡长。1998年12月至2001年5月，任郓城县双桥乡党委书记、乡人大主席。2001年5月至2006年2月，任郓城县双桥乡党委书记。2006年2月至2008年4月，任郓城县政府党组成员、副县长、双桥乡党委书记。2008年4月至2013年12月，任郓城县政府党组成员、副县长。2013年12至2014年1月，任中共郓城县委常委。2014年1月至2016年7月，任中共郓城县委常委、宣传部部长。2016年7月至2016年12月，任中共郓城县委常委、宣传部部长，县政协党组书记。2016年12月，任县政协党组书记。

吴　振　男，1970年12月出生，汉族，山东菏泽人，本科学历，1993年7月参加工作，1992年6月入党，中共郓城县委副书记。1993年7月至1996年11月，任菏泽市（县级）解元集乡办事员，1996年11月至1997年2月，任菏泽市（县级）解元集乡科协主任。1997年2月至2000年8月，任菏泽市（县级）庞王庄乡党委宣传委员。2000年8月至2002年12月，任成武县政府党组成员、县长助理。2002年12月至2004年4月，任中共鄄城县委常委。2004年4月至2010年2月，任中共鄄城县委常委、宣传部长。2010年2月至2011年1月，任中共鄄城县委常委、县委办公室主任。2011年1月至2013年9月，任中共鄄城县委常委、县纪委书记。2013年9月至2015年7月，任中共郓城县委常委，县政府副县长、党组副书记。2015年7月，任中共郓城县委副书记，2016年12月离职。

孙迁国　男，1974年8月出生，汉族，山东菏泽市定陶区人，研究生学历。1994年11月入党，1995年8月参加工作，中共郓城县委常委、党组副书记。1993年9月至1995年7月，在曲阜师范大学历史教育专业学习。1995年7月至1995年8月，待分配。1995年8月至1997年5月，任定陶县半提乡办公室干事。1997年5月至1998年4月，任定陶县半提乡计划生育助理员兼党委秘书。1998年4月至2002年2月，任定陶县半提乡党委宣传委员。2002年2月至2006年12月，任菏泽市宗教事务局（民族事务委员会）副局长（副主任）、党组成员（其间：2002年9月至2005年7月，在山东大学网络教育学院宗教学专业学习）。2006年12月至2011年11月，任成武县委常委、办公室主任（其间：2006年9月至2009年6月，在山东省委党校在职干部研究生班经济管理专业学习）。2011年11月至2015年7月，任成武县委常委、组织部部长。2015年7月至2016年12月，任中共郓城县委常委、县政府副县长、党组副书记。2016年12月，任中共郓城县委党组副书记。

董良峰　男，1975年1月出生，汉族，山东单县人，硕士研究生学历。1999年1月参加工作，2000年11月入党，中共郓城县委常委、组织部部长。1994年9月至1998年7

月，在西南政法大学法律系学习。1998年7月至1999年1月，毕业待就业。1999年1月至2001年7月，任中共成武县委办公室干事。2001年7月至2005年1月，任共青团成武县委副书记。2005年1月至2007年7月，任成武县人民法院党组成员、纪检书记。2007年7月至2011年2月，任菏泽市仲裁委员会办公室副主任（其间：2007年9月至2010年6月，在山东省委党校在职干部研究生班法学理论专业学习）。2011年2月至2011年12月，任菏泽市政府法制办公室党组成员、市仲裁委办公室副主任。2011年12月至2016年6月，任中共郓城县委常委、县委政法委书记。2016年6月至2016年12月，任中共郓城县委常委、办公室主任，兼县委全面深化改革领导小组办公室主任。2016年12月，任中共郓城县委常委、组织部部长。

李艳丽 女，1973年2月出生，汉族，山东东明县人，硕士研究生学历，1992年7月参加工作，1994年11月入党，中共郓城县委常委、县纪委书记。1990年9月至1992年7月，在菏泽师专历史系学习。1992年7月至1997年7月，任东明县民政局干事（其间：1994年9月至1996年7月，在山东教育学院汉语言文学专业学习）。1997年7月至1998年12月，任东明县临河店乡妇联主任。1998年12月至2001年2月，任东明县临河店乡副乡长。2001年2月至2001年7月，任东明县东明集镇副镇长。2001年7月至2002年2月，任东明集镇党委组织委员。2002年2月至2003年3月，任东明县东明集镇党委副书记、镇长。2003年3月至2006年12月，任共青团东明县委书记。2006年12月至2007年3月，任中共郓城县委常委。2007年3月至2011年1月，任中共郓城县委常委、宣传部部长（其间：2006年9月至2009年7月，在中央党校在职干部研究生班行政管理专业学习）。2011年1月，任中共郓城县委常委、县纪委书记，2016年7月离职。

刘存长 男，1965年4月出生，汉族，山东巨野人，在职省委党校研究生学历。1986年12月入党，1987年7月参加工作，中共郓城县委常委、县纪委书记。1984年9月至1987年7月，在山东水利专科学校农田水利工程专业学习。1987年7月至1990年3月，任菏泽地区水利局洙赵新河流域工程管理处办事员。1990年3月至1992年3月，任菏泽地区水利局洙赵新河流域工程管理处副股长。1992年3月至1997年3月，任菏泽地区水利局人事监察科科员。1997年3月至2002年7月，任菏泽市（地区）水利局人事监察科副科长（其间：1994年9月至1997年6月，在山东农业大学农田水利工程专业学习）。2002年7月至2003年7月，任菏泽市水利局规划计划科科长。2003年7月至2007年8月，任菏泽市水利局人事科科长。2007年8月至2009年12月，任菏泽市水利局纪检组长、党组成员。2009年12月至2016年6月，任菏泽市纪委（市监察局）派驻第五纪检组（监察室）副组长（副主任），菏泽市水利局党组成员。2016年6月，任中共郓城县委常委、纪委书记。

刘芙蓉 女，1973年7月出生，汉族，山东菏泽人，研究生学历。1994年5月入党，1995年8月参加工作，中共郓城县委常委、县委政法委书记。1991年9月至1995年7月，在曲阜师范大学历史系历史教育专业学习。1995年7月至1995年8月，毕业待分配。1995年8月至1998年8月，任菏泽地委政法委科员。1998年8月至2002年11月，任菏泽地区（市）委政法委副主任科员。2002年11月至2004年12月，任菏泽市委政法委主任科员。2004年12月至2009年3月，任菏泽市委政法委办公室主任。2009年3月至2010年2月，任菏泽市中级法院副调研员、政治部副主任（副县级）（其间：2006年9月至2009年7月，在山东省委党校在职干部研究生班法学理论专业学习）。2010年2月至2011年2月，任菏泽市委政法委信息网络中心主任。2011年2月至2016年6月，任菏泽市委政法委纪律检查工作委员会书记（其间：2015年5月至2016年6月，挂职牡丹区区委常委、副区长）。2016年6月，任中共郓城县委委员、常委。2016年7月，任中共郓城县委常委、政法委书记。

伊超杰　男，1966年9月出生，汉族，山东郓城人，大学学历。1981年12月参加工作，1987年12月入党，中共郓城县委常委、宣传部长。1981年12月至1984年4月，任郓城县石油公司业务股干事、副股长。1984年4月至1989年7月，任郓城县张营乡团委书记（其间：1984年9月至1987年7月，在曲阜师范大学历史系历史专业函授学习）。1989年7月至1991年7月，任郓城县监察局干部。1991年7月至1992年3月任郓城县玉皇庙镇党委副书记，1992年3月至1993年2月任郓城县玉皇庙镇党委副书记、镇长。1993年2月至2004年3月，任郓城县李集乡党委书记。2004年3月至2010年1月，任郓城县审计局局长、党组书记。2010年1月至2016年4月，任郓城县政府副县长、党组成员。2016年4月至2016年12月，任郓城县委常委、县政府副县长、党组成员。2016年12月，任中共郓城县委常委、宣传部长。

宋广振　男，1966年10月出生，汉族，山东曹县人，硕士研究生学历，1990年7月参加工作，1991年11月入党，中共郓城县委常委、县委办公室主任。1986年9月至1990年7月，在曲阜师范大学政治系学习。1990年7月至1993年3月，任曹县古营集乡团委干事、书记。1993年3月至1993年10月，任曹县青岗集乡党委宣传委员。1993年10月至1996年1月，任曹县古营集乡副乡长。1996年1月至1997年3月，任曹县古营集镇党委委员、副镇长。1997年3月至1998年12月，任曹县古营集镇党委副书记。1998年12月至2001年2月，任曹县安仁集乡党委副书记、乡长。2001年2月至2001年4月，任曹县古营集镇党委副书记、镇长。2001年4月至2009年2月，任曹县古营集镇党委书记（其间：2000年9月至2003年6月，在山东省委党校在职研究生班经济管理专业学习）。2009年2月至2010年1月，任菏泽市安全生产监督管理局副局长、党组成员。2010年1月至2010年2月，任中共郓城县委常委、县委政法委书记，菏泽市安全生产监督管理局副局长。2010年2月至2011年12月，任中共郓城县委常委、县委政法委书记。2011年12月，任中共郓城县委常委、县委办公室主任，2016年7月离职。

杨勇　男，1979年12出生，汉族，山东曹县人，研究生学历。2002年9月参加工作，2004年5月入党，中共郓城县委常委、办公室主任、兼县委深化改革办主任。1998年6月至2002年7月，在莱阳农学院工程系机械设计与制造专业学习。2002年7月至2002年9月，待就业。2002年9月至2004年5月，任菏泽市政府办公室值班室办事员。2004年5月至2005年12 月，任菏泽市政府办公室值班室科员。2005年12月至2008年6月，任菏泽市政府办公室值班室副主任科员。2008年6月至2009年6月，任菏泽市政府办公室综合科副科长（其间：2005年9月至2008年7月，在省委党校专业理论研究生班马克思主义政治经济学专业学习）。2009年6月至2011年5月，任菏泽市政府办公室信息科主任科员、副科长。2011年5月至2012年8月，任菏泽市政府督查室督查二科科长。2012年8月至2014年5月，任菏泽市政府应急管理办公室副主任。2014年5月至2015年5月，任菏泽市政府应急管理办公室副主任，市经济开发区党工委委员、管委会副主任（挂职）。2015年5月至2016年12月，任菏泽市政府应急管理办公室副主任、中共郓城县委常委、副县长（挂职）。2016年12月，任中共郓城县委常委、办公室主任、兼县委深化改革办主任。

王效忠 男，1970年1月出生，汉族，山东单县人，硕士研究生学历。1993年7月参加工作，1992年6月入党，中共郓城县委常委、县政府党组副书记。1989年9月至1993年7月，在山东师范大学计算机科学系计算机专业学习。1993年7月至1996年8月在中共菏泽地委组织部工作，1996年8月至1999年9月，任中共菏泽地委组织部副科级巡视员。1999年9月至2001年4月，任中共菏泽地委组织部正科级组织员。2001年4月至2003年7月，任中共菏泽市委组织部干部信息科副科长、正科级组织员（其间:2000年9月至2003年6月，在山东省委党校在职干部研究生班经济管理专业学习）。2003年7月至2008年2月任中共菏泽市委组织部干部信息科科长（其间：2006年4月至2008年5月，在中国石油大学人文社会科学学院学习，获工程硕士学位）。2008年2月至2012年12月，任中共菏泽市委组织部干部二科科长。2012年12月至2013年12月，任中共菏泽市委组织部副调研员、干部二科科长。2013年12月至2015年8月，任中共郓城县委常委、县委组织部部长。2015年8月至2016年12月，任中共郓城县委常委、县委组织部部长、县委统战部部长。2016年12月，任中共郓城县委常委、县政府党组副书记。

魏宏峰 男，1968年10月出生，汉族，山东郓城人，大学学历。1991年12月入党，1989年7月参加工作，中共郓城县委常委、统战部部长。1986年9月至1989年7月，在南京化工动力专科学校电气工程专业学习。1989年7月至1990年5月，任郓城县供电局用电股干部。1990年5月至1992年10月，任郓城县机构编制委员会办公室干事。1992年10月至1995年2月，任郓城县人事局奖惩股副股长（其间：1992年8月至1994年12月，在中央党校函授学院经济专业学习）。1995年2月至1997年11月，任郓城县棉纺织厂副厂长、党总支副书记。1997年11月至2002年8月，任郓城县机构编制委员会办公室副主任。2002年8月至2005年6月，任郓城县人事局副局长、党组成员。2005年6月至2007年7月，任郓城县人事局副局长、党组成员，县事业单位登记管理局局长。2007年7月至2009年5月，任郓城县人事局局长、党组书记，县机构编制委员会办公室主任。2009年5月至2010年5月，任郓城县人事局局长、党组书记，县机构编制委员会办公室主任，郓城县委组织部副部长。2010年5月至2011年12月，任郓城县人力资源和社会保障局局长、党组副书记。2011年12月至2014年1月，任郓城县人力资源和社会保障局局长、党组书记。2014年1月2015年3月，任郓城县政府副县长、党组成员，县人力资源和社会保障局局长、党组书记。2015年3月至2016年12月，任郓城县政府副县长、党组成员。2016年12月，任中共郓城县委常委、统战部部长。

姚念军　男，1970年12月出生，汉族，山东菏泽人，大学学历，1989年3月参加工作，1993年1月入党，中共郓城县委常委、县人民武装部政委。1989年3月至1992年9月，任六十七集团军二〇〇师五九九团新兵连战士。1992年9月至1995年7月，任济南陆军学院学员。1995年7月至1997年7月，任济南军区内长山海防一团130炮兵三连排排长。1997年7月至1999年3月，任济南军区内长山海防一团130炮兵六连副政治指导员。1999年3月至2001年9月，任济南军区内长山海防一团130炮兵六连政治指导员。2001年9月至2003年6月，任济南军区内长山海防一团政治处保卫股股长。2003年6月至2004年12月，任山东省巨野县人民武装部军事科副营职参谋。2004年12月至2005年6月，任山东省定陶县人民武装部政工科正营职干事。2005年6月至2006年6月，任山东省定陶县人民武装部政工科科长。2006年6月至2008年1月，任山东省菏泽军分区政治部正营职干事。2008年1月至2008年6月，任山东省巨野县人民武装部副部长兼军事科长。2008年6月至2008年12月，任山东省菏泽军分区菏泽干休所副所长，2008年12月至2011年12月，任山东省菏泽军分区政治部副团职干事。2011年12月至2012年3月，任山东省郓城县人民武装部政治委员，2012年3月，任中共郓城县委常委、县人民武装部政委，2016年3月离职。

赵明宝　男，1971年10月出生，汉族，山东沂水人，大学学历。1989年3月参加工作，1990年12月入党，郓城县人武部部长。1989年3月至1992年9月，在54集团军一二七师三七九团炮兵营服役。1992年9月至1994年7月，在沈阳炮兵学院学习。1994年7月至1998年2月，任54集团军炮兵旅四营十一连指挥排排长。1998年2月至2000年2月，任54集团军炮兵旅四营十一连副指导员。2000年2月至2002年2月，任54集团军炮兵旅一营三连连长。2002年2月至2005年3月，任54集团军炮兵旅一营副营长。2005年3月至2006年1月，任预备役炮兵师一五二加榴炮一团后勤和装备处装备股股长。2006年1月至2009年2月，任预备役炮兵师一五二加榴炮一团二营营长。2009年2月至2014年1月，任山东陆军预备役炮兵师司令部侦察科科长。2014年1月，任郓城县人武部部长。

曹建文　男，1964年6月出生，汉族，山东郓城人，大学学历。1982年7月参加工作，1985年12月入党，郓城县人大常委会党组副书记、副主任，县总工会主席。1980年7月至1982年7月，在菏泽农校农机专业学习。1982年7月至1986年9月，在郓城县郓城镇农技站工作。1986年9月至1988年6月，在菏泽地委党校学习。1988年6月至1991年10月，任郓城县郓城镇团委书记，党委秘书。1991年10月至1993年2月，任郓城县郓城镇党委统战委员。1993年2月至1997年2月任郓城县郓城镇党委组织委员，1997年2月至2003年10月，任郓城县郓城镇党委副书记（其间：1997年9月至1999年12月，在山东省委党校业余本科班经济管理专业学习）。2003年10月至2006年12月，任郓城县丁里长镇党委副书记、镇长。2006年12月至2008年12月，任郓城县随官屯镇党委副书记、镇长。2008年12月至2011年1月，任郓城县随官屯镇党委书记。2011年1月至2015年3月，任郓城县人大常委会党组成员、副主任，随官屯镇党委书记。2016年4月至2016年12月，任郓城县人大常委会党组副书记、副主任，县总工会主席，随官屯镇党委书记。2016年12月，任郓城县人大常委会党组副书记、副主任，县总工会主席。

王秀丽 女，1964年11月出生，汉族，山东郓城人，大学本科学历。1983年7月参加工作，民盟成员，郓城县人大常委会副主任。1981年9月至1983年7月，在山东省轻工业学校工业发酵专业学习。1983年9月至1996年10月，任郓城酒厂技术员、助理工程师、工程师。1996年10月至2012年1月，任郓城县酒厂总工程师、县政协常委，菏泽市政协常委（其间：1998年9月至2000年12月，在山东省委党校经济管理专业学习）。2012年1月至2015年12月，任郓城县政协副主席。2016年1月，任郓城县人大常委会副主任。

孙兴忠 男，1963年2月出生，汉族，山东郓城人，大学学历。1981年7月参加工作，1985年9月入党。郓城县人大常委会党组成员、副主任。1979年9月至1981年7月，在菏泽师范专科学校数学系学习。1981年7月至1989年3月，任郓城县南赵楼乡中学教师、教导主任。1989年3月至1989年12月，任郓城县南赵楼乡党委秘书。1989年12月至1992年6月，任郓城县南赵楼乡党委宣传委员。1992年6月至1993年2月，任郓城县南赵楼乡党委计生专职副书记。1993年2月至1996年1月，任郓城县南赵楼乡党委副书记。1996年1月至1998年2月，任郓城县刘口乡党委副书记、乡长（其间：1994年9月至1996年12月，在省委党校经济管理专业学习）。1998年2月至2002年9月，任郓城县唐庙乡党委副书记、乡长。2002年9月至2003年10月，任郓城县唐庙乡党委书记、乡长。2003年10月至2008年6月，任郓城县唐庙乡党委书记。2008年6月至2013年10月，任郓城县民政局局长、党组书记。2013年10月至2014年1月，任郓城县民政局局长。2014年1月，任郓城县人大常委会党组成员、副主任。

陈修社 男，1965年5月出生，汉族，山东郓城人，省委党校研究生学历。1987年7月参加工作，1989年5月入党。郓城县人大常委会党组成员、副主任。1984年9月至1987年7月，在山东省昌潍农校蚕桑专业学习。1987年7月至1991年10月，任郓城县武安镇林业站技术员、镇团委书记。1991年10月至1993年2月，任郓城县武安镇党委统战委员。1993年2月至1997年2月，任郓城县徐垓乡党委副书记（其间：1991年9月至1994年7月，在中央党校函授学院大专班政治专业学习；1994年7月至1996年12月，在省委党校业余本科班经济管理专业学习）。1997年2月至1998年12月，任郓城县郓城镇党委副书记。1998年12月至2001年2月，任郓城县大潭乡党委副书记、乡长。2001年2月至2001年5月，任郓城县张鲁集乡党委副书记、乡长。2001年5月至2002年2月，任郓城县张鲁集乡党委副书记、乡长，政协主任。2002年2月至2004年9月，任郓城县张鲁集乡党委副书记、乡长（其间：2000年9月至2003年6月，在省委党校在职干部研究生班经济管理专业学习）。2001年9月至2005年9月，任郓城县张鲁集乡党委书记、乡长。2005年9月至2010年5月，任郓城县张鲁集乡党委书记。2010年5月至2015年12月，任郓城县人民政府党组成员、县政府办公室主任、党组书记。2015年12月至2016年1月，任郓城县人民政府党组成员、县政府办公室主任、党组书记。2016年1月，任郓城县人大常委会党组成员、副主任。

李合力　男，1964年3月生人，汉族，山东省单县人，在职研究生学历，1985年7月参加工作，1987年7月入党，郓城县公安局党委书记、局长（副县级），一级警督警衔。1983年9月至1985年7月，在山东省人民警察学校学习。1985年7月至1991年2月，任成武县公安局政保、刑侦侦查员。1991年2月至1992年7月，任成武县公安局九女集派出所副所长。1992年7月至1995年11月，任成武县白浮图乡副乡长、派出所所长。1995年11月至1997年5月，任成武县成武镇副镇长、派出所所长。1997年5月至2001年4月，任成武县公安局纪检书记。2001年4月至2004年9月，任成武县公安局副局长。2004年9月至2009年3月，任曹县公安局党委副书记、政委。2009年3月，任郓城县公安局党委书记、局长。2016年6月离职。

刘景胜　男，1968年7月出生，汉族，山东菏泽市定陶区人，大学学历。1994年6月入党，1990年8月参加工作。郓城县人民政府副县长、党组成员，县公安局局长、党委书记。1986年9月至1990年7月，在烟台大学法律学系法律学专业学习。1990年7月至1990年8月，毕业待分配。1990年8月至1997年3月，任菏泽地区公安处办公室科员。1997年3月至2002年10月，任菏泽地区（市）公安局指挥中心指挥调度科副科长。2002年10月至2009年3月，任菏泽市公安局指挥中心副主任。2009年3月至2011年3月，任菏泽市公安局副调研员。2011年3月至2014年4月，任菏泽市公安局网络安全保卫支队政委。2014年4月至2015年5月，任菏泽市公安局网络安全保卫支队政委、挂职任东明县委常委、副县长。2015年5月至2016年6月，任菏泽市公安局网络安全保卫支队政委。2016年6月，任郓城县人民政府副县长、党组成员，县公安局局长、党委书记。

王明华　男，1974年7月出生，汉族，山东东平人，大学学历。1997年8月参加工作，郓城县人民政府副县长。1993年9月至1997年7月，在山东轻工业学院机电工程系机械设计与制造专业学习。1997年7月至1997年8月，毕业待分配。1997年8月至2005年3月，任菏泽市投资公司职员。2005年3月至2006年5月，任菏泽市贸促会人秘处科员。2006年5月至2008年5月，任菏泽市贸促会业务部副部长。2008年5月至2010年4月，任菏泽市贸促会业务部部长。2010年4月至2011年12月，任菏泽市贸促会秘书处主任。2011年12月，任郓城县人民政府副县长。

张俊阁　女，1975年8月出生，汉族，山东鄄城人，大学学历。1995年7月参加工作，1999年6月入党，郓城县人民政府副县长、党组成员。1993年9月至1995年7月，在山东广播电视大学英语系英语专业学习。1995年7月至1997年5月，任鄄城县政府台办干事。1997年5月至1999年3月，任鄄城县旅游局科员。1999年3月至2005年5月，任鄄城县旅游局办公室副主任、主任（其间：1997年9月至1999年12月在省委党校业余本科班经济管理专业学习）。2005年5月至2007年11月，任鄄城县文体局副局长、党组成员。2007年11月至2009年3月，任鄄城县李进士堂镇党委副书记。2009 年 3 月至 2014 年 1 月，任鄄城县李进士堂镇党委副书记、镇长。2014 年 1 月至 2016 年 12 月，任鄄城县李进士堂镇党委书记。2016 年 12 月，任郓城县人民政府党组成员、副县长。

王昌谦 男，1972 年 3 月出生，汉族，山东郓城人，研究生学历。1992 年 7 月参加工作，郓城县人民政府党组成员。1992 年 7 月至 1994 年 12 月，任丁里长镇教师。1994 年 12 月至 1997 年 2 月，任汉石桥乡政府人事劳动科员、党委秘书。1997 年 2 月至 2001 年 5 月，任汉石桥乡党委组织委员。2001 年 5 月至 2004 年 3 月，任随官屯镇党委组织委员。2004 年 3 月至 2009 年 3 月，任随官屯镇党委副书记。2009 年 3 月至 2013 年 10 月，任随官屯镇党委副书记、镇长（其间：2009 年 9 月至 2013 年 6 月，在山东省委党校经济管理专业学习）。2013 年 10 月至 2016 年 12 月，任南赵楼镇党委书记。2016 年 12 月，任郓城县人民政府党组成员。

张平 男，1957 年 12 月出生，汉族，山东郓城人，大学学历。1976 年 1 月参加工作，1980 年 10 月入党，郓城县政府党组成员。1976 年 1 月至 1978 年 4 月，任梁山县小路口医院中医科学徒。1978 年 4 月至 1980 年 12 月，在 54826 部队服役。1980 年 12 月至 1982 年 8 月，任郓城县杨庄集医院中医科医生。1982 年 8 月至 1984 年 8 月，在梁山卫校中医班学习。1984 年 8 月至 1984 年 10 月，任郓城县杨庄集医院中医科医生。1984 年 10 月至 1986 年 8 月，任中共郓城县委企业政治工作办公室干部。1986 年 8 月至 1992 年 4 月，任郓城县监察局干部（其间：1986 年 8 月至 1988 年 8 月，在山东省经济管理干部学院学习）。1992 年 4 月至 1993 年 5 月，任郓城县监察局副区级监察员。1993 年 5 月至 1995 年 3 月，任中共郓城县纪委执法室主任。1995 年 3 月至 1998 年 2 月，任郓城县伟庄乡党委副书记、乡长。1998 年 2 月至 1998 年 12 月，任郓城县伟庄乡党委书记。1998 年 12 月至 2001 年 2 月，任郓城县蒋庙乡党委书记。2001 年 2 月至 2002 年 2 月任郓城县郓城镇党委副书记、镇长。2002 年 2 月至 2005 年 2 月任郓城县郓城镇党委书记（其间：2000 年 9 月至 2004 年 12 月，在山东省委党校业余本科班经济管理专业学习）。2005 年 2 月至 2006 年 2 月，任郓城县政府县长助理、党组成员，郓城镇党委书记。2006 年 2 月至 2008 年 2 月，任郓城县政协副主席，县长助理、政府党组成员，郓城镇党委书记。2008 年 2 月至 2011 年 3 月，任郓城县政协副主席、党组成员、科教文卫体委员会主任，郓城镇党委书记。2011 年 3 月至 2013 年 11 月，任郓城县政协副主席、党组成员，郓城镇党委书记。2013 年 11 月至 2014 年 9 月，任郓城县政府党组成员。2014 年 9 月至 2015 年 5 月，任郓城县政府副县级干部。2015 年 5 月，任郓城县政府党组成员、县红十字会会长。

褚景云 女，1963 年 12 月出生，汉族，山东郓城人，大学学历。1982 年 7 月参加工作，1985 年 6 月入党，郓城县政府党组成员。1979 年 9 月至 1982 年 7 月，在菏泽农校果林专业学习。1982 年 7 月至 1987 年 7 月，在郓城县武安镇农技站工作。1987 年 7 月至 1991 年 10 月，任郓城县三屯乡林业站技术员、三屯乡妇联主任。1991 年 10 月至 1992 年 6 月，任郓城县三屯乡党委统战委员。1992 年 6 月至 1996 年 7 月，任郓城县三屯乡党委组织委员。1996 年 7 月至 1997 年 2 月，任郓城县三屯乡党委副书记。1997年2月至1998年4月，任郓城县丁里长镇党委副书记。1998年4月至1998年12月，任郓城县妇联副主任。1998年12月至2001年2月，任郓城县梳洗楼乡党委副书记、乡长（其间：1997年12月至2000年1月，在山东省委党校业余本科班经济管理专业学习）。2001年2月至2008年6月，任郓城县黄堆集乡党委副书记、乡长。2008年6月至2011年1月，任郓城县黄堆集乡党委书记。2011年1月至2013年10月，任郓城县人大副主任、党组成员，黄堆集乡党委书记。2013年10月至2014年9月，任郓城县政府党组成员。2014年9月至2015年5月，任郓城县政府副县级干部。2015年5月，任郓城县政府党组成员、县计生协会会长。

孙兆同 男，1964年9月出生，汉族，山东郓城人，大专学历。1986年7月参加工作，1989年12月入党，郓城县政府党组成员，县政协副主席，县财政局党组书记。1983年9月至1986年7月，在菏泽农业学校学习。1986年7月至1986年9月，在郓城县大人乡兽医站工作。1986年9月至1989年12月，任郓城县黄安镇团委副书记、书记。1989年12月至1993年2月，任郓城县唐庙乡副乡长。1993年2月至1998年2月任郓城县唐庙乡党委副书记（其间：1993年9月至1996年7月，在中共中央党校函授学院政治专业毕业）。1998年2月至2003年7月，任郓城县丁里长镇党委副书记、镇长。2003年7月至2003年10月任郓城县丁里长镇党委书记、镇长。2003年10月至2008年6月，任郓城县丁里长镇党委书记。2008年6月至2012年1月，任郓城县财政局局长、党组书记。2012年1月至2013年10月，任郓城县政协副主席、党组成员，县财政局局长、党组书记。2013年10月至2014年11月，任郓城县政协副主席、党组成员，县财政局局长。2014年11月至2016年12月，任郓城县政协副主席、党组成员，县财政局局长、党组书记。2016年12月，任郓城县政府党组成员，县政协副主席，县财政局党组书记。

符中太 男，1962年2月出生，汉族，山东郓城人，研究生学历。1981年7月参加工作，1985年8月入党，郓城县政协副主席、党组副书记。1979年9月至1981年7月，在山东省济宁农校学习。1981年7月至1984年3月，任定陶县保宁公社团委干事。1984年3月至1984年10月，任定陶团县委干事。1984年10月至1986年8月，任郓城县直机关团委干事、副书记、书记。1986年8月至1988年6月，在菏泽师专干部专修科学习。1988年6月至1989年12月，任郓城县直属机关党委秘书。1989年12月至1998年2月，任郓城县直属机关党委委员、副书记。1998年2月至2001年2月，任郓城县蒋庙乡党委副书记、乡长（其间：1996年9月至1998年6月，在山东省委党校在职干部研究生班党政管理专业学习）。2001年2月至2004年9月，任郓城县随官屯镇党委副书记、镇长。2004年9月至2005年9月，任郓城县随官屯镇党委书记、镇长。2005年9月至2008年6月，任郓城县随官屯镇党委书记。2008年6月至2011年1月，任郓城县委统战部部长。2011年1月至2015年8月，任郓城县政协副主席、县委统战部部长。2015年8月，任郓城县政协副主席、党组副书记。

樊庆斌 男，汉族，1958年8月出生，山东郓城人，本科学历，1984年6月参加工作，第十一届山东省政协委员，菏泽市政协副主席、市工商联主席，郓城县政协副主席，宋江

武校校长。1984年6月，任宋江武校校长。1990年2月至1993年2月，任郓城县政协常委、宋江武校校长。1993年2月至1996年7月，任山东省政协委员，郓城县政协常委、宋江武校校长。1996年7月至1997年12月，任山东省政协委员，郓城县政协常委，县体委副主任、宋江武校校长（其间：1995年9月至1997年12月，在山东省委党校业余本科班经济管理专业学习）。1997年12月至1998年4月，任山东省政协委员，郓城县政协副主席、县体委副主任、宋江武校校长。1998年4月至2007年9月，任全国政协委员，郓城县政协副主席、宋江武校校长。2007年9月，任全国政协委员，菏泽市工商联主席，郓城县政协副主席、宋江武校校长。2012年2月，任菏泽市政协副主席、市工商联主席，郓城县政协副主席、宋江武校校长。

刘汉升　男，1976年3月出生，汉族，山东郓城人，大学学历。1995年7月参加工作，郓城县政协副主席、县工业公司经理。1993年9月至1995年7月，在青岛大学物理系电子技术专业学习。1995年7月至2005年9月，任郓城县广播电视局干部。2005年9月至2010年6月，任郓城县地方史志办公室副主任。2010年3月至2010年6月，在菏泽市委党校全市县级后备干部培训班（菏泽市第十九期中青年干部培训班）学习。2010年6月至2012年1月，任县工业公司经理。2012年1月，任县政协副主席、县工业公司经理。2016年12月，任县政协副主席。

李广才　男，1963年10月出生，汉族，山东郓城人，研究生学历。1981年7月参加工作，1984年1月入党，郓城县政协副主席、党组成员。1981年7月至1985年9月，在郓城县黄安公社团委工作。1985年9月至1987年8月，在山东师范大学学习。1987年8月至1992年4月，在郓城团县委工作，任工农青年部部长。1992年4月至1993年2月，任郓城县畜牧局党组成员、纪检书记。1993年2月至1997年2月，任郓城县唐庙乡乡长。1997年2月至2001年2月，任郓城县梳洗楼乡党委书记。2001年2月至2004年12月，任郓城县侯咽集镇党委书记。2004年12月至2015年1月，任郓城县交通运输局局长、党组书记。2015年1月，任郓城县政协副主席、党组成员。

张万松　男，1962年6月出生，汉族，山东曹县人，大学学历，1984年7月参加工作，1991年3月入党，郓城县人民法院院长、党组书记。1982年9月至1984年7月，在菏泽地区供销学校学习。1984年7月至1995年6月，任菏泽地区供销社基层科科员（其间：1985年4月至1993年6月，在高教自考统计专业学习）。1995年6月至1998年5月，任菏泽地区中级人民法院书记员。1998年5月至1999年3月，任菏泽地区中级人民法院助理审判员。1999年3月至2000年10月，任菏泽地区中级人民法院审判委员会办公室副主任。2000年10月至2002年8月，任菏泽地区（市）中级人民法院办公室副主任。2002年8月至2006年2月，任菏泽市中级人民法院行政装备管理处处长。2006年2月至2007年3月，任郓城县人民法院院长。2007年3月，任郓城县人民法院院长、党组书记，2016年12月离职。

崔冰　男，1972年11月出生，山东曹县人，研究生学历。1992年7月参加工作，1994年12月入党，郓城县人民法院党组书记。1992年7月至1993年10月，任牡丹区劳动技校办公室秘书。1993年10月至1995年6月，在牡丹区人民法

院南城巡回法庭工作。1995年6月至1997年11月，任牡丹区人民法院研究室助理审判员。1997年11月至1998年9月，任牡丹区人民法院政工科审判员。1998年9月至2002年7月，任菏泽市中级人民法院政治处助理审判员（科员）。2002年7月至2003年6月，任菏泽市中级人民法院组织人事处副处长、助理审判员。2003年6月至2006年3月，任菏泽市中级人民法院组织人事处副处长、审判员。2006年3月至2012年7月，任菏泽市中级人民法院组织人事处处长、审判员。2012年7月至2012年8月，任菏泽市中级人民法院组织人事处处长、副县级审判员。2012年8月至2016年12月，任菏泽市中级人民法院副县级审判员。2016年12月，任郓城县人民法院党组书记。

逯其彦 男，1970年1月出生，汉族，山东巨野县人，全日制大学学历，1994年8月参加工作，1997年6月入党，郓城县人民检察院检察长、党组书记。1990年9月至1994年7月，在山东大学法律系学习，1994年7月至1994年8月毕业待分配。1994年8月至1996年8月，任菏泽检察分院书记员。1996年8月至2000年9月，任菏泽检察分院助检员。2000年9月至2000年12月，任菏泽检察分院副科级助检员。2000年12月至2002年7月，任菏泽检察分院副科级检察员。2002年7月至2004年12月，任菏泽市检察院公诉处副处长。2004年12月至2009年3月任菏泽市检察院公诉处副处长、正科级检察员（其间：2004年3月至2006年12月，在西南政法大学商法专业学习，获法律硕士学位。2006年1月至2007年12月，在东明县检察院挂职任副检察长、党组成员）。2009年3月至2010年10月，任菏泽市检察院法律政策研究室主任。2011年12月任郓城县人民检察院副检察长、代检察长，2012年1月，任郓城县人民检察院检察长、党组书记，2016年12月离职。

刘绍军 男，1965年5月出生，汉族，山东定陶人，研究生学历。中共党员，1985年11月参加工作，郓城县检察院党组书记。1985年11月至1996年1月，任菏泽市（县级）检察院书记员、检察员（其间：1987年9月至1990年7月，在省政法管理干部学院经济法专业学习，1991年9月至1994年7月，在省政法管理干部学院法律专业学习）。1996年1月至1997年3月，任菏泽市（县级）检察院政工科副科长，1997年3月至1998年2月，任菏泽市（县级）检察院驻丹阳办事处检察室副主任。1998年2月至2001年7月，任菏泽市（县级）检察院反贪局预防科科长（其间：1998年9月至2001年7月在华东政法学院学习，获法律硕士学位）。2001年7月至2003年10月，任菏泽市牡丹区检察院反贪局副局长。2003年10月至2007年4月，任菏泽市牡丹区检察院副检察长、党组成员、正科级检察员。2007年4月至2009年1月，任菏泽市牡丹区检察院副检察长，党组副书记、正科级检察员。2009年1月至2011年12月，任菏泽市开发区检察院副检察长、党组副书记。2011年12月至2016年12月，任曹县检察院党组书记、检察长。2016年12月，任郓城县检察院党组书记。

赵庆华 男，1963年8月出生，山东郓城人，1981年7月菏泽师专数学系毕业 ，1983年9月入党，1998年9月被聘为高级讲师，中央党校和曲师大自考本科双本科学历，2002年7月山东师范大学研究生课程进修班结业，中共菏泽学院郓城分校区党委书记。1981年8月至1982

年7月，任郓城县潘渡中学数学教师、团支书。1982年8月至1984年11月，任郓城七中数学教师、教导主任。1984年12月至1994年8月，任郓城师范学校党总支委员、团委书记（1989年9月地委组织部定为正科级）。1994年9月至1996年8月，任郓城师范学校党总支宣传委员、办公室主任。1996年9月至2005年5月，任郓城师范学校党委组织委员、副校长。2005年6月，任中共菏泽学院郓城校区委员会书记。曾荣获山东省"青春立功"二等功、山东省新长征突击手，多次被评为省市优秀教育工作者。主持省级科研课题两项，有多篇论文在国家和省级杂志上发表。

曹京黎　男，1963年9月生，汉族，山东郓城人，硕士研究生学历，1983年7月参加工作，1983年5月入党，中共郓城县委党校党委书记。1983年7月至1984年9月，任郓城县第五中学教师。1984年9月至1986年4月，任中共郓城县委宣传部干事。1986年4月至1992年4月，任郓城县机关党委委员、团委书记。1992年4月至1993年2月，任郓城县程屯镇党委副书记、镇长。1993年3月至1998年3月，任郓城县肖皮口乡党委书记。1998年4月至2004年3月，任郓城县杨庄集镇党委书记。2004年4月至2010年5月任郓城县劳动局局长，2010年6月至2011年12月任郓城县人社局党组书记。2011年12月，任中共郓城县委党校党委书记。

李春生　男，1964年3月出生，汉族，山东郓城人，研究生学历，1982年7月参加工作，1985年6月入党，郓城一中校长、县政府党组成员。1980年9月至1982年7月，在菏泽师范专科学校学习。1982年7月至1984年4月，任郓城县副食品公司干事。1984年4月至1986年1月，任郓城县文化局办事员、文化股副股长。1986年1月至1989年12月，任中共郓城县委宣传部干事，理教科副科长、科长。1989年12月至1992年3月，任中共郓城县委宣传部副科级巡视员。1992年3月至1995年3月，任中共郓城县委办公室政研室副主任。1995年3月至1997年1月，任郓城县徐垓乡乡长。1997年1月至2001年2月，任郓城县徐垓乡党委书记。2001年2月至2002年7月，任郓城县黄安镇党委书记。2002年7月至2009年9月，任郓城县政府党组成员、县政府办公室主任、县长助理。2009年9月至2010年6月，任郓城一中党总支书记、县政府办公室主任、县长助理。2010年6月至2014年1月，任郓城一中党总支书记、郓城县政府党组成员、郓城县教育局党组书记。2014年1月，任郓城第一中学校长、郓城县政府党组成员。

张进标　男，1964年8月出生，山东郓城人，大学本科学历，中共党员，中共菏泽学院郓城分校区党委副书记、校长。1988年7月参加工作，1999年11月被评为语文高级讲师，2011年转聘为副教授。1984年9月至1988年7月，在山东师范大学中文系汉语言文学专业学习。1988年7月至2001年4月，任菏泽师范学校语文教师。2001年4月至2004年10月，任菏泽师范学校教务科科员兼语文教师。2004年10月至2005年6月，任菏泽学院党委宣传部科员。2005年6月，任菏泽学院党委组织部组织科副科长。2008年1月，任菏泽学院党委组织部组织科科长。2011年3月，任菏泽学院党委组织部副部长。2014年7月，任菏泽学院郓城分校区党委副书记、校长。

吕端方　男，1963年2月出生，汉族，山东郓城人，大学学历，1986年7月参加工作，1989年3月入党，郓城县政协党组成员、县一中党总支书记。1983年7月至1986年7月在菏泽农校学习，1986年7月至1991年10月，任王井乡工作人员。1991年10月至1992年6月，任王井乡党委宣传委员、统战委员。1992年6月至1998年2月，任王井乡党委副书记（其间：1996年8月至1998年8月在山东省委党校经济管理专业学习）。1998年2月至2001年2月，任五界乡党委副书记、乡长。2001年2月至2002年9月，任武安镇镇长、副书记。2002年9月2008年6月，任武安镇党委书记、镇长。2008年6月至2011年1月，任郓城县教育局党组副书记、副局长。2011年1月至2014年2月，任郓城县教育局党组副书记、局长。2014年2月至2016年4月，任郓城一中党总支书记、教育局局长。2016年4月，任郓城县政协党组成员、县一中党总支书记。

鲁仪庆　男，1966年12月出生，汉族，山东郓城人，大学学历。1988年7月参加工作，1992年1月入党，郓城县经济开发区党工委书记、管委会主任。1988年7月至1992年1月，分别在黄安乡、武安镇林业站工作。1992年1月至1996年6月，任武安镇党委秘书。1996年6月至1998年3月，任武安镇党委组织委员。1998年3月至2003年10月，任武安镇党委副书记。2003年10月至2005年10月，任黄集乡乡长。2005年10月至2008年7月，任潘渡镇镇长。2008年7月至2015年12月，任丁里长镇党委书记。2015年12月，任郓城县经济开发区党工委书记、管委会主任。

王磊　男，1965年7月出生，汉族，山东东平人，本科学历，1986年7月参加工作，1991年11月入党，国网山东省电力公司郓城县供电公司总经理、党委副书记。1986年7月至1993年3月，任东平县供电局用电科副科长。1993年4月至1995年1月，任东平县梯门乡政府副乡长。1995年1月至1998年8月，任东平县供电局州城分局局长。1998年9月至2003年4月，任东平县供电局副局长。2003年5月至2004年12月，任东平县供电公司副经理。2005年1月至2006年4月，任东平县供电公司党委书记。2006年5月至2011年2月，任宁阳县供电公司经理。2011年2月至2012年8月，任肥城市供电公司经理。2012年9月至2016年3月，任肥城市供电公司总经理。2016年3月，任国网山东省电力公司郓城县供电公司总经理、党委副书记。

省人大代表、政协委员

樊庆芳　女，1971年5月出生，郓城县玉皇庙镇樊楼村人，大学学历，中共党员，郓城县地税局局长、党组书记。1990年7月至1997年1月，任郓城县原蒋庙乡党委秘书、妇联主任、副乡长。1997年2月至2002年10月，任郓城县地税局党组成员兼人事政工科科长。2002年11月至2008年5月，任郓城县地税局党组成员、纪检组长。2008年6月至2012年2月，任郓城县地税局副局长、党组副书记。2012年3月，任郓城县地税局局长、党组书记。2008年3月荣获全省三八红旗手荣誉称号，2007、2008年被省地税局评为先进个人，2011 年 1 月被省地税局评为税收宣传月活动先进个人，2006 年被评为“第九届菏泽十大杰出青年”，2011 年荣获第二届菏泽青年五四奖章标兵荣誉称号，2012 年 2 月被菏泽市政协评为全市政协创建活动先进个人，2013 年 1 月被省人力资源和社会保障厅、省地税局、省公务员局记三等功一次，2013 年 2 月荣获第四届菏泽巾帼十杰荣誉称号，2013 年 4 月荣获菏泽市五一劳动奖章。2013 年 1 月当选为山东省人大代表。2014 年 4 月，获得“富民兴鲁”劳动奖章，9 月，获得“山东省地税系统最美税务人”称号。

陈灵　男，1951 年 3 月出生，随官屯镇陈庄村人，中共党员，大专学历，现任山东华灵集团董事长兼总经理。他所创办的华灵集团始建于 1988 年，是一家集棉花加工、纺织、房地产开发于一体的大型民营企业集团，是山东省百强企业，集团公司下辖华灵纺纱一厂、二厂、华灵纺织工业园与华灵房地产开发有限公司等十几处企业。拥有固定资产 3 亿多元，员工 2000 余人，纺纱规模 12 万纱锭。产品质量达到国际优等标准，畅销全国各地，并出口欧美等国家。房地产开发效益良好。公司是省农行 AAA 级信用企业、省工商局诚信文明企业、省优秀民营企业、全省百强企业、全省百家诚信纳税企业、省民营企业家公会副会长单位、山东省重点龙头企业、全市民营企业纳税大户、全市重点保护企业等。2006 至 2011 年，公司年产值均达到 6 亿元，每年上缴国家税收 2000 余万元，成为全县民营企业第一纳税大户，累计向社会各界捐款捐资 1600 余万元。先后当选为省党代表、市县人大代表、省市劳模、全国乡镇企业家，2005 年荣获全国劳动模范称号并受到胡锦涛等党和国家领导人的接见。2013 年 1 月当选为山东省人大代表；2014 年被评为菏泽市最具爱心捐赠个人以及菏泽市道德模范；2015 年获得郓城县优秀企业家称号。

张勤成　男，1962 年 11 月生，郓城县黄安镇人，1990 年 8 月创建郓城县黄河食品有限公司，2001 年 3 月组建郓城神舟集团公司，菏泽市第十二届政协委员、郓城县政协常委，菏泽市工商联会员、郓城县工商联副会长，菏泽市肉类协会副会长、山东省肉类协会理事，菏泽市商标协会、山东省商标协会理事。至 2011 年，公司注册资金 1.0018 亿元，固定资产 1.6 亿元，总资产 3.2 亿元。公司设备先进，工艺领先，流水线作业，技术力量雄厚，是山东省食品肉类食品理事单位、行业名牌企业。公司先后被评为省级农业产业化重点龙头企业、山东省明星企业、山东省肉类食品行业 50 强、全国农产品加工示范企业。神舟产品荣获第三届全国食品博览会金奖、山东省著名商标、山东名牌。2008 年元月当选为山东省第十一届人大代表。1997 年—2011 年，先后被评为菏泽市再就业先进个人、山东省下岗职工再就业先进个人、山东省劳动模范、菏泽市劳动模范、菏泽市优秀中国特色社会主义事业建设者、菏泽市慈善捐赠先进个人、慈善之星、慈善楷模等。2013 年 1 月当选为山东省人大代表。2015 年，被菏泽市文明办、菏泽市民政局评为“最具爱心捐赠个人”。

桑圣钦　男，1961 年 3 月生，黄安镇桑庄村人，1976 年 12 月参加工作，1980 年 4 月加入中国共产党，大学学历，经济师，菏泽市第七批专业技术拔尖人才，现任山东圣达实业集团有限公司董事长兼总经理。1976 年 12 月至 1977 年 12 月任梁山油漆厂工人，1978 年 1 月至 1981 年 12 月在 54815 部队

服役，1982 年 1 月至 1992 年 1 月任郓城县农机公司业务员，1992 年 2 月至 1996 年 1 月任郓城县农机公司业务科长，1996 年 2 月至 1999 年 12 月任郓城县农机公司业务经理，1998 年至今任山东圣达实业集团有限公司董事长兼总经理。2006 年被评为山东省优秀纺织企业家，2007 年被评为菏泽专业技术拔尖人才，2007 年获得菏泽市五一劳动奖章，2007 年当选为山东省第十一届人大代表，2008 年 3 月被评为山东省劳动模范，2008 年 6 月被评为山东省优秀共产党员，2009 年被评为郓城县功勋企业家，2010 年 6 月被评为菏泽市诚实守信道德模范，2011 年 12 月被评为和谐菏泽十大杰出贡献企业家，2012 年当选为山东省第十二届人大代表，2015 年被评为郓城县优秀企业家，2015 年被评为菏泽市最具爱心捐赠个人。

甄爱华　女，1971 年 11 月出生，郓城县南赵楼乡甄庄村人，汉族，中共党员，研究生学历。山东省工商联执委、山东省农业环保学会检测分会会长、山东省最具创新力的十大女企业家，北京大学民营经济研究院企业家协会会员，菏泽市外商投资企业协会会长，郓城县巾帼志愿者协会会长、郓城县山东绅联生物科技有限公司总经理。1995 年 8 月至 2003 年 6 月任郓城绅联肠衣有限公司销售经理，2003 年 7 月至 2005 年 12 月任郓城绅联肠衣有限公司财务经理，2006 年 1 月至 2009 年 7 月任郓城绅联肠衣有限公司总经理，2009 年 7 月任山东绅联生物科技有限公司总经理。2013 年 1 月当选为山东省人大代表。主持“山东省重点建设项目”“山东省科技型中小企业技术创新基金项目”“菏泽市技术创新提升重大专项项目”，“山东省自主创新成果转化重大专项项目”等国家科技部、省、市重大科技攻关项目，参与研发 20 多项发明专利。其中“一种利用羊小肠生产肝素钠的制备方法（专利号 ZL201010256615.2）、“一种利用猪小肠生产肝素钠的制备方法”（专利号 ZL201110169071.0）的发明专利获得“菏泽市专利奖一等奖”，肝素钠制备的技术研发及工业化生产获得国家科技进步三等奖。

陈殿杰　男，1964 年 11 月出生，汉族，山东郓城县人，大专学历，1980 年 12 月参加工作，非党人士。现任山东省政协委员、菏泽市工商联副主席、郓城县郓州百货大楼（集团）有限公司董事长兼总经理。1980 年 12 月至 1997 年 2 月，任郓城县百货公司职工；1982 年，任郓城县政协委员；1990 年 3 月，任郓城县政协常委；1991 年 7 月至 1994 年 9 月，在曲阜师范大学经济管理专业（函授）学习；1997 年 2 月至 1998 年 12 月，任郓城县百货大楼公司经理；1998 年 12 月，任郓城县郓州百货大楼有限公司董事长兼总经理；2001 年 1 月，任菏泽市政协常委；2006 年 3 月，任郓城县工商业联合会副会长；2008 年 1 月，任山东省政协委员;2011 年 7 月，任菏泽市工商联副主席。

先进劳动模范

刘考勇　男，1970 年 9 月生，汉族，山东郓城人，大学学历，1990 年 7 月参加工作，1992 年 3 月入党，中共郓城县委宣传部副部长。2016 年被评为山东省优秀共产党员。

自 1997 年起，刘考勇先后从事新闻和对外宣传工作，结合郓城县情，创造性地抓策划、抓培训、抓机制、抓通联，每年举办 10 多期通讯员培训班，全面搞活了新闻宣传工作。刘考勇积极探索新时期舆情应对办法，建立了“新闻发言人制度”和“突发事件应急处置制度”，改变了过去单一当“消防队长”的做法。刘考勇按照“及时主动、准确把握、正确引导、注重效果”要求，开通大道，堵住小道，认真收集分析研判各类舆情信息693条，被省委宣传部和市委宣传部采用105条，封堵删除各类有害信息800余条，成功化解了各类媒体危机97起。

作为党员干部，刘考勇时时率先垂范，吃苦在前。2013年，在双桥乡前黄冈村蹲点采访9天，配合有关媒体连续17天集中宣传党组织带领群众30年学雷锋的事迹，根据“雷锋村”事迹采写的《山东涌现个“雷锋村”》被中央创先争优活动领导小组办公室《简报》下发专刊向全国推介，省委领导姜异康、孙守刚分别做出重要批示；采写的“常态化学雷锋，打造公民思想道德高地”“培育郓城好人”“郓城道德高地建设的启示”等经验做法在新华社山东分社《山东内参》、新华社总社《内参选编》、新华社《山东参考》清样刊发；他采访和报道了道德典型400余人，其中有3人成为“山东省道德模范”，7人入选“中国好人榜”，25人入选“山东好人”“山东好人——每周之星”，居全市第一位。

从事新闻工作19年，刘考勇三次获得“《山东教育报》优秀记者”称号，一次获“山东教育好新闻奖”；连续12年被评为《大众日报》模范通讯员；连续12年被市委宣传部评为新闻宣传先进工作者；连续15年被评为郓城县新闻宣传部先进工作者；2002年被菏泽市新闻“两会”评为“首届菏泽市十佳新闻通讯员”，2009年，被菏泽市新闻“两会”授予“首届菏泽牡丹新闻奖”并被市政府记三等功；2012年12月，被省委宣传部评为全省基层宣传文化工作先进个人，并被省委宣传部、省人社厅记三等功；2016年6月获得山东省优秀共产党员。

张传锋　男，1974年5月出生，山东郓城人，中共党员，山东郓城华宝食品有限公司董事长，郓城县第十七届、十八届人大常委会委员，2016年被中央文明办授予诚实守信中国好人。

黄河滩区土生土长的农村青年张传锋，立志带领贫困户养殖致富，2008年底，张传锋创办了郓城县第一家养猪合作社。为打消养殖户顾虑，降低贫困户养殖成本，他大胆采取免费为社员发放母猪仔，以租赁猪仔方式给养殖户，死亡算合作社的，免费赊销饲料和饲养药品，贫困户只赚不赔。十几年来，张传锋不计成本免费租赁种猪给贫困养殖户，积极推广科学饲养技术，他先后自费聘请二十多位专家、教授，现场教学，现场解答疑问，手把手帮助饲养。一时间，依托华宝养猪合作社良种和技术参与养殖的村民剧增，张传锋坚持服务群众，让利于民，每有经济困难的群众找到合作社要求加入养殖时，张传锋不仅免费提供猪苗和技术，还热心帮助贫困户社员从银行贷款，对特别困难急于增收致富的贫困户合作社给予贴息，十多年来，先后为贫困社员补贴利息60余万元。

为彻底解决养殖社员卖猪难，增加养殖户收益，从而打造养殖、屠宰、分割、冷鲜肉产业链，2015年，张传锋又多方筹资近亿元筹建了山东郓城华宝食品有限公司。目前，公司已发展成为鲁西南规模最大、设备最先进的生猪屠宰加工基地。

张传锋热心帮扶贫困养殖户的事迹先后被山东卫视、《齐鲁晚报》等媒体报道，他本人也获得了“第九届全国农村致富带头人”“2016感动菏泽年度人物”“山东省第四届齐鲁乡村之星”等荣誉，并当选中国好人榜2016年度诚实守信中国好人。

张慧　女，1963年3月出生，大专文化，1979年参加工作，郓城县国家税务局城区分局职工，2016年度山东省富民兴鲁劳动奖章获得者。

该同志自参加工作以来，兢兢业业、忠于职守、学习刻苦、甘于奉献、乐于助人，在平凡的工作岗位上做出了许多不平凡的业绩。2008年度被评为“全市政府系统信息工作先进个人”和县国税系统“巾帼建功岗位明星”；2009年度被评为“全县文明税务工作者”。连续多年被县总工会评为“工会工作积极分子”，先后四次在全市国税系统羽毛球比赛中获得女子单打前三名，2010年9月在全县职工运动会中荣获羽毛球比赛女子单打第一名。2011年被授予“菏泽市职业道德建设十佳标兵”和“菏泽市五一劳动奖章”。张慧作风严谨，严于自律，自觉执行各项规章制度，始终保持廉洁的好作风，以崇高的事业心和强烈的责任感，为国税事业默默地奉献着光和热。

好强 男，汉族，1981年6月出生，山东郓城人，大学文化程度，高级工艺美术师、高级工程师、高级技师、预备役中校军衔。大国工匠（集团）黄河窑陶瓷博物馆有限公司馆长，山东郓城好汉文化产业有限公司艺术总监，山东省工艺美术协会副会长，菏泽市工艺美术协会会长、菏泽市创意文化产业协会执行会长、菏泽市非物质文化遗产保护协会执行会长。2016年度山东省富民兴鲁劳动奖章获得者。

好强是山东省级非物质文化遗产保护项目《黄泥古陶制作技艺》代表性传承人。多次参加国际、国家、省市级各类大赛，获奖100余项。2009年8月荣获中共山东省委、山东省人民政府批准设立的“泰山文艺奖”。2010年9月被山东省旅游局评为山东省民间手工艺制作大师；2010年9月被评为山东省杰出青年陶瓷艺术家；2011年9月被山东省文联评为山东十大民间工艺大师；2013年4月被菏泽市总工会授予菏泽市五一劳动奖章；2013年5月被山东省文化厅授予山东省传统技艺大师荣誉称号；2014年1月被评为山东省轻工系统有突出贡献的中青年专家；2014年5月被中共山东省委组织部、宣传部、山东省财政厅、山东省人力资源和社会保障厅选拔为“齐鲁文化之星”；2014年6月被山东省人民政府选拔为山东省首席技师，享受省政府津贴；2014年10月被评为山东省工艺美术大师；2015年1月被中共菏泽市委组织部、菏泽市文联、菏泽市文化广电新闻出版局、菏泽市人力资源和社会保障局命名为菏泽市乡土文艺人才、菏泽民间制陶艺术家； 2015年1月被评为享受国务院特殊津贴专家；2016年10月被中共山东省委、山东省人民政府确定为“泰山产业领军人才”。

李成玉 男，1957年3月出生，郓城县玉皇庙镇李樊庄村人，中共党员，大学学历，1977年8月参加工作。历任郓城县河务局收方结算员、郓城县委统战部台联实业公司业务经理、郓城县林业局林工商公司业务处长、郓城县水务局引黄灌区管理处综治办主任、郓城县工业园区招商局副局长等职务，见义勇为道德模范获得者。1998年—2006年连续八年被郓城县水务局评为优秀个人。1998年—2008年连续十年被郓城县公安局评为先进个人。配合公安机关打击犯罪，破获各类案件10起，打击黑恶势力16人，排除治安隐患30起，防范偷盗案件7起。2003年，被菏泽市公安局记个人二等功1次，被菏泽市社会治理委员会评为“见义勇为标兵”。2004年，被菏泽市公安局记个人三等功1次。2005年，被评为菏泽市“见义勇为”道德模范。2007年，被郓城县公安局记个人三等功1次。2008年，被菏泽市公安局记个人三等功1次。2014年在全县“千百十”评选活动中被评为先进个人。2015年，被郓城县人大常委会任命为郓城县人民法院陪审员，被县委宣传部、县人社局、县文明办、县总工会、县妇联、团县委评为“社会公德模范”。2016年，被郓城县委宣传部、县人社局、县文明办评为“感动郓城十佳百优人物”，被郓城县文明办授予县直机关红白事理事会优秀会员，被郓城县法院聘请为人民调解员，化解社会矛盾35起，调解纠纷100余起。

荣 誉

唐塔

荣 誉

集体荣誉

表66 2016年郓城县获国家、省及省直部门表彰的先进集体

获奖单位	荣誉称号	授予单位
郓城县	2016年全国县（市）域乡村建设规划示范名单	国家住房和城乡建设部
郓城县	结合新型城镇化支持农民工等人员返乡创业试点县	国家发改委、财政部等十部委
郓城县	社会治安综合治理先进县	中共山东省委、山东省人民政府
郓城县	山东省文化强省建设先进县	中共山东省委、山东省人民政府
郓城县	山东省级文明县	中共山东省委、山东省人民政府
郓城县	山东省级园林县城	山东省城乡建设厅
郓城县	首批山东省全域旅游示范区	山东省旅游发展委
郓城县	山东省十个中等城市培育试点	山东省新型城镇化办公室
郓城县	全省农村电子商务标准化试点县	山东省质量技术监督局
县河务局	国家水利工程管理单位	国家水利部
县计划生育协会	全国计划生育协会县级先进单位	中国计划生育协会
县信访局	全省信访工作先进集体	中共山东省委、山东省人民政府
郭屯镇中心卫生院	全国群众满意乡镇卫生院	国家卫生计生委
县南城中学	全国“远程培训”示范校	国家教育部
县东关小学	舞动中国中年职工排舞第一名	国家体育总局运动管理中心
县第一初级中学	2016年度中国家长教育“金推手”奖	中国关心下一代工作委员会事业发展中心
郓城一中	全国德育科研先进单位	北京师范大学
郓城一中	全国生命教育科研先进单位	北京师范大学
郓城一中	西南政法大学“优秀生源基地”	西南政法大学
县供电公司配网调控运行班	模范职工小家	中华全国总工会
县供电公司	山东省安全生产工作先进单位	山东省人民政府
县机构编制委员会办公室	山东省安全生产先进部门	山东省人民政府
县物价局	2016年度全国价格宣传工作先进集体	国家发展和改革委员会、中国经济导报社

续表

获奖单位	荣誉称号	授予单位
县物价局	2016 年度价格宣传报道工作表现突出单位	国家发展和改革委员会、中国经济导报社
县人大常委会办公室	《人民权利报》宣传工作先进单位	山东省人大常委会办公厅
县人大常委会办公室	《山东人大工作》宣传工作先进单位	山东省人大常委会办公厅
中国联通股份有限公司郓城分公司	山东省富民兴鲁劳动奖状	山东省总工会
县委宣传部	新闻报道先进集体	大众日报社
县农业局	全省农业宣传暨科学技术普及工作先进集体	山东省农业厅
县人社局失业保险处	全省失业保险工作先进集体	山东省人力资源和社会保障厅
县广播电视台	省级文明单位	山东省文明委
县公安局	省级文明单位	山东省文明委
县第一初级中学	省级文明单位	山东省文明委
县河务局	省级文明单位	山东省文明委
县史志办	山东省情网先进供稿单位	山东省史志办
县史志办	山东省优秀年鉴二等奖	山东省史志编纂委员会
县史志办	2016 年度山东省优秀史志成果奖	山东省人民政府办公厅
县人社局	省级文明机关	山东省精神文明办
县检察院	山东省“五四红旗团委”	共青团山东省委
县检察院反渎职侵权局	专项工作先进集体	山东省检察院
县检察院	全省检察机关“无违法违纪　无责任事故”检察院创建活动先进单位	山东省检察院
县邮政分公司	2016 年度全省邮政金融业务发展县分公司卓越贡献奖	山东省邮政局
县邮政分公司	2016 年度山东邮政发展三十佳县分公司（营业局）	山东省邮政局
县市场监管局	全省网监工作优秀典型	山东省工商局
县供电公司	“特高压入鲁”重点工程项目属地协调先进单位	山东省电力公司
县供电公司	县级优秀基层党委	山东省电力公司
县供电公司	工会工作先进单位	山东省电力公司工会
县供电公司	山东省电力行业安全生产工作先进单位	国家能源局山东监管办公室、山东省安全生产监督局
县供电公司发展部	“特高压入鲁”重点工程工人先锋号	山东省电力公司
中国农业银行股份有限公司郓城县支行	省级文明单位	山东省文明委
县教育局勤工俭学办公室	图书报刊发行先进集体	山东省教育社

续表

获奖单位	荣誉称号	授予单位
县南城中学	山东省安全文化重点研究基地	山东省教育厅
县南城中学	山东省安全文化示范学校	山东省教育厅
县第一初级中学	山东省中小学生校园艺术合唱类三等奖	山东省教育厅
县黄泥冈镇初级中学	山东省第十三届中学生运动会体育道德风尚奖	山东省第十三届中学生运动会组委会
武安镇司法所	省级规范化司法所	山东省司法厅
南赵楼镇财政所	全省财政系统先进集体	山东省人力资源和社会保障厅、山东省财政厅、山东省公务员局
县公安局	全省打击涉盐违法犯罪工作先进单位	山东省公安厅
县公安局刑事侦查大队	全省公安机关系列安民行动成绩突出集体	山东省公安厅
县公安局政治工作室	集体二等功	山东省公安厅
县公安消防大队	全省公安消防部队五四红旗团总支	山东省公安消防队政治部
郓城一中	山东省健康教育示范学校	山东省教育厅、省卫计委
郓城一中	全国中学生生物奥林匹克竞赛金牌学校	山东省生物学会、山东赛区委员会
郓城一中	山东省科技教育创新发展实践基地	山东省现代科技教育研究会
郓城一中	山东省中小学电脑制作最佳组织奖	山东省电化教育馆
郓城一中	山东省优秀团支部	共青团山东省委
郓城一中	山东交通学院“优秀生源基地”	山东交通学院

表67　2016年郓城县获市委市政府及市直部门表彰的先进集体

获奖单位	荣誉称号	授予单位
郓城县	全市全民创业先进县	菏泽市委、市政府
郓城县	全市电子商务工作先进县	菏泽市政府
县普法办	先进普法办公室	菏泽市委、市政府
郓州街道	2016全市棚户区改造工作先进基层单位	菏泽市委、市政府
南赵楼镇	全民创业先进乡镇	菏泽市政府
郓州办事处	市安全生产先进办事处	菏泽市政府
武安镇人民政府	市安全生产先进乡镇	菏泽市政府
县财政局	市安全生产先进部门	菏泽市政府
县人社局	市安全生产先进部门	菏泽市政府
山东洪达化工有限公司	市安全生产先进企业	菏泽市政府
郓城六合食品有限公司	市安全生产先进企业	菏泽市政府

续表

获奖单位	荣誉称号	授予单位
郓城一中	菏泽市消防安全责任强化年活动先进单位	菏泽市政府
郓城县水浒城市建设置业有限公司	2016年菏泽市棚户区改造工作先进基层单位	菏泽市委办公室、市政府办公室
县政府办公室	2016年度全市政务信息工作先进单位	菏泽市政府办公室
县委宣传部	新闻报道和对外宣传先进集体	菏泽市委宣传部
县委宣传部	理论教育工作先进单位	菏泽市委宣传部
县委宣传部	新闻报道先进集体	菏泽日报社
县委统战部	全市统战调研工作先进单位	菏泽市委统战部
县委统战部	2016年度全市统战工作实践创新优秀成果	菏泽市委统战部
县国税局	全市妇女工作先进单位	菏泽市妇联
县国税局	全市档案工作先进集体	菏泽市档案局
县稽查局	“创争”先进单位	菏泽市总工会
城区税务分局	全市工人先锋号	菏泽市总工会
县法制办	全市依法行政宣传工作先进单位	菏泽市政府法制办
县法制办	全市依法行政工作先进单位	菏泽市人力资源和社会保障局、菏泽市政府法制办
县返乡创业园	市级返乡创业示范园区	菏泽市人力资源和社会保障局
县城市管理行政执法大队	全市城市管理系统先进集体	菏泽市人力资源和社会保障局、菏泽市城市管理局
县供电公司	菏泽市理论宣教基地	菏泽市委宣传部
县供电公司	菏泽市慈善工作先进单位	菏泽市文明办、菏泽市民政局
县供电公司	菏泽市最具爱心捐赠单位	菏泽市文明办、菏泽市民政局
县供电公司	菏泽市先进基层工会	菏泽市总工会
县物价局	2016年度全市物价工作先进单位	菏泽市物价局
县物价局	2016年度全市价格监测工作先进集体	菏泽市物价局
县妇联	城乡妇女岗位建功先进集体	菏泽市妇联
县妇联	菏泽市维护妇女儿童权益先进集体	菏泽市妇联、菏泽市综治办
县机构编制委员会办公室	市级精神文明单位	菏泽市文明办
唐塔食品药品监管所	菏泽市食品药品监管先进集体	菏泽市人社局、菏泽市食药监局
郓州食品药品监管所	菏泽市食品药品监管先进集体	菏泽市人社局、菏泽市食药监局
县公路局	菏泽市职工职业道德建设先进单位	菏泽市总工会、菏泽市宣传部、菏泽市文明办、菏泽市经信委

续表

获奖单位	荣誉称号	授予单位
县公路局	菏泽市“科学赶超”职工技术创新竞赛示范单位	菏泽市财政局、菏泽市知识产权局、菏泽市经信局、菏泽市人力资源和社会保障局
县公路局	先进基层工会	菏泽市总工会
县公路局党总支	全市公路系统先进基层党组织	菏泽市公路局
县规划局	城乡规划工作先进集体	菏泽市人力资源和社会保障局、菏泽市规划局
县检察院	全市优秀检察院	菏泽市检察院
县检察院	优秀职工之家	菏泽市总工会
县检察院反渎职侵权局	集体三等功	菏泽市检察院
县检察院派驻潘渡检察室	全市优秀派驻基层检察室	菏泽市检察院
县河务局	菏泽市五一劳动奖章	菏泽市总工会
县河务局	全市学习型组织先进单位	菏泽市精神文明建设委员会办公室等7单位
县河务局	全市学习型组织先进班组	菏泽市精神文明建设委员会办公室等7单位
县民政局	全市民政工作先进集体	菏泽市人力资源和社会保障局、菏泽市民政局
郓州街道	全市档案工作先进集体	菏泽市人力资源和社会保障局、菏泽市档案局
武安镇农机服务中心	菏泽市农村工作先进集体	菏泽市人社局、农业局
程屯镇政府	全市农业宣传暨科学技术普及推广工作先进集体	菏泽市农业局
南赵楼镇	2016年度全市深化道路交通“平安行 你我他”行动先进乡镇	菏泽市道路交通安全综合治理委员会
黄泥冈镇经管站	先进集体	菏泽市农业局
中国电信股份有限公司郓城分公司	经营进步奖	中国电信股份有限公司菏泽分公司
中国电信股份有限公司郓城分公司	道德表率奖	中国电信股份有限公司菏泽分公司
中国电信股份有限公司郓城分公司	业务创新先进奖	中国电信股份有限公司菏泽分公司
中国农业银行郓城县支行水浒支行	菏泽市女职工建功立业标兵岗	菏泽市总工会
中国农业银行郓城县支行工会	基层工会经审工作规范化建设先进单位	菏泽市总工会
中国农业银行郓城县支行	2016年个人金融业务先进单位	中国农业银行菏泽市分行
中国农业银行郓城县支行综合管理部、潘渡分理处	2016年度先进单位	中国农业银行菏泽市分行
中国农业银行郓城县支行营业部党支部	先进基层党组织	中国农业银行菏泽市分行

续表

获奖单位	荣誉称号	授予单位
郓城县水浒城市建设置业有限公司	2016年菏泽市棚户区改造工作先进基层单位	菏泽市委办公室、菏泽政府办公室
郓城县行政事业资金管理办公室	菏泽市财政系统先进集体	菏泽市财政局、菏泽市人力资源和社会保障局
郓城县财政局办公室	菏泽市财政系统先进集体	菏泽市财政局、菏泽市人力资源和社会保障局
郓城县唐塔街道办事处财政所	菏泽市财政系统先进集体	菏泽市财政局、菏泽市人力资源和社会保障局
郓城县交通运输局	农村公路工作先进单位	菏泽市交通运输局
郓城县交通运输局	交通运输监察工作先进单位	菏泽市交通运输局
郓城县交通运输局	道路运输管理工作先进单位	菏泽市交通运输局
郓城县交通运输局	交通运输安全工作先进单位	菏泽市交通运输局
县人社局劳动保障监察大队	菏泽市青年文明号	菏泽市人力资源和社会保障局
县人社局劳动保障监察大队	菏泽市人力资源社会保障系统先进集体	菏泽市人力资源和社会保障局
县人社局社会医疗保险事业处	菏泽市人力资源社会保障系统先进集体	菏泽市人力资源和社会保障局
县人社局社会劳动保险事业处	菏泽市人力资源社会保障系统先进集体	菏泽市人力资源和社会保障局
县人社局机关事业保险处	菏泽市人力资源社会保障系统先进集体	菏泽市人力资源和社会保障局
县人社局医保处	菏泽市青年文明号	菏泽市人力资源和社会保障局
县卫生计生综合监督执法局	全市卫生计生综合监督执法工作先进单位	菏泽市卫生和计划生育委员会
县中医医院	全市卫计工作先进单位	菏泽市人力资源和社会保障局、菏泽市卫生计生委
郭屯镇中心卫生院	全市卫计工作先进单位	菏泽市人力资源和社会保障局、菏泽市卫生计生委
李集镇中心卫生院	全市卫计工作先进单位	菏泽市人力资源和社会保障局、菏泽市卫生计生委
程屯镇中心卫生院	全市卫计工作先进单位	菏泽市人力资源和社会保障局、菏泽市卫生计生委
县卫计局	全市工会工作先进单位	菏泽市总工会
郓城邮政分公司	2016年度菏泽邮政发展二十佳支局	菏泽市邮政局
郓城邮政分公司	菏泽市邮政分公司余额规模跨越400亿功勋单位	菏泽市邮政局
郓城邮政分公司	2016年度第一季度菏泽邮政金融专业发展突出贡献单位	菏泽市邮政局
县教研室	工人先锋号	菏泽市总工会
县教育局、侯集中心小学、吕庙小学	菏泽市小学教学工作先进单位	菏泽市教育局
县教育局、郓城一中、郓城实验中学、郓城高级中学	菏泽市高中教学工作先进单位	菏泽市教育局

续表

获奖单位	荣誉称号	授予单位
县南城中学	菏泽市“六五普法”先进单位	菏泽市教育局
杨庄集镇中心学校	菏泽市学生资助工作先进单位	菏泽市教育局
武安镇中心小学	先进集体	菏泽市教育局
县东关小学	党史国史教育先进单位	菏泽市关工委
武安镇中心小学	关心下一代先进集体	菏泽市关工委
郓城第一初级中学	菏泽市职工职业道德建设先进单位	菏泽市总工会
郓城一中	菏泽市学生资助工作先进单位	菏泽市教育局
郓城一中	工人先锋号	菏泽市总工会
郓城一中	菏泽市网络征文活动组织奖	菏泽市妇联
郓城一中	菏泽市慈善工作先进单位	菏泽市文明办、菏泽市民政局
郓城一中	菏泽市红旗团委	共青团菏泽市委
县交警大队	2016 年度全市深化道路交通“平安行 你我他”行动先进县区	菏泽市道路交通安全综合治理委员会
县交警大队	集体嘉奖	菏泽市公安局
县看守所	集体三等功	菏泽市公安局
县公安局禁毒大队	集体三等功	菏泽市公安局
县食品药品犯罪侦查大队	集体三等功	菏泽市公安局
黄集派出所	集体三等功	菏泽市公安局
潘渡派出所	集体三等功	菏泽市公安局
县公安消防大队	市级精神文明单位	菏泽市精神文明建设委员会
县公安消防大队	全市消防部队宣传工作先进单位	菏泽市公安消防支队
县公安消防大队	全市消防部队先进大队	菏泽市公安消防支队
县公安消防大队	全市消防部队安全工作先进大队	菏泽市公安消防支队
县公安消防大队	全市消防部队执勤大（中）队全员比武先进集体	菏泽市公安消防支队
县公安消防大队	全市消防部队消防监督岗位比武先进集体	菏泽市公安消防支队
县公安消防大队园区中队	全市消防部队正规化建设先进单位	菏泽市公安消防支队
县公安消防大队金河中队	全市消防部队安全工作先进中队	菏泽市公安消防支队

个人荣誉

表68　2016年郓城县获国家、省及省直部门表彰人员

获奖人	工作单位	荣誉称号	授予单位
李春生	郓城一中	全国生命教育科研先进个人	北京师范大学
张德之	郓城一中	全国优秀科技辅导教师	全国创新教育名校联盟
刘广杉	中国农业银行郓城县支行潘渡分理处	金惠工程优秀志愿者	中国人民银行总行
李超	县物价局	2016年度价格宣传报道工作表现突出个人	国家发展和改革委员会、中国经济导报社
郑汝森	县委政法委	社会治安综合治理先进个人	中共山东省委、山东省人民政府
刘考勇	县委宣传部	山东省优秀共产党员	中共山东省委
王磊	县供电公司	省安全生产先进个人	山东省人民政府
张传锋	山东华宝食品有限公司	入选诚实守信“中国好人榜”	中央文明办、中国文明网
韩承岩	县人防办	全省人民防空先进个人	山东省人力资源和社会保障厅、山东省军区司令部、山东省人民防空办公室
张广秀	县外事侨务办	2016年度全省侨办系统先进个人、三等功	山东省侨办、山东省人力资源和社会保障厅
王金鹏	县委宣传部	理论教育工作先进个人	山东省委宣传部
李英	县委宣传部	农村大众优秀通讯员	大众日报社
杨静	县委宣传部	农村大众优秀通讯员	大众日报社
张明远	县人大常委会	《人民权利报》宣传工作先进个人	山东省人大常委会办公厅
赵大鹏	县人大常委会	《人民权利报》宣传工作先进个人	山东省人大常委会办公厅
何岱骏	县广播电视台	山东电视台优秀通讯员一等奖	山东省广播电视台
张慧	县国家税务局城区分局	山东富民兴鲁劳动奖章	山东省总工会
好强	郓城好汉文化产业有限公司	山东富民兴鲁劳动奖章	山东省总工会
曹正辉	县检察院	全省检察机关反贪部门优秀侦查员	山东省检察院政治部、反贪局
侣同方	县检察院	涉军维权工作先进个人	山东省委政法委、济南军区政治部、河南省委政法委
陈敬东	山东新华书店郓城分公司	优秀管理者	山东省出版集团
雷雨	山东新华书店郓城分公司	先进工作者	山东省出版集团
杨晓君	山东新华书店郓城分公司	先进工作者	山东新华书店集团有限公司
王修果	县河务局	“国家级水利管理单位”创建工作突出贡献先进个人	山东黄河河务局
徐鹏	县河务局	六五普法先进个人	山东黄河河务局

续表

获奖人	工作单位	荣誉称号	授予单位
吕福奎	县发展和改革局	全省经济和信息化工作先进个人并记三等功	山东省人力资源和社会保障厅、山东省经济和信息化委员会、 山东省公务员局
王昌谦	南赵楼镇	全省安全生产先进个人	山东省政府安委会
樊瑛琳	中国农业银行郓城县支行个人金融部	2016 年度先进工作者	中国农业银行山东省分行
王洪涛	中国农业银行郓城县支行黄安分理处	“三化三铁”创建工作先进个人	中国农业银行山东省分行
朱慧	中国农业银行郓城县支行北城分理处	“三化三铁”创建工作先进个人	中国农业银行山东省分行
李明涛	县公安局	个人二等功	山东省公安厅
贾厚岭	县公安局	个人二等功	山东省公安厅
孟勇	县公安局	全省公安机关法制宣传教育和普法依法治理工作成绩突出个人并嘉奖	山东省公安厅
江怀兵	县公安局	全省公安机关网安工作成绩突出个人	山东省公安厅
孙明强	县公安局	先进个人并记个人二等功	山东省公安厅
王春晓	县公安消防大队	全省优秀消防宣传讲师	山东省公安消防总队
樊庆艳	县公安消防大队	全省公安消防部队优秀共产党员	中共山东省公安消防总队委员会
刘强	黄安镇初级中学	第二届山东省武术大会男子 D 组短器械银牌	山东省武术运动协会、山东省武术大会组委会
刘强	黄安镇初级中学	第二届山东省武术大会男子 D 组四类拳术金牌	山东省武术运动协会、山东省武术大会组委会
魏燕	黄泥冈镇初级中学	山东省优秀教练员	山东省教育厅、山东省体育局
徐洪娜	黄泥冈镇初级中学	山东省优质课执教人	山东省教研室
陈红	武安镇中心小学	山东省优秀德育工作者	山东省教育厅、山东省人事厅
王圣勇	武安镇中心小学	山东省报刊发行先进个人	山东省新华书店、山东省教育厅
赵国振	武安镇中心小学	山东省农村特级教师	山东省教育厅
蔡晓燕	武安镇中心小学	山东省道德与法治优秀课例展评	山东省教科院
李春生	郓城一中	山东省教育创新校长	山东省教师教育学会
张德之	郓城一中	山东省优秀科技教师	山东省青少年科技活动中心
李志华	郓城一中	第三批齐鲁名师	山东省教育厅
李志华	郓城一中	山东省高中音乐学科研修专家	山东省教育厅
侯晓梅	郓城一中	山东省英语学科德育优秀课例评选一等奖	山东省教育科学研究院
刘艳辉	郓城一中	山东省实验说课三等奖	山东省教育厅
康秀华	县供电公司	优秀共产党员	山东省电力公司
吴平	县供电公司	优秀共产党员	山东省电力公司
夏广喜	县供电公司	优秀共产党员	山东省电力公司

续表

获奖人	工作单位	荣誉称号	授予单位
刘继兵	县供电公司	优秀班组长	山东省电力公司
于恒伟	县供电公司	优秀班组长	山东省电力公司
赵显伦	县供电公司	先进工作者	山东省电力公司
樊护兵	县供电公司	先进工作者	山东省电力公司
张洪方	县供电公司	先进工作者	山东省电力公司
李法涛	县供电公司	先进工作者	山东省电力公司
周天想		敬业奉献“山东好人”	中共山东省委宣传部、省总工会、省文明办等7单位
侯凤珊 仝梦珠		孝老爱亲“山东好人”	中共山东省委宣传部、省总工会、省文明办等7单位
林申社		城市守信“山东好人”	中共山东省委宣传部、省总工会、省文明办等7单位
魏登芹		敬业奉献“山东好人”	中共山东省委宣传部、省总工会、省文明办等7单位

表69　2016年郓城县获市委市政府及市直部门表彰人员

获奖人	工作单位	荣誉称号	授予单位
王建伟	县人社局	菏泽市全民创业工作先进个人	菏泽市政府
陆仁杰	县公安局	市安全生产先进个人	菏泽市政府
王汉革	县安监局	市安全生产先进个人	菏泽市政府
高保国	郓州街道办事处	市安全生产先进个人	菏泽市政府
魏红涛	山东洪达化工有限公司	市安全生产先进个人	菏泽市政府
王均佩	南赵楼镇	市安全生产先进个人	菏泽市政府
王洪涛	南赵楼镇武装部	基层武装工作先进个人	菏泽市委、菏泽市政府、菏泽市军分区
于露	县检察院	普法依法治理先进个人	菏泽市委、市政府
刘缵军	县政府办公室	2016年度全市政务信息工作先进个人	菏泽市政府办公室
雍成成	县政府办公室	2016年度全市政务信息工作先进个人	菏泽市政府办公室
李英	县委宣传部	全市新闻宣传工作先进个人	菏泽市委宣传部
杨静	县委宣传部	全市新闻宣传工作先进个人	菏泽市委宣传部
李晓龙	县委宣传部	全市舆情信息工作先进个人	菏泽市委宣传部
许兰豪	县委宣传部	第四届中国菏泽艺术节先进个人	菏泽市文联
任仲国	县人大常委会	论文《新形势下县级人大及其常委会依法行使监督权的思考》荣获2016年全市人大系统优秀调研成果评选二等奖	菏泽市人大常委会

续表

获奖人	工作单位	荣誉称号	授予单位
王海涛 曾　志	县人大常委会	论文《县级人大加强全口径预算审查监督的思考》荣获2016年全市人大系统优秀调研成果评选二等奖	菏泽市人大常委会
樊护康	县委统战部	2016年度全市统战调研工作先进个人	菏泽市委统战部
苏衍兵	县检察院	个人三等功	菏泽市检察院
李勇	县检察院	个人三等功	菏泽市检察院
何广岭	县检察院	全市优秀检察官	菏泽市检察院
曹玉红	县检察院	全市优秀检察官	菏泽市检察院
张晓航	县检察院	五一劳动奖章	菏泽市总工会
崔延超	县旅游局	全市旅游信息工作先进个人	菏泽市旅游局
刘文婷	县广播电视台	先进女职工工作者	菏泽市总工会
赵炜	县广播电视台	菏泽市三下乡先进个人	菏泽市委宣传部
张则印	县民政局	全市民政工作先进个人	菏泽市人力资源和社会保障局、菏泽市民政局
曾月霞	县民政局	全市民政工作先进个人	菏泽市人力资源和社会保障局、菏泽市民政局
杨中文	县规划局	城乡规划工作先进个人	菏泽市人力资源和社会保障局、菏泽市规划局
彭黎明	县规划局	城乡规划工作先进个人	菏泽市人力资源和社会保障局、菏泽市规划局
王志良	史志办	菏泽市优秀方志论文一等奖、二等奖	菏泽市史志办
艾霏霏	史志办	菏泽市优秀方志论文一等奖	菏泽市史志办
牛红彦	县公路局	全市公路系统优秀党务工作者	菏泽市公路局
曾凯	县公路局	全市公路系统优秀共产党员	菏泽市公路局
刘兵	县公路局	全市公路系统优秀共产党员	菏泽市公路局
王体祥	县公路局	全市公路系统优秀共产党员	菏泽市公路局
丁仰群	县公路局	菏泽市工程机械技术比武第二名	菏泽市总工会、菏泽市公路局
赵秀兰	县妇联	菏泽市科技文化卫生“三下乡”先进个人	菏泽市委宣传部、菏泽市妇联、菏泽市卫计局
李传鹏	县城市管理局	全市城市管理系统先进个人	菏泽市人力资源和社会保障局、菏泽市城市管理局
黄伟	武安镇政府	菏泽市农村工作先进个人	菏泽市人力资源和社会保障局、菏泽市农业局
赵振国	武安镇唐庄小学	菏泽市名师	菏泽市人力资源和社会保障局、菏泽市教育局
张瑞玲	武安镇中心小学	市级优秀课执教人	菏泽市电化教育馆
刘永梅	武安镇政府	三八红旗手	菏泽市妇联

续表

获奖人	工作单位	荣誉称号	授予单位
温凤涛	武安镇政府	菏泽市优秀人民调解员	菏泽市司法局
史衍辉	武安派出所	个人三等功	菏泽市公安局
陈金魁	程屯镇政府	全市农业宣传暨科学技术普及推广工作先进个人	菏泽市农业局
韩伟	黄泥冈镇经管站	先进个人	菏泽市农业局
王昌谦	南赵楼镇政府	菏泽市五一劳动奖章	菏泽市总工会
屈保军	水堡乡司法所	菏泽市优秀人民调解员	菏泽市人民调解工作指导委员会
刘方科	财政局	菏泽市财政系统先进个人	菏泽市财政局、菏泽市人力资源和社会保障局
曹峰	财政局	菏泽市财政系统先进个人	菏泽市财政局、菏泽市人力资源和社会保障局
杨晓东	财政局	菏泽市财政系统先进个人	菏泽市财政局、菏泽市人力资源和社会保障局
王刚	财政局	菏泽市财政系统先进个人	菏泽市财政局、菏泽市人力资源和社会保障局
山军礼	郭屯财所	菏泽市财政系统先进个人	菏泽市财政局、菏泽市人力资源和社会保障局
肖本法	李集财所	菏泽市财政系统先进个人	菏泽市财政局、菏泽市人力资源和社会保障局
黄克超	郓城一中	菏泽市五一劳动奖章	菏泽市总工会
李召峰	郓城一中	菏泽市职工职业技能大赛第二名	菏泽市总工会、菏泽市教育局
李衍河	郓城一中	菏泽市知识型职工先进个人	菏泽市总工会、菏泽市教育局
韩永合	郓城一中	菏泽市职工职业道德建设先进个人	菏泽市总工会、菏泽市教育局
崔文龙	郓城一中	菏泽市优秀裁判员	菏泽市教育局、菏泽市体育局
张秀玲	郓城一中	菏泽市初中教师技能大赛优胜奖	菏泽市教育局
刘强	黄安镇初级中学	第三届菏泽市“保泰安杯”武术套路、散打邀请赛拳术第一名	菏泽市掌洪拳运动协会大会组委会
刘强	黄安镇初级中学	第三届菏泽市“保泰安杯”武术套路、散打邀请赛刀术第三名	菏泽市掌洪拳运动协会大会组委会
魏燕	黄泥冈镇初级中学	菏泽市优秀教练员	菏泽市教育局
潘持义	杨庄集镇中心校	第六届菏泽市优秀少先队辅导员	菏泽市教育局、共青团菏泽市委、菏泽市少工委
王升运	县卫生计生综合监督执法局	全市卫生计生综合监督执法工作先进个人	菏泽市卫计委
武玉元	县卫生计生综合监督执法局	全市卫生计生综合监督执法工作先进个人	菏泽市卫计委
袁庆峰	县卫生计生综合监督执法局	全市卫生计生综合监督执法工作先进个人	菏泽市卫计委
张媛媛	县卫生计生综合监督执法局	全市卫生计生综合监督执法工作先进个人	菏泽市卫计委
杨尊成	县卫计局	全市卫计工作先进个人	菏泽市人力资源和社会保障局、菏泽市卫计委

续表

获奖人	工作单位	荣誉称号	授予单位
李良民	县医院	全市卫计工作先进个人	菏泽市人力资源和社会保障局、菏泽市卫计委
曾秀莲	县医院	全市卫计工作先进个人	菏泽市人力资源和社会保障局、菏泽市卫计委
王之元	县医院	全市卫计工作先进个人	菏泽市人力资源和社会保障局、菏泽市卫计委
倪化勇	县中医院	全市卫计工作先进个人	菏泽市人力资源和社会保障局、菏泽市卫计委
李福田	县中医院	全市卫计工作先进个人	菏泽市人力资源和社会保障局、菏泽市卫计委
张艳丽	县妇幼保健院	全市卫计工作先进个人	菏泽市人力资源和社会保障局、菏泽市卫计委
宋宗兵	县妇幼保健院	全市卫计工作先进个人	菏泽市人力资源和社会保障局、菏泽市卫计委
周兵	县第二人民医院	全市卫计工作先进个人	菏泽市人力资源和社会保障局、菏泽市卫计委
郑瑞民	杨庄集卫生院	全市卫计工作先进个人	菏泽市人力资源和社会保障局、菏泽市卫计委
刘瑞国	黄集卫生院	全市卫计工作先进个人	菏泽市人力资源和社会保障局、菏泽市卫计委
王兆喜	县卫计局	全市卫计工作先进个人	菏泽市人力资源和社会保障局、菏泽市卫计委
赵向阳	县交警大队	个人三等功	菏泽市公安局
杨念涛	县交警大队	个人嘉奖	菏泽市公安局
刘广银	县交警大队	个人嘉奖	菏泽市公安局
李宗增	县交警大队	个人嘉奖	菏泽市公安局
王金才	县公安局	个人嘉奖	菏泽市公安局
刘长征	县公安局	个人嘉奖	菏泽市公安局
沈雪松	县公安局	个人嘉奖	菏泽市公安局
王忠军	县公安局	个人三等功	菏泽市公安局
李书亮	县公安局	个人三等功	菏泽市公安局
曹国防	县公安局	个人三等功	菏泽市公安局
胡艳丽	县公安局	个人三等功	菏泽市公安局
杨华山	县公安局	个人三等功	菏泽市公安局
赵家明	县公安局	个人三等功	菏泽市公安局
鲁运	县公安局	个人三等功	菏泽市公安局
董现刚	县公安局	个人三等功	菏泽市公安局
郭勇	县公安局	个人三等功	菏泽市公安局
刘保硕	县公安局	个人三等功	菏泽市公安局

续表

获奖人	工作单位	荣誉称号	授予单位
王善帅	县公安局	个人三等功	菏泽市公安局
史衍辉	县公安局	个人三等功	菏泽市公安局
李福勋	县公安局	个人三等功	菏泽市公安局
宋文峰	县公安局	个人三等功	菏泽市公安局
张学军	县公安局	专心监所安全好所长	菏泽市公安局
张福庆	县公安局	全市红色预警指令追逃专项行动成绩突出个人并嘉奖	菏泽市公安局
张淑霞	县公安局	全市公安机关改革创新大赛三等奖	菏泽市公安局
秦隆	县公安消防大队园区中队	全市公安消防部队优秀共产党员	菏泽市公安消防支队委员会
史玉良	县公安消防大队金河中队	个人嘉奖	菏泽市公安消防支队
许鸿坤	县公安消防大队园区中队	个人嘉奖	菏泽市公安消防支队
董鹏	公安消防大队金河中队	个人嘉奖	菏泽市公安消防支队
韩书贤	县公安消防大队园区中队	个人嘉奖	菏泽市公安消防支队
郭高杰	县公安消防大队金河中队	个人嘉奖	菏泽市公安消防支队
王春晓	县公安消防大队	个人嘉奖	菏泽市公安消防支队
陈兴政	县公安消防大队园区中队	个人嘉奖	菏泽市公安消防支队
王春晓	县公安消防大队	全市消防部队消防监督岗位比武先进个人	菏泽市公安消防支队
王占国	县公安消防大队	全市消防部队消防监督岗位比武先进个人	菏泽市公安消防支队
樊帅帅	安保工作先进个人	安保工作先进个人	菏泽市公安消防支队
张龙龙	消防大队金河中队	优秀政府专职消防队员	菏泽市公安消防支队
刘世杰	消防大队金河中队	优秀政府专职消防队员	菏泽市公安消防支队
王孟凯	县公安消防大队园区中队	优秀政府专职消防队员	菏泽市公安消防支队
王天中	县公安消防大队园区中队	优秀政府专职消防队员	菏泽市公安消防支队
刘宏伟	县公安消防大队园区中队	优秀政府专职消防队员	菏泽市公安消防支队
李宏远	县公安消防大队园区中队	优秀政府专职消防队员	菏泽市公安消防支队
彭晓东	县公安消防大队园区中队	优秀政府专职消防队员	菏泽市公安消防支队
杨亚光	县公安消防大队园区中队	优秀政府专职消防队员	菏泽市公安消防支队
樊庆艳	县公安消防大队	优秀消防文员	菏泽市公安消防支队
张静	县公安消防大队	优秀消防文员	菏泽市公安消防支队
杨飞	县公安消防大队金河中队	优秀士兵	菏泽市公安消防支队
薛大东	县公安消防大队金河中队	优秀士兵	菏泽市公安消防支队

续表

获奖人	工作单位	荣誉称号	授予单位
王磊	县公安消防大队金河中队	优秀士兵	菏泽市公安消防支队
唐春鹏	县公安消防大队园区中队	优秀士兵	菏泽市公安消防支队
傅超群	县公安消防大队金河中队	优秀士兵	菏泽市公安消防支队
肖善国	中国电信郓城分公司	市级优秀员工	中国电信菏泽分公司
蔡云梅	中国电信郓城分公司	市级优秀员工	中国电信菏泽分公司
边勇	中国电信郓城分公司	市级优秀员工	中国电信菏泽分公司
宋红梅	中国电信郓城分公司	市级优秀员工	中国电信菏泽分公司
屈庆欣	中国移动郓城分公司	市级先进个人	中国移动菏泽分公司
杨 磊	中国移动郓城分公司	市级先进个人	中国移动菏泽分公司
姜渭甫	中国移动郓城分公司	市级先进个人	中国移动菏泽分公司
侯莹莹	中国移动郓城分公司	市级先进个人	中国移动菏泽分公司
朱英伟	中国移动郓城分公司	市级先进个人	中国移动菏泽分公司
胡伟伟	中国移动郓城分公司	市级先进个人	中国移动菏泽分公司
袁忠甲	中国移动郓城分公司	市级先进个人	中国移动菏泽分公司
杨成林	中国移动郓城分公司	市级先进个人	中国移动菏泽分公司
程冬菊	中国移动郓城分公司	市级先进个人	中国移动菏泽分公司
陈伟	中国移动郓城分公司	市级先进个人	中国移动菏泽分公司
孟菲	中国移动郓城分公司丁长经营部	市级先进个人	中国移动菏泽分公司
李伯桥	中国移动郓城分公司随官屯经营部	市级先进个人	中国移动菏泽分公司
乔素平	中国移动郓城分公司黄堆集经营部	市级先进个人	中国移动菏泽分公司
夏冬玲	中国移动郓城分公司唐庙经营部	市级先进个人	中国移动菏泽分公司
邓魁	中国农业银行郓城县支行	菏泽市安全生产优秀班组长	菏泽市总工会
梁春芝	中国农业银行郓城县支行金河支行	全市文明和谐职工家庭	菏泽市总工会
崔燕锋	中国农业银行郓城县支行	2016 年度先进工作者	中国农业银行菏泽分行
陈凤云	中国农业银行郓城县支行	2016 年度先进工作者	中国农业银行菏泽分行
李恒	中国农业银行郓城县支行	2016 年度先进工作者	中国农业银行菏泽分行
李印广	中国农业银行郓城县支行黄安分理处	2016 年度先进工作者	中国农业银行菏泽分行
王端省	中国农业银行郓城县支行	2016 年度先进工作者	中国农业银行菏泽分行
樊淑娟	莱商银行郓城支行	先进工作者者、揽存能手	莱商银行股份有限公司菏泽分行

续表

获奖人	工作单位	荣誉称号	授予单位
崔丽丽	莱商银行郓城支行	揽存能手	莱商银行股份有限公司菏泽分行
侯宪川	莱商银行郓城支行	统计比赛优秀选手	莱商银行股份有限公司菏泽分行
郝超	莱商银行郓城支行	优秀工会会员	莱商银行股份有限公司菏泽分行
吴延鲁	莱商银行郓城支行	优秀工会会员	莱商银行股份有限公司菏泽分行
晁春玲	莱商银行郓城支行	先进工作者	莱商银行股份有限公司菏泽分行
张德彦	郓城邮政分公司	菏泽市邮政公司余额规模跨越 400 亿先锋奖	菏泽市邮政局
杨洪波	郓城邮政分公司	菏泽市邮政公司余额规模跨越 401 亿先锋奖	菏泽市邮政局
张海英	郓城邮政分公司	菏泽市邮政公司余额规模跨越 402 亿先锋奖	菏泽市邮政局
王帅	杨庄集邮政支局	山东省“牵手关爱行动”先进个人	菏泽市邮政局
王帅	杨庄集邮政支局	菏泽市青年安全生产标兵	菏泽市邮政局
李守鹏	县供电公司	优秀共产党员	菏泽市供电公司
刁兆昌	县供电公司	优秀共产党员	菏泽市供电公司
孔令峰	县供电公司	优秀共产党员	菏泽市供电公司
张维钊	县供电公司	优秀共产党员	菏泽市供电公司
张修亚	县供电公司	优秀党务工作者	菏泽市供电公司
张同建	县供电公司	先进工作者	菏泽市供电公司
吴同伟	县供电公司	先进工作者	菏泽市供电公司
戚聿庚	县供电公司	先进工作者	菏泽市供电公司
彭红艳	县供电公司	先进工作者	菏泽市供电公司
魏新建	县供电公司	先进工作者	菏泽市供电公司
田克强	县供电公司	先进工作者	菏泽市供电公司
王彦华	县供电公司	先进工作者	菏泽市供电公司
魏同起	县供电公司	优秀班组长	菏泽市供电公司
王洪建	县供电公司	优秀班组长	菏泽市供电公司
曹建伟	县供电公司	优秀班组长	菏泽市供电公司
仝艳红	县供电公司	优秀班组长	菏泽市供电公司

附　录

宋金河生态公园

附 录

文件目录

表70 2016年中共郓城县委文件目录

序号	发文编号	文件名称	发文时间
1	郓发〔2016〕1号	中共郓城县委关于制定郓城县国民经济和社会发展第十三个五年规划的建议	2016-1-14
2	郓发〔2016〕2号	关于加强人大工作和建设的实施意见	2016-2-15
3	郓发〔2016〕3号	关于对2015年度科学发展综合考核先进乡镇街道进行表彰的决定	2016-2-15
4	郓发〔2016〕4号	关于2015年度乡镇街道项目建设工作考核奖惩的决定	2016-2-15
5	郓发〔2016〕5号	中共郓城县委、郓城县人民政府关于表彰2015年度金融系统服务郓城经济发展先进单位的决定	2016-2-15
6	郓发〔2016〕6号	关于表彰2015年度功勋企业和优秀企业家的决定	2016-2-15
7	郓发〔2016〕7号	关于调整县级领导干部联系乡镇街道的通知	2016-2-15
8	郓发〔2016〕8号	关于成立新型城镇化工作领导小组的通知	2016-2-15
9	郓发〔2016〕9号	中共郓城县委关于整改落实省委第十三巡视组反馈意见的责任分工方案	2016-2-15
10	郓发〔2016〕10号	关于打赢脱贫攻坚战的实施方案	2016-3-1
11	郓发〔2016〕11号	关于落实省委第十三巡视组反馈意见的整改方案	2016-3-1
12	郓发〔2016〕14号	关于贯彻落实《中国共产党统一战线工作条例（试行）》的实施意见	2016-3-1
13	郓发〔2016〕15号	关于表彰“党管武装工作好书记”的通报	2016-3-1
14	郓发〔2016〕17号	关于开展县级党政班子成员向县纪委全会述廉述责工作的实施方案	2016-5-24
15	郓发〔2016〕18号	关于打造“水浒故里”旅游目的地品牌发展全域旅游工作的实施意见	2016-6-4
16	郓发〔2016〕20号	关于印发《郓城县综合行政执法体制改革试点实施方案》的通知	2016-6-23
17	郓发〔2016〕21号	深化供销社综合改革的意见	2016-9-8
18	郓发〔2016〕22号	中共郓城县委关于认真做好乡镇领导班子换届工作的通知	2016-9-8
19	郓发〔2016〕23号	转发《中共郓城县人大常委会党组关于做好县乡两级人民代表大会换届选举工作的意见》的通知	2016-10-20
20	郓发〔2016〕24号	关于调整郓城县科学发展综合考核委员会组成人员的通知	2016-10-20
21	郓发〔2016〕25号	关于改建中共郓城县郓州街道、唐塔街道工作委员会工作机构的通知	2016-10-20
22	郓发〔2016〕27号	关于加强社区戒毒社区康复工作的意见	2016-12-18

续表

序号	发文编号	文件名称	发文时间
23	郓发〔2016〕29 号	各于各乡镇党委、纪委换届候选人预备人选及人大政府换届候选人的批复	2016-12-29
24	郓发〔2016〕30 号	关于各乡镇党代会和党委、纪委第一次会议选举结果的批复	2016-12-31
25	郓发〔2016〕31 号	关于公布各乡镇人民代表大会选举结果的通知	2016-12-31

序号	发文编号	文件名称	发文时间
1	郓委〔2016〕1 号	关于王广岱等 5 名同志职务任免备案的报告	2016-1-16
2	郓委〔2016〕2 号	关于土地集约节约利用考核结果复议的请示	2016-2-2
3	郓委〔2016〕3 号	关于应急管理考核结果复议的请示	2016-2-2
4	郓委〔2016〕4 号	印发省委第十三巡视组《关于对郓城县巡视情况的反馈意见》的通知	2016-2-3
5	郓委〔2016〕5 号	关于孙英同志免职备案的报告	2016-2-13
6	郓委〔2016〕6 号	关于调整郓城县机构编制委员会组成人员的通知	2016-2-24
7	郓委〔2016〕7 号	关于调整郓城县事业单位考核委员会组成人员的通知	2016-2-24
8	郓委〔2016〕8 号	关于调整郓城县扶贫开发领导小组组成人员名单的通知	2016-3-1
9	郓委〔2016〕10 号	关于伊超杰同志任免的请示	2016-4-1
10	郓委〔2016〕11 号	中共郓城县委关于省委巡视组反馈意见整改落实情况的报告	2016-4-11
11	郓委〔2016〕12 号	关于鲁仪庆等 8 名同志任免职务备案的报告	2016-4-12
12	郓委〔2016〕13 号	关于李合力同志职务调整的请示	2016-5-24
13	郓委〔2016〕14 号	关于成立郓城县综合行政执法体制改革试点工作领导小组的通知	2016-5-25
14	郓委〔2016〕15 号	关于加强政党协商的实施意见	2016-6-20
15	郓委〔2016〕16 号	关于李兵等同志退休的通知	2016-6-21
16	郓委〔2016〕17 号	关于推荐郓城县为双拥模范县的报告	2016-6-23
17	郓委〔2016〕18 号	中共郓城县委关于省委巡视后续整改工作情况的报告	2016-7-12
18	郓委〔2016〕19 号	关于调整县委全面深化改革领导小组及专项小组组成人员的通知	2016-7-20
19	郓委〔2016〕20 号	关于成立县委县政府换届工作领导小组的通知	2016-8-11
20	郓委〔2016〕21 号	关于梅清汉同志任职备案的报告	2016-8-20
21	郓委〔2016〕22 号	关于成立县委网络安全和信息化领导小组的通知	2016-9-5
22	郓委〔2016〕23 号	关于调整郓城县突发事件应急管理委员会组成人员的通知	2016-9-5
23	郓委〔2016〕24 号	关于办理李春生同志因私出国政审手续的请示	2016-9-12
24	郓委〔2016〕25 号	关于成立“生态郓城建设”领导小组的通知	2016-9-18
25	郓委〔2016〕26 号	关于渠继伟等同志退休的通知	2016-10-25

续表

序号	发文编号	文件名称	发文时间
26	郓委〔2016〕27 号	关于成立郓城县整改落实省委第一巡视组巡视“回头看”反馈意见工作领导小组的通知	2016-10-25
27	郓委〔2016〕28 号	关于召开中国共产党郓城县第十四次代表大会的请示	2016-12-2
28	郓委〔2016〕28 号	关于中共郓城县委、县纪委换届人事安排问题的请示	2016-12-7
29	郓委〔2016〕29 号	关于郓城县人大、政府、政协、法院、检察院换届候选人问题的请示	2016-12-7
30	郓委〔2016〕30 号	郓城县新建国家综合档案申请书	2016-12-14
31	郓委〔2016〕31 号	关于宋保健等同志退休的通知	2016-12-29
32	郓委〔2016〕32 号	关于王永合、李春生同志任免职备案报告	2016-12-29
33	郓委〔2016〕33 号	关于中共郓城县县委委员、候补委员和县纪委委员换届人事安排问题的请示	2016-12-30

表 71　2016 年郓城县人大常委会文件目录

序号	发文编号	文件名称	发文时间
1	郓人发〔2016〕1 号	郓城县人大常委会 2016 年工作计划（要点）	2015-12-29
2	郓人发〔2016〕2 号	郓城县人大常委会关于表彰 2015 年度“建功立业”优秀人大代表的决定	2016-1-16
3	郓人发〔2016〕3 号	郓城县人大常委会关于批准将郓城一中新校区建设资金列入县财政预算的决议	2016-3-1
4	郓人发〔2016〕4 号	郓城县人大常委会关于批准《郓城县水浒城市建设置业有限公司向北京银行股份有限公司济南分行申请综合授信业务》的决议	2016-3-1
5	郓人发〔2016〕5 号	郓城县人大常委会关于主任、副主任工作分工的通知	2016-2-15
6	郓人发〔2016〕6 号	郓城县人大常委会关于同意将购买服务资金列入财政预算的决议	2016-3-1
7	郓人发〔2016〕7 号	关于任命县人大常委会机关工作人员职务的通知	2016-3-1
8	郓人发〔2016〕8 号	关于任命县检察院检察员的通知	2016-3-1
9	郓人发〔2016〕9 号	郓城县人大常委会关于批准将如意印染、圣达纺织两企业拆迁补偿费列入县财政预算的决议	2016-3-1
10	郓人发〔2016〕10 号	郓城县人大常委会关于批准将县生活垃圾处理费列入县财政预算的决议	2016-3-1
11	郓人发〔2016〕11 号	郓城县人大常委会关于批准对 2016 年财政预算进行调整的决议	2016-4-26
12	郓人发〔2016〕12 号	郓城县人大常委会 2016 年度人大代表“建功立业”活动实施方案	2016-4-26
13	郓人发〔2016〕13 号	关于决定任免县政府部分组成人员职务的通知	2016-6-20
14	郓人发〔2016〕14 号	关于决定接受李合力辞去郓城县人民政府副县长职务请求的通知	2016-6-20
15	郓人发〔2016〕15 号	郓城县人大常委会关于批准郓城县 2015 年财政决算的决议	2016-6-20
16	郓人发〔2016〕16 号	郓城县人大常委会关于批准郓城县职业中等专业学校 PPP 项目纳入县财政年度预算的决议	2016-6-20
17	郓人发〔2016〕17 号	郓城县人大常委会关于批准将郓城县五道街（中央学府）回迁房工程列入政府购买服务资金纳入财政预算的决议	2016-6-20

续表

序号	发文编号	文件名称	发文时间
18	郓人发〔2016〕18号	郓城县人大常委会关于批准将S338济董路郓城东段路基小桥涵项目购买服务资金逐年列入预算的决议	2016-8-10
19	郓人发〔2016〕19号	郓城县人大常委会关于批准将农村公路安全生命防护工程项目购买服务资金逐年列入预算的决议	2016-8-10
20	郓人发〔2016〕20号	郓城县人大常委会关于批准将郓城—杨集公路改造、龙堌—台前公路郓城段公路工程建设项目购买服务资金逐年列入预算的决议	2016-8-10
21	郓人发〔2016〕21号	关于免去县检察院检察员职务的通知	2016-8-10
22	郓人发〔2016〕22号	郓城县人大常委会关于许可对县人大代表高传贤采取强制措施的决定	2016-8-10
23	郓人发〔2016〕23号	郓城县人大常委会关于听取审计查出突出问题整改情况报告的暂行办法	2016-8-10
24	郓人发〔2016〕24号	郓城县人大常委会关于预算审查前听取县人大代表和社会各界建议的若干规定	2016-8-10
25	郓人发〔2016〕25号	郓城县人大常委会关于调整主任、副主任工作分工的通知	2016-8-16
26	郓人发〔2016〕26号	郓城县人大常委会关于任命郓城县选举委员会组成人员的通知	2016-10-21
27	郓人发〔2016〕28号	郓城县人大常委会关于新一届乡镇人民代表大会代表名额的决定	2016-10-21
28	郓人发〔2016〕32号	郓城县人大常委会关于批准对2016年财政预算进行调整的决议	2016-12-23
29	郓人发〔2016〕33号	关于任命张俊阁同志职务的通知	2016-12-23
30	郓人发〔2016〕34号	关于任免县人民法院工作人员职务的通知	2016-12-23
31	郓人发〔2016〕35号	关于任免县人民检察院检察干部职务的通知	2016-12-23

表72　2016年郓城县政府文件目录

序号	发文编号	文件标题	发文时间
1	郓政发〔2016〕1号	关于同意申报郓城县2016年度第一批次城乡建设用地增减挂钩项目随官屯镇赵河村第七村项目区实施规划的批复	2016-1-7
2	郓政发〔2016〕2号	关于提请审议将郓城一中新校区建设资金列入县财政预算的议案	2016-1-11
3	郓政发〔2016〕3号	关于提请审议郓城县水浒城市建设置业有限公司向北京银行股份有限公司济南分行申请综合授信业务的议案	2016-1-26
4	郓政发〔2016〕4号	关于T 245、T 246、T 247、T 248、T 251、T 252、Y 251-01、T 255-02宋江武校片区蒋庙村委等8地块控制性详细规划的批复	2016-1-27
5	郓政发〔2016〕5号	关于郓城县煤化工工业园区控制性详细规划的批复	2016-1-29
6	郓政发〔2016〕6号	关于C -03、C -04、D -07、E -05、T 257、T 255-01、T 255-02、T 255-03等6地块控制性详细规划的批复	2016-2-4
7	郓政发〔2016〕7号	关于郓城唐塔养老公寓有限公司用地批复	2016-2-4
8	郓政发〔2016〕8号	关于公布县财政领导同志工作分工的通知	2016-2-16
9	郓政发〔2016〕9号	关于提请审议将县生产垃圾处理费列入县财政预算的议案	2016-2-16
10	郓政发〔2016〕10号	关于印发郓城县棚户区改造实施方案的通知	2016-2-19
11	郓政发〔2016〕11号	关于将购买服务资金逐年列入预算的议案	2016-2-20

续表

序号	发文编号	文件标题	发文时间
12	郓政发〔2016〕12号	关于表彰全县城镇化建设工作先进集体和先进个人的通报	2016-2-20
13	郓政发〔2016〕13号	关于2014年度工矿废弃地复垦利用试点项目的批复	2016-2-24
14	郓政发〔2016〕14号	关于支持农民工等人员返乡创业的意见	2016-2-25
15	郓政发〔2016〕15号	关于印发郓城县进一步促进电子商务发展的扶持办法的通知	2016-2-25
16	郓政发〔2016〕16号	关于将G 150801 A宗地公开出让的批复	2016-2-26
17	郓政发〔2016〕17号	关于将G 150801 B宗地公开出让的批复	2016-2-26
18	郓政发〔2016〕18号	关于将G 150801 C宗地公开出让的批复	2016-2-26
19	郓政发〔2016〕19号	关于将S 150305宗地公开出让的批复	2016-2-26
20	郓政发〔2016〕20号	关于提请审议将如意印染圣达纺织两企业拆迁补偿费列入县财政预算的议案	2016-2-26
21	郓政发〔2016〕21号	关于妥善处理郓城县水浒城市建设置业有限公司应收款项相关问题的通知	2016-3-1
22	郓政发〔2016〕22号	关于将G 150304宗地公开出让的批复	2016-3-3
23	郓政发〔2016〕23号	关于将S 140502 A宗地公开出让的批复	2016-3-3
24	郓政发〔2016〕24号	关于丁里长镇总体规划调整的批复	2016-3-7
25	郓政发〔2016〕25号	关于授权县房产管理局办理郓城县2016棚户区改造项目政府购买服务的批复	2016-3-14
26	郓政发〔2016〕26号	关于山东绿杨资源再生科技有限公司50000吨金属污泥综合利用项目重金属铬总量指标的批复	2016-3-16
27	郓政发〔2016〕27号	关于批准郓城县水浒城市建设置业有限公司增加注册资本的批复	2016-3-17
28	郓政发〔2016〕28号	关于进一步加强政府党风廉政建设的实施意见	2016-3-23
29	郓政发〔2016〕29号	关于将S 140504宗地公开出让的批复	2016-3-24
30	郓政发〔2016〕30号	关于表彰武装工作中成绩突出的单位和个人的通报	2016-3-24
31	郓政发〔2016〕31号	关于新县医院地块控制性详细规划的批复	2016-3-31
32	郓政发〔2016〕32号	关于南湖滨水公园景观规划方案的批复	2016-3-31
33	郓政发〔2016〕33号	关于郓城县水浒城市建设置业有限公司用地的批复	2016-4-1
34	郓政发〔2016〕34号	关于潘渡镇人民政府用地的批复	2016-4-7
35	郓政发〔2016〕35号	关于黄安镇“HA-004”地块控制性详细规划的批复	2016-4-7
36	郓政发〔2016〕36号	关于同意郓城县经济开发区新区建设2×20 T热力中心的批复	2016-4-12
37	郓政发〔2016〕37号	关于同意郓城县经济开发区新区规划的批复	2016-4-12
38	郓政发〔2016〕38号	关于关停郓城金河热电有限责任公司2×25 MW机组的意见	2016-4-19
39	郓政发〔2016〕39号	关于郓城永安医院有限公司用地的批复	2016-4-27
40	郓政发〔2016〕40号	关于郓城县城区中小学幼儿园布局专项规划的批复	2016-4-27
41	郓政发〔2016〕41号	关于对房地产开发项目中存在问题的处理意见	2016-4-24

续表

序号	发文编号	文件标题	发文时间
42	郓政发〔2016〕42号	关于印发郓城县2016—2020年乡村规划工作实施方案的通知	2016-4-28
43	郓政发〔2016〕43号	关于人民防空办公室用地批复	2016-4-29
44	郓政发〔2016〕44号	关于县工业园区C—01—14地块控制性详细规划的批复	2016-5-12
45	郓政发〔2016〕45号	关于提请任命孟玉生等六同志职务的议案	2016-5-13
46	郓政发〔2016〕46号	关于郓城县职业中等专业学校PPP项目纳入县财政年度预算的议案	2016-5-25
47	郓政发〔2016〕47号	关于印发《郓城县内河防洪预案》《郓地黄河防洪预案》《郓城县城市防洪预案》的通知	2016-5-26
48	郓政发〔2016〕48号	关于郓城县城乡电网规划（2015—2030）的批复	2016-6-1
49	郓政发〔2016〕49号	关于将郓城县五道街（中央学府）回迁房工程列入政府购买服务资金纳入财政预算的议案	2016-6-2
50	郓政发〔2016〕50号	关于将G140906宗地公开出让的批复	2016-6-2
51	郓政发〔2016〕51号	关于印发郓城县棚户区改造货币化安置被征收居民选购商品房实施补贴办法的通知	2016-6-12
52	郓政发〔2016〕52号	关于提请任免刘景胜等工作人员职务的议案	2016-6-14
53	郓政发〔2016〕53号	关于印发郓城县县级现代预案管理制度改革试点实施方案的通知	2016-6-14
54	郓政发〔2016〕54号	关于加强涉农资金整合促进扶贫脱贫的意见	2016-6-15
55	郓政发〔2016〕55号	关于“SJWX—03—01”、“A3—5”、“A3—6”、“A3—1”地块等4地块控制性详细规划的批复	2016-6-19
56	郓政发〔2016〕56号	关于将G150306宗地公开出让的批复	2016-6-23
57	郓政发〔2016〕57号	关于将S150401宗地公开出让的批复	2016-6-27
58	郓政发〔2016〕58号	关于彻底清理全县“土小企业（作坊）”的通知	2016-6-29
59	郓政发〔2016〕59号	关于将G150704宗地公开出让的批复	2016-6-29
60	郓政发〔2016〕60号	关于S338济董线郓城东段改建工程政府购买服务的批复	2016-7-6
61	郓政发〔2016〕61号	关于郓城县农村公路安全生命防护工程项目政府购买服务的批复	2016-7-6
62	郓政发〔2016〕62号	关于将济董路东段路基小桥涵项目购买服务资金逐年列入预算的议案	2016-7-6
63	郓政发〔2016〕63号	关于将农村公路安全生命防护式工程项目购买服务资金逐年列入预算的议案	2016-7-6
64	郓政发〔2016〕64号	关于确定郓城新能源有轨电车公交T1线工程线路走向及投资人的批复	2016-7-7
65	郓政发〔2016〕65号	关于郓城县城市绿地系统规划（2015—2030年）的批复	2016-7-8
66	郓政发〔2016〕66号	关于郓城县公安消防大队整体搬迁的批复	2016-7-11
67	郓政发〔2016〕67号	关于郓城县林地保护利用（2010—2020年）修编规划的批复	2016-7-11
68	郓政发〔2016〕68号	关于郓城—杨集公路改造、龙堌—台前公路郓城段公路工程项目政府购买服务的批复	2016-7-12
69	郓政发〔2016〕69号	关于郓城—杨集公路改造、龙堌—台前公路郓城段公路工程建设项目购买服务资金逐年列入预算的议案	2016-7-12
70	郓政发〔2016〕70号	关于印发全县开展安全生产大检查深化打非治违专项整治工作方案的通知	2016-7-20

续表

序号	发文编号	文件标题	发文时间
71	郓政发〔2016〕71 号	关于新建郓城县绿色果蔬产业园扶贫示范项目的批复	2016-8-3
72	郓政发〔2016〕72 号	关于郓城县绿色果蔬产业园扶贫示范项目采用政府和社会资本合作（PPP）模式的批复	2016-8-4
73	郓政发〔2016〕73 号	关于印发《郓城县创建山东省全域旅游示范区工作方案》的通知	2016-8-5
74	郓政发〔2016〕74 号	关于郓城县住房和城乡建设局用地的批复	2016-8-10
75	郓政发〔2016〕75 号	关于经济开发区郭林社区用地的批复	2016-8-11
76	郓政发〔2016〕76 号	关于随官屯镇、黄集乡、丁里长镇 6 项目区城乡建设用地增减挂钩项目村庄房屋拆迁补偿安置方案的批复	2016-8-12
77	郓政发〔2016〕77 号	关于申请郓城县 2015 年度第一批城乡建设用地增减挂钩试点项目纳入政府购买服务的批复	2016-8-12
78	郓政发〔2016〕78 号	关于将郓城县 2015 年度第一批城乡建设用地增减挂钩试点项目政府购买服务资金逐年列入财政预算的议案	2016-8-15
79	郓政发〔2016〕79 号	关于随官屯镇人民政府用地的批复	2016-8-15
80	郓政发〔2016〕80 号	关于调整郓城县郓州大道片区等 3 个片区棚户区改造实施方案的通知	2016-8-15
81	郓政发〔2016〕81 号	关于印发《郓城县创建国家全域旅游示范县工作方案》的通知	2016-8-22
82	郓政发〔2016〕82 号	关于郓城县王道街（中央学府）回迁房工程政府购买服务的批复	2016-8-23
83	郓政发〔2016〕83 号	关于“A2-4-03”、“A2-4-04”、“A4-2-08”地块等 3 地块控制性详细规划的批复	2016-8-26
84	郓政发〔2016〕84 号	关于印发郓城县农产品品牌建设（2016 — 2018）三年行动计划的通知	2016-9-7
85	郓政发〔2016〕85 号	关于将 S140201C 宗地公开出让的批复	2016-9-13
86	郓政发〔2016〕86 号	关于将 S140201A 宗地公开出让的批复	2016-9-13
87	郓政发〔2016〕87 号	关于将 S150301A 宗地公开出让的批复	2016-9-13
88	郓政发〔2016〕88 号	关于将 S150301B 宗地公开出让的批复	2016-9-13
89	郓政发〔2016〕89 号	关于将 S141302B 宗地公开出让的批复	2016-9-13
90	郓政发〔2016〕90 号	关于印发《郓城县落实〈山东省 2013—2020 年大气污染防治规划二期（2016—2017 年）行动计划〉实施方案》的通知	2016-9-13
91	郓政发〔2016〕91 号	关于印发《郓城县落实〈水污染防治行动计划〉实施方案》的通知	2016-9-13
92	郓政发〔2016〕92 号	关于印发《郓城县落实〈土壤污染防治行动计划〉实施方案》的通知	2016-9-13
93	郓政发〔2016〕93 号	关于郓城县水浒城市建设置业有限公司增加注册资本的批复	2016-9-13
94	郓政发〔2016〕94 号	关于郓州街道等 22 个乡镇（街道）和县经济开发区村（居）规模调整方案的批复	2016-11-15
95	郓政发〔2016〕95 号	关于调整郓城县郓州大道片区等 2 个片区棚户区改造实施方案的通知	2016-11-16
96	郓政发〔2016〕96 号	关于郓城县新能源有轨电车公交 T1 线工程 PPP 项目物有所值评价报告的批复	2016-11-19
97	郓政发〔2016〕97 号	关于提请任命张俊阁为县人民政府副县长职务的议案	2016-12-23
98	郓政发〔2016〕98 号	关于提高全县城乡低保和农村特困人员供养标准的通知	2016-12-23
99	郓政发〔2016〕99 号	关于公布郓城县城区土地级别与基准地价更新成果的通知	2016-12-27

续表

序号	发文编号	文件标题	发文时间
100	郓政发〔2016〕100号	关于成立郓城县旅游开发有限公司的通知	2016-12-28
101	郓政发〔2016〕101号	关于成立郓城县城市建设投资开发有限公司的通知	2016-12-28
102	郓政发〔2016〕102号	关于成立郓城县城市建设发展有限公司的通知	2016-12-28
103	郓政发〔2016〕103号	关于成立郓城县城投资产管理有限公司的通知	2016-12-28
104	郓政发〔2016〕104号	关于公布县级行政执法主体（第一批）的公告	2016-12-28
105	郓政发〔2016〕105号	关于公布郓城县县级行政权力清单的通知	2016-12-28

表73　2016年郓城县政协文件目录

序号	发文文号	文件标题	发文日期
1	郓协发〔2016〕1号	关于表彰2015年度“建言献策、建功立业，促进发展、促进和谐”活动先进个人的决定	2016-1-11
2	郓协发〔2016〕2号	县政协十三届五次全委会委员通知	2016-1-11
3	郓协发〔2016〕3号	县政协十三届五次全委会列席人员通知	2016-1-11
4	郓协发〔2016〕4号	政协郓城县委员会关于党组召开专题民主生活会的请示	2016-1-13
5	郓协发〔2016〕5号	政协郓城县委员会2016年工作要点	2016-1-16
6	郓协发〔2016〕6号	关于办理县政协十三届五次会议提案的意见	2016-3-17
7	郓协发〔2016〕7号	关于县政协机关工作人员任职的通知	2016-5-4
8	郓协发〔2016〕8号	关于成立县政协“两学一做”学习教育协调小组的通知	2016-5-10
9	郓协发〔2016〕9号	政协郓城县委员会“两学一做”学习教育近期学习研讨方案	2016-5-16
10	郓协发〔2016〕10号	关于在县政协机关全体党员中开展“两学一做”学习教育的工作方案	2016-5-18

表74　2016年中共郓城县纪委文件目录

序号	发文文号	文件标题	发文日期
1	郓纪发〔2016〕3号	关于印发关于在乡镇（街道）纪委实行纪律审查协作区制度的暂行办法的通知	2016-2-16
2	郓纪发〔2016〕4号	关于在全县开展清理拜“仁兄弟”、入“小圈子”专项整治活动的通知	2016-2-26
3	郓纪发〔2016〕5号	关于落实纪委监督责任的实施意见	2016-2-29
4	郓纪发〔2016〕6号	关于加强扶贫领域监督执纪问责的通知	2016-5-23
5	郓纪发〔2016〕7号	关于公布中共郓城县纪委保密委员会及保密“三员”组成人员的通知	2016-5-25
6	郓纪发〔2016〕8号	中共郓城县纪委关于公款旅游、差旅费和公务用车及津贴补贴发放情况的说明	2016-6-20
7	郓纪发〔2016〕9号	关于报送公务用车制度改革实施方案的请示	2016-6-23

续表

序号	发文文号	文件标题	发文日期
8	郓纪发〔2016〕10 号	关于在全县党员干部中开展德廉测试和党风党纪知识学习测试的通知	2016-6-27
9	郓纪发〔2016〕11 号	关于加强党员干部带头推进移风易俗抵制婚丧大操大办的意见	2016-8-26
10	郓纪发〔2016〕12 号	关于进一步严明党员干部办理婚丧事宜申报纪律的通知	2016-8-26
11	郓纪发〔2016〕13 号	关于严禁大操大办婚丧喜庆事宜的规定	2016-8-26
12	郓纪发〔2016〕14 号	关于中共郓城县纪律检查委员会工会首届一次委员代表大会选举结果的报告	2016-8-26
13	郓纪发〔2016〕15 号	关于在全县副科级党员干部中开展德廉和党风党纪知识学习测试的通知	2016-9-4
14	郓纪发〔2016〕16 号	关于实行县纪委常委同乡科级党政正职廉政谈话制度的意见	2016-9-7
15	郓纪发〔2016〕17 号	关于开展监督执纪“四种形态”主题学习活动的实施方案	2016-9-13
16	郓纪发〔2016〕18 号	关于开展监督执纪“四种形态”专项检查的实施办法	2016-9-13
17	郓纪发〔2016〕19 号	关于报送〈事业单位绩效考核个性指标评分标准〉的报告	2016-9-21
18	郓纪发〔2016〕20 号	郓城县纪检监察干部责任追究办法（试行）	2016-9-26
19	郓纪发〔2016〕21 号	关于加强党风廉政建设和反腐败宣传报道工作的实施办法	2016-9-26
20	郓纪发〔2016〕22 号	中共郓城县纪委关于进一步做好外逃人员数据统计工作的通知	2016-9-26
21	郓纪发〔2016〕23 号	关于做好 2016 年度落实党风廉政建设责任制工作检查考核的通知	2016-11-7

表 75　2016 年中共郓城县委办公室文件目录

序号	发文编号	文件名称	发文时间
1	郓办发〔2016〕1 号	县委办公室、县政府办公室关于成立郓城县棚户区改造指挥部的通知	2016-1-7
2	郓办发〔2016〕2 号	关于调整充实郓城县人口和计划生育领导小组的通知	2016-1-7
3	郓办发〔2016〕3 号	关于调整充实郓城县选派“第一书记”工作领导小组的通知	2016-1-7
4	郓办发〔2016〕4 号	县委办公室、县政府办公室关于印发《郓城县机构编制委员会办公室主要职责内设机构和人员编制规定》的通知	2016-2-4
5	郓办发〔2016〕5 号	关于 2015 年度乡镇街道科学发展综合考核情况的通报	2016-2-15
6	郓办发〔2016〕6 号	关于成立郓城县一乡一业、一村一品工作领导小组的通知	2016-2-26
7	郓办发〔2016〕7 号	关于成立郓城县一中新校区建设领导小组的通知	2016-2-26
8	郓办发〔2016〕8 号	关于公布郓城县农村公路改造工程指挥部组成人员名单的通知	2016-2-28
9	郓办发〔2016〕9 号	关于成立郓城县城区交通枢纽工程项目建设指挥部的通知	2016-2-28
10	郓办发〔2016〕10 号	关于调整充实郓城县专项巡视反馈问题整改工作领导小组的通知	2016-2-28
11	郓办发〔2016〕11 号	关于成立郓城县干线公路改建工程	2016-3-1
12	郓办发〔2016〕12 号	关于加强乡镇街道文化建设管理工作实施意见	2016-3-1
13	郓办发〔2016〕13 号	印发《关于加强和改进新形势下民族工作的实施意见》通知	2016-3-1

续表

序号	发文编号	文件名称	发文时间
14	郓办发〔2016〕14号	关于成立德上高速公路郓城段项目建设协调指挥部的通知	2016-3-25
15	郓办发〔2016〕15号	关于2016年度全县第一次科学发展现场观摩评议情况的通报	2016-4-14
16	郓办发〔2016〕16号	关于印发《全县脱贫攻坚督导方案》的通知	2016-4-20
17	郓办发〔2016〕18号	印发《关于在全县党员中开展“学党章党规、学系列讲话，做合格党员”学习教育实施方案》的通知	2016-4-25
18	郓办发〔2016〕19号	关于调整县“扫黄打非”工作领导小组成员的通知	2016-5-17
19	郓办发〔2016〕20号	关于成立郓城县城市管理委员会的通知	2016-5-23
20	郓办发〔2016〕21号	关于加强国土资源执法监管建立共同责任机制的实施意见	2016-5-23
21	郓办发〔2016〕22号	关于进一步加强新时期信访维稳工作的实施意见	2016-6-3
22	郓办发〔2016〕23号	关于成立郓城县打造“水浒故里”旅游目的地品牌发展全域旅游工作领导小组的通知	2016-6-4
23	郓办发〔2016〕24号	关于印发《有线电视“户户通”及广播“村村响”联网工程建设实施方案》的通知	2016-6-12
24	郓办发〔2016〕25号	关于成立郓城县清理砂石料场专项行动领导小组的通知	2016-6-12
25	郓办发〔2016〕26号	关于调整县打击传销工作领导小组组成人员的通知	2016-6-12
26	郓办发〔2016〕27号	关于印发《郓城县党政机关公务用车制度改革实施方案》的通知	2016-6-18
27	郓办发〔2016〕28号	印发《关于中央巡视组巡视“回头看”反馈意见整改落实分工方案》的通知	2016-6-20
28	郓办发〔2016〕29号	关于印发《郓城县党委（党组）意识形态工作责任制实施细则》的通知	2016-7-5
29	郓办发〔2016〕30号	关于印发《郓城县贫困家庭大学新生救助工作实施方案》的通知	2016-7-18
30	郓办发〔2016〕31号	关于调整中共郓城县委保密委员会成员的通知	2016-7-18
31	郓办发〔2016〕32号	关于调整县委防范和处理邪教问题领导小组组成人员通知	2016-7-20
32	郓办发〔2016〕33号	印发《关于推进公共法律服务体系建设的意见》的通知	2016-7-22
33	郓办发〔2016〕34号	印发《关于完善法律救助制度的实施意见》	2016-7-22
34	郓办发〔2016〕35号	关于建立城乡环卫一体化长效机制的实施意见	2016-8-1
35	郓办发〔2016〕36号	关于成立郓城县南湖公园建设指挥部的通知	2016-8-10
36	郓办发〔2016〕37号	关于进一步办好《民生快办》直播热线的通知	2016-8-10
37	郓办发〔2016〕38号	关于加快推进全县乡村文明行动移风易俗工作的实施意见	2016-8-11
38	郓办发〔2016〕39号	关于成立郓城县移风易俗工作领导小组的通知	2016-8-11
39	郓办发〔2016〕40号	关于成立郓城县北沙河综合治理工程建设指挥部的通知	2016-8-15
40	郓办发〔2016〕41号	关于印发《郓城县2016年度科学发展综合考核办法》的通知	2016-8-15
41	郓办发〔2016〕42号	关于印发《郓城县“走在全市前列，全面争创一流”工作实施方案》的通知	2016-8-23
42	郓办发〔2016〕43号	中共郓城县委办公室印发《郓城县“实现党建工作走在全市前列目标工作方案》的通知	2016-9-3

续表

序号	发文编号	文件名称	发文时间
43	郓办发〔2016〕44 号	县委办公室、县政府办公室关于成立郓城县农产品品牌建设工作领导小组的通知	2016-9-7
44	郓办发〔2016〕45 号	县委办公室、县政府办公室印发《关于党员干部带头推动殡葬改革的实施意见》的通知	2016-9-9
45	郓办发〔2016〕46 号	县委办公室、县政府办公室印发《关于推进全县城乡社区协商的实施方案》的通知	2016-9-9
46	郓办发〔2016〕47 号	转发《县政协办公室关于办理县政协提案的意见》的通知	2016-9-9
47	郓办发〔2016〕48 号	县委办公室、县政府办公室关于印发《郓城县 2016 年度 68 个县直部门单位科学发展综合考核职能工作任务》的通知	2016-9-19
48	郓办发〔2016〕49 号	关于调整郓城县环境保护工作委员会组成人员的通知	2016-9-19
49	郓办发〔2016〕50 号	关于全县村居规模调整工作的实施意见	2016-9-19
50	郓办发〔2016〕51 号	关于退役士兵进京上访责任单位问责情况的通报	2016-10-21
51	郓办发〔2016〕52 号	关于推行中小学校长职级制改革的意见	2016-10-21
52	郓办发〔2016〕53 号	关于进一步支持村级集体经济发展的十条意见	2016. 10. 21
53	郓办发〔2016〕54 号	关于推进全县城市街道社区区域化党建工作实施方案	2016-10-21
54	郓办发〔2016〕55 号	关于印发《郓城县乡镇和村居干部任期审计》的通知	2016-10-26
55	郓办发〔2016〕56 号	关于《关于规范村居干部经济责任审计处理的意见》通知	2016-10-26
56	郓办发〔2016〕57 号	关于印发《郓城县义务教育均衡发展工作考核办法》的通知	2016-10-26
57	郓办发〔2016〕58 号	印发《关于省委第一巡视组对菏泽巡视“回头看”反馈意见涉及我县问题整改落实方案》的通知	2016-10-26
58	郓办发〔2016〕59 号	关于印发《郓城县深化农村改革综合性实施方案》的通知	2016-10-30
59	郓办发〔2016〕60 号	关于 2016 年度全县第二次科学发展现场观摩评议情况的通报	2016-11-22
60	郓办发〔2016〕61 号	印发《关于深入开展全县城市违法建设治理行动的实施方案》的通知	2016-11-14
61	郓办发〔2016〕62 号	关于成立郓城县公共法律服务体系建设工作领导小组的通知	2016-11-14
62	郓办发〔2016〕63 号	印发《关于进一步加强基层综治工作规范化建设的意见》的通知	2016-12-5
63	郓办发〔2016〕64 号	印发《关于全面深化公安改革的实施意见》的通知	2016-12-20
64	郓办发〔2016〕65 号	转发《县委组织部、县委统战部关于县政协换届有关人事安排工作实施方案》的通知	2016-12-26
65	郓办发〔2016〕66 号	印发《乡镇街道党（工）委书记、副书记提名考察办法（试行）》《县纪委派驻纪检组组长、副组长提名考察办法（试行）》《县管企业纪委书记、副书记提名考察办法（试行）》的通知	2016-12-26

表 76　2016 年郓城县政府办公室文件目录

序号	发文编号	文件名称	发文日期
1	郓政办发〔2016〕1 号	关于印发《郓城县加快推进住宅产业化发展的实施意见》的通知	2016-1-16
2	郓政办发〔2016〕2 号	关于调整郓城县禁毒委员会组成人员的通知	2016-1-26

续表

序号	发文编号	文件名称	发文日期
3	郓政办发〔2016〕3 号	关于调整郓城县城乡规划委员会工作职责及组成人员的通知	2016-1-29
4	郓政办发〔2016〕4 号	关于对 2016 年度政府重点工作实行督查追究制度的通知	2016-2-16
5	郓政办发〔2016〕5 号	关于调整郓城县土地储备委员会组成人员的通知	2016-2-17
6	郓政办发〔2016〕6 号	关于成立郓城县城市综合开发委员会的通知	2016-2-19
7	郓政办发〔2016〕7 号	关于印发郓城县棚户区改造工作考核办法的通知	2016-2-19
8	郓政办发〔2016〕8 号	关于印发郓城县 2016 年乡镇规划建设管理工作考核办法的通知	2016-2-20
9	郓政办发〔2016〕9 号	关于印发郓城县棚户区改造货币化安置实施方案的通知	2016-2-20
10	郓政办发〔2016〕10 号	关于印发《郓城县农民专业合作社信用互助业务试点方案和郓城县农民专业合作社信用互助业务试点管理暂行办法（试行）》的通知	2016-2-24
11	郓政办发〔2016〕11 号	关于进一步加强麻疹防控工作的意见	2016-2-25
12	郓政办发〔2016〕12 号	关于成立郓城县农民工等人员返乡创业领导小组的通知	2016-2-25
13	郓政办发〔2016〕13 号	关于印发郓城县电子商务发展工作领导小组成员责任分工的通知	2016-2-25
14	郓政办发〔2016〕14 号	关于印发郓城县水、大气污染防治百日会战集中行动实施方案的通知	2016-2-26
15	郓政办发〔2016〕15 号	关于明确丰收河堤防管护责任的通知	2016-2-26
16	郓政办发〔2016〕16 号	关于做好《郓城年鉴（2016）》组稿编纂工作的通知	2016-2-26
17	郓政办发〔2016〕17 号	关于进一步加强林业有害生物防治工作的意见	2016-3-3
18	郓政办发〔2016〕18 号	关于做好 2016 年林业生产工作的通知	2016-3-3
19	郓政办发〔2016〕19 号	关于印发郓城县旅游厕所建设管理实施方案的通知	2016-3-4
20	郓政办发〔2016〕20 号	关于加强视频监控系统建设的意见	2016-3-4
21	郓政办发〔2016〕21 号	关于印发郓城县安全生产行政责任制规定的通知	2016-3-7
22	郓政办发〔2016〕22 号	关于启用印章的通知	2016-3-7
23	郓政办发〔2016〕23 号	关于加快推进标准化学校建设和“全面改革”工程建设进度的通知	2016-3-8
24	郓政办发〔2016〕24 号	关于调整郓城县道路交通安全综合治理委员会组成人员的通知	2016-3-11
25	郓政办发〔2016〕25 号	关于 2015 年度郓城县实行最严格水资源管理制度考核的自查报告	2016-3-12
26	郓政办发〔2016〕26 号	关于成立乡镇水文服务中心的通知	2016-3-18
27	郓政办发〔2016〕27 号	关于做好新政务服务中心进驻工作的通知	2016-3-18
28	郓政办发〔2016〕28 号	关于启用印章的通知	2016-3-18
29	郓政办发〔2016〕29 号	关于加强湿地保护管理工作的意见	2016-3-18
30	郓政办发〔2016〕30 号	关于成立县政府党风廉政建设领导小组的通知	2016-3-23
31	郓政办发〔2016〕31 号	关于印发郓城县医疗卫生人才引进与管理暂行办法的通知	2016-3-24
32	郓政办发〔2016〕32 号	关于调整郓城县成品油市场管理工作领导小组成员及职责的通知	2016-4-7

续表

序号	发文编号	文件名称	发文日期
33	郓政办发〔2016〕33 号	关于成立郓城县农村地区校车和接送学生车辆安全管理领导小组的通知	2016-4-7
34	郓政办发〔2016〕34 号	关于加强一站一室、两员建设的通知	2016-4-7
35	郓政办发〔2016〕35 号	关于印发郓夺县旅游扶贫（脱贫攻坚）实施方案的通知	2016-4-8
36	郓政办发〔2016〕36 号	关于转发郓城县人民检察院 2015 年度惩治和预防职务犯罪工作报告的通知	2016-4-27
37	郓政办发〔2016〕37 号	关于做好行政权力事项梳理工作的通知	2016-5-11
38	郓政办发〔2016〕38 号	关于印发郓城县清理砂石料场专项行动实施方案的通知	2016-6-12
39	郓政办发〔2016〕39 号	关于印发郓城县公共自行车建设实施方案的通知	2016-6-18
40	郓政办发〔2016〕40 号	关于印发郓城县公共资源交易中心组建方案的通知	2016-6-19
41	郓政办发〔2016〕41 号	关于调整郓城县深化医药卫生体制改革领导小组组成人员的通知	2016-6-30
42	郓政办发〔2016〕42 号	关于成立郓城县县级公立医院管理委员会的通知	2016-6-30
43	郓政办发〔2016〕43 号	关于开展土地使用税和耕地占用税税收检查的通知	2016-7-8
44	郓政办发〔2016〕44 号	关于印发郓城县 2016 年全天候遥感监测图斑违法用地整改专项行动实施方案的通知	2016-7-11
45	郓政办发〔2016〕45 号	关于成立郓城县油用牡丹产业发展领导小组的通知	2016-7-19
46	郓政办发〔2016〕46 号	关于调整郓城县地名委员会组成人员的通知	2016-7-19
47	郓政办发〔2016〕47 号	关于印发郓城县 2016 年招商引资项目储备项目建设考核办法的通知	2016-7-29
48	郓政办发〔2016〕48 号	关于成立郓城县宋金河河人工湿地水质净化再提高工程建设指挥部的通知	2016-7-27
49	郓政办发〔2016〕49 号	关于加强城区集中供热工程建设管理的通知	2016-7-31
50	郓政办发〔2016〕50 号	关于全县卫生计生综合监督示范区建设的实施意见	2016-8-8
51	郓政办发〔2016〕51 号	关于印发《郓城县创建山东省全域旅游示范区工作计划》的通知	2016-8-8
52	郓政办发〔2016〕52 号	关于印发《郓城县城市基础设施配套费征收使用管理办法》的通知	2016-8-9
53	郓政办发〔2016〕53 号	关于成立郓城县绿色果蔬产业园扶贫示范项目建设领导小组的通知	2016-8-12
54	郓政办发〔2016〕54 号	关于成立郓城县粮食高产创建平台建设项目领导小组的通知	2016-8-12
55	郓政办发〔2016〕55 号	关于印发郓城县参加 2016 年中国林交会实施方案的通知	2016-8-12
56	郓政办发〔2016〕56 号	关于印发郓城县重污染天气应急预案的通知	2016-8-13
57	郓政办发〔2016〕57 号	关于成立郓城县中医院扩建指挥的通知	2016-8-15
58	郓政办发〔2016〕58 号	关于成立郓城县职业技术学院建设指挥部的通知	2016-8-15
59	郓政办发〔2016〕59 号	关于调整郓城县农田水利项目县建设项目工作领导小组的通知	2016-8-17
60	郓政办发〔2016〕60 号	关于成立郓城县农田水利项目县建设项目编制工作领导小组成员名单的通知	2016-8-17
61	郓政办发〔2016〕61 号	关于成立县人民医院新院区建设指挥部的通知	2016-8-18

续表

序号	发文编号	文件名称	发文日期
62	郓政办发〔2016〕62 号	关于成立郓州大道坝头区块拆迁指挥部的通知	2016-8-18
63	郓政办发〔2016〕63 号	关于印发《郓城县产业扶贫日光温室大棚产权归属及经营管理意见》的通知	2016-8-18
64	郓政办发〔2016〕64 号	关于印发 2016 年郓城县政务公开工作要点的通知	2016-8-18
65	郓政办发〔2016〕65 号	关于调整郓城县推进政府职能转变领导小组成员的通知	2016-8-18
66	郓政办发〔2016〕66 号	关于印发《郓城县创建国家全域旅游示范县工作计划》的通知	2016-8-22
67	郓政办发〔2016〕67 号	关于成立高效特色农业发展平台项目领导小组的通知	2016-8-25
68	郓政办发〔2016〕68 号	关于印发《郓城县企业养老保险扩面征缴集中活动实施方案》的通知	2016-8-29
69	郓政办发〔2016〕69 号	关于成立郓城县村级公路网化工程建设领导小组的通知	2016-9-10
70	郓政办发〔2016〕70 号	关于印发郓城县政务中心行政审批材料模板制度的通知	2016-9-14
71	郓政办发〔2016〕71 号	关于调整郓城县压煤村庄搬迁工作领导小组等 3 个领导小组组成人员及职责的通知	2016-9-14
72	郓政办发〔2016〕72 号	关于成立郓城县枫叶正红医养结合项目建设指挥部的通知	2016-9-18
73	郓政办发〔2016〕73 号	关于落实“十三五”前三年度乡镇街道耕地保护责任目标的通知	2016-9-22
74	郓政办发〔2016〕74 号	关于调整鼓励外贸出口政策的通知	2016-9-23
75	郓政办发〔2016〕75 号	关于做好农村电网改造升级及机井通电工程的意见	2016-9-28
76	郓政办发〔2016〕76 号	关于印发郓城县加快商标和品牌战略实施意见的通知	2016-9-30
77	郓政办发〔2016〕77 号	关于调整郓城县互保金管理机构的通知	2016-10-13
78	郓政办发〔2016〕78 号	关于印发郓城县标本兼治遏制重特大事故工作指导方案的通知	2016-10-13
79	郓政办发〔2016〕79 号	关于对计划生育落后乡镇进行挂牌督导的通知	2016-10-13
80	郓政办发〔2016〕80 号	关于印发贯彻落实菏政办发〔2016〕16 号文件推进分级诊疗制度建设实施方案的通知	2016-10-13
81	郓政办发〔2016〕81 号	关于印发《郓城县建设项目区域化评估评审工作实施方案》的通知	2016-10-15
82	郓政办发〔2016〕82 号	关于国有投资项目选取招标采购代理机构及有关问题的通知	2016-10-16
83	郓政办发〔2016〕83 号	关于下达 2015 年冬季符合政府安排工作条件的退役士兵具体分计划的通知	2016-10-28
84	郓政办发〔2016〕84 号	关于进一步明确公安部门 110 接处警及有关部门非警务类服务平台工作职责的通知	2016-11-7
85	郓政办发〔2016〕85 号	关于印发郓城县审计局主要职责内设机构和人员编制规定的通知	2016-11-7
86	郓政办发〔2016〕87 号	关于印发郓城县医疗卫生服务体系规划（2016—2020）的通知	2016-12-1
87	郓政办发〔2016〕88 号	关于印发郓城县畜禽养殖禁养区限养区和适养区划定方案的通知	2016-12-8

调研报告

高点定位　奋力赶超
力争早日跨入全省县域经济第一方阵

谷永强

2016年是实施“十三五”规划的开局之年，也是郓城县跨越赶超、争创一流的关键之年。根据中央和省市决策部署，我们将牢固树立创新、协调、绿色、开放、共享的发展理念，以提高发展质量和效益为中心，以推进结构性改革为重点，深入开展基础提升年活动，全力稳增长、转方式、增优势、补短板、惠民生，加快跨越赶超，确保今年全面进入第一方阵、走在全市前列，为早日跨入全省县域经济第一方阵打下坚实基础。

一、以质量效益为中心，全力推动工业经济提档升级

始终把发展作为第一要务，千方百计上项目、扩投资，集中力量转方式、调结构，做大总量，做优增量，全力加快发展。一是大力推进精准招商。把策划论证项目作为精准招商的前提，围绕传统产业提档升级和新兴产业发展，突出以商招商、企业招商、产业招商，力争策划储备过10亿元项目5个以上，储备生产性项目投资额200亿元以上。二是突出抓好项目建设。为项目落地、建设提供全托式、保姆式服务，力争龙源物流、宜和宜美定制家具等一批重点项目早日建成投产，筑友建材、北玻玻璃等一批重点项目尽快落地。确保大唐郓城2×100万千瓦发电工程、郓城新河航道等重大项目前期工作取得突破性进展。三是加快传统产业提档升级。积极融入“中国制造2025”，加快推动传统产业迈向中高端水平。按照安全、环保、节能等评价引导标准，加快推动能源化工产业转型升级；充分发挥创新的乘法效应，引导纺织、机械制造、酒类包装、农副产品加工等传统产业企业，走专精特发展之路，着力培育富有竞争力的产业集群。加强企业家队伍建设，激发企业家“二次创业”的内生动力。四是大力培植龙头企业。继续实施60强行业龙头培育工程，力争3年内在每个行业都培植出全国叫得响的“单打冠军”。力争年内新增“四上”企业80家以上，主营业务收入过10亿元的企业达到3家、过5亿元的5家以上。五是实施创新驱动。以琦泉生物质发电、圣元环保发电为重点，积极培育新能源产业，争创全国新能源示范城市；以多友科技、大元生物为依托，加快发展新材料、新医药和节能环保产业，以优质增量推动产业结构战略性调整。加强企业创新能力建设，重点推进协力生物、天勤矿山机械等企业产学研合作，开发应用一批新技术、新成果。年内新增市级创新型试点企业2家、工程技术中心和企业技术中心4家、市级以上高新技术企业3家。六是打造产业发展平台。按照集群化、高端化、集约化要求，全面提升园区规划管理水平。加快配套完善基础设施，提升供水、供电、供热和集中治污水平。整合园区低效用地。规划建设园中园，增强园区承载能力。

二、以新型城镇化为引领，加快建设特色精品城市

抢抓国家新型城镇化综合试点这一重大机遇，加快建设特色精品城市，确保一年一大步，两年大变样，力争新型城镇化走在全省经济欠发达县域前列。一是围绕完善提升城市功能，加快补齐城市基础设施和公共服务设施短板。新修改建30条城区道路，铺设各类管网150公里。新上城区新能源公交车10辆以上、公共自行车200辆以上，新增集中供热面积60万平方米。开工建设规划展览馆、博物馆、艺术馆和文化中心，确保“三馆一场”对外开放。二是围绕提升城市形象，加快新区开发和棚户区改造。集中开发以宋金河、跃进河两侧为重点的南部新城，着力打造两大城市发展轴；加快西部商贸区开发，促进服务业跨越发展。用足用活棚户区改造政策，全面启动老城区改造，年内改造棚户区6262户、77万平方米，新增房地产开发面积125万平方米以上。三是围绕打造特色城市，加快绿地水系和景观工程建设。完成宋金河、跃进河两大水系生态治理工程，启动南湖公园、北沙河生态治理工程；新栽补植行道树2.5万株、花灌木35万株以上，新增绿地面积100万平方米以上；新建12处雕塑、碑刻、亭廊等文化标识，留住水浒文化基因，让城市彰显特色。四是围绕营造宜居环境，全力提升城市管理水平。全面实施城市管理提升年活动，启动智慧城市建设试点，推动城市管理数字化、精细化、常态化。巩固城乡环卫一体化成果，让镇村环境更加干净、更加整洁。五是围绕基础设施建设，提升城市承载能力。升级改造济董路东段，完成北环路跨宋金河东延工程，提升改造德商路，完成220国道郓城北段升级改造工程立项报批。以PPP模式为重点，创新多元化投融资模式，力争年内引进社会资本100亿元以上。

三、以电子商务为抓手，加快培育经济增长新动能

深入推进“互联网+”行动计划，争创全国电子商务示范县。一是把“互联网+”作为促进农副产品加工业发展的新动力。引导扶持农副产品加工企业、种养大户等新型农业经营主体，开设淘宝店、专卖店等网络销售终端，让更多的特色农副产品走出家门、抢占市场。支持菏泽学院郓城校区开设电子商务本科专业；年内培训电商人才1万人次，培育淘宝镇2个、淘宝村8个以上，新增农村淘宝村级服务站40个。二是把“互联网+”作为传统产业提档升级的新引擎。鼓励企业利用信息化技术实现生产、销售流程重构再造，促进线上与线下交易融合互动；加快互联网+工业产业园建设，推动工业企业与电子商务深度融合，为传统产业转型升级插上腾飞的翅膀。力争年内酒类包装产业带上线运营，规模以上工业企业触网、用网率达到60%以上。三是把打造电商产业园区作为推动创业创新的新平台。开工建设郓翰云城二期、龙源物流电商产业园，搭建创业创新平台和创客空间，年内引进电商企业100家，实现电子商务交易额25亿元。同时，把全民创业作为加快发展的新途径。以全国结合新型城镇化开展支持农民工等人员返乡创业试点为契机，强力推动全民创业，年内新增各类市场主体9000家，其中新注册企业2000家以上。

四、以转型升级为方向，推动现代服务业提速增量

把服务业作为经济增长的重要引擎，膨胀总量，提升质量，确保服务业增加值比重提高1个百分点以上。一是大力发展商贸物流。启动南部新城中央商务带建设，加快龙泽湾商贸综合体建设进度，力争年内引进2个以上投资过10亿元的现代物流项目。确保富达保税仓库投入使用。新增自营进出口备案企业20家，完成进出口总额1.2亿美元。二是实施文化旅游带动战略。充分发挥水浒故里游的品牌效应，加快推动旅游和经济深度融合。加快水浒好汉城三期项目建设，争创国家AAAAA级旅游景区。力争年内旅游消费总额达到15.5亿元。三是加快发展现代服务业。筹建浦发银行郓城支行，吸引更多的金融机构入驻郓城。规划建设广告产业园，扶持发展大健康产业，积极发展总部经济、智能物流等新兴业态，全面提升服务业创新能力。

五、以规模化、品牌化为重点，大力发展现代农业

扎实推进农业供给侧改革，积极发展精致农业，推动农业由生产导向型向消费导向型转变。一是积极发展高效农业。整合各类涉农项目资金，逐年扩大粮食高产创建规模，确保粮食总产稳定在20亿斤以上。力争新建特色种植基地3万亩、名优经济林基地1万亩、优质渔业养殖基地1000亩。二是着力推动农业上规模创品牌。健全县乡土地流转平台，新增土地流转面积10万亩、市级以上农民专业合作示范社10家。强化农业规模化服务，新增为农服务中心6处、土地托管面积10万亩。突出抓好农产品质量认证，年内新增“三品一标”农产品认证20个以上；重点培育2家省级农业产业化龙头企业，争创国家级龙头企业。三是加快转变农业发展方式。启动省级农业科技园区建设。完成4条河道清淤治理工程，疏通沟渠190公里以上。集中兴建一批中小型农田水利工程，新增高效节水灌溉面积16万亩。培训新型职业农民4万人次，打通农业科技推广“最后一公里”。

六、以打造美丽郓城为目标，全面加强生态文明建设

坚持生态立县、绿色惠民，坚决守护好郓城这片蓝天、碧水、净土。一是坚定不移改善环境质量。加快推进人工湿地净化等生态涵养工程建设，确保3处污水处理厂及乡镇污水处理站正常运行。高标准完成农村环境整治工程。健全网格化环境监管体系，落实属地管理和行业管理双重责任，实行环境违法案件挂牌督办、约谈、一票否决制度，对大气污染、污水直排等违法行为，实行“零容忍”。二是推进生产生活绿色化。深入开展企业能效对标活动，统筹做好各领域节能降耗。建立融资平台，加快实施土地增减挂钩、压煤村庄搬迁和工矿废弃地复垦项目，新增建设用地2000亩以上。三是筑牢生态安全屏障。实施生态保护和修复工程，大力推进植树造林，新增造林面积3万亩以上。坚持治理与开发并举，综合治理采煤塌陷区2000亩以上。

七、以精准扶贫为着力点，全力打好打赢脱贫攻坚战

把脱贫攻坚作为一项重大政治任务和“第一民生工程”，采取超常规举措，全民动员，全社会参与，确保年内7万人实现脱贫。一是压实脱贫责任。按照“六个精准”和“五个一批”的要求，科学编制脱贫攻坚规划，分解年度脱贫任务，逐级签订责任书、军令状，健全考核体系，强化督导调度。二是突出精准原则。坚持“一村一策、一户一法、一人一岗”，分类实施脱贫行动，增强脱贫实效。三是抓好产业扶贫。依托镇村基础和特点，大力发展“一乡一业、一村一品”，年内新增市级以上专业村镇50个以上，带动农民在家门口就业创业，脱贫致富。

八、以改善民生为目的，努力提升全县人民的幸福指数

把民之所望作为政之所向，重点抓好教育、交通、安全饮水、卫生、养老等10个方面的民生工程，努力增进人民福祉，不断提高群众的获得感和满意度。在确保郓城一中新校区年内启用，郓城一中附属学校秋季招生，开工建设县职业中专的基础上，扎实推进“全面改薄”工程，年内新建扩建8所城区学校，提前一年基本解决城镇大班额问题；新修改造农村公路800公里，让60%以上的村实现户户通柏油路或水泥路，两年内解决群众出行难的问题，力争解决城镇学校大班额和农村公路改造工作走在全省前列。启动汽车新站建设，新建城乡客运枢纽2处，加快推进城乡公交一体化。开工建设杨庄集水库，确保城南水库、净水厂建成投用；新建县医院，扩建县中医院，完成县妇幼保健院迁建。织密筑牢社会保障“安全网”，加快发展养老、文化、体育等各项社会事业，让改革发展成果更多更公平地惠及全县人民。

关于郓城县棚户区改造工作的调查

县委政研室　县委改革办

今年以来，我县把棚户区改造作为城市开发建设的关键环节和惠及百姓的民生工程，加强统筹指导，层层夯实责任，用足用好政策，强力攻坚克难，棚改工作取得阶段性成果。为及时总结推进棚改工作的成功经验和有效做法，县委政研室、县委改革办组成专门调研组，对全县棚改工作进行了深入调查，形成了这篇调研报告。

一、基本成效

我县棚改工作在县委、县政府的高度重视和有关乡镇街区、县直部门的合力推动下，争时间、抢速度、保实效，取得了今年棚改工作的

"开门红"，呈现四个明显特点：一是拆迁面积大。全县今年计划完成4个棚改片区、共6262户，改造面积77万平方米。截至4月底，4个棚改片区共签订征收协议5741户，腾空房屋5705户，完成拆迁4120户，拆除面积50万平方米；同时，推动棚改工作向乡镇延伸，启动了丁里长、黄安等4个乡镇4000余户棚改工作。二是推进速度快。从入户丈量、房屋评估、协议签订，到腾空房屋交钥匙、房屋拆除，各项工作压茬进行，不断刷新以往棚改征迁记录，1—4月份，签订征收协议户数、完成拆迁户数分别占全年任务的91.7%和65.8%。蒋庙片区仅用15天时间就完成1153户、14.9万平方米的拆迁任务，速度之快、效果之好，刷新了郓城棚改历史，被誉为"蒋庙速度"。三是货币化安置率高。抓住国家加大棚户区改造政策扶持这一重大机遇，采用本地货币化安置的方法，组织棚户区居民自主选购商品房、政府统筹购买安置房源，从根本上解决了棚改基础设施配套问题，加快了棚改实施进度，货币化安置率达到70%以上。四是征收进程稳。无论是棚改指挥部，还是征收现场，都没有出现双方对垒、剑拔弩张、争吵不休的混乱局面，看到的是工作人员与被征收户和谐相处、安定有序的场面。棚改工作启动以来，没有发生一起因拆迁引发群众上访案件，即使是在全国"两会"期间启动的片区，也没有出现一起群体性事件、极端事件和重大治安案件。整个棚改工作"好中有快、快中有稳"，得到了市委、市政府主要领导的充分肯定和认可，在今年第一季度全市棚改工作考核中荣获第二名。

二、主要做法

通过座谈、走访和深入现场了解，我们深切感受到，我县真正把棚户区改造作为德政工程、民心工程，把立足点放在改善民生上，不求政绩求造福群众，不图形式图群众满意，棚改工作取得了扎扎实实的成效。主要做法有以下几点：

（一）*加强组织领导，分级压实责任*。我县把棚改作为实施国家新型城镇化综合试点的重要切入点，实行总指挥部、分指挥部、街道社区三级工作推进机制。总指挥部由县委书记、县长任指挥长，5名副县级干部任副组长，发改、房产、住建、财政、公安等18个部门单位主要负责人为成员，抽调20名精干人员组成棚改办公室。实施"十百千"房屋征收工程，即在总指挥部领导下，分区划片成立10个分指挥部，动员100个单位、2000名干部参与，实行集中攻坚，抢抓国家棚改政策机遇，全面摸清城中村、城边村、城市棚户区等棚户区底子，制订了2016—2018年棚户区改造三年行动计划，细化工作任务，逐一落实到县级领导、责任单位及具体责任人。制订出台了《郓城县棚户区改造实施方案》《郓城县棚户区改造货币化安置实施方案》《郓城县棚户区改造工作考核办法》等一系列政策措施，全方位建立"政府主导、市场运作、科学规划、分类实施、依法征收"的棚户区改造工作模式，做到让利于民、不与民争利，迅速拆除一处、按时回迁一处，推动了棚改工作快速平稳运行。

（二）*建立联动机制，凝聚工作合力*。严格落实"一个项目、一个领导、一套班子、一抓到底"的棚户区改造项目工作机制，县、街道及发改、房产、住建、财政、公安、国土、规划、城管等部门单位各司其职，配合联动，形成合力，扎实做好了房屋征收、安置补偿和回迁等各环节工作。主要抓好了三个到位：一是宣传动员到位。棚改工作牵扯到每一位拆迁户的利益，群众能否理解、支持、参与，关键是棚改政策能否宣传动员到位，棚改工作"九个有利于"的重大意义是否深入人心。春节前，县委、县政府召开140余人参加的棚户区改造吹风会，要求各级各部门抢抓外出人员集中返乡过节的机会，走村入户广泛动员；召开了全县棚户区改造工作动员会，统一印发《致被征收人的一封信》6800份，通过政府网站、电视台、微信、宣传车等广泛宣传棚改政策、实施方案、拆迁补偿安置办法；征收过程中对一些不理解的群众，"硬着头皮，厚着脸皮，走破鞋皮，磨破嘴皮"，不厌其烦地登门宣讲政策、沟通思想，一块块冷漠、抵触、守旧的心理坚冰被干部的真情融化；通过春风化雨的宣传发动，赢得了群众的理解支持，促成了大拆迁、大棚改、大建设的生动局面。二是责任落实到位。在片区房屋征收任务分配上，实行认领包干制，将征收任务分配到每一个责任单位，一包到底，以“蚂蚁啃骨的韧劲”，一锤接着一锤敲，一环扣着一环干，做到不完成任务不罢休、不实现目标不松劲。县棚改指挥部与10个分片区指挥部、分片区指挥部与74个成员单位、成员单位与2000名干部逐级签订目标责任书，层层传导压力，级级压实责任。蒋庙征迁区块拆迁户张合岭靠养猪生活，一家4口挤住在不足107平方米的小院内，人畜混居，环境极差，因担心棚改后无法养猪失去生活来源，对拆迁抵触情绪极大。为确保进度，征迁干部上了十几次门、打了几十次电话，有时在他家等候到深夜，耐心细致地给他讲解棚改方案和政策，积极帮他协调联系打工企业，保障有可靠的收入来源，打消了他的顾虑，顺利签订了征收协议。三是调度督导到位。棚改工作启动后，县委、县政府主要领导亲临一线、靠前指挥，白天抓进度、晚上抓调度，全天候督促指导拆迁工作。分管领导带领有关部门负责人坐镇指挥，指挥部全体成员轮班日夜坚守工作岗位，一天一对头、三天一调度、一周一通报。实行倒排工期制，划定3月、5月、7月、9月4个时间节点，分类督导、分类考核。县里把棚户区改造纳入全县科学发展考核，严格实行奖惩制、问责制，把拟重用或新提拔的科级干部，全部安排到征收一线锻炼。

（三）*注重多措并举，破解资金难题*。我县采取多条腿走路的办法，积极与国家开发银行、农业发展银行对接，吸引社会资本参与投资和运营棚改项目，整合使用国家城镇化综合改革试点补助资金，加大县财政资金投入，通过“申请贷款筹集一块、上级补助争取一块、县级财政投入一块”，确保棚改资金及时落实到位。目前，已争取棚户区改造农发行发展基金2.4亿元、国开行发展基金1亿元；棚改政策性贷款资金16.83亿元，其中农发行14.33亿元、国开行2.5亿元，按棚改工程进度，随申请随到账；国开行10亿元棚改项目政策性贷款资金已进入最终评审阶段；水浒置业公司拟发行10亿元债券资金用于棚改项目，已报国家发改委审批；北关片区、郓州大道片区等两个棚户区改造项目纳入全省PPP项目库，正组织招商，从而让居民吃下了定心丸，确保了棚改工作顺利推进。

（四）*坚持以人为本，维护群众利益*。为使“拆迁工程”变为“民心工程”，推动被拆迁户从“要我搬”到“我要搬”，我县坚持想拆迁户之所想，忧拆迁户之所忧，在深入调研的基础上，制定出台了《郓城县棚户区改造货币化安置实施方案》，积极搭建货币化安置房源信息平台，对在平台上提供房源的房产企业的土地使用税、契税等相关税费应免尽免，不能免的按最低限收取，给予补贴，对通过平台买房的安置户给予每平方200余元的优惠。对棚改安置项目涉及的以此降低安置房价格，使棚户区改造货币化安置率达到70%以上。修订完善了《郓城县拆迁补偿办法》，对于被征迁户的实际困难，及时给予帮扶；对于征迁户的诉求，只要不违反原则、不突破政策，积极予以解决；对于孤寡老人等特殊人群，及时提供搬家、看房的“保姆式”服务。为加快征收进度，还制定了补助和奖励政策。在蒋庙棚改片区房屋征收中，对于在规定时间内签订补偿安置协议、腾空房屋交钥匙并验收合格的，按时间先后给予每户20000元、15000元、13000元的奖励；选择货币化安置和原地安置的，按宅基地面积20%的安置价给予奖励，选择小高层的还可享受7～12平方米不等的奖励。在司店南片区棚改安置中，让先期拆迁的80户居民，提前回迁到香墅湾小区，消除了群众的心理顾虑。

（五）*严格依法征迁，确保公平公正*。房屋征迁工作，核心是做好群众工作，关键是做到公平公正。我县坚持依法拆迁、有情操作，把各种可能发生的情况、可能出现的问题都建立预案，制订应急措施，特别是要求所有参与棚改工作党员干部依法依规开展工作，坚持依法、公平、公正、民主，一把尺子量到底，做到阳光操作、过程透明、程序规范，打消群众怕吃亏的疑虑和攀比心理，让群众心服口服。纪检、监察、审计等部门成立督查组，对执行拆迁政策、补偿安置、拆迁资金使用、拆迁补偿安置结果公示等情况全程监管。

三、几点启示

一份努力一份收获。我县扎实开展棚改工作，不仅促进了棚户区群众居住条件和生活环境的改善，也锻炼了干部、历练了作风，为加快推进棚户区改造工作提供了有益启示。

（一）领导重视是关键。棚户区改造任务艰巨、情况复杂，特别在三年攻坚期，改造范围广、征收面积大、安置人员多、时间任务紧迫，没有强有力的领导力量和健全的工作机制，很难保证工作任务的顺利完成。县委、县政府精心组织、周密安排，成立由县委书记、县长任指挥长的棚改指挥部，建立县级领导包联街道和片区的责任制，抽调干部包联到户，制定考核办法，细化任务，明确责任，精心谋划，统筹安排，持续有力的推进棚改工作。县委书记、县长深入棚改一线，现场协调解决疑难问题，做好政策解读、思想疏导、组织动员等具体工作。注重发挥党员、干部的带头作用，要求人人争当促进派，不当绊脚石，收到了很好的效果。通过强有力的工作领导，形成了棚改工作的强大合力。

（二）坚持政策是基础。政策和路线是一切工作的生命线。在棚改工作中，我县认真研究相关政策，严格把握法律和政策界限，不碰红线。坚持原则和灵活性相结合，按照补偿方案标准一把尺子量到底，不乱开口子；对低保户、特困户给予适当倾斜和照顾，保障好他们的权益，做到“有情拆迁”；提前化解矛盾解决问题，不留“尾巴”。同时，我县积极与国开行、农发行对接，用足用好棚改政策性专项贷款和其他金融产品，有效破解了棚改资金难题。

（三）依靠群众是根本。棚改工作涉及群众切身利益，只有紧紧依靠群众，才能确保工作顺利推进。我县紧紧抓住民生优先这把“钥匙”，充分发动群众，尊重群众意愿，保障群众利益，尽可能使棚改工作措施符合群众意愿和要求，赢得了群众的积极支持。在制定征收补偿方案中，多次征求群众代表意见，最大限度地体现群众意愿；采取多种方式降低安置房房价，最大程度地让利于民；引导棚户区居民选择货币化安置，自主购买商品住房，把以往“先拆迁、后安置”改为“先安置、后拆迁”，妥善解决了居民房屋被征拆后无处安置、抵触情绪大等问题。

（四）依法办事是保障。拆迁和安置是棚改的重点和难点，群众利益诉求多，矛盾错综复杂，极易引发社会问题。我县把依法办事原则贯穿于棚改工作全过程，及时回应和解决棚户区居民诉求，积极为群众提供棚改法律服务，通过法律手段调处解决拆迁安置中的矛盾和问题，努力使棚户区居民得到公平合理的安置和补偿。坚持“阳光拆迁”，设置信息公示栏，将入户调查测量得到的住户情况、产权类别、房屋面积等基本信息及时向群众进行公示；对极个别“钉子户”“难缠户”和造谣煽动干扰阻碍拆迁工作的，严格按法律政策和程序从严从快处理，确保了我县棚改工作依法有序进行。

郓城县开展国家新型城镇化综合试点情况调查

县委政研室　县委改革办

为全面掌握、更好推进我县新型城镇化综合试点工作。近日，县委政研室、县委改革办抽调专门人员组成调研组，通过召开座谈会、查阅资料、实地走访等方式，深入开展了专题调研活动，基本掌握了今年以来试点工作开展情况，分析了存在的问题，提出了促进发展的对策建议。

一、主要措施及成效

今年以来，县委县政府紧抓国家新型城镇化试点机遇，以创建省级园林城市、省级卫生城为切入点，坚持以人的城镇化为核心，加强组织领导，强化规划引领，专门成立了新型城镇化办公室并配齐配强了工作力量，紧紧围绕“构建多元化可持续的城镇化投融资机制、建立合理的农业转移人口市民化成本分担机制、推进城镇生态文明建设”三大试点任务，着力打造“人、地、钱”良性循环的城镇发展格局，取得了显著成效。今年8月份顺利通过了国家发改委国际合作中心开展的国家新型城镇化综合试点第三方评估，在今年11月份举办的山东省新型城镇化综合试点第三方监测评估座谈会上，相关经验做法得到与会专家一致好评。

（一）以人为核心鼓励农民向城镇集聚

以南部新区为龙头、特色小城镇为支撑、农村新型社区为延伸，打造精品，内涵发展，整体提升，走出了一条中心城区、特色城镇、新型社区三级同步、就地就近市民化新路子。2015年全县户籍人口127.04万人，其中城镇人口46.12万人，农村人口80.89万人，常住人口城镇化率45.38%、同比提高2个百分点；凭借良好的人口基础优势，2016年11月，郓城县成功入围山东省10个中等城市培育试点。一是以新城区可持续宜居发展带动老城区更新改造。全力打好城镇建设攻坚战，规划建设了15平方公里的南部新城。加快建设特色精品城市，重视提升基础设施规划建设质量，在基础设施规划和建设中提倡以人为本，倡导优秀实践，积极推进PPP项目运作。大力践行海绵型城市建设理念，集雨型绿地遍布城区。今年前三季度，开工建设了17条城区道路、130公里管网、11个城市广场、6座桥梁，在建房地产开发项目达到22个、面积126万平方米，创新思路开展棚户区改造的经验全市推广；精心做好“水、绿、花、文”四篇文章，新建17处绿地公园，新增绿地88.6万平方米，营造了宜居宜业的优雅环境，充分体现了“城市，让生活更美好”的时代理念。二是以重点镇建设引导农民向非农产业转移。发挥比较优势，以黄安镇木材加工、随官屯镇精细化工、丁里长镇酒类包装、杨庄集镇汽配挂车四个重点镇特色产业为突破，因势利导引领小城镇大力发展“一乡一业”，壮大特色产业，通过经济板块的整体提升拉动促进农民转换角色，加快融入二、三产业，实现就地就近市民化。围绕增强小城镇产业辐射带动作用，重点抓好镇驻地提质扩容，提升小城镇基础设施综合承载能力，有序引导农村新型社区建设向镇驻地集中。三是以农村新型社区和美丽乡村建设推动城乡均衡化发展。以压煤村庄搬迁、土地增减挂钩为切入点，积极推进六合苑、小屯、文昌苑、季垓等35个农村新型社区建设，强化新农村建设，大力推进公共服务向乡村社区延伸，着力均衡配置公共资源，通过“互联网+”、结对帮扶等手段让更多的医疗、教育、文化等优质资源下沉到乡村社区。以实现“三化”为根本，以实施“四个一”工程为重点，以实现“五美”为目标，全面提升美丽乡村建设水平，现已建成环境整洁村245个、生态文明村50个、美丽乡村50个。因地制宜发展休闲农业和乡村旅游，李集镇大杨集村被评为山东省美丽休闲乡村，“油桃妹”家庭农场获评山东省就业扶贫优秀基地。扶持发展种养殖大户和家庭农场，让更多农业转移人口成为产业工人，就地就近市民化。四是以现代农业提质增效拉动各产业融合发展。大力推进现代农业发展，坚持走高产、优质、高效、生态、安全之路，实现一、二、三产业融合发展。做强做大设施蔬菜、食用菌、特色产品为重点的第一产业；发展农产品加工业，拉长产业链，做大做强第二产业；以农业物流和农业观光为突破口形成第三产业新增长点，让农民从传统种植劳动中解放出来，真正融入城镇，实现规模种植，促进经营模式创新。目前，规模以上农业产业化龙头企业发展到202家，优质农产品基地达到55万亩，各类新型农业经营主体达到5600余家，150亩以上的种粮大户达到183家，

培育市级以上农民专业合作社明星社10家，有力拉动了农民就地业，加快了农民市民化进程

（二）以“地”为载体加快推进农业劳动力转移。利用高产创建示范方、蔬菜大棚建设、种粮大户补贴、合作社奖补等项目，推动新型经营主体发展，形成适度规模经营。全县具有一定规模和产业特色的专业村291个，其中种植类专业村103个、畜禽养殖类专业村55个、农产品加工类专业村120个、食用菌类专业村7个、乡村旅游电子商务类专业村6个。130余个农产品注册了商标，其中11个产品获山东著名商标、13个产品获山东名牌。久源芦笋、甄庄食用菌、百蔬园西红柿、圣达油用牡丹等一大批特色产业基地初步形成。截至目前，全县土地流转总面积30.5万亩，占耕地面积的20%，涉及农户7.6万人，占劳动力总数的32%，16万人农业劳动力转移到二、三产业。

（三）以平台建设为支撑全力打造投融资郓城模式

据测算，郓城县实现三年试点任务目标共需建设资金170亿元。县委、县政府不等不靠，积极作为，充分利用国家有关新型城镇化投融资政策，不断创新融资方式，加快扩展融资渠道，持续加强投融资平台建设，积极与国家开发性银行和政策性银行接洽，走出了一条欠发达地区县域城镇化投融资创新的成功路子。2016年1月，成功策划举办了全市第一个PPP项目推介会，推出PPP项目15个、总投资148亿元。着力打造水浒置业、郓财投资两个平台，通过争取国家专项建设基金、开发性银行贷款、政策性银行贷款、发行债券、直接融资等途径，已融资73亿元，为重大民生工程的顺利实施，提供了强有力的资金保障。截至目前，我县共成功申报进入财政部信息平台省级储备库项目22个，投资总额183.42亿元，典型经验做法被省政府办公厅《专报信息》（第220期）刊登推广。

（四）以绿色发展为引领着力强化生态文明建设

以城区宋金河、跃进河、北沙河生态水系治理为契机，做好“水绿花文”四篇文章；深化美丽乡村建设，着力抓好水浒小镇、光伏小镇、陆港韵梦小镇等一批特色小镇开发；抢抓创建省级园林城市机遇，高标准建设18条绿荫大道，提升改造2个城市入口绿化景观，新栽补植行道树2.5万株、花灌木35万株，新增绿地面积100万平方米。大力发展以新能源、新智慧节能技术、新产业为核心的低碳经济，倡导低能耗、低温室气体排放、重节约的绿色生产生活方式，建设节能低碳城市。大唐郓城2×100万千瓦超超低排放创新示范发电项目已上报国家能源局，山东琦泉2×30兆瓦生物质发电项目、圣元环保1×20兆瓦垃圾发电项目、北京宣力50兆瓦沿黄风电场项目已经并网发电或正在建设中；协鑫新能源40兆瓦农光互补发电项目、锐鸣绿菌30兆瓦农光互补发电项目已进入实施阶段，北京中辆新能源有轨电车T1线正加快规划建设进度，公共自行车一期工程引进500辆自行车、设置25座站点。积极开展全国智慧城市创建试点争取工作，以数字化城市指挥中心为基础，着力打造智慧交通、智慧城管、智慧旅游、智慧路灯等工程，以点带面升级城市“智慧大脑”。积极开展提高城市韧性方面的政策交流、联合研究与项目合作，今年7月13日，郓城县人民政府与世界未来委员会签署了《关于共同推进东溪湿地建设与城市绿色发展项目的合作备忘录》，这是李克强总理见证签署的12对中欧城镇化伙伴关系务实合作项目之一，标志着郓城县推动新型城镇化建设迈入国际合作平台。

二、存在的困难问题

（一）城镇综合承载能力与新型城镇化对人口转移的要求不相匹配。未来四年郓城县要实现6万以上的农业转移人口，对城市的空间布局、产业布局、基础设施布局、公共服务设施完善等综合承载能力提出了更高标准和要求。但目前，

城市道路、桥梁、给排水、燃气热力、污水垃圾处理、园林绿化、生态休闲及各类管道等基础设施还比较落后，欠账较多，城镇基础设施建设整体偏弱，中心城区规模不大，市政基础设施和基本公共服务设施尚不完善，城市承载能力亟待提高。农村地区包括乡镇水、电、路、气等基础设施和教育、医疗等公共服务能力不强。

（二）*投融资能级达不到新型城镇化对基础设施建设的需求*。加快完善基础设施，大力提升公共服务水平，推进公共服务设施向农村延伸需要大量的资金和项目作支撑。郓城作为农业大县、经济欠发达县，资金的吸纳能力、要素的聚集能力十分有限，通过 PPP 模式吸引社会资本投入公益性项目难度较大。迫切需要上级在信贷政策、专项建设基金及“投贷结合”政策、棚户区改造政策、特许经营权、收费权及市场化融资方面加大支持力度。

（三）*产业基础结构与生态文明建设刚性约束存在矛盾*。从经济结构看，今年前三季度全县三次产业比重为 11.47：53.55：34.98，第三产业比重偏小，吸纳农业转移人口能力偏弱。从工业结构看，我县主要以农产品加工、酒类包装、机械制造、煤电化工产业为主，农产品加工业发展水平较低、精深加工水平不高，煤电化工还没有形成较大规模，酒类包装、机械制造等传统产业转型升级步伐缓慢，县经济开发区和煤化工园区节能减排、治理污染任务艰巨，与新型城镇化综合试点对生态文明建设的刚性要求不相适应。

三、几点建议

一是建议上级在融资方面给予更多帮助支持，加大同省国开行、农发行等金融机构的对接力度，引导金融资本更多地流向欠发达县区。

二是尽快设立新型城镇化建设基金，并由新型城镇化主管部门承办，采取更加灵活的手段推进城镇化投融资创新。

三是加快传统产业提档升级步伐，大力推进中小企业产业园、电商创业园和“园中园”建设，为新型城镇化奠定坚实的经济基础。

四是加大政策改革支持力度，在试点地区的重点镇推进宅基地流转和农房财产权抵押担保制度改革试点，使农房及宅基地确权具有实质性经济价值，探索进城落户农民自愿、有偿转让农房及有偿退出或转让宅基地，改革完善农村房、地财产权抵押担保制度，加快推进统筹城乡一体化发展。

打破农村交通瓶颈
助推美丽乡村建设

县政府综合调研室

近年来特别是去年以来，郓城县抢抓国家新型城镇化综合试点机遇，把农村公路建设作为加快建设美丽乡村、推进城乡协调发展的重要抓手，高起点规划，大力度投入，高标准建设，全力打破农村交通瓶颈，有力推动了全县农村经济社会科学发展、跨越赶超。2015 年，全县改造农村公路 402 公里，改造里程、投资额全市第一，农村公路通车里程达到 2678.3 公里，农村公路生命防护工程 3 年计划 1 年完成。2016 年，全县计划投资 6.86 亿元，建设农村公路 853 公里，改造窄危桥 32 座，目前路基全部完成，底基层、基层分别完成 840 公里，面层完成 790 公里。前三季度，全县农村居民可支配收入达到 9103 元，同比增长 10.5%。

一、建立一套机制，形成支持农村公路建设的整体合力

面对全县农村公路建设历史欠账多、资金保障难等一系列现实问题，郓城县委、县政府坚持高位推动，建立了一套行之有效的工作机制，保障了各项工作的顺利推进。一是组织领导机制。多次召开县委常委会、党政联席会进行专题研究，确定把农村公路建设作为新型城镇化综合试点工作的重要突破口，要人给人、要钱给钱，通过三年的集中攻坚全面破解农村交通瓶颈。县级层面成立了由县委书记、县长任组长的领导小组，明确4名县级领导干部分头负责抓落实。二是工作推进机制。研究出台了加快推进农村公路建设的意见等4个配套文件，明确了工作目标、责任单位、责任人员和完成时限，要求各有关单位按照分工，制定并上报工作计划，倒排工期，破解难题，逐项推进。三是上下联动机制。将农村公路建设纳入科学发展综合考核体系，县乡村三级同频共振，12个部门和22个乡镇街道同向同力，全力破除工程建设障碍，打通农村公路建设“最先一公里”，形成了整体工作合力。四是督导调度机制。县委、县政府两个督查室组成联合督查组，每月一调度、一排名、一总结上报，对不能完成计划进度且位居全县后三名的通报批评；连续三个月不能完成任务的，向县委、县政府写出检查并限期整改。五是宣传引导机制。县电视台民生专栏定期报道全县农村公路建设进展情况，每周推出一个先进典型，赢得了广大群众的理解和支持，形成了各行政村比学赶超、全社会积极参与的良好氛围。

二、抓好三个环节，推进农村公路建设扎实开展

（一）*以规划引领发展方向*。把规划作为农村公路建设的基础性工作，坚持不懈地抓紧抓好。自2014年开始，郓城县交通运输部门就组织规划、建设、养护、质监等科室，对全县22个乡镇街道的农村公路现状进行了拉网式排查，并登记造册。在充分调研的基础上，根据群众出行及经济发展的实际需求，对农村路网进行科学规划，出台了《2016年度农村公路建设实施要点》《2016—2018年度农村公路改造工程建设实施方案》《户户通工程实施要点》等指导性文件，计划三年内（2016—2018年）新建改建村级公路1908.9公里（其中，2016年建设839.3公里，2017年建设667.1公里，2018年建设402.5公里），对4.0米宽的路面按每1公里设置一处加宽路段（宽度2.0米，长度50—100米），作为会车点及城乡公交停车点，提升村级公路通行能力，同时做好排水、安防、绿化等各项配套附属设施建设；改造全县农村公路四、五类危桥117座，打造“两环、两带、四纵、六横，县城辐射乡镇、村村之间相连、户户之间相连通”的农村公路网络，实现“县城与乡镇半小时生活圈、相邻乡镇十分钟生活圈、相邻村庄五分钟生活圈”的农村公路交通总体目标。同时，启动“户户通”，完成村庄街巷硬化，真正达到农民出户“风天不沾土，雨天不沾泥”。

（二）*以创新破解资金难题*。完成三年农村公路建设任务，共约需建设资金14亿元。为破解资金难题，郓城县创造性采取了一系列行之有效的工作措施。一是争取项目资金。抓住省农业发展银行对农村公路建设贷款的机遇，积极从财政投资、银行贷款、乡村配套三个渠道筹集建设资金，县财政及银行贷款负担建设资金的80%，剩余20%的建设资金由项目受益乡、村进行配套。二是在外人士捐赠。利用春节外出务工人员返乡的有利时机，组织乡村两级印制《修路倡议书》，逐户发放，同时向在外人士发函、致电8万多件次，号召他们关注家乡，建设家乡。返乡人员和在外人士积极响应，纷纷慷慨解囊，支援家乡公路建设，形成了浓厚的社会氛围。三是拍卖道路冠名权。引导优秀企业和知名人士，通过捐赠获得道路冠名权，公路以捐赠者名字冠名或某一路段以其名字冠名，在道路显要位置树碑表彰，同时，受益村立功德碑、爱心碑永久纪念，激发了人们捐资修路的热情。另外，受益乡镇、村还通过一事一议、沿线企业捐助、拍卖公路绿化权、集体土地租让等方式筹集资金。2015年，全县乡村两级共筹集配套资金4800多万元，2016年以来已筹集7800多万元，确保了工程项目的顺利推进。

（三）*以制度保证工程质量*。一是加强工程监理监督。从县交通运输局质监站、规划科、建设管理中心抽调20多名政治素质好、业务水平高、责任心强的同志，担任现场监督管理员，根据农村公路工程建设要求，对这些人进行了业务培训，做到一个项目一套施工方案、一个项目一套监督措施。同时，还把施工要点印制成明白纸，发放到田间地头，张贴到街头巷尾，聘请义务监督员，加强对项目的社会监督，收到了良好的工作效果。二是严把工程五道关口。严把操作人员和施工队伍关，无证上岗和达不到资质要求的人员和施工单位一律不准上岗；严把工程建设程序关，不符合建设程序的一律不准开工；严把工程原材料关，对施工过程中所有原材料都进行进场抽检，不合格的材料一律不准进场；严把进场施工机械设备关，达不到施工要求或没有使用安全保障的机械设备一律不准使用；严把工程阶段验收关，前道工序不合格的一律不准进入下道工序施工。三是搞好督导评比。在抓好督导检查的同时，通过召开现场会、观摩会、技术讲座、项目点评、实验检测等方式，开展质量评比竞赛活动，形成建设优质工程的良好氛围，提升了工程建设质量。

三、实施六个结合，形成农村公路建设推进脱贫攻坚的强大动力

（一）与脱贫攻坚相结合。通过“点线面”结合，全力改善全县贫困村交通条件，打响农村公路建设脱贫攻坚战。全县77个省定贫困村实现了村村通，50%以上的达到了户户通。一是“点”上精准用力。从2015年下半年起，选取陈坡乡杨寺村、郭屯镇西张楼村、杨庄集袁屯村等贫困村，进行公路建设“一对一”衔接，指导其开展项目规划、项目建设推进、资金争取等工作。在总结试点工作经验的基础上，全面铺开贫困村交通基础设施建设工作。二是“线”上合力推动。在积极向上级对接、争取农村公路建设计划的同时，针对农村公路建设中的常见问题，组织部分贫困村村干部及贫困村所在乡镇负责人，就通村公路管理、资金使用、质量监督等方面进行专题培训，提升了贫困村农村公路建设管理水平。三是“面”上稳步推进。深入调研、科学谋划，逐步实施农村公路改善提升工程，基本形成“外通内联、通村畅乡”的交通网络。

（二）与特色产业发展相结合。农村公路建设，为群众发展种植、养殖产业脱贫致富创造了先决条件。依托农村公路，黄安、唐庙等乡镇的木材加工产业，黄泥冈、潘渡等乡镇的棉纺织产业，杨庄集、玉皇庙、南赵楼等乡镇的机械制造产业，黄集乡、李集镇的钢球及轴承制造产业，丁里长、郭屯、郓州街道的酒类包装产业，侯咽集镇、黄集乡、李集镇、武安镇、唐塔街道的特色种植业，陈坡乡、水堡乡、张鲁集乡的特种养殖业，张营镇的绿化苗木产业，随官屯镇、黄安镇、杨庄集镇的二、三产业，均得到较快发展。服装、纺织、板材、条柳编等劳动密集型加工业遍地开花，增加了产业收入。

（三）与全域旅游发展相结合。全力打造便捷交通，完善旅游道路体系，为水浒遗迹、旅游景点提供道路支撑。3年计划提升改造8条旅游公路，目前已开工水堡至孙膑旅游城等3条。在筹建沿黄扶贫公路的同时，着力做好县城至黄泥冈、程屯镇宋江湖、水堡乡等重点旅游区公路的升级改造，打造城乡绿道；按照村村通、户户通的原则，完善了李集乡“黄河人家”等乡村旅游景区内的游客步道，增加了可进入性。

（四）与农村面貌提升相结合。狠抓农村公路的绿化、美化、标准化和规范化建设，提升农村公路安全水平、畅达水平和服务水平，带动农村面貌不断出现新的改观。一方面，科学规划，因地制宜，做好农村公路绿化美化标准化建设工作，坚持一条路一个模式，一条路一个特点，坚持应栽尽栽、查漏补缺、突出乔灌花草相结合，形成“一路一景”的绿化格局。另一方面，大力开展路域环境综合整治，治理占道经营、堆物作业等行为，彻底清除“五大堆”，保持路面整洁优美，打造便民利民优美线路。

（五）与电子商务相结合。针对电商集中的区域，进行政策倾斜，加强农村公路建设，扶助电商发展，提高农村物流配送能力，重点培育的13个淘宝村均实现了村村通和户户通。在此基础上，引导群众借助电子商务，发展特色种养加等产业，网销农户农特产品和手工艺品，拓展产品销售渠道，将资源优势转化为经济优势，加快推进农村传统产业转型升级，实现脱贫致富。

（六）与生命安全防护工程相结合。把农村公路建设与生命安全防护工程同步规划、同步建设、同步验收。持续开展道路交通安全集中整治行动，对县乡道路的卡脖子路段以及最窄点、最险点、积水最深点等进行拉网式排查，查出隐患点100多处。在此基础上，先后投资4000余万元，拆除公路限高架15处、隔离墩12处，施划标线597公里、振荡线1357平方米，设置标志标识牌2450余块，完善道口警示桩6274根，设置波形防撞护栏3900米，改建桥梁防撞墙3座，改善了农村公路形象，提升了群众的安全感和满意度。

诗文选

七律·中华赞（新韵）

刘兆全

九州儿女展风骚，文艺新声荡碧霄。
香港回归紫荆艳，舰机巡岛庶民骄。
万国气象风云幻，华夏文明日月昭。
天际霞光开慧眼，甩肩迅跑跃新高。

七律·庆祝建军90周年阅兵观感（新韵）

刘兆全

朱日和沙场点兵，三军方阵战旗红。
虎贲赫赫声威壮，主将凛凛号令明。
亮剑精神维社稷，强军方略铸魂灵。
英雄部队真豪迈，铁马金戈塞上行。

浪淘沙·怀旧

刘兆全

窗外雨涟涟，桐叶翩跹。夜来酣枕梦新寒。晓苑清声萦耳畔，冬韵姗姗。

戏水忆华年，泽润心田。鬓残犹恋少时欢。相伴逐波心与共，醉舞云天。

郓城古文庙遗留雕龙石柱年代发现记

卢明

郓城古文庙，拆毁于二十世纪六十年代，“文化大革命”时期，只有八根雕龙石柱留存至今。

这八根石柱，是个人捐的，每根石柱上，都刻有捐赠者的名字。经辨认，捐柱的情况是：李宏霄、杨志鲲、董源、董厚、仝式锦、张充贞、祝士弘各捐一根，高璞、虞玑共捐一根。

那么，这些石柱的年代怎样确定呢？这是需要我们认真考证的。

清·光绪《郓城县志》记有历史上修建文庙的情况，包括哪个时代重修，哪个时代增修了什么。但是，修的次数多了，仅凭此，我们还是无法证明这八根石柱属于哪次修造大成殿时捐赠的。要想确认八根石柱的修造年代，还得从捐柱人的信息中查询。可喜的是，经过一段时间苦心探索，终于发现部分捐柱者的身影。

一个偶然的机会，从郓城籍学者仝晰纲的《衍圣公孔胤植姻戚仝氏家族考——谱牒文献与儒学研究的一个视角》一文中，看到关于仝式锦捐大成殿石柱的线索。文中说，第65世衍圣公孔胤植的夫人郓城仝氏的父亲仝朝式，仝朝式的五世孙“仝式锦（郓邑仝氏追远堂十四世），字尚纲，住郓邑北马家楼，曾捐郓城县文庙衮龙石柱一根，竖于大成殿门左，柱上有‘仝式锦’三字为记。”这便与我们看到的那根刻有“仝式锦”名字的石柱完全吻合了。孔胤植是清初顺治年间的衍圣公，他岳父的五世孙，大概应比孔胤植晚八十年左右，在康熙晚期或雍正时期。据此可以说，问题解决了。但，这只是孤证。要想考证处更确切，还须再找其他证据。

回头再查清光绪《郓城县志·选举志》，终于发现，仝式锦的名字原本列在清代岁贡的名单中。而且，这一拨名单中，也有祝士宏（弘）的名字。还有，在援例名单中，又找到高璞的名字。这就说明，这几位都是文化人。只不过，有的有做官的记录，有的没有。尤其是李宏霄的情况更详细些，他字承菴，初任英德县知县，补授襄城县知县。莅任首重学校，建立书院。他的情况，还有《河南通志》佐证。该志载："李宏霄，山东郓城人，贡士，雍正四年任（襄城县知县——卢注）"。这一年，就是公元1726年。这说明，李宏霄和其他几位捐柱者，都生活在18世纪康熙、雍正时代。

知此，我们再回过头来对照郓城县志关于古代修建文庙大成殿的记载，便可找出这八根石柱是哪次修造时捐的。

《郓城县志·建置志》虽然记载着元、明、清各代修建文庙的情况，但，恰恰是清代记得过于简略。除康熙年间知县陈良谟重建外，便是光绪年间，二者之间的修建情况缺记，这便使我们失去了对照。最后，从清光绪《郓城县志·职官志·知县》中，查到还有一个修过文庙的知县。此处记载："祝增，字喻存……康熙四十四年任……莅郓五载，百废俱兴。如修大成殿，增其规模，捐银七百两。又重修魁楼，出自内府绩纺。"（注：魁楼也是文庙的一个建筑）

郓城古文庙

到此，我们便可以明确地认定，那八根石柱，应当是在清康熙中晚期，知县祝增修大成殿时捐赠的。捐赠者中，仝式锦、高璞、李宏霄、祝士弘，都是文化人，李宏霄还做过外地的知县。另据知情者反映，捐柱者董源、董厚，都是西董店（现此村已属盛平社区）人。算来，那次修大成殿距今，已经有三百年了。

2015年郓城县大事记补记

1月7日，国家发改委、中央编办、财政部等11部委下发通知，郓城县被列入国家新型城镇化综合试点地区。

5月5日，郓城县召开全县领导干部大会，中共菏泽市委常委、组织部长、统战部长付伟宣读省委市委决定，刘文林担任中共郓城县委书记，王永华因为工作变动原因，不再担任郓城县委书记。

5月6日，智慧广场开工建设。广场投资3000万元，占地面积2.9公顷，南部圆形广场设智慧之星雕塑。

5月14日，城南水库工程开工建设。城南水库设计库容916万立方米，占地2374亩，总投资4.3亿元。利用苏阁引黄闸引黄河水，经过苏阁南送水干线、北关沙河、边庄沟到达库区，年供水量2302万立方米，供水保证率为95%。

5月29日，淘宝大学县域电商培训基地授牌仪式在郓城水浒商贸城举行。市委书记孙爱军、市长解维俊出席授牌仪式。

6月15日—6月19日，郓城企业家培训班在清华大学举办。35名企业家、7家银行行长参加培训。

7月6日，县委县政府印发《关于促进全民创业的意见》《关于鼓励工业企业加快发展的意见》。

7月28日，农村淘宝郓城县服务中心正式启用，全县首批50个淘宝村级服务站同时授牌运营。

8月6日，郓城一中第一附属学校开工建设。

学校占地 90.1 亩，总投资约 7500 万元，总建筑面积 30300 平方米，设计规模为 66 个教学班。

8 月 27 日，郓城县第十七届人民代表大会第六次会议选举谷永强为郓城县人民政府县长。

9 月 1 日，胜利公园开工建设。公园总投资 1300 万元，占地 3.7 公顷，绿化面积 12500 平方米，广场设健身器材 10 余处。

10 月 23 日，郓城县被中国科协授予"2016—2020 全国科普示范县"称号。

12 月 10 日，郓城千亿斤粮食工程项目（郭屯项目区）开工建设。项目区涉及 1 万亩耕地，总投资 1500 万元。

12 月 15 日，郓城县被命名为山东省首批电子商务示范县。

12 月 26 日，郓城县宋金河湿地公园获批省级湿地公园。

索 引

忠义广场

索　引

说明：

本索引将书首目录中的条目简化成索引的条目。索引条目按汉语拼音顺序排列，同一字母条目的次序按原目录前后顺序排列。条目后的阿拉伯数字表示内容所在的页码。

C

D

H

J

K

L

M

N

P

Q

R

S

T

W

X

Y

Z

《郓城年鉴》（2017）特邀编委